新时代、新技术、新思维

——2018年中国历史地理学术研讨会论文集

主编 华林甫
副主编 萧凌波 孙景超 刘新光 胡恒 张宝秀

齊魯書社

图书在版编目(CIP)数据

新时代、新技术、新思维：2018 年中国历史地理学术研讨会论文集 / 华林甫主编．--济南：齐鲁书社，2020.6

ISBN 978-7-5333-4344-6

Ⅰ.①新… Ⅱ.①华… Ⅲ.①历史地理学—中国—学术会议—文集 Ⅳ.①K928.6-53

中国版本图书馆 CIP 数据核字(2020)第 086427 号

责任编辑 周 磊 曹新月 陈晓萱
装帧设计 郭 觐 李 生

新时代、新技术、新思维——2018 年中国历史地理学术研讨会论文集
XINSHIDAI XINJISHU XINSIWEI 2018 NIAN ZHONGGUO LISHI DILI XUESHU YANTAOHUI LUNWENJI

华林甫 主编
萧凌波 孙景超 刘新光 胡 恒 张宝秀 副主编

主管单位 山东出版传媒股份有限公司
出版发行 齊魯書社
社 址 济南市英雄山路 189 号
邮 编 250002
网 址 www.qlss.com.cn
电子邮箱 qilupress@126.com
营销中心 (0531)82098521 82098519
印 刷 山东新华印务有限公司
开 本 787mm×1092mm 1/16
印 张 34
插 页 6
字 数 700 千
版 次 2020 年 6 月第 1 版
印 次 2020 年 6 月第 1 次印刷
印 数 1—1000
标准书号 ISBN 978-7-5333-4344-6
审 图 号 GS(2020)275 号
定 价 168.00 元

本书出版获得国家社科基金重大招标项目“清史地图集”经费资助
（主持人：华林甫；批准号：12&ZD146；结项证书号：2018&J047）

本书为中国人民大学“历史地理学丛书”丙种第六号

新时代、新技术、新思维　2018年中国历史地理学术研讨会

北京·中国人民大学　2018.8.11

会议合影，由前向后

第一排左起：华林甫，魏超，张敏（北京），肖启荣及其孩子，张伟然，朱海滨，黄雯娟，周琼，汪前进，刘后滨，蓝勇，郭声波，侯甬坚，黄兴涛，吴松弟，朱士光，张海鹏，张建明，宫辉力，唐晓峰，尹钧科，杜瑜，曹树基，王尚义，王守春，梁启章，韩光辉，徐少华，张宝秀，吴文涛，史党社，刘新光，胡存璐；

第二排左起：王一帆，夏帆，霍仁龙，范今朝，钟翀，任玉雪，陈杰，陈涛，费杰，谢湜，张敏（上海），范玉春，马保春，张俊峰，吴滔，王乃昂，孙卫国，杨雨蕾，李花子，张萍，韩宾娜，吴宏岐，龚胜生，陈新海，王社教，赵炳清，马强，潘明娟，毛曦，王杰瑜，吴轶群，朱永杰，赵逸才；

第三排左起：郝文军，黄锦前，葛洲子，胡迪，刘晨曦，骆文，成赛男，陈刚，张学宝，段伟，胡其伟，那顺达来，赵耀龙，张多勇，孟刚，李嘎，安北江，王耀，孙靖国，金石柱，王开泳，陈文豪，冯贤亮，周宏伟，杨光华，何凡能，李勇先，李鹏，张亮，虞思旦，孟万忠，萧凌波，乔欣；

第四排左起：王长命，王涛，孙兵，马剑，陈浩东，于笛，高正亮，胡鹏，芦仲进，赵杰，聂顺新，裴孟华，王哲，程森，李淮东，王旭，李松，张涛，夏增民，孙宏年，陈业新，贾金晖，刘海洋，刘祥学，关传友，孙冬虎，王荣，鲁延召，郭世强，王跃，何峰，赵寰熹，田毅，岳云霄，孙景超；

第五排左起：赵奎，袁亚军，胡恒，张永帅，方书生，王保宁，谭嘉伟，程刚，周能俊，高茂兵，王大文，张乐峰，姚永超，李大旗，张乐锋，张雨，王兆林，徐建平，马孟龙，吴朋飞，易德生，丁绍通，张伟，鲍俊林，孙长龙，李昊林，（此处一人姓名暂缺）朱波，杨园章，赵发国，王洪波，尹弘兵，杨鸿光，郑永华，于双远，赵旭腾，吴修安，陈冰。

2018年中国历史地理学术研讨会主会场

研讨会小组讨论（一）

研讨会小组讨论（二）

中国地理学会历史地理专业委员会 2018 年会议

2018 年中国历史地理学术研讨会会务组合影

“中国历史地理学近十年成果展”及部分参会人员合影

历年“历史地理年会”论文集

序

吴松弟

每两年一次的历史地理全国大会，是历史地理学界的学术盛会。2018年8月11—12日，由中国地理学会历史地理专业委员会主办、中国人民大学历史学院历史地理学研究中心承办、北京联合大学北京学研究所协办的“2018年中国历史地理学术研讨会”，便是一次无论参加人数和学术水平都高于往届的学术盛会。

历史地理学由历史学、地理学以及其他相关学科交叉形成。为了进一步推进学科交叉，2016年11月27日，中国地理学会历史地理专业委员会在中国科学院地理与资源研究所举办了“中国历史地理学重要成果汇报暨学科发展战略高层论坛”。去年的“2018年中国历史地理学术研讨会”在学科交叉方面有了新进展，我们邀请历史学、地理学的领军级人物，或在大会上作专题报告，或参加晚上召开的学术沙龙，与来自全国各地的历史地理学的领导或骨干，就如何推进历史地理学的发展畅谈了自己的看法。由于当前正处于社会主义物质文明和精神文明建设的重要阶段，这些讨论必定会推动历史地理学的新发展。

本次研讨会期间，主办方还在中国人民大学人文楼一层大厅布置了“中国历史地理学近十年成果展”，共有十八家历史地理学研究单位提供了介绍本单位研究状况与学术成就的易拉宝、图书等，展示全国历史地理学研究主要单位的发展历程和学术贡献，会后这一展览又在首都一些单位继续展出。本次会议还采用开门办会的形式，请首都媒体记者参加会议，及时报道会议状况。以上的做法从一个侧面反映了此次的全国会议，体现了会议的主题词“新时代、新技术、新思维”。

11日上午的开幕式结束之后，中国史学会前会长、中国社会科学院近代史研究所张海鹏研究员，以《近代历史地理研究的任务刍议》为题作了特邀报告，指出历史地理学在现代地理学、历史学研究和现实生活中的重要作用，表达了对历史地理学大发展的殷切期望。此后，北京大学唐晓峰教授对李希霍芬《中国》中的中亚部分予以客观审视；复旦大学吴松弟教授深入阐释了中国近代的“港口—腹地”网络与区域经济发展模式；武汉大学徐少华教授运用传世文献与考古材料厘定了汉晋北朝陇县、清水县两县的行政建置与地理方位；陕西师范大学王社教教授通过对汉唐长安城的粮食和水源的分析，指出水资源不足将是“大西安”建设最大的限制性地理因素；中国人民大学华林甫教授总结了古今中外历史地图集编绘的传统与经验，呼吁学界大力开展历史地图集的研制编绘，并介绍了刚结项的国家社会科学基金重大招标项目《清史地图集》的编绘思路、技术路线与未来设想。

在闭幕式前，陕西师范大学朱士光教授通过考察历代以西安为中心的关中地区政区设置，为当今关中城市群的行政区划改革提出建设性意见；复旦大学葛剑雄教授强调历史地理研究应该实事求是，夸大历史无助于文化自信；北京大学韩茂莉教授以山西为例，认为中国古代乡村集市不存在市场等级高低，也不具备网络层级；陕西师范大学侯甬坚教授以澜沧江峡谷霁虹桥为个案，对桥梁与人地关系进行了环境史视角的研究尝试；暨南大学郭声波教授根据圈层结构理论指出“藩属国”等政治实体虽然享有高度自治权，但仍是宗主国国家疆域的组成部分；西南大学蓝勇教授提出环境的“改变”不等于环境的“破坏”，区域环境敏感度的天然差异决定了人类改变环境干涉限度的区域差异；复旦大学张伟然教授分析了当前历史地理学的发展瓶颈，并指出历史地理研究的机遇与挑战并存。

11日下午与12日上午，与会学者分为七个小组进行报告，主题包括历史时期的自然、政区、聚落、经济、人口、交通、军事、文化等传统领域，以及古地图与历史地图、边疆与域外地理、历史GIS小组等方面。本次会议共收到论文140篇，从中选出37篇原创论文，编成专题论文集予以出版。这些论文从不同的角度展示了近年历史地理研究的新成果。

今天的地理现象，是以往不同时代发展演变的结果。改革开放以来，我国在社会主义现代化建设迈开大步的同时，各地的经济、文化、城市、区域面貌发生了巨大的变化，出现了新的景象。随着“一带一路”、长江经济带、环境治理诸多方面的进展，摆在历史地理面前的研究课题不断增多，要求历史地理学者以“新时代、新技术、新思维”，对待新形成的历史地理问题。

依笔者之见，历史地理学对历史学的作用和贡献，主要是从空间角度和地理环境的角度，探讨国家统治、地方治理和经济文化的发展；对地理学的作用和贡献，则主要是从较长的时间角度，看待短时间看不出来的环境演变和人地关系。在全球化加速进行的背景下，中国历史地理学的研究空间已经超越国家的范围，在研究中国的同时，有必要进行外国历史地理的研究，研究时间可长可短，既可将古代、近代、现代融为一体，又可对一个有限的时间段进行仔细的研究。一旦面对学术，面对现实，打破空间和时间的限制，将学术研究和现实应用相结合,历史地理学必将迎来新的大发展。本次会议结束了,而历史地理学新的任务、新的进展正不断产生,期待着历史地理学者群策群力,推动中国历史地理学持续发展。

2019年6月15日

(作者为中国地理学会历史地理专业委员会主任)

目　录

三、历史聚落与人口地理

四、历史社会文化地理

五、历史自然地理

六、地图研究

附录:会议综述

一、理论与方法

近代历史地理研究的任务刍议

——在2018年中国历史地理学术研讨会上的发言

张海鹏

讲二个问题。

一、《中国近代史稿地图集》编著缘起

《中国史稿》是中国科学院院长兼历史研究所所长郭沫若主编的一套通史，全书共4册，于1962年出版。1973年，郭沫若决定将《中国史稿》扩编为10册，历史所尹达负责古代史部分7册，近代史所刘大年负责近代史部分3册。1978年郭沫若去世前，刘大年提出将近代史部分3册从《中国史稿》中独立出来，命名为《中国近代史稿》，获得郭沫若同意。原来设计《中国史稿》10册历史地图，由历史所历史地理室陈可畏负责编绘。《中国近代史稿》独立后，历史所不愿意承担近代史部分历史地图编绘任务。《中国近代史稿》编写组把历史地图编绘任务交给了我。

我从1964年8月进入中国科学院近代史研究所，其间十余年由于各种客观原因，未曾参与科研工作。这时候要我承担历史地图编绘任务，我是饥不择食，就接了下来。当时我虽年近不惑，但在编写组内年龄最轻，我也无法推脱。其时，我对历史地图编绘没有任何概念。

既已接下任务，就要开始学习。我从近代史所图书馆找到中文的、日文的、英文的、俄文的若干种历史地图，反复研究与揣摩，就开始工作。在与地图出版社联系过程中得知，要出版《中国近代史稿地图集》，就要处理近代中国边界问题。谭其骧主编《中国历史地图集》下限是1820年，恰在鸦片战争前。鸦片战争后中国边界发生了很大变化。不正确处理边界变化，就不可能出版近代史地图。而处理近代边界，就要得到外交部批准。

没有外交部正式批准，近代史地图集是不能出版的。我的工作首先从近代中国边界摸起。我花了一年时间，研究了中国近代边界变化的经过，从近代史所找到清末和民国时期出版的各种可用的地图，反复研究，提出了近代边界处理的意见，经与地图出版社商量，请他们制作边界变化的样图。最后形成一份请示报告，对 1840—1919 年间近代边界提出了处理意见。这份请示报告由中国社会科学院近代史研究所和地图出版社联合署名，送外交部审查。外交部很重视，经过条法司等各司局审查同意，由外交部在 1980 年某月发出正式回复（盖有带国徽的大红章），表示原则上同意近代边界处理意见。有了外交部的正式回复，我和地图出版社之间有了良好的合作关系，地图出版社对出版此图也充满了信心。

《中国史稿地图集》上册在 1979 年出版，下册在 1990 年出版，署名郭沫若主编；《中国近代史稿地图集》在 1984 年 12 月出版，署名张海鹏编绘。《中国近代史稿地图集》出版后，我受到了几位前辈的奖掖。一位是本所民国史研究室主任孙思白先生，另一位是谭其骧先生，他写来了一封长信，给予鼓励。中央民族学院郭毅生对我说，他让民院图书馆采购了 150 册。1987 年 6 月 9 日，中华书局李侃以笔名柯安在香港《大公报》发表书评《推荐〈中国近代史稿地图集〉》；同年 12 月 31 日，红旗杂志编辑周溯源在《光明日报》发表了《图文并茂说历史　丹青妙笔凝深情——推荐〈中国近代史稿地图集〉》的书评。这些都给予我很多鼓励。

大约在 1981 年，国务院批复了中国社会科学院、中国科学院、国家测绘局等单位的请示报告，决定组织力量编绘国家大地图集。中国社会科学院承担了国家历史地图集的编绘工作。国家历史地图集由复旦大学历史地理研究所所长谭其骧先生担任主编。我因为在做《中国近代史稿地图集》，被近代史所推荐参加国家历史地图集的工作。我记得，数年间，我参加过在北京、包头、浙江莫干山、北京怀柔召开的国家历史地图集编绘工作会议。我被任命为国家历史地图集近代战争、战役图组组长。在这个过程中，得以与历史地理学家谭其骧、史念海、陈桥驿、黄盛璋、文焕然、陈可畏、邹逸麟、魏嵩山等相识。

我在编绘中国近代历史地图方面做过一些工作，但对于历史地理学研究，我是一个门外汉。各位在历史地理学研究方面做了大量研究，我要向各位学习。

二、我对历史地理学的认识

历史地理学是历史学和地理学的交叉学科，既可以反映历史学的基本属性，也可以反映地理学的某些属性。学术界对历史地理学的学科属性有多种讨论，更多学者把历史地理学作为地理学的分支学科，主办此次会议的历史地理专业委员会是中国地理学会下的二级学会说明了这个问题，也有人把历史地理学作为历史学的辅助学科。站在历史学的立场上,我认为历史地理学的主要功能是探索历史上的地理现象以及发生这些地理现象的社会历史原因。我认为,不能只是把历史地理学看作历史学的辅助学科,历史地理学是历史学的重要组成部分。从地理学的角度看历史地理学,它只是传统沿革地理的发展和拓宽,它只是地理学的辅助学科,基本上属于应用学科;从历史学的角度看,历史地理学是历史学的组成部分,它所使用的基本研究方法,是历史学的方法,它属于基础学科。从研究方法上说,地理学研究主要依靠野外,依靠实验室,依靠科技手段,历史文献在其中不起主要作用。历史地理学主要依靠文献史料,野外考察是次要手段。

国务院学位委员会第六届学科评议组编的《学位授予和人才培养一级学科简介》(高等教育出版社 2013 年版),正式公布了根据国务院学位委员会 2011 年通过的《学位授予和人才培养学科目录》编写的各学科概况、内涵、范围和培养目标。我在这里根据这本书分析一下中国史学科和地理学科在学科范围里如何处理历史地理学。

中国史的学科范围明确规定了 7 个学科方向:中国古代史、中国近代史、中国现代史、中国专门史、史学理论及中国史学史、中国历史文献学、中国历史地理学。

对中国历史地理学的学科方向的介绍是:旨在系统研究中国历史自然地理(包括河流、湖泊、海岸、海洋、沙漠、地表、气候以及动植物的分布,自然灾害等),中国历史人文地理(包括历代疆域政区、人口、民族、城镇兴衰、交通变迁等),中国历史地图学(包括历史地图的研究和编绘),以及探讨人类和自然共同作用下的环境变迁等。

地理学的学科范围规定了 6 个学科方向:自然地理学、人文地理学、地图学与地理信息系统、环境与灾害地理学、地理环境遥感、城市与区域地理学。这里列出的 6 个学科方向,没有历史地理学的位置。其中,在人文地理学中的诸多内容中,只列举了历史文化保护与生态文明建设,多少与历史有点关系。

中国史学科说明是国务院学位委员会历史学科评议组的学者经过多次讨论、征求意见后编写定稿,并得到批准的。历史学科评议组,由钱乘旦、张海鹏牵头,组成学者共 17 人。同样,地理学科说明是国务院学位委员会地理学科评议组的学者编写并定稿的,牵头的学者是李小文,成员共 12 人。

这个学科说明是国务院学位办发布的,2013 年以来,是全国高校学科设置和人才培养的根据。

是否可以得出这样的结论:历史地理学是中国史学科下的二级学科,是中国史学科的重要组成部分;但是,在地理学学科设置里,没有历史地理学的位置,历史地理学在地理学学科里顶多只是地理学的辅助学科。中国科学院地理所今天是否还有历史地理研究室,我很茫然;据我所知,20 世纪 90 年代,那里做历史地理的学者已经转向了。

三、近代史时期历史地理研究是历史地理学研究的重要方向

关于中国近代史，我们现在的约定，是1840—1949年的中国历史，1949年后是中国现代史。笼统地说，历史地理研究向近代史时期转移，我建议最好包括中国现代史时期。

新中国成立以来，我国历史地理学研究取得了十分可观的成绩。以往学者的研究眼光主要是朝着古代，这是可以理解的。现在提出向近代转移，正是时候。当然这不是说，古代的历史地理研究就不做了，当然不是这样。

研究近代历史地理学，与研究古代历史地理学比较，在我看来，学科属性是相同的，理论和方法大同小异。但是近代历史地理，至少有两大特点。一是近代、现代的中国，与世界各国有极其广泛的联系与交流，1949年前是被动的交流，1949年后是主动的交流（20世纪50—60年代与苏东各国的交流，也是主动的），改革开放以后更是主动的交流。历史地理研究所关注的中国地理环境的变迁与这种交流有着密切的关系。二是可以阅读的历史资料极其丰富，不仅有丰富的历史文献，还有丰富的历史档案，还有大量新闻报道，各种游记、日记、摄影作品，乃至电报、函件，等等。极而言之，几乎每个与地理环境变迁相关的研究题目，都可以找到资料。19世纪末20世纪初，一些外国人到中国各地考察，留下了许多记录。如有人溯长江而上，过宜昌，到重庆，为长江两岸留下了记录和照片。西北、西南、西藏、云南等偏僻之地，都有外国人考察的足迹。古代历史地理研究，在这一方面，是较为逊色的。

从研究方向的角度说，我在这里提几个题目，算是举例吧。

1. 从沿革地理的角度说，要研究从清代18个省的建制，到今天31个省和香港、澳门两个特别行政区以及台湾省的形成过程。仅止于此，就是沿革地理。要超出这一点，就要研究在中外关系的交相影响下，在内部统治和管理的需要下，1884年新疆设省、1885年台湾设省，以及清朝末年西康设省的筹备，到民国时期更多设省的经过。

我讲一个在编著《中国近代史稿地图集》时碰到的有关青海的故事。我记得，新中国成立后，民政部年年都要派员去青海协调四邻关系。20世纪80年代，民政部下决心解决青海界址问题，为此专门成立划界工作组，经过多年的工作，90年代初已妥善解决了青海四邻界址问题。国务院由此取得经验，决定由民政部负责组织全国各省的划界工作。其实，青海省界在历史上就是不清楚的。青海在1928年建省，建省以前西宁是甘肃的一个府，中央政府对青海的情况很不了解。民国初年，川边当局想把青海玉树地区划归四川。玉树一带藏族同胞反对，希望仍归甘肃，屡次上书甘肃省。甘肃和四川两省分别上书北京中央政府。玉树25族以囊谦为族长，囊谦一词在四川译为隆庆。四川给中央的报告称，隆庆应归四川；甘肃给中央的报告称，囊谦应归甘肃。中央政府根本不了解青海情

况，大笔一挥，把隆庆划归四川，囊谦划归甘肃。于是，四川和甘肃各据中央批复，陈兵玉树一带，边界纠纷变成了武装冲突。中央政府派员赴青海调查，了解民情，才知道所谓隆庆、囊谦、玉树实际就是一个地方，只是汉语译音不同而已。调查人员建议中央，按历史习惯，玉树仍应归甘肃管理为宜。这才使川甘两省的武装冲突得以消解。这个故事，是地学界的前辈张其昀先生在20世纪30年代资源委员会组织的西北调查团的调查报告中记录下来的。这个故事有一定代表性。

2. 与建省有关，近代边疆地理发生了很大变化，最明显地表现在国家版图上。19世纪60年代以来，中经70年代、80年代、90年代，一直到20世纪上半叶，边疆危机遍于全国，东西南北，少有宁日。西藏问题、新疆问题、蒙古问题、东北问题、东南海疆、西南陆疆，处处告警。160万平方公里领土被俄国占领。英占香港，日占台湾，葡占澳门。东北、蒙古成为俄国、日本的势力范围，山东成为德国（后为日本）的势力范围，福建成为日本的势力范围，两广成为英法势力范围，长江流域（其下游是东南海疆，其上游是西南陆疆）是英国势力范围。俄军占伊犁河谷达十年之久，且觊觎西藏；英国则乘日俄构兵东北而染指西藏。我们看到，影响中国现实政治、周边关系甚至国际关系的一系列边疆问题，几乎都与近代中国历史发展有关，都与帝国主义侵略有关。近代边疆问题，是一个政治问题，是一个军事战争问题，是一个中外关系问题，在一定程度上造成了国家版图的变动，完全可以从地理环境变迁的角度切入，开展历史地理学的研究。

3. 与沿革地理相关，近代开放口岸（包括被动和主动），租界的形成，租借地的确立，各地领事馆的建立，都包含了极为丰富的地理信息，是开展历史地理学研究的好课题。

4. 近代以来城市和交通的变化惊人，这是古代不能比的。1906年京汉铁路全线通车，立马影响了两个城市的命运，一个是石家庄，从乡村变成城市；另一个是湖北的襄阳，从南北交通要道一下子变得萧条了。省会的变迁也是如此。河北省会、河南省会、安徽省会、广西省会等的变动，都与交通的改变有关。改革开放前，许多省会城市不过30—50万人口，今天超过百万人口的城市恐怕超过了200个。如何从地理环境的变迁中寻求答案，如何寻求现代化的需求推动地理环境变化的历史学解释，历史地理学研究可以回答很多问题。

5. 江河湖海的变化，由于自然和人为的原因，都很大。黄河入海口是在这个时期形成的。洞庭湖、鄱阳湖面积的变化很能说明问题。湖北历史上号称千湖之省，现在只剩一半了。这些改变对人类生活的意义如何，值得研究。1964年我曾到甘肃河西走廊张掖县参加“四清”运动。我住的村子旁边有一条黑河，发源于青海，流经张掖，流到内蒙古额济纳旗的居延海，成为一片湖泊。90年代，由于黑河沿线地方拦截用水，居延海干涸了。居延海干涸导致每年四月西伯利亚大风刮起沙尘暴，猛烈袭击北京。2013年我曾到我当年的住地看黑河，发现黑河已经改道了。黑河的治理结果使得居延海又有水了。这对于减轻北京的沙尘暴有作用。黑河变迁的历史值得关注。

2015 年我到江苏海门开会,市委宣传部一位同志带我到海门北面东灶港镇看海,这位同志以前在这里当过乡长。我看到辽阔无边的滩涂正在扩大。他告诉我,我们站的地方以前就是滩涂,不要几年,看不到边的滩涂就要变成陆地了。这位同志告诉我,滩涂以内的大片荒芜的杂草滩,以往曾遍布煮盐的灶,他当乡长的时候还有。我很感兴趣,想看看煮盐灶,但是已经找不到了。1965 年,我曾经在今天天津开发区看到成片成片的盐田,许多盐工在那里劳作,盐山一座一座。前几年我再去这个地方,完全是一个现代化城市了。真是沧海桑田!盐是我国历史上,包括近代,很重要的物资,从天津经过长芦到海门的盐业生产线的变迁,很值得历史地理学者关注。

6. 当然还有一个变化不能忽视,这就是经济方式的变化。近代以来的现代化进程所带来的生产方式的变化惊人。中国从一个农业国变成了工业国,变成了世界工厂。从洋务运动时期的工业布局,到民国时期的工业布局,到新中国建立初期的工业布局,到大三线、小三线的建立,到 1978 年以后的工业布局,从历史地理学的角度研究近代经济地理,几乎有无限展开的余地。

至于人口的变化、教育设施的变化、医疗设施的变化,等等,都包含丰富的地理信息,值得从历史地理学角度展开研究。

总之,近代历史地理学是中国历史学的重要组成部分,它的研究天地是无限广阔的,是大有前途的。我作为历史地理学研究的局外人,说一些似是而非的话,是否有参考价值,请各位批评!耽误各位时间,谢谢各位!

(作者单位:中国社会科学院近代史研究所)

史地田野考察的五大功能初探*

蓝　勇

所谓史学田野调查就是指通过户外踏察来展拓历史研究的领域，提高历史学研究的信度，扩大历史研究影响的过程。我们注意到，英语 Field 的早期语境是田野、原野、牧场，可能是相对 City 即城市、都市而言，而我们这里放大在科学考察这个角度，田野是指书斋以外的所有空间，即户外，包括城市和乡村。所以，我们这里的史学田野考察是指户外的一切观察、调查活动而言，而不仅仅是对乡村、山野的考察。

我们知道，中国传统知识分子往往都将"读万卷书，行万里路"作为一种理想境界来追寻，但在中国古代真正将野外考察与文本阅读很好结合起来的学者并不是太多，原因除了传统时代交通、通讯技术条件制约外，可能更多是并没有感受到田野考察在史学研究中的真正作用。同时，传统史学可能与现代史学在研究对象、方法手段、价值取向方面有较大差异，所以田野考察的重要性本身也是有较大差异的。不可否认的是，在当下，虽然我们都深知田野考察对历史研究的重要性，在我们公开的话语中不乏对田野考察的重视，但在现实功利化明显背景下真正愿意将大量时间、精力用在田野考察中的人并不是太多，这在很大程度上讲还是对田野考察的功用认识不足的原因。这里，笔者主要以自己历史地理研究的实践来对田野考察的作用作一分析。

现在归纳起来，史地田野考察的功用主要有印证传统史料（传世文献史料、文本记载的已知传说）、收集民间史料（非传世文献为主）、寻觅"景器场"佐证（佐证各类史料）、感知事物环境、诱发新的思考五个方面。显然，史地田野考察的功能决定了史地田野考察针对目标的广泛性，即一切人类本体（自然体和社会体）、社会现象（制度、文化、风土）、人文景观和器物、自然环境都是史地田野考察的目标。从时间断面上来看，人类学、社会

* 本文系重庆市文科重点研究基地年度项目《史学田野考察理论与实践》（53204007771）的阶段性成果。

学的田野调查主要关注的是当下的情景，在历史人类学的背景下也多只能关注到明清时期的话语，就整体的史地田野考察来看，关注的时间可从人类产生以来的任何时间断面展开，当然也关注当下的情景，因为当下的任何情景都可能是历史时期的遗留或带有历史的轨迹和记忆。

一、让我们引证时信心更足的保障：印证传统史料

我们知道，史学研究的最重要资料支撑主要是传世文献，也就是我们经常使用的传统史料。在一般人看来，传世文献，特别是官修正史，往往信度较高，本身是一种可信标识，故往往对历史文献的记载深信不疑。但我们要知道，在传统时代与当下，史学著述作者的史德、史识在主观上都会在文献记载上形成误差，而在传统时代，由于交通通信技术、文本传承技术的局限性，客观上传世文献的信度会受到更大的影响。修正这种文献的误差、证明传世文献的可信度的途径很多，而通过田野实地考察来修正和证明是一个相当重要的途径。对于一些我们已知道或见于文本的传说，虽然它们不是传世文献，但也需要田野考察来佐证或辨误。

所以，田野考察的第一个重要功用就是通过观察遗留景观、场景来印证已经掌握的文献记载的精准性，分析记载与实景之间的差异，探索差异的原因，我们称为“对读”或“互证”。有的学者称为“解读文献”。具体讲就是通过田野考察发现传世历史文献记载的人物、事件、制度的细化支撑材料来完成这种“对读”和“互证”。再具体划分就有两种情形，第一种情形是传世文献有记载，但记载粗简宏大，细节不明，可信度不高，需要更多乡土的个案材料、环境、器物来“对读”“互证”，体现的是“细节证明主体”。第二种情形是传世文献的记载已经较为详明仔细，需要更多乡土的环境、器物来“对读”“互证”其科学性，体现的是“图像证明文字”。

我们在研究中国南方皇木采办历史时通过田野考察发现了汉源县叶氏家族采办皇木的野史，与传统文献“对读”“互证”，复原了一个皇木采办过程的典型个案。历史文献中对于明清时期的皇木采办的记载虽然比较分散，但通过检索可以发现许多史料，基本可以复原皇木采办的历史过程。[1]后来十多年的时间里，我们通过田野考察不断发现了大量有关皇木采办的碑刻[2]，进一步证明了皇木采办的采办过程和采办地点记载的准确性。但很长时间内，我们并没有发现具体的采木场及相关采木后人的记载，所以，我们对具体的采办过程的真实性与采办人情况并不了解。2008年，得到汉源县发现疑似皇木采办原木的消息后，我们在2008年和2010年先后两次对汉源县皇木镇杉树村进行了考察与试掘，证实了四根大原木的发现过程的真实性。同时，我们通过访谈叶氏家族，踏访叶氏家族墓碑，踏察水井沟附近环境，证明了叶氏家族采办皇木的真实可信。特别是通过

试掘,再次发掘出一根原木与以前发掘的原木互证,后又将考察获取的样本进行了同位素测年,证明三根原木的死亡时间为明末,一根为宋代,证明了皇木遗木与历史文献记载时间的吻合。同时,也发现了转运木材的具体运输线路,特别是对历史文献中记载的“找箱”“天梯”有了实证背景证明。[3]可以说,正是通过一系列的田野考察和大量“对读”“互证”,我们对明代这段发生在野外大山中的事件有了较为全面和精准的认知,也证明了传世历史文献记载的可信。

历史文献中有关明清时期的驿站位置较为精准,而汉唐时期深处西南地区山地的驿站虽然有名称记载,但位置往往并不清楚,所以,通过田野考察来定位就尤为必要。在唐宋历史文献的记载中,巴蜀地区有牛尾驿存在,但牛尾驿具体地点在哪里,唐宋元明时期并无明确的记载。以前严耕望先生在《唐代交通图考》中认为,它是在重庆市永川县(今永川区)的长江边的一个水驿。[4]在1995年的中国唐史学会上,笔者提交的一篇论文提出牛尾驿应该是深处永川的一个陆驿,估计在永川太平镇与邮亭铺之间,但由于没有实地考察,并不能完全确定具体地点。[5]到了2013年,我们组织了成渝东大路重庆段考察,从大比例尺地图上能够发现一个牛尾铺的小地名,即永川区耗子沟牛尾铺村的治地。但如果简单认为这就是唐宋牛尾驿的具体地址就错了,因后来我们通过实地考察,发现真正的牛尾铺在其更西面的老牛尾铺村,它才是唐代真正的牛尾驿地址[6],这个差异不通过田野考察是完全不可能发现的。这个结论证明了历史文献中记载的唐代牛尾驿的客观存在,也证明它完全不是水驿,而是一个深丘中的陆驿,与严耕望先生估计的长江边的松溉镇附近相差六十多公里。这个案例实际上是一个通过田野考察来实现空间定位细化和纠误的过程。

清代滇铜转运中曾经使用过金沙江会泽小江口到叙州府河道船运,但金沙江河道新市镇以上滩多水急,自古视为绝险。怎样能在金沙江这段河道上航运,我们很长时间都将其视为历史之谜。我们发现很早之前邓少琴编的《四川省内河航运史志资料》中记载有用“滚干箱”“吊神船”的过滩方法转运滇铜[7],但仅从文献记载上我们并不了解具体的方式和场景,虽然我们后来在乾隆《金沙江全图》中发现了这种场景描绘,但并不能完全理解这种过滩方式。后来我们对金沙江下游航道进行了系统考察后发现,至今还有一些地方存在这种过滩的遗迹,如屏山县冒水孔纤道,还明显存在这种“吊神船”的平台,可用于“滚干箱”的浅滩,沿江更是多有存在。[8]这样,我们的田野考察证明了乾隆《金沙江全图》中描绘的不虚,也证明邓少琴先生记载之说的可信。遗憾的是,在我们对金沙江下游河道进行了系统考察后,由于向家坝、溪洛渡电站的修建,金沙江下游河道被完全渠化,相关历史遗迹已经永沉水底。好在我们已经通过田野考察完成了“互证”“对读”后的证明过程。

明清时期巴蜀地区战乱不断,留下的明清寨堡卡子众多,其中以今垫江县鹤游坪较为有名。关于鹤游坪寨堡群，早在道光《涪州志》卷一《形胜》中就记载鹤游坪“周四百余里”，而同治《重修涪州志》中也记载鹤游坪“横四十里，纵一百二十里”[9]，后咸丰年间《德壮果公年谱》中称：“涪州所属鹤游坪今日结成一寨，周围四百余里上有市场，居民数万。”[10]后来，人们就继续将鹤游坪演绎为一个面积为二百多平方公里的“天下第一古城堡”。但事实真是如此吗？我们对整个鹤游坪台地进行了系统考察，对大多数寨堡进行了科学测量，发现根本不存在一个二百多平方公里的“天下第一古城堡”，而只是存在一个面积较大的鹤游坪台地，在这个台地的交通要路上设立了大量卡子，同时居民点上设立了大量寨堡，数量较多，总体来看是城堡成寨自保，卡子地处关口管控交通一线，故只能称为天下第一寨堡群。[11]显然，我们通过田野考察从反面证明了清代以来的历史文献记载的“天下第一古城堡”的不可信，这是一种通过“互证”“对读”后的反证。

历史交通地理研究中，通道走向确定与关隘的定位十分重要。在今天的学术界，对于唐代石门道之石门在云南盐津县豆沙关已经没有太大的争议，可是20世纪很长时期内对于唐代石门道之石门还有在高县石门子和宜宾横江石城山之说，连《辞海》等工具书都一度认为唐代石门道之石门是在高县石门子。对这个问题的最后考证，除了对传统历史文献的梳理以外，我们对三个地点的实地考察也起了很重要的作用。考察发现，高县石门子并不沿石门旧道横江河谷行进，两岸的历史文物主要是明代及以后的东西，且山势低平，远没有唐人描述的那样险势。而横江石城山虽然山势陡险，却离横江河道较远，横江河道边有更低平道路可通，没有翻石城山的必要，且缺乏相关文物支撑，也不可能是唐代石门道上的石门。唯盐津豆沙关不仅在横江河边，山势绝险，道路一线可通，而且有沿江汉代坟墓中的文物、唐代袁滋摩崖石刻为铁证，元代称为叶梢坝，曾设立站赤，所以，盐津豆沙关才是唐代石门道所经之石门[12]，现在这已经成了学术界的共识。这个案例就是用历史文物、自然场景与历史文献史料记载“互证”和“对读”的结果。

以上仅是笔者自己科学研究体会的“对读”与“互证”的几个案例，其实在历史学界，这类个案还相当多。如《史记》卷六《秦始皇本纪》记载秦始皇墓中地宫内“以水银为百川江河大海”，在没有对秦始皇陵进行发掘试探之前，我们对《史记》的记载是有怀疑的。但后来通过物探证明，秦始皇地宫内的确存在着明显的汞异常现象。这就不仅证明了《史记》记载的地宫用水银较多以至成江河的可能性，也间接证明了历史文献中记载的巴寡妇清炼丹与秦始皇有关系的可靠性。再如《流贼张献忠祸蜀记》《蜀碧》《蜀难纪实》中对于张献忠沉银本有记载，民间传说和近代文献中也有张献忠江口沉银之说，但在没有进行正式大型发掘前，由于明末清初的文献对这段时期的整个历史多有夸大不实之处，故史学界的许多学者对这个事件大都持存疑态度。不过，2017—2018年，四川省考古工作对江口沉银进行了大量发掘之后，证明了历史文献和民间传说可靠。再如四川渠县城坝遗址没有发掘以前，对于宕渠县的遗址地点有多种说法。在渠县土溪城坝一带，百姓一直有称当地的一些土埂子为"皇城埂子"的说法，这种认知并不见于历史文献记载，而是一种口述的历史记忆。但后来考古发掘发现的城坝遗址正好与宕渠县址相对应，也正好证明了当地"皇城埂子"地名记忆的历史悠久和可靠性。显然，这种"对读"与"互证"的结果应该是多样的，可能通过田野考察证明传世历史文献记载的准确性，也可能证明传世文献记载的不精准或不可信，也可能为传世历史文献作大量补充完善，证明已经有的记载的信度高低。其实，这种"对读"与"互证"并不限于田野考察与历史文献之间，也在田野考察与历史记忆之间，包括与民间的传说、口述的"对读"与"互证"。

这里需要强调的是田野考察对于检验历史文献记载史料的信度，特别是在区别地方历史文献、地方历史记忆（口述传说）中的作为"文化的历史"和作为"科学的历史"的重要性。对于这一点，陈春声很早曾谈道："在调查中，研究者必须保持一种自觉，即他们在'口述资料'中发现的历史不会比官修的史书更接近'事实真相'，百姓的'历史记忆'表达的常常是他们对现实生活的历史背景的解释，而不是历史事实本身，但在那样的场景之中，常常可以更深刻地理解过去如何被现在创造出来，理解同样也是作为'历史记忆'资料的史书，其真正的意义所在及其各种可能的'转换'。"[13]这里谈到的"转换"，自然包括历史记忆的误差，包括有意为之和无意为之两种情况。而通过田野考察来发现这两种情况是我们发现"历史记忆"中的误差、鉴别史料中作为"文化的历史"和作为"科学的历史"的关键。

在历史地理研究中，秦汉时期的历史遗迹并不太多，即使有遗迹，也往往只是与传说相关联。从史源学角度来看，历史文献的记载本身就有着历史时代的缺陷性，早期的历史文献简略，所指难定，而用后来的历史文献史料证明前代的史实往往信度又受影响，特别是用明清的史料去证明唐宋先秦的史实更是不可靠的。不过，作为一种地方性知识或地方性认知，在民间还有许多先秦或者秦汉的历史记忆。这些历史记忆真真假假，花样繁多，真假难辨，对于我们历史学者来说，可能不仅是一种佐证，更多时候是一种干扰。

如在重庆合川区龙多山上有个传说是巴蜀分界石的地方，早在《益州记》《元和郡县志》《通典》《文献通考》中就有对青石山巴蜀"直若引绳焉"的分界石的记载。如果从后来我们对先秦巴蜀的历史地理的了解来看，合川西北、潼南东南一带确实是巴蜀交界的地带，本身的大背景倒也没错。但我们实地考察发现，在龙多山上，所谓的分界石被赋予了更多历史传说成分，而且具体地方也存在三种说法，即飞仙石、迎恩门外试剑石、太平门外巴渝鸿沟，这说明了地方性知识或民间传说的随意性和不确定性。[14]即使是历代地理总志、会典、会要记载的事实，可能很多都是一种文本化的民间记忆、文本化的传说故事，故治史者也不可轻信。

中国古代一直存在一种"遍地现象"，如"遍地大禹""遍地诸葛""遍地关公""遍地建文""遍地孝感"，等等，近几十年我们研究南方丝绸之路时又发现了"遍地西游"现象。

这与中国传统文化中的前贤"地域泛化"有关。如我们在对南方丝绸之路进行的田野考察中发现，四川省汉源县晒经山和晒经石早在宋明时期的文献中就有记载，被认为是唐僧玄奘取经所留。这是历史事实吗？与后来《西游记》晒经的历史有何关系？经过我们的实地考察发现，这个晒经石不过也是历史时期对《大唐西域记》《大唐西域求法高僧传》中的有关历史原型的历史再造。全国各地的历史文献中都有晒经山、晒经石、晒经坡、晒经寺的记载，这是中国传统文化中作为"文化的历史"景观附会现象的典型案例，由此我们发现了"景观附会"中的"地域泛化"现象。[15]最大的问题是中国历史这种"地域泛化"现象如果进入文本，收进了文献，特别是进入正史类文献后，往往容易被视为信史而为地方深信不疑，从而使作为"文化的历史"和作为"科学的历史"之间的界线不够清晰。我们正是经过大量田野考察，发现还有其他此类唐僧取经的遗迹，这种现象具有普遍性，让我们更加深信这种现象的不可靠性，同时发现形成这种"遍地西游"现象的原因。

在一般人的眼中，越是久远的历史越容易产生被人们称为"文化的历史"的历史记忆，但事实并非如此，因为我们发现近三四十年的历史中也有大量"文化的历史"，如果这些"文化的历史"被写入文本，特别是高一级的文本变成历史文献后，对后人来说，往往就难以鉴别真假了，所以，近几十年的历史也需要田野工作来完成及时辨误。如我们在为完成《中国川菜史》进行的巴蜀江湖菜历史的调查工作中就发现，在地方个人、群体的经济诉求与政府的经济、政治诉求催化下，许多江湖菜都被强加了更长的历史，赋予了更为神秘的色彩。在 2017 年的调查中，我们发现大量江湖菜的历史都是人为编造出来的，有的甚至将编造传说材料拿给我们"指正"。[16]我们正是通过田野考察"对证"编写的原创人，发现了做假的问题。

我们知道，在考古学界曾经有"三代以上无考古"或"秦汉以后无考古"之说，这是说明秦汉以前由于历史文献的相对稀少，更需要考古材料互证。但现在历史研究表明，就是在 20 世纪中叶前的历史研究中，考古与文物也是相当重要的。历史地理的调查同样是这样的，不论是先秦或是唐宋，或是明清直到近三四十年，田野考察的作用一直是不可替代的。

总体来看，在地方上，田野中作为"文化的历史"产生的原因较为复杂，经过我们考察发现，历史事件背景的相似相近、地理与名物知识的缺失、地方尚名的文化诉求、个人与政府的经济政治诉求是形成这种"文化的历史"的四大重要原因。这种"造假"在书斋中往往是难以发现的，通过田野考察直接"对证"造假的"原创者"，正是发现这类问题的最好途径。

二、化解史学研究"无米之炊"的途径：收集民间史料

传统的历史研究往往重视宏观叙事，或重视主体叙事，所依靠的史料往往是以传世

的正史、通典、会要、实录为主。在当下的历史研究中，讲求三观并重，即宏观历史叙事发展格局、中观历史大中小事件、微观琐碎边缘历史的结合，后两者往往官修史书中记载较少，历代文人笔记中虽然有一些记载，但文人多是记载一些“高贵的边缘”，而少有“低俗的边缘”。而大多数民间史料才对这类“低俗的边缘”有记载和记忆。所以，寻求一种整体的历史研究，寻找发现传世文献以外的民间史料就更为重要，这样传世文献以外的非传世文献的收集就相当重要。我们知道，民间的非传世文献可以包括口述、碑刻、家谱、文书、日记、书信、档案、契约、简帛等，这些资料大多收藏或存留于民间私人或团体之中，可能部分收藏在各区县图书馆、档案馆等各种机构中。所以，广义地讲，在各区县一级图书馆和档案馆收藏的这类资料也可以作为田野考察获取对象。当然，我们这里所指的主要是散藏在民间私人手中的这一部分，主要是通过田野考察来获取的。

不过，在一般史家的眼中，民间的谱牒、碑刻、契约、文书、档案等在社会史中的利用空间很大，在历史地理的研究中往往可利用价值并不高。其实，有两点我们要重视，第一，任何事物都是有空间的，许多民间史料的空间地域、地名信息往往是传世历史文献所不具备的，所以，将这些民间史料的空间信息归纳分类后的研究相当重要。第二，历史地理学的研究到一定深度后，这些资料的使用空间会大大提高，即当我们的历史地理研究从“大格局”发展到“小生境”个案研究时，这类史料的作用就会成为我们鉴别真假、多少、大小的重要佐证。

家谱在一般人的眼中信度不高，且多局限于社会史、移民史的研究运用，但我们通过田野考察发现，民间家谱对历史环境地理、历史地名的研究也有较大作用。如我们在调查传世文献《明太宗实录》、《明世宗实录》、嘉庆《四川通志》中记载的明代藺州石夹口皇木采办时，正是在实地考察中将当地发现的《太原王氏家谱》中有关明代当地生态环境的记载推测、王氏家族的有关口述与上面有关记载结合起来才复原了当地的有关环境。[17]我们知道，历史文献中对乡村地名的记载相当少，所以我们对清代以前的乡村地名风貌是不够清楚的。这些年来的田野工作中，我们发现大量民间家谱中记录了大量明代及以前的乡村地名信息，这正是传世的地理总志少有涉及的，故我们期望着能收集大量民间家谱来复原明代及以前的乡村地名风貌。如近来我们正在大量收集有关清以前川南乡村的地名信息，与南宋《江阳谱》中的地名进行比对，发现了近800年来乡村地名从“村”到“家”的演变过程和演变原因。

民间资料中口述史料尤为重要，口述资料与历史文献的记载相互“对读”“互证”进一步证明了汉源县杉树村叶氏家族采木史的可信。关于皇木镇皇木采办，传世文献记载较少，只在民国《汉源县志》中有“原因嘉庆时采办皇木之地，故传名为黄木厂”一句，而且这条材料可能也是民国时期民间口述流传的文本化。后来我们调查中首先发现了这条史料与现在民间流传的明代万历年间有明显的出入。之后，我们通过多次实地考察获取了叶氏家族叶龙军等的大量口述,从口述中我们发现叶氏家族在当地传承14代约400多年的时间,与后来皇木遗木的同位素年代测量在明末基本相吻合,为我们科学证明汉源县皇木镇杉树村一带的皇木采办时间形成了口述与检测的互证。[18]

田野考察中发现的碑刻文献也较为重要。如我们根据传世文献曾对中国清代救生船设置地点进行了系统考证,发现整个清代官民设定的内河湖沼救生船总数据应该在200—300只之间波动。这些救生船设定的水域包括金沙江、岷江、长江干流、嘉陵江、乌江、涪江、沱江、汉江、沅江、酉水、湘江、资江、赣江、钱塘江、闽江、洞庭湖、赣江、鄱阳湖、太湖、黄浦江、珠江的龚江、黄河、运河和高邮湖等水域。其中,巴蜀地区的涪江上的潼南县在传世文献中并不见有救生船的记载,但西华师范大学蒋晓春教授在田野考察中发现的《潼南县救生碑》为我们提供了民国时期潼南县仍然存在救生船的例证。[19]我们在研究皇木采办时,在云南盐津县、永善县和四川通江县都发现了一些相关采伐时遗留的碑刻,为我们研究皇木采办提供了很直接的史料,证明了今天看来只是人工中幼林、灌丛的地区在明代和清代前期仍然有可以称为森林的楠木资源。[20]在嘉庆《四川通志》和乾隆《屏山县志》中录有胡广《神木山祠记》,但我们2000年在屏山县中都镇考察时,据悦登源老人提供的碑文拓片和记录的碑文比对发现至少有6处出入[21],这就为我们正确识读碑文提供了参考。

在民间史料中,地方文献特别是没有公开出版的地方文献也很重要。在中国传统史学界,虽然历史文献汗牛充栋,但多是关注主体叙事中的重大事件、重要人物、重要制度,对于普通百姓衣食住行方面的相关记载本身就十分少。尤其是传世历史文献中的正史更是少见这类记载。我们在研究川菜史时发现地方历史文献中有大量的历史文献可征,而这些地方历史文献往往收藏在民间,所以,田野考察中发现的地方文献成为我们研究川菜史的重要史料之一。如笔者在撰写《中国川菜史》中使用的《边州闻见录》《万县食谱》《四川广元地方菜》《内江市烹饪技术教材》《巴山菜谱》等,许多都是在田野考察中淘得的。当然,我们在田野考察中也发现了几本现代地方上文人托古编造的伪书。

实际上在历史学界,民间文献对历史研究的影响巨大,如以前徽州文书与近代江南社会史研究、敦煌文书与唐代历史研究、秦汉简帛与秦汉历史研究、清水江文书与清代贵州历史研究都是一个个典型的成功案例。因为这些史料载体往往需要通过民间收集、地下发掘来获得,所以相关的田野考察和发掘就尤为重要。同时,近些年由于近现代史研究的需要,区县一级的清代民国档案开始受到关注。以巴蜀地区为例,清代巴县档案、清代民国南部档案、清代冕宁县档案等受到关注,这些档案在没有数据化和全部出版前,要获取同样需要走出书斋,实际上这也是一种田野工作。

由于历史的原因,海外图书馆、艺术馆、高校收藏着大量我们国内没有的一些历史文献和器物,如孤本方志、古旧地图等,这些往往是我们历史研究所需要的新材料,这些史料的获取往往也需要走出国门。所以,到海外寻找获取海外历史文献在某种程度上讲也是一种特殊的田野工作。如我们在海外发现的德国私人藏品《金沙江全图》,美国佛舍儿艺术馆《蜀川胜概图》《万里长江图》,日本天理大学图书馆《重庆府地图》,提供了大量新的历史地名和图像信息,对于我们进行历史研究作用巨大。近几年学术界又从法国国家图书馆获得了《渝城图》,也对重庆地方历史的研究有重要意义。特别是许多不见于文献目录著录的海外文献,只有通过海外寻访才能获取,这相对书斋来说实际也是一种田野工作。

这里还要说的是,我们对非传世文献的获取还有一个记录当代的功能。其实中国传统史官本来都有记录当下的义务和责任,古代史官作起居注、编实录都是在记录当下。不过,现在这个功能被分割到地方志办公室的年鉴部门去了。我们知道编撰年鉴的部门大多数是没有受过严格的历史学基础培训的,而且编年鉴的部门往往只关注宏观的大事件、大人物、大制度,对民间社会下层是少有关注的。所以,通过田野考察来记录当下的现实,特别是将当下社会潜规则、下层社会风尚记录下来,倒是可为我们几十年、几百年、几千年的后人提供鲜活的史料。这是我们历史学界应该重视的。我们进行巴蜀江湖菜的历史调查正是受这种思想的影响而进行的。可以说,我们的《巴蜀江湖菜历史调查报告》不仅为后来研究当下的江湖菜历史提供了一个相对精准的史料,更为我们历史学界记录当下提供了一个样本,进行了一种尝试。

三、无字无语诉说的铁证:寻觅"景器场"佐证(佐证各类史料)

所谓寻觅"景器场"佐证,即通过观察和发现景观、器物、场景遗存来弥补文字史料缺失的过程。历史景观遗存、历史器物遗存(可移动文物)和传统风尚场景对于历史研究来说兼有直接史料、佐证比对物的功能。所以,景观、器物、场景,我们这里简称"景器场",往往是一种非文字的史料,往往有直观可视的特点,可以与文字、口述的史料互相补充,互相佐证。

在历史地理的研究中,寻觅景器场对景观的观察最为重要,其中主要是观察考察历史时期人类影响过的人化景观。如在历史交通地理的研究中,由于传统传世文献中对交通路线的记载一般较为粗简,往往只记载交通路线的一些点,而缺乏整体线的记载,因此,只有通过全路线实地徒步考察来复原历史交通路线。这样,这种历史交通地理的考察,一步一步地发现通道上残存的路基、碥路、桥梁、栈道、关隘及相关建筑往往就是直接在寻觅景观类史料。我们在研究明清成渝东大路,清代渝万大路、僻北路、渝黔大路,历史上米仓道时就是采用这种全路线徒步的方式,将交通路线走向最后绘制在大比例尺的地图上,从而对交通路线进行了精准复原。同时,在过去研究石门道、清溪道、乌撒入蜀西路、罗东路、荔枝道、金牛道、和川道、始阳道、阴平道等交通路线时，也采取过一部分重要路段的实地徒步踏察。这些考察踏察发现的景观实际上都可以转换成定位支撑点，进而转变成一种可视的线路地图。[22]

在多年的田野考察中，我们发现利用老旧照片的“同机位重拍比对”对历史环境地理的研究作用较大。随着现代社会资讯和交通的发达，大量近代西方人、日本人拍摄的有关清末以来的中国影像资料进入我们视野。以前我们在研究近一百年的环境史和社会史时，基本上都依赖历史文献中的文字材料来进行，但传统历史文献中对环境变迁和社会风俗的记载相对较少，有记载也较为零散、感性、模糊，整体性不强，精准性不高。大量西方人和日本人镜头中的环境影像资料，就成为我们了解近一百年来自然环境和社会风尚变化的直观材料。不过，变化需要在具体比对中发现，而比对最好是同一景观的前后影像比对，而不是景观与文字记载间的比对，所以，同机位照片比对成为研究历史环境地理、环境史、社会史的重要手段。印开蒲先生曾重走英国人威尔逊之路，将威尔逊在清代末年拍摄的 250 组照片“同机位重拍比对”，直观见证了中国一百多年来的环境和社会变迁。[23]我们在研究长江上游环境变迁时，也同样运用了“同机位重拍比对”的手段，对宜昌天柱峰、秭归县城、云阳张飞庙、奉节白帝城、兴文九丝城、凌霄城、康定县化林坪、叙永县江门峡、威宁县石门坎等地进行了比对，对这些地区一百年到三十年尺度之间的环境变迁作了景观直接比对。正是依靠这些照片比对，与历史文献记载相对证，得出了清末长江上游城镇植被远不如 20 世纪末、长江上游水源林地区森林资源更好、20 世纪七八十年代城镇和传统农耕区植被条件比现代更差的结论。[24]

另外，我们二十多年来一直在南方亚热带山地高山草甸地区考察，才逐渐发现了亚热带高山地区草甸景观的演变规律。因为以前在环境史研究中，很长时期内将环境看作平面的，将空间看成均衡的，将人类行为上看成一致的，将环境走向看成惯性的。实际上不同海拔高度、不同地理纬度、不同生产力背景下，环境的变化往往呈现多样性、非惯性化。通过长达二十多年的田野考察，我们发现，在长江上游地区，不同的海拔高度和纬度背景下的山地，人与自然的关系并不完全一样。如很长时期内地理学界一直认为现在西南地区亚热带山地中的高山草甸是一种常态，出现灌丛乔木反而认为是一种退化，但我们通过田野考察研究表明，这不是一种退化，而是一种回归，因为历史时期这些地区本身就曾是乔木草甸混交景观，今天的草甸景观是近几百年内人类活动改变的结果，而且这种改变并不主要是以往认为的皇木采办、商业砍伐所致，而主要是人类高山垦殖活动特别是 19—20 世纪的高山马铃薯种植运动所致。[25]同样是皇木采办，通过田野考察表明，高海拔地区的云杉、冷杉的采伐与低海拔地区的桢楠采伐带来的生态影响并不完全一样，这种结论没有长期的田野考察对环境景观的发现、观察和分析是不可能得出的。

在长江三峡地区的多年考察中，我们发现赤甲山的颜色与历史文献中的记载有很明显的差异，因所谓的赤甲山山体并非红色，山顶略为发白，而人们称道的白盐山山体呈黄色，就对地名的名实产生了疑问。后来，正是在这种怀疑的驱使下，我们通过梳理历史文献，发现历史上的赤甲山应该是今鸡公山，即宋代的卧龙山，而今天所谓的赤甲山在宋明以前一直是称白盐山，在宋明以来才出现了混乱，将历史上的白盐山误称为赤甲山，而将南岸无名之山误称为白盐山。[26]可以说，这个发现没有田野考察观察景观与地名的冲突产生的疑问，就不可能有后面的纠误。

利用可移动文物来佐证历史研究，这个大家都习以为常，通过田野考察来发现新的可移动文物对佐证我们的历史研究作用明显，历史地理的研究也不例外。如我们正是在田野考察中发现了《神木山祠碑》，证明了《大明一统志》记载明代马湖府采木事件的精准性。《大明一统志》卷70记载："神木山，在沐川长官司西二十里，旧名黄种葛溪山，本朝永乐四年伐楠木于此山，岁时祭之……南现山，在沐川长官北，永乐五年建祠于上。"嘉靖《四川总志》、万历《四川通志》、嘉靖《马湖府志》、乾隆《屏山县志》、嘉庆《四川通志》、《明史》卷28中都有类似的记载，但这段历史真正存在吗？这个神木山具体在哪里？为此，笔者在2000年对四川省屏山县中都镇进行了考察，终于在一个夏姓老乡家中的天井石板下和墙体中发现了失踪多年的神木山祠残碑，并考察了附近的皇城、九重山（牛儿山）神木山祠及碑址，证实了这段历史的客观存在。[27]

如果将考古学放在大的历史研究范畴来看，考古遗址发掘本身就是一种资料佐证过程。对于大多数没有发掘资质的个人和单位来说，通过田野考察来走访考古工地和遗址是十分必要的。我们在研究长江三峡历史地理时，就走遍了长江三峡的大部分考古工地和遗址，对于许多历史地理问题的判断发挥了较大的作用。

通过田野考察来寻觅一些当下场景也是相当重要的，很多时候这些场景是指在特定的景观下由人与器物共同来完成的风尚。虽然这种场景仅是反映当下的一种风土，但历史场景往往具有一定的历史传承性，所以这种场景的获取在历史人类学的研究中尤为重要，如对一个特定地区的风气风尚、具体习俗等的考察调查，对于我们研究某一地区的具体民俗变迁作用明显。如果是对一个地区的风气风尚、具体习俗的长期身居感受，则往往同时有成为后面我们谈到感知事物环境的价值。

四、史料、观点判断的潜在支撑：感知事物环境

上面发现的"景器场"往往可以直接提供给我们具体的支持材料，但许多时候我们在田野工作实际中并没有太多直接的主题和目的，也就是主观上并没有印证史料、收集新史料、发现景器场、诱发新的思考的直接诉求，完全是游离于主题或史料之外的一种"到此一游"的目的。这种田野考察的最终目的只是到此感受某地的自然环境与社会环境，

寻找的是一种远去的历史气场,即历史事件、人物、制度过去变了与不变的景观与场景,有人称此为“情境体验”。虽然这种“到此一游”“走马观花式”的田野考察并不是我们所提倡或推崇的,也是笔者以前在多个场所所批评的,但这种“情境体验”同样也能为我们解读史料、作出判断、提炼结论提供潜在的感性支撑,即从场景来作出历史发展可能性的判断,也还是有一定意义和价值的。只是我们的田野考察如果仅仅是局限于此,其科学意义就明显不够了。

同时,这种感知环境场景可以分成短期和长期两种。前者一般感知时间较短,或时间较长但游历的地区广大,一般而言,会议间的参观和考察、研究团体的大集体考察、一般的旅游都是这种形式的考察。我们知道,会议参观和考察多是去较为成熟的景区或知名度大的遗址,相关的介绍资料较为系统全面,是一种快速了解、考察或参观历史环境的方法,是我们了解一些重要的历史事件、历史人物、历史制度环境背景的快速之路,所以,对于一位学者来说,珍惜每一次会议考察和参观是必要的。许多研究团队都有组织一些人数较多的综合考察的习惯,这种考察有时也会有具体的方向和目的,可以作为研究生田野调查方法方面教学需要的考察,也可以倡导和培养一种田野考察意识和精神。如西南大学历史地理研究所就是每年举办一到两次全所集体的教学考察,多数是没有一个明确的科学目的的考察,主要是想让学生亲身感受到田野考察的重要性,更多是彰显一个倡导的功用,当然考察中也可能有一些意想不到的收获。

一般而言,人类学或历史人类学的一些田野考察可能时间较长,这些考察往往是有特定的科学目的,主要体现的并不是一种感知事物环境的功用。我们这里说的长期的感知事物环境,主要是指一个人长期在一个地区劳作生活而形成的对该地区的无意识感知类型。在某种程度上讲,一个研究自己长期生活的地区的历史的学者,自己在本地区的生活工作阅历本身就是一种环境场景的感知。所以,我们在研究地方、区域时都讲求“地近易核”,研究自己熟悉的地区,也就是对感知环境场景意义的认同。从笔者的切身感受来看,正是由于长期生活在巴蜀地区,长期踏迹于巴山蜀水之间,有对三分天下四川人的个性特征的几十年亲身感受,笔者才发现了巴蜀文化的三分性特点,又通过历史文献、计量调查互证,提出了三分天下四川人的论点。[28]又如我们在研究老四川地区的民风民俗与明清巴蜀历史发展时,在长期的切身感受和专门调查的结合下,笔者在1999年首先提出“老四川”这个概念,认为在历史的发展过程中,今四川宜宾、泸州、自贡、乐山一带是中古文化保存相对较多的地区,这既是对传统历史文献中有关历史进程的认定,也有对当地特殊的民风民俗的长期感受的认同,如川南方言中的古入声的保留、饮食风俗中的食糯文化明显(黄粑、叶儿粑、猪儿粑、红桥粉、白糕)、信仰中的川主信仰隆重、特殊的川南戏文(如车车灯、传统酒歌、莲枪、翻身板、大二牌、二七十等),与巴蜀其他地区相比,我中有你,而你中无我,文化的独特性明显。[29]这些物质或非物质的东西往往都是通过特殊的场景来传递信息的，田野考察或长期身居感受正是获取这些场景的重要途径。所以，我们得出“老四川”这个文化地理概念正是以长期的身居感受与后来的民俗调查为基础的。

五、一切历史都是当代史的新解释：诱发新的思考

科学研究首先要发现问题，才能解决问题，历史研究也是如此。学术研究发现问题的途径很多，但就历史研究来看，主要是三个途径，第一是通过检索前人的研究成果发现问题，第二是在直接阅读历史文献中发现问题，第三就是从现实中发现历史问题。

“一切历史都是当代史”，这是意大利哲学家贝奈戴托·克罗切(B. Croce)《历史学的理论和实际》中提出的观点。[30]这里主要讲的是当代政治、经济、文化环境往往决定了历史研究的选题取向和历史价值观。反过来，我们的历史研究本身具有传承文化和影响当下的功能，要影响当下，自然不可少的是需要从当下的现实诉求、社会喜好去寻找历史的轨迹，所以，从现实中去发现问题就尤为必要。而从现实中发现历史问题当然最好走出书斋，到户外通过田野考察来实现，其中可能包括从历史遗址中发现问题和从现实场景中发现历史两种类型。

从遗址景观中发现问题在考古学研究中实际上是一种常态，故相当普遍，往往一类或一个考古遗址的发掘就会发现一个新历史研究命题。对于历史地理研究来说，对古代的历史遗迹的考察往往也会引申出一些新的问题来。这种研究往往并不只是直接研究遗址本身，而是通过研究遗迹和遗物引申出一些更高层次的思考。

如我们正是通过对四川汉源县晒经山等《西游记》遗迹的考察引申出对作为“文化的历史”的思考。晒经山的历史个案是我们在进行南方丝绸之路考察过程中发现引申出来的问题，我们发现吴承恩《西游记》中大量参考了历史上唐代僧人在南北丝绸之路取经的历史典故，而后人又根据《西游记》中的许多故事演绎出大量唐僧取经的故事附会在遗迹上，由此产生“遍地唐僧”之景。我们将此与历史上的“遍地大禹”“遍地孔明”“遍地关公”“遍地建文帝”“遍地麻城孝感”等现象联系起来分析，对中国历史上作为“文化的历史”与作为“科学的历史”进行了思考。[31]

我们在对巴蜀江湖菜的历史调查过程中发现了民间历史的科学信度问题。近些年我们为了完成《中国川菜史》的撰写而组织了巴蜀江湖菜历史调查，我们发现出于商业诉求和地方经济发展诉求，地方政府、地方企业或者个体经营人竟然公开编造历史，特别是在考察中发现一些著名酒业为了打造自己历史的悠久，甚至编造伪书来证明的案例。问题是这些历史一旦进入文本而写入镇志、县志、省志，历经几百年后，可能就会少有人怀疑而成为信史流传下去。所以，这就引申出一个民间历史文献的科学性问题。[32]

在现实生活中，燃料变迁的现象使我们思考人类生产力水平在环境变迁中的地位。

我们知道，在环境史的研究中，人类生产力背景的变化是相当重要的参数，但以前我们关注得并不够。直到今天，我们仍没有一部“中国社会生产力发展史”面世。这些年，我们在研究长江上游森林变迁时，在大量田野考察过程中发现人类燃料换代对环境变迁影响巨大。随着社会生产力的发展，中国长江上游在燃料上经历了一个从可再生生物燃料向不可再生非生物燃料发展的过程。当人口基数达到一个特定的规模时，可再生生物燃料的大量获取往往会对生态环境特别是会对人口规模大的城镇和传统农耕区的植被环境造成毁灭性的破坏。[33]现在，我们虽然在一定程度上实现了从可再生生物燃料向不可再生非生物燃料的转换，这在客观上对植被环境条件有正面的影响，却又引发出不可再生燃料获取后对地貌环境破坏的不可回归和由此产生无机空气污染的新问题，这又赋予了我们研究近代环境史的必要。

对于历史科学是作为社会科学还是人文科学的问题，笔者一直认为历史学与文学、艺术、哲学还不完全一样，历史学是一门兼有人文与社会属性的科学。由于历史学的社会科学属性，我们历史学工作者都应该关怀现实、关心社会，在现实社会中寻求历史问题和答案。千万不要以为关心现实的历史学会缺乏学术的理性。其实，真正能够从现实社会中获取营养的历史研究往往更有社会价值，而这种具有现实意义的历史研究往往对研究者的要求会更高。例如，我们从现实的“挟尸要价”开始思考中国内河公益慈善救生的历史。2009年湖北荆州发生大学生救人溺水牺牲后个体打捞者“挟尸要价”的新闻，因事发地笔者曾经在研究长江环境变迁时考察过，印象很深，此事更引起了笔者的关注。由此引发笔者对历史时期的救生捞浮尸是不是公益性质的思考，笔者便开始从历史文献中去寻找答案，因此申请了国家社会科学基金《清代中国内河公益慈善救生研究》，发表了一系列论文，为现实社会的水上公益救生体系的建立提供了历史借鉴蓝本。[34]

亚热带山地考察感受到山区贫困诱发出历史时期结构性贫困的概念，反过来为现实结构调整提供了资鉴。三十多年来，我们进行的大量田野考察都是在偏远的西南农村地区，特别是到了许多被称为“白云生处有人家”等曾被诗歌描绘为人间仙境的地方，在发现大量历史文化遗迹的同时，也发现了山区农村大量贫困的现状。这促使笔者回到历史的空间去反思这种贫困是何时形成的，是何种原因形成的。由此我们发现了历史时期结构性贫困这个概念，发现这些地区的贫困并不是因为资源环境和生态环境引发的，而是历史时期经济开发方式与资源环境的配置不协调造成的，明显是一种结构性贫困，而不是一种资源性或生态性贫困，这就为后来社会提出退耕还林、进行结构性调整奠定了历史基础。[35]

我们在田野考察中品尝地方美食时引出了资源和环境的干涉限度差异问题。我们在大量的田野考察中，遍尝各地美食，野鸡、野猪肉也时有食用，但我们发现野鸡和野猪肉在味道、口感方面远不如人们驯养的家鸡、家猪，然而地方江河中的野生鱼类都味道鲜美，口感甚好，这就引发了笔者对资源的“匠化”程度的思考，由此引申出资源和环境“干涉限度差异”的学术和现实话语，提出了在不同的生产力背景下，以人本主义为核心的不同资源的“匠化”程度差巨大，绝不能一概论之。这种话语在学理上对中国环境史研究中的资源和环境越传统越原生越好的理念和现实中对资源传统、原始的绝对崇尚带来了较大的冲击。[36]

尹绍亭先生对云南少数民族刀耕火种的研究引发了笔者对历史生态经济问题的研究。尹绍亭先生对云南基诺人、苦聪人的刀耕火种进行了长期的研究，进行了大量实地考察，对云南民族地区的经典式刀耕火种价值作了科学的分析。后来，我们到云南考察时也时有发现这种现象，回到书斋后我们就开始思索，历史时期的刀耕火种（畬田）的产出比和生态影响又是怎样的呢？所以，笔者便开始进行历史时期刀耕火种的产出比和生态影响的研究，由此发现历史时期经典性的刀耕火种在亚热带山地地区，在人少林多的背景下，传统的一茬轮作制或轮作轮歇制下都有较大的产出比而生态负面影响相对较小的结果，后来在人多林少的背景下，逐渐减少轮歇时间和游耕，演变成固定坡耕，使土壤肥力递减，小环境被破坏，产出比才变低。[37]

我们在大量田野工作中感受到各地饮食文化千差万别，对于现实中争论谁是不怕辣、辣不怕、怕不辣多有思考，也引发了我们对历史时期中国各地辛辣程度的历史演变的思考，由此研究了中国古代辛辣作料的嬗变与中国食辣圈的形成历史。在对辛辣调料进行研究以后，我们又继续对中国豆腐、甜食、酸食历史地理进行了研究，开始进行了中国川菜历史与中国饮食历史地理的研究课题。[38]

2009 年初，中国南方经受了极端低温灾害，南方地区社会经济受到极大的损失，我们都感同身受，也由此引发了为何历史时期这样的低温灾害影响并不明显的思考。由此，我们开始了对中国南方低温灾害影响的研究，发现这种低温灾害在近几百年的时段里，基本上是五十年一个周期。20 世纪 50 年代和清末的两次低温灾害的程度比 2009 年还明显，但灾害的影响远不如 2009 年，主要原因是现代社会是一个能源、物资大网络的流通社会，这是大网络社会形成后遭遇到的第一次极端低温灾害，故缺乏应对这种极端低温灾害的预案和措施。[39]

我们在中国西部长期的实地考察中，发现由于东部工业经济较为发达，西部地区农村的工业产品主要按市场经济规律由东向西进行市场调配，故价格相对较高，而西部大量林牧副业资源类产品不断向东部输出却主要是按国家指令性计划定价调配。回到历史的话语中，我们发现这种差异的形成可能在南宋以来中国经济重心东移南迁后就开始显现出来，所以，我们需要对历史时期的中国西部资源东调及其影响进行研究，为此笔者在《光明日报》首先发表了《历史上中国西部资源东调及对社会发展的影响》一文[40]，后又申报了国家社会科学基金重大项目《历史上中国西部资源东调及对社会发展的影响》。

大量的田野考察会使我们对一个地区的民风民俗有所感受。我们在考察中发现巴蜀传统博戏较为发达，当下麻将、地主、金花盛行，纸牌花样繁多，如长牌、大二、二七十、路孔牌等，这都显现了传统博戏的发达。回到历史上来看，我们发现早在《隋书·地理志》中就有巴蜀“尤足意钱之戏”的记载，由此我们对历史时期巴蜀地区好赌博风的形成及原因进行了研究，发现巴蜀地区经济文化较为发达而在传统时期相对闭塞是好赌博戏发达的重要原因。[41]

不庸讳言的是，就当下中国历史地理学界来看，虽然田野考察之风方兴未艾，但当下大多数田野考察还多仅体现在感知事物环境这一点功能上，真正将田野考察个案材料融入论著中使其成为观点强有力直接支撑的案例并不多。所以，我们需要共同努力，使我们的史地田野考察的水平提高。当然，我们也要深知，对于学者而言，田野考察远不仅仅是学科专业的需要，因为走向自然、走向田野，对于一个学者而言，更是陶冶情操、净化心灵的一种途径。现实社会的红尘滚滚、利欲熏天，人世间的苦斗长征往往会使学者身心疲惫，有时不论您是性情中人，还是清心寡欲与世无争的人，躲也躲不了。不过，每当我们面对古人的斑斑遗址，发着思古之幽情，感叹古今沟通梗阻的困苦而沉迷于千古之谜时，这一切疲惫都会远离自己。同样，每当我们登临高山绝顶，鸟瞰群山如丸、长河落日，感受到自然博大、天地无边、人生苦短时，更会使潜藏心中的俗念庸思灰飞烟散，将周边人际间尔虞我诈、钩心斗角的烦恼忘得干干净净，使脆弱心灵得到安慰。同样，每当我们身处荒野孤寂，面对崎岖羊肠，感受古人的窘迫、苦难与今人的宽松、富足时，我们也会荣辱不惊、知足常乐而心境一片阳光。

【注释】

[1]蓝勇:《明清时期的皇木采办》,《历史研究》1994 年第 6 期。

[2]蓝勇:《寻觅皇木采办之路》,《中国人文田野》第 2 辑,巴蜀书社,2008 年。

[3]蓝勇:《四川汉源明代皇木七年探秘记》,《中国人文田野》第 4 辑,巴蜀书社,2011 年。

[4]严耕望:《唐代交通图考》第四卷《山剑滇黔区》,上海古籍出版社 2007 年版,第 1095～1096 页。

[5]蓝勇:《〈唐代交通图考〉第四卷〈山剑滇黔区〉品评》,《唐研究》,北京大学出版社,1996 年。

[6]蓝勇、刘静、周妮:《明清成渝东大路重庆段四年考察札记》,《中国人文田野》第 6 辑,巴蜀书社,2014 年。

[7]邓少琴:《四川省内河航运史志资料》第 1 辑,四川省交通厅(内部)刊印,第 32 页。

[8]蓝勇:《我的金沙江情结:清代滇铜京运金沙江运道考察记》,《中国人文田野》第5辑,巴蜀书社,2012年。

[9]道光《涪州志》卷1《形胜》、同治《重修涪州志》卷1《山川》。

[10]咸丰《德壮果公年谱》。

[11]蓝勇主编:《垫江县鹤游坪寨堡群历史遗迹调查报告》,2018年,西南大学历史地理研究所。

[12]蓝勇:《南方丝绸之路灵关、石门关考辨》,《成都大学学报》1992年第3期。

[13]陈春声:《走向历史现场》,《读书》2006年第9期。

[14]蓝勇主编:《巴蜀分界 佛道名山:龙多山历史与文化研究》,2018年,西南大学历史地理研究所。

[15]蓝勇:《〈西游记〉中的南北丝路历史地域原型研究——兼论中国古代景观附会中的"地域泛化"与文本叙事》,《清华大学学报》2019年第5期。

[16]蓝勇主编:《巴蜀江湖菜历史调查报告》,四川文艺出版社2019年版。

[17]蓝勇:《寻觅皇木采办之路》,《中国人文田野》第2辑,巴蜀书社,2008年。

[18]蓝勇:《四川汉源明代皇木七年探秘记》,《中国人文田野》第4辑,巴蜀书社,2011年。

[19]蓝勇、张铭:《清代中国水上公益救生与浮尸收瘗研究》,北京师范大学出版社2010年版。

[20]蓝勇:《寻觅皇木采办之路》,《中国人文田野》第2辑,巴蜀书社,2008年。

[21]蓝勇:《四川屏山县神木山祠考》,《四川文物》2001年第2期。

[22]蓝勇主编:《重庆历史地图集》,星球地图出版社2017年版。蓝勇:《四川古代交通路线史》,西南师范大学出版社1989年版。蓝勇:《古代交通、生态研究与实地考察》,四川人民出版社1999年版。

[23]印开蒲等著:《百年追寻——见证中国西部环境变迁》,中国大百科全书出版社2010年版。

[24]蓝勇主编:《近两千年长江上游森林分布与水土流失研究》,中国社会科学出版社2011年版。

[25]蓝勇:《近500年来长江上游亚热带山地中低山植被的演替》,《地理研究》2010年第7期。

[26]蓝勇:《关于〈汉白帝城位置探讨〉有关问题的补充》,《四川文物》1996年第3期。

[27]蓝勇:《四川屏山县神木山祠考》,《四川文物》2001年第2期。蓝勇:《寻觅皇木采办之路》,《中国人文田野》第2辑,巴蜀书社,2008年。

[28]蓝勇:《历史时期四川居民个性特征的地理分区及演变研究》,《中国历史地理论丛》1996 年第 3 辑。

[29]蓝勇:《老四川区域的文化特征及其形成原因》,《成都大学学报》1999 年第 2 期。

[30]贝奈戴托·克罗切(B. Croce):《历史学的理论和实际》,傅任敢译,商务印书馆 1982 年版,第 2、51 页。

[31]蓝勇:《〈西游记〉中的南北丝路历史地域原型研究——兼论中国古代景观附会中的"地域泛化"与文本叙事》,《清华大学学报》2019 年第 5 期。

[32]蓝勇主编:《巴蜀江湖菜历史调查报告》,四川文艺出版社 2019 年版。

[33]蓝勇、黄权生:《燃料换代历史与森林分布变迁——以近两千年长江上游为时空背景》,《中国历史地理论丛》2007 年第 2 辑。

[34]蓝勇:《清代长江红船救生的地位和效果研究》,《中国社会经济史研究》2012 年第 3 期。蓝勇:《清代长江救生红船的公益性与官办体系的衰败》,《学术研究》2013 年第 2 期。蓝勇:《难言之隐——清代内河救生慈善组织内部服务有偿化研究》,《社会科学研究》2018 年第 6 期。蓝勇:《清代浮尸收瘗中的人文关怀》,《学术研究》2018 年第 2 期。蓝勇:《明清时期中国内河的公益救生》,《光明日报》2015 年 5 月 20 日。

[35]蓝勇:《明清美洲农作物引进对亚热带山地结构性贫困形成的影响》,《中国农史》2001 年第 4 期。

[36]蓝勇、刘静:《历史时期资源开发的技术"干涉限度差异"研究——基于唐宋以来长江流域渔业经济方式变化过程的反思》,《汉江论坛》2016 年第 5 期。蓝勇:《中国环境史研究与"干涉限度差异"理论建构》,《人文杂志》2019 年第 4 期。

[37]蓝勇:《"刀耕火种"重评——兼论经济史研究内容和方法》,《学术研究》2000 年第 1 期。

[38]蓝勇:《中国古代辛辣用料的嬗变、流布与农业社会发展》,《中国社会经济史研究》2000 年第 4 期。蓝勇:《中国饮食辛辣口味的地理分布及其成因研究》,《地理研究》2001 年第 5 期。蓝勇、秦春燕:《历史时期中国豆腐产食的地域空间演变初探》,《历史地理》第 36 辑(2018 年)。

[39]蓝勇:《三百年来中国南方冰雪灾害及其影响》,《光明日报》2008 年 3 月 23 日。

[40]蓝勇:《历史上中国西部资源东调及对社会发展的影响》,《光明日报》2005 年 11 月 29 日。

[41]蓝勇:《巴蜀休闲好赌风考》,《西南大学学报》2008 年第 6 期。

(作者单位:西南大学历史地理研究所)

人力所通:澜沧江霁虹桥区域的环境史学认知*

侯甬坚

一、引　子

自 2005 年参与环境史研究以来,笔者一直有一个猜想:地理环境越是独特、复杂的地方,那里的民众生活虽然越是不容易展开,但若一旦展开了,那里的环境史一定会有很精彩的内容。

2017 年 9 月 28 日,笔者为参加“南方丝绸之路高峰论坛”来到了云南省大理白族自治州永平县。30 日,跟随论坛东道主,走上著名的博南古道,又前往西面的澜沧江边,很想看到峡谷底下遐迩闻名的古老铁索桥——霁虹桥。在途中,我们才得知,古老的霁虹桥已处于江水之下了,现在只能看到借以通行到对岸——保山市隆阳区水寨乡的一座公路桥。

图 1　1903 年美国人盖洛所拍霁虹铁索桥

图 2　盖洛所拍霁虹桥面

图 3　民国时期旅行者站立于霁虹桥面

* 本文为国家社会科学基金重大项目“多卷本《中国生态环境史》”(项目批准号:13&ZD080)产出成果。

沿着古道，众人来到峡谷边上的杉阳镇江顶寺，再行至江边，一条又长又宽又深的V型峡谷横在了我们面前。好不容易下到峡谷底下的桥边，迎面所见悬索吊挂式公路桥的东索塔中横梁处写着“雾虹桥”三个描红大字，似乎是对已看不到古老雾虹桥的来访者的一种心理安慰。

下至桥头，抬头望去，一点也没有想到的是，在公路桥的上方高处，蓝天白云里，临空平横着在建的大瑞铁路（大理—瑞丽铁路的简称）澜沧江特大桥的拱形钢架，还有一个已建成的中缅油气管道澜沧江跨越工程的橘黄色平直桥体。这是怎么一回事？为什么这些极为现代化的桥梁会在这里？过桥后上行至对岸的保山市平坡村地面，俯视下方的铁路桥拱形钢架、油气管道的平直桥体与更低处的公路桥，在深蓝色的澜沧江江面映衬下，构成了一幅美不胜收的三桥并行互映景象，加上已经印入脑海的雾虹桥西岸摩崖上的清人题词“西南第一桥”“人力所通”石刻散发的威力，激起了笔者对眼下峡谷内多桥汇聚奇观的无限遐想。

图4　2007年所建公路桥（亦名雾虹桥）

图5　澜沧江雾虹桥区域三桥并立，引人进入无限遐想的境地

为便于认识和研究，本文有意将有史以来的澜沧江兰津渡口、雾虹桥桥梁位置及其周边，专称为“雾虹桥区域”。这个区域的范围，东西两面就是澜沧江峡谷的东西两壁，南北两面则是上、下桥梁桥体外侧垂直面所在，这四面之内的峡谷空间即本文所界定的雾虹桥区域。

通过梳理相关材料，可以大致看出，这个雾虹桥区域自古以来修桥之举不止，进入21世纪又出现了一个多桥汇聚的现象，为了清楚地叙述这一现象，本文兹做出如下约定，并制作出表1。

表1　霁虹桥区域古今七桥的基本情况

序号	桥名	创建时间和人物	桥　长	桥　宽	距江面高度
1	大竹索桥（此处据樊绰《云南志》所记命名）	唐代已有	有相当长度（以“大竹索为梁”）	有一定宽度（“通以竹屋盖桥”）	20 米内
2	霁虹桥（木桥）（此处据元人刘应李编《大元混一方舆胜览》所记命名）	元代元贞元年（1295 年），也先率军修建，两年后达思主持了修缮	长“广五十步”	“驲骑往来，如履平地”，推测桥宽 2—3 米	20 米内
3	霁虹桥（铁索桥）	明代成化十一年（1475 年）建成	总长 106 米，净跨约 60 米	宽 3.7 米	索桥下距江面（旱季）12.5 米
4	尚德桥（新铁索桥）	1999 年 7 月 10 日，保山市洞经古乐协会段体才等老人筹资修建	长 120 米	宽 2 米	桥体下垂处距江面不到 10 米
5	悬索吊挂式公路桥（霁虹桥）	2007 年 1 月，小湾水电站设计及施工单位建成	全长 198.36 米	桥面净宽 5 米	吊桥下距江面 13.5 米
6	中缅油气管道工程澜沧江跨越工程	2012 年 10 月 24 日建成，总设计师史航	跨度 280 米		钢桁架下距江面 123 米
7	大瑞铁路澜沧江特大桥拱形钢架	2016 年 11 月 15 日合龙，总设计师徐升桥	全长 528.1 米		钢架最高点下距江面 168.8 米

资料来源：参见本文以下有关部分。

在此，需要对表 1 内容做出一个简要的说明：

（1）唐代文献记载兰津渡口上已建有大竹索桥，是以“大竹索为梁，上布箦，箦上实板，仍通以竹屋盖桥”，文字确切，含义甚明，本文暂排这座桥为博南古道澜沧江兰津渡口上的第一座桥。此前的情况会依据零星资料加以叙述，力求描述出其历史原貌。

（2）元代在兰津渡口上建起了坚实的木桥，起名为“霁虹桥”，为方便研究起见，本文暂排这座霁虹木桥为博南古道澜沧江兰津渡口上的第二座桥。更为细致的史料，还在继续访求之中。

（3）明代初期在兰津渡口上建起了霁虹铁索桥，方便了车马行商的往来，在明清和民国时期,此桥虽然有过多次毁废和重修,但考虑到桥址不会有变动,建造方式沿用了旧规,本文暂排其为博南古道澜沧江兰津渡口上的第三座桥,其间毁废和重修的经过起起落落,本文一律视之为霁虹铁索桥。

图6 平水时节霁虹桥上的日常景象(永平县杨继梁拍摄)

(4)1986年10月12日,霁虹铁索桥被上游高出桥面的洪水冲断了多根铁索,两岸的桥台也遭到冲毁,从历史上延续下来的这座铁索桥便不复存在。在断桥十三年后的1999年7月10日,为了提供行人过江的条件,依赖保山市洞经古乐协会段体才老人的善举,在原桥台位置上20米处重新架设了一座长120米、宽2米的钢索木面板桥,取名"尚德桥",是为一座新建铁索桥,本文暂排其为博南古道澜沧江霁虹桥区域上的第四座桥。

(5)为了方便永平、保山两边群众的往来,2007年1月,小湾水电站设计及施工单位在原霁虹铁索桥上游约70米处的较高位置上,修建了一座悬索吊挂式公路桥(霁虹桥),以取代上述简易的"尚德桥",本文暂排这座公路桥为博南古道澜沧江霁虹桥区域上的第五座桥。

(6)2012年10月24日,中缅油气管道工程澜沧江跨越工程正式贯通,位于悬索吊挂式公路桥(霁虹桥)上游高出百余米的位置,本文暂排其为博南古道澜沧江霁虹桥区域上的第六座桥。

(7)2016年11月15日,大瑞铁路澜沧江特大桥的拱形钢架在澜沧江上空合龙,位于悬索吊挂式公路桥(霁虹桥)之上、油气管道澜沧江跨越工程之下,整个铁路跨越桥体还在建设之中,本文暂排其为博南古道澜沧江霁虹桥区域上的第七座桥。

二、兰津渡、霁虹桥简史

云南省地理格局习惯上分为滇中、滇东北、滇东、滇东南、滇南、滇西南、滇西、滇西北八个地区。滇西地区地貌构造复杂，现今分布着楚雄彝族自治州、大理白族自治州、保山市、怒江傈僳族自治州、德宏景颇族自治州，境外是邻国缅甸。从滇中的昆明向西到大理，再向西行，踏上的是艰辛的滇西之路，其中难点之一就是博南古道上必须通过的澜沧江兰津渡口。

澜沧江乃是中南半岛湄公河（Mekong River）的上游河段，澜沧江—湄公河全长 4909 公里，是亚洲最重要的跨国水系。澜沧江源自北面的青海玉树地区，南流汇入横断山脉区，江左排列的是大雪山，江右排列的是怒山，与金沙江、怒江两岸排列的诸山，共同组成了横断山脉群，自然地理学家将这种地形描述为“山脉和河流南北纵列，高山深谷平行排列”[1]，视其为中国最长、最宽和最典型的南北向山系群体。从大理西行赴边关，一路上势必不停地下河谷、爬高山，这是滇西之路所面对的基本地理条件。

（一）汉代的兰津渡口及其沿用

公元前 2 世纪，中原地区西汉王朝的影响不断扩大到西南地区。《史记·西南夷列传》所记元狩元年（前 122 年），武帝听取张骞的汇报后，为了向西寻求通往大夏国的道路，曾派“王然于、柏始昌、吕越人等，使间出西夷西，指求身毒国。至滇，滇王尝羌乃留为求道西十余辈。岁余，皆闭昆明，莫能通身毒国”。[2]“求道西”的过程和结果，增加了西汉王朝与西南诸夷的联系，到武帝元封二年（前 109 年），便在这一地区设置了辖境广大的益州郡（治滇池县，治所在滇池水域东南）[3]，下辖的不韦（今保山东）、嶲唐（不韦县北面）二县，开始分布到了澜沧江的西面，再往西去就是哀牢国的地方了。

汉明帝永平十二年（69 年），随着哀牢国地方君长、民众的内属，东汉王朝在益州郡的西面又增设了永昌郡[4]，新建了哀牢、博南二县，前述不韦县不仅沿用下来，还升格为新设永昌郡的治所，反映出西南边疆版图的拓展。这条道路是从益州郡（治滇池县）通到永昌郡（治不韦县），再通到边塞上。史载哀牢地方“土地沃美，宜五谷、蚕桑……出铜、铁、铅、锡、金、银、光珠、虎魄、水精、琉璃、轲虫、蚌珠、孔雀、翡翠、犀、象、猩猩、貘兽”[5]，这么多的物产，已扬名在外，从而增大了对外界的吸引力。

东晋常璩所撰《华阳国志》卷 4《南中志》记录了部分东汉永昌郡的史实，其中回溯道：“孝武时通博南山，度兰沧水、渚溪，置嶲唐、不韦二县。徙南越相吕嘉子孙宗族实之，因名不韦，以彰其先人恶。行人歌之曰：汉德广，开不宾。渡博南，越兰津。渡兰沧，为他人。”《水经注疏·若水》云：“博南，山名也，县以氏之。”[6]古籍专家刘琳认为博南山在今云南省永平县西面，兰沧水即澜沧江，所记史实当在汉武帝元封六年郭昌征伐昆明之后。[7]这首行人歌，后世徐霞客称之为《兰津之歌》[8]，清代修志人称其为《渡兰津歌》。[9]“汉德广，开不宾”二句，是指“汉德”的影响已到了边外不愿臣服和归顺之地，兰津理应为时人渡过澜沧江的渡口所在。

善于歌咏的行人们,行走在这条被称为博南的道路上,“为他人”三个字,道出了他们是处于下层社会的身份。这一批批“行人”,当时是如何渡过澜沧江的,由于史料尚付阙如,难以说明。若从当地交通道路演变的历史来判断,在兰津渡口,行人采用舟筏摆渡来往的可能性是比较大的,也就是元代、清初文献中所出现过的“舟渡”方式。

相传蜀汉丞相诸葛亮指挥军队南征,曾经过兰津渡口,如光绪《永昌府志》里的“武侯南征,架木桥以济师”的记述[10]。到 1981 年,同济大学古桥梁专家潘洪萱予以研究[11],认为永平的霁虹桥,“西汉及西汉前原是渡口,至迟三国已建桥梁”[12],作为一种推断意见,这是可以的,但还是没有直接的证据资料。据明人李浩所撰《三迤随笔》之中的《武侯南征行军路》《诸葛孔明南征兵分三路》诸条,滇西一路军事是由永昌太守吕凯负责,诸葛孔明并未亲至。[13]

(二)唐代出现大竹索桥

据唐人樊绰《云南志》(又名《蛮书》)卷 6 所记:“铁桥城在剑川北三日程,川中平路有驿。贞元十年南诏蒙异牟寻用军破东西两城,斩断铁桥,大笼官已下投水死者以万计。”这是学界认可的唐朝南诏境内已有铁索桥之确切记载[14]。铁桥城是在今丽江纳西族自治县西北金沙江两岸,其卷 2《山川江源》部分就记述到澜沧江边的兰津渡口了,但还没有铁索桥:

> 兰沧江南流入海,龙尾城西第七驿有桥,即永昌也。两崖高险,水迅激。横亘大竹索为梁,上布箦,箦上实板,仍通以竹屋盖桥。其穿索石孔,孔明所凿也。昔诸葛征永昌,于此筑城。今江西山上有废城遗迹及古碑犹存,亦有神祠庙存焉。[15]

唐代南诏龙尾城位于大理,通往滇西的驿路,在通过澜沧江时可以借助竹索桥抵达对岸,这是一条比较清楚的记载。细审文意,这座竹索桥所使用的材料主要是竹子,大竹索、箦(桥上使用的粗篾席)、竹屋都是使用竹子,做成不同的形状,在桥上发挥不同的用途。大竹索固定在两岸的石桩上,穿索的“石孔”,记为“孔明所凿也”,自然是一种传说。所谓“仍通以竹屋盖桥”,应该是沿袭当地风俗习惯,在竹索桥上做成类似遮风挡雨的“竹屋”,兼具休息和欣赏风景之用途。

(三)元代出现霁虹木桥

据悉,兰津渡口处的霁虹桥,是在元代出现的,建桥材质为木料,建起来的是木桥。

元人刘应李所编《大元混一方舆胜览》对此存有简略记载,桥在永昌府永平县境内的澜沧江边,此时还有了桥的名字:

在永昌东，源出西番，广五十步，旧用竹索为桥，今有木桥，曰霁虹桥，驲骑往来，如履平地。[16]

渡江之处江面宽五十步，合于兰津渡口的江面宽度。元朝之前明确为“竹索为桥”，元朝时有人将其改为木桥，给出名称为“霁虹桥”。霁虹木桥的通行情况是“驲骑往来，如履平地”，交通条件大为改善，驿骑过江，如履平地，一般行旅也会倍感方便的。

还值得留意的史籍是《肇域志》一书，其中的记述可以为《大元混一方舆胜览》所述霁虹桥事体补充材料：

元元贞乙未，也先不花西征，始更以巨木，题曰“霁虹”。丁酉冬，宣慰都元帅达思撤而新之。元季桥圮，复以舟渡。[17]

这条史料解答了霁虹桥历史上的多个疑难问题：

（1）采用巨木建造木桥的时间是元成宗铁穆耳元贞元年（乙未年，1295 年）。

（2）木桥建造的主事人姓名是也先不花[18]，身份是元军将领，事由是率军西征来到了滇西澜沧江边。为了方便军队通过和行旅往来，开始使用十分粗大的木料，把原来的竹索桥改建为木桥。木桥建成后，行人观之，有若一道彩虹跨越在澜沧江峡谷之上，便有智者起名为“霁虹桥”。也就是说，霁虹桥名称的由来，是与这座木桥跨江而建的外形、观赏效果相关联的，以前的竹索桥建得很简单，难以使人产生如此联想。

（3）时隔两年的丁酉年（1297 年）冬季，宣慰都元帅达思选择江面水位较低的时机，派人拆除了木桥上不牢固的部分，对其进行了加固处理。

（4）按“元季桥圮，复以舟渡”的记述内容，这座霁虹木桥似乎是使用到了元代末年才垮掉，两岸民众又自发采用“舟渡”方式，载上行人货物，划向对岸。若以元末元顺帝至正二十八年（1368 年）为“元季”的时间节点，达思主持修缮的这座霁虹木桥的使用时间，达七十余年。参照当时桥梁的基本状况，一座木桥很难使用七十余年，只是由于中间的情况不清楚，也只能做如上的简述。

总体来看，从上述霁虹桥的设计、用材、使用时间和得名诸端予以考察，元朝在霁虹桥历史上的重要性是非常明显的。

另据记载，威尼斯商人马可·波罗在云南活动期间，曾走过这条博南古道。具体是“离大理府后，西向骑行五日，抵一州，名称匝儿丹丹（Zardandan）即金齿。居民是偶像教徒，而臣属大汗。都会名称永昌（Vocian）”。沙海昂作注断定，“自大理赴永昌仅行五日，非不可能之事也”[19]。他行走的路线是昆明、大理、永昌和缅甸，关心的是沿途所见所闻的城市，对澜沧江边渡口的情况却没有留下一丁点记录。

（四）明代出现霁虹铁索桥

到了明代，有了在元代霁虹桥的基础上建造铁索桥的记载。光绪《永昌府志》对霁虹桥有过如下记述：

明洪武二十八年，镇抚华岳铸二铁柱于石以维舟。后架木桥，寻毁。成化中，僧了然者乃募建飞桥，以木为柱，而以铁索横牵两岸。下无所凭，上无所倚，飘然悬空。桥之上复为亭二十三楹，两岸各为一房。副使吴鹏题于石壁曰"西南第一桥"。岸北设官厅，以驻使节。岁以民兵三十人更番戍守。然桥摇动无宁晷，铁缆恒蚀。一修于兵备王槐，再修于参将□□，复修于兵备郭春震。前明间，又为顺宁猛酋所焚，兵备郭以仁重修。又修于兵备杜华先、分巡张尧臣。明季复毁。[20]

这段记述引出人物较多，尤其是明初的镇抚华岳、成化年间的僧人了然，为直接再次创建霁虹桥的重要人物，但所涉及的事迹颇为简略。其中所述重修过霁虹桥的"兵备郭以仁"，同书卷34《秩官志·循吏》所记"万历间兵备道"官员邵以仁有仁政事迹，"永民祠祀之"，据此判断重修霁虹桥的这位官员姓名，可能是邵以仁。

据《徐霞客游记》所记，万历三十四年（1606年），顺宁土酋猛廷瑞叛乱，阻兵烧毁了霁虹桥。崇祯元年（1628年），云龙叛贼王磐再次烧毁桥梁，虽然第二年进行了再建，并委派千户一员守卫，但四十年间，霁虹桥两次被毁[21]，可见其命运多舛。

1980年5月，桥梁史专家潘洪萱教授对霁虹桥展开了实地考察，他认为："霁虹桥是始建于明成化中（公元1465年—1487年）的铁索吊桥，是我国现存最古老的铁索桥，比闻名于中外的泸定桥还早二百二三十年。"[22]黄国新、张纪衡两位专家在随后的《中国土木工程大事记（古代部分）》，认可和引用了潘洪萱的结论，即1465年至1487年，明宪宗成化年间，在今云南保山建成霁虹桥，桥总长106米，净跨约60米，宽3.7米，据现有资料为中国最早一座铁链桥。[23]

（五）徐霞客途经霁虹桥

崇祯十二年三月二十八日，明代布衣旅行家徐霞客经过霁虹桥，他称此桥为"铁锁桥"，记述桥址位置、两岸设施和峡谷地理面貌甚详，对霁虹桥的评价为"固知迤西咽喉，千百载不能改也"，判断这一渡口在"汉明帝时已著闻，而不始于武侯也"。

霞客对澜沧江之源流是有所了解的，对俯视之江和之桥，他做了如下描述：

由岭南行一里，即曲折下，其势甚陡；回望铁桥，嵌北崖下甚近，而或迎之，或背之，为“之”字下者，三里而及江岸。即挨东崖下溯江北行，又一里而至铁锁桥之东。先临流设关，巩石为门，内倚东崖，建武侯祠及税局；桥之西，巩关亦如之，内倚西崖，建楼台并祀创桥者。巩关俱在桥南，其北皆崖石巉削，无路可援；盖东西两界山，在桥北者，皆夹石，倒压江面，在桥南者皆削土，骈立江旁，故取道俱南就土崖，作“之”字上下，而桥则架于其北土石相接处。[24]

加上这一段记录前后的部分，乃是一篇直接叙述霁虹桥及其周边地理状况弥足珍贵的文字，大致记述清楚的内容有：

（1）从江顶寺往下，沿“土崖”走“之”字形路，步行三里来到江边。再前行一里，来到了峡谷底下的铁索桥东。整个下至峡谷的过程，显示了峡谷之高深。

（2）澜沧江水北来，铁索桥横于东西峡谷上。桥东头“临流设关，巩石为门，内倚东崖”，有武侯祠、税局两个建筑物。桥台上有碑，霞客记为“乡绅所著”，但当时“过桥急，不及入叩桥东武侯祠”。

（3）桥西头“巩关亦如之，内倚西崖”，有楼台，用来祭祀“创桥者”（这些“创桥者”的姓名弥足珍贵，有待寻迹查问），霞客有“登桥西台间之阁”的举动。

（4）以铁索桥位置划出桥南、桥北两部分，霞客注意到“桥南者皆削土”“桥北者皆夹石”“而桥则架于其北土石相接处”，可以相地施工，固定铁索桩，这是霞客眼光独到之处。[25]

（5）铁索桥本身，“下既有承，上复高绷，两崖中架两端之楹间，至桥中又斜坠而下绷之，交络如机之织、综之提焉”。往下看江面，“则浑然逝、渊然寂，其深莫测”。这是对十多根铁索组成的桥身的细致观察和叙述。

（6）霞客从霁虹桥上走过，观察两岸地貌条件后，得出了此地“固知迤西咽喉，千百载不能改也”的见解，可以判断出他的确具有超过一般人的认知能力。

（六）清代和民国时期霁虹桥的遭遇

继明代之后的清代和民国时期，霁虹桥的遭遇仍然使人不忍卒读，倍感凄凉。地方志和地方史著作虽有提及，但多难得其详，本文只好舍弃这些资料，专门寻找记述详准的文献来叙述，试图增进对霁虹桥史的认识。

前述潘洪萱先生《云南兰津桥与霁虹桥考》论文的附录中有一篇《霁虹桥奏折》（这个奏折的名称应该是给予了简化），上奏人是云贵总督硕色，上奏的时间是乾隆十五年（1750年），内容如下：

云贵总督臣硕色谨奏：为奏闻事，窃照云南永昌府保山县地方有澜沧江霁虹桥一座，俗名铁索桥，其桥之南北两岸使用铁索一十六根，凌空横牵于岸之两头，索上复以板片，两头建有关门，为滇西第一往来要津。康熙四十二年，曾荷蒙圣祖仁皇帝钦赐"飞虹彼岸"四字匾额，悬挂于桥北御书亭内，至今宸翰辉煌，民夷瞻仰。今岁因秋雨频沾，百川聚会，沧江之水势涨发，近据永昌府知府曹梦龙报于七月十一日江水漫溢过桥，将桥板、关门及桥北之卡房、税房等项悉皆冲去，其铁索亦被上流大木冲断，惟北首御书匾亭安然未动，等情前来。臣查此桥内通省会，外达诸蛮，实为滇西最要津梁。该地又设有收税口岸，今现在行旅不通，税课阻缺，臣随饬令该府县速备船只济渡行人，一面行司飞速委员查勘，确估工料酌款，详请兴工建造外，所有铁索桥被冲估建缘由，臣谨缮折奏闻。……[26]

上奏内容系永昌府知府曹梦龙上报所得，该年秋雨来临，澜沧江水暴涨，七月十一日"江水漫溢过桥，将桥板、关门及桥北之卡房、税房等项悉皆冲去，其铁索亦被上流大木冲断"，造成的后果是通行受阻，征税事务为之停办。总督硕色采取的办法有二，一是速令地方府县准备好船只，尽快摆渡行旅，二是派出官员前往查勘，筹划工料、款项，预备施工，重新建造。

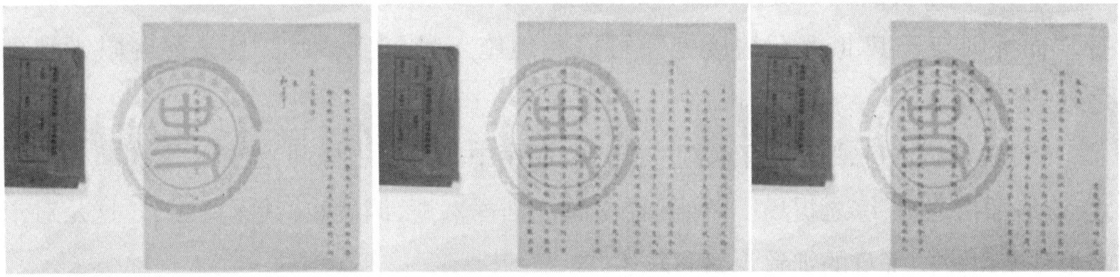

图7 云贵总督硕色《奏为永昌府保山县澜沧江霁虹桥及昭通府镇雄州洛泽河木桥七月被水冲毁委员勘修事》朱批奏折原件(乾隆十五年九月初三日)

在霁虹桥的历史上，尤其是明朝以来的数百年中，它曾经被水冲毁过十余次，之后为了恢复交通往来，也经历过差不多同样次数的重建和大修。

1903年3月，一个名叫威廉·埃德加·盖洛(William Edgar Geil)的美国旅行家及他的同行者走上了霁虹桥，为历史拍摄了霁虹桥的最早姿态(见本文图1、图2)。他的这些摄影作品留在了一本名为《扬子江上的美国人——从上海经华中到缅甸的旅行记录》[27]的著作里，过了一百来年，才有更多的中国人通过这部书的中译本知道了霁虹桥。还有学者对其作了评论。[28]

如本文图1、图2所示，这是传统时代最为规整而美观的霁虹铁索桥了，这时的行人上桥，理应是极为惬意的事情。依托两岸伸进河床建立的坚固桥台，明显缩短了两岸间

图8　W. E. 盖洛著作英文原版和中译本书影

铁索桥的长度，当时实行的是一种什么样的桥梁维护制度，能够使整座桥梁保持如此规整有序的面貌，可以较长地延长它的使用期限，这是值得探究的内容。从该书第 18 章涉及霁虹桥的论述，我们得知：

（1）盖洛经过霁虹桥的时间是 1903 年 3 月 4 日（光绪二十九年二月初六），使用的是“湄公河”“悬索桥”用词，似乎不知“澜沧江”“霁虹桥”中文名称。

（2）描述江顶寺至江边的下坡路，“是我在大清帝国所见过最崎岖不平的山路了”，这里可以参照对面平坡村下至江边的深度为 500 英尺。东面坡路是相当陡直垂下，弯多弯急，无人修缮，故而难行异常。

（3）描述“河上的这一悬索桥跨度大约有六十码，去年刚刚重修过，花费了八千两银子。这笔钱是来自当地官员和地方乡绅的捐助。这些是桥东的厘金关卡工作人员告诉我们的”。这些内容可以和官府文书进行对照研读。

（4）盖洛原文第 251 页 On the east end of the bridge is the inscription“Hills High and Water Long”；on the west side“The west must severely govern”，中译本第 241 页译为“在桥的东端写着‘山高水长’，西端则写着‘西部严治’”。霁虹桥东端未闻有摩崖石刻，而西端石壁上的刻文最多，含“山”“西”字的石刻有著名的“表里山河”“西南第一桥”，其他的就更难合其文意。摩崖石刻之外，当时有无官府竖立的文字招牌，尚不得而知。

据潘洪萱先生的研究，民国时期霁虹桥还遭遇过一次意外，那是 1930 年的冬季，和历史上的不幸事件一样，不好的结果是铁索链断了：

庚午年十二月二日，天将明时，有大帮驼牛争先过桥，不服制止，致群牛拥挤桥上，压力过重，当即将桥之铁练踏断两根。三日正午，又有驼马数十头，相继强迫过桥，过未及半，铁练又断，十根仅余两根，桥板已坠水面，完全不能通过。……暂编浮桥一座，以便继续推行，一面鸠工庀材，重建铁桥，用符原状。（下略）[29]

这是一通石碑的内容，碑名是《重建保山澜沧江铁桥碑序》，落款时间为“中华民国二十年立”，此处予以节录。潘洪萱论文图 3、图 4 分别有 a、b 两幅照片，页下的说明文字是“为云南大学历史系江应梁教授 1937 年骑马考察时所拍照片”，图 3 照片 a 中的铁索桥承重底索有 15 根，上面没有铺设木板，底索也不大成组。据图 3、图 4 的照片，应当是 1930 年后重修此桥，也有可能再延续至 1949 年。

1949 年后对霁虹铁索桥的一次考察，是来自同济大学古桥梁专家潘洪萱先生。因参加《中国桥梁技术史》编写组的工作，他特意在 1980 年 5 月前往霁虹桥上做了一些极为重要的测量工作，得到的基本情况为：

> 桥总长 106 米，净跨约 60 米，桥宽 3.7 米，现桥面木板已全部拆毁，全桥共 18 根铁索，其中承重底索 16 根（现剩 14 根），扶栏索每边一根（图 5）。铁索锚死在两岸桥台的尾部（这是云南铁吊桥常用的方法），桥台长约 23 米。铁链扣环直径 2.5—2.8 厘米，长 30—40 厘米，宽 8—12 厘米，扶栏索由长 8—9 厘米、宽 7 厘米左右的短扣环组成。

潘洪萱先生论文也提到著名科技史专家李约瑟博士在《中国科学技术史》巨著中讨论中国古老铁索桥的内容，其中所述“霁虹桥是世界现存的唯一最古老的铁索桥”这句话，还需要在李约瑟博士的著作中查找，才好做出一个最基本的判断。

（七）近现代公路选线为何放弃兰津渡口

近代交通的代表性事物是汽车和公路，它们集中进入云南的时间可能会延迟到民国时期。于 1937 年 12 月开工，次年 8 月底提前竣工通车的滇缅公路（中国云南省通至缅甸的公路），被后人称为一条诞生于抗日战争烽火中的国际通道。

滇缅公路由昆明经下关、保山、龙陵、芒市、畹町，进入缅甸直通仰光，其中下关到畹町中国境内的路段，全长 547.8 公里，为最艰苦的修建路段。据相关研究，从 1940 年 10 月至 1941 年 2 月，日军出动飞机重点轰炸澜沧江上的功果桥和怒江上的惠通桥，功果桥遭到 16 次轰炸，惠通桥被炸 6 次。[30]

位于霁虹桥上游云龙县功果桥镇的功果桥，分新老两座。老功果桥建成于 1939 年 5 月，为一座荷载量较低的柔性钢索吊桥，鉴于当时军运物质紧张，不能满足战时运输需要，随即在上游 700 米处新建一座荷载为 H－10 级的钢桁构加劲钢索吊桥，竣工时间是 1940 年 11 月。因新桥设计师钱昌淦（时任交通部技术厅桥梁设计处处长）在由重庆至昆明途中遭遇空难，新落成的功果桥因此被命名为昌淦桥。

上述滇缅公路上的两座公路桥放弃了澜沧江峡谷里的兰津渡口和霁虹桥桥址，

1949 年后的公路建设基本上是在抗战时的滇缅公路基础上改进路线。70 年代初修建的下关至保山公路（320 国道）上跨越澜沧江的公路桥——永保桥[31]（位于今保山市隆阳区瓦窑镇祝家村），还有进入 21 世纪后修通的高速公路也是从永保桥上方的新永保桥通过澜沧江，都放弃了历史上澜沧江峡谷里的兰津渡口和滇缅公路。这究竟是为什么？

本文的基本推断是：兰津渡口和霁虹桥桥址所在的澜沧江峡谷，上下深达 300 多米，人畜行走还便于调整，对于载重汽车来说，却极为不易也不利，所以滇缅公路线的设计放弃了难度不易克服的霁虹桥桥址所在，改为虽有所绕道却易于通过的功果桥线路，这是相当明智的。1949 年之后的各种公路建设（省道、国道和高速公路），其选线考虑也不出此中之理。

三、21 世纪：公路、管道、铁路交通运输方式进入霁虹桥区域

抗战时期的霁虹桥区域，未能进入滇缅公路选线的设计范围，1949 年后也一直孤落一旁，并没有被开拓为新的公路线，也就不在公路运营线路之内，只是作为乡镇间百姓通行的老路或捷径存在着。也是因为这样的缘故，霁虹铁索古桥才被默默地保存下来，其显赫的名声，虽然属于历史，却可以慰藉无数知其价值的人们的心灵。

也就是说，由于未被纳入国家公路交通干线，古老的霁虹铁索桥便处于自生自灭的状态之中。1986 年 10 月 12 日，澜沧江江水大涨，霁虹桥出现了铁索毁断的情况。当时，洪水高出桥面 7 米，将霁虹桥 15 根铁链冲断，桥亭亦遭冲毁，铁索桥断了，民间交通也就为之阻断。[32]此种情形不由得使人联想到乾隆十五年的七月十一日。

直到 1999 年 6 月，在原桥位置上面 20 米处，重新架设了长 120 米、宽 2 米的钢索木面板桥，取名“尚德桥”，两岸民众才恢复了交通往来。也就是说，从 1986 年 10 月 12 日到 1999 年 6 月的十三年间，霁虹桥区域处于无桥通行的时间段，当时，老百姓立即采用竹筏过江，在这一河段上再现了“舟渡”的

图9　1986—1999 年无桥期间霁虹桥区域再现的竹筏摆渡情景

历史!

那么,“尚德桥”究竟是什么来历呢? 2010年6月26日,有网友发出《我国现存最古老的铁索桥——大理永平霁虹桥》一文,告知读者他们的“五一”霁虹桥之行目睹的实况:“古老的霁虹桥只有残存的石墩孤孤零零地立在对岸,即将被沙石掩埋。紧挨着的以段体才为首的洞经古乐协会自筹修复的尚德桥,如今也只剩下一边桥墩,最后残留的散乱的几条铁链垂落在水面上随波逐流。哗哗的冲刷声音,细诉着这座桥曾经的辉煌。”“史上记载,霁虹桥曾经十多次被冲毁,又被修复,最值得提的是,重修霁虹桥的竟然是洞经古乐爱好者,自发组织的洞经古乐协会段体才等38位老人自筹资金,再一次修复了霁虹桥。当年为了筹集后继款项,老人们在桥头上演奏了一曲世间最动听的洞经音乐,史上绝无!”“行程即将结束时,带着崇敬的心情,我们去看望了当年修桥人,82岁的段体才老人,才提起霁虹桥,老人马上把头低下了,摇着手,表示不愿意提起这件事,我分明看到老人的眼里闪着亮光,我强忍住眼泪,把头转开了。”

进入21世纪,中国西部地区峡谷里的深险河流,竞相成为各个大型公司的水电开发对象,纵贯滇西的澜沧江自然也不可免。2002年1月20日,位于霁虹桥区域下游约110千米的小湾水电站(临沧市北),作为澜沧江水电梯级开发的“龙头电站”,在澜沧江中游河段开工建设。2004年10月25日实现大江截流,2008年12月16日实现导流洞下闸蓄水,水库总库容150亿立方米,具有多年调节能力,2012年10月首次蓄水至正常水位。[33]

有史以来,澜沧江的水量和水文状况第一次受到人为的调控,在小湾水电站水库蓄水之前,作为补偿工程,设计及施工单位决定在尚德桥上方高处投资兴建一座铁索钢板吊桥,桥梁设计标高1256.5米,库区淹没水位1243米,它于2007年1月建成。从图10照片(2007年2月19日拍摄)所见,上面的公路桥东壁施工处斑痕累累,下面的尚德桥虽然还在使用,其命运已岌岌可危了,小湾水电站导流洞一旦下闸蓄水,江面水位持续上升,尚德桥的命运也就如同前此的霁虹铁索桥一样,将消失在江水之下了。

澜沧江上的小湾水电站,位于小湾附近,坝高为300米,正常蓄水位高程为1243米,当时一期已经开始蓄水。管道跨越位置位于小湾电站上游,属于库区的一部分。

澜沧江区域峡谷深长,这里与全国改革开放活跃地区的距离太远,与国家的泛亚铁路、能源需求等发展形势也还没有关联,古往今来过江的难易程度总是视季节的雨量而定,风闻外界的种种变化,居住于此的百姓似有“洞中方数日,世上已千年”之感受。时至21世纪头十年,深邃的峡谷失去了抗战以来如水面一样的平静和沉寂。至2012年10月24日,中缅油气管道工程澜沧江跨越工程在霁虹桥区域上空正式贯通,人们开始改为仰视那条跨越大江的桥体了。这一管道是境外原油进入中国大西南的最便捷通道,跨越工程设计采用悬索一跨过江的方式,完成了跨度280米、桥面高程1363米的新的工程。据

图10　桥址上移20米、可供百姓日常通行的尚德桥

中国石油天然气管道工程有限公司负责设计的教授级高工史航等人的研究：

> 中缅油气管道澜沧江桥隧工程由“一桥两隧”组成，穿跨越位置地形起伏剧烈，气象、地质条件极为复杂，下游新建水电站蓄水形成库岸再造，使得管道穿跨越工程设计难度极大。经过多方案勘察、比选，确定了“地质选线，以桥定隧，桥隧结合”的设计理念，并充分利用现场各种可以利用的条件，使管道顺利通过澜沧江。梳理了该工程设计的7大难点，描述了穿越断面选择及穿跨越工程设计的过程和思路，可以为大口径管道通过类似地区及特殊难度穿跨越工程设计提供借鉴。[34]

图11—13　澜沧江管道跨越桥体外观、结构和桥面（施工中）

一桥才起，又起一桥。2016年11月15日，大瑞铁路澜沧江特大桥最后一根腹杆吊装成功，标志着澜沧江又一座铁路桥合龙。这座特大桥横跨澜沧江两岸，全长528.1米，桥面距江面超过279米，底下就是举世闻名的雾虹桥区域。

依据中铁二院工程集团有限责任公司唐伟华、陈明浩高级工程师的设计，他们认为从研究目的考虑，大瑞铁路地质复杂，澜沧江大桥为大瑞线的控制工程之一，应先确定桥位,后选择线路方案,应通过分析各拟选方案工程地质条件,得出最佳桥址方案。他们的研究结果是:王家庄、界牌两处桥位方案均跨越断裂带与不良地质,工程处理困难,而霁虹桥位方案构造及岩性等地质条件相对较好,为最佳桥位选择。[35]

在杜宇本高级工程师等人的论文中,我们看到了极为精致的专业图件(原文图2,本文顺排为图14)[36],有助于了解正在建设中的大瑞铁路澜沧江特大桥及其周边环境条件,兹转附于此,供读者观察和欣赏:

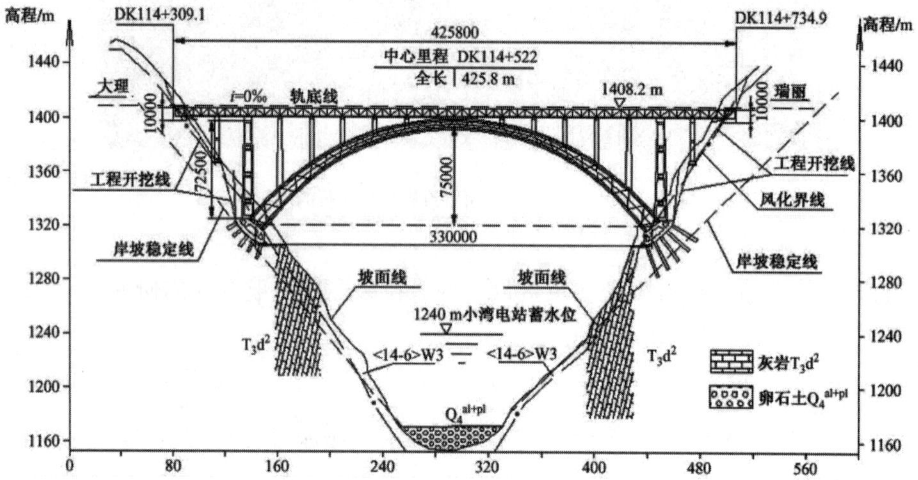

图14 澜沧江大桥设计纵断面示意图

还有一幅展示施工位置的两岸工程边坡及桥体结构FLAC3D数值计算模型(原文图5,本文顺排为图15),相当直观而逼真地显示出特大桥桥体避开峡谷东面五里哨断层、峡谷西面平坡断层的情景,请读者观察和欣赏:

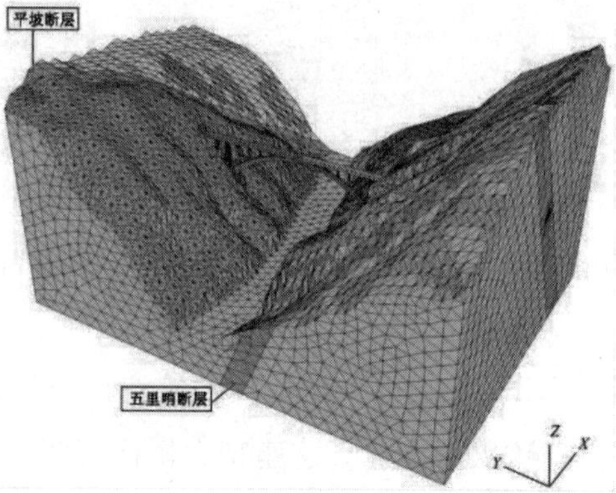

图15 两岸工程边坡及桥体结构FLAC3D数值计算模型

大瑞铁路的澜沧江大桥还在加紧修建之中，观察和欣赏的人们却已可以展开自由的想象，在这么一段不到1公里长的峡谷内，竟然汇聚了公路、铁路、管道运输三种交通方式，不同桥体彼此接近，交相辉映，本身就是一件促进人思索、颇让人兴奋的事情。

图16—18 大瑞铁路跨越澜沧江特大桥拱形钢架的施工过程

四、结论：路穷出绝技——地形、人力和心智之称颂

总结霁虹桥区域的峡谷地貌条件和地形特点，其特殊的历史价值在于：

（1）区域位置处于从大理至中缅边境口岸瑞丽交通路线的必经之地——澜沧江渡口处，两岸峡谷狭窄深险，江面受到约束，客观上减少了修建桥梁的长度。古代建桥人在两岸各修建约20米长的桥台，促使铁索桥的跨度被约束至60米，便于建其桥身，供人通行。

（2）明人徐霞客已观察到霁虹铁索桥是“架于其北土石相接处”，“桥南者皆削土”的地质地理条件，在古代和近现代得到了各色行旅过江和上下峡谷通行方面的利用，而“桥北者皆夹石”这一条件，完全是大自然留予当代社会施展科技才能的建设基础，近年中缅油气管道澜沧江跨越工程贯通、大瑞铁路特大桥拱形钢架在澜沧江上空的合龙，则是依据社会发展需要的紧迫性和技术进步的可行性来实施的。

以上两点，即本文所阐发的霁虹桥区域所具有的特殊的峡谷地貌，它能够构成持久性桥址的基础。至此，我们也进一步明白了距今三百多年前徐霞客经过霁虹桥时，这位布衣旅行家总结的“固知迤西咽喉，千百载不能改也”这句话之真谛。历史学界、地理学界皆赞誉他为古代旅行家、地理学家，从他观察霁虹桥址后所得到的这种清晰认识来判断，他的确是一位具备真正地理眼光的旅行家。

再据《徐霞客游记》所记文字，铁锁桥之西，“内倚西崖，建楼台并祀创桥者”的举动，可见前人对历代“创桥者”尊重万分，甚至顶礼膜拜。本文尊崇“吃水不忘挖井人”的传统，愿以“过江感念创桥者”的情怀以续之，谨制作表2。

表2 霁虹桥区域历代创桥者名录

序号	姓名	官职/身份	时代/年份	事　迹	备　注
1	诸葛亮	蜀国丞相	三国时期	相传,诸葛亮率军南征时,在兰津渡口建桥,此后成为历史上在澜沧江建桥的一位象征性人物	“此桥始于武侯南征,故首祀之”(《徐霞客游记》卷8)
2	也先不花	元军将领	元代元贞元年	也先不花率军西征,将旧桥换成木制,题名为“霁虹桥”	《肇域志·云南·永昌军民府》
3	达思	宣慰都元帅	元代元贞三年冬	达思率人对霁虹桥进行过修缮	《肇域志·云南·永昌军民府》
4	华岳	镇抚	明代洪武二十八年	华岳率人铸铁柱于两岸,以维系江舟,还修建木桥于江上,后被毁掉	光绪《永昌府志》卷13《建置志·津梁》
5	了然	僧人	成化中	了然僧人曾募建“飞桥”,以木为柱,铁索横牵,桥上复为亭二十三楹,两岸各为一房	光绪《永昌府志》卷13《建置志·津梁》
6	段体才	古乐师	1999年6月	段体才等老人自筹资金,修建了尚德桥	云南保山市洞经古乐协会艺人
7	史航	中国石油天然气管道工程有限公司总工程师	2012年10月24日	主持设计中缅油气管道控制性工程——“一桥两隧”的澜沧江跨越工程,并顺利贯通	全国工程勘察设计大师
8	徐升桥	中铁工程设计咨询集团桥梁工程设计研究院总工程师	2016年11月15日	主持设计大理—瑞丽铁路澜沧江特大桥钢管拱桥,实现高精度合龙	全国工程勘察设计大师

说明:(1)向达《蛮书校注》称“武侯南征,初未尝至永昌也”(中华书局2018年版,第51页),本文遵从古人认可的“创桥者”,列名于表中,并添加说明文字;(2)近时以来的“创桥者”系根据有关资料加入;(3)今后尚需依据更细致准确的资料,对本表加以补充和完善。

从交通运输地理学原理得知，经过千百年人类社会交通运输事业的发展，部门交通运输地理已运用铁路、水运、公路、航空和管道五种运输方式。任何国家在设计与交通运输地域组合有关的方案中，追求一个自然条件有利（或至少是较好）、技术措施先进（或至少是可能的）、经济效益最大（或至少是合理）的结果，乃是设计人员开展理论研究和解决实际问题的基本目标。[37]以历史上霁虹桥区域交通史实为素材，以上述原理为基础，从环境史角度加以衡量，本文归纳出交通运输事项的三个原则，即取直、取平、取短这三点。毋庸置疑，设计师乃是交通环境史研究中最重要的人物，更是沿线桥梁设计的灵魂，而“取”字的表达最有意义的地方，恰恰是突出了设计师在交通线路和桥梁位置选择过程中所运用的综合思想。

所谓“取短”，是单单就道路通过江河险要时，建造桥梁的难易程度来概括的。澜沧江深险河谷上若架不起桥梁，或克服不了两岸坡度较大的陡坡，那选线就一定会改变，反之，如果可以克服这些困难，选线一定会循此而过。在“取短”设计原则指导下，古代的霁虹桥（铁索桥）和现今临江所见悬索吊挂式公路桥（霁虹桥）、中缅油气管道工程澜沧江跨越工程、大瑞铁路澜沧江特大桥拱形钢架，虽然技术要求和施工难度各有不同，相差悬殊，但均为选择最短峡谷横截面的自然结果。“取短”这一原则的重要性，主要体现在对于整个线路走向和设计要求的制约性上。

所谓“取平”，请读者观察本文“澜沧江大桥设计纵断面示意图”（图 14），可知这条铁路的取平参数大致为海拔 1400 米，正在进行的隧洞掘进、铁轨铺设等，均是参照这一水平线来施工的。再如抗战时期滇缅公路线及通过澜沧江的功果桥处、2001 年建成的 320 国道通过澜沧江的永保桥处、2002 年全线通车的云南大理—保山高速公路通过澜沧江的特大桥处，均是参照“取平”原则进行的设计。而近现代公路、铁路和高速公路的勘察设计，越来越注重“取直”原则所带来的线路稳定性和安全性内涵，为此采用了许多先进的现代隧道掘进、桥梁架设技术，来加以实施和予以保证。

放宽历史的视野，也许所有的思考者都需要在区域综合上来观察研究环境历史，来透视人地关系。面对霁虹桥，有人写过这样的文字：应该不难想象，随着大瑞铁路的全面竣工，随着各项文物遗迹复建工作的完成，这里将出现碧波荡漾，人车桥上走、船在水面行、高空观名桥的美好景观，特别是一个有新桥墩遗址、新摩崖石刻景观，并将自然景观和人文景观融为一体的全新文化场景将会重现。[38]对于此种景观，笔者和众人一样，也是在内心予以期待。

最后，谨以笔者 2018 年 5 月所作《未遇霁虹桥》短札，作为本文的结束。

人力所通——

人们通行过河的方式各种各样

因时代而异
过到对岸则是大家共同的目的

对于民众来说
他们是河流两岸真正的主人
只有过到对岸
才能开展更广泛的物质交流

国家和政府在此的职责只有一个
那就是维持民众和平的生活
因此而做出的各种善举理应赞扬之
因此而生出的贪婪行为理应唾弃之

（附记：本文写作缘起及参与调查过程中，包括撰稿和文中采用的图片，均得到永平县文联及南方丝绸之路研究所的赞同和支持，作者在此深表谢意！本文实地考察和撰稿过程，曾得到张晓虹、杨伟兵、杨煜达、张继强、杨继梁、周向东、唐人俊、吴安臣、周勇、下关风、何金龙、成莉玲、王洪松、聂选华、张丽洁、史红帅、苏绕绕诸位的各种方式的帮助，作者在此深表谢意！）

【注释】

[1]任美锷主编：《中国自然地理纲要》（修订第三版），商务印书馆 1992 年版，第 284 页。

[2][西汉]司马迁撰：《史记》卷 116《西南夷列传》，中华书局 1959 年版，第 2995 ~ 2996 页。

[3]《汉书》卷 28 上《地理志》记录益州郡有 24 个县，合计有 81946 户，580463 人。

[4]《后汉书》志第 23《郡国志》记录永昌郡有 8 个县，合计有 231897 户，1897344 人。《后汉书》卷 86《南蛮西南夷列传》记："永平十二年，哀牢王柳貌遣子率种人内属，其称邑王者七十七人，户五万一千八百九十，口五十五万三千七百一十一。"就户口数字而言，永昌郡可称为大郡。

[5][宋]范晔撰：《后汉书》卷 86《南蛮西南夷列传》，中华书局 1965 年版，第 2849 页。

[6][北魏]郦道元注，[民国]杨守敬、熊会贞疏：《水经注疏》卷 36《若水》，江苏古籍出版社 1989 年版，第 2955 页。

[7][晋]常璩撰，刘琳校注：《华阳国志》卷4《南中志》，巴蜀书社1984年版，第427页。

[8][明]徐弘祖著，褚绍唐、吴应寿整理：《徐霞客游记（增订本）》卷8上，上海古籍出版社1980年版，第954~955页。

[9][清]刘毓珂等纂修：《永昌府志》卷66《艺文志·诗·古歌》，光绪十一年（1885）刻本。

[10][清]刘毓珂等纂修：《永昌府志》卷13《建置志·津梁》，光绪十一年（1885）刻本。

[11]潘洪萱（1935— ），江苏宜兴人。1957年毕业于同济大学桥梁与隧道专业，留校任桥隧教研室讲师。1985年调入上海市人民政府工作。1991年调任上海财经大学党委书记。著述有《绍兴石桥》、《十大名桥》、《中国民居》（合作）、《中国建筑艺术全集·桥梁、水利建筑》等。

[12]潘洪萱：《云南兰津桥与霁虹桥考》，《同济大学学报》1981年第1期。

[13][明]李浩：《三迤随笔》，见大理州文联编《大理古佚书钞》，云南人民出版社2001年版，第25~26、63页。

[14]李晓岑：《南诏大理国科学技术史》，科学出版社2010年版，第213~215页。

[15][唐]樊绰著，赵吕甫校释：《云南志校释》卷2《山川江源》，中国社会科学出版社1985年版，第83页。

[16][元]刘应李原编，詹有谅改编，郭声波整理：《大元混一方舆胜览》（上册），四川大学出版社2003年版，第477页。

[17][清]顾炎武撰，谭其骧、王文楚等点校：《肇域志》，上海古籍出版社2004年版，第2419页。

[18]《元史》卷134《也先不花传》记载："（至元）二十三年，拜上柱国、光禄大夫、云南诸路行中书省平章政事。"从这一年开始，传主成为云南诸路的地方大员。

[19][法]沙海昂注，冯承钧译：《马可波罗行纪》，中华书局2004年版，第473、476页。

[20][清]刘毓珂等纂修：《永昌府志》卷13《建置志·津梁》，光绪十一年（1885）刻本。

[21]《徐霞客游记（增订本）》卷8上，第954页。猛廷瑞焚桥事，见刘廷蕙所书《重修霁虹桥碑》文，载光绪《永昌府志》卷65《艺文志·碑记书传》。

[22]潘洪萱：《云南兰津桥与霁虹桥考》，《同济大学学报》1981年第1期。

[23]黄国新、张纪衡：《中国土木工程大事记（古代部分）》，《同济大学学报》1985年第2期。

[24]《徐霞客游记（增订本）》卷8上，第954页。

[25]同济大学桥梁史专家潘洪萱教授考察中得出的判断是“桥东山头多泥土,桥西为峭壁石山”“桥位选在江面最狭,河床最为稳固处”,见《云南兰津桥与霁虹桥考》一文。

[26]此处引文首次见于潘洪萱先生《云南兰津桥与霁虹桥考》一文(刊《同济大学学报》1981 年第 1 期),现据中国第一历史档案馆“宫中朱批奏折”原件复核更正后引出。

[27]〔美〕盖洛著,晏奎、孟凡君、孙继成译:《扬子江上的美国人——从上海经华中到缅甸的旅行记录》,山东画报出版社 2008 年版。

[28]王冬青:《一个美国人清末的“西行漫记”——评 W. E. 盖洛的〈扬子江上的美国人〉》,《社会科学战线》2010 年第 8 期。

[29]录自民国《重建保山澜沧江铁桥碑序》,中国人民政治协商会议保山市隆阳区委员会编,徐鸿芹点校:《隆阳碑铭石刻》,云南美术出版社 2005 年版,第 531 ~532 页。此处参考了前引潘洪萱论文中的录文,以便使引文资料更为通顺合理。

[30]韦丹凤、李晓岑:《滇缅公路工程决策过程研究》,《工程研究——跨学科视野中的工程》2018 年第 2 期。

[31]参见《全国交通营运线路里程示意图(第二版)》第四部分《公路 · 云南省》,中国人民交通出版社 1984 年版,第 269 页。

[32]霁虹桥此处之遭遇,新修《永平县志》仅有“1986 年 10 月 12 日,霁虹桥被洪水冲毁,今仅有桥墩和数根铁链残存”之按语。参见云南省永平县志编纂委员会编纂《永平县志》卷十八第四章《文物名胜》,云南人民出版社 1994 年版,第 571 页。

[33]易魁、陈豪、赵志勇、毛莺池:《小湾水电站工程安全分析与决策支持系统研究与构建》,《水力发电》2017 年第 3 期。

[34]史航、曾志华、左雷斌:《中缅油气管道澜沧江桥隧工程穿跨越总体设计》,《油气储运》2014 年第 10 期。

[35]唐伟华、陈明浩:《大瑞铁路澜沧江大桥桥址工程地质比选研究》,《铁道工程学报》2008 年第 4 期。

[36]杜宇本、郑光、蒋良文、许强:《大瑞铁路澜沧江大桥工程边坡稳定性三维数值模拟分析》,《地质力学学报》2010 年第 1 期。

[37]杨吾扬:“交通运输地理学”条目,见李旭旦主编《中国大百科全书 · 地理学 · 人文地理学》分册,中国大百科全书出版社 1984 年版,第 139 ~141 页。

[38]张会军:《世界的霁虹桥》,《美塑》2014 年第 16 期。此双月刊系由东莞市美塑塑料科技有限公司主办。

(作者单位:陕西师范大学西北历史环境与经济社会发展研究院)

“禹贡学会”和《禹贡》半月刊的坎坷路*

马保春

在中国,传统的沿革地理向地理学分支的历史地理学转变是有一个较为艰难的过程的。考察禹贡学会的发展历程,是深入了解这一问题的关键。史念海先生曾指出:一九三四年二月,顾颉刚、谭其骧诸先生创办了历史地理刊物《禹贡》半月刊,《禹贡》的出版和“禹贡学会”的成立,是我国历史地理学这门学科初具雏形的标志。[1]朱士嘉先生也说:“禹贡学会和《禹贡》半月刊创办于1934年3月。这件事标志着中国历史地理学的诞生。”[2]

一、“禹贡学会”和半月刊出现的历史背景

禹贡学会和《禹贡》半月刊的创立和出版,既可以看作是我国历史地理学科漫长发展史上的一段,也可以看成是当时特定社会历史背景下的一个特殊产物。

(一)政治背景

史念海先生曾经指出,“这数十年中,我们受帝国主义者的压迫真够受了,因此,民族意识激发得非常高。在这种意识之下,大家希望有一部《中国通史》出来,好看看我们民族的成分究竟怎样,到底有哪些地方是应当归我们的。但这件工作的困难实在远出于一般人的想象。民族与地理是不可分割的两件事,我们的地理学既不发达,民族史的研究又怎样可以取得根据呢?不必说别的,试看我们的东邻蓄意侵略我们,造了‘本部’一名

* 本文是北京市社会科学基金重大项目“长城文化带研究”(18ZDA05)成果之一。顾颉刚在《禹贡》半月刊第7卷《纪念辞》中说:“我们没有辜负这三年的时间,我们也没有藏躲这微薄的能力,我们更没有放弃这公忠的心胸,我们在坎坷之中作尺寸的进展,虽说不到有什么成绩,也算可以自慰。”故以“坎坷”名题。

来称呼我们的十八省，暗示我们边陲之地不是原有的；我们这群傻子居然承受了他们的麻醉，任何地理教科书上都这样地叫起来了。这不是我们的耻辱？”[3]

韩儒林先生回忆道：“三十年代前期，正值‘九一八’事变之后，东北被日本帝国主义占领，抗日义勇军奋起抵抗，边陲各族人民备受奴役欺凌，内忧外患日趋严重。不少历史学者和青年学生，怀着满腔热血，力求从学术研究中为振兴中华民族尽些力量。在此情势之下，遂形成研究边陲民族史、历史地理、民族演进史和地方史的社会风气。”[4]

从《禹贡学会募集基金启》亦可见当时时局之恶化：“今日国事之屯邅为有史以来所未覯，崩压之惧，陆沈之危，儳然懔然，不可终日，吾人所负之责任遂极有史以来之艰巨。夫救国之道千端万绪，而致力于地理，由认识国家民族之内涵，进而谋改造之方术，以求与他国并驾驰骋于世界，固为其最主要之一端也。”[5]

学会的起名、刊物的命名也打上了时代的烙印。“强邻肆虐，侵略不已，同人谋以沿革地理之研究，裨补民族复兴之工作，俾尽书生报国之志。乃于民国二十三年二月中，由顾颉刚谭其骧两先生发起组织‘禹贡学会’……命名曰‘禹贡’者，《禹贡》一篇于吾国地理书中居最早……今日一言‘禹域’孰不思及华夏之不可侮与国土之不可裂者！以此自名，言简而意远。”[6]《纪念辞》也提道：“在这样严重的形势之下谁不感受到窒息的痛苦，只要是有血气的人谁的心里不曾沸腾着热血，于是大家嚷着救国。可是救国固仗着热烈的感情，但尤其仗着冷静的理智；救国不是一个空谈的问题，乃是许多有效的实际规划与行动的总和。所以，我们不愿用了策论式或标语式的几句门面话来博取一刹那间泄愤的快意，而要低着头沉重着脚步走路，希望在真实的学识里寻出一条民族复兴的大道来……我们要把我们的祖先努力开发的土地算一个总账，合法地承受这份我们国民所应当享有的遗产。永不忘记在邻邦暴力压迫或欺骗分化下所被夺的是自己的家业。我们要把我们的祖先冒着千辛万苦而结合成的中华民族的经过探索出来，使得国内各种族领会得大家可合而不可离的历史背景和时代使命，彼此休戚相关，交互尊重，共同提携，团结为一个最坚强的民族，所以在这个纪念号之前，第三是希望我们同志认清这个大目标。用理智指导热情，来参加这救国大业。”[7]

王树民先生也说：“那时正在‘九一八’事变之后，日本帝国主义对华北侵略日急，师生们都有一种危城讲学的精神，在顾先生倡导之下，于是组织了禹贡学会，并发行《禹贡》半月刊。”[8] 正如郭敬辉先生回忆说：“禹贡学会是在中华民族灾难深重的时刻，由顾颉刚先生和谭其骧先生等发起成立的。……为维护祖国领土的完整、为开发祖国大西北奔走疾呼，表现出高度的民族责任感和爱国爱民的强烈感情。”[9]

从以上著述中可以看出，禹贡学会和半月刊[10] 产生的政治背景是如此之恶劣，内忧外患，强敌压境。

(二)学术背景

1. "层累"古史观下的古代地理研究

半月刊《发刊词》指出,学会的学术任务是:"我们要使一般学历史的人,转换一部分注意力到地理沿革这方面去,使我们的史学逐渐建筑在稳固的基础之上。"[11]后来顾颉刚先生还说:"有许多人说,这个刊物是'专门研究古地理的',这固然是事实,因为讲地理沿革,当然偏于古代。"[12]这个研究对象和范围是和顾颉刚先生创立的古史"层累说"密不可分的。也就是说,重新认识古代文献,特别是从地理的角度考证古史是顾颉刚先生"层累"古史观得以确立的必然途径之一。

顾颉刚先生曾说:"因为历史是记载人类社会过去的活动的,而人类社会的活动无一不在大地之上,所以尤其密切的是地理。历史好比演剧,地理就是舞台;如果我们找不到舞台,哪里看得到戏剧!所以不明白地理的人是无由理解历史的,他只会记得许多可佐谈助的故事而已。"[13]在这种疑古的"层累"史观的史学实践中,考证古代地理就是其当然的事了,关于这一点,后人自有评说。"先生研究古史,自然包括古代地理。1928年在中山大学开'古代地理研究课'……也是为了建立真实的古史体系。"[14]

不难看出,顾先生倡导研究古代地理,与他正在构建的后来在史学界产生重大影响的"层累"古史观是息息相关的。可以说,他是从历史地理研究中更加坚信自己的古史观了,而有了他这种古史观,古代地理研究就成为当仁不让的任务和途径了。

2. 乾嘉遗韵和经世致用思想的影响

顾颉刚先生力主的古史研究,亦受清际乾嘉学派遗韵的深刻影响。《发刊词》说:"我们一不偷懒,因为故纸堆中有的是地理书,不读书的便不能说话;二不取巧务名,因为地理是事实并且是琐碎的事实,不能但凭一二冷僻怪书,便大发议论。我们一方面要恢复清代学者治《禹贡》、《汉志》、《水经》等书的刻苦耐劳而谨严的精神,一方面要利用今日更进步的方法——科学方法,以求博得更广大的效果。"[15]禹贡学会对边疆地理亦尤多偏重,从这一方面讲,清代经世致用的学术指导思想对它的影响也是很大的。

吴怀祺先生说:"鸦片战争后,中国历史进入了近代史阶段,学者把学术研究和反对外国资本主义侵略的斗争结合起来,表现为经世致用的救亡图存史学。他们注意对边疆史地和外国史地的研究。魏源的《海国图志》、林则徐的《四洲志》、张穆的《蒙古游牧记》、何秋涛的《朔方备乘》等,都是他们研究的成果。按照《禹贡学会研究边疆计划书》的说法,这是我国边疆学的第一次发动。……顾颉刚等先生把他们创办《禹贡》,开展历史地理研究,说成是道咸以后救亡图存史学的继续。"[16]他们痛下决心:"当此国家多难之日,吾辈书生报国有心,而力有未逮,窃愿竭驽钝之资,为救亡图存之学。"[17]

3. 针对帝国主义学术侵略之回应

在国外学术界，吴怀祺先生参照《日人对东北研究之现状》[18]指出："帝国主义的学术研究是为他们的军事行动作先导……中日战争前有'朝鲜学'，朝鲜以灭；日俄战争前有'满鲜学'，辽省以陷；'九一八'以前有'满蒙学'，四省以亡。今之日人又高唱'东亚学'了，呜呼，剑及屦及，事至迫矣。请看明日之东亚，将为谁家之天下！愿我国人醒一醒吧！"[19]

显而易见，此日人史学著述是在歪曲和篡改史实以掩盖他们的侵略罪行。而我国内学术界又何如？《禹贡》半月刊《发刊词》说："研究地理沿革在前清曾经盛行过一时。可是最近十数年来此风衰落已到了极点。各种文史学报上找不到这一类的论文，大学历史系里也找不到这一类的课程，而一般学历史的人，往往不知《禹贡》九州、汉十三部为何物，唐十道、宋十五路又是什么。这真是我们现代中国人的极端的耻辱！……"[20]为此《禹贡》半月刊《纪念辞》大声疾呼："希望在真实的学识里寻出一条民族复兴的大道来……我们要把我们的祖先努力开发的土地算一个总账，合法地承受这份我们国民所应当享有的遗产。永不忘记在邻邦暴力压迫或欺骗分化下所被夺的是自己的家业。我们要把我们的祖先冒着千辛万苦而结合成的中华民族的经过探索出来，使得国内各种族领会得大家可合而不可离的历史背景和时代使命，彼此休戚相关，交互尊重，共同提携，团结为一个最坚强的民族……"[21]

1935年3月《禹贡学会简章》中规定："本会以集合同志，研究中国地理沿革史及民族演进史为目的。"后来随着边疆问题日益严重，半月刊的内容也"从研究沿革地理逐步转到了以研究民族演进史、边疆历史和记录边疆现状为主，决心要使得荒塞的边疆日益受国人的认识和开发，打破帝国主义者的梦想"[22]。

从某种程度上讲，禹贡学会和它的成员们是在和国外反动学术势力坚决斗争。禹贡学会和半月刊就是在这种外有强敌压境，内部学术气氛沉闷，而国人又沉睡不醒的社会背景下诞生的。

二、禹贡学会和半月刊的坎坷历程

（一）禹贡学会机构的成立和半月刊的发行

据《本会三年来大事表》记述："民国二十三年（1934年）二月四日，顾颉刚谭其骧两先生发起组织禹贡学会，集合北京大学、燕京大学、辅仁大学历史系学生及平津研究史地学者专研中国地理沿革史，以北平成府蒋家胡同三号顾寓所为筹备处。"[23]葛剑雄说："一九三四年二月四日，顾颉刚约谭其骧在他寓所附近的斌泰饭店吃饭，席间邀他共同发起筹组一个以研究中国沿革地理和相关学科为宗旨的学会，商定以我国最早的一篇系统描述全国自然、人文地理的著作——《禹贡》作为名称，还决定创办《禹贡半月刊》，作为未来学会的机关刊物。”[24]

如此看来,这次吃饭的时间就是禹贡学会成立的时间。“三月一日,发行《禹贡》半月刊创刊号,译名:The Evolution of the Chinese Geograph,只由顾颉刚谭其骧两先生同编,遵章程请内政部及中国国民党北平特别市党务整理委员会登记。发行事务由顾自明女士经理。”[25]“四月一十八日,半月刊奉内政部颁发登记证警字第三四六一号”,民国二十四年(1935 年)“三月,订正禹贡半月刊译名为:The Chinese Historical Geograghy”[26]。“禹贡学会自三月一日始发行《禹贡》半月刊。经费除顾谭二君之特别捐助外,均赖会员所缴之会费维持之。”[27]葛剑雄在写《谭其骧前传》时说:“经费主要靠顾、谭月捐 20 元,有时捐 40 元维持;一部分来自会费……普通会员每月收会费 1 元,学生会员收 5 角。”[28]

看来也是实情。民国二十五年(1936 年)三月,会费改为甲种每年六元,乙种每年三元,并规定乙种以学生为限。[29]可见会费有所减少。《本会三年来工作略述》也对学会的创立和半月刊的发行作了记载:“自筹备组织禹贡学会后之匝月,开始发行半月刊,即以‘禹贡’命名,时为二十三年三月一日也。由顾谭二先生编,于每月一日十六日出版。”[30]

(二)蹒跚之步履,艰难之历程

1. 全面抗战之前

(1)由寓所会址到捐赠会址

单从会址的来源和变迁情况就可以体会到学会步履之艰难。《本会三年来工作略述》记载:“……乃于民国二十三年中,由顾颉刚谭其骧两先生发起组织‘禹贡学会’,即以北平成府蒋家胡同三号顾寓为筹备处。”[31]“……绘图部分亦设于此。后蒙张石公先生对于本会之工作极表赞许,爰于二十四年九月将原在北平西四大红罗厂培德学校旧址(今由小红罗厂八号出入),商得前该校董事会同意,慨然捐赠。”[32]对于这一事件,《本会纪事》有较为详尽的记述,下面是张石公先生《上北平市政府社会局呈文》:

> 呈为后口袋胡同等处房地捐赠禹贡学会,恳请立案事,窃查禹贡学会系燕京大学教授顾颉刚等举办,集合新起之人才,研究有用之学术,并出版《禹贡》半月刊,推行既久,嘉惠学子,收效宏深。查前培德学校曾因亏累停办,拟将该学校曩年购置后口袋胡同房地、小红罗厂房地、大红罗厂西口铺房捐赠该学会,除该前学校新旧债务,仍另行清理外,附呈捐赠该学会房地图一纸,伏请准予备案施行,实为公便。此上社会局。原办培德学校张国淦呈。中华民国二十四年八月二十八日[33]

又载有张先生与本会顾先生第一函[34](“计开”前之文略),计开:

(一)各房地契据:

(甲)红罗厂内后口袋胡同六号:红契一纸,单一纸,验契收据一纸,老契一套。

(乙)大红罗厂内后口袋胡同七号:红契一纸,单一纸,验契收据一纸,老契四套。

(丙)小红罗厂八号:振儒女校出让房地字据一纸,舒登瀛登记明书一纸,红罗厂学校登记明书一纸,登记地图一纸。

(丁)大红罗厂西口铺房:公产租照一纸,租金收据一份,租摺一扣子。

(二)社会呈文稿一件,并图一纸。

民国二十四年(1935年)九月二日,张石公先生正式将原有北平西四大红罗厂培德学校旧址(由小红罗厂八号出入)捐赠本会。[35]"民国二十四年十月十四日,张石公先生以所捐旧房不适于办公之用,特在小红罗厂八号内建造新房三间复以移赠。"[36]可见,当时是先赠大红罗,后赠小红罗,而渐以小红罗为主。《本会纪事》对此事亦有所记:

(一)张先生与本会顾先生函

颉刚先生大鉴:兹捐赠禹贡学会新房三间。据天森木厂今日交工,附上该木厂估单一扣(内砖瓦木料洋又工料洋均已付清),单内保固一年,请誉存勿遗,并即日派人接收为荷。此颂撰安。弟张国淦拜启。十月六日

(二)天森木厂估单(节录)

计开作发单:原有地基一处,今添盖北房三间,面宽,进深,尺寸说明列左(此处列下):

一、刨槽宽二尺五寸,深二尺五寸,筑打夯硪素土一步,灰土二步,用三成白灰,七成原土,用水浸透夯硪,筑打结实。

四、架尺寸,柱高八尺五寸,面宽一丈,进深一丈四尺五寸,添檩子十五根,椽子二百四十根,柱子四根,檩柱大五寸,檐椽大二寸,内椽大一寸六分做。

八、屋内地满铺尺二方砖,粗墁用碎砖砌,隔断一槽,洋式门全份。

共合工料洋陆佰叁拾捌元,用本宅的砖瓦木料合洋叁佰玖拾叁元,言明共合料洋贰佰肆拾伍元。一年之内如有坍漏,归本厂修理。

张宅台照,民国二十四年九月十七日[37]

又,"民国二十五年(1936年)八月,红罗厂新建南房六间(翻新三间,新筑三间),为职员宿舍之用,北房六间,翻新三间,为办公室之用,新筑三间,为图书室之用。并由张石公先生捐黄琉璃底瓦七百五十片,黄琉璃筒瓦二十五片,黄琉璃筒瓦头六片"[38]。这样,到1936年6月15日,禹贡学会发行组由成府蒋家胡同三号迁移至城内会所[39],禹贡学

会的绝大部分工作场所都搬到了红罗厂会址。很显然，是顾谭等老先生们东忙西忙，号呼奔走，召集一批学人，坚决出版半月刊，先有学会之实，而后具团体之名。

2. 以募捐为主的活动经费

一个学术团体，如果没有充足的活动经费，它的学术活动将是无法开展的，而禹贡学会以募捐为主的经费来源，在很大程度上限制了学会的发展，影响了学术研究和调查活动的开展。从这个角度讲，禹贡学会就是一个饥饿的学术婴儿，从他出生到最终完结，都在不间断地努力寻求自己急需的营养，可是收获甚微，这也说明学会行走之艰难！

禹贡学会出版半月刊的“经费第一年只有印刷费一项，全赖会费及顾颉刚谭其骧二先生所捐助，可无亏欠。其后印刷既增，费用亦大，乃承于思泊（省吾）先生等任印费月捐以维持之”[40]。《本会三年来大事表》对此亦有提及：“民国二十五年一月十六日，以半月刊印费拮据，由会员于思泊发起月捐，赞助者王庸、吴世昌、吴其昌、胡汝麟、张维华、徐道龄、连士什、杨向奎、赵璇、赵泉澄、刘节、钱穆、罗根泽、谭其骧、顾颉刚等十六人。”[41]此前“民国二十四年十月十二日，创办人顾颉刚先生具承教育部请求津贴”。同月“二十四日，奉教育部总务司複函，蒙批给予一次津贴三百元”[42]。二十五年一月，有募集基金之决议。撰有捐启，尚未积极进行，故所获不多，但仍有一定的收入。现将民国二十五年一月的捐款情况列表如下，以窥其一斑：

捐款者	捐额金额（国币）	备注
开明书店	壹百元正	
北平历史博物馆	壹百元正	指定做利玛窦地图印刷费
顾起潜	壹百元正	
童书业	拾柒元正	
谢刚主	拾元正	
陆侃如 冯沅君	拾元正	

资料来源：《禹贡》半月刊第 4 卷第 10 期《本会纪事》（六），民国二十五年（1936 年）。

七月间始承管理中英庚款董事会议决，二十五年度内充予补助国币万五千元。“本会受此津贴，故一年中较能发展。”[43]这种乞丐似的生活，怎能让刚出世的学术团体健康成长？学会步履之艰难，可以想见。后来，随着事务的扩大，经费又显不足。纵观学会活动经费紧缺的状况，其原因是不言自明的。正如《禹贡学会募集基金启》中所言：“本会同人自组织学会发行刊物以来，迄今未几二年，获国内学术界之同情，相与辅相而裁成之，以有今日显著之进步，诚不胜其欣幸。然而为学之道，不进则退，中间无站足处，语云，‘学然后知不足’，同人惟积数年之功力，识其所当循之道，遂有求进之共同意识，不能安于现在之课艺的状态，然本会同人大抵皆学校师生也，教授薪入有定额，学生费用亦未容各取诸家庭，既无较厚之财力，既未容作切实之发展。用将会中经济情形及其进取之计划胪陈于下，以备有志鼓吹文化发扬民族意识者之鉴察焉。”[44]

经费上尽管如此之艰难，学会还是在作尺寸的前进，原因是除了社会上一些热心的人们在学会最困难的时候伸出友助之手、雪中送炭外，学会的发起人和会员们本身也做出了巨大的贡献。从学会成立之初到 1936 年 8 月，先后捐款总额达到国币 4334 元，兹将捐款情况列表如下，以了解当时拮据之情形，并领略先辈专心学术之热情。

捐助者	金额(国币)	捐助者	金额(国币)
于省吾先生	四十五元	杨宾女士	五元
引得校印所	一百元	杨向奎先生	二十元
王崇武先生	十元	傅斯年先生	十元
王庸先生	二十五元	陆侃如 冯沅君	十元
史念海先生	十元	教育部	三百元
好古庐先生	十元	张维华先生	十元
上海开明书店	一百元	叶景揆先生	一百元
行政院	五百元	福开森先生	四十四元
石蘅青先生	五十元	赵璇先生	十五元
朱骝先生	五百元	赵泉澄先生	四十元
吴世昌先生	三十五元	刘节先生	五元
吴其昌先生	十元	黎光明先生	四元
辛树帜先生	五十元	潘景桓先生	一百元
童书业先生	十八元	钱穆先生	四十元
徐文珊先生	十元	历史博物馆	一百元
徐中舒先生	二十元	谢国桢先生	十元
胡汝霖先生	十五元	罗根泽先生	三十五元
孙媛贞先生	五元	谭其骧先生	四百七十三元
许道龄先生	三十元	铁道部	三百元
陶元珍先生	二十元	顾廷龙先生	一百元
连士什先生	四十元	顾颉刚先生	八百八十元

资料来源：《禹贡》半月刊第 6 卷第 4 期，民国二十五年十月十六日。

3. 既捐又借的学会资产

禹贡学会可以说是白手起家：“我们赤手空拳地打出来，居然得到许多人的同情，有的捐印费，有的送文章，到今半年就有这四十余万字的成绩，我们应当自信意志的力量可以战胜物质的阻碍！”[45]可见还是不乏热情的人们，把这个饥饿的“婴儿”供养着，顾颉刚先生在三周年《纪念辞》中写道：“正像一个刚生三岁的小孩，他能有什么本领，可是婴儿期是最易遭疾疫的侵袭而夭亡的，只要他受着保姆的小心抚养，获得适当的营卫，避掉这易遭的危险，这三岁生辰也就够纪念的了。”[46]曾经给予禹贡学会帮助的，有政府、团体、个人，而这些点点滴滴的时断时续的帮助，从侧面反映了学会和半月刊的艰辛历程。此处不言前面已经提到的帮捐事件，再从图书、办公设施等方面谈谈学会行程之艰苦。

(1)图书捐赠与选购

在图书捐赠方面，《本会三年来工作略述》写道：“图书购置，初无的款，嗣定于捐款项下提出十分之一为购书之用，其书即题明为捐款者纪念。各方以图书捐赠者亦颇不少。”在所捐赠的图书中，以地理图集居多，“……如张石公、陈铁卿、朱桂莘诸先生所赠地图，为数既多，又皆难得而可贵”[47]。《本会三年来大事表》对此亦有记载：“民国二十四年十一月二十五日，张石公先生捐赠地图三十三种，内多黑龙江调查旧图。”又，“民国二十五年四月二十六日，陈铁卿先生赠河北分县图百二十五幅”。又，“民国二十五年十月，朱桂莘先生捐中外地图三十一幅”。[48]所捐图书中也有一部分是旧报纸，如：“复承胡绥之先生检赠清光绪末年以迄近年之旧报若干种，亦殊可珍也。”[49]《本会三年来大事表》对此所记甚详：“二十五年十月八日，胡绥之先生捐大宗各种旧报，越自清光绪二十九年以来迄民国二十四年。”[50]打开半月刊第四卷，发现第八、九、十、十一、十二期均有“赠书志谢”的记录，今仅以第九期为例，以感知学会书籍之来源。

自二十四年十二月十五日至三十一日，本社收到下列赠书，特此刊载，藉志谢忱：

方纪生先生赠：

《支那疆域沿革略说》一册（日本重野安绎，明治三十五年，东京富山房发行）

《乡土生活之研究法》一册（日本柳田国男著，昭和十年东京刀江书院发行）

魏青铓女士赠：

《淇县今志》一册（魏青铓著，民国二十四年铅印本）

杨成志先生赠：

L'Ecriture et les Mauuscrits Lolos 一册（杨成志著，民国十二年铅印本）

周杲先生赠：

《滇绎》四卷一册（袁嘉穀著，民国十二年，铅印本）

吴静山先生赠：

《上海掌故丛书第一辑十四种》十册（民国二十四年，上海通社出版）

文奎堂书铺赠：

《西夏书事》四十二卷，八册（清吴广成著，民国二十四年北平文奎堂书铺影印本）

文殿阁书铺赠：

《诸蕃志译注》一册（德国夏德等著，民国二十四年文殿阁影印本）

顾颉刚先生赠：

《各省财政说明书》二十册（清宣统间度支部清理财政处及各省清理财政局编纂，民国三年经济学会王璟芳等辑印）

《北京历史风土丛书第一辑》二册（广业本社编，铅印本）

《望都县乡土图说》一册（陆是奎著，光绪三十一年铅印本）

《津门杂记》三卷三册（张焘撰，光绪十五年刻本）

《北海游记》一册（鍊人辑，民国七年铅印本）

《沈阳记程》一册（沈祖荫著，光绪刻本）

《新疆访古录》《新疆礼俗志》《新疆小正》合二册（王树枏著，铅印本）

《西陲要略》四卷，二册（祁韵士著，光绪八年刻本）

《西藏赋》一卷，一册（太庵和宁著，刻本）

《癸卯旅行记》一册，附录一册（钱单士厘著，光绪三十年铅印本）

《徐州府铜山县乡土志》一册（杨世桢等编，刻本）

《江苏水利图说》二册（李庆云著，宣统庚戌刻本）

《瀛壖杂志六卷》二册（王韬著，光绪刻本）[51]

除了众多热心人捐赠书籍之外，学会有时亦用略有宽便的资金购置一部分。“自得中英庚款之补助，始可略事采访，所得稍多。采购标准，除亟需之普通书外，均搜求偏于舆地之学者，书籍地图，兼采并蓄。积年之后，可成巨观。”[52]有时在购置史籍时还会遭受非常不尽如人意的事情，也能说明学会行走之艰辛。兹举一例：“二十五年六七月间，财政部档案保管处散出大宗档案，既归文学斋书肆，时传某方将捆载而去，本会不忍其流落失所，即请赵泉澄先生往视，赵先生以本会经费有限，择其优者三千斤购之。其中有关边省财政者其多。当即亟事整理，以便研究。事方逾半，而保管处派员来称，是项档案为员司不慎，夹杂在内，并非废件，商请收回。叠经交涉，始由保管处备价赎回，点交清楚，制有收据，功亏一篑，不胜遗憾。”[53]此外，“二十四年十二月十六日，决定凡有捐款，提出一部分[54]购买地理图籍，贮存本会，以为纪念”[55]。可见，购置图书的一部分资金来自众人之捐款。

除图书捐赠之外，还有与地理有关的古代文物的捐赠。例如《本会三年来大事表》

载:"民国二十五年八月间,河套水利调查团反平,一路奉各界赠图籍甚多,并承五原屯垦督办办事处农作科科长李子义先生捐赠新近出土之古坛一件。"[56]

(2)办公设施的捐赠

图书古籍之外,一些办公设施有时亦是暂借于他人或由他人捐赠。据《本会纪事》(二六)载:"国立中央研究院历史语言研究所此次南迁,所余北海静心斋大批木器,承所长傅孟真先生厚意,慨然借于本会应用,予本会发展上许多方便,若此诚心帮忙,殊为感激,除将件数开列于后外,敬此致谢。"[57]下面是此次受借木器一览表:

木器名称	书架	铺板	考古大木架	面案	圆桌	衣架	三桌屉	藤心木椅	藤心圆椅	藤心转椅	冰箱	长方桌	茶几
数量	大小十七个	二副	十九个	一副	两个	一件	六个	六个	七个	二个	一个	一个	一个

资料来源:《本会纪事》,《禹贡》半月刊第6卷第1期,民国二十五年九月一日。

由是观之,学会之成立真可谓一穷二白,一些办公的必需设施都得靠他人的捐借,但是学会依然能办下去,刊物照样出版,会务照常进行,这就是禹贡的精神啊!是吾辈应发扬的伟大精神。

4. 热心的会员,清贫的生活

在如此艰难的环境下,学会会员的生活怎么样呢?起初,许多热心的会员都没有宿舍。在张石公先生慨捐红罗厂会址之后,"其编辑、印刷、发行等事,为便利起见,仍留成府,余屋即为会员宿舍,略置什物"[58]。乍一看,是为了办公方便才将编辑、印刷、发行等事仍留成府的,但细心想来,为了给当时没有住处的会员筹备宿舍才有如此做法,也完全有可能。韩儒林先生曾回忆说:"一九三六年秋,我到北平工作,就住在小红罗厂学会宿舍里。"[59]韩先生的年谱也记述了这件事:"顾介绍韩为燕京大学讲师(讲授西部亚洲史),是时,颉刚先生所创立禹贡学会……遂聘先生为研究员,是年秋,韩居小红罗厂禹贡学会新址。"[60]而韩儒林先生当时确实是无处安身。此前如韩先生一样住在红罗厂会址的会员也比较多,《本会纪事》记述:"本会自张石公先生房地以后,即开始修葺布置。因创设之际,需用不多,故除留出三间为办公室外,其余悉作会员住房,现在已经迁入者有吴志顺、杨向奎、史念海、孙道昇、廖季文诸先生。"

杨向奎先生曾回忆说:"有了学会,有了半月刊,会员也多了,学会的各种工作也逐渐开展起来……但还没有会址,一切工作都是安排在顾先生家中。1935年,热心于历史地理学的张国淦先生把小红罗厂的房子捐赠给'禹贡学会'作为会址，一个很大的院落，有几间住房。除了吴志顺先生迁入外，顾先生又要史念海先生和我也搬进去，我和史先生住对屋，朝夕相处，童书业先生、孙道昇先生（后来迁入）也经常来，生活是愉快的。"[61]

在获得捐助房产以前，学会无力解决部分会员的宿舍问题，于是，此前在《禹贡学会简章》中就不得不有以下规定："一一、本会为纯粹研究本项学术之集合，除此以外，本会对下任何会员之公私事务概无关涉。"[62]又如郭敬辉先生，当时为天津师范三年级的学生，郭先生曾就有关"中国自然区划"的问题作文与张其昀先生论辩，引起了禹贡学会和顾颉刚先生的注意。顾先生希望郭敬辉先生参加禹贡学会，可是郭出身农村，家境贫困，"家有十二口人，只有八亩半地，还要租种人家的地，并负债数百元，念书有困难，靠在北京的一个卖水的舅舅接济一点……"除了顾先生将《大公报》《史地周刊》的稿费节余争取以奖学金的方式奖给郭敬辉先生外，郭先生还受到同人的优待，他回忆说："我的舅舅家房子实在太小，禹贡学会的同仁们叫我到他们那里（指红罗厂会址）住，他们待我非常好。"[63]

5. 社会对学会事业的态度

（1）国内的批评与冷遇

在国内，自半月刊出版以后，就有许多责难的话。如像《禹贡》半月刊第一卷第二期《编后》里所讲的，"本刊第一期出版以后，听到许多责难的话，固然使我们很高兴，但是，他们对于本刊的称赞和菲薄，我们都不愿接受"。"慎重的前辈常常警戒我们，发表文字不可太早，为得是青年作品总多草率和幼稚，年长后重看要懊悔。"[64]可见老前辈对《禹贡》中学生的作品很不在意，并颇有微辞。

又第七卷《纪念辞》里说："……在这许多责备我们的话里，我们只愿辨正一件。有人说，做研究文字何等不易，而你们刊物的篇幅这样多，出版又这样勤，哪里勉得了粗制滥造。"[65]尽管学问专家如此低评半月刊的文章，但是一般民众看不懂，所以半月刊初一发行就受到他们的极大冷遇。顾先生在第一卷第十二期《编后》里说："以中国历史之久，地域之广，无论如何总应当有几种专讨论历史和地理的杂志。何况当这强邻狂施压迫，民族主义正在酝酿激发的时候，更应当有许多人考究本国的民族史和疆域史。但事情真出人意外，我们这刊物请求通都大邑中几家著名的书铺代售，竟遭拒绝，他们的理由是'性质太专门，恐不易售卖'。唉！他们的经验是不错的，有几家书铺起先应允代售……但他们翻了一下就缩手了，说'看不懂'。"

行程如此之艰难，以致顾先生不得不决定稍稍改换一些半月刊的内容。[66]虽然顾先生说："我们不能顺应环境，偏于群众立异，当然是我们的傻，但若只顺应了环境作事，这种不费劳力的成功，有何可喜！这种迎合潮流的心理，又有何价值！"如此慷慨陈辞后，却又不得不这样说："但若永远板着脸说话，专收严整的考据文字，在没有这方面兴趣的人必然是望而生畏的,这决不是引人入胜的好法子。所以我个人的主张,只望材料新,不怕说得浅,例如本期中的《丰润小志》是作者的随笔,和本刊它期的文字不同,似乎不该收。但这虽不是精密的调查,确是作者有意识中最深的印象。他写了出来,我们读后也会对于丰润县发生较深的认识,这就是它的效用。正如列了许多统计表的《北平市调查》(或年鉴)固然真确,然而一个画家绘出《故宫一角》或《北海之秋》来却会给人一个更深挚的印象,使人忘记不了。所以我们固然称赞科学家,而亦不肯菲薄艺术家。""由于这个理由,我主张此后每一期总当有一两篇地方记……此外,长途的游记也该为我们所欢迎。"[67]

不难看出,为了生存下去,半月刊从全是严整的考据文字转向兼有地记和游记而以考证文章为主的面貌,这是顾先生为了争取社会上的读者,而不得不如此做了。是否拥有广大的读者,乃是一个杂志存在的关键所在,这是顾先生深知的。而此举和学会的得力人物谭其骧的南下广州又有着重要的牵连,当此之时,不免给人一种左右为难的感觉。而顾先生的为难,就是学会事业的艰难。

(2)国外的攻击与搜捕

随着中日矛盾的不断上升,半月刊也把自己学术研究的重点从古史地理考证转移到边疆地理上来了,顾先生在绥远省旅行、调查时,就深感察哈尔、绥远等省有继东北沦陷后被侵吞的可能。《古代地理专号》的《序言》说:"自东北四省失陷以来,我们的国家受外辱凌逼可算到了极点,所以有血气的人们,大家都暂时放弃了纯学术的研究而去从事于实际工作。至于留在学术界的人物,也渐渐转换了研究的方向,即如本刊的由研究地理沿革而转趋到边疆的调查,就是这种潮流的明显表现。"[68]

当学会有了成绩之后,国外学术界,特别是日本学界,对学会及《禹贡》颇有微辞,顾潮在《国学大师丛书——顾颉刚评传》中说:"……学会胜友如云,成果剧增,'在中国现代史学史上堪称盛事'[69],以至引起日本学界的注意,被称为'禹贡学派的人们'。"[70]"当时,日本有人撰有《中国历史地理研究的变迁》一文,似乎是对《禹贡》杂志有感而发的,声称中国研究历史地理之风复炽,乃受王国维先生影响,而王国维先生则是'由日本史学培养成熟者'。这是违背事实的。此外,另一位日本汉学家著《禹贡派的人们》一文。他仅根据其所见转载于日本刊物上的禹贡总目,就认为禹贡会员'自负甚大'云云。"[71]

徐兆奎先生也作文谈到了这一点:"禹贡学会在成长中也受到日本帝国主义御用学者们的嫉视,那些宣传学界因缘,声称共同担当研究任务的伪善者们,给学会会员扣上'禹贡派'的帽子,并且极尽揶揄讽刺之能事,甚至抹煞事实,胡说学会刊物的某一专号是他们某一刊物的投影,中国某一知名学者也是由他们培养成功的。"[72]

而《本会三年来工作略述》也如实地记载了这件事:"……该刊以发表全体会员研究之心得……实亦中国研究沿革地理者之总集合。发刊既久,国内外注意者亦多,而日本学者尤加关垂,批评与消息时有所见。如青山定男于其所撰《中国历史地理研究的变迁》一文,故称近年研究历史地理之风复炽,系受王静安先生之影响,而王先生则由'日本史学培养成熟者',于是发为'共同担当这项工作'之傲论。又森鹿三著《禹贡之人们》一文,虽未着批评之词,但从《史学年报》所载《禹贡》总目以分述《禹贡》撰文之人,即强为立派。又成田节男撰《禹贡的东北研究专号》一文,强谓我仿效彼历史学研究之满洲史研究而出,是否事实,明眼人自能知之。诸如此类,足征邻邦人士对于本会有相当之重视,亦见本会所负之责任实有如何之重大。"[73]

就因为学会和半月刊有如此重大的影响,"'七七'事变后,先生遭到日本人搜捕,遂仓促离开北平,禹贡学会的集体工作骤然中断"[74]。《顾颉刚年谱》亦载:"1937年7月28日,知名列日本欲捕者名单之第二位(首位乃张申府)因欲离平。""七月二十日,'……禹贡学会交宾四与张维华、赵肖甫……至于家属,暂留北平,如予必不能回平,再全家南迁,书籍什物则分存成府、禹贡学会两处。'(《日记》1937年7月21日)是晚,离平,与王振铎同行,'今日门口,别了父大人与侃嬷,遂成永诀矣,伤哉!'(《日记》1939年3月4日补记)"[75]事变之后,大多数会员纷纷奔赴各地参加抗日工作,学会事实上已经结束了。"禹贡学会自开始成立筹备处时起,历时三年半即告停顿。"[76]

(三)抗战之后

1. 发行《禹贡周刊》

"抗战以还,本会集体工作在敌伪压迫之下,不得不休止矣。然山林既辟,耰锄易施,个人之工作绝未因此而停顿。……今胜利已临,建国在望,本会同仁知责任之攸归,不敢自弃,是以即日复员,绳前辙迹。所憾物价奇昂……编辑《禹贡周刊》,以通俗性之笔墨,写历史地理之知识,期为读报之一助。他日当再集录研究性之文字,出版《禹贡季刊》,以质正于方家。"[77]

在新的历史条件下,禹贡学会的出版物打算由原来的半月刊改为季刊而最终也没有实现。《禹贡学会复员第一次会议记略》写道:"至于此后会务之计划,则拟将半月刊改为季刊,并拟假《国民新报》篇幅登载周刊。"[78]"禹贡周刊由王光玮先生、侯仁之先生、张政烺先生负责编辑。"[79]《年谱》亦言及此事:"今虽复员,'所憾物价奇昂,一时不容印行巨帙',故先藉《国民新报》编此刊……为题刊名,并作征稿启事,任主编。此刊共出十期,至五月而止。八月,又在北平《经世日报》上发刊《禹贡周刊》,由胡适题刊名,张政烺编辑,仍任主编。此刊共出十六期,至十一月而止。"[80]

《禹贡周刊》由《国民新报》辗转至《经世日报》,何因?在半月刊出不了的情况下,唯有借他报以载,却又不能恒久,如无家可归之孤儿,浪迹街头,以至销声匿迹,惜之!悲哉!

2. 学会之解散

“一九五五年(乙未)六十三岁(指顾颉刚先生),二月六日,与禹贡学会理、监事同到民族学院开会,商禹贡学会结束办法。决议将房屋捐献政府,图书赠民族学院,刊物各大学及图书馆,现金慰劳军队。‘禹贡学会从此终了矣!’(《日记》是日)”[81]

三、余　论

纵观禹贡学会之历程,它是以顾、谭为代表的学问人在特定历史条件下的一种学术行为。这种学术实践活动又不可避免地受着当时社会背景、学术背景的影响,而这种环境一方面呼唤禹贡学会,另一方面却只能给它一个坎坎坷坷、跌跌撞撞前行的历程。无论怎样,毕竟“这样一个以私人力量组织的靠着先生的捐款、会员的会费及社会上的资助而维持下来的学会”[82]还是顽强地走了一段,其最核心的原因,当为学会组织者和工作者不仅有热心学术的万丈激情,更有救亡图存、爱国爱民的高尚情操。故此虽白手起家,亦能同舟共济,浪遏飞舟。关于这一点,大家是有目共睹的。后来的学者曾作文指出:“《禹贡》杂志的内容深邃而广博,当然是吸引我的一个重要原因,但最使我心慕的……是刊物创办者——禹贡学会会员们那种勤奋图强的精神风貌。刊物登载的禹贡学会的各类文告、三周年纪念照片、社会捐书捐款的名单,烘托出会员们白手起家创办刊物的艰苦创业精神。”[83]

总之,学会同人的精神是可嘉的,但他们前行的道路是坎坷不平的。从他们公开发表的一些期望言论中,是不难看出这一点的。如“愿本刊的读者能这样地认识我们,同情我们”[84]。又,“愿同志们从此越发努力,愿先进的人们更尽量给我们以知道和帮助”[85]。又,“惟盼同人更加努力,随以成绩自显,庶不负国内外学者之期望,本会幸甚!学术幸甚!”[86]又,“同人初学,疏浅为惭,所可自信者惟此不可转之志耳。苟利于国,生死以之。倘蒙先进鸿达许为可教,加以培植,俾本会之工作有进而无退,本会之成绩随岁而益新,学术幸甚,国家幸甚!”[87]又,“愿国内外同志,鉴其苦心,予之扶植,加之刻弹。俾必有以度越于八年前之所为,同人幸甚,学术幸甚!”[88]

不难看出,禹贡学会上下领导者既在渴望社会的同情与支持,又在辛勤地栽培着学术人才,而这两个方面是它赖以存在的最基本的条件,这种渴望与呼唤从侧面反映了禹贡学会历程的艰难苦困。但既有呼,就有应,尽管它的整个历程不乏辛酸苦辣,但它的影响正好可以从社会人士和学术人才对这种呼唤的反映上体现出来。以张国淦先生为代表的社会热心人士,给禹贡学会以物质和精神上的极大鼓舞,学会同人当永志不忘,国人永志不忘。

当时一些有志报国的学人,亦辐辏于禹贡学会的旗下,辛勤耕耘,任劳任怨,先学会,后自己，为学会的存在与发展尽忠职守，无不令人感动。可以说，禹贡学会培养了一代学人，在它的会员当中，除了主办者顾谭二先生之外，又有史念海、侯仁之、钱穆、于省吾、苏秉琦、唐兰、王庸、韩儒林、朱士嘉、吴怀祺、杨敬之等一大批后来在学术上大有成就者，真可谓“同人幸甚！学术幸甚！”

历史地理学从此成为一门在学界被人知晓的学问，它也走出了传统沿革地理的框框，摆脱了历史学附庸的地位。历史地理学后继有人，当今国内史地学界的同行们，无不是直接或间接地和禹贡学会有着学术传承之关系。当我们回瞻前辈艰辛的学术足迹的时候，无不为他们所遇险恶的社会环境而痛惜，又无不为他们那种热心学术的激情所感动。故搜此材料，集以成文，激励吾辈。

【注释】

[1]史念海：《〈中国历史地理论丛〉序》，《中国历史地理论丛》1981 年第 1 辑。

[2]朱士嘉：《顾颉刚先生与〈禹贡〉半月刊》，《晋阳学刊》1984 年第 4 期。

[3]《发刊词》，《禹贡》半月刊第 1 卷第 1 期，民国二十三年(1934 年)三月一日。

[4]韩儒林：《回忆禹贡学会——纪念顾颉刚先生》，见南京大学元史研究室编《韩儒林文集》，江苏古籍出版社 1985 年版。

[5]《禹贡学会募集基金启》，《禹贡》半月刊第 4 卷第 10 期，民国二十五年(1936 年)一月十六日。

[6]《本会三年来工作略述》，“成立经过”，《禹贡》半月刊第 7 卷，1、2、3 合期(总第 75 卷)亦曰《三周年纪念专号》，民国二十六年(1937 年)四月。

[7]顾颉刚：《纪念辞》，《禹贡》半月刊第 7 卷，1、2、3 合期，民国二十六年(1937 年)四月。

[8]王树民：《纪念禹贡学会》，《历史地理》创刊号(1981 年)。

[9]郭敬辉：《继承和发扬〈禹贡〉精神》，《历史地理》创刊号(1981 年)。

[10]本文简称《禹贡》半月刊为半月刊，下同。

[11]《发刊词》，《禹贡》半月刊第 1 卷第 1 期，民国二十三年(1934 年)三月一日。

[12]《编后》，《禹贡》半月刊第 1 卷第 12 期，民国二十三年(1934 年)八月十六日。

[13]《发刊词》，《禹贡》半月刊第 1 卷第 1 期，民国二十三年(1934 年)三月一日。

[14]顾潮：《国学大师丛书——顾颉刚评传》第四章第二节《创立历史地理学科》，百花洲文艺出版社 1995 年版。

[15]《发刊词》，《禹贡》半月刊第 1 卷第 1 期，民国二十三年(1934 年)三月一日。

[16]吴怀祺：《〈禹贡〉半月刊的爱国史学思想》，《史学史研究》1983 年第 1 期。

[17]《本会此后三年中工作计划》，《禹贡》半月刊第 7 卷，1、2、3 合期，民国二十六年

(1937年)四月。

[18]该文发表在《禹贡》半月刊第5卷第6期上。

[19]吴怀祺:《〈禹贡〉半月刊的爱国史学思想》,《史学史研究》1983年第1期。

[20]《发刊词》,《禹贡》半月刊第1卷第1期,民国二十三年(1934年)三月一日。

[21]顾颉刚:《纪念辞》,《禹贡》半月刊第7卷,1、2、3合期,民国二十六年(1937年)四月。

[22]顾潮:《国学大师丛书——顾颉刚评传》第四章第二节《创立历史地理学科》,百花洲文艺出版社1995年版。

[23]《本会三年来大事表》,《禹贡》半月刊第7卷,1、2、3合期,民国二十六年(1937年)四月。

[24]葛剑雄:《悠悠长水——谭其骧前传》第五章《编〈禹贡〉始末》,华东师范大学出版社1997年版,第67页。

[25]《本会三年来大事表》,《禹贡》半月刊第7卷,1、2、3合期,民国二十六年(1937年)四月。

[26]《本会三年来大事表》,《禹贡》半月刊第7卷,1、2、3合期,民国二十六年(1937年)四月。

[27]《禹贡学会募集基金启》,《禹贡》半月刊第4卷第10期,民国二十五年(1936年)一月十六日。

[28]葛剑雄:《悠悠长水——谭其骧前传》第五章《编〈禹贡〉始末》,华东师范大学出版社1997年版,第67页。

[29]《禹贡学会募集基金启》,《禹贡》半月刊第4卷第10期,民国二十五年(1936年)一月十六日。

[30]《本会三年来大事表》,《禹贡》半月刊第7卷,1、2、3合期,民国二十六年(1937年)四月。

[31]《本会三年来工作略述》(一)《成立经过》,《禹贡》半月刊第7卷,1、2、3合期,民国二十六年(1937年)四月。

[32]《本会三年来工作略述》(四)《事务之扩大》,《禹贡》半月刊第7卷,1、2、3合期,民国二十六年(1937年)四月。

[33]《本会纪事》,《禹贡》半月刊第4卷第2期,民国二十四年(1935年)九月十六日。

[34]《本会纪事》,《禹贡》半月刊第4卷第2期,民国二十四年(1935年)九月十六日。

[35]《本会三年来大事表》,《禹贡》半月刊第7卷,1、2、3合期,民国二十六年(1937

年)四月。

[36]《本会三年来大事表》,《禹贡》半月刊第 7 卷,1、2、3 合期,民国二十六年(1937 年)四月。

[37]《本会纪事》,《禹贡》半月刊第 4 卷第 4 期,民国二十四年(1935 年)十月十六日。

[38]《本会三年来大事表》,《禹贡》半月刊第 7 卷,1、2、3 合期,民国二十六年(1937 年)四月。

[39]顾潮:《顾颉刚年谱》,中国社会科学出版社 1993 年版,第 275 页。

[40]《本会三年来工作略述》(四)《事务之扩大》,《禹贡》半月刊第 7 卷,1、2、3 合期,民国二十六年(1937 年)。

[41]《本会三年来大事表》,《禹贡》半月刊第 7 卷,1、2、3 合期,民国二十六年(1937 年)四月。

[42]《本会三年来大事表》,《禹贡》半月刊第 7 卷,1、2、3 合期,民国二十六年(1937 年)四月。

[43]《本会三年来工作略述》(四)《事务之扩大》,《禹贡》半月刊第 7 卷,1、2、3 合期,民国二十六年(1937 年)四月。

[44]《禹贡学会募集基金启》(丁)《募款原因》,《禹贡》半月刊第 4 卷第 10 期,民国二十五年(1936 年)一月十六日。

[45]《编后》,《禹贡》半月刊第 1 卷第 12 期,民国二十三年(1934 年)八月十六日。

[46]顾颉刚:《纪念辞》,《禹贡》半月刊第 7 卷,1、2、3 合期,民国二十六年(1937 年)。

[47]《本会三年来工作略述》(四)《事务之扩大》,《禹贡》半月刊第 7 卷,1、2、3 合期,民国二十六年(1937 年)四月。

[48]《本会三年来大事表》,《禹贡》半月刊第 7 卷,1、2、3 合期,民国二十六年(1937 年)四月。

[49]《本会三年来工作略述》(四)《事务之扩大》,《禹贡》半月刊第 7 卷,1、2、3 合期,民国二十六年(1937 年)四月。

[50]《本会三年来大事表》,《禹贡》半月刊第 7 卷,1、2、3 合期,民国二十六年(1937 年)四月。

[51]《赠书志谢》,《禹贡》半月刊第 4 卷第 9 期,民国二十五年(1936 年)一月。

[52]《本会三年来工作略述》(四)《事务之扩大》,《禹贡》半月刊第 7 卷,1、2、3 合期,民国二十六年(1937 年)四月。

[53]《本会三年来工作略述》(四)《事务之扩大》,《禹贡》半月刊第 7 卷,1、2、3 合期,民国二十六年(1937 年)四月。

[54]“一部分”当为捐款数之十分之一,《本会三年来工作略述》之《事务之扩大》载:“……嗣定于捐款项下提出十分之一为购书之用,其书即题明为捐款者纪念。”

[55]《本会三年来大事表》,《禹贡》半月刊第7卷,1、2、3合期,民国二十六年(1937年)四月。

[56]《本会三年来大事表》,《禹贡》半月刊第7卷,1、2、3合期,民国二十六年(1937年)四月。

[57]《本会纪事》(二六),《禹贡》半月刊第6卷第1期,民国二十五年(1936年)九月一日。

[58]《本会三年来工作略述》(四)《事务之扩大》,《禹贡》半月刊第7卷,1、2、3合期,民国二十六年(1937年)四月。

[59]韩儒林:《回忆禹贡学会——纪念顾颉刚先生》,见南京大学元史研究室编《韩儒林文集》,江苏古籍出版社1985年版。

[60]《韩儒林先生年谱》,见南京大学元史研究室编《韩儒林文集》,江苏古籍出版社1985年版。

[61]杨向奎:《回忆〈禹贡〉》,《历史地理》创刊号(1981年)。

[62]《禹贡学会简章》,《禹贡》半月刊第4卷第3期。

[63]郭敬辉:《继承和发扬〈禹贡〉精神》,《历史地理》创刊号(1981年)。

[64]《编后》,《禹贡》半月刊第1卷第2期,民国二十三年(1934年)三月。

[65]《纪念辞》,《禹贡》半月刊第7卷,1、2、3合期,民国二十六年(1937年)四月。

[66]这些意见受到学会内有些会员的反对,如谭其骧就不赞成《禹贡》发表没有学术性的篇章,葛剑雄《悠悠长水——谭其骧前传》第五章《编〈禹贡〉始末》中提到:“他(谭其骧)认为,学生作品中,基础好的可以修改后发表,但不能降格以求。他虽然不反对发表游记和风俗志一类的文字,却坚持要有一定的学术性,否则就不像《禹贡》了。”

[67]顾颉刚:《编后》,《禹贡》半月刊第1卷第12期,民国二十三年(1934年)八月。

[68]童书业:《序言》,《禹贡》半月刊第7卷,第6、7期。引自《〈禹贡〉半月刊的爱国史学思想》,《史学史研究》1983年第1期。

[69]韩儒林:《回忆禹贡学会——纪念顾颉刚先生》,《历史地理》第2辑,亦见南京大学元史研究室编《韩儒林文集》,江苏古籍出版社1985年版。

[70]顾潮:《国学大师丛书——顾颉刚评传》第四章第二节《创立历史地理学科》,百花洲文艺出版社1995年版。

[71]韩儒林:《回忆禹贡学会——纪念顾颉刚先生》,见南京大学元史研究室编《韩儒林文集》,江苏古籍出版社1985年版。

[72]徐兆奎:《“禹贡学会”的历史地理研究工作》,《历史地理》创刊号(1981年)。

[73]《本会三年来工作略述》(四)《事务之扩大》,《禹贡》半月刊第7卷,1、2、3合期,民国二十六年(1937年)四月。

[74]顾潮:《国学大师丛书——顾颉刚评传》第四章第二节《创立历史地理学科》,百花洲文艺出版社1995年版。

[75]顾潮:《顾颉刚年谱》,中国社会科学出版社1993年版,第276~277页。

[76]史念海:《顾颉刚先生与禹贡学会》,《中国历史地理论丛》1993年第3辑。

[77]顾颉刚:《发刊辞》,《禹贡周刊》第1期,《国民新报》民国三十五年(1946年)三月二十一日。

[78]《禹贡学会复员第一次会议记略》,《国民新报》民国三十五年(1946年)三月二十一日。

[79]《禹贡学会复员第一次会议记略》,《国民新报》民国三十五年(1946年)三月二十一日。

[80]顾潮:《顾颉刚年谱》,中国社会科学出版社1993年版,第325页。

[81]顾潮:《顾颉刚年谱》,中国社会科学出版社1993年版,第325页。

[82]顾潮:《国学大师丛书——顾颉刚评传》第四章第二节《创立历史地理学科》,百花洲文艺出版社1995年版,第129页。

[83]唐晓峰:《继承优良传统　继续奋发前进》,《历史地理》创刊号(1981年)。

[84]《发刊词》,《禹贡》半月刊第1卷第1期,民国二十三年(1934年)三月。

[85]顾颉刚:《纪念辞》,《禹贡》半月刊第7卷,1、2、3合期,民国二十六年(1937年)。

[86]《本会三年来工作略述》(四)《事务之扩大》,《禹贡》半月刊第7卷,1、2、3合期,民国二十六年(1937年)四月。

[87]《禹贡学会募集基金启》,《禹贡》半月刊第4卷第10期,民国二十五年(1936年)一月十六日。

[88]顾颉刚:《发刊辞》,《禹贡周刊》第1期,《国民新报》民国三十五年(1946年)三月二十一日。

(作者单位:首都师范大学)

试论中国大陆地区历史地理学1949年前后研究范式的转变

——从对侯仁之先生《“中国沿革地理”课程商榷》一文的可能误读谈起

范今朝

一、引　言

1950年，侯仁之先生从英国留学归国伊始，即在《新建设》发表《“中国沿革地理”课程商榷》一文（以下简称“《商榷》”），提出“旧日大学里被称作‘沿革地理’的这门课程应该尽早改为‘历史地理’”。[1]20世纪80年代之后，在一般论述中国历史地理发展的文献中，往往即以此作为1949年之前大学里的相关课程多被称作“沿革地理”的论据。2016年，笔者发文指出，早在20世纪30年代初期，中央大学地理系课程中即设有“中国历史地理”；张其昀、谭其骧先生也在浙江大学史地学系（时在1936—1949年间）开设过“中国历史地理”课程。[2]实际上，侯仁之先生在该文文首即开宗明义，说明“在最近（1950年春）教育部所规定的大学历史系的选修课目中，有一门‘中国沿革地理’”，即后续侯先生所论，均是当时历史系的“中国沿革地理”课程所存在的问题，并未涉及地理系方面。相应地，侯先生当时所论“沿革地理”学科所存在的问题，亦主要指的是历史学领域，而非地理学领域。但20世纪80年代之后，在学术重归正常化轨道之时，后辈学者由于不了解当时的背景和情况，有意无意之间，可能对侯仁之先生此文有一定的误读。

概言之，这种误读，表现在“显性”与“隐性”两个方面。其一，显性的误读，即后来的学者多认为1950年之前，大学中该课程均称为“沿革地理”（或至少历史系的课程如此），而未再细致探究具体情况；但该文原意仅指历史系课程中“中国沿革地理”一课设置的不

图1 《新建设》1950 年 7 月登载侯仁之《“中国沿革地理”课程商榷》

妥,参照物可能恰恰是如地理系等将之称为“历史地理”的适当。其二,隐性的误读,即后来的学者将近代以来历史地理学的学术发展过程,误以为均从中国传统的史学领域的“沿革地理”而来,且 1949 年之前“沿革地理”尚未完成向“历史地理学”的转化,历史地理学科并未形成;但该文原意可能也仅仅只是针对史学界对当时已经存在的“历史地理学”视而不见,仍使用“沿革地理”这一名称且坚持该名称所指的研究范围甚窄的状况,有所不满而已。

这种误读,发生在 20 世纪 80 年代历史地理学科的学术史开始初步梳理之后。其原因,主要与 1949 年之后中国大陆地区的历史地理学的研究范式发生巨大变化有关。由于这一研究范式的变化,1949 年之前并存的“历史地理”和“沿革地理”,在 1949—1979 年间,由于均不符合变化了的时代的要求,故均被批评甚至否定。但 20 世纪 80 年代之后,随着另一个变化了的时代的到来,历史地理学的研究范式再次发生变化,之前被否定的又逐渐被肯定。当然,由于种种原因,重新提及的会增加些想象的、美化的成分,或者从后来的结果推导出最初的目的,而还有些人和事则无人提及,遂渐渐淡出,远离历史的叙述。这样,后续的学人接受了这些对历史地理学的学术史的论述,使得近代历史地理学的发展脉络简化为单一的一条史学方面的线索,即从史学领域的“禹贡”学会和《禹贡》半月刊等开始，延续到后来的状况。但究其实，探其初，历史的真实场景并非如此，而是存在另一条与史学领域平行的线索，即地理学领域的线索。前者学术界一般称之为“禹贡学派”，已称述较多，后者笔者将之概括为“史地学派”，尚论述较少。[3]

这样，由于1949年后中国大陆地区历史地理学发展的特定过程以及特定时期（1990年之前）一些论述的影响，后来的学者对侯先生此文多多少少存在以上所提及的两个方面的误读。同时，目前绝大多数的论著中，对1949年之前的历史地理学的发展状况往往都呈现出并不全面（或至少是简单化）的表述。[4]

笔者认为，1949年前后，中国（大陆地区）的历史地理学发生过一次研究范式的巨大转变，不论是原属于地理学中的“历史地理”（即“史地学派”学人的理论与实践），还是原属于历史学中的“沿革地理”（即“禹贡学派”学人的观点与主张），均发生了巨大的变化。二者均在自我批判、扬弃，并按照新的指导思想改造自身的过程中，合而为一，以符合马克思主义的意识形态和采用（自然）科学标准的研究方法等为特征被纳入到新的“地理学”体系之中，即形成一种新的、不同于1949年之前的研究范式，并以“历史地理学”之名，正式作为地理学的分支学科，且有正式的学术体制和人才培养机制；即可认为经历了一次库恩（T. Kuhn）所谓的“范式转换”（paradigm shift）。1949年后所形成的研究范式一直延续至20世纪80年代中期，且至今仍有重要影响。但该变化如何产生，前后两种范式有何不同，以及“禹贡学派”与“史地学派”在学科史表述中的详略不同与造成这种差异的原因等问题，学术界尚未有细致的论述。本文即就此略作申论，以期对近现代中国历史地理学的发展历程获得更完整的认识。

二、对《商榷》一文的可能误读之处与1949年之前历史地理学科发展的真实图景

前已指出，侯仁之先生《商榷》一文，在后来学者读来，可能会引起两个方面的误读，其一是显性的、表面的，即课程设置方面，其二是隐性的、内在的，即学科地位方面。对此，本节一一列举事实予以说明，以便准确认识近代时期历史地理学科发展的真实样态。

（一）1949年之前大学相关系科的课程设置中有关本课程的表述

1949年之前的大学中，与今天所称的历史地理有关的专业和课程，阙维民、侯甬坚、丁超等进行过一些钩稽和论说。近期出版的一些论著，亦有助于我们更清晰地认识当时课程设置的全面情况。

清末时期，1904年1月13日（光绪二十九年十一月二十六日），学部官员张百熙、荣庆、张之洞覆奏重订学堂章程（习称《奏定学堂章程》，即“癸卯学制”），同日得到清廷批

准,并宣布随即推行。这份《奏定学堂章程》中有《奏定大学堂章程》,该章程参照西方大学制度,在大学堂下分设了8个“分科大学科目”(相当于今天的学院):经学科大学、政治科大学、文学科大学、医科大学、格致科大学、农科大学、工科大学、商科大学,每个学院下又各分若干“门、科、目”(“门”相当于今天的系)。其中“文学科大学”设有“中外地理学门”(其意即相当于现代的“地理学系”)和“中国史学门”(其意即相当于现代的“历史学系”),在“中外地理学门”的课程安排中,有“历史地理”,在“中国史学门”的课程安排中,则有“中国历代地理沿革略”[5];且在讲到文学科大学的中国史学门的科目时,有“中国历代地理沿革略”和“中外今地理”两门主课,对其内容和“学书讲习法”,有如下讲解:“……中外今地理(曰今地理者,所以别于沿革地理及历史地理也)……”[6]以上材料说明,当时至少在概念上,明确将“历史地理”归入地理学类(即“中外地理学门”),而将“沿革地理”归入史学类(即“中国史学门”)。

民国时期的情况,近期丁超在其专著《史地徘徊》中,介绍了民国初年全国性的统一规定,即1913年的《大学规程》中对历史学门、地理学门(即历史系、地理系)内部的科目设置情况(均有“历史地理学”的设置,而未提及“沿革地理”),并分别以中山大学、清华大学等为例,介绍了20世纪30年代前后两校中史学系、地学系的课程设置情况。具体来说,中山大学1930年史学系开设有“中华沿革地理”,1935年称“历史地理学”,地理系未开设相关课程;清华大学历史学系开设“沿革地理”,1929年的地理学系、1932年的地学系均开设“历史地理”。[7]

从以上的简单介绍,我们就已经可以感觉到,不论从国家统一的课程设置的规定,还是各个学校史学系、地学系(地理学系)自身课程设置来看,“历史地理”与“沿革地理”这两个名称均在使用;且某种程度上,“历史地理”之名更为正式(清末已经正式使用,尤其是民国初年的《大学规程》中规定的史、地两科的该课程名称均为“历史地理学”)。当然,要完整地说明民国时期各校该课程的设置情况,最理想的办法是将所有开设相关课程的史学系、地学系(地理学系)方面的情况全部搜集、分析,以此客观地还原当时的真实图景。

值得欣喜的是,史学系方面,已经有学者做了这样的工作,即王应宪编校的《现代大学史学系概览(1912—1949)》一书,将该时期的“大学”(涵盖国立、省立、私立以及相关学院,甚至包含抗战期间日伪政权所建高校)中的“史学系”(含“历史学系”“史地学系”“历史社会学系”“历史政治学系”“文史学系”等)的课程设置情况搜罗较全。[8]笔者根据该著,将各校前述涉“史”学系的课程设置中有“历史地理”或“沿革地理”(以及相似名称,如“史地”等)的情况作了汇总,兹列表说明如下(表1):

表1 民国时期各大学历史学系科的历史地理类课程的设置情况

大学	时间(年)	记载历史地理类课程的文献名称	历史地理类的课程设置情况
北京大学	1917—1918	《北京大学史学门课程》	“专科”:中国地理沿革,西洋地理沿革【1917,“史学门改定课程”所列】 地理沿革史(张蔚西)【后附课程表中所列,按:张相文,字蔚西】
	1919	《北京大学史学系课程》	地理沿革史(张相文)
	1930	《北京大学史学系课程指导书》	“选修科”之“第二组”:西北历史地理(张星烺)
	1931	《北京大学史学系课程指导书》	中国历史地理(白眉初)【有“课程说明”】
	1932	《北京大学史学系课程指导书》	古地理学(郑天挺)【按:课程编号为“国文371-2”,可能课程为国文系所开,但史学系学生也须修读。另,此处“古地理学”实为“历史地理学”内容】
	1933	《北京大学史学系课程指导书》	南洋史地(张星烺),中国古代地理沿革史(顾颉刚)【有“课程说明”】
	1934	《北京大学史学系课程》	东北史地(冯家昇),中国古代地理沿革史(二)(顾颉刚)【有“课程纲要”】
	1935	《北京大学史学系课程》	东北史地(本年停) 西北史地(张星烺)【有“课程纲要”】 中国古代地理沿革史(本年停) 【后附“史学系教员录”中,有冯家昇、张星烺、顾颉刚,均为讲师】
	1936	《北京大学史学系课程》	东北史地(冯家昇)【有“课程纲要”】 西北史地(本年停)
	1939	《北京大学史学系课程》	“本系必修科目”:历史地理
	1941	《北京大学史学系课程》	历史地理

（续表）

大学	时间（年）	记载历史地理类课程的文献名称	历史地理类的课程设置情况
燕京大学	1928	《燕京大学历史学系》	西北史地【有课程简介】
	1929	《燕京大学历史学系》	"课程一览"：西北史地（张星烺）【有课程简介】
	1930	《燕京大学历史学系》	"本系课程一览"：西北史地（张星烺）、东北史地（方壮猷）【有课程简介】
	1931	《燕京大学历史学系课程一览》	"课程一览"：西北史地（张星烺）、东北史地、南洋史地（张星烺）【有课程简介】
	1935	《燕京大学历史学系》	"课程一览"：中国古代地理沿革史（顾颉刚）、东北史地（冯家昇）、南洋史地（张星烺）【有课程简介】
	1936	《燕京大学历史学系》	中国古代地理沿革史（顾颉刚）、中国地理沿革史（谭其骧）、东北史地（冯家昇）、南洋史地（张星烺）【有课程简介】
	1941	《燕京大学历史学系》	"课程说明"之"（丙）史学方法与辅助科学"：中国地理沿革（政治经济的检讨）（侯仁之）【有课程简介】
清华大学	1932	《清华大学历史学系》	"学程说明"：南洋史地（张星烺）【有"学程说明"】
	1935	《清华大学历史学系》	"学程一览表"：南洋史地（张星烺）【有"学程说明"】
	1937	《清华大学历史学系》	"学程一览表"：中国地理沿革史（谭其骧）【有"学程说明"】
	1947	《清华大学历史学系》	"必修学程一览"：中国沿革地理
北平师范大学（即北京师范大学）	1934	《北平师范大学历史系课程标准》	"历史系各年级选修课目一览表"：疆域沿革史【有"各课目简要内容"介绍】
	1942	《北京师范大学史学系课程》	中国沿革地理

（续表）

大学	时间(年)	记载历史地理类课程的文献名称	历史地理类的课程设置情况
辅仁大学	1930	《辅仁大学史学系课程》	历史的地理
	1931	《辅仁大学史学系》	历史的地理
	1935	《辅仁大学文学院史学系课程组织及说明》	“本系选修学科”：中国历史的地理（本年不授）（谭其骧）、南洋史地第一部（本年不授）（张星烺）、南洋史地第二部（张星烺）【均有“学科说明”】
	1937	《辅仁大学史学系》	南洋史地（张星烺）
	1938	《辅仁大学史学系》	南洋史地（张星烺），亚洲东北史地（史禄国）
	1941	《辅仁大学史学系》	历史的地理（牟传楷），南洋史地（张星烺）【有“学科说明”】
	1942	《辅仁大学史学系》	南洋史地（张星烺），西北史地（张鸿翔）
	1947	《辅仁大学史学系》	中国历史的地理（黄玉蓉）【有“学科说明”】
北京民国大学	1924	《北京民国大学历史学系学则概要》	地理沿革史
复旦大学	1947	《复旦大学史地学系分年课程表》	中国沿革地理
东南大学（即中央大学）	1923	《东南大学历史系学程详表》	历史地理
	1930	《中央大学史学系》	“选修学程”：中国历史地理【有“课程说明”】
	1933	《中央大学史学系选课指导书》	“各学年应修课目表”之“第二学年必修”：中国沿革地理，欧洲沿革地理【有“课目说明”】
浙江大学	1937	《浙江大学史地学系》	历史地理
	1947	《浙江大学史地学系》	中国历史地理
东吴大学	1936	《东吴大学文理学院历史系学程纲要》	中国地理沿革

（续表）

大学	时间（年）	记载历史地理类课程的文献名称	历史地理类的课程设置情况
中山大学	1930	《中山大学史学系》	中华地理沿革【有课程简介】
	1933	《中山大学史学系》	“选修课目”：古地理学
	1934	《中山大学史学系课程概略》	“不分年级，选修课目十一种”：历史地理学
	1935	《中山大学史学系》	“选修课目”：历史地理学
	1936	《中山大学史学系》	“选修课目”：历史地理学
广东省立文理学院	1943	《广东省立文理学院史地系概况》	“课程”：中国历史地理【“史组”“地组”均有】
广东大学	1941	《广东大学史学系课程》	历史地理学
厦门大学	1926	《厦门大学历史社会学系》	“史学门课程表”：本国历代地理沿革【有“学程纲要”，名称为“中国历代地理沿革”】
	1930	《厦门大学史学系》	“学程纲要”：历史地理学【有“学程纲要”】
	1931	《厦门大学史学系》	“学程”：历史地理学
	1933	《厦门大学历史社会学系》	“史学门学程”：历史地理学
	1934	《厦门大学历史社会学系》	中国历史地理（郑德坤）
	1935	《厦门大学历史社会学系》	“历史组学程”：中国历史地理
	1936	《厦门大学历史社会学系》	“学程”：中国历史地理【有“学程纲要”，名称为“中学历史地理”；恐植字误，当为“中国历史地理”】
中国公学	1929	《中国公学史学社会学系》	“本系选修科目”：历史地理学
贵州大学	1948	《贵州大学历史学系》	中国沿革地理
华中大学	1948	《华中大学历史系》	中国古代地理
华西协和大学	1949	《华西协和大学哲史学系》	中国地理沿革史（蒙文通）【为1946年秋后情形】
台湾大学	1947	《台湾大学史学系》	中国沿革地理
光华大学	1936	《光华大学历史系》	“文学院历史系三、四年级选修学程”：历史地理
河北省立女子师范学院	1934	《河北省立女子师范学院史地学系概况》	“本系选修课目”：历史地理史【按：后一“史”字恐植字误；后“本系地理选修课目说明”中有简介，为“历史地理学”】

（续表）

大学	时间(年)	记载历史地理类课程的文献名称	历史地理类的课程设置情况
山西省立教育学院	1934	《山西省立教育学院史学系课程表》	“必修科目”：历史的地理【有“课程说明”，提及“本课程或可名‘古地理学’”】
山西大学	1947	《山西大学历史学系》	“必修课程一览”：中国沿革地理
东北大学	1931	《东北大学史学系》	“第二学年必修学程”：历史地理学【有“学程说明”】
	1941	《东北大学历史系概况》	沿革地理
成都大学	1929	《成都大学历史学系课程》	“必修学科”：历史地理学
成都师范大学	1930	《成都师范大学历史学系课程标准》	“必修科目”：历史地理学
重庆大学	1935	《重庆大学史学系》	中国历史地理学【有“课程说明”，该处名称为“中国历史地理”】
西北大学	1947	《西北大学历史学系》	“必修科目”：中国沿革地理
（教育部）	1940前后	《师范学院史地学系科目表》	“必修科目表”：中国历史地理
（教育部讨论稿）	1944	《现行历史学系必修科目表》	中国沿革地理

资料来源：据王应宪编校的《现代大学史学系概览（1912—1949）》整理（说明：该著中各校按照汉语拼音音序排列，本表中各校则大致按照地区排列，同一学校不同时期名称发生变化的，亦适当归并）。

地理学方面，则尚未见有系统地整理民国时期各大学地学系科的课程设置情况的论著出现，还不能完全了解全部情况。但笔者找到该时期大学中几家主要的地理学系科的课程设置情况，基本可说明当时的一般状况（表2）。

表2 民国时期若干大学的地理学系科的历史地理类课程的设置情况

大学	时间(年)	系科及记载的文献	课程安排情况	资料来源
中央大学	1929	《中央大学理学院地学系地理气象门课程指导书》	在选修学程中，有“中国历史地理”课程（按：1927年8月后，张其昀从商务印书馆回到中央大学地学系任教，推测该课由张其昀开设）	《地理杂志》第二卷第一期，国立中央大学地理学系编辑，1929年1月

（续表）

大学	时间（年）	系科及记载的文献	课程安排情况	资料来源
清华大学	1929	《地理学系暂定课程》	第四学年开设“历史地理（例如东西交通史）”课程	《国立清华大学学程大纲（附学科内容说明）》，清华大学，1929年，第4页。转引自丁超：《史地徘徊》，商务印书馆2016年版，第185页
	1932	1932年，地理学系更名为地学系，分设地理、地质、气象三门	开设“历史地理”课程：“本学程分为两部，上半部讨论历史与地理环境之关系，自埃及、巴比伦、地中海沿岸直叙至新大陆之发现及移殖之争夺。下半部则以此原理应用于中国，叙述古代关中及黄河流域之发展，渐及长江、珠江流域以及最近东北与南洋之殖民。全部课程以时代为经，以地域为纬，注重气候、生产及交通之变迁对于民族迁徙、文化、经济盛衰之关系”	《国立清华大学一览（民国二十一年十二月）》，清华大学，1932年，第187页。转引自丁超：《史地徘徊》，商务印书馆2016年版，第185～186页
浙江大学	1937	《浙江大学史地学系规程》	浙江大学史地学系分为地理组和历史组，两组均有“历史地理”课程，注明由张其昀先生开设（按：1940年后由谭其骧先生开设）	《史地杂志》第一卷第一期（创刊号），国立浙江大学史地学系编辑，1937年5月
中山大学	1937	《本系概况·本系各年级课程表》	除了地理学各分支学科课程外，本类课程只有选修课“历史”，无“历史地理”或“沿革地理”课程	《地理集刊》第一卷第一期（创刊号），国立中山大学理学院地理学系编辑，1937年6月
国立西北师范学院	1939年8月后	国立西北师范学院史地学系	专业必修科目中，有“中国历史地理”课程	转引自赵济、朱良主编：《北京师范大学地理学与遥感科学学院院史》，北京师范大学出版社2014年版，第27页

从现在能够找到的几个实例来看，地理学类的系科，设立此课的，均称“历史地理”，如中央大学（1929年）、清华大学（1929年、1932年）、浙江大学（1937年）和国立西北师范学院（即今北京师范大学）（1939年），要么则未开设（如中山大学）。而另一个重要的事实是，1932年黄国璋先生代教育部草拟的《理学院地理学系课程标准草案》（黄国璋时为国立中央大学地理学系教授）中，在第四学年的本系选修课中，明确列有“中国历史地理”这一课程[9]；考虑到此为“地理学系”的课程标准，再结合前述各校的实际设课情况（当时国内大学中设立地理学系者主要为以上几家），我们基本可以推断，在地理学系科中，当时开设此课的，大致均统一称为“历史地理”。

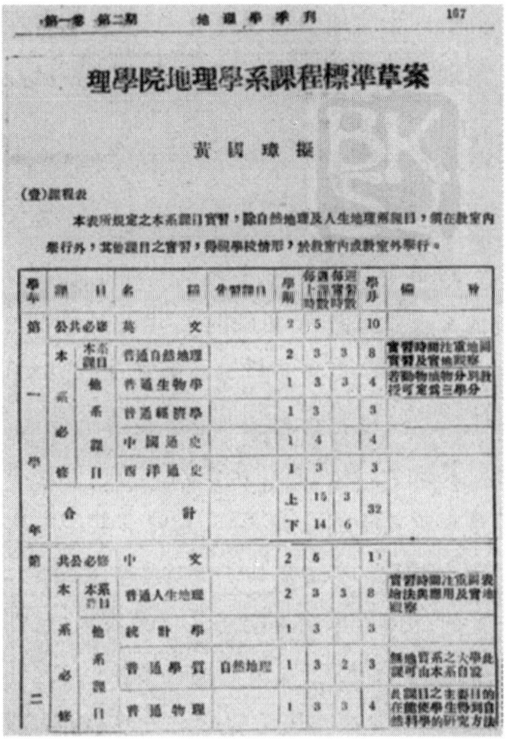
第一卷 第二期 地理學季刊 107

理學院地理學系課程標準草案

黃國璋擬

（壹）課程表

本表所規定之本系課目實習，除自然地理及人生地理兩課目，須在教室內舉行外，其他課目之實習，得視學校情形，於教室內或教室外舉行。

學年	課目		名稱	先習課目	學期	每週上課時數	每週實習時數	學分	備考
第一學年	公共必修		英文		2	5		10	
	本系必修	本系課目	普通自然地理		2	3	3	8	實習時間注重地圖實習及實地觀察
		他系課目	普通生物學		1	3	3	4	若動物植物分別教授可定爲三學分
			普通經濟學		1	3		3	
			中國通史		1	4		4	
			西洋通史		1	3		3	
	合計				上 下	15 14	3 6	32	
第二	公共必修		中文		2	6		1[illegible]	
	本系必修	本系課目	普通人生地理		2	3	3	8	實習時間注重圖表繪法與應用及實地觀察
		他系課目	統計學		1	3		3	
			普通地質	自然地理	1	3	2	3	無地質系之大學此課可由本系自設
			普通物理		1	3	3	4	此課目之主要目的在能使學生得到自然科學的研究方法

第一卷 第二期 地理學季刊 109

學年	課目		名稱	先習課目	學期	每週上課時數	每週實習時數	學分	備考
	選修	他系課目	地形學		1	3		3	分組至少須於本系課目中選修六學分
			歷史地質		1	3		3	
			動物生態學		1	3		3	
			植物生態學		1	3		3	
			土壤學		1	3		3	
			天文學		1	3		3	
年	合計				上 下	8 4	4 8	15	此專指必修課目而言
第四學年	本系必修	本系課目	中國專區地理 地理問題	自然或人生地理及中國	上	3	2	3	
			北美地理	自然人生亞洲地理	下	4	2	4	
			專題研究	同上	2	不定	不定	2	
	本系選修	本系課目	遠東專區地理	同上	1	3	2	3	於本系或他系課目中自由選修二十三學分但至少須於本系課目中選修六學分至學習師資之學生關於此項，課目中之南大陸地理可作選修中之必修以瞭解世界大勢
			南大陸地理	同上	1	6	2	6	
			中國歷史地理	中國地理	2	3		4	
			動物地理						
			植物地理						
			地理教授法		1	3		3	
			地理研究法		1	3		3	
		他系課目	自由選修						
年	合計				上 下	3 4	2 2	9	此專指必修課目而言

图2 《地理学季刊》1932年第一卷第二期登载黄国璋拟《理学院地理学系课程标准草案》

综上所述，在“史学系”（含类似称谓）开设此课的，有称呼“沿革地理”的，也有称呼“历史地理”（以及与此有关的“历史的地理”）的，并未一致，二者约各占半数（“沿革地理”类约25个，“历史地理”类约30个，未含“史地”“古代地理”“古地理”等；当然由于不同学校系科资料收录多寡不一，仅略示其意），应该是各校、各系根据教师自己的背景和个人理解来定；而在“地理系”（即“地学系”或“史地系”等含地理学内容的系科）开设此课的，则均称“历史地理”而没有例外。这些说明，在当时学人的心目中，不论史学或地学，有基本的共识：以新旧而论，历史地理一般被目为“较新之学”，即相对更符合“科学”

之意;沿革地理则一般被目为“较旧之学”,需要予以更新、改造。

顺便说明一下,1952 年院系调整完成之后,随着课程改革的不断进行,历史系方面,确实是改为“历史地理”(如 1956 年的《师院历史系和师专历史科暂行教学计划》中,师院历史系规定的“选修课目”中列有“历史地理”)[10];但地理系方面,从 1956 年的高等学校地理系(或地理科)学生学习课程的安排中,已经找不到该课程[11],显示地理学体系中当时已经不再统一要求设立。个中原因,也值得玩味。

(二)1949 年之前本学科的学术地位:“历史地理学”的学科地位已经确立

关于 1949 年之前历史地理学科是否已经形成,即学科地位是否确立的问题,笔者在 2016 年发表的《“史地学派”在中国近现代历史地理学发展中的地位与影响》一文中已经论之甚详,概言之:

> 1920—1926 年期间的南高(东大)史地研究会及其主办的《史地学报》,以及之后竺可桢创建的东南大学地学系(以及延至 1936 年之前的中央大学地理系),是目前可见的首次系统地从欧美引进西方最新的地理学思想的学术组织、学术刊物和大学系科。在这一阶段,竺可桢、张其昀、胡焕庸等系统引进了西方的地理学、人文地理学以及历史地理学思想,且通过大学系科、学会、刊物和教科书等将之广泛传播。就历史地理学而言,张其昀先生于 1923 年对其概念、理论等以译介的形式作了最早的论述,其后多次阐述和发挥,对历史地理学理论的论述最为系统,且持续其治学的始终,形成了一以贯之的历史地理学的思想和理论,亦有诸多具体研究和学术成就。
>
> 笔者认为,就目前学术界所掌握或披露的近代历史地理学发展状况而言,在没有新的材料发现之前,可以暂时以 1923 年张其昀先生译介《历史地理学》一文为近代历史地理学的开端,而以 1936 年发表的《近二十年来中国地理学之进步》的第 13 章“历史地理学”一节,作为历史地理学正式形成的标志。

更为重要的是,在当时,“历史地理学”作为地理学的分支学科且得到学界的认可,学术地位已然确立,并不是张其昀先生一人作此主张,实际上是当时学界的共同认识:

> 与张其昀先生约略同时(即 1923—1936 年),其他学者也有大量对西方地理学的介绍,如竺可桢、胡焕庸等。在这一过程中,亦有明确论述历史地理学的(如王成组、王庸、楚图南等,当然均不及张其昀先生系统,且一以贯之)。在张其昀先生等的译介、传播与研究实践的影响下,以及同一时期其他学者的共同努力下,历史地理学

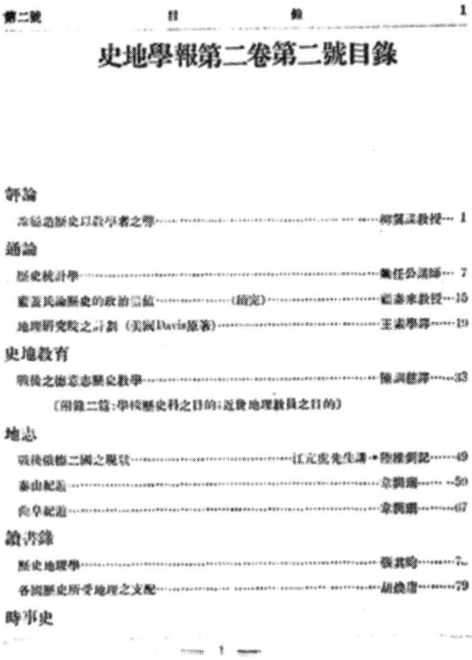

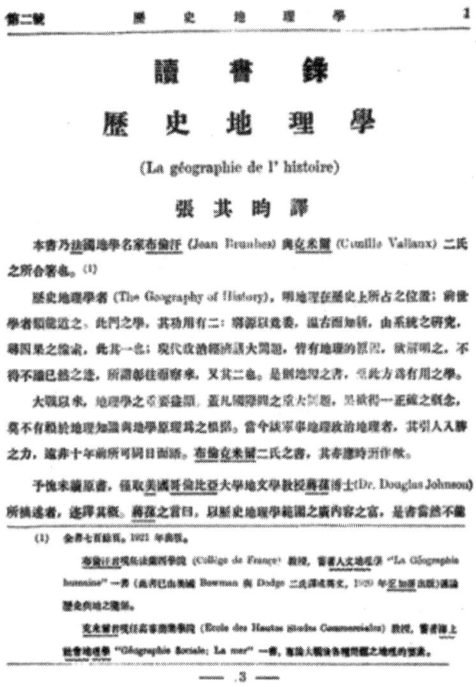

图3 《史地学报》1923年第二卷第二号登载张其昀编译《历史地理学》

作为地理学之重要的一部分和分支学科的地位已经为学界，尤其是地理学界所广泛接受和认可。

因此，1949年之前，历史地理学作为地理学的分支学科的地位已经确立，而不是晚于1949年后。当时的客观情况是，“历史地理”一般作为新式的地理学的分支学科，且史学界也在不断吸收“历史地理”的新的研究方法；“沿革地理”则仅为传统的旧学延续而来的历史学的分支。二者并存，即新旧之学并存，分属于历史学和地理学两个系统。但在学界的一般印象中，“历史地理学”属于新式的、科学的、先进的，而“沿革地理学”仍是旧式的，不那么科学的、落后的。所以，地理学系科无一例外，都使用“历史地理”这一名称；而历史学系科也有相当的部分使用这一较新的“历史地理”名称，或者根据课程内容，新学多的，即称为“历史地理”，仍局限于旧学的，则仍称为“沿革地理”，也是名副其实。

这一论断，实际上，我们还可以从新式的“历史地理”对旧式的“沿革地理”的影响中找到痕迹。1933年，王成组所著《地理学》（为当时上海商务印书馆所出“万有文库”的一种）中，专门论述了“历史地理学”，在其所绘的“地理学构成体系”的示意图中，明确注明有“历史地理”这一分支，并在后文的论述中，对“历史地理”有细致的论述，认为：“历史地理同区域地理一样，又是一种综合的工作，研究以往各时代的地理。历史的说明必须顾到地理的影响,才是脚踏实地,这一层新派史学很努力提倡。但是他们只能够用地理来解释历史上的沿革变迁,就是地理对历史所能产生的影响,往往并不注意环境本身随着时代的变迁。"[12]说明当时(1933 年之前)地理学界已经对历史地理学在地理学中的地位和作用有了明确认识,并着重提出了对地理"环境"本身随着时代而"变迁"的状况加以研究的重要性(即所谓"历史的地理",historical geography),而非仅仅局限在"地理对历史所能产生的影响"(即所谓"历史之地理",the geography of history),即涉及了传统的"沿革地理"研究视角的有限和不足(这种不足,与 1950 年侯仁之先生《商榷》一文对沿革地理的批评,也基本一致)。

更直接的论据,则可以从《禹贡》半月刊中的一些文字中得到印证。华林甫先生在其《中国历史地理学·综述》一书中,为了论证"对于中国历史地理最具学术意义的,是禹贡学会的成立和《禹贡》半月刊的创办"这一观点,较为详细地摘引了诸多《禹贡》中的文字,有助于我们厘清"禹贡学会"诸位同人的观点(但笔者可能与华林甫先生的解读恰好不同)。1934 年《禹贡》半月刊出刊。华林甫先生指出:

> 禹贡学会、《禹贡》半月刊以研究和发展沿革地理为宗旨。禹贡学会简章第一条就开宗明义:"本会以集合同志,研究中国地理沿革史。"《禹贡》半月刊第 1 卷第 4 期《地图底本出版预告》声称:"我们是一群研究地理沿革史的。"《禹贡学会募集基金启》:"本会之创立,目的在研治沿革地理。"《本会三年来工作略述》:"该刊以发表全体会员研究之心得,调查之报告,及史地界之消息,即以发扬学会之精神,实亦中国研究沿革地理者之总集合。"《禹贡》半月刊外文译名最初为"The Evolution of Chinese Geography"……

到了 1935 年的 3 月 1 日,《禹贡》半月刊第 3 卷第 1 期开始以"中国历史地理"(The Chinese Historical Geography)作为刊物的英文名称;1935 年 9 月起的第 4 卷开始,则某些表述开始发生变化,如《禹贡》半月刊第 4 卷第 6 期的封底,有第 1、2、3 卷合订本的出版广告,内有"此实为'历史的地理'之学的大结集"一语。《本会三年来工作略述》第四部分说:"本会为历史地理学之总汇。"1936 年元旦《禹贡学会募集基金启》(附载于《禹贡》半月刊第 4 卷第 10 期后),有"从事于历史的地理之研究者日多"等语。1937 年,则有"我们无间新旧,兼容并包,使得偏旧的人也熏陶于新方法的训练,而偏新的人也有旧材料可整理"(《禹贡》半月刊第 7 卷第 1、2、3 合期《纪念辞》)。

这里值得特别指出的是,"历史的地理""历史地理学"均为新式的源自地理学的"历史地理学"所使用的术语[13],而非泛泛之语。禹贡学会的学者们从一开始的坚持"本会之创立,目的在研治沿革地理""实亦中国研究沿革地理者之总集合",到接受"历史地理学”的观点，改称“从事于历史的地理之研究者日多”“此实为‘历史的地理’之学的大结集”，以及直接表述为“本会为历史地理学之总汇”，也承认“我们无间新旧，兼容并包，使得偏旧的人也熏陶于新方法的训练，而偏新的人也有旧材料可整理”，在在说明当时所谓“新”“旧”两学存在的事实，其所受到的新学术的影响，以及逐渐接受新的（也即“历史地理学”的）研究范式的努力。

对此，华林甫先生的解读是：“这说明禹贡学会的学者们已经受到现代地理学的影响，产生了将传统的沿革地理向现代的历史地理学转化的愿望，具有促使历史学和地理学两门学科相互渗透，进行融合交流的发展趋向。”[14]此语当然无误。但笔者更倾向于认为：这说明禹贡学会的学者们更多地受到了当时已经形成的、具有明确研究旨趣、研究对象和研究方法的，也即确立了学术地位的、已经形成的“历史地理学”的影响，在表述上，也在学术追求上，开始接受“历史地理学”的话语体系，即接受了相对较新的研究范式。

行文至此，笔者又想到一个长期以来的说法，即中国现代的历史地理学是从传统的沿革地理学转化而来，或渊源于传统的沿革地理等。这种说法从宏观、整体而言也不能说不对，但放在近代本学科形成之初，则有些似是而非，大体可算是“倒果为因”。实际上，从最初的历史事实来看，“历史地理学”完全是“舶来品”，如侯甬坚先生所分析的，基本上是清末设计新学制时，生搬硬套从日本搬来的（所以有“沿革地理”属于史学，“历史地理”属于地理学的区分）；其后，随着逐渐对从西方传来的科学的“地理学”“新史学”等的认识的加深，才真正将作为地理学的分支学科的“历史地理学”引入（如1923年张其昀）并确立起研究范式，所以，在当时，“历史地理学”是有明确内涵的（包括不同时期的用语的不同，如“历史之地理”和“历史的地理”，均有其特定内涵，且为学界所接受和使用；以后基本通用“历史地理”）。随着研究的展开和深化，在与本土的学术的交融、互动过程中，才发现本土的、固有的“沿革地理”与此新学科接近，遂将二者加以连接。所以，揆诸事实，在民国初叶，学界最初确实是将二者看作两门不同的学科，至20世纪30年代之后，随着学科讨论的进行以及新学科对旧有知识体系的影响，二者才逐渐被认可为同一学科，且认同将“沿革地理”包纳于“历史地理”之中。

所以，从历史地理学科客观的建立过程来看，它最初不是从“沿革地理”转化而来，而是来自西方和日本，即属于“新学”的地理学的一部分。之后，将中国自身传统的沿革地理的研究纳入“历史地理学”的范畴之中。也即，历史地理学逐渐成为一个规范的、被广泛接受的学术概念，而沿革地理作为“历史地理学”之下的一个分支，仍继续存在。因此，实际上，即真实的过程，恰恰是先引进新学，再纳入旧知，而非相反。

也正因如此，我们才能对张其昀先生1936年在总结“历史地理学”的那篇经典的、标志性的文章开头为什么要引用陈寅恪先生那段话真正有所理解：

陈寅恪君有言:“一代之学术必有其新材料与新问题,取用此新材料以研求问题,则为此时代学术之新潮流。治学之士得预于此新潮流者谓之预流(借用佛教初果之名),其未得预者谓之未入流。此古今学术史之通义,非彼闭门造车之徒所能同喻者也。”我国自科学兴起,史地二学均采用新方法与新观点,于是在旧日所谓沿革地理范围之外,增益不少之新材料与新问题。……历史地理学之宗旨为何?曰凡历史之演进,悉为地理之生命;又凡地理之变化,悉为历史之尺度。……近二十年来此类研究供[贡]献甚多,本章按其内容,加以条贯,试分六节述之:(一)环境变迁,(二)疆域沿革,(三)生聚资源,(四)文献渊薮,(五)名胜史迹,(六)边徼四裔。当兹新旧学术交融之会,纵目观之,俨然有塞草怒长,波涛腾迅之势,预料新潮流之所趋,其成就当不可限量,此亦民国学术史上之一盛事也。[15]

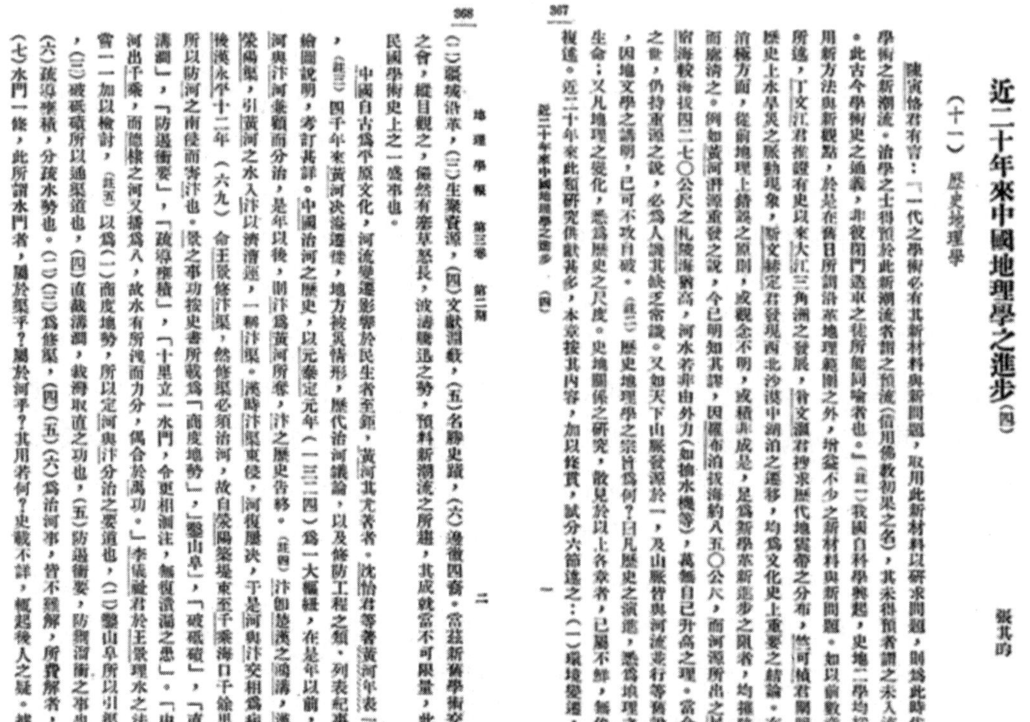
近二十年來中國地理學之進步(四)

(十二) 歷史地理學

張其昀

367

368

地理學報 第三卷 第二期

图4 《地理学报》1936 年第三卷第二期登载张其昀《近二十年来中国地理学之进步(四)》

历史地理学,在张其昀先生眼里,正是“取用此新材料以研求问题,则为此时代学术之新潮流”。换言之,是源于西方的、新式的地理学的“历史地理”,而非“沿革地理”,率先“预流”。

三、误读的原因:1949年后历史地理学的发展历程与学术史的建构过程

如前所述,侯仁之先生《商榷》一文的本意,仅是指出传统的“沿革地理”课程存在的局限,没有否认地学系科方面的课程设置不是“历史地理”,更没有否认历史地理学已经取得的地位和成就;而是痛感历史系方面到那时还抱着“沿革地理”之名不放、局限于传统的研究内容而不拓展的弊端,所发出的议论而已。事实上,侯仁之先生文中是肯定“历史地理学”存在的:“其实说起来,‘历史地理’在我国学术界也并不是一个新名词,不过在以往大家把它一直和‘沿革地理’这个名词互相混用了,以为两者之间根本没有分别,这是一个很大的错误。”不过,这种混用,当时主要是史学界的人士;而就该文本意而言,侯先生就是也仅是针对史学界对该课程的若干错误认识而发的感慨。

当然,最后,该文也敏锐地提出,“我认为旧日大学里被称作‘沿革地理’的这门课程应该尽早改为‘历史地理’,这不应该单单是换汤不换药的名词上的更改,而必须是从根本的立场观点与方法上把这门课程彻底地改造过来”[16],预示着随着新时代的到来,在侯仁之先生看来,原来“历史地理”与“沿革地理”“两者之间根本没有分别”的现象、彼此并存的现象是应该被改变的,“历史地理”可以承担更大的使命,可以有更新、更大的变化。

变化的确是存在的,而且这种变化可以用“天翻地覆”来形容。由于这种变化,在当时的背景下,就不是仅有“沿革地理”存在问题了,过去认为相对先进、新式的“历史地理”也与“沿革地理”一样,都不符合新时代的马克思主义指导下的“历史地理”的标准,也都需要予以改造;而且事实上很快就开始了改造的进程,使之成为仍以“历史地理”为名的,但指导思想、研究内容和研究目的等都发生巨大变化的新的形态。自然,如果以此新形态的“历史地理学”来看,这种“历史地理学”当然是形成于1949年之后,也即这样表述,在1949—1979年的历史地理学的研究范式的观照下,当时是没有问题的。但随着其后历史地理学研究范式的再一次变化(甚至某种程度上回归1949年之前的状态),就有必要重新认识和表述这一命题。今天,从学术史的角度和客观的事实来看,我们认为应该把此变化界定为发生了新旧范式的转换,可能更为准确;但近代意义上的历史地理学科在1949年之前已经形成,则是不争的事实。

遗憾的是,目前确实存在这样的情况,即“史地学派”在大陆地区长期湮没不彰,相关学术史的表述依然延续传统说法。造成这种情形,有历史的、客观的原因,也有偶然的因素,如政治形势,如学者交往,等等。诚如韩光辉先生所论:“张其昀(1901—1985)作为长期从事地理教育和地理研究的学者, 在中国老一代学者中享有甚高的声誉。因其对地理学卓越贡献, 被誉为中国近代地理学的第二代宗师。但由于政治的原因,中国年轻一代

地理学者对他却颇为陌生。”[17]

具体而论，就历史地理学界而言，早期（1949—1979年期间）之所以张其昀先生以及“史地学派”没被提及甚至被否定、批判，主要在于政治因素导致整个学术转向，亦由此导致史地学派湮没不彰；而20世纪80年代以来，尤其是20世纪90年代中期以后，随着两岸的交流和各项专题研究的深入，其还未被系统认知，则主要在于早期论述的路径依赖的影响。此外，也有学术界对历史地理学性质认识上的一些不同等因素。

简言之，即一个是特殊的政治环境的影响，有学术界的主动接受与被动适应的过程（1949—1979年期间），一个则是“人事有代谢”的客观情况，导致“淡忘”和“遮蔽”（20世纪80年代之后）。以下从三个方面加以分析。

（一）整个大的学术背景的变化——政治因素及其所导致的学术转向

（1）20世纪50年代至20世纪70年代末期，对人文地理学的批判，导致以“人文地理学”为主的“史地学派”及其主张难以立足。

从20世纪50年代初期开始，大陆就展开了对主要来自西方欧美国家的地理学思想的批判。与马克思主义差别较大的人文地理学首当其冲，受到猛烈批判，乃至全盘否定。有学者记述，“它不是批判人文地理学的某些学术观点、思想和流派，而是批判这门学科，并给予全盘否定，满篇都是政治大帽子，诸如‘唯心主义’、‘资产阶级腐朽没落思想’、‘为帝国主义服务’、‘伪科学’等等”[18]，这一过程持续整个20世纪50年代。典型的，如1956年，《地理学报》曾经发表《为帝国主义服务的人文地理学》一文，几乎将近代的地理学全盘否定，尤其是对人文地理学进行了猛烈的批判，提出诸如“地理学中的人文地理学，就属于这种伪科学的思想体系”，“20世纪以来的中国地理学，是沿着资产阶级地理学发展的方向进行的”，“而从思想方法、科学体系来看，我们的地理学显然是很有问题的。例如资本主义国家人文地理学的思想体系与方法论，就全部的为旧中国地理学界所接受；资产阶级人文地理学的一些表现形式，同样在中国也得到反映”，“人文地理学正是这种帝国主义文化之一”，等等。且正文中直接点名批判张其昀先生，注释中也批判了如黄国璋、盛叙功、王成组、李旭旦等人文地理学者。[19]

留在大陆的诸多史地学派的学者（实际上也是当时绝大多数地理学者），都经历了思想改造或自我批判的过程，进行了原有的地理学思想改造，如竺可桢先生[20]、任美锷先生[21]等（当然，不仅仅是地理学者，历史学者亦同样进行思想改造，禹贡学派的学者和思想一样受到批判）。因此，1949年以后，整个学术包括地理学，都面临着一个如何与新的时代相契合与调适的问题，也即面临着大的转向的问题。

（2）同时，直接在历史地理学领域，也开始批判其中所存在的所谓“资产阶级倾向”，历史地理学亦开始“马克思主义化”的转向。

1959年2月,《学术月刊》发表《历史地理学方面的资产阶级思想必须批判》一文,主要就史学界中对原有历史地理学观念的问题,做过概括:

目前史学界开展的对资产阶级学术思想批判中,曾经讨论过历史地理这门学科中资产阶级学术思想问题。在讨论中,曾就考据问题、地理环境作用问题、民族研究问题、历史地理学工作者学习马克思主义和“破”与“立”等问题,展开过辩论,为了辩明真理,我想就上述问题,提出一些个人看法,和大家一起讨论。……

在这种繁琐考据方法影响下从事历史教学工作的一些资产阶级历史地理学家,他们在课堂上往往离开一定社会历史的政治经济状况,孤立地大讲其行政区划、民族迁徙等情形。对学生进行考试时,也出什么这个“补”那个“考”的题目,弄得学生一无是处。这实际上是用史料学代替历史学。这种错误的方法,既破坏了历史科学,也会使广大青年迷失方向,无目的地沉溺在史料的海洋中去。……

总之,通过学术批判,使我们看到在历史地理学方面存在的资产阶级学术思想是严重的。必须经过认真的批判,才能使历史地理这门学科,对于祖国的社会主义建设做出有益的贡献。[22]

稍后,侯仁之先生在为《十年来的中国科学·地理学》所撰写的《历史地理学》一文中,也有一段涉及这个问题:

近年来,在历史地理学的研究中,厚古薄今和烦琐考据的倾向还有存在,实际上这就是脱离政治、脱离实际的资产阶级的学术思想的反映,今后必须进行严格的批判和彻底的消除。这一工作已经开始了,而且必须坚持下去,这样才能扫清历史地理学迅速发展的障碍。[23]

其前其后,如侯仁之、黄盛璋等讨论历史地理学性质的论述,均先要把近代的所谓资产阶级倾向做一番批判之后,才能够展开有关论述;且均需结合马克思主义经典作家的若干论述,以及苏联的学者的论述口径进行。典型的论述,如黄盛璋先生:

新中国成立后,由于党的关怀和领导,由于社会主义建设迫切要求,真正的历史地理学才逐渐发展起来。它再不是以疆域政区和地名沿革为研究中心(朝按:否定了“禹贡学派”的观点),也不是以西方资产阶级的观点来研究地理环境对历史发展的影响(朝按:否定了“史地学派”的观点),而是以辩证唯物论和历史唯物论为指导,正确地认识历史时期地理现象本身发生、发展的规律,有效地服务于当前的社会主义建设事业。[24]

这种大的时代背景与学术现实环境，正是历史地理学发生转向的最为主要的原因。

贯穿南京高等师范学校—东南大学—中央大学和浙江大学等不同时期的史地学派核心人物张其昀先生于1949年后转至台湾，成为中国国民党政权的重要人士。其学说、贡献在1949年后受到不公正的批判，其影响在大陆被淡化。受到其影响的学者也遂回避论及该学派的主张和贡献。

1956年所发表的《为帝国主义服务的人文地理学》一文，亦在正文中直接点名批判张其昀先生：

> 张其昀在其"战后新世界"译者序中公开地写道："历史所以解释过去，地理所以解释现在。"在另一文中，他把地形作为中国地理的第一纲领，气候为中国地理的第二纲领，好像只要地形、气候二者，就能构成"科学的地理之基础"。像这样的观点，在解放以前的每一篇人文地理（其中也包括区域地理）作品中都可以见到。[25]

即使到了20世纪80年代初期，"禹贡学派"诸位学者（如顾颉刚先生等）已经以正面的、学科创始者的形象出现并为后人颂扬的时候，"史地学派"的张其昀先生则仍然因其在台湾的政治身份等而未被提及其学术贡献，甚至郭敬辉先生在回忆禹贡学会对其的帮助和影响的文章中，还特意提及年轻时与张其昀先生辩论之事，在当时郭氏的笔下，张其昀先生仍然多少呈现出负面的形象。[26] 1980年《历史地理》的《发刊词》[27]，对"禹贡学会"的沿革地理方面作了正面的肯定；但张其昀等的贡献，则略而未提。时过境迁，当事人愈来愈少，以后的学术史的论述又基本遵循《发刊词》所确定的基调，对于"史地学派"及张其昀先生等的学术活动和贡献，虽然不再予以批判，但也不再提及，即此渐渐淡出，在很长一段时间内几近泯然无闻。

（二）历史地理学自身在这种学术背景下的变化——"去人文化"（即单纯强调其"科学化"之一维，甚至"自然地理化"），以及所导致的论述中的路径依赖

1949年后的历史地理学，在这种学术背景下，不得不寻找新的出路，以与新的时代相契合。于是，原有的人文地理与自然地理并重的历史地理学不得不"去人文化"，即抛弃人文化的一维，而单纯强调其"科学化"的一维，以凸显其与"生产实践""国家建设"的密切关系与巨大作用。对这一过程，侯甬坚先生有过论述：

事实上，发生在我国历史地理学界的这一次转向，在很大程度上同特定的时代条件有关。简言之，进入1950年代后的国家建设时期，整个形势在强调各个专业要联系社会，要同生产实际相结合。另外，在地理学界，人文地理已被斥为资产阶级伪科学，遭到了人们的批判和遗弃。相形之下，自然地理研究因为不涉及意识形态问题，实际用途也很明显，所以受到的影响就不大。[28]

在这样的背景下，侯仁之先生等那代学者使历史地理学适应当时的形势，有其历史的背景和不得不然的苦衷。在当时人文地理学各分支学科无从发展的背景下，侯仁之先生等将其与自然地理学领域和国家建设实际相结合，使得学科得以继续生存、发展，并相较于同时期的其他学科而言，取得了较为突出的成就（以《中国历史地图集》的编绘和《中国自然地理·历史自然地理》的编纂为代表），亦是功莫大焉。

当然，这样的做法也存在较大的问题，如丁超近期所论述的："在侯仁之主导开启的西方历史地理学中国化历程中，存在着一个'马列主义化'的、'后入为主'的过程。这一过程为历史地理学在中国的发展提供了契机，同时也带来了不必要的损伤，尤其是对苏联地理学体系的照搬和尊崇，使得先前形成的历史地理学人文性被剥蚀殆尽。"[29]丁超先生这一观察非常敏锐，但如前所述，侯仁之先生及其同代学者之所以如此，更多的原因，还在于为当时整个学术界的大的背景所制约，非一人之力所能对抗。所谓"历史地理学人文性被剥蚀殆尽"，并不是主动对苏联地理学体系的尊崇所致，而是当时人文地理学被整体批判后不得已而为之的选择。在当时特定的时代背景下，这样抉择，某种程度上，不是对学科的损伤，而恰是对学科的保护。

尽管此一阶段历史地理学的发展进程有若干缺陷，但贯穿该阶段的主线，仍然是其"地理化"的过程（即将其归属于地理学的努力仍在持续），且由于该期的"去人文化"特征，其地理学的"科学"的一面更加明显，"地理化"程度进一步加深。故而，作为相对独立的学科，历史地理学反而于此期正式确立，且得到学术界（尤其是史学界）的响应；不惟地理学者（如竺可桢先生）持此认识，经出身禹贡学派的侯仁之先生大力提倡和推进之后，如谭其骧先生、史念海先生等出身史学的学者，亦均明确表明了赞同侯仁之先生意见的态度：

侯仁之关于历史地理学学科性质的完整阐述，见于1962年发表的《历史地理学刍议》一文[《北京大学学报(自然科学版)》1962年第1期]。他说："历史地理学是现代地理学的一个组成部分，这是无可置疑的。"在对这句话做的一个脚注里，他又说："有人把历史地理学仅仅看作是历史学的一门辅助性学科，这是地理学家所不同意的。在中国如此，在外国也是一样。"这篇论文在国内的影响一直很大。到1982年，谭其骧曾论述道："历史地理就其学科性质而言，它是一门地理科学，是地理学的一个组成部分，这是很明显的。”（谭其骧：《在历史地理研究中如何正确对待历史文献资料》，《学术月刊》1982年第11期）史念海在为1987年创刊的《中国历史地理论丛》撰写的“前言”中，认为：“在以前的悠久年代里，这门学科只是历史学的辅助学科。自它成为一门现代的科学以后，虽然仍可以作为历史学的辅助学科，实际上却已是地理学的组成部分。”（《中国历史地理论丛》1987年第1辑）这最后一句表明他已接受了侯仁之的学术见解。说明这一点，实际上是在交代清楚历史地理学界的一次转向，即从过去归属历史学，已渐渐地转向归属地理学；也只有阐明这一点，才能够较为准确地把握历史地理学的学科方向及其研究特点。[30]

这种状况至20世纪80年代中期之后始逐渐得到改变。但就学术发展而言，由于路径依赖，一段时期内，仍以科学性较强的自然地理学、经济地理学等为主，虽然开始提及人文地理的视角，但往往仍对历史地理学取较为狭义的理解，张其昀先生等史地学派的研究，有意无意间就不被认为是历史地理学的研究。20世纪90年代至今，虽然人文地理学在中国得到恢复，历史地理学的人文地理方面的研究也得到极大的发展（强调“史地合一”的“史地学派”更多地关注今天被归为“历史人文地理学”的研究和视角），但由于之前的论述的路径依赖，以及对历史地理学的“人文性”[31]角度认识得不够深入和全面，有关论述仍然沿袭之前的观点。另外，由于在1949—1979年历史地理学有与近代阶段近30年的断层，学术界对近代的发展状况和成果梳理仍然较为薄弱，大量的该期历史地理学研究的成就（因其主要在于人文地理方面）尚未被完整钩稽和论述。

（三）偶然的因素——人事纠葛与学者出身等

（1）大陆地区现代历史地理学主要由侯仁之先生将其理论化并大力倡导，主要的奠基者和创建人谭其骧先生、侯仁之先生和史念海先生均是禹贡学会（由顾颉刚先生发起成立）成员，且作为当时主要的学科理论和学科历史的论述者（“建构者”）的侯仁之先生正好与史地学派没有直接交往和学术渊源。

彭明辉先生在论及顾颉刚和谭其骧共同执笔的《禹贡·发刊词》（朝按：侯甬坚先生曾经推论，根据行文风格，应该为顾颉刚先生手笔[32]）时，曾经就其追溯史地研究状况的表述，有如下的疑问：

……（《禹贡·发刊词》）对强邻肆虐，国人应加强历史地理学之认知有所呼吁，并对清代学者的历史地理学研究大力推崇。但可怪的是，何以顾颉刚在执笔之际会几乎忽略了《史地学报》的存在？这一点和1949年以后的大陆历史地理学工作者由清代学者的历史地理学直接跳到禹贡学会，而无视于《史地学报》在现代中国史学发展过程中的影响，两者有相类似处；比较可能的推测是禹贡学会和1949年以后的大陆历史地理学工作者，主要出身北大系统，不免有意忽略南高系统的史地学报派。[33]

彭明辉先生的发现很敏锐，但其对忽视原因的分析，笔者觉得固然有学派分歧、人事纠葛之处，但更主要的，还是前述的政治原因以及所导致的学术转向（人文地理学被批判，以及大陆的历史地理学转向“自然地理化”）；虽有个人因素，却也是时代使然。实际上，后来几乎所有的史学派别1949年后均遭批判（包括“古史辨派”“禹贡学派”等），不独“史地学派”为然。

值得重视的一个原因，倒更有可能是偶然的因素所致，即1949年后中国现代历史地理学的主要理论和历史的论述者，也即“建构者”为侯仁之先生；而恰恰侯仁之先生出身“禹贡学派”，又未与“史地学派”有直接交往和学术渊源（由于1931—1945年的中日战争打断了学术发展的正常进程和交流，侯仁之先生主要是于1946—1949年间直接从英国吸收了现代的西方历史地理学思想），加之1949年后大陆长期批判史地学派而导致该派相关成就长期湮没不彰，故侯仁之先生在论述中较少论及，当可以理解。史念海先生亦与侯仁之先生类似，也与史地学派没有交往和渊源。谭其骧先生则是例外；他是禹贡学会的发起人，也任教于浙大史地系，与竺可桢、张其昀先生均共事有年，学术上肯定受到一些影响。但谭先生可能一方面因较少论及理论方面的问题，另外20世纪90年代之前还未及全面展开对民国学术的重新评价，加之谭先生20世纪90年代前期即归道山，故也较少对这方面展开论说。[34]当然，具体原因，随着更多史料的披露和问世，当可以逐渐厘清学术史更多的细节。

（2）1949年后，竺可桢先生（以及与其相关的一大批地理学者）虽然身体力行，理解、支持并努力推进历史地理学的发展，在历史地理学研究方面也取得了显著的成就，但相关工作和研究多包括在更高层面的地理学整体之中，历史地理学组织方面的具体工作是由侯仁之等先生直接进行的；所以，竺可桢先生在历史地理学方面宗师的地位一直未得到明确指出，以竺可桢先生为代表的地理学家（自然地理学家）的成就也未被当作历史地理学中的“史地学派”的延续。事实上，20世纪80年代之前的大量的地理学家，均是“史地学派”的成员或受到其强烈影响，尤其是大陆地区。

侯甬坚先生在前引论述了“相形之下，自然地理研究因为不涉及意识形态问题，实际用途也很明显，所以受到的影响就不大”之后，进一步列举了1949—1979年间大量自然地理学者的工作成就：

据《科学通报》1973年6月号一则报道，以竺可桢、黄秉维、郭敬辉为代表的“中国自然地理编辑委员会”，准备编辑出版一套丛书，主题分别为地形、气候、地表水、地下水、土壤、植被、动物、海域、古地理、历史自然地理、自然地理环境的地域差异、自然条件的综合评价、1949 年后的土地利用及自然改造等。当时，这项工作已被列入中国科学院 1973—1980 年重点科学规划之中。

历史地理学中的自然部分，在性质上同自然地理学一致，在时间上前后相继，因而得到现代地理学家的重视，这是极其自然的事情。在这套《中国自然地理》丛书中，于是就考虑有一册“历史自然地理”的书籍。直到 1982 年 1 月，《中国自然地理·历史自然地理》分册才终于出版……撰写人员及其工作单位的情况……出身地理学或在地理单位工作的人员占有相当优势。[35]

但在实际的关于历史地理学学科发展的论述中，由于地理学者的工作往往是在历史地理学研究成果或历史地理学者所整理资料的基础上的进一步延伸，而往往延伸之后就不再被认为是历史地理学的工作与成就了，此其一；其二，则是 20 世纪 90 年代后，自然地理学者渐渐不再与历史地理学界有较多联系。这样，竺可桢先生及其那一代学者的历史地理学成就与工作就被有意无意地忽视了，而该类学者亦多出于“史地学派”。这也是“史地学派”被忽视与淡忘的原因之一。

现在返回去审视，客观地说，如果不是竺可桢先生有对历史地理学的特殊的理解，在中国科学院系统和地理研究所内组织有关的研究机构，在中国地理学会内设立历史地理专业委员会，以及组织包括“历史地图”在内的各类国家性地图集的编绘和包括《历史自然地理》在内的《中国自然地理》丛书的编写，历史地理学在中国的现代阶段可能不会取得如此巨大的成就，也很可能不会有像现在这样相对独立的学科定位与地位（这正是台湾地区的历史地理学所欠缺的）。

四、结　语

笔者曾经提出，近现代中国历史地理学发展的核心问题，在于历史地理学的“地理化”过程（当然，具体而言，既有宏观层面的“西方欧美化”或“苏联式的马克思主义化”的分途，也包括“人文化”与“科学化”的兼容与对立）。这是近代以来不同时期学科发展的纠结之处和矛盾所在，也是区分不同阶段的标志，亦是不同阶段研究范式转换的关键之处。[36]

在学科发展的这一大背景下，“史地学派”于 20 世纪 20 年代初期，以张其昀先生为代表，率先“预流”，引进西方欧美国家的地理学思想，运用于中国的史学研究与地学研究之中，建立起了初步的属于地理学的历史地理学的理论框架，并将传统的“沿革地理学”“扩展为”（而非“改造为”）或融入新式的“历史地理学”；二者相互影响，共同发展。即该期历史地理学的“地理化”过程已经开始，且主要以“人文地理”为主，人文与自然并重，史、地兼顾。

但该过程在1949年后由于政治因素的影响而在大陆被迫中止。面临着铺天盖地的意识形态的压力，学科发展面临重大的危机。在这一关键时刻，以侯仁之先生为代表，再一次“预流”，按照马克思主义理论和苏联的地理学模式，将之迅速纳入到与主流意识形态和苏联地理学体系一致的轨道上，使得历史地理学在现代阶段发生重大转向。借此，历史地理学在中国的诸多人文性学科（如人文地理学和史学的诸多流派）纷纷遭到批判和否定的背景下，而能够孑然幸存，并且得到相当程度的发展，取得相对显著的成就。这一过程并非凭空出现，也非从禹贡学派直接演变而来，而是导源于史地学派所确立的历史地理学已然成为地理学分支学科之一的学科格局。虽然源于欧美的西方地理学思想被否定和抛弃（如人文地理学被斥为“伪科学”），但该门学科已然确立且已得到地理学界的承认则不待言，否则，也不会出现侯仁之先生一篇商榷文字而立即应者云集，且大学马上就有相应科目的改变。事实是，地理学界主流最晚至20世纪30年代中期即已确立了历史地理学属于地理学的分支学科的观点（即“史地学派”的观点），而1949年后又有地理学领域的领导者竺可桢先生在背后为历史地理学的发展而多方加以组织和协调；至于侯仁之先生，亦是在1946—1949年间接受了西方历史地理学的观点（实际上是类似于“史地学派”的观点），同时他正好又出身于史学界，尤其出身于“禹贡学派”，使得属于史学的沿革地理等在本身受到批判和抑制的背景下，相关学者转而接受了侯仁之先生的观点，即史学界学者也认同了历史地理学属于地理学的观点，使得此一新的方向成为大陆的史、地两界的共识。

因此，从整个历史地理学的发展历程及其“地理化”程度而论，古代阶段主要可归为“沿革地理”，完全属于史学，地理化尚未开始；近代阶段则“历史地理”（属于地理学）与“沿革地理”（属于历史学）并存，但逐渐归属“历史地理”（涵盖人文地理与自然地理，且以人文地理为主），两属于史学和地理学（作为各自的分支学科之一），历史地理学尚未明确形成独立的学科和具有相对独立的学术建制；现代阶段，则多属于狭义的“历史地理”（沿革地理被认为仅是历史地理的初步），且以自然地理为主，同时相对独立的学科和学术建制形成；而当代阶段，又重新提倡自然与人文并重，某种程度上有重新回归近代含义的趋势。

也正是在这样的视角下，我们回过头来，再去体味近代阶段“史地学派”学者的理论与实践，就既会对近代历史地理学的发展历程有更为清晰的认识，也更会感觉到其作为一个学派的价值与意义。重温该派的科学与人文并重的学术旨趣以及“史地结合”的办学思想，对中国当代历史地理学的发展仍然具有一定的启示意义。也因之，对“史地学派”的认识，也应跳脱门户之见，而对其加以客观的、全面的审视。

加拿大的历史地理学者寇·哈瑞斯曾经说过,“历史地理学不是那种有模式可供仿效的学科”“历史地理学既不坚持某种非常明确的方法论,也不坚持其本身的理论,而是提供对世界的一种透视。这种透视,不可避免地是由观察者的环境和观察对象所形成的。我们从不同的地点、不同的时间来观察这个世界,看到不同的东西,复原不同的历史地理。所以,并不存在唯一的历史地理学的信条”,但哈瑞斯也说,“作为历史地理学者,我们有一个共同的观察世界的窗口”。[37]笔者同意哈瑞斯此见。就近现代中国的历史地理学发展而言,揆诸历史经纬,不同学派,不同阶段,各类主张,均有其时代性和合理性。所以,并不存在唯一的历史地理学的信条,面对这个共同的观察世界的窗口,还是应该和谐共处,史、地融会,科学与人文并交。

最后,笔者想说的是,两派学人、两个阶段的优劣短长,自可以见仁见智,但就处于特定时代的张其昀先生和侯仁之先生而言,则均抓住了时代脉搏,成功地引领学科在时代的大潮中乘势发展。事实上,韩光辉先生在 1997 年论述张其昀先生的历史地理学贡献的基础上,2004 年进一步明确地将二氏的特别是在理论方面的突出建树及其地位进行了论述:“二十世纪二十年代至五十年代初,现代历史地理学理论在中国出现。但这不是对中国清代初期出现的近代历史地理学思想萌芽的自我发掘和直接继承,而是打破了沿革地理的传统,系统地介绍和传播西方现代历史地理学的理论与方法。引领这一学术思潮的学者,除前述的张其昀之外,当属侯仁之。”[38]韩光辉先生在这里,已经将张其昀先生作为近代历史地理学发展的核心而与侯仁之先生(大陆现代的历史地理学发展的核心)并列,且均将二人作为引领一代学术之潮流者,笔者对此深以为然。

张其昀先生出身于“史地研究会”,深受两大导师柳诒徵和竺可桢的影响,所以,史地两分又史地结合,对西方、对传统都择善而从。客观上,他引进、提倡、建立了近代的西方式的历史地理学,更多地注重于历史人文地理的研究;他影响了一代学人,并持续地影响着台湾地区的历史地理学。近代阶段,张其昀先生处于中国历史地理学发展的枢纽地位,相应地,史地学派是此期的主流。

侯仁之先生出身于“禹贡学会”,深受导师顾颉刚等先生的影响,又于 1946—1949 年间接受了英国的历史地理学思想,实际上是接受了“史地学派”的西方地理学化的历史地理学思想;再于新的时代背景下,吸收新的指导思想,借鉴苏联的地理学体系,进一步将之纳入到现代地理学的体系之中。该期学者并在种种特殊的限制因素之下,重点发展了“历史自然地理”的研究。而侯仁之先生以其特殊的渊源,对禹贡派学者有深入的影响,将禹贡派学者、史地派学者融为一体。现代阶段,在中国历史地理学的发展中,两派能够融会、新生,侯仁之先生处于枢纽地位。

张其昀先生、侯仁之先生各以其个人的学养、传承和际遇,敏锐地把握时代的变迁、学术的转向和学科发展的趋势,顺势而为又勉力前行,使得学科在不同时期均得到发展的机会，并秉持"经世致用"的志向，为民族、国家的政治昌明、经济发展、文化传承和生态保护等各方面出力献策，发挥出"有用于世"的作用，此为两氏的卓越之处。用陈寅恪先生的观点，两氏即为"预流"之人。当然，他们会有自身的、时代的局限，其理论、见解也或有可商之处或不彰之时，唯其对待学术的真诚与执着，以及其出于自身的真诚、执着而为了感染、影响同侪和后学而为学科发展的鼓与呼、思与行，并一生对其主张一以贯之，而非随波逐流，对学术研究孜孜矻矻、执着坚守，这才是最为可贵，也是最应该值得后学珍视之处。"高山仰止，景行行止"，"虽不能至，然心向往之"。愿与学界同仁共勉。

【注释】

[1]侯仁之：《"中国沿革地理"课程商榷》，《新建设》第2卷第11期。

[2]范今朝：《"史地学派"在中国近现代历史地理学发展中的地位与影响》，《中国历史地理论丛》2016年第1辑。

[3]范今朝：《"史地学派"在中国近现代历史地理学发展中的地位与影响》，《中国历史地理论丛》2016年第1辑。

[4]较新的论述中，如华林甫："对于中国历史地理最具学术意义的，是禹贡学会的成立和《禹贡》半月刊的创办。"（华林甫：《中国历史地理学·综述》，山东教育出版社2009年版，第30页。）再如张伟然："1934年2月4日，顾颉刚与谭其骧在北平商量发起成立禹贡学会，出版《禹贡》半月刊，提出要将传统的沿革地理改造成现代的历史地理，这是历史地理学在中国开始发展的第一个里程碑。"（张伟然等：《历史与现代的对接——中国历史地理学最新研究进展》，商务印书馆2016年版，第12页。）其他一般教科书中亦多如此论说。

朝按：《禹贡》"发刊词"中，并未提出"要将传统的沿革地理改造成现代的历史地理"这样的任务，甚至整个"禹贡时期"也没有给自己定下这样的任务，而仅是表述为"本会以集合同志，研究中国地理沿革史"（禹贡学会简章第一条，载《禹贡》半月刊1934年第1卷第2期），"该刊以发表全体会员研究之心得，调查之报告，及史地界之消息，即以发扬学会之精神，实亦中国研究沿革地理者之总集合"（《本会三年来工作略述》，附载于《禹贡》半月刊1936年第4卷第10期后），以及"我们无间新旧，兼容并包，使得偏旧的人也熏陶于新方法的训练，而偏新的人也有旧材料可整理"（《禹贡》半月刊1937年第7卷第1、2、3合期《纪念辞》），或"此实为'历史的地理'之学的大结集"，"本会为历史地理学之总汇"（《禹贡》半月刊1935年第4卷第6期的封底，有第1、2、3卷合订本的出版广告，内有此语）等。

此说应该来源于谭其骧先生1984年回忆："三十年代中期禹贡学会同仁提出要把旧时代的沿革地理改造为现代的、科学的历史地理。"（说见《长水集·自序》）但这是后来所达到的客观的结果,当时的人并无这样的自觉认识。

史念海先生的回忆则清楚再现了当时的此种状态,亦可印证笔者的前述判断(即“当时的人并无这样的自觉认识”):“颉刚先生之所以创办禹贡学会,发刊《禹贡》半月刊,本来是为了研究古代地理,绍述乾嘉诸老的旧规,重张沿革地理学的声势,可是实际上却超迈乾嘉诸老,使沿革地理学逐渐向历史地理学发展,沿革地理学因而也就降而为历史地理学的组成部分。这样的演变是相当巨大的,也许颉刚先生最初创建禹贡学会时还未曾预料到有这样的演变,可是这样的演变却是颉刚先生亲自导引才能出现,为世所知。当然这样的导引只能是示以方向,其具体的纲目尚待从容斟酌。也正是有这样的因缘,加上历史地理学应有的作用,建国以后,历史地理学作为一门正式学科得列于高等学校的讲席,又复发扬光大,成为重要的学科,从事研究的学人更是日益众多。能够有这样的成就,追溯渊源,是和禹贡学会及《禹贡》半月刊分不开的。”史念海:《顾颉刚创立禹贡学会及其以后的二三事》,见顾潮编《顾颉刚学记》,生活·读书·新知三联书店 2002 年版,第 372 ~373 页。

说明:前引《禹贡》刊物中各引文和史念海先生的回忆,均转引自华林甫:《中国历史地理学·综述》,山东教育出版社 2009 年版,第 33 ~34 页。

[5]对此,阙维民先生有这样的评述:“至少在历史地理学科方面有两点是值得一提的:其一,在拟定大纲中所列 18 门主课中的‘历史地理’课程,被明确说明是‘其余西学各科目’中的一门‘西学’,这是笔者迄今所知中国引入西方‘历史地理’学科名词的最早记载;其二,设置在‘中外地理学门’的‘西学’课程——‘历史地理’,与设置在‘中国史学门’的‘中学’课程——‘中国历代地理沿革略’,在当时是中西相映的两门并列地理学课程,一门是‘西学’地理学的分支学科,一门是‘中学’历史学的分支研究。这样的课程设置,也与大学堂‘中西并重,观其会通,无得偏废’的办学原则是相适应的。”参见阙维民:《中国高校建立地理学系的第一个方案——京师大学堂文学科大学中外地理学门的课程设置》,《中国科技史料》1998 年第 4 期。

[6]对此,侯甬坚先生认为,“时在 1904 年初,在官方颁发的文件中,对地理学不仅有了清楚的古今之别,而且还区分开了沿革地理与历史地理,这不能不使人感到惊讶和意外。1904 年前后的中国文化界……当时不要说有‘历史地理’之称,就连历史、地理两词的重叠使用也不多见(重叠使用的‘历史地理’,是指历史、地理两门学问,有可断开和不宜断开两种情形),其中尚无上述新鲜概念,这就颇使人猜测上述章程中的概念自有来历”,“这一来历,实际上就是引进日本近代学制一途”。参见侯甬坚:《“历史地理”学科名称由日本传入中国考——附论我国沿革地理向历史地理学的转换》,《中国科技史料》2000 年第 4 期。

[7]丁超:《史地徘徊》,商务印书馆 2016 年版,第 183 ~186 页。

[8]王应宪编校:《现代大学史学系概览(1912—1949)》,上海古籍出版社2016年版。

[9]黄国璋:《理学院地理学系课程标准草案》,《地理学季刊》1932年第1卷第2期。

[10]《师院历史系和师专历史科暂行教学计划》,《历史教学》1956年第6期。

[11]《高等学校地理系(或地理科)学生学习哪些课程?》,《地理知识》1956年第5期。

[12]王成组:《地理学》,商务印书馆1933年版,第22~23页。

[13]笔者在2016年的《"史地学派"在中国近现代历史地理学发展中的地位与影响》一文中,对"历史之地理"与"历史的地理"专门进行过分析,即"简略言之,可分为两个层面,即属于较高层面、宏观层面的'地理史观',即'历史之地理'(Geography of History),多属于史学领域及地理学一般性原理;以及属于较微观层面的地理学的分支学科之一,即'历史的地理'(Historical Geography),明确归属地理学领域且作为地理学的分支学科之一"。见《中国历史地理论丛》2016年第1辑。"历史的地理"等为相对固定的、为各方所接受的术语,还可以从该时期一些大学的课程设置中的课程名称看出来,直接使用"历史的地理"为课程名称(可参见本文表1)。

[14]华林甫:《中国历史地理学·综述》,山东教育出版社2009年版,第33页。

[15]张其昀:《近二十年来中国地理学之进步(四)》,载《地理学报》1936年第3卷第2期。

[16]侯仁之:《"中国沿革地理"课程商榷》,《新建设》1950年第2卷第11期。

[17]韩光辉:《张其昀及其历史地理学贡献》,《中国科技史料》1997年第1期。

[18]郭来喜:《〈中国人文地理丛书〉序二》。参见刘君德、靳润成、周克瑜编著:《中国政区地理》,科学出版社1999年版,第Ⅴ页。

[19]张同铸:《为帝国主义服务的人文地理学》,《地理学报》1956年第22卷第1期。

[20]可参看《竺可桢全集(第3卷)》相关内容,如1950年4月的《中国科学的新方向》、1952年7月的《科学院研究人员思想改造学习期中的自我检讨》、1953年1月的《中国地理学工作者当前的任务》等[竺可桢:《竺可桢全集(第3卷)》,上海科技教育出版社2004年版]。

[21]任美锷:《我对于"四川省农作物生产力的地理分布"一文的检讨》,《地理学报》1952年第18卷第3、4期。

[22]宋心伟:《历史地理学方面的资产阶级学术思想必须批判》,《学术月刊》1959年第2期。

[23]侯仁之:《历史地理学》,见中国科学院编译出版委员会主编:《十年来的中国科学·地理学》,科学出版社1959年版,第94~101页。

朝按:该文题下有小注说明写作过程:“本文写作系由中国科学院地理研究所历史地理组的全体组员收集资料,初稿完成征询各方面意见后,又经地理研究所历史地理组与北京大学地质地理系历史地理小组部分同志讨论定稿”,显示是当时学术界(尤其是地理学界)的主流意见。另:该文末注释中提及前引宋心伟文,则批判意见应该受到此文影响。

[24]黄盛璋:《历史地理学要更好地为社会主义建设服务》,见《人民日报》1961年3月16日,又见氏著:《历史地理论集》,人民出版社1982年版,第1~5页。

[25]张同铸:《为帝国主义服务的人文地理学》,《地理学报》1956年第22卷第1期。

[26]郭敬辉:《继承和发扬〈禹贡〉精神》,《历史地理》创刊号(1981年)。

[27]侯仁之:《发刊词》,《历史地理》创刊号(1981年)。

[28]侯甬坚:《1978—2008:历史地理学研究的学术评论》,《史学月刊》2009年第4期,又见氏著:《历史地理学探索(第二集)》,中国社会科学出版社2011年版,第56~103页。

[29]丁超:《历史地理学的人文性及其中国际遇》,《天津师范大学学报(社会科学版)》2013年第1期。

[30]侯甬坚:《1978—2008:历史地理学研究的学术评论》,《史学月刊》2009年第4期,又见氏著:《历史地理学探索(第二集)》,中国社会科学出版社2011年版,第56~103页。

[31]关于历史地理学的“人文性”,丁超先生近期有过较多讨论,典型如《历史地理学的人文性及其中国际遇》,《天津师范大学学报(社会科学版)》2013年第1期。

[32]侯甬坚:《“历史地理”学科名称由日本传入中国考——附论我国沿革地理向历史地理学的转换》,《中国科技史料》2000年第4期。

[33]彭明辉:《历史地理学与现代中国史学》,台湾东大图书公司1995年版,第151页。

[34]一个例外是关于中国“大古都”的问题。谭其骧先生先后于1982年、1989年在《中国历史上的七大首都》《〈中国七大古都〉序》中提及20世纪20年代就有“五大古都”、30年代就有“六大古都”的说法[谭其骧:《长水集(续编)》,人民出版社1994年版,第18~38页];后据葛剑雄先生记述,谭其骧先生明确提及可能是张其昀先生首提“六大古都”说(葛剑雄:《悠悠长水——谭其骧后传》,华东师范大学出版社2000年版,第185页);后来毛曦先生据此线索,考证此言不虚(毛曦:《中国究竟有几大古都——民国以来中国大古都不断认定的来龙去脉》,《学术月刊》2011年第7期)。

[35]侯甬坚:《1978—2008:历史地理学研究的学术评论》,《史学月刊》2009年第4期,又见氏著:《历史地理学探索(第二集)》,中国社会科学出版社2011年版,第56~

103页。

[36]范今朝:《“史地学派”在中国近现代历史地理学发展中的地位与影响》,《中国历史地理论丛》2016年第1辑。

[37]〔加拿大〕寇·哈瑞斯:《对西方历史地理学的几点看法》,《历史地理》第4辑(1986年)。

[38]韩光辉:《中国历史地理学发展特点及其贡献》,《江汉论坛》2004年第4期。

(作者单位:浙江大学地球科学学院地理科学系)

历史药物地理学的理论与方法

陈隆文　代玄烨

一、历史药物地理学研究对象与任务

学术界对历史药物地理学的关注是现代药物地理学研究的一部分。管文先生在《药物地理学刍议》中曾率先提议建立中国药物地理学,并以此协同中医学攻关,为开发利用我国药物资源做出新的贡献。管文先生认为创建中国药物地理学有其重要价值,药物地理学创建在当今之中国,不仅是中医药学、地理学发展的需要,改革开放日益深化的需要,也是历史发展的必然。[1]管先生还认为就中国药物地理学研究的基本内容而言,这项研究工作至少要包括以下四个方面的内容:第一,药物的形态与分类。药物地理学应该突出药物的生存环境(即生境)对药物外形特征的制约和影响。第二,药物与地理环境的关系。药物地理学研究的环境,是指以药物为中心的生物、非生物和人类构成的环境。第三,药物地理学分布的区域划分。第四,药物资源的开发和利用。中药资源具有社会效益、环境效益和经济效益,因此,应该加强对中药资源的开发与利用。[2]管文先生是较早提出对药物与地理环境相互关系进行研究的学者,他所提出的药物地理学研究的四项基本内容,同样适合历史时期药物地理学的研究,他的探索是值得肯定的。黄泰康先生也是中药地理学研究的主要倡导者之一,他也曾提出过建立中药地理学的意义和建议。他认为:“过去仅对药材的生活环境进行一般的定性描述,也可以认为这就是最早的中药地理学。但随着科技的发展,这种方法就远远不够了。必须用科学的依据来剖析解释上述问题,这是中药研究必不可少的。”[3]黄泰康先生还特别以道地药材为例,阐述了不同地理条件作用下中药材的药效问题,他说:“适宜的温度和高湿土壤环境,有利于植物的无氮物质(糖、淀粉等碳水化合物和脂肪等)的合成,而不利于蛋白质、生物碱的形成;高温、低湿条件有利于生物碱、蛋白质等含氮物质的合成,而不利于碳水化合物和脂肪的形成。又如热带科植物所含甘油酯的碘化、挥发油的比重和生物碱的平均分子量,均比温带科植物所含的低。因受生态环境的影响,同种植物所含各种化学成分的比例亦有很大差别。”[4]地理环境不仅对植物药有影响,而且气候、地理条件对动物的生长发育亦有影响,如东北虎和华南虎,其祛风、温经活络效果就有差异,在寒冷地区生长的东北虎最佳。“地道药材”是人们从实践中得到的认识。[5]不仅如此,黄泰康先生还直接阐述了道地药材的形成与地理环境之间密不可分的关系,他认为道地药材的形成与环境关系极为密切,其环境(environment)是一个抽象的概念,泛指生物体周围的一切因子,如水、土、光、温、大气、生物等的总和。而生境(habitat)则比较具体,指某一种生物所处的特定环境。小环境(micro - environment)和内环境(inner - environment)分别指接触个体表面的小气候、土壤(根系周围)等和体内生命活动所需条件(如温度、水、空气等)。这些环境中诸因子的综合效应影响了道地药材的形成。[6]他认为目前学术界的研究多是侧重从中药学的角度阐释中药材,研究特别的道地中药材与地理环境之间的相互关系,而对历史时期道地药材的形成、疗效及其与地理环境的关系虽有阐释,但应是不断继续深化的研究领域。

近年来,随着新兴学科的不断发展,特别是历史医学地理的显著进步,作为历史医学地理学分支之一的历史药物地理学研究也越来越引起人们的关注。龚胜生先生认为创建历史医学地理学不仅是地球系统科学与现代地理学发展的需要,也是历史地理学和医学地理学发展的需要,作为历史地理学的分支学科,历史医学地理学的研究领域十分宽广,而历史药物地理学正是历史医学地理学的一个主要分支。龚胜生先生把历史药物地理定义为:“历史药物地理(Historical Drug Geography)主要研究历史时期重要天然药物资源的地理分布变迁规律、药效特异性与环境生态的关系、药物开发利用的环境效应等。天然药物资源包括植物药、动物药、矿物药,种类极其繁多,应该选择区域性明显、药效独特、临床中广泛使用、与自然生境关系密切、具有保护和开发价值的‘地道药材’进行研究。”[7]他还特别提出了“地道药材的区域性取决于地球化学微量元素的地域差异”[8]。在这里,龚胜生先生除了强调历史药物地理学要深入研究历史时期天然药物资源的地理分布变迁规律外,还特别指出这项研究工作必须关注药效与环境、环境对于药效开发的反作用,即药物开发利用的环境效应问题。也就是说,历史时期药物特别是药物的临床效果与环境关系的问题,应该是历史药物地理学研究的主要对象和重要内容。历史药物地理学研究的提出不仅丰富了现代中药地理学的实际内容,而且也在某种程度上开阔了现代中药地理学研究的视野和领域。

中药学上所说的“道地药材”是指药材货真质优的意思,是中药学中控制药材质量的一项独具特色的综合判别标准[9]。道地药材与非道地药材的根本区别在于临床药效学上的显著差异,而且这一根本性的差异毫无疑问与地理环境有密切关系,或者说是由地理环境决定的。古人所谓道地药材是“离其本土,虽质同而效异”。这里的“本土”显然是指包括土壤、气候、地貌、水分、光热、气温、生物在内的自然要素而言的。中药资源生态学是目前学术界有广泛影响的中药学概念，它由黄璐琦、郭兰萍教授首创。黄璐琦、郭兰萍教授系统阐述了中药资源生态学的概念、理论、方法以及研究实践，中药资源生态学就是从气象（光、温、水分、风）、气候（纬度地带性、经度地带性、垂直分布地带性）、土壤等多个自然要素综合分析中药资源，特别是道地药材临床药效所赖以形成的生态环境，其中有关地理环境与道地药材疗效之间相互的分析内容、结构、体系，详见下表。

气候、土壤与中药资源（引自《中药资源生态学》[10]目录第 3 ~4 页）

<table>
<tr><td rowspan="5">气候与中药资源</td><td>气象因子</td><td colspan="2">中国气候特点与分区</td><td colspan="2">气候对中国植被分布的影响</td><td>中国中药资源分区</td><td colspan="2">小气候对中药材质量的影响</td></tr>
<tr><td>光</td><td colspan="2" rowspan="2">中国的气候特征</td><td colspan="2">纬度地带性分布</td><td rowspan="4">–</td><td colspan="2">小气候的特点</td></tr>
<tr><td>温度</td><td colspan="2">经度地带性分布</td><td colspan="2">小气候对生物的影响</td></tr>
<tr><td>水分</td><td colspan="2" rowspan="2">中国气候分区</td><td colspan="2" rowspan="2">垂直分布规律</td><td colspan="2">小气候的观测</td></tr>
<tr><td>风</td><td colspan="2">农业措施的小气候效应</td></tr>
<tr><td rowspan="3">研究实例</td><td colspan="8">苍术气候特征提取及区划</td></tr>
<tr><td colspan="8">青蒿中青蒿素积累的气候适宜性区别</td></tr>
<tr><td colspan="8">应用 Fuzzy 的方法进行野生芍药适生性等级区别</td></tr>
<tr><td rowspan="4">土壤及地形与中药资源</td><td>土壤因子</td><td>土壤性状及质地</td><td>土壤成分</td><td>土壤热量</td><td>土壤胶体</td><td>土壤的酸碱性</td><td>土壤质量</td><td>土壤对中药材质量的影响</td></tr>
<tr><td>土壤分类及规律</td><td colspan="2">中国土壤发生分类</td><td colspan="2">中国土壤系统分类</td><td colspan="2">土壤分布的规律性</td><td>中国土壤区划</td></tr>
<tr><td>栽培土壤恶化及治理</td><td colspan="4">土壤环境恶化的特点</td><td colspan="2">土壤环境恶化的表现</td><td>土壤环境恶化的防治</td></tr>
<tr><td>地形因子及其影响</td><td colspan="7">地形因子及其对中药资源的影响</td></tr>
<tr><td rowspan="4">研究实例</td><td colspan="8">苍术根际土壤微生物变化规律研究</td></tr>
<tr><td colspan="8">低钾胁迫对苍术生长发育及挥发油含量及组分的影响</td></tr>
<tr><td colspan="8">干旱胁迫对苍术植株代谢的影响</td></tr>
<tr><td colspan="8">广西地形对青蒿中青蒿素含量的影响分析</td></tr>
</table>

根据上述分析内容来看，现代中药资源生态学在研究中药资源，特别是道地药材形成因素时，其所采用的分析方法和获得结论虽是基于生态学的理论和方法，但其间地理学，特别是自然地理学的研究方法对这一研究领域的渗透和影响是毫无疑问的，这一方

法也从生态学的角度印证了自然地理环境是中药道地药材形成的基础和前提。这从一个侧面再次验证了道地药材"离其本土,虽质同而效异"的古训。而黄璐琦、郭兰萍两位先生首创的这一研究方法,同样适用于历史药物地理学中包括道地药材在内的所有中药材药效形成与地理环境相互关系的研究实践与探索。

除了上述所论的自然环境以外,地理学上所说的环境还包括经济、社会、文化环境。经济、社会、文化环境也是人类社会本身所形成的一种地理环境。这种类型的环境对历史上道地药材的形成也起到了很大作用。

经济环境是在自然环境的基础上由人类社会形成的一种地理环境,它主要指自然条件和自然资源经人类开发利用后形成的地域生产综合体的经济结构,包括工业、农业、交通和城乡居民点等各种生产力实体的地域配置条件和结构状态。生产力实体具有二重性:从自然属性方面来评价,这种地域特征属于人为环境;从技术经济角度来考察,这种地域组织则属于经济环境。[11]人类对道地药材的开发和利用,属于不同领域经济环境的一部分。

学术界普遍认为明代是道地药材最终确立的时代。这一时期药材交易的盛行是道地药材确立不可忽视甚至是不可或缺的因素,也是道地药材确立于明代的重要体现。有学者深入分析此问题,认为只有药材交易的盛行,才能因利益的驱使而有力地推动药材的生产;也只有全国范围内广泛而大量的药材交易,才能使各地医家有更多的机会接触到各地所产的同类药材并用之以临床而加以比较,从而判断药材的优劣真伪;而正是由于明代医家对药材产地的重视,又促使药商在药材交易中往往以"道地药材"为旗号来突显自家药品的货真质优——这才是道地药材最终于明代确立的深层原因。[12]明代独特的经济环境对历史上道地药材的最终确立起到了很大作用。

社会人文环境包括人口、社会、国家、民族、语言、文化和民俗等方面的地域分布特征和组织结构关系,而且涉及社会各种人群对周围事物的心理感应和相应的社会行为,社会人文环境是人类社会本身所形成的一种地理环境。[13]社会人文环境也是影响道地药材形成的一种重要的环境因素。禹县(今禹州市)是中原地区驰名全国的药材集散地,其区域内独特的商业传统、道地药材和独具风格的加工包装技术,使得禹县所产道地药材名满天下,药业行内流传有"药不到禹州不香"的说法。[14]总之,禹州独具特色的社会人文环境也是形成清代以来以禹州为中心的道地药材产地的重要环境因素,而对诸如此类的环境因素的考察是我们以往研究中关注不多的。

总之,历史药物地理学以研究历史时期中药质量、临床药效与地理环境的相互关系为对象,其中道地药材与地理环境的关系是该项研究的核心问题。历史药物地理学中的环境包括历史自然环境、历史经济环境和历史社会文化环境三个部分,这三类地理环境之间在地域上和结构上又是相互重叠、相互联系的,由上述三种地理环境所构成的统一的整体地理环境与历史上植物药、矿物药和动物药的临床疗效的关系，以及由此而展开的历史时期重要天然药物资源分布变迁规律、药效特异性与生态环境的关系、中药及其地域系统的空间分异规律应列为历史药物地理学研究的主要对象和任务。

二、历史药物地理学的理论依据

在历史地理学界，历史药物地理学常常被视为历史医学地理学的分支，而历史医学地理则是研究历史时期人类疾病、健康与地理环境相互作用关系及其空间分布变异规律的新兴学科，具有综合性和交叉性特点，属于历史地理学的分支。[15] 20 世纪 90 年代，被视为中国现代历史地理学开创者之一的侯仁之先生在谈到历史地理学的理论基础时曾指出："现在看来，恩格斯在《自然辩证法》一书中有关自然界变化的见解，至今仍可作为历史地理学的一种理论依据来进行探讨。至于对历史地理学在学科性质上的认识和研究方法的利用，还在不断发展中。"[16]很显然，作为马克思主义理论重要组成的自然辩证法，至今仍可作为历史药物地理学的理论依据来进行阐述。除了恩格斯《自然辩证法》以外，白寿彝先生以马克思主义理论为指导，从五个方面阐释了地理条件与人类社会发展的相互关系：第一，地理条件是人类历史发生和发展的前提条件。第二，不同的地理条件影响着社会生产力的分布状况和发展水平。第三，地理条件还影响着一些国家的政权的形成和政权的职能及其历史特点。第四，地理条件对社会发展的影响随着社会生产力水平的提高而不断变化。第五，人类在利用地理条件中也不断改变着地理条件，并获得对于地理条件的新的认识。[17]

瞿林东先生在白寿彝先生主编的《中国通史 · 导论》中对地理条件与人类社会发展相互关系的全面归纳，为我们研究历史药物地理学中环境与道地药材形成的相互关系问题提供了理论依据，而这一理论依据的核心内容应该从以下两个方面理解：

第一，地理条件与地理环境不仅是人类历史发生、发展的前提，而且也是药物特别是道地药材赖以生存生长和形成的基本前提。

马克思、恩格斯多次指出"自然基础"是人类社会存在与发展的前提。"任何人类历史的第一个前提无疑是有生命的个人的存在，而有生命的个人的存在又必须有一定的自然基础；这个自然基础包括人们自身的生理特性和自然条件——地质条件、地理条件、气候条件及其他条件。因此，任何历史记载都应当从这些自然基础以及历史进程中由于人们的活动而发生的变更出发。"[18]地理环境不仅是人类社会生存的前提和条件，药材特别是道地药材在其生长发育过程中同样受到地理环境的制约。可以说地理环境的各种要素综合地影响着我国中药资源的空间分布特征与道地药材的形成。例如：秦岭—淮河一线是我国地理上的南北分界线，秦岭—淮河一线南北地区的中药资源存在着明显的区域差异。学者研究指出，这是由不同地区的地理环境和地理条件决定的，具体地讲：淮河以北至晋北、坝上以及科尔沁高原为暖温带气候区，≥10℃积温为3200℃—4500℃，全年无霜期180—240天。夏季酷热，冬季严寒，春季干旱多风，植被比较稀疏，多为喜暖的多种落叶阔叶林，分布的药用植物大多耐干旱，喜阳光，忌水涝。由于华北暖温带气候昼夜有一定温差，适宜栽培含糖类、淀粉高的党参、黄芪、黄芩、知母、紫菀、白芍、桔梗、板蓝根、北沙参、山药、地黄、怀牛膝等根茎类药材和枸杞、瓜蒌、酸枣、山楂、杏仁等果实类药材。在秦岭向东延伸的大别山、桐柏山、伏牛山过渡性阔叶林中，酸性黄棕壤呈弱酸性反应，是连翘、山茱萸、盐肤木、桔梗、满山红、山胡椒、野山楂、野葛、猕猴桃、华中五味子的适宜地。[19]由此看来，地理环境毫无疑问是影响和形成道地药材的前提和基础条件。以往我们在对待道地药材与地理环境的关系上缺乏科学的态度，片面地采取"就地生产、就地供应"和"南药北移、北药南移"的方针，并且提出了"打破迷信道地药材的保守思想"的口号，这些做法都没有正确地认识地理环境与道地药材的辩证关系，是应该纠正的。

第二，马克思主义也强调"人也反作用于自然界"。人类在利用地理条件中不断改变着地理条件，并获得对于地理条件新的认识。恩格斯在《自然辩证法》中说："自然主义的历史观……是片面的，它认为只是自然界作用于人，只是自然条件到处在决定人的历史发展，它忘记了人也反作用于自然界，为自己创造新的生存条件。"[20]在恩格斯看来，人反作用于自然界的力量也是不可低估的，所以他指出人改变自然界并为自己创造新的生存条件。人类虽然可以改变已有地理条件并创造新的生存条件，但人类与自然的关系决不能处于相互对立的状态，不仅要"能够认识和正确运用自然规律"，而且还要树立"我们连同我们的肉、血和头脑都是属于自然界，存在于自然界"的观念。

恩格斯在《自然辩证法》中说："……我们不要过分陶醉于我们对自然界的胜利。对于每一次这样的胜利，自然界都报复了我们。每一次胜利，在每一步都确实取得了我们预期的结果，但是在第二步和第三步却有了完全不同的、出乎预料的影响，常常把第一个结果又取消了。美索不达米亚、希腊、小亚细亚以及其他各地的居民，为了想得到耕地，把森林都砍完了，但是他们梦想不到，这些地方今天竟因此成为荒芜不毛之地，因为他们使这些地方失去了森林，也失去了积聚和贮存水分的中心。"[21]

恩格斯所说的"自然界都报复了我们"的现象，在中药利用史上大量地存在。我们在利用和采集野生药材时往往忽视对药用资源的保护和合理利用，由于过度采挖和猎捕，使许多道地药材呈现资源枯竭的局面。大黄是一味较常用的中药，其道地产地从汉代开始，一直在甘肃、陕西、青海一带的西北地区，而今陕西、甘肃的大黄几乎绝迹。道地药材的濒绝尤为突出，有些多年生根茎类、皮类植物药材和动物药材如前胡、重楼、龙胆、射干、半夏、杜仲、厚朴、黄柏、甘草、麻黄、肉苁蓉、防风、黄芩、远志、知母以及蛇类、龟、鳖等道地药材的濒绝尤为突出。就甘草而言，甘草是荒漠草原的重要植被，东北三省、内蒙古、宁夏、甘肃是历史上的主要产区，20 世纪 50 年代全国每年收购 1800—2000 万公斤，80 年代收购 2500—3000 万公斤，由于年复一年的长期采挖，使这些地区甘草资源不断下降，分布区日趋缩小，现在主产区已逐渐转移到新疆。[22]

由于人类的过度利用，使得不少野生动植物的繁衍不能满足药用量日益增长的需要，野生药材连年采挖，不能休养生息，越挖越小，质量下降。如 20 世纪 50 年代采挖的野生前胡条粗体壮，香气浓郁，每公斤只有十几根。现在则条细肉薄，每公斤多达 50—60 根；厚朴、杜仲树无论大小全部剥皮。药用植物有效成分的累计是生态诸因子在一定时间里综合作用的结果，采收未成熟的幼小药材，一方面破坏资源，另一方面使有效成分积累不够，药效降低，影响治疗效果。[23]恩格斯在 19 世纪下半叶所预言的“自然的报复”在当代有着普遍的现实意义。从这个角度来看，历史迄于当代所不断加剧的道地药材濒临灭绝的趋向，不仅是一个值得深入探讨的历史过程，而且其现实教训亟须我们从根本上处理好中药材利用与生物多样性保护之间的矛盾，并以之为基础，努力寻找一条使中医药可持续发展的科学之路，而这同时也正是历史药物地理学研究的目的和任务之一。

三、历史药物地理学的研究方法

笔者认为历史药物地理学的研究方法离不开以下四种：

（一）历史文献分析。这是历史地理学同时也是历史药物地理学研究最基本的方法。历史药物地理学研究需要历史时期的药材空间分布、道地药材及地理环境的信息，这些信息不仅保存在历代本草文献、历史文献中，还大量保存在地方志中。历史药物地理学是以药材为研究对象，研究对象决定了研究方法的特殊性，文献的搜集、整理和科学分析是历史药物地理学最基本的研究方法。

正如侯仁之先生在《历史地理学刍议》一文中提出，研究历史地理“必须具备一定的历史学的训练，熟悉有关的历史资料和文献，并能运用一定的历史方法”[24]。谭其骧先生在《在历史地理研究中如何正确对待历史文献资料》一文中指出历史地理研究中历史资料的重要性体现在以下几点：“首先，研究历史地理不能局限于研究历史自然地理，更重要的是还得研究历史经济地理和历史人文地理。……其次，应该注意到，许多著名学者所取得的出色研究成果，包括研究历史自然地理，也都是离不开历史资料的，或者是主要取材于历史资料的。……在历史地理研究中如何正确对待历史文献资料的问题：……第一点，搜集资料要做到基本上齐备。第二点，不要把传说当作真实史料。第三点，不要轻信前人对古代文献资料所作的解释。”[25]文献分析是一种综合性方法，历史药物地理学同历史地理学一样，要求研究者要具备一定的历史学和中药学常识，具备对文献进行分类、收集、考证、辨伪的能力，如“潭菊”“黄檗”“飞升急灵皮”等，这就需要一定的考据方法。

（二）历史地名分析。地名学是历史地理学研究中常用的方法，也是历史药物地理学研究不可或缺的研究方法。地名不仅是人类活动的空间分类、地方特性的区分，同时也是药材产地的记载保留。研究地名不仅可以恢复历史时期地理景观的特征，同时也可揭示历史时期人类活动及改造自然环境的性质，特别是对道地药材的产地变迁及生长环境有着特殊的意义。在历史药物地理方面，地名可直接反映道地药材的种类与空间分布，如《驻马店志》载，明代天顺元年（1457 年）有安、张等姓在今驻马店市区一带营造房屋，稍具规模，这一带属确山县北的下隗保，其东邻为苎麻古村，此村得名乃是因附近长满苎麻之故。故清末举人安增撰写的《重修延禧明宏治辛酉碑记》一文中载："驻马店肇自天顺初年（1457 年），实安氏名全者为始创。又见故观音阁成化碣，镇属下隗保，其名曰：苎麻。盖镇之东，古有苎麻树云。"[26]在现代驻马店市未建立以前，以火车站为中心的区域乃是一片天然药用植物——苎麻生长的集中区域。研究驻马店兴起的历史，对我们了解清代汝宁府境内的药材生长有一定的参考价值。又如，清代南阳府南阳县、新野县有大、小蔓荆山的记载[27]，光州固始县有木贼山的记载[28]，光州商城县有黄檗山的记载[29]等。这些地名既是药材的产地，又包含了药材所在空间区域的范围，同时也说明了药材生长的地理环境，其中还有些地区的行政区划因为药材而产生过变化，如菊潭镇在唐代因菊花，行政区划提升为菊潭县。所以历史地名的分析是历史药物地理学研究的重要方法。

（三）地图法。地图是地理学的第二语言，一幅良好的历史药物地理图，可以反映出历史时期的药物空间分布特点与道地药材的产地，以及药材在历史时期的变迁和植物种群的变化，同时也可以反映不同历史时期药物的空间变迁规律。历史药物地理图具有整体性、综合性、直观性的特点，同时也是历史药物地理学研究成果最直观的反映。特别应该注意的是，历史药物地理学的研究，必须借鉴已有的历史文献、行政区划研究中的地图，如《水经注图》、《大清一统志》、《元和郡县志》及谭其骧先生主编的《中国历史地图集》，中国药材公司编著的《中国药材资源地图集》及反映地理地貌区划的《中国地貌区划》《河南地貌区划》等研究成果。以上诸图是历史药物地理学制图研究的基础，因为历史药物地理图是要素特殊的专题历史地图，是在前人研究基础上的再研究，必须正确继承历史沿革地图的方法，在准确反映区域行政区划的基础上，揭示药材空间分布、道地药材与地理环境的相互关系的变化规律。

（四）野外实地考察。野外实地考察是历史地理学的重要研究方法，费省先生在《万里河山尽入图——史念海先生的历史地图学成就述评》一文中提到史念海先生对野外考察的重视，"除历史资料和地形图的运用外，还有实地考察结果的补充。从 70 年代起，他为寻觅环境变迁的痕迹，有计划地分区分期进行实地考察，十余年中，足迹遍布黄土高原、大河上下。这样的考察工作弥补了史料与现代地图的不足，为所绘地图增添了详实的新内容”[30]。

作为历史地理学分支学科的历史药物地理学同样重视野外实地考察。历史药物地理学虽然主要凭借文献研究,但野外实地考察是历史药物地理学不可或缺的方法。首先,野外实地考察是检验文献资料真伪的重要手段。地方志中记载的历史时期的“木贼山”“牡丹山”“蝎子山”等产地都需要通过实地考察来验证这些产区及其范围内的药材品质。其次,野外实地考察是揭示药材空间分布及变迁规律的重要手段。历史文献及方志中的药物记载仅是历史时期的“参照物”,想要正确地了解药材及其地理环境必须进行实地考察,因为野外实地考察是获得第一手材料和收集有关文献资料的重要手段,如收集温度、水文、土质、雨季、昼夜温差、地质地貌、植物习性等相关信息,来考察药物的道地因素及了解药材与地理环境的相互关系。再次,野外实地考察还是药材区域区划的论证方法。中原地区药材种类与道地药材为何居全国药材种类的第二位,只通过文献研究而不进行实地考察的话,是无法深入研究的。只有通过文献分析与实地考察的反复考证、对比研究,才能弄清楚中原地区药材空间分布情况,以及嵩山、伏牛山、大别山、太行山、桐柏山、黄河、伊洛河、淮河、唐白河等区域的地理环境与药材种类、空间分布、道地药材之间的相互关系。所以说野外实地考察是历史药物地理学研究不可或缺的一部分。

【注释】

[1]管文:《药物地理学刍议》,《经济地理》1988 年第 4 期。

[2]管文:《药物地理学刍议》,《经济地理》1988 年第 4 期。

[3]黄泰康:《关于建立中药地理学的意见和建议》,《贵阳中医学院学报》1990 年第 4 期。

[4]黄泰康:《关于建立中药地理学的意见和建议》,《贵阳中医学院学报》1990 年第 4 期。

[5]黄泰康:《关于建立中药地理学的意见和建议》,《贵阳中医学院学报》1990 年第 4 期。

[6]黄泰康、赵海宝、刘道荣:《天然药物地理学》,中国医药科技出版社 1993 年版,第 10 页。

[7]龚胜生:《历史医学地理学刍议》,《中国历史地理论丛》1998 年第 4 辑。

[8]龚胜生:《历史医学地理学刍议》,《中国历史地理论丛》1998 年第 4 辑。

[9]胡世林主编:《中国道地药材》,黑龙江科学技术出版社 1989 年版,第 3 页。

[10]黄璐琦、郭兰萍:《中药资源生态学》,上海科学技术出版社 2009 年版,第 34 页。

[11]中国大百科全书总编辑委员会:《中国大百科全书·地理学》,中国大百科全书出版社 1990 年版,第 64 页。

[12]黄璐琦、张瑞贤主编:《道地药材理论与文献研究》,上海科学技术出版社2016年版,第43页。

[13]黄璐琦、张瑞贤主编:《道地药材理论与文献研究》,上海科学技术出版社2016年版,第64页。

[14]胡世林主编:《中国道地药材》,黑龙江科学技术出版社1989年版,第22页。

[15]龚胜生:《历史医学地理学刍议》,《中国历史地理论丛》1998年第4辑。

[16]侯仁之:《历史地理学的视野》,生活·读书·新知三联书店2009年版,第64页。

[17]白寿彝主编:《中国通史·第一卷》,上海人民出版社2013年版,第96~107页。

[18]《马克思恩格斯选集·德意志意识形态》,人民出版社1972年版,第24页。

[19]中国药材公司:《中国中药区划》,科学出版社1995年版,第4页。

[20]《马克思恩格斯选集·自然辩证法》,人民出版社1972年版,第551页。

[21]《马克思恩格斯选集·自然辩证法》,人民出版社1972年版,第517~518页。

[22]中国药材公司:《中国中药区划》,科学出版社1995年版,第16页。

[23]中国药材公司:《中国中药区划》,科学出版社1995年版,第16页。

[24]侯仁之:《历史地理学刍议》,《北京大学学报》1962年第1期。

[25]谭其骧:《在历史地理研究中如何正确对待历史文献资料》,《学术月刊》1982年第11期。

[26]驻马店市地方史志编纂委员会编:《驻马店市志》,河南人民出版社1989年版,第44~45页。

[27][清]潘守廉:《南阳县志》卷2《疆域志》;[清]徐金位:《新野县志》卷1《山川志4—5》,清乾隆十九年刻本。

[28][清]穆彰阿:《嘉庆重修一统志·光州直隶州》。

[29][清]武开吉:《商城县志》卷1《山川志129》、卷2《物产附18—27》,清嘉庆八年刻本。

[30]费省:《万里河山尽入图——史念海先生的历史地图学成就述评》,《陕西师范大学学报(哲学社会科学版)》1992年第3期。

(作者单位:陈隆文 郑州大学历史学院、郑州大学黄河生态保护与区域协调发展研究院;代玄烨 上海中医药大学科技人文研究院)

二、历史政治地理

汉晋北朝陇县、清水县建置与地望述考*

——兼论古秦邑的位置和唐宋清水县的治所变迁

徐少华

汉晋、北朝时期,陇县、清水县曾几次设置、省废,境土分合不一,以致后世文献记载出现一些混淆或误解,现在仍有一定的影响;与二者相关的古秦邑(秦川、秦亭),为秦人的始封立国之地,也因古陇县、清水县建置与地望的不确定而存在不同说法,至今未能统一。本文拟在梳理传世文献记载的基础上,结合相应的考古材料,就汉晋至北朝时期陇县、清水县的建置和地望加以分析、探讨,以期明晰其基本脉络和具体位置,并进而认识古秦邑之所在,希望对早期秦国历史地理与文化的研究竟有所助益。

一、汉晋北朝陇县、清水县建置与治地

据《汉书·地理志》,西汉时期的凉州天水郡共辖十六县,其中有"陇"与"清水"二县[1],东汉改天水郡为汉阳郡,省并清水县,而陇县仍然存在,且为凉州刺史部所治[2]。至于西汉清水县于东汉时并入了何县,早期文献没有明确记载,《嘉庆重修一统志》说"后汉废为陇县地"[3],即就近并入了相近的陇县,可备一说。司马彪于《续汉志》"陇"县下原注"有秦亭",即秦先祖非子始封之"秦"邑,然没有明言方位和道里,此"秦亭"究竟属于西汉之陇县或清水县,则难以辨明。

按《晋书·地理志上》,"天水郡"下原注:"汉武置,孝明改为汉阳,晋复为天水。"点

* 本文为国家社会科学基金重大招标项目"周代汉淮地区列国青铜器和历史、地理综合整理与研究"(批准号:15ZDB032)、武汉大学重大委托项目"两周汉淮地区列国青铜器和历史地理探析"(2016年)的阶段性成果。

校者据《三国志》的有关记载，言“魏时有天水郡”[4]，说明曹魏时又将汉阳郡改回为天水郡。然西晋天水郡内，并无清水县与陇县；而与其同列的“略阳郡”内则有清水县，但无陇县。“略阳郡”下原注：“本名广魏，泰始中更名焉。”说略阳郡原名“广魏郡”，西晋泰始中改名为“略阳郡”。据《宋书·州郡志》“略阳太守”条：“晋《太康地志》属天水，何《志》故曰汉阳，魏分立曰广魏，武帝更名。”[5]结合晋、宋两志的记载可见，曹魏时一方面改汉阳郡为天水郡，同时又分天水郡置广魏郡；西晋则改广魏为略阳，辖有清水县而无陇县，说明陇县于三国或晋初被省并。

又《魏书》卷106下《地形志下》，秦州略阳郡辖有陇城、清水等五县，其“陇城”县下原注：“前汉属天水，后汉属汉阳，晋罢，后复属。有陇城、略阳城。”又于“清水”县下曰：“前汉属天水，后汉罢，晋复属。”[6]结合上引晋、宋诸《志》的记载，两汉之“陇”县，于西晋时被废，北魏时复置，改名“陇城”县；清水县则在东汉被并入陇县后，于西晋时复置[7]，至北魏时一直存在。

关于汉、晋及北魏陇县、清水县的地望，《水经注·渭水》篇有比较明确的记载：

【经】（渭水）又东过上邽县。

【注】……渭水又历桥亭南，而迳①绵诸县东，与东亭水合，亦谓之为桥水也，清水又或为通称矣。水源东发小陇山，众川泻注，统成一水，西入东亭川，为东亭水……东亭川水右，则温谷水出小陇山。又西，莎谷水出南山莎溪，西南注东亭川水。东亭川水又西得清水口，水导源东北陇山，二源俱发，西南出陇口，合成一水，西南流历细野峡，迳清池谷，又迳清水县故城东，王莽之识睦县矣。其水西南合东亭川，自下亦通谓之清水矣。

又迳清水城南，又西与秦水合，水出东北大陇山秦谷，二源双导，历三泉，合成一水，而历秦川，川有故秦亭，秦仲所封也，秦之为号，始自是矣。秦水西迳降陇县故城南，又西南，自亥、松多二水出陇山，合而西南流，迳降陇城北，又西南注秦水。秦水又西南历陇川，迳六盘口，过清水城，西南注清水。清水上下，咸谓之秦川。又西，羌水注焉，水北出羌谷，引纳众流，合以成溪，滮水星会，谓之小羌水。西南流，左则长谷水西南注之，右则东部水东南入焉。羌水又南入清水。清水又西南得绵诸水口，其水导源西北绵诸溪……又东南历绵诸道故城北，东南入清水。清水东南注渭。[8]

古东亭水（清水），即发源今甘肃清水县东南山地，东北流至山门镇附近转西（略偏北）流，西（略偏北）经白沙镇南，再经清水县城北，然后西南流经红堡镇东南、贾川镇东

① 本书中凡涉及河流所经，皆用“迳”字。此为学界尤其是历史地理学界所普遍认同。特此说明。

南，再转南入于渭河之牛头河。[9]清水县的得名，即因此而来。

《水经注》所言东亭水右岸偏东边的支流"温谷水"，民国学者熊会贞说："今曰汤峪川，出清水县东北山。"[10]即发源于今张家川回族自治县东，西南流进入清水县境而注入牛头河之汤浴河。古今名称相近。

清水，《大清一统志》和《水经注疏》说是源于清代清水县北，西南流经县城西关外而注于牛头河的双翅河[11]，即发源今张家川回族自治县东北，西南流经清水县新城镇东，在今清水县城以北注入牛头河之樊河[12]。《水经注》言清水源于东北陇山，且"二源俱发，西南出陇口，合成一水"，今樊河也正是发源于张家川回族自治县东北与华亭县交界处的陇山（即六盘山南段），先是二源并发，在今小河峪以西合流后继续西南流，经张家川恭门镇东，然后进入清水县境。其源头、流向与文献记载大体相同。

介于温谷水与清水（即今汤浴河与樊河）之间而亦西南注入东亭水的莎谷水，或为源于今清水县北境之"秦地"一带，西南流于社沟遗址附近注入牛头河之水道[13]，从这一地带牛头河北（右）岸的几条支流来看，仅有该水可以当之。

古秦水，《大清一统志》说"在清水县北"，并引《县志》曰："有后川河，在县北十五里，西流迳县西十五里……又西经西城至小陇山下，合牛头河。"[14]《水经注疏》言："今曰后川河，其源为长家川，出清水县东北陇城关。"[15]以现在的地理形势相比对，在古清水（今樊河）注东亭水（今牛头河）以后的右（北）岸较大且一直西南流而汇入东亭水的支流秦水，应该就是今天的后川河，上引诸说可信。

今后川河发源于张家川回族自治县北境、靠近华亭市和庄浪县界的六盘山西麓，其上源有两支，一支（后川）源于县城以北的王山与盘山之间，南（略偏西）流经县城之西，再继续南（偏西）流；一支（南川）源于县城东北的赵奄以东山地，西南流经赵奄南、峡口东，经县城东南。两支在县城西南汇为一水，然后西南流经张家川县胡川乡东，又东南流经清水县黄门乡东，再西南流至安家坪东注入牛头河。[16]

东汉省清水县，境土就近并入陇县；三国曹魏时分天水置广魏郡，西晋在改广魏为略阳郡的同时，又废陇县而复置清水县，然不知当时只是简单地改陇县为清水县而保持原陇县境域不变，还是复置与省废并不同时，东汉陇县境域并未完全纳入清水县。《大清一统志》说："后魏改置陇城县于略阳界，非故治矣。"[17]既然北魏时所置陇城县是在略阳界内，说明西晋省陇县时，境土（或一部分）并入了略阳县。不知此说是否确实。

据《魏书·地形志》，当时略阳郡内无略阳县，《读史方舆纪要》曰："后魏置陇城县，略阳并入焉。"[18]从《地形志》陇城县下"有陇城、略阳城"的注释来看，顾祖禹所言略阳并入陇城应该可信。但也不能证实西晋省陇县时境土就一定并入了略阳县。

略阳为汉县（道），魏、晋时一直存在，故址在明清秦安县东北60里处[19]，即今甘肃秦安县东北、靠近张家川回族自治县界的陇城镇一带，因隋唐时期曾移陇城县治于略阳故城而改称陇城[20]，约在北魏陇城县西北几十里处。《后汉书·光武帝纪下》“来歙袭略阳”句下李贤注“（略阳）故城在今秦州陇城县西北”[21]，所言略阳“故城”即汉略阳城、今秦安陇城镇，“秦州陇城县”应指北魏陇城县[22]。以唐代前期的政区建置而言，李贤的注解当有混淆，而就北魏陇城与汉晋略阳城的相对位置来说，则又大致不误，可作为我们考定两者地望的有利线索。若以略阳故城为基点，则位于其东南的“陇城县”，又可与《水经注》记载秦水上中游的北魏“降陇城”位置互证。

北魏清水县的位置，依《水经注》所言，在西汉清水县以西、东亭水（今牛头河）北岸、秦水（后川河）入东亭水的三角洲一带，其后又有一些变化。据《太平寰宇记》卷150，秦州“清水县”条：

> 《周地图记》云：成帝和平五年分略阳置清水郡，寻废。……唐武德四年置邽州于清水，六年废邽州，以县来属。……后唐长兴元年移置于上邽镇，即今理所也。[23]

《隋书》卷29《地理志上》天水郡“清水”县下原注：“后魏置，及置清水郡。开皇初郡废。”[24]几条文献相证可见，北魏文成帝和平五年（464年）曾分略阳郡析置清水郡，至隋初才被废掉。北魏清水郡治于何处，文献没有记载，有可能与清水县同在一地。《读史方舆纪要》说“西魏于此置清水郡”[25]，似可说明。

又《旧唐书·地理志》秦州“清水”县条曰：

> 武德四年，置邽州于清水。六年，废邽州，以清水来属。[26]

我们认为，唐初武德四年至六年（621—623）于清水县所置的“邽州”，当即《寰宇记》所言后唐长兴元年（930年）清水县移治的“上邽镇”，亦即《肇域志》所载的“上邽古城”，在明清清水县城以北二至三里处[27]，《读史方舆纪要》曰“唐武德四年置邽州治此”[28]，可为旁证。部分志书以“上邽镇”即秦汉至魏晋时期的上邽县故城（今甘肃天水市）[29]，恐不确实，当是混淆了汉晋上邽城与唐初邽州（上邽镇）之间的关系，《读史方舆纪要》一方面说清水县“五代唐移治于上邽镇”，同时又曰“五代唐移置今治”[30]，即体现出其间的矛盾；《大清一统志》为了弥补所言清水县于后唐移治汉晋上邽城与宋初仍在清水县故地的矛盾，又推测说：“盖宋初复还故里，后又移今治也。”[31]至于宋初何年复还故里，后又于何时移今治，则难以说明，以致影响至今。如果依本文所论，后唐长兴元年清水县所移治的“上邽镇”即唐初所置的邽州治地、明清之“上邽古城”，这些问题就不复存在了。

按明清清水县即今县城所在的永清镇，则在其北不远的“上邽古城”（唐初邽州所治、五代之“上邽镇”），就应在今清水县城以北、清水（今樊河）汇入牛头河之河口不远处。

二、从考古资料分析古陇县、清水县的地望

据田野考古调查，在今清水县城以北、牛头河北岸不远的樊河西岸，有一处“上邽故城”遗址，城址平面呈正方形，北靠邽山，南临河水，南北长142米，东西宽140米，城墙残高1—3米，城墙西、南两面各有一城门遗迹。地表散见绳纹灰陶片、云纹瓦当、五铢钱和柱础等，附近还有汉墓分布。当地文物部门将该城址的时代定为“秦汉”，言其“为秦、汉之际的上邽城”[32]。

今按，就所介绍的出土遗物来看，该地为一处内涵丰富、商周以降的古文化遗址，城址约修筑于秦汉时期，从其至今仍称“上邽故城”的情形分析，应该就是《肇域志》记载的“上邽古城”、《寰宇记》所述唐武德四年至六年设置的“邽州”城以及后唐长兴元年清水县所移治的“上邽镇”，其名称、地望与上引文献相符合。同时，亦是《水经注》所载位于东亭水(今牛头河)北岸、清水(今樊河)以西的“清水县故城”，即西汉清水县所在，这从该城址的时代、遗物特征和地理位置皆可说明，但与秦汉时期的“上邽城”并无直接的关系。

至于唐初武德四年至六年(621—623)于清水县所置的邽州城，何以五代时期又称“上邽镇”，明清时期称为“上邽古城”，至今仍称“上邽故城”？具体细节还难以理清，还需要今后进一步的探索。

既然后唐长兴元年(930年)将清水县“移置于上邽镇”、西汉清水县故地，说明此前的清水县治可能仍在《水经注》所言的“清水城”，即西汉故城以西的后川河汇牛头河处。从已有的田野调查材料来看，在今后川河注入牛头河的上游三角洲地带，并未发现明确的南北朝至隋唐时期且具有一定规模的遗址或城址，不知是《水经注》的记载有偏差还是目前考古资料的局限。

值得注意的是，在今后川河口下游不远的白驼河入牛头河处，有一座“西城故城”，又称“上邽西城”，城址东临牛头河，北依白驼河，东西长700米，南北宽400米，城墙残高1—3米，城内采集有柱础石、铜镞、绳纹板瓦和绳纹罐等遗物，文物部门将该城址的时代定为“东汉”[33]。我们觉得，既称“上邽西城”，有可能是与唐初邽州相同时的唐代清水县城，亦即西晋至后唐时期的清水县所在。这里与《水经注》所曰的秦水口，相距不足10里，看来郦道元关于当时清水县位置的记叙略有误差。《大清一统志》引《旧志》推测，古清水县曾移治明清清水县西十五里、牛头山下的“西城”[34]，所指当是目前田野考古调查所见的“西城故城”(或“上邽西城”)，只是《大清一统志》及所引《旧志》对于古清水县移治“西城”的具体时间并没有明确交代且有一些混淆，但结合相关材料加以梳理、比较，亦可作为北魏至后唐时期清水县曾移治“西城故城”的有力旁证。

这里还有一问题需要说明,若西汉清水县治在今县城以北的“上邽故城”,北魏时在今县城以西15里左右的“西城故城”(“上邽西城”),则县治的变迁,发生在西晋重置清水县时还是北魏时期,或者其间的某一年份?传世文献缺乏明确的记载。结合东汉、三国时期清水县被长期废置而西晋至北魏时其县一直存在的史实分析,我们觉得,这一变化更可能出现在西晋重置清水县之时,或因经过近两百多年的风雨、失修,西汉清水故城损毁严重,故在西晋重置清水县时,只得在故址以西(略偏南)15里左右的清水(今牛头河)西岸另筑新城,即《水经注》所言的“清水城”,直到隋唐时期一直治此。谭其骧先生主编的《中国历史地图集》将西晋清水县定于今县城西北[35],虽然具体地望还需要讨论,但基本认识大体可从。至于真实情况是否如此,有待于深入研究和地下出土资料的证实。

后唐时清水县所移治的“上邽镇”在今牛头河以北、樊河(清水)西岸的“上邽故城”,而明清时期的清水县城则在牛头河以南的今址,说明其间还有变动,《大清一统志》言“宋初还旧治”或“宋初复还故理”[36],其前提是以清水县所移治的“上邽镇”即今甘肃天水市所在的汉晋上邽故城,当不可信,然言宋初清水县治或有改变,似可作为五代之后清水县治由牛头河北岸移至南岸的一点线索。从现有文献材料来看,未见北宋以降清水县治再有迁徙的记载,说明北宋至清代清水县治一直在同一地方,即今清水县驻地永清镇。

据乾隆《清水县志》卷2,古迹“上邽故城”条:

> 封秦非子时所筑,在北二里……后因开元地震,复遭吐蕃兵火,大宋太平兴国时迁河南二里。

又同书卷3,建置载:

> ……后因唐开元时地震,宝应初复遭吐蕃兵火,城圮庐毁,宋太平兴国二年,曹玮因南二里许人家稠密,改筑今城,金元县因之。[37]

分析这两条记载可知,因唐代中后期至五代时期天灾、人祸的破坏,可能西晋、北朝至隋唐时期清水县所治的“清水城”和五代后唐时所移治的“上邽镇”均受到很大破坏(“城圮庐毁”),故于太平兴国二年(977年)将县治由“北二里”的旧址(上邽镇,即上邽故城)迁于清水(牛头河)“南二里”的“人家稠密”处,历元明清至今未变。这一方面证实《寰宇记》所言后唐长兴元年(930年)清水县迁治的“上邽镇”为唐初的邽州治所,即今清水县城以北的“上邽故城”,而非今天水市所在的汉晋上邽县故城;同时又与上引《大清一统志》“宋初还旧治”的说法部分吻合,“宋初”当指太平兴国二年,“还旧治”(或“还故理")并不准确,而是在清水南岸"改筑今城"。不过从《大清一统志》这几句虽然模糊的推测中,透露出北宋初年清水县治曾有变迁的相关信息,确有一定的参考价值。

关于后唐长兴元年清水县治的变化,县志并没有说明,从其语句来看,似乎是唐代至宋初一直在清水(牛头河)北岸的上邽故城,则又与《寰宇记》所引《周地图记》的说法不同,在目前缺乏其他文献和考古证据的情形下,还不能轻易否定《寰宇记》的记载,毕竟其成书较早且是颇有影响的史地名著。

在今清水县驻地永清镇的西南部,有清水县故址见存,城址平面呈长方形,东西长800 米,南北宽 450 米,地表现仍有断续的城墙遗迹存在,这一带古文化遗迹丰富,先后出土有宋代莲花纹瓷碗、鸡首壶及铜钱,亦发现有元至清代的多种钱币。[38]说明该城址应是北宋至明清时代的清水县所在,且一直沿用到今天。古文化遗迹与文献记载相吻合。

据考古调查,在今张家川回族自治县驻地张家川镇至后川河与南川河交汇处的两河之间及东西两岸地带,密集分布有一系列古文化遗址,其中以两汉遗址居多,如瓦泉遗址、南川遗址、上川遗址、场房遗址等,诸遗址出土的各类文物甚多,时代延续长、跨度大;而所发现的墓葬则以秦汉墓为主,且都是比较集中的墓地,如瓦泉墓群、南川墓群、常川墓群、泉东墓群、南川东墓群等,从已经清理发掘的部分资料来看,除部分土坑墓外,以砖室墓较常见,出土有秦"半两"、汉"五铢",以及蒜头壶、灰陶盆、罐、灶等一大批具有时代特征的遗物。[39]如此多的遗址和墓群分布于张家川镇及附近地带,说明这里环境便利,是古代人类活动比较频繁的区域;从两汉遗址、墓地尤其集中成片的情形推测,这里应是当时的一个区域行政中心,若结合文献记载分析,应为两汉陇县所在。考古材料与《水经注》的叙述基本一致。

如果两汉陇县地望确立,则位于汉陇县附近的古秦川、秦亭就应在今张家川镇以东的南川河两岸地带,古秦谷应即今张家川回族自治县东北境、六盘山西麓、南川河上源一带的山谷。

有趣的是,在今南川河上游,地形便利,水草丰美,适宜畜牧,现有"白石咀牧场",为张家川回族自治县的畜牧业基地和支柱产业,颇具影响,或与两千八百多年前秦非子在此因畜牧起家、立国而兴盛的历史背景有一定渊源关系。

三、结　语

分析可见,西汉凉州天水郡属县有陇县和清水县,东汉改天水郡为汉阳郡,省清水县入陇县,三国曹魏时一方面改汉阳郡为天水郡,另一方面又分天水置广魏郡。西晋时改广魏为略阳郡,并复置清水县,为略阳郡所属,同时又废陇县,其境土当部分划归清水,部分并入略阳县。北魏时又复置陇县,改名"陇城县",与清水县并属略阳,其格局一直延续到隋唐时期。

西汉清水县，当在今甘肃清水县城永清镇以北二三里、牛头河北岸、樊河以西的“上邽故城”一带，具体位置与郦道元的说法相一致，《中国历史地图集》将其定于今清水县城的西北[40]，稍有差异。西晋、北朝至隋唐时期的清水县治，《水经注》认为在西汉故城以西、今后川河汇入牛头河口的上游三角洲上，《中国历史地图集》即作如是处理[41]，然据考古调查，这里并没有同期的古文化遗址或城址，而在后川河与牛头河汇流之后的下游西岸、白驼河入牛头河口处，有一座“上邽西城”故址，东距今清水县城15里左右，其时代、规模与北朝时期的“清水城”大体相符，说明郦道元的记载基本可信而略有误差。

唐代中后期，由于天灾人祸交织，清水城损毁严重，便于五代后唐长兴元年（930年）迁治“上邽镇”，即今县城以北不远的西汉故址、考古所见的“上邽故城”；四十多年后，即宋初太平兴国二年（977年），清水县又“改筑今城”，从古清水（今牛头河）北岸迁于南岸的“人家稠密”处，历元明清至今一千余年未变。

两汉陇县，《水经注》曰在秦水（今后川河）上游地带，考古资料表明，在今张家川回族自治县驻地张家川镇附近及以南地带，有许多古文化遗址和墓地分布，尤以两汉遗存和墓葬为多，说明这里应是一处两汉时期的区域中心，其位置与郦道元所言的两汉陇县故城相合，应为当时的陇县所在。北魏复置的“陇城县”，郦道元说在陇县故城附近的秦水下游不远，以所言秦水的流向判断，当在故城西南方向，从目前的田野资料分析，约在今后川与南川两水交汇处以上地带。这里古文化遗址与墓葬丰富，但还没有明确的城址发现，要断定其具体位置，还有待今后进一步的田野工作。

如果汉、晋至北朝时期陇县、陇城县以及清水县的建置与地望清楚，则与两汉陇县密切相关的古秦邑（或秦川、秦亭）的位置亦当明晰，应在今张家川镇以东或附近不远。唐宋以来的部分文献言秦亭在清水县以东约三十里的白沙镇一带，今亦有学者持这一观点，值得讨论，当以成书年代较早、记载相对清楚而具体的《水经注》的说法为是。这是我们在探索早期秦人史地与文化演变时所应明确的。

【注释】

［1］［东汉］班固撰：《汉书》卷28下《地理志下》，中华书局1962年版，第1611～1612页。

［2］［西晋］司马彪：《续汉书·郡国五》，见今本《后汉书》，中华书局1965年版，第3517页。

［3］《嘉庆重修一统志》卷273，秦州直隶州建置沿革“清水县”条，中华书局1986年版，第13402页。按王先谦的《汉书补注》言“后汉并入成纪”（中华书局1983年影印本，第797页上），混淆了《续汉志》的有关内容，并不确实。

[4][唐]房玄龄等撰:《晋书》卷14《地理志上》秦州"天水郡"原注及校刊记,中华书局1974年版,第435、445页。

[5][南朝梁]沈约撰:《宋书》卷37《州郡三》,中华书局1974年版,第1155页。

[6][北齐]魏收撰:《魏书》,中华书局1974年版,第2610页。

[7]关于清水县复置的时间,《魏书·地形志》说是"晋复属",《读史方舆纪要》等从其说(见该书卷59,陕西秦州"清水县"条,中华书局2005年版,第2844页);清吴增仅撰,杨守敬补的《三国郡县表附考证》则认为三国魏广魏郡内当辖有清水县(《二十五史补编》第三册,中华书局1955年版,第2898页);谭其骧先生主编的《中国历史地图集》第三册,三国·西晋时期"雍州"幅亦绘有此县(中国地图出版社1982年版,第15~16页);而周振鹤先生主编,胡阿祥等先生著的《中国行政区划通史·三国两晋南朝卷》则言"魏无此县"(复旦大学出版社2014年版,第649页)。由此可见,曹魏时是否置有清水县,目前还难以定论,今仍从《地形志》的说法以待考。

[8][北魏]郦道元撰,陈桥驿点校:《水经注》,上海古籍出版社1990年版,第348~349页。

[9]参阅《嘉庆重修一统志》卷274,秦州直隶州山川"东亭水"条,第13427~13428页;杨守敬、熊会贞疏:《水经注疏》,江苏古籍出版社1989年版,第1494~1495页。

[10]杨守敬、熊会贞疏:《水经注疏》,第1495页。

[11]《嘉庆重修一统志》卷274,秦州直隶州山川"清水"条,第13428~13429页;《水经注疏》,第1495~1496页。

[12]见《甘肃省地图册》"张家川回族自治县、清水县"幅,中国地图出版社2002年版,第33~34页。

[13]参国家文物局主编:《中国文物地图集·甘肃分册(上)》"清水县文物图"幅,测绘出版社2011年版,第166~167页。

[14]《嘉庆重修一统志》卷274,秦州直隶州山川"秦水"条,第13429页。

[15]杨守敬、熊会贞疏:《水经注疏》,第1496页。

[16]参阅《甘肃省地图册》"张家川回族自治县、清水县"幅,第33~34页;国家文物局主编:《中国文物地图集·甘肃分册(上)》"清水县文物图"和"张家川回族自治县文物图"幅,第166~167、174~175页。按杨守敬在《水经注疏》中据所见舆图说后川河"但止(只)一源,与古异"(第1496页)并不确切,今后川河实有二源,与古无异。

[17]见《嘉庆重修一统志》卷275,秦州直隶州古迹"陇县故城"条,第13440页。

[18]《读史方舆纪要》卷59,秦州秦安县"略阳城"条,第2841页。

[19]《读史方舆纪要》卷59,秦州秦安县"略阳城"条,第2841页。按《嘉庆重修一统志》卷275,秦州直隶州古迹"略阳故城"条说"在秦安县东北",是正确的,后又引《县志》

曰“在县东北九十里”，则有误，当以《方舆纪要》所言“在县东北六十里”为是。

[20]据《隋书》卷29《地理志上》天水郡“陇城”县原注：“旧曰略阳，置略阳郡。开皇二(三)年郡废，县改曰河阳。六年改曰陇城。”言隋代陇城县为故略阳县，开皇三年废略阳郡时，改县为河阳，开皇六年又改河阳为陇城县。又《元和郡县图志》卷39，秦州“陇城县”条曰：“本汉略阳道……隋开皇二(三)年罢郡，河阳县徙理焉，六年改为陇城县。”与隋志所言相同。

[21]《后汉书》卷1《光武帝纪下》，第53页。

[22]按据上引《隋书·地理志》及《元和郡县图志》的记载，隋唐时期的陇城县治汉晋略阳故城，两者位置实一，不存在略阳故城在唐秦州陇城县“西北”的问题，可能李贤对隋初陇城县移治略阳故城的变化没有注意，而以北朝略阳郡陇城县作为唐秦州陇城县所在，以致出现混淆，这是我们应该明辨的。

[23][宋]乐史撰，王文楚等点校：《太平寰宇记》卷150，秦州“清水县”条，中华书局2007年版。

[24][唐]魏征等撰：《隋书》，中华书局1974年版，第813页。

[25]《读史方舆纪要》卷59，秦州“清水县”条，第2844页。按“西魏”当作“北魏”。

[26][后晋]刘昫等撰：《旧唐书》卷40《地理三》，中华书局1975年版，第1631页。

[27]见《肇域志》陕西巩昌府“清水”县，上海古籍出版社2004年版，第1497～1498页。

[28]《读史方舆纪要》卷59，秦州“清水县”条，第2844页。

[29]《太平寰宇记》卷150，秦州清水县“废上邽县”条，第2901页；《嘉庆重修一统志》卷275，秦州直隶州古迹“上邽故城”条，第13435～13436页。

[30]《读史方舆纪要》卷59，秦州“清水县”和“清水故城”条，第2844～2845页。

[31]《嘉庆重修一统志》卷275，秦州直隶州古迹“清水故城”条，第13439～13440页。

[32]国家文物局主编：《中国文物地图集·甘肃分册(上)》“清水县文物图”幅，第166～167页；同书(下)“甘肃省文物单位简介”，清水县“上邽故城”条，第143页。

[33]国家文物局主编：《中国文物地图集·甘肃分册(下)》“甘肃省文物单位简介”，清水县“西城故城”条，第144页。

[34]《嘉庆重修一统志》卷275，秦州直隶州古迹“清水故城”条，第13439～13440页。

[35]谭其骧主编：《中国历史地图集》第三册，西晋“雍州、秦州”幅，中国地图出版社1982年版，第43～44页。

[36]《嘉庆重修一统志》卷274，秦州直隶州建置沿革“清水县”条；又卷275，秦州直

隶州古迹"清水故城"条,第 13402、13439～13440 页。

[37][清]朱超纂修:《清水县志》,见《中国地方志丛书·华北地方》第 328 号,影印本,第 34、37 页,台湾成文出版社有限公司 1970 年版。

[38]参阅国家文物局主编:《中国文物地图集·甘肃分册(上)》"清水县文物图"幅,第 166～167 页;同书(下)"甘肃省文物单位简介",清水县"清水故城"条,第 144 页。

[39]参阅国家文物局主编:《中国文物地图集·甘肃分册(上)》"张家川回族自治县文物图"幅,第 174～175 页;同书(下)"甘肃省文物单位简介","张家川回族自治县"部分,第 181～187 页。

[40]谭其骧主编:《中国历史地图集》第二册,西汉"凉州刺史部"幅,中国地图出版社 1982 年版,第 33～34 页。

[41]谭其骧主编:《中国历史地图集》第三册,西晋"雍州、秦州"幅,第 43～44 页;第四册,北朝、魏"雍、秦、豳、夏等州,沃野、薄骨律等镇"幅,中国地图出版社 1982 年版,第 54～55 页。

(作者单位:武汉大学历史地理研究所)

出土资料所见曾国疆域的分布及变迁

黄锦前

姬姓曾国自周初成王时受封立国于南土[1]，至战国中晚期最终灭于楚，历经长达700余年的历史，其间都城曾多次迁徙[2]，其疆域分布及变迁情况同样也值得重视和探讨。这里拟以考古出土资料尤其是近年的有关考古新发现为基础，对这一问题进行分析讨论。

关于曾国疆域的分布和变迁，有这样几点值得注意：

一是曾侯與编钟"王遣命南公，营宅汭土，君此淮夷，临有江夏"，所谓"营宅汭土"，即在河流会合处建都营邑，"临有江夏"即江汉流域皆在其统治之下，可知早期曾国的疆域范围，大致在以今随州为中心的淮水、汉水及江水汇合处，约北起今南阳南部，东入随枣走廊，南至京山一带。"临有江夏"与敬事天王钟"江汉之阴阳"可对读，皆指曾国的疆域范围。

二是据随州安居羊子山鄂侯家族墓地的发掘情况来看，西周早期的鄂国政治中心应在今随州安居一带，与曾为邻。西周晚期的禹鼎[3]记载鄂侯驭方叛周，"王乃命西六师、殷八师曰：'翦伐鄂侯驭方，勿遗寿幼。'……唯西六师、殷八师伐鄂侯驭方，勿遗寿幼。雩禹以武公徒驭至于鄂，敦伐鄂，休，获厥君驭方"，鄂因此被王师剪灭而不复存在，其地应入曾疆。

三是曾侯與编钟"余申固楚成，整复曾疆"，所谓"整复曾疆"，意即整顿、稳定曾国的边疆，钟铭是说曾侯與进一步巩固与楚和平相处的政策，稳定曾国的疆域。由此可以窥见，曾国在春秋中晚期以来楚国不断北上开疆拓土的侵迫下，虽未遭吞并，但也受到一定程度的冲击。

四是据曾国遗址、墓葬的分布和青铜器的出土地点来看，比较集中者主要是在随州、枣阳及京山一带。从时代上来讲，西周早期主要集中在随州一带；春秋早期主要集中在随州、枣阳及京山等地，北起河南新野，南至湖北京山一带；春秋中晚期则主要集中在随州及其周围一带，可见此时曾国的疆域范围已有明显的收缩，显系不断为楚国所蚕食的结果。

下面便对以上几点展开论述。

一

2009 年湖北随州文峰塔墓地 M1 出土的曾侯與编钟铭曰：

> 王遣命南公，营宅汭土，君此淮夷，临有江夏。[4]

所谓“营宅汭土”，即在河流会合处建都营邑，“汭”当指下文的“淮”（淮水）、“江”（江水）、“夏”（汉水）之汇合处，即今随州一带；“临有江夏”，即江汉流域皆在其统治之下。可知早期曾国的疆域范围，大致在以今随州为中心的淮水、汉水及江水汇合处，约北起今南阳南部，东入随枣走廊，南至京山一带[5]。

1978 年河南淅川下寺春秋楚墓出土的敬事天王钟（M1:20 – 28）铭曰：

> 唯王正月初吉庚申，□□□□自作永命，其眉寿无疆，敬事天王，至于父兄，以乐君子，江汉之阴阳，百岁之外，以止大行。[6]

该套编钟的作器者名均被刮去，据铭文内容、文例及措辞如“敬事天王”“江汉之阴阳”等所体现的作器者身份及地理等信息来看，此套编钟应系曾器，“江汉之阴阳”应指江、汉流域一带，与曾侯與编钟“临有江夏”可对读，皆指曾国的疆域范围[7]。

过去石泉、李学勤曾据 20 世纪 60 年代以来河南新野、湖北谷城、枣阳、随州及京山一带曾国铜器频出的情况，指出从西周晚期到春秋早期以至中期，西起南阳盆地南部，东入随枣走廊，包括走廊东南端邻近地带的漳河谷地，这一片广大地区都曾是古代曾国人的活动范围[8]，主要在湖北北部的汉水以东，以新野为其北限[9]。对照新出古文字资料来看，所说近是。

2011—2013 年先后进行过两次大规模发掘的随州叶家山墓地，共揭露面积 8000 余平方米，发掘墓葬 140 座、马坑 7 座，出土大批西周早期的铜、陶、玉、原始瓷等珍贵文物，至少可确定有三位曾侯的墓葬。[10]从发掘情况来看，该地应系西周早期曾侯家族墓地。距离叶家山仅 1 千米的西花园及庙台子遗址很可能就是西周早期的曾国都城所在。调查和发掘表明，庙台子遗址由南北两个高出周围约 2—5 米的台地组成，面积近 14 万平方米，在南北台子四周及之间均有环壕连接，并发现有西周早期大型建筑基址和遗存。种种迹象表明，该地应为西周早期曾国的政治中心[11]。

西周中期及晚期的曾国，目前铜器及考古资料皆缺，有关情况尚不清楚。

春秋早期，从目前的考古资料来看，曾都应在枣阳吴店一带。枣阳一带如熊集段营、郭家庙、周台等地，考古发掘工作续有开展。[12]郭家庙墓地 2002 年、2014—2015 年、2015—2016 年先后进行过多次大规模发掘，共清理春秋早期墓葬 137 座、车坑 3 座、马坑 2 座、车马坑 4 座及战国墓葬 3 座。该墓地发现、发掘了大量的春秋早期曾国公室墓，部分墓葬等级较高，墓主可能为曾侯一级，如 GM21，墓主应为曾伯陭。曹门湾墓区发现有长 32.7 米、葬车 28 辆的车坑，长 9 米、葬马 49 匹以上的马坑；郭家庙墓区出土有曾伯陭钺等曾侯一级及曾太保等人的铜器，凡此皆表明该墓地的等级很高，应系以曾侯为中心的曾国公室墓地。种种迹象表明，枣阳吴店一带当系春秋早期前段曾国的政治中心即曾都所在[13]，亦即楚王酓章钟[14]、镈[15]所云之曾都“西阳”[16]。

春秋早期后段左右，曾都又迁至今京山苏家垄附近。京山苏家垄一带，过去曾有高等级曾国墓葬发现[17]，近年的勘探情况表明，该墓地可分为苏家垄和石家垄两个墓区，共有墓葬 110 余座，均为中小型墓葬，目前大规模的考古发掘工作正在进行[18]。苏家垄墓地有一些规模较大、等级较高的墓葬，从随葬的青铜器来看应系侯墓，如 20 世纪 60 年代出土的包括 9 鼎 7 簋在内的 33 件青铜礼器。最近发掘的 M79 出土有曾伯鼎、簋、簠等器，与传世的曾伯簠器主系一人，墓主应即曾伯[19]。从目前的发掘情况来看，该地在春秋早期后段可能曾作为曾都。

随州义地岗一带，20 世纪 70 年代以来不断发现和出土有曾国青铜器[20]，其年代主要在春秋晚期。义地岗曾国墓地的年代自春秋中期延续到战国中期，据有关材料来看应系曾国高级贵族墓地。

文峰塔墓地位于义地岗墓地的东南部，2012 年 7 月至 2013 年 1 月，该墓地共发掘墓葬 66 座，车马坑 2 座，马坑 1 座，墓主包括曾侯與、曾侯丙及大司马、大工尹等高级贵族，年代为春秋晚期[21]，表明此处应是春秋晚期曾国公室墓地。

擂鼓墩墓群隔㵐水与义地岗墓地相望，1978 年在墓群东南部的东团坡发现曾侯乙墓（擂鼓墩 M1）[22]，下葬时间为公元前 433 年或稍后。1997 年在距离东团坡仅 100 米的西团坡发现擂鼓墩 M2，年代为战国中期，墓主为曾侯一级[23]。调查与勘探表明，擂鼓墩墓群南北延续一公里，发现擂鼓墩土冢、王家湾、蔡家包 M14、王家包等四个带封土墓葬，多数墓葬规模与曾侯乙墓规模接近[24]，应系曾侯一级墓葬，擂鼓墩墓群应系布局比较完整的战国时期曾国国君陵园区[25]。

擂鼓墩附近的安居遗址，调查和勘探确定系一处城址，时代主要在春秋时期[26]。1988 年，安居徐家嘴汪家湾发现春秋墓，出土曾都尹法簠、曾孙法鼎等有铭铜器[27]，器主“曾都尹法”系职掌都城管理的官员，证明安居一带确曾为曾都所在。

随州义地岗、文峰塔、擂鼓墩及熊家老湾等曾国墓地的发现和发掘，合观近年盗掘的部分曾器，表明春秋中期或春秋早期末至战国中期的曾都应在今随州安居一带，擂鼓墩、义地岗及文峰塔系与之相对应的曾侯、公室墓地。[28]

上述曾侯與编钟“营宅汭土”即在淮水、汉水及江水会合处即今随州一带立国，建都营邑，这与考古发现西周早期曾都在今随州庙台子一带相吻合。春秋时期曾都曾迁徙至枣阳、京山，又迁回随州安居一带，也与曾侯與编钟所见曾国疆域范围大致在约北起今南阳南部、东入随枣走廊、南至京山一带及文献所谓“汉东之国随为大”(《左传》桓公六年)等相吻合。总之，考古材料与曾侯與编钟“营宅汭土，君此淮夷，临有江夏”、敬事天王钟“江汉之阴阳”及传世文献等所云有关曾都及疆域分布情况皆可互为印证和补充。

二

近年随州安居羊子山鄂国公室墓地的发掘[29]，表明西周早期鄂国的政治中心应在今随州安居一带，即与曾为邻。据禹鼎可知，西周晚期厉王时，鄂侯驭方叛周，“亦唯鄂侯驭方，率南淮夷、东夷，广伐南国、东国，至于历内。王乃命西六师、殷八师曰：‘翦伐鄂侯驭方，勿遗寿幼。’……唯西六师、殷八师伐鄂侯驭方，勿遗寿幼。雩禹以武公徒驭至于鄂，敦伐鄂，休，获厥君驭方”，鄂国因而遭王师翦伐，自此覆灭。

鄂国灭亡后，周王朝在南阳盆地以姬姓宗亲重新建立鄂国，近年发掘的南阳夏响铺鄂国墓地即为其遗存。夏响铺春秋早期鄂国公室墓地的发掘[30]，表明春秋早期的鄂应在南阳一带[31]，原随州一带的鄂国故地应纳入曾国的疆域范围。夏响铺墓地出土的铜器铭文显示，此鄂应为姬姓，系姬周宗亲所重新分封，而非原来姞姓鄂国的迁徙和延续，禹鼎“翦伐鄂侯驭方，勿遗寿幼”，即鄂国被斩草除根当系实录，而非虚言。

三

两周时期，江汉流域主要有鄂、曾、楚及都等国实力较强，除曾国外，鄂、楚、邓及都等皆为姬周异姓国，曾、应等姬周同姓宗亲分封于南土地区，其目的就是为了牵制鄂、楚等异姓诸侯。相对地近中原的应国来讲，江汉地区的曾国是第一道防线。据考古资料及铜器铭文来看，周初成康时期，在南土地区，楚国的实力相对较弱，至少还不足以与曾、鄂相抗衡[32]。康王以后，随着楚人实力渐趋上升，与周王室之间的矛盾也逐渐扩大，昭王时，以至兵戎相见，昭王曾亲自涉汉伐楚，其本人也因此而溺死于汉水之中，京师畯尊[33]“王涉汉伐楚”、古本《竹书纪年》[34]“周昭王十六年，伐楚荆，涉汉，遇大兕”“周昭王十九年，天大曀，雉兔皆震，丧六师于汉”、《左传》僖公四年“昭王南征而不复”等，皆指此事。昭王以后，直至西周灭亡，王师也曾多次伐楚，可以说与楚之间的战争不断。处在双方夹缝中的曾国，既要“敬事天王”（敬事天王钟），又要“保……楚”（侯古堆编钟[35]），与铜器铭文所见春秋时期同为姬姓的蔡国，既要“肇佐天子”（蔡侯申尊[36]、蔡侯申盘[37]），又要“佐佑楚王”（蔡侯编钟[38]、编镈[39]）的境遇完全相同。[40]

据《左传》等文献记载，楚国曾在鲁桓公六年（前706年）、鲁桓公八年（前704年）、鲁庄公四年（前690年）、鲁僖公二十年（前640年），即楚武王、楚文王及楚成王时期，多次侵随。楚武王时，楚人仍“不得志于汉东”（《左传》桓公六年），但成王以后，“随世服于楚，不通中国”（《左传》哀公元年杜预注），成为楚之附庸。此后的百余年间，双方基本维持了一段较长时间的和平关系，春秋中期楚共王时的随仲嬭加鼎便是双方通婚交好的证明。[41]

上揭淅川下寺春秋楚墓出土的敬事天王钟系曾器，作器者应为春秋晚期前段的某一位曾侯，约与楚平王时代相当，此套编钟或即楚平王时以战争途径掳掠自曾人[42]。无独有偶，1979年河南固始侯古堆1号春秋墓出土“鄱子成周”编钟（M1P：9－17）及□□□□编镈（M1P：1－8）各一套：

(1)编钟：

A、唯正月初吉丁亥，鄱子成周，择其吉金，自作龢钟，眉寿无期，子子孙孙，永保鼓之。（M1P：9、10，M1P：14，M1P：12）

B、唯正月初吉丁亥，鄱子成周，余出自丞山，余城□，兄父子孙，保此钟鼓与楚，自作龢钟，兼以（M1P：11、13）

C、〔唯正月初吉丁亥，□□择其吉金自作龢〕钟，肃肃仓仓，嘉平元奏，孔乐父兄，万年无期，□□参寿，其永鼓之，百岁外，遂以之遣。（M1P：15、16、17）

(2)□□镈：唯正月初吉丁亥，□□择其吉金，自作龢钟。肃肃仓仓，嘉平元奏，孔乐父兄，万年无期，□□参寿，其永鼓之，百岁外，遂以之遣。[43]

钟、镈铭器主名亦皆被铲去，其中M1P：9、11、13三件钟再加刻“鄱子成周”之名。据器物形制、纹饰、铭文字体及内容如“保此钟鼓与楚”“百岁外，遂以之遣”等来看，该套编钟和编镈亦应系曾器，与敬事天王钟为同人所作，其来源与其亦同。[44]这表明，楚平王时很可能曾伐曾。

《左传》定公四年：“冬，蔡侯、吴子、唐侯伐楚……五战，及郢……庚辰，吴入郢，以班处宫……斗辛与其弟巢以王奔随。吴人从之，谓随人曰：‘周之子孙在汉川者，楚实尽之。天诱其衷，致罚于楚，而君又窜之，周室何罪？君若顾报周室，施及寡人，以奖天衷，君之惠也。汉阳之田，君实有之。’”可见楚昭王时期，“汉阳诸姬”除曾国外，余已尽为楚所吞并。而且不但“汉阳诸姬”，江汉一带的其他诸侯国，此时也尽入楚人彀中，曾国可谓是硕果仅存。

上揭《左传》定公四年：“冬，蔡侯、吴子、唐侯伐楚……五战，及郢……庚辰，吴入郢，以班处宫……斗辛与其弟巢以王奔随……王割子期之心以与随人盟”等，清华简《系年》第十五章（简 82—84）也有相关记载：“景平王即世，昭王即位。伍员为吴太宰，是教吴人反楚邦之诸侯，以败楚师于柏举，遂入郢。昭王归随，与吴人战于析。吴王子晨将起祸于吴，吴王阖卢乃归，昭王焉复邦。”[45]所述皆为公元前506 年，吴师入郢，楚昭王奔随，因受随人保护，最终才幸免于难之事，即曾侯與编钟所谓“楚命是争（拯），复定楚王”，文献所云“吴之入楚，昭王奔随，随人免之，卒复楚国，楚人德之”（《左传》哀公元年杜预注）。正因为如此，楚人与曾国结下了特殊的情谊。昭王奔随以后，曾楚关系进入新的转折，自此曾、楚世代交好，直至战国中期后段曾最后灭于楚，其间似未曾发生过较大的摩擦，上述楚王酓章钟、镈云楚王“酓章作曾侯乙宗彝，奠之于西阳”，即这段历史的见证，曾侯與编钟所谓“申固楚成”，说的也就是这段相对和平的历史。

曾侯與编钟“余申固楚成，整复曾疆”，所谓“整复曾疆”，意即整顿、稳定曾国的边疆，钟铭是说曾侯與进一步巩固与楚和平相处的政策，稳定曾国的疆域，其背景即如上文所分析。由此可以窥见，曾国在春秋中晚期以来楚国不断北上开疆拓土的侵迫下，因受昭王奔随以后曾楚之间形成的特殊情谊的影响，虽未遭吞并，但也受到一定程度的冲击。

四

据曾国遗址、墓葬的分布和青铜器的出土地点来看，比较集中者主要是在随州、枣阳及京山一带。从时代上来讲，西周早期主要集中在随州（叶家山）一带。春秋早期的曾国青铜器，主要集中在随州、枣阳及京山等地，北起河南新野，南至湖北京山一带。主要发现地点有河南新野[46]、枣阳郭家庙、随州均川熊家老湾[47]、刘家崖[48]、何家台[49]、桃花坡[50]、周家岗[51]及京山苏家垄等地。春秋中晚期则主要集中在随州及其周围一带，主要发现地点有汪家湾[52]、义地岗、文峰塔及擂鼓墩等地。可见春秋中晚期以后，曾国的疆域范围已有明显的收缩。

春秋以降，尤其是春秋中期以后，随着楚国实力的上升，北上、东进并国掠地、开疆拓土是其既定的方略，曾国作为楚国的国中之国，自然不可避免地要受其影响，春秋中晚期以后，曾国疆域范围的大幅收缩，显系楚国不断蚕食的结果。

综上所述，据考古和出土文献资料可知，姬姓曾国在周初成王时受封立国于南土，早期曾国的疆域范围大致在以今随州为中心的淮水、汉水及江水汇合处，约北起今新野、东入随枣走廊、南至京山一带。厉王时期，与其邻近的鄂国被王师剪灭，其地入曾，版图进一步扩大。春秋中晚期以后，在楚国不断北上、东进开疆拓土的侵迫下，曾国虽未遭鲸吞，但不断被蚕食，其疆域已明显收缩至今随州及其周围一带。

【注释】

[1]拙文：《曾侯與编钟铭文读释》，《中国国家博物馆馆刊》2017年第3期。

[2]拙文：《考古发现所见曾国都城的变迁》，《考古学报》（待刊）。

[3]《殷周金文集成》（中国社会科学院考古研究所：《殷周金文集成》，中华书局，1984—1994年珂罗版。以下简称《集成》）第5册，第2833、2834页。

[4]湖北省文物考古研究所、随州市博物馆：《随州文峰塔M1（曾侯與墓）、M2发掘简报》，《江汉考古》2014年第4期。

[5]拙文：《曾侯與编钟铭文读释》，《中国国家博物馆馆刊》2017年第3期。

[6]《集成》第1册，第73～81页；河南省文物研究所、河南省丹江库区考古发掘队、淅川县博物馆：《淅川下寺春秋楚墓》，文物出版社1991年版，图版三四、三五、三六：1、2、3，第79～93页。

[7]拙文：《敬事天王钟与侯古堆M1所出编钟、编镈为曾器说》，未刊稿。

[8]石泉：《古代曾国—随国地望初探》，《武汉大学学报（哲学社会科学版）》1979年第1期；后修订稿辑入氏著《古代荆楚地理新探》，武汉大学出版社1988年版，第84～104页。

[9]李学勤：《曾国之谜》，《光明日报》1978年10月4日，《文物与考古》副刊第92期；后辑入氏著《新出青铜器研究》（增订版），人民美术出版社2016年版，第124～127页。

[10]黄凤春、陈树祥：《湖北随州叶家山西周墓地考古发掘获阶段性重大成果》，《中国文物报》2011年10月12日；湖北省文物考古研究所、随州市博物馆：《湖北随州叶家山M65发掘简报》，《江汉考古》2011年第3期；湖北省文物考古研究所、随州市博物馆：《湖北随州叶家山西周墓地发掘简报》，《文物》2011年第11期；湖北省文物考古研究所、随州市博物馆：《湖北随州市叶家山西周墓地》，《考古》2012年第7期；湖北省文物考古研究所、随州市博物馆：《随州叶家山西周墓地第二次考古发掘的主要收获》，《江汉考古》2013年第3期；湖北省文物考古研究所、随州市博物馆：《湖北随州叶家山M28发掘报告》，《江汉考古》2013年第4期；湖北省文物考古研究所、随州市博物馆：《湖北随州叶家山M107发掘简报》，《江汉考古》2016年第3期；湖北省博物馆、湖北省文物考古研究所、随州市博物馆：《随州叶家山——西周早期曾国墓地》，文物出版社2013年版；湖北省文物考古研究所：《三苗与南土——湖北省文物考古研究所“十二五”期间重要考古收获》，江汉考古编辑部，2016年，第54～73页。

[11]湖北省文物考古研究所:《三苗与南土——湖北省文物考古研究所“十二五”期间重要考古收获》,江汉考古编辑部,2016年,第106、107页。

[12]湖北省博物馆:《湖北枣阳县发现曾国墓葬》,《考古》1975年第4期;田海峰:《湖北枣阳县又发现曾国铜器》,《江汉考古》1983年第3期;徐正国:《枣阳东赵湖再次出土青铜器》,《江汉考古》1984年第1期;徐正国:《湖北枣阳市博物馆收藏的几件青铜器》,《文物》1994年第4期;襄樊市考古队、湖北省文物考古研究所、湖北孝襄高速公路考古队:《枣阳郭家庙曾国墓地》,科学出版社2005年版;湖北省文物考古研究所:《曾国青铜器》,文物出版社2007年版,第48~140页;襄樊市文物考古研究所、枣阳市文物工作队:《枣阳周台遗址发掘报告》,见《襄樊考古文集》(第一辑),科学出版社2007年版,第34~101页;方勤、胡刚:《枣阳郭家庙曾国墓地曹门湾墓区考古主要收获》,《江汉考古》2015年第3期;长江文明馆、湖北省博物馆、湖北省文物考古研究所、襄阳博物馆:《穆穆曾侯——枣阳郭家庙曾国墓地》,文物出版社2015年版;湖北省文物考古研究所、湖北荆州文物保护中心、襄阳市文物考古研究所、枣阳市博物馆考古队:《湖北枣阳郭家庙墓地曹门湾墓区(2014)M10、M13、M22发掘简报》,《江汉考古》2016年第5期;武汉大学历史学院、湖北省文物考古研究所、湖北荆州文物保护中心、枣阳市博物馆考古队:《湖北枣阳郭家庙墓地曹门湾墓区(2015)M43发掘简报》,《江汉考古》2016年第5期;湖北省文物考古研究所:《三苗与南土——湖北省文物考古研究所“十二五”期间重要考古收获》,江汉考古编辑部,2016年,第74~85页。

[13]方勤:《郭家庙曾国墓地的性质》,《江汉考古》2016年第5期。

[14]《集成》第1册,第83、84页。

[15]《集成》第1册,第85页。

[16]拙文:《从枣阳郭家庙、曹门湾墓地的发掘看楚王熊章钟镈的“西阳”》,《华中国学》秋之卷。

[17]湖北省博物馆:《湖北京山发现曾国铜器》,《文物》1972年第2期;熊学兵:《京山县发现一批西周青铜器》,《江汉考古》1983年第1期;湖北省文物考古研究所:《曾国青铜器》,文物出版社2007年版,第2~47页。

[18]湖北省文物考古研究所:《三苗与南土——湖北省文物考古研究所“十二五”期间重要考古收获》,江汉考古编辑部,2016年,第86、87页;CCTV10,2017-02-06,“2017年考古进行时·京山曾国古墓”,http://t.cn/RJIXE5、http://t.cn/RXcAb3e。

[19]拙文:《曾伯漆簠为姬姓曾器申论》,未刊稿。

[20]程欣人、刘彬徽:《古盉小议》,《江汉考古》1983年第1期;湖北省文物考古研究所:《曾国青铜器》,文物出版社2007年版,第294~301页;随县博物馆:《湖北随县城郊发现春秋墓葬和铜器》,《文物》1980年第1期;湖北省文物考古研究所:《曾国青铜器》,

文物出版社 2007 年版，第 302～323 页；随州市博物馆：《随州东城区发现东周墓葬和青铜器》，《江汉考古》1989 年第 1 期；湖北省文物考古研究所：《曾国青铜器》，文物出版社 2007 年版，第 324～330 页；王善才、王世振：《随州市东城区等地春秋战国墓》，《中国考古学年鉴 1991》，文物出版社 1992 年版，第 245、246 页；湖北省文物考古研究所：《曾国青铜器》，文物出版社 2007 年版，第 338～372 页；湖北省文物考古研究所、随州市曾都区考古队、随州市博物馆：《湖北随州义地岗墓地曾国墓 1994 年发掘简报》，《文物》2008 年第 2 期；随州市考古队：《湖北随州义地岗又出土青铜器》，《江汉考古》1994 年第 2 期；湖北省文物考古研究所：《曾国青铜器》，文物出版社 2007 年版，第 331～337 页；湖北省文物考古研究所：《曾国青铜器》，文物出版社 2007 年版，第 377～380 页；湖北省文物考古研究所、随州市博物馆：《湖北随州义地岗曾公子去疾墓发掘简报》，《江汉考古》2012 年第 3 期。

[21]湖北省文物考古研究所：《湖北随州文峰塔墓地考古发掘的主要收获》，《江汉考古》2013 年第 1 期；黄凤春、郭长江：《湖北随州文峰塔墓地发掘获重大发现》，《中国文物报》2013 年 5 月 24 日；湖北省文物考古研究所、随州市博物馆：《随州文峰塔 M1（曾侯舆墓）、M2 发掘简报》，《江汉考古》2014 年第 4 期；湖北省文物考古研究所、随州市博物馆：《湖北随州市文峰塔东周墓地》，《考古》2014 年第 7 期；湖北省文物考古研究所、随州市博物馆：《湖北随州文峰塔墓地 M4 发掘简报》，《江汉考古》2015 年第 1 期；湖北省文物考古研究所：《三苗与南土——湖北省文物考古研究所“十二五”期间重要考古收获》，江汉考古编辑部 2016 年，第 90～105 页。

[22]湖北省博物馆：《曾侯乙墓》，文物出版社 1989 年版；湖北省文物考古研究所：《曾国青铜器》，文物出版社 2007 年版，第 372～376 页。

[23]湖北省博物馆：《湖北随州擂鼓墩二号墓发掘简报》，《文物》1985 年第 1 期；随州市博物馆：《随州擂鼓墩二号墓》，文物出版社 2008 年版。

[24]湖北省文物考古研究所、随州市文物局：《湖北随州市擂鼓墩墓群的勘查与试掘》，《考古》2003 年第 9 期。

[25]张昌平：《关于擂鼓墩墓群》，《江汉考古》2007 年第 1 期；湖北省文物考古研究所：《曾国青铜器》，文物出版社 2007 年版，第 372 页。

[26]张昌平：《安居周代城址的发现及其意义》，《中国文物报》1998 年 8 月 26 日。

[27]随州市博物馆：《湖北随州市安居镇发现春秋曾国墓》，《江汉考古》1990 年第 1 期；湖北省文物考古研究所：《曾国青铜器》，文物出版社 2007 年版，第 262～269 页。

[28]拙文：《考古发现所见曾国都城的变迁》，《考古学报》（待刊）。

[29]随州市博物馆：《随州出土文物精粹》，文物出版社 2009 年版。

[30]崔本信、王伟、曾庆硕：《河南南阳夏响铺周代鄂国贵族墓地》，见国家文物局主

编《2012中国重要考古发现》，文物出版社2013年版，第60~63页。

[31]有关分析可参看拙作：《楚系铜器铭文新研》，吉林大学2012年博士后出站报告（历史文献学，合作导师：林沄），第251~254页。

[32]拙文：《荆子鼎铭文及其所反映的历史》《鄂、曾、楚青铜器的最新发现及意义》，见拙作《楚系铜器铭文新研》，吉林大学2012年博士后出站报告（历史文献学，合作导师：林沄），第55~66、267页。

[33]李学勤：《由新见青铜器看西周早期的鄂、曾、楚》，《文物》2010年第1期，第42页图一；吴镇烽编著：《商周青铜器铭文暨图像集成》，第21卷，第11784号，上海古籍出版社2012年版，第253、254页。

[34]方诗铭、王修龄：《古本竹书纪年辑证》（修订本），上海古籍出版社2005年版，第45页。

[35]固始侯古堆一号墓发掘组：《河南固始侯古堆一号墓发掘简报》，《文物》1981年第1期；河南省文物考古研究所编著：《固始侯古堆一号墓》，大象出版社2004年版，第61页图五八-1，第62页图五九，第63页图六〇-1、2，第64页图六一-1、2，第65页图六二，第66页图63-1、2，彩版二六。

[36]《集成》第11册，第6010页。

[37]《集成》第16册，第10171页。

[38]《集成》第1册，第210、211、216~218页。

[39]《集成》第1册，第219~222页。

[40]拙文：《敬事天王钟与侯古堆M1所出编钟、编镈为曾器说》，未刊稿。

[41]拙文：《随仲嬭加鼎补说》，《江汉考古》2012年第2期。

[42]拙文：《敬事天王钟与侯古堆M1所出编钟、编镈为曾器说》，未刊稿。

[43]固始侯古堆一号墓发掘组：《河南固始侯古堆一号墓发掘简报》，《文物》1981年第1期；河南省文物考古研究所编著：《固始侯古堆一号墓》，大象出版社2004年版，第57页图五五，第59页图五七-1，第61页图五八-1，第62页图五九，第63页图六〇-1、2，第64页图六一-1、2，第65页图六二，第66页图63-1、2，彩版二四、二六，图版二三、二四、二六、二七。

[44]拙文：《敬事天王钟与侯古堆M1所出编钟、编镈为曾器说》，未刊稿。

[45]清华大学出土文献研究与保护中心编，李学勤主编：《清华大学藏战国竹简》（贰），中西书局2011年版，图版，第80、81页，释文，第170页。

[46]郑杰祥：《河南新野发现的曾国铜器》，《文物》1973年第5期。

[47]鄂兵：《湖北随县发现曾国铜器》，《文物》1973年第5期；湖北省文物考古研究所：《曾国青铜器》，文物出版社2007年版，第144~179页。

[48]随州市博物馆:《湖北随县刘家崖发现古代青铜器》,《考古》1982 年第 2 期;随州市博物馆:《随州均川出土铭文青铜器》,《江汉考古》1986 年第 2 期;湖北省文物考古研究所:《曾国青铜器》,文物出版社 2007 年版,第 180 ~208 页。

[49]随州市博物馆:《湖北随县新发现古代青铜器》,《考古》1982 年第 2 期;湖北省文物考古研究所:《曾国青铜器》,文物出版社 2007 年版,第 209 ~229 页。

[50]随州市博物馆:《湖北随县安居出土青铜器》,《文物》1982 年第 12 期;湖北省文物考古研究所:《曾国青铜器》,文物出版社 2007 年版,第 231 ~261 页。

[51]随州市博物馆:《湖北随县发现商周青铜器》,《考古》1984 年第 6 期;左得田:《随州旭光砖瓦厂出土青铜器》,《江汉考古》1985 年第 1 期;湖北省文物考古研究所:《曾国青铜器》,文物出版社 2007 年版,第 271 ~292 页。

[52]随州市博物馆:《湖北随州市安居镇发现春秋曾国墓》,《江汉考古》1990 年第 1 期;湖北省文物考古研究所:《曾国青铜器》,文物出版社 2007 年版,第 262 ~269 页。

(作者单位:兰州大学历史文化学院)

东魏肆州长城考察研究

赵 杰

《北史·齐本纪上·神武帝纪》载:武定元年(543 年)八月“是月,神武命于肆州北山筑城,西自马陵戍,东至土隥。四十日罢”[1]。《北齐书·神武帝纪下》补自《北史》,故其记载一致。[2]《魏书·孝静帝纪》和《资治通鉴》也有相似记载。[3]可见这段长城位于肆州,可称为肆州长城。

据《魏书·地形志上》,肆州治九原,领三郡十一县,分别是永安郡定襄、阳曲、平寇、蒲子、驴夷五县,秀容郡秀容、石城、肆卢、敷城四县和雁门郡原平、广武二县。[4]由于《魏书·地形志》是以东魏孝静帝武定年间(543—550)行政区划为蓝本编写而成[5],相当程度上反映了东魏时期的行政区划情况,故《中国行政区划通史·十六国北朝卷》明确指出东魏肆州所领三郡十一县即武定年间(543—550)情况,并指出肆州治所九原,在今山西省忻州市忻府区境。[6]祁剑青通过对北魏至隋朝肆州治所和辖境变迁的系统研究,亦有相同认识。[7]

肆州长城位于肆州北山,当处肆州北境。谭其骧《中国历史地图集》北朝《东魏》图对“北山”有明确标示,即今宁武县中部、原平市西北桑干河上游恢河与汾河、滹沱河的分水岭,地处恒山与吕梁山支脉云中山、芦芽山、管涔山诸山交结之地,具有重要的战略地位。

分布于今原平市、宁武县境的东魏肆州长城遗迹的调查与确认,缘于山西省文物局为编写《中国文物地图集·山西分册》长城遗址部分,组织人员从 2000 年至 2003 年对省境长城遗迹进行的调查,其成果主要反映在《东魏肆州长城》一文[8]和《中国文物地图集·山西分册》[9]的有关记述之中。以后 2009—2010 年的山西省早期长城资源调查工作又对肆州长城进行了更为系统的调查与记录,为科学认识长城的分布与特征提供了客观真实的田野资料。与此同时,对肆州长城修筑背景的考察,将是我们明确这段长城遗存性质的重要途径,达到文献考证与遗存考察两方面工作的统一。

一、肆州长城的修筑背景

东魏修筑肆州长城的目的是什么？景爱认为是为防御西魏而修的。其所列材料是《北史·魏本纪五·西魏文帝纪》所记载的西魏大统二年(536 年)东魏攻陷夏州，大统三年(537 年)西魏在沙苑大破东魏，大统四年(538 年)东魏攻陷西魏的南汾、颍、豫、广四州等东西魏间的战事[10]，并以为这种互有胜负的战争是东魏修筑长城的原因[11]。但翻阅《北史》中的《魏本纪五·西魏文帝纪》《东魏孝静帝纪》《齐本纪上·高祖神武帝纪》《周本纪上·太祖文帝纪》和《魏书·孝静帝纪》《北齐书·神武帝纪下》《周书·文帝纪下》诸文，可以看出东西魏之间的战争主要发生在今河南省及山西省西南部和陕西省的关中东部地区，与肆州相距很远。因此肆州长城应与东西魏的战争无关。而此时北方的柔然依旧是东魏政府的主要威胁，东魏修筑长城的目的也应在于此。

据《北史·蠕蠕传》载，东魏元象元年(538 年)柔然与东魏交恶。当年五月，柔然可汗阿那瑰进犯幽州范阳(今河北省涿州市)，南至易水。九月，又掠肆州秀容(今山西省岚县古城村[12])，至三推(按："推"应为"堆"，今山西省静乐县[13])，并杀害了东魏使者元整。东魏也囚禁了柔然使者温豆拔等。这之后双方关系又逐渐转好，尤其是兴和二年(540 年)东魏使者张徽纂的一番利害关系的劝说后，阿那瑰"便归诚于东魏"。以后兴和三年(541 年)兰陵公主出嫁阿那瑰子庵罗辰后，阿那瑰"自是朝贡东魏相寻"。兴和四年(542 年)阿那瑰将孙女邻和公主嫁于高欢第九子高湛，武定四年(546 年)阿那瑰又将女儿嫁于高欢，"自此东魏边塞无事，至于武定(543—550)末，使贡相寻"[14]。然高欢对阿那瑰并不放心，在兴和三年(541 年)兰陵公主出嫁时，高欢"虑阿那瑰难信，又以国事加重，躬送公主于楼烦之北"，而阿那瑰也"每奉国书，邻敌抗礼"。[15]因此，虽然兴和二年(540 年)以后双方关系趋于平缓，但高欢并未放松对柔然的防范。之所以在肆州北境修筑长城，一方面如元象元年(538 年)阿那瑰曾进犯肆州，另一方面从兴和三年(541 年)阿那瑰迎接公主和高欢躬送公主的地点也透露出肆州北境此时已经是东魏与柔然的交界地带了。《北史·蠕蠕传》载，当年阿那瑰遣使迎公主于新城之南，高欢躬送公主于楼烦之北。[16]

新城即《魏书》中所记代国穆帝猗卢六年(313 年)于㶟水(今桑干河)之阳黄瓜堆所筑的新平城或献文帝皇兴三年(469 年)新设平齐郡之北新城。据《魏书·序纪》载，穆帝猗卢六年(313 年)："城盛乐以为北都，修故平城以为南都。帝登平城西山，观望地势，乃更南百里，于㶟水之阳黄瓜堆筑新平城，晋人谓之小平城，使长子六脩镇之，统领南部。"[17]可知新平城肇建于穆帝猗卢六年(313 年)，位于故平城南百里㶟水之阳的黄瓜堆。《崔玄伯附崔道固传》载："乃徙青齐士望共道固守城者数百家于桑干，立平齐郡于平城西北北新城。以道固为太守，赐爵临淄子，加宁朔将军。寻徙治京城西南二百余里旧阴馆之西。”[18]李凭指出，新平城或北新城位于今山阴县北周庄镇新岱岳村东，在桑干河北岸。[19]

关于新平城的位置，通过与桑干郡位置的对应关系也可予以印证。

《水经注·㶟水》载：“桑干水又东南迳黄瓜阜曲西，又屈迳其堆南。徐广曰：猗卢废嫡子曰利孙于黄瓜堆者也。又东，右合枝津。枝津上承桑干河，东南流迳桑干郡北。”[20]

光绪《山西通志·府州厅县考》大同府山阴县条载：“山阴县（今山阴县古城镇），汉置汪陶县，隶雁门郡。后汉、晋并同。晋建兴元年（313年），代公猗卢于今县西北黄花岭下筑新平城。后魏天赐三年（406年），复于今县北建灅南宫，筑外城，后置桑干郡，隶司州。……孝文迁都，以桑干郡隶恒州。孝昌中（525—527）废。”“猗卢之新城在桑干河北，道武之新城在桑干河南，对代都之平城而言谓之小平城、南平城；两城相对而言，则猗卢之城为北新城。其桑干郡自在道武所建之城，平齐郡在北新城也。”“黄瓜阜以南地势大半平衍，河道迁徙无常，约以《注》考之，猗卢之城当在新岱岳以东，桑干郡当在城北十许里。”[21]

《水经注·㶟水》与光绪《山西通志》的记载是相吻合的，猗卢之新平城（亦称北新城、南平城、小平城）位于山阴县西北黄花岭（或称黄瓜堆、黄瓜阜）下，灅南宫之桑干郡亦位于山阴县北，这两处地方是隔桑干河南北相对的。新平城位于今山阴县北周庄镇新岱岳村东，桑干郡位于今山阴县古城镇与桑干河之间，前者位于桑干河北岸，后者位于桑干河南岸。《魏书·太祖纪》载天赐三年（406年）修筑灅南宫和外城之前的天兴六年（403年）九月，道武帝“行幸南平城，规度灅南，面夏屋山，背黄瓜堆，将建新邑”[22]。南平城即猗卢之新平城，新邑位于黄瓜堆和夏屋山之间的桑干河南岸，也与上述《水经注》与光绪《山西通志》相对应。

关于新平城或北新城的位置，还有如下一些意见。殷宪在《北齐〈张谟墓志〉与北新城》一文中，据《太平寰宇记》“高齐天保六年（555年）又于今州西南四十七里新城置朔州”[23]和《括地志》“新城一名小平城，在朔州善阳县西南四十七里”[24]等文献记载，结合自己的实地考察，指出北新城位于今朔州市朔城区窑子头乡梵王寺村城址。[25]施和金在《北齐地理志》北朔州条中指出，新城即新平城，《太平寰宇记》所记朔州西南四十七里，应为东北四十七里，新平城位置与李凭所指相近。[26]刘纬毅据“灅水之阳黄瓜堆筑新平城”则认为新城故地在今山阴县北新岱岳村东；同时，据前引《魏书·崔玄伯附崔道固传》和《慕容白曜传》中“乃徙二城民望于下馆，朝廷置平齐郡”[27]一句，认为立平齐郡之北新城和下馆应为同地，且上引《括地志》中的“善阳县西南”疑为“东南”，因此新城后又迁至今朔州市朔城区夏关城村（按：即阴馆或下馆故城）。[28]

汉晋时设楼烦县，属雁门郡。据《魏书·序纪》载，穆帝猗卢三年（310年），“晋怀帝进帝(猗卢)大单于,封代公。帝以封邑去国悬远,民不相接,乃从(刘)琨求句注陉北之地。琨自以托附,闻之大喜,乃徙马邑、阴馆、楼烦、繁畤、崞五县之民于陉南,更立城邑,尽献其地,东接代郡,西连西河、朔方,方数百里。帝乃徙十万家以充之"[29]。可知西晋后期,刘琨将楼烦从陉北移徙至陉南。句注陉即勾注陉,系今雁门关。《读史方舆纪要·山西一》载:"勾注山,在太原府代州(按:今代县)西北二十五里。一名西陉山,亦曰雁门。……《河东记》:'勾注以山形勾转水势注流而名。'亦曰陉岭,自雁门以南谓之陉南,以北谓之陉北。"[30]也就是说汉晋楼烦县在今雁门关北。据张畅耕、雷云贵调查考证,汉晋楼烦县在今朔州市朔城区窑子头乡梵王寺村西[31],正位于雁门关北。那么雁门关南的楼烦在何地呢?

北魏时在陉北、陉南均无楼烦郡或楼烦县建置。《魏书·地形志上》载,肆州雁门郡原平县有"楼烦城"。[32]西汉至北魏时,原平县在今原平市[33],位于陉南,如此"楼烦城"也在陉南,当即刘琨移至陉南之楼烦。以后直到隋唐时才复置楼烦郡或楼烦县。[34]因此高欢送公主之楼烦当指《魏书》所载原平县的"楼烦城"。

《括地志》代州崞县条载:"原平故城,汉原平县也,在代州崞县南三十五里。楼烦在代州崞县界。"[35]依此,原平县在崞县南三十五里,楼烦又在崞县界,与《魏书》"楼烦城"在原平县的记载相合。《通典·州郡九·古冀州下》雁门郡代州崞县条载"有汉楼烦郡故城,在今县东"[36],《太平寰宇记·河东道》代州崞县条载"楼烦故城……在今县东"[37],《永乐大典·太原府二》代州崞县条载:"县东,楼烦故城遗址存焉"[38],它们都指出楼烦故城在崞县东。隋唐以后崞县在今原平市崞阳镇。[39]又《永乐大典·太原府六》载:"楼烦城,在崞县东一十五里……今遗址存焉。"[40]雍正《山西通志·古迹四》代州崞县条载:"楼烦城,(崞县)东十五里大阳都。"[41]进一步指出楼烦城在崞县东十五里,今原平市崞阳镇东7千米多有大阳村,正与《永乐大典》和雍正《山西通志》所载对应。因此楼烦城在今原平市崞阳镇东7千米多的大阳村。[42]

从上所述,可以看出阿那瑰遣使迎公主之新城,在今山阴县北周庄镇新岱岳村东,抑或在今朔州市朔城区梵王寺村或夏关城村。无论哪种意见,这些地点均位于今雁门关北。而高欢躬送公主之楼烦,在今原平市崞阳镇东,位于雁门关南。如此,当时新城之南、楼烦之北已经是东魏与柔然的交界地带了,正合肆州北境。

还有学者认为肆州长城有防御山胡的目的。[43]据《北史·稽胡传》和《齐本纪上·神武帝纪》载,稽胡(即山胡)主要活动于"离石以西、安定以东"的山谷之间,"凶悍恃险,数为寇"。北魏孝昌年间(525—527),刘蠡升在云阳谷自称天子,使得"汾、晋之间,略无宁岁"。高欢在东魏建立后,于天平二年(535年)讨平刘蠡升。天平三年(536年)九月又讨平汾州胡王迢触、曹贰龙的反叛。此后又于修筑完肆州长城的次年,即武定二年(544年)十一月再次讨平山胡。[44]虽然武定二年(544年)的讨伐并未记载是哪个地区的山胡,但结合上述,可知山胡并不活动于肆州一带[45],而且高欢也始终保持着对山胡的进攻态势。因此防御山胡的可能性并不大,肆州长城的主要作用还在于防范柔然。

二、肆州长城遗迹

根据2009—2010年对肆州长城的调查成果,长城遗迹分布于山西省原平市和宁武县,总体大致呈东—西走向。

(一)原平市

肆州长城从原平市段家堡乡黑峪村西南1千米处(海拔1479米)起,向西至南坨村东南0.8千米(海拔1471米),转西南经西庄头村南,至下马铺村东南0.6千米(海拔1461米),又向西至轩岗镇陡沟村东南0.5千米(海拔1342米),再向西南至大立石村东0.5千米(海拔1504米),长14287米。墙体为石墙,外部块石或片石砌筑,内部填以碎石泥土。墙体剖面大致呈不规则的梯形,底宽4—9米,顶宽1.2—3米,残高0.8—6米。其中黑峪村西南至南坨村东南,长城长1826米,石墙内部为夯土墙体,夯层厚0.15—0.2米。在南坨村西南1.2千米长城北侧(外侧)存关一座(西庄头东梁关),平面呈矩形,周长80米,墙体石筑,外侧残高4.4米,内侧残高0.6—0.7米。

从大立石村东0.5千米向西北经大立石村西北0.5千米(海拔1572米),转西经四十亩村东0.1千米(海拔1626米),再向西北至四十亩村西北1.5千米(海拔1656米),长4097米。墙体为石墙,部分段落内部为夯土墙体,夯层厚0.1米。墙体底宽4—8米,顶宽1.6—2米,残高2—3.5米。部分段落曾经火烧,内部有多层木炭或木炭灰,表面石块之间有黑色凝结物。在当地流传有“火烧边墙”的传说。

长城继向西南经长畛村东、村南,至北梁上村西南0.5千米(海拔1941米)入宁武县,长8812米,除长畛村东有一段长442米山险外,其余为石墙。墙体底宽7—12米,顶宽1.2—5米,残高1.1—6米。长畛村西南长城北侧(外侧)0.04千米处存堡一座(长畛西梁堡),平面呈矩形,周长146米,墙体石筑,外侧残高1.7—6米,内侧残高1.3—1.4米。北梁上村东北2千米长城北侧(外侧)存关一座(磨子洼西北梁关),平面呈不规则的矩形,周长316米,墙体石筑,底宽8米,顶宽0.9—3.2米,外侧残高0.5—4.2米。

原平市东魏肆州长城总长27196米,绝大多数为石墙,有26754米,占98%余;山险仅长442米。三座关堡,均位于长城外侧。另外据《东魏肆州长城》一文,在段家堡乡黑峪村附近长城内侧有一座障城(原文称为黑峪障城遗址),平面呈矩形,周长290米,墙体夯筑而成,底宽2.5米,顶宽1.4米,残高1.8米。遗址附近采集有素面板瓦等遗物。[46]

（二）宁武县

长城从原平市轩岗镇北梁上村西南0.5千米（海拔1941米）入宁武县，向西偏北经余庄乡后村北、三张庄村北，至东坝沟村东北2.3千米（海拔1662米），长7746米。墙体为石墙，外部块石或片石砌筑，内部填以碎石泥土。墙体剖面大致呈不规则的梯形，底宽6—10米，顶宽0.7—3米，残高2—6米。后村东北2.5千米、0.8千米处各存关一座（尖山峁关和阎王壁关），东西相距约5千米。尖山峁关，位于长城内侧，关东墙、北墙利用长城墙体，平面呈矩形，周长360米，南墙不存，墙体石筑，底宽5米，顶宽2—2.3米，残高1—1.5米。阎王壁关位于长城北侧（外侧），平面呈不规则的矩形，周长82米，墙体石筑，底宽5米，顶宽2—2.2米，残高1.5—3米。三张庄村东0.4千米处存堡一座（三张庄北梁堡），位于长城南侧（内侧），北距长城约1.5千米。堡平面呈椭圆形，东西34米，南北40米，周长约116米。底部有夯土台基，高3.5米。墙体石筑，底宽3米，残高1.8—4.2米，西墙设门。

从东坝沟村东北2.3千米，向西经东坝沟村西北、坝上村南、苗庄村北至硫磺沟村东南0.7千米（海拔1765米），长2792米，除恢河河谷一段河险长626米外，其余多为土墙，长2116米，石墙仅一小段，长50米。土墙夯层厚0.05—0.1米，底宽1.8—7.5米，顶宽0.2—2.6米，残高0.1—6米。石墙底宽2.8米，顶宽0.2—1米，残高0.3—0.6米。

苗庄村北约0.6千米的长城南侧（内侧）存关一座（苗庄古城关），北墙为长城墙体。苗庄古城关由东、西两城组成，东城平面呈不规则的梯形，周长1052米，西城平面呈矩形，周长920米，西城南墙无存。墙体为土墙，夯土版筑而成，版筑长度1.7—2米，夯层厚0.08—0.1米，夯窝径0.03—0.05米，夯窝间距0.08—0.1米。墙体内有排列整齐的夯架柱窝，间距0.5—0.6米，洞径0.1—0.12米，深度不一，有的穿透城墙，有的仅0.3—0.5米。北墙见有椽孔，孔径0.1米，间距1.3—1.5米，行距0.55—0.7米。东城墙体底宽4—11.5米，顶宽1.5—6米，残高5—8米；西城墙体底宽6—10米，顶宽4—6米，残高5—6米。东城南墙正中设城门，宽6米。两城中间的隔墙有豁口，宽8米，可能为两城相通的城门。两城北墙存马面三座。东城北半部有几处建筑遗迹，地表散存有大型布纹板瓦和石块，在东城还发现了素面平沿平底陶盆、素面敛口平底陶碗和铁蒺藜，铁蒺藜是防御骑兵的重要武器。苗庄古城南、北0.3千米处各存烽火台一座（苗庄古城南、北烽火台）。苗庄古城南烽火台，平面呈圆形，顶径11.7米，残高2.1米。底部有台基，台基高2.9米。台基和台体均为夯筑而成，夯层厚0.07—0.1米。苗庄古城北烽火台，平面呈椭圆形，顶部东西9.6米，南北6.6米，残高4.2米。台体夯筑而成，夯层厚0.1米。烽火台附近散落有石块和青灰色砖块，原或包有砖石。

长城从硫磺沟村东南0.7千米，向西北经榆树坪村东北0.3千米（海拔1862米），转西至榆树坪村西北2.4千米(海拔2151米),除榆树坪村西北有一段长388米山险外,其余为石墙,长3226米。墙体底宽1.2—7.1米,顶宽0.1—4.2米,残高0.2—6米。硫磺沟村东南、榆树坪村东北存关四座(硫磺沟1—4号关),均为石筑,位于长城墙体南侧(内侧)。1、2号关东西相邻,平面呈不规则的矩形,1号关周长83米,2号关周长50米。3号关平面呈三角形,周长73米。4号关平面呈不规则的矩形,周长263米,墙体底宽2.5米,顶宽0.1—0.3米,残高1.5—2米。榆树坪村西北0.7千米长城墙体上存敌台一座(硫磺沟4段长城1号敌台),平面呈矩形,东西7.5米,南北7.7米。台体石筑,残高1.5—1.9米,东壁设门,宽0.8米;南壁存矩形射孔两个,长0.25米,宽0.2米。

宁武县东魏肆州长城总长14152米,以石墙最长,有11022米,占78%;土墙仅2116米,占15%;其余为山险和河险,长1014米。除阎王壁障关位于长城外侧,其余关堡均位于内侧。另外据《东魏肆州长城》一文,在余庄乡后村西北0.5千米的长城南侧(内侧)5—10米有一座障城(原文称为三张庄后村障城遗址),周长460米。[47]

三、肆州长城位置与性质的考察

原平市段家堡乡黑峪村向西至宁武县余庄乡榆树坪村间长城,位于恒山与云中山、芦芽山、管涔山诸山交结之地,即肆州北山所在,如前所述,地当东魏与柔然的交界地带。

关于肆州长城东端的土隥,胡三省在《资治通鉴》中注引《九域志》曰:“代州崞县有土墱寨。”[48]《读史方舆纪要·山西二》代州崞县土墱寨条载:“土墱寨。在县西北。”[49]学界据《九域志》和《读史方舆纪要》,都认为土隥在今原平市崞阳镇(按:即崞县所在)西北,亦为原平市西北。[50]谭其骧《中国历史地图集》北朝《东魏》图就将土墱标示在今原平市西北。黑峪村附近的黑峪障城,正位于今原平市崞阳镇西北,当即“土隥”所在。

宁武县苗庄古城所处地理位置显著,地处恒山与云中山、芦芽山、管涔山交结之地,位于桑干河上游恢河西岸,南通汾河谷地,北连大同盆地,具有重要的军事战略地位,当为肆州长城西端的“马陵戍”所在。《读史方舆纪要·山西二》太原府静乐县马陵戍条记:“马陵戍,在县北。”[51]王国良、王仲荦、景爱、朱大渭等人据此指出马陵戍在今静乐县北或西北。[52]苗庄古城正位于今静乐县北。苗庄古城有东、西两城,总周长达1772米,北墙有三座马面,古城南北设立有烽火台,向西2千米的距离内还设有四座关,这些都说明其位置的重要性。再看其时代。有学者认为苗庄古城出土的陶器和板瓦为北朝遗物,并指出依夯层、夯窝和遗物特征,黑峪障城与苗庄古城的时代是一致的。[53]还有学者进一步指出苗庄古城出土的陶器和铁蒺藜为汉代遗物,布纹板瓦为北朝遗物,故苗庄古城的时代从汉延至北朝。[54]

这段长城总长41348米,其两端均为山险,未见长城墙体。东端在原平市黑峪村西南1千米,向东北利用山体形成山险,长5400米,至段家堡乡白鸠川村东南1千米处始见北齐长城;西端在宁武县榆树坪村西北2.4千米,向西南也利用山体形成山险,长6000米,至大木场村西北2.5千米处始见北齐长城。墙体类型绝大多数为石墙,长37776米,占91%余,土墙仅2116米,占5%余;其余为山险和河险,长1456米(见附表)。土墙主要见于苗庄古城两侧,夯层较薄,厚0.05—0.1米,与苗庄古城墙体特征一致。石墙均为外部块石或片石砌筑,内部填以碎石泥土,仅原平市有局部段落的内部为夯土墙体。石墙沿线的关堡、敌台也均为石筑。值得注意的是,原平市部分石墙曾经火烧,其原因与修筑有关?还是与战争有关?或为自然原因?还需深入调查研究。总之,这段长城从建筑方式上来说,保持着较高的一致性:其两端均为山险,再向两侧均见北齐长城,从位置上是能与北齐长城区别开来的;长城沿线的黑峪障城、苗庄古城等遗址采集到北朝板瓦,再结合前述地望考察,这段长城确系东魏肆州长城遗迹无疑。

乾隆《崞县志》和光绪《续修崞县志》均载,崞县(今原平市崞阳镇)西四十五里有长城梁,“始于赵武灵王,至秦始皇更增筑也,今遗址犹存”[55]。考其位置,实言原平市崞阳镇西北的东魏肆州长城。

附表　山西省原平市和宁武县东魏肆州长城墙体类型统计表

单位:米

县市	石墙	土墙	山险与河险	合计
原平市	26754	0	442	27196
宁武县	11022	2116	1014	14152
合计	37776	2116	1456	41348
百分比	91.4%	5.1%	3.5%	100%

【注释】

[1]《北史》卷6《齐本纪上·神武帝纪》,中华书局1974年版,第228页。

[2]《北齐书》卷2《神武帝纪下》,中华书局1972年版,第22页。

[3]《魏书》卷12《孝静帝纪》记载略有差异,其中“神武命”为“齐献武王[按:高欢死后天保(550—559)初年谥献武帝,天统元年(565年)谥神武帝]召夫五万”(中华书局1974年版,第306页)。《资治通鉴》卷158《梁纪十四》载:大同九年(543年)十一月“丞相高欢筑长城于肆州北山,西自马陵,东至土墱。四十日罢”。时间与《北史》在月份上有别,地点上马陵戍记为马陵,土隥之“隥”记为“墱”(中华书局1956年版,第4920页)。

[4]《魏书》卷106上《地形志上》,第2473~2475页。

[5]《魏书》卷 106 上《地形志上》,第 2455 页。

[6]牟发松等:《中国行政区划通史·十六国北朝卷》,复旦大学出版社 2016 年版,第 659 ~660 页。

[7]祁剑青:《肆州沿革考》,《唐都学刊》2013 年第 4 期。

[8]山西省文物局长城调查组:《东魏肆州长城》,《文物世界》2001 年第 3 期。

[9]国家文物局主编,山西省文物局编制:《中国文物地图集·山西分册》(中册),中国地图出版社 2006 年版,第 556、628 页。

[10]《北史》卷 5《魏本纪五·西魏文帝纪》,第 176 ~177 页。

[11]景爱:《中国长城史》,上海人民出版社 2006 年版,第 225 页。

[12]刘纬毅编著:《山西历史地名通检》,山西教育出版社 1990 年版,第 90、105、132 页。

[13]刘纬毅编著:《山西历史地名通检》,第 85、98 页。

[14]《北史》卷 98《蠕蠕传》。《魏书》卷 12《孝静帝纪》载东魏孝静帝在位时,天平四年(537 年)、兴和二年(540 年)至四年(542 年)、武定元年(543 年)至八年(550 年)间,除武定五年(547 年)外,柔然每岁皆遣使朝贡(第 302、304 ~308、311 ~312 页)。

[15]《北史》卷 98《蠕蠕传》,第 3264 ~3266 页。

[16]《北史》卷 98《蠕蠕传》,第 3265 页。

[17]《魏书》卷 1《序纪》,第 8 页。

[18]《魏书》卷 24《崔玄伯附崔道固传》,第 630 页。下文指出北新城在今山阴县北周庄镇新岱岳村东,因此引文中的"平城西北"当为"平城西南"之讹。

[19]李凭:《北魏平城时代》,上海古籍出版社 2011 年版,第 346 页。

[20][北魏]郦道元著,陈桥驿校证:《水经注校证》卷 13《㶟水》,中华书局 2013 年版,第 298 页。

[21]光绪《山西通志》(第六册),中华书局 1990 年版,第 2492 ~2493 页。

[22]《魏书》卷 2《太祖纪》,第 41 页。

[23][宋]乐史撰,王文楚等点校:《太平寰宇记》卷 51《河东道十二·朔州》,中华书局 2007 年版,第 1067 页。

[24][唐]李泰等著,贺次君辑校:《括地志辑校》卷 2《朔州》,中华书局 1980 年版,第 70 页。

[25]殷宪:《北齐〈张谟墓志〉与北新城》,《晋阳学刊》2012 年第 2 期。

[26]施和金:《北齐地理志》,中华书局 2008 年版,第 180 页。

[27]《魏书》卷 50《慕容白曜传》,第 1119 页。

[28]刘纬毅编著:《山西历史地名通检》,第 71 页。另外关于北新城变迁的研究,还

有戴卫红《新平城、南平城、北新城考释》[见殷宪主编:《北朝研究》(第七辑),科学出版社2010年版]、支配勇等《怀仁日中城即汉勮阳城代公新平城考》[《黄河文化论坛》编辑部编:《黄河文化论坛》(第九辑),中国戏剧出版社2003年]诸文。

[29]《魏书》卷1《序纪》,第7页。

[30][清]顾祖禹撰,贺次君、施和金点校:《读史方舆纪要》卷39《山西一》,中华书局2005年版,第1786页。

[31]支配勇等:《怀仁日中城即汉勮阳城代公新平城考》附《西汉雁门郡古城遗址调查概况》表,见《黄河文化论坛》编辑部编:《黄河文化论坛》(第九辑),第70页。

[32]《魏书》卷106上《地形志上》,第2475页。

[33]刘纬毅编著:《山西历史地名通检》,第93页。

[34]《隋书》卷30《地理志中》载大业四年(608年)置楼烦郡(中华书局1973年版,第853页);《旧唐书》卷39《地理志二·河东道》载天宝元年(742年)改岚州为楼烦郡(中华书局1975年,第1485页);龙纪元年(889年)置楼烦县(第1486页)。刘纬毅指出隋代楼烦郡在今宁武县西南一百里宁化乡,唐代楼烦郡在今岚县北二十五里岚城北,楼烦县在今娄烦县(刘纬毅编著:《山西历史地名通检》,第29、107页)。

[35][唐]李泰等著,贺次君辑校:《括地志辑校》卷2《代州》,第69页。

[36][唐]杜佑撰,王文锦等点校:《通典》卷179《州郡九·古冀州下》,中华书局1988年版,第4741页。

[37][宋]乐史撰,王文楚等点校:《太平寰宇记》卷49《河东道十·代州》,第1029页。

[38]《永乐大典》卷5200《太原府二》,中华书局1986年版,第2255页。

[39]刘纬毅编著:《山西历史地名通检》,第93~94页。

[40]《永乐大典》卷5204《太原府六》,第2298页。

[41]雍正《山西通志》(第二册),中华书局2006年版,第1402页。

[42]刘纬毅编著:《山西历史地名通检》,第95页。

[43]山西省文物局长城调查组:《东魏肆州长城》,《文物世界》2001年第3期。

[44]《北史》卷6《齐本纪上·神武帝纪》,第224~225、229页;《北史》卷96《稽胡传》,第3194~3195页。《北齐书》卷2《神武帝纪下》(第18~19、22页)、《魏书》卷12《孝静帝纪》(第298~299、307页)、《北史》卷5《魏本纪五·东魏孝静帝纪》(第185页)和《周书》卷49《稽胡传》(中华书局1971年版,第896~897页)有类似记述。

[45]据《北齐书》卷17《斛律金传》载:武定三年(545年),高欢自北道度赤𫎇岭,斛律金从南道出黄栌岭,于乌突戍会合击破山胡(第220页)。该卷"校勘记"认为此事应系于武定二年十一月(第231页)。若此,则这次讨伐的山胡主要活动于乌突戍一带。乌突

戍即以后北周乌突县、隋太和县、唐临泉县，在今临县白文镇故县村(刘纬毅编著:《山西历史地名通检》，第104、115~116页)，也合本文“山胡并不活动于肆州一带”之说。

[46]山西省文物局长城调查组:《东魏肆州长城》，《文物世界》2001年第3期。

[47]山西省文物局长城调查组:《东魏肆州长城》，《文物世界》2001年第3期。

[48]见《资治通鉴》卷158《梁纪十四》，第4920页。

[49][清]顾祖禹撰，贺次君、施和金点校:《读史方舆纪要》卷40《山西二》，第1861页。

[50]如王国良认为土墱在崞县西北(王国良编:《中国长城沿革考》，商务印书馆1931年版，第43页;《长城研究资料两种》，香港龙门书店1978年影印本);王仲荦认为在今原平市崞阳镇西北三十里之庙岭(《北周地理志》，中华书局1980年版，第892页);刘纬毅认为土墱在今原平市崞阳镇北二十五里的土屯寨(刘纬毅编著:《山西历史地名通检》，第98页);艾冲认为在今原平市西北的土隥镇(《北朝诸国长城新考》，见中国长城学会编:《长城国际学术研讨会论文集》，吉林人民出版社1995年版，第137页。笔者按:今原平市西北并无土隥镇);景爱认为土磴(笔者按:景爱错写“隥”为“磴”)在今原平市崞阳镇西北(《中国长城史》，第225页);朱大渭认为在今原平市北(《北朝历代建置长城及其军事战略地位》，《中国史研究》2006年第2期。笔者按:朱文将原平市误写为平原市)。

[51][清]顾祖禹撰，贺次君、施和金点校:《读史方舆纪要》卷40《山西二》，第1835页。

[52]王国良编:《中国长城沿革考》，第43页。王仲荦:《北周地理志》，第892页。景爱:《中国长城史》，第224页。朱大渭:《北朝历代建置长城及其军事战略地位》，《中国史研究》2006年第2期。另，艾冲认为马陵戍在今五寨县东部的山上，其所依据不知为何(《北朝诸国长城新考》，见中国长城学会编:《长城国际学术研讨会论文集》，第137页)。

[53]山西省文物局长城调查组:《东魏肆州长城》，《文物世界》2001年第3期。

[54]国家文物局主编，山西省文物局编制:《中国文物地图集·山西分册》(中册)，第628页。

[55]乾隆《崞县志》，见《中国地方志集成·山西府县志辑》(第14册)，凤凰出版社2005年版，第230页。光绪《续修崞县志》，见《中国地方志集成·山西府县志辑》(第14册)，第344页。

(作者单位:山西大学历史文化学院)

“务令边界宁谧”:康乾二帝的疆界治理观念与实践*

王大文

清朝是传统中国最后一个大一统王朝,在建立之初即面临与朝鲜的疆界问题。在成为全国性政权后,清廷与朝鲜、俄罗斯、西部属国、廓尔喀、缅甸和安南等周边国家之间曾出现陆地疆界纠纷。统治中国120余年的康乾两朝成为清代版图奠定的重要历史时期。[1]在专制主义中央集权背景下,康熙帝、乾隆帝的疆界治理观念对清朝的疆界治理实践起着决定性的影响,总结他们的疆界治理观念和历史经验,有助于我们更清晰地认识早期全球化背景下清朝的国家治理及对外交往的历史。

清代藩属体系(或称朝贡体系)是清史、中国边疆史等研究的重要主题之一,无论是专题研究还是综合研究,中外成果十分丰硕,这类研究往往涉及清代边界问题的具体事件。专门从边界角度研究清朝与朝鲜、俄罗斯、西部属国、印度、廓尔喀、越南、缅甸等周边国家的陆地边界问题具体内容的论著亦是不胜枚举。[2]清朝的疆域观或者说边疆观念是近些年学者们重点关注的问题之一。[3]在评价清帝疆域观念时,有些论著认为:受传统天下观影响,清帝与前代帝王一样也秉持“溥天之下,莫非王土;率土之滨,莫非王臣”的理念,疆界观念模糊。另一种观点则认为康乾二帝已经有了清晰的边界意识。[4]据笔者对康乾时期清朝处理疆界问题历史的梳理来看,仅用“模糊”或“清晰”无法准确表达康乾二帝的疆界治理观念。在前辈学者相关研究的基础上,笔者尝试从政权安全和疆界治理成本角度分析康乾二帝处理陆地疆界问题的具体实践,探讨在大一统的天下体系理论影响下两位帝王如何维护清朝的疆域安全,尝试探寻他们面临的疆界治理实践与历史理论遗产之间的紧张感。这或许也可为今人进一步认识清廷在近代领土问题上的立场、决

* 本文受到江苏省教育厅江苏高校哲学社会科学研究基金项目(2018SJA1149)资助。

策等历史提供不同角度。

一、康乾二帝清晰的疆界意识

清初，中国与周边国家的关系继承了明代“遗产”。康乾二帝在处理与周边国家疆界纠纷的具体实践中，体现出清晰的疆界意识。康熙二十三年（1684 年）十二月，康熙帝强调俄罗斯侵略清朝疆界：“向者俄罗斯无故侵扰我边陲，后复渐入越我疆界。”[5]在中俄进行划界之前，康熙帝已经对彼此疆界有清晰的认识。康熙帝多次强调黑龙江边界地区的重要性。康熙二十六年十月二十四日，“曩者俄罗斯渐次入犯，占踞我达呼里、索伦等处，扰害边疆四十余年……”[6]康熙二十七年五月初三日，在索额图团队第一次出发前，康熙帝在谕旨中谈道：“罗刹侵我边境，交战于黑龙、松花、呼马尔诸江，据我属所居尼布潮、雅克萨地方……其黑龙江之地，最为扼要，由黑龙江而下，可至松花江，由松花江而下，可至嫩江，南行可通库尔瀚江，及乌喇、宁古塔、席北、科尔沁、索伦、打虎儿诸处。若向黑龙江口，可达于海。又，恒滚、牛满等江，及净溪里江口，俱合流于黑龙江，环江左右，均系我属鄂罗春、奇勒尔、毕喇尔等人民，及赫哲、飞牙喀所居之地。若不尽取之，边民终不获安。朕以为尼布潮、雅克萨、黑龙江上下，及通此江之一河一溪，皆我所属之地。不可少弃之于鄂罗斯。”[7]

对于邻国提出的边地要求，即使是清朝属国，康熙帝也根据实情予以回应。康熙三十六年（1697 年）十一月十八日，安南国王黎维正认为清朝土司侵占牛羊、蝴蝶、普园等三处地方，希望清朝能将其返还安南。康熙帝经询问云南巡抚石文晟了解三地归属之后，采纳了“此地久入版图，且在内境”的说法，并命行文申饬安南国王。[8]

雍正十二年十二月二十日，理藩院曾致函俄国枢密院，提出划定乌第河一带的界线。乾隆帝对疆界问题亦十分重视，即位之初便命理藩院与沙俄展开疆界划分谈判。乾隆元年（1736 年）冬，理藩院又将乌第河划界等事务的函件交与俄国信使沙雷金少校。在两次平准战争中，清朝与俄罗斯又产生了新的疆界问题。乾隆二十二年，定边右副将军兆惠等率兵平定阿睦尔撒纳叛乱，阿睦尔撒纳从边界逃入俄罗斯。理藩院与俄国萨纳特衙门、兆惠等与俄边界使臣交涉时均多次强调维护疆界、遵守边界条约的重要性。如乾隆二十二年七月二十九日，兆惠等奏：“直至俄罗斯之境……次日，寻至俄罗斯境之铿格尔图喇，遣人告知。十八日，俄罗斯喀丕坦等前来相见，免冠叩请大皇帝安。因告以我将军大臣为逆贼阿睦尔撒纳逃窜，派兵分拿，看贼众大概窜入尔境，应遵彼此不纳逃人之议擒送。喀丕坦等云：阿睦尔撒纳前遣使来，已拿送我察罕汗……诘问再三，喀丕坦等因给与并无阿逆印文，并行文边界查拿。”[9]

清初，哈萨克、布鲁特与准噶尔部接壤。在平定准部后，清朝与它们的关系发生了重要变化。乾隆帝一方面强调哈萨克、布鲁特须恪守边界，另一方面不强迫其成为清朝属国。“永守边界”是乾隆帝对哈萨克、布鲁特等西北属国的最大要求之一。[10]乾隆二十三年(1758 年)正月二十四日，乾隆帝传谕兆惠：准噶尔闲旷之地不得任哈萨克侵越，须认真筹划与哈萨克之间的疆界。乾隆二十五年三月二十四日，哈萨克往塔尔巴哈台游牧，乾隆帝命阿桂率兵驱离，并命阿桂至塔尔巴哈台巡察边界：“著传谕阿桂，酌派官兵数人往探虚实。伊等果有踪迹，即晓譬利害，谕以此地为天朝平定，将来办理驻兵。尔等从前在准噶尔时，尚不敢越界，此时岂可私行游牧。立行驱逐出界。”[11]乾隆十六年六月，缅甸首次正式遣使至清朝朝贡。然而，乾隆二十七年起，中缅边界即因缅甸内乱和边界土司叛乱而产生纠纷。乾隆三十年底，在缅甸不断侵扰边界的情况下，乾隆帝决定征讨缅甸：“此等丑类，野性难驯，敢于扰害边境，非大加惩创，无以警凶顽而申国法。刘藻等既经调兵进剿，必当穷力追擒，捣其巢穴，务使根株尽绝，边徼肃清……驱逐出境。……其屡扰边界，已属罪无可逭。”[12]

康乾二帝也多次处理与朝鲜、安南两国之间的疆界问题。[13]通过康乾二帝的疆界治理实践，我们可以发现：清帝对于疆界治理是十分重视的，对属于清朝界内的土地有较为清晰的认识[14]，而且对周边国家侵扰边界的行为都积极采取措施以维护疆界安全。需要说明的是，积极采取措施并不表示康乾二帝一定采取武力手段解决疆界纠纷。

二、康乾二帝疆界治理的非扩张性特征

讨论清帝的疆界治理行为是否具有扩张性，首先要明确的是，他们的治理对象是在传统中国的内部区域，还是他国土地。“新清史”论著的主要观点之一是将清朝的边疆治理说成是军事征服和扩张，是“殖民主义”的行为。历史的事实却并非如此，学界此前已多有讨论、批判。[15]笔者亦结合本文的主题论述一二。康乾二帝秉持的疆界治理思想和实践恰恰证明了他们在疆界治理方面的和平追求。清帝秉持的外交理念是以王道论为基础的，康熙帝认为治理天下“其要在仁义”。[16]康熙二十六年六月初四日，康熙帝在古北口外得知雅克萨报捷后，传谕要求善待俄国士兵：“今收复雅克萨地，得遂初心。至于抚绥外国，在使之心服，不在震之以威。……朕以仁治天下，素不嗜杀，尔其严谕将士毋违朕旨。以我兵马精强、器械坚利，罗刹势不能敌，必献地归诚，尔时勿杀一人，俾还故土，宣朕柔远至意。”[17]在面对侵扰东北边疆四十余年的沙俄殖民者时，康熙帝谈到“征战本非佳事，不得已而后用之”。为了促使沙俄尽快撤兵，康熙帝甚至于康熙二十五年七月请荷兰使臣转交致沙皇的谈判文书。康熙二十六年十一月初六日，在已经占据军事优势的情况下，理藩院在给戈洛文使团的咨文中援引康熙帝旨意称：“朕为天下共主，不分遐迩，唯念万邦之民皆无兵戎之忧，安居乐业，和睦相处，勘定边界，事关紧要。”这些不只

是说辞，康熙帝用实际行动证明了追求边界和平的意愿。康乾时期的清朝军事力量是十分强大的，但清帝在处理对俄关系时仍以签订界约和边界贸易为主要方式。在俄国违反界约出现越界或逃人问题时，清廷多从理藩院途径通过谈判手段去解决相关问题，而非直接诉诸武力。这和近代西方殖民者多次发动侵略战争来迫使清廷接受不平等条约等是完全不同的两种行为。

乾隆二十二年七月，乾隆帝在评论哈萨克成为清朝属国时指出："今未尝遣使招徕，乃称臣奉书，贡献马匹，自出所愿。所谓归斯受之，不过羁縻服属，如安南、琉球、暹罗诸国，俾通天朝声教而已，并非欲郡县其地，张官置吏，亦非如喀尔喀之分旗编设佐领。"[18]乾隆帝明确区分了处理清朝喀尔喀蒙古等内部事务与处理周边国家如哈萨克事务的不同性质及相关原则。同年十一月，兆惠等在制定哈萨克贸易办法时，乾隆帝强调应平等贸易，不可过于迁就属国："贸易之事，不过因其输诚内向，俾得懋迁有无，稍资生计。而彼处为产马之区，亦可以补内地调拨缺额，并非藉此以示羁縻，亦非利其所有……将来交易之际，不可过于繁苛，更不必过于迁就，但以两得其平为是。"[19]但是，在实际的边界贸易或朝贡贸易过程中，周边属国在经济利益方面往往是获利的一方。

大一统疆域有利于增强和维护清朝统治的合法性，但康乾二帝并未像成吉思汗或忽必烈那样热衷于扩大帝国的疆域，清廷处理与准噶尔蒙古、沙皇俄国的疆界问题的实践就是较好的证明。康熙帝已经注意到过多地发展与周边属国的朝贡关系可能会危害清朝统治，加强国内治理才是其统治的根本任务："外藩朝贡，虽属盛事，恐传至后世，未必不因此反生事端。总之中国安宁，则外衅不作。故当以培养元气为根本要务耳。"[20]大肆向外扩张、追求广袤无边的疆土就更不可能是清帝的治国理念。政权合法性的内涵除了疆域辽阔之外，还需有历史依据（或称之历史遗产）。[21]敬天法祖是清帝治理国家的重要思想，"从来帝王之治天下，未尝不以敬天法祖为首务。敬天法祖之实，在柔远能迩，休养苍生，共四海之利为利，一天下之心为心"[22]。疆界治理同样遵循了敬天法祖的政纲。乾隆二十三年正月，乾隆帝在谈及平定伊犁时强调"缵承皇祖、皇考未竟之绪"。[23]当哈萨克奉表成为属国后，乾隆帝指出："此皆上苍之福佑，列祖之鸿庥，以成我大清中外一统之盛。"[24]

除了继承清朝的祖宗遗训外，康乾二帝清晰的疆界意识还有两个方面的历史依据：一是明朝藩属体系的历史状况；二是汉唐以来中原大一统王朝对于历史中国疆域不断经营的历史经验。"汉世开边，史称最远，但尽数十年之兵力，得地无几，究未能灭其族类，而中国之财赋亦绌，何则？穷兵黩武之故也。我国家辟基广大，诸蒙古莫不臣属，风土疆域可按籍而稽也。"[25]康乾二帝平定准噶尔部、回部等西北、西南民族地区叛乱，是清朝内部事务，因为它们在历史中国的疆域内部。乾隆帝在土尔扈特部回归清朝时特别强调:“弗加征而自臣属,谓之归顺。”渥巴锡等是归顺而非归降。至于哈萨克、布鲁特、安集延、巴达克山等属于“外围”“远徼”,“羁縻之”“概置之”即可。[26]康乾二帝在治理疆界事务过程中对内外界限的区分具有其历史依据,清帝对界限内边地的治理是对汉唐以来历史中国边疆地区治理举措与成果的继承、发展。在疆界内外界限划分的基础上,两位帝王针对内外的不同问题采取了怀柔与武力两种截然不同的方式。

对于周边属国内部事务,康乾二帝很少干预。乾隆十二年十月初四日,苏禄国遣使到福建禀报吕宋“夷目”劫夺该国贡使一事,乾隆帝的处理原则是不干涉,“岛夷互相争夺等事,只可听其自行办理,未便有所袒护。以后如遇此等事件,惟有晓以大义,俾知中国体制,不敢分外干求”[27]。从康乾时期清朝与周边属国对外交往史中,我们还可以发现很多这样的例证,如清帝拒绝哈萨克和苏禄两国请求内附中国的提议。[28]

康熙五年,安南正式成为清朝属国,此后一段时期内,双方的关系较为平稳。乾隆时期,安南与两广、云南地区的疆界纠纷较多。在处理与安南的边界事务时,乾隆帝一直要求官员“谨守边疆,以安地方。慎之”“至于交趾,乃在化外,固我边隅,示彼大义。毋轻动,毋喜功”。[29]乾隆十六年,清廷与安南发生了边界插竹案和边墙案两件大事,乾隆帝亦要求督抚等地方官据实办理,遵守中国体制,“务令远疆宁谧”。至于乾隆五十三年清军出兵安南,攻打阮氏政权,这和安南内乱对清朝疆界安全产生不利影响也大有关系。从藩属体系视角看,这是清廷为了对黎氏政权实现“兴灭继绝”的义务。然而,早在乾隆初年安南国内就出现了内乱频仍和边境匪患较多的形势,但乾隆帝在当时要求两广总督不可轻举,以免误边事。[30]需要强调的是,乾隆五十三年出兵安南之后,清朝并未强占安南任何土地。相反的是,哈萨克等属国多次越界侵犯清朝的边界利益。乾隆帝多次要求兆惠、阿桂等边疆大臣维护疆界,防止哈萨克侵越闲旷牧地。乾隆二十五年十二月,哈萨克使臣提出将爱呼斯等处赏给游牧。乾隆帝颁发谕旨:“从前哈萨克使人入觐,奏请在塔尔巴哈台游牧,朕即面谕不允,又载入敕书。此特哈萨克等希图侥幸,造言生事……并敕驻扎大臣严行驱逐。”[31]清廷虽多次驳斥哈萨克对牧地的要求,但并未能有效阻止其越界放牧。[32]

作为朝贡体系中的“上国”,清廷并未采取强硬措施去阻止一些周边国家对其疆界利益的侵犯。上述康乾二帝处理与周边国家疆界问题的举措是对国外学者有关清代殖民主义观点的强力否定。葛兆光先生《历史中国的内与外》一书专门讨论了历史上“中国”概念的内涵与演变,并重点阐述了传统中国疆界问题及其“内与外”关系的演变、特征等,强调不能完全用现代国家的情况来评判历史上的中国。[33]窃以为,无论是“新清史”还是其他清史问题的研究,凡是涉及过去历史的评价,如果仅满足于话语分析,其得出的结论是很难经得起推敲的。

三、康乾二帝疆界政策的灵活与克制

康乾二帝对清朝与周边国家的疆界有清晰的认知。但在处理与朝鲜、俄罗斯、哈萨克、缅甸、安南等周边国家的疆界问题时，康乾二帝往往根据与周边国家关系亲密程度、他国的军事实力、疆界纠纷严重程度而采取灵活的疆界政策。在与俄罗斯使团谈判疆界划分问题前后，康熙帝多次明确指示臣属处理与沙俄边界问题的办法，既指出沙俄殖民者的侵略行径，强调东北边界地区的所属，也明确表示边界划分对于清俄双方的重要性。早在康熙二十三年十二月，康熙提出以雅库为界："当即返雅库地方，以雅库为界，于彼处捕取貂皮，于彼土收其物产，勿入我边界恣意妄行。"[34]康熙二十五年正月十九日，康熙帝就中俄疆界事发谕旨："其时不并取尼布潮地者，盖以尼布潮地画为疆索。使鄂罗斯不得越尼布潮界，界外听其捕牲也。"康熙二十八年四月，索额图奏仍以尼布楚为界与沙俄进行谈判。康熙帝提出："今以尼布潮为界，则鄂罗斯遣使贸易无栖托之所，势难相通。尔等初议时，仍当以尼布潮为界，彼使者若恳求尼布潮，可即以额尔古纳为界。"[35]在谈判未正式开始前，康熙帝的谈判筹码即已调整。有学者评价康雍乾时期的边界政策是"迁就"型的。[36]从今人视角来看，康乾二帝处理与周边国家的疆界问题时多次将部分土地让与他国，属于领土意识淡薄的表现。然而，康乾二帝则认为并一再强调"务令边界宁谧"是治理疆界的最高准则，他们拥有清晰的疆界意识而不是现代国家的领土主权不可分割原则，让出部分土地给相关属国符合其统治利益，一方面可以降低维护边疆安全的军事费用等成本支出，让出部分边地的成本小于发动一场军事战争的成本；另一方面也有利于维护疆界安全，也巩固了清朝整体疆域的安全。[37]在藩属体系遗产的影响下，清帝在某种程度上也将让与边地看作怀柔他国的政治举措，非但未损害其大一统政权的合法性，反而认为是符合藩属体系理论的，且最终有利于稳固其政权。

当边界地区出现纠纷时，康乾二帝在采取不同措施的同时，还要综合考虑内地的统治情况。康熙帝在沙俄侵略黑龙江流域四十多年后才派兵征伐，因为在此战之前，康熙帝还面临着南方的"三藩"、郑氏政权等威胁。康熙发动的雅克萨之战和乾隆帝坚持以谈判手段解决中俄边界纠纷，都是灵活治理疆界的表现。乾隆二十五年至三十年间，理藩院多次致函俄枢密院商谈中俄边界的木桩、卡伦等事务，乾隆帝也曾派大臣前往勘察边界，并要求："务照原定疆界图样，视俄罗斯现立木栅，如在彼界内，即听照旧设立，如逾越侵占，宜照彼来文所称，即行拆毁，不必游移。"但沙俄并未拆除越界的木桩和界标。[38]乾隆帝也未采取进一步的武力措施敦促沙俄履行界约。乾隆二十年五月初八日，乾隆帝命班第等遣人往谕哈萨克："尔哈萨克情愿归诚与否，听尔自为，惟须各守边界，不得妄行出境，劫夺准噶尔人等。倘不谨遵谕旨，必发大兵征剿。”[39]在平定阿睦尔撒纳后，对于布鲁特的归顺，乾隆帝的表态与当初哈萨克要求归顺时的态度相似，并不强求其成为清朝属国。当哈萨克奉表正式成为属国后，乾隆帝则将其比作大一统盛世的重要体现，并宣扬中外。[40]同年，乾隆帝对哈萨克、俄罗斯与清朝之间多边关系作出阐述：“至哈萨克之人，本畏俄罗斯。即如伊等前曾向噶尔丹策零纳贡，因我师平定准噶尔，即率属归降。则其与俄罗斯交好，自属事势宜然。且哈萨克若抒诚入贡，自当赏赐，以示绥怀。即不来亦无足轻重。伊之畏俄罗斯与否，更无庸介意。”[41]乾隆帝认为哈萨克与俄罗斯的关系并未影响清朝的疆界安全，无需因为哈萨克而引起中俄之间的争端。

乾隆二十二年十月初二日，在讨论准噶尔部形势时，乾隆帝提出要求与俄罗斯交涉归还叛逃人员一事：“俄罗斯乃我朝与国，从前定议，彼此不许容留逃人。……今理藩院行文向索，果能遵旨送出，固属甚善。若文移往返，稍有稽迟，亦惟乘机酌理，物来顺应。朕于此事不设丝毫成见。”[42]乾隆帝“无庸介意”“不设丝毫成见”的表态是克制的，恰恰符合其疆界治理目标——边界安宁。除了雅克萨之战外，康乾时期在处理对俄疆界问题出现纠纷时，采取的主要措施是关闭双方贸易市场。乾隆帝将清朝和俄罗斯的关系界定为“与国”，康乾二帝对俄国的实力特别是军事力量是有所了解的。签订界约、边界贸易成为清前期处理对俄关系的主要手段。

在实现疆界治理目标的路径选择方面，康乾二帝希望能尽可能地将治理成本降到最低。朝贡入觐与签订边界条约只是形式上的区别，最终都是为了实现边界安宁。边界贸易、朝贡贸易、使团入觐、赏赐宴请等和平方式之所以成为康乾二帝最中意的对外交往举措，其原因在于：首先，与发动一场边界战争相比，上述方式的治理成本相对低很多，这已经被康乾二帝发动的多次维护边界安全的战争的历史实践证明。其次，有利于实现疆界安宁，“治国必先治边”“安边乃封疆要务”，边界宁则边疆宁，边疆宁则内地安，这为康乾时期经济社会的发展繁荣提供了稳定的外部环境。再次，这些方式也是维护藩属体系的需要。从康乾二帝的边界治理实践来看，他们有着明确的边界意识，采取灵活多样的措施来实现、维护疆界和平，而不是穷兵黩武式侵略或吞并周边属国。

四、余论：早期全球化背景下康乾二帝疆界治理的内在困境

康乾二帝拥有清晰的疆界意识，在处理与周边国家的疆界问题时手段多样。从清廷与朝鲜、俄罗斯、哈萨克、布鲁特、廓尔喀、缅甸和安南等疆界问题的历史实践中，我们可以发现所谓的藩属体系“守在四夷”的思想或策略并不是康乾二帝追求的统治政策最终目标。且不说康熙帝已经发现与周边属国关系带来的财政、政治、军事等多种负担，不利

于清廷的政权安全。清廷与周边属国的关系十分松散，它们不但未能起到防守清廷边疆的作用，反倒是常给清廷制造疆界纠纷。顺治帝曾指出："帝王以天下为家……供我赋役者，民也，国家元气赖之。"[43]从这一角度分析，康乾二帝重视与周边属国的关系是为了"边界宁谧"，边安才能固本，有利于维护清朝的疆域安全、政权安全。"守中治边"与"治边固本"二者相互支撑。但是，康乾二帝的疆界治理实践无法摆脱自汉唐以来逐渐形成的藩属体系理论的影响。

康乾二帝拥有清晰的疆界观念，但在遇到强大敌人或疆界问题对边疆地区的区域安全不构成威胁时，清帝往往采取传统的怀柔手段。乾隆十六年十月，乾隆帝在评论广西边地插竹案时指出："安南素称恭顺，经今百有余岁。内外界址，本自画然。何必插棘编篱，多方纷扰。栽竹一事，本不应办。若以抚臣亲勘边防，藩国风闻，不无惊恐。即内地土司，亦不免疑惧。不若相安于无事，为得其宜。"[44]大一统式的天下观和藩属体系理论阻碍了清帝深刻地认识早期全球化背景下沙俄等国的扩张，尽管康乾二帝对清朝疆域版图的奠定做出了巨大贡献，却没有给其后的清帝留下处理疆界危机的思想武器。

康乾二帝对疆界治理理论（或更高层次的外交理论）的建设几乎没有任何贡献，仍墨守藩属体系和夷夏之辨的理论及其话语。清帝有时把外藩称为"臣仆"，有时又视其为"夷人"。边陲的藩部究竟是"内地"还是"外藩"，时人亦会出现抵牾之处。[45]乾隆二十七年正月，在回部战役结束后，驻藏办事大臣集福等奏："今大功告蒇，外夷宁谧，实与内地无异。"[46]术语表达的混乱的深层次原因是外交理论建设、发展的滞后，是传统藩属体系理论与清朝面临新的涉外事务实践之间的不协调、不适应。康乾二帝特别是乾隆时期面临与周边国家、西方国家新的交往形势时缺乏新的理论指导，只能在传统的藩属体系、夷夏之防的框架下去解释新问题，作出决策。

以往研究大多是从西方刺激的视角强调西方殖民侵略造成藩属体系的瓦解，而没有重点分析藩属体系自身的内在困境和清帝及其理论家的失责。在早期全球化的背景下，传统中国的藩属体系理论缺乏理论层面的整体更新，束缚了清帝和大臣们的外交实践。包括清帝在内的清朝政坛、学界人物均没有认清早期全球化趋势下的外交关系，正是因为他们所坚持的外交理论体系的滞后。清帝等政治家、理论家忽视相关外交理论的建设又进一步导致了他们对早期全球化这一新形势认识不足。康熙帝晚年已经对西方势力的影响有所认识："海外如西洋等国，千百年后，中国恐受其累，此朕逆料之言。"[47]藩属体系理论的宏大叙事掩盖了康乾二帝在疆界治理方面的努力，忽视了康乾二帝在早期全球化背景下的疆界治理实践的新特点，更阻碍了康乾二帝和其大臣们对于早期全球化这一新的世界形势的整体认知。藩属体系理论无法解释沙俄向南扩张的历史现象，也不能为清廷处理新的国际关系提供理论指导。康乾二帝在面对沙俄、英国等国家的扩张时，仍旧坚持采取既往“天朝上国”的政策,从后人之见来看显得消极、被动。清朝外交理论体系的落伍这一深层次因素导致康乾二帝及其子孙失去了加入以西方发展模式为代表的全球化进程的潜在机遇。

【注释】

[1]谭其骧先生认为清朝的统一完成于乾隆中叶。见谭其骧:《历史上的中国和中国历代疆域》,《中国边疆史地研究》1991 年第 1 期。吕一燃先生指出:大约在 17 世纪末至 18 世纪中叶,也就是清朝的康熙、乾隆年间,中国的疆域才逐渐固定下来。见吕一燃主编:《中国近代边界史》前言,人民出版社 2013 年版。吕先生在前言部分还总结了中国边界史研究的学术历程。

[2]有关清代边界具体问题的研究成果十分丰硕,如杨昭全、孙玉梅《中朝边界史》(吉林文史出版社 1993 年版)和刘家磊《东北地区东段中俄边界沿革及其界碑研究》(黑龙江教育出版社 2014 年版)等。马大正先生在《当代中国边疆研究(1949—2014)》(中国社会科学出版社 2016 年版)一书中对包括清代的藩属体系问题、中外界务问题等内容的学术史作了全面而具体的总结,并从中国边疆学发展的角度进行了精辟的研究。另马大正、刘逖《二十世纪的中国边疆研究》(黑龙江教育出版社 1997 年版)和厉声、李国强主编《中国边疆史地研究综述(1989—1998 年)》(黑龙江教育出版社 2002 年版)两部著作亦对清代的界务问题专门作了总结。故本文不再专门梳理相关学术史。

[3]如邹逸麟:《论清一代关于疆土版图观念的嬗变》,《历史地理》第 24 辑(2010 年);林开强:《清王朝国家疆域边界意识简析》,《社会科学研究》2010 年第 1 期;林岗:《从古地图看中国的疆域及其观念》,《北京大学学报(哲学社会科学版)》2010 年第 3 期;孙宏年:《清代中国与邻国“疆界观”的碰撞、交融刍议》,《中国边疆史地研究》2011 年第 4 期;周平:《国家视阈里的中国边疆观念》,《政治学研究》2012 年第 2 期;黄毅:《论“边疆观”及其空间表征的历史考察》,《西北民族大学学报(哲学社会科学版)》2013 年第 5 期;冯建勇:《中国历史疆域的形态与知识话语》,《学术月刊》2017 年第 2 期等。

[4]如常被学者论及的中俄《尼布楚条约》等几个界约和穆克登查边等历史事件。

[5][清]玄烨撰:《御制文集第二集》,《清代诗文集汇编》第 191 册,上海古籍出版社 2010 年版,第 545 页。

[6][清]玄烨撰:《御制文集第二集》,《清代诗文集汇编》第 192 册,第 7 页。

[7]《清实录》第 5 册,中华书局 2008 年版,第 4329 ~4330 页。

[8]《清实录》第 5 册,第 4848 ~4849 页。

[9]《清实录》第 15 册,第 15502 ~15503 页。

[10]《清实录》第16册,第15723~15724页。

[11]《清实录》第16册,第15716~15717、16540页。

[12]《清实录》第18册,第18111~18112、18126页。

[13]具体可参考李花子:《清朝与朝鲜关系史研究:以越境交涉为中心》,延边大学出版社2006年版;柳岳武:《传统与变迁:康雍乾之清廷与藩部属国关系研究》,巴蜀书社2009年版;陈慧:《穆克登碑问题研究——清代中朝图们江界务考证》,中央编译出版社2011年版;孙宏年:《清代中越关系研究(1644—1885)》,黑龙江教育出版社2014年版等。

[14]康乾二帝下令纂修的官方地理典籍对其疆界观念也有明确的反映。先后成书于乾隆五年、五十年的初修、续修《大清一统志》在记载清朝边界内外不同区域时作了明确的划分,如新疆等清朝地域被命名为"外藩蒙古统部"、"新旧藩蒙古统部"和"西域新疆统部",和内地直隶等省一样,均冠以"统部"之名。而无论和清朝有何种类型外交关系的朝鲜、俄罗斯等国则统称为"朝贡诸国"。详见王大文:《文献编纂与"大一统"观念:〈大清一统志〉研究》,方志出版社2016年版,第197~204页。

[15]如赵刚:《新清史可以无视史学规范吗?》,《中国社会科学报》2016年10月13日第2版;刘文鹏:《回到国家建构——对清代历史研究中帝国主义路径的再分析》,《史学理论研究》2017年第2期;李静:《"中国崛起"的历史叙事与当代想象——以"新清史"的"帝国转向"为中心》,《文艺理论与批评》2017年第5期等。另外,2017年9月起,沈卫荣对"新清史"的系列评价,详见https://www.thepaper.cn/newsDetail_forward_1783430,搜索于2018年11月6日。

[16][清]玄烨撰:《御制文集》,《清代诗文集汇编》第191册,第262~263页。

[17]林铁钧、史松主编:《清史编年》第2卷《康熙朝》(上),中国人民大学出版社1988年版,第510页。

[18]《清实录》第15册,第15495~15496页。

[19]《清实录》第15册,第15620~15622页。

[20]《清实录》第5册,第4625页。

[21]成崇德:《论清朝疆域形成与历代疆域的关系》,《中国边疆史地研究》2005年第1期。

[22][清]玄烨撰:《御制文集第四集》,《清代诗文集汇编》第194册,第234页。

[23]《清实录》第16册,第15711页。

[24]《清实录》第15册,第15495页。

[25][清]玄烨撰:《御制文集第二集》,《清代诗文集汇编》第192册,第362页。

[26][清]祁韵士撰,张穆改定,包文汉整理:《清朝藩部要略稿本》,黑龙江教育出版

社 1997 年版,第 226 ~229 页。

[27]《清实录》第 12 册,第 12103 页。

[28]另可参考杨煜达:《乾隆朝中缅冲突与西南边疆》,社会科学文献出版社 2014 年版,第 70 页。柳岳武先生指出晚清政府对琉球、朝鲜藩属关系出现由“不问”向“问”的转变,但这种转变是清廷在传统宗属体制上被迫作出的放弃,见柳岳武《清代藩属体系研究》,人民出版社 2016 年版,第 19、191 页。

[29]《清实录》第 11 册,第 10510、10960 页。

[30]杨煜达先生认为乾隆朝中缅冲突的发生过程亦有此特征,见杨煜达:《乾隆朝中缅冲突与西南边疆》,第 70 页。

[31]《清实录》第 16 册,第 16734 页。

[32]《清实录》第 17 册,第 17689 页。

[33]笔者尚未能拜读该著作,但通过相关书评了解了一些内容。并参考了葛兆光:《什么时代中国要讨论“何为中国”?》,《思想战线》2017 年第 6 期。

[34][清]玄烨撰:《御制文集第二集》,《清代诗文集汇编》第 191 册,第 547 页。

[35]《清实录》第 5 册,第 4407 页。

[36]详见柳岳武:《传统与变迁:康雍乾之清廷与藩部属国关系研究》,第 195 页。柳岳武先生列举了康雍乾三朝将边地让与朝鲜、安南等国的事例,拙文不再赘言。杨煜达先生则认为《尼布楚条约》《布连斯奇条约》以及雍正朝安南勘界案是康雍二朝国界观念的发展,清政府对“花马礼”的政策是:在保证主权的前提下,尽可能以最小的成本来最大可能地维持边疆的稳定,详见杨煜达《乾隆朝中缅冲突与西南边疆》,第 30 页。另,杨著在阐述中缅边疆冲突时所用概念是“国家观念”和“国界观念”。

[37]陈尚胜先生在考察清前期中外关系的封贡体系特征时指出,清朝前期的朝贡制度具有谋求自身安全及边疆稳定的显著用意和边疆防御体系的突出特征,见《试论清朝前期封贡体系的基本特征》,《清史研究》2010 年第 2 期。

[38]《清实录》第 17 册,第 17065 ~17066 页。郭成康编:《清史编年》第 5 卷《乾隆朝》(上),中国人民大学出版社 1991 年版,第 674、752、777 页。

[39]《清实录》第 15 册,第 14726 页。

[40]《清实录》第 15 册,第 15495 ~15496 页。

[41]《清实录》第 16 册,第 15715 页。

[42]详见《清实录》第 15 册,第 15577 页。

[43] 史松、林铁钧主编:《清史编年》第 1 卷《顺治朝》,中国人民大学出版社 1985 年版,第 295 页。

[44]《清实录》第 14 册,第 13688 页。

[45]《清实录》第16册,第16493页。郭成康编:《清史编年》第5卷《乾隆朝》(上),第656页。

[46]详见《清实录》第17册,第17065页。

[47]《清实录》第6册,第5594页。

(作者单位:扬州大学社会发展学院)

光绪年间张之洞对琼、廉地区海防的经营*

吴宏岐　王亚哲

张之洞于光绪十年(1884 年)闰五月二十日就任两广总督,十五年(1889 年)十月二十二日离任,凡督粤 5 年 4 个月,在任期间于广东海防之建设颇为留意,其中对于琼州、廉州两地的海防经营最为致力。萧致治《张之洞与广东海防近代化》一文曾论及张之洞推进广东海防近代化的措施,但行文比较简略,对于张之洞督粤期间的海防建设细节情况揭示不够[1];何永涛《试析张之洞与晚清海南海防事业的发展》一文对张之洞在琼州府(今海南)地区架设电线、修建炮台和建设榆林港口的问题有所论述,但未涉及张之洞在廉州府(包括今广西北海、钦州和防城港等地)地区的海防经营情况[2]。本文拟在前贤相关研究的基础上,通过对张之洞所撰《广东海图说》及其相关奏议、公牍、电文的整理分析,对他在督粤期间对广东海防区划的调整以及对琼州、廉州两地海防经营的具体情况进行较为全面的论述。

一、张之洞对广东海防区划的调整

自明代嘉靖中后期以来,广东海防区划逐渐成熟,分作东、中、西三路。由于当时广东东路倭患最为严重,故而东路海防比之其他二路海防更显重要,郑若曾在《广东要害论》中论及广东海防地理形势时曾称:“广东列郡者十,分为三路,西路高、雷、廉,近占城、满剌诸番;中路东莞等澳,水贼、倭寇不时出没;东路惠、潮与福建连壤,漳舶通番之所必经,其受海患均也。故旧制每岁春汛,各澳港皆设战舰,秋尽而掣,回泊水寨。至今日则不然,倭寇冲突莫甚于东路,亦莫便于东路,其次则南头等处,又其次乃及高、雷、廉三府,

* 国家社会科学基金重大项目“环南海历史地理研究”(12&ZD144)和国家社会科学基金项目“近代广东侨资房地产业发展与侨乡城镇空间结构变迁研究(1840—1949)”(16BZS019)阶段性研究成果。

势有缓急，事有难易，分兵设备。”[3]甚至于还有人认为：“广东三路虽并称险扼，今日倭寇冲突莫甚于东路，亦莫便于东路，而中路次之，西路高、雷、廉又次之，西路防守之责可缓也。”[4]不过，万历七年(1579 年)粤西“罗旁大征”结束以后，随着粤西地区的“瑶乱”大致结束，广东的军事重心彻底东移，两广总督驻址遂由广西梧州东移肇庆，崇祯初年两广总督驻址又再次东移广州，广州成为名副其实的广东乃至整个岭南地区的军政中心，广东中路海防的重要性更加显现。[5]及至清代，广东海防仍分为三路，东路为潮州府和惠州府，中路为广州府，西路为肇庆府、高州府、雷州府、廉州府和琼州府。由于广州不仅是广东省会和两广总督驻地，还是粤海关所在地，故而广东中路海防的重要性较之明后期更显重要，所谓“广州带三江，阻重海，崖门、虎门夹峙左右，屹为管钥，前山、澳门番舶所集，南头控其东，阳江介其西，实全省之中权也”[6]。相比较而言，广东东路和西路的海防重要性就稍弱一些。

然而在鸦片战争以后，广东海防形势发生了一些明显的变化。光绪八年(1882 年)二月中，法人“攻破东京，又将城池交还南官，意殊诡谲，恐复用占据南圻故智，修改新约，迫越南以必从，事机甚为紧急”[7]。6 月 5 日，张之洞奏请对法军采取强硬政策，要求派兵进入越南，保护属国。稍后张之洞又建议于广东增设南洋大臣，由两广兼任，同时将原来由两江总督兼任的南洋大臣更名为“东洋大臣”，以便形成北洋、东洋、南洋三足鼎立之势。[8]光绪十年(1884 年)张之洞出任两广总督之时，正值中法战争期间。当时法国军队曾多次图谋进犯广东，如当年 9 月间，总理衙门致电张之洞称：“闻法国现与葡萄牙密约，澳门有通广东省旱路，拟由此路协力攻扑省城。”同年 12 月 31 日，“法巨舰二到廉之北海，又到钦州海面之乌雷，皆瞭望探水，捉民船，泊五日乃去”[9]。

作为抗法前线的总指挥，张之洞对广东海防形势进行了认真研究，进而提出了一个全新的广东海防区划的调整方案。他在《敬陈海防情形折》中指出当时广东的情况是：“八面受敌，诸国牵制；台少巨炮，水无坚船；水雷利用，苦其不多；塞河工巨，难于坚厚；各台之炮，甫演准的；新募之营，未经训练；度之绌而饷需益急，海面扰而厘税日亏；军火搜诸香港而已穷，购之外洋而难到；团练能助势而不能搏击，陆兵能拒守而不能还攻。”[10]经过与当地官员商议之后，张之洞将广东海防按地域和重要性划分成四大块：省防、琼防、廉防和潮防。其中以省防“最难最重”，需从虎门到广州之间重重设防，并在原有兵力的基础上大力“添募勇丁”，同时增派船只，布置鱼雷、舢板等。琼防指的是在海南岛设防。由于海南岛孤悬海上，一旦法军入侵，派兵增援实为不易，因此要“增兵增械，筹饷筹粮”，驻兵岛上。廉防指的是在地处广东西南边境的廉州、钦州设防，两地靠近越南，而且法国觊觎已久，其防务需水陆兼顾，切不可怠慢。潮防指在广东最东端的潮州、汕头等地设防。[11]

张之洞对广东海防区划的调整的最大特色是一改旧时的广东海防三路区划方案，因时制宜地将整个广东沿海划分出四个重点海防区域，虽然仍然认为广东中路即省防是“最难最重”之环节，但同时又将原来的广东西路划分出琼防、廉防两大块，这样就不仅强化了原来广东西路海防的重要性，而且强化了琼州即海南岛的海防战略地位。

二、张之洞对琼、廉等地海防地理形势的勘察与测绘

历史上粤西地区由于山高水远，所在偏僻，官府很少组织专门人员进行本区的地图及海岸绘制，而海南岛作为流放罪人或者海盗出没的荒岛，也从未有过地形地貌的测绘。有鉴于此，张之洞在对广东海防进行部署、建设之前，首先派员进行了大量的实地勘察，测绘海防地图，并附以详细的图说。光绪十一年(1885 年)，在其任两广总督的第二年，张之洞即在《札委各员测绘海口图说》中要求朝廷立刻派专员会同测绘地图，并详细地提出了绘图的内容及要求：“应即委派营务处……户部赵主事，酌带明干委员，会同周历各海口，逐一测勘；并委水雷局教习詹天佑，选带测绘生徒，洋务委员员外郎衔辜汤生带领洋弁，随同前往。钦遵叠奉谕旨，勘明海口几处？各口门宽狭、曲直深浅，内外暗礁明岛、口外沙滩若干里？何口为极冲？何口为次冲？何口为又次冲？何处可屯帅船？何处可创立船坞？何处可造电房？何处埋伏水雷、鱼雷？或渔舟蛋户可资引水，或暗沙丛岛无庸置防，及海口现有各炮台，或旧式或洋式，工程用石、用沙、用土及离海、离江若干步尺？或江心或海滨船行之际，距台若干远？每台建兵房几间？应用炮兵几队？台旁台后余地，能扎步队几营？现扎兵勇几营？安炮位大小几尊？炮台应否添建？由海口入内之河，宽窄深浅，可抵何处？均须详载图说，以期形势了然。应绘虎门图一……黄埔图一……省河图一……省城后路图一……五门图一……香山、澳门陆路接壤图一。合为省防六门内外总图一。又绘北海图一，龙门附焉。钦州、东兴泛陆防图一。合为廉防水陆总图一。又绘琼防图一，铺前、青蓝港、儋州、海口、崖州、海口附焉。又绘潮防图一，汕头、揭阳、南澳附焉。共合为全省海防边防总图一。通计总、分图十三。”[12]从中可以看出张之洞对测绘一事十分关注，并着力要求测绘之海图及图说尽可能地附带相关的海防内容，如各海口形势、驻扎兵勇、炮台设置等均要求详细注写，必备考证。从地图的绘制内容及要求来看，张之洞此时已经将广东海防分为了四大块，分别为省防、廉防、琼防、潮防。

光绪十三年(1887 年)，张之洞又曾亲自乘轮巡视广东海岸，勘察海防形势。据其所上《巡视海口折》：“十二月初二日乘轮出省，随带测绘员生，由虎门放洋，先巡琼州海口，次至廉州北海，次历钦州洋面，次至潮州汕头，周览形势，审度筑台设戍处所，测量兵轮出入要隘。”[13]

在经过派员勘察测绘和亲自巡视勘察之后，张之洞对广东海防的地理形势有了深入

的了解。在此基础上,光绪十五年(1889年)由其主持编纂了《广东海图说》一书,并于当年进呈光绪帝御览。在《进呈粤海图说折》中,张之洞称该书:"区分广州省防、潮防、廉防、琼防为四路,约举极冲、次冲、又次冲为三等,就各路所绘草图、所录条记覆加汇合,绘为总图、分图,详为之说……大要以当务切用为主,故略于前事,详于近事,略于山川,详于厄塞。凡图中极冲、次冲、又次冲均为之说;若轮船所不到、守备所不及之处,皆从其略。共为总图五,《广东全省海口总图》一,《四路海口总图》一,分图九,《中路广州省防分图》六,《东路潮防》、《西路廉防》、《南路琼防》分图各一,《图说》一本。"[14]

三、琼、廉等地电报电线之铺设

电报作为近代通信工具,不仅对推进商务活动的发展具有里程碑式的作用,而且对于军队调动和军情传递也具有重要意义。早在1870年前后,丹麦大北电报公司的船只就启动了在中国海底铺设电缆并引入现代电信科技的项目。[15]张之洞督粤伊始,就已认识到了架设电报电线对于广东海防尤其是琼、廉等地海防的重要作用,他认为"琼州孤悬海外,正与越之海防一口相直。廉州所属海面,钦州所属陆路,皆与越接。各该处文报素迟,急递亦在十日之外。设有兵警,廉、钦则调度难施,琼郡则音信阻绝,实为可虑","港、越之间,法船如织,唯有赶造电线,以捷军报",所以"当饬直隶候补道盛宣怀,详筹定议,饬善后局会同总办两广电报局副将王荣和,委员分道勘估,次第兴办。所需外洋物料,分向上海、香港等处采购,有仓卒难集者,并与丹国大北电线公司商借。乃就两广原线,设法展接"[16]。

按照张之洞《展设钦廉雷琼电线片》中所说,原定展设电报电线具体计划是:"自横州旧线南出一歧作线,经灵山、合浦达廉州府城,南抵北海,计线路三百四十四里。由廉州作线,东行经遂溪、海康、徐闻至雷州属海安所、二塘港口,入海作线,南行渡海至琼州属海口迤西之天尾村登岸,东行达琼州府城,东抵海口,中间海、港、溪河分设水线数处,计水陆线路共五百一十六里,海线四十七里有奇。琼口海线上岸之处,择于水浅地僻处所。即有兵事,不致为敌所断。自廉州府城新线西出一歧,达钦州城,计线路二百里有奇。又查龙州至镇南关尚一百二十里。冬春之间,关内外战事方急,电信到龙后与前敌往返驰报,动须三四日,不免仍有迟误。关内十五里为幕府,以后边防难弛,商路新开,此地常有大将屯兵之所,应接龙州旧线,南行直抵幕府,计线路将及一百里。所设各线路系作工时,相度地势,裁弯取直,移湿就燥。较之原勘里数,略有出入,合计有减无增。分设廉州、北海、雷州、琼州、钦州局各一,添设浔州局一,以便察验通塞,随时修理。所需工料各费,于海防经费项下动支。"[17]

当时具体负责铺设两广电报电线工作的是"总办两广电报局副将王荣和",张之洞拟定的展设电报电线的具体计划中也以廉州、北海、雷州、琼州、钦州等海防要地为中心分段作线，而“所需工料各费，于海防经费项下动支”，这些充分显示了展设电报电线在当时琼、廉州等地海防中的重要地位。

由于各条电报线路所经地区自然地理条件颇有差异，工程进度也快慢不一，其中穿越琼州海峡之海线是“趁台事方急时”赶设的，故于光绪十年(1884 年)十月中旬先成；横廉线于光绪十年十二月十九日竣工；廉钦线、廉琼线和龙州幕府新线则分别于光绪十一年(1885 年)二月初十、二月二十九日和五月底竣工。[18]

另外，光绪十二年(1886 年)十月间，张之洞考虑到“雷、琼、钦、廉前经一律展设电线，节节灵通，惟钦州至东兴仍须由驿投递”，所以“饬委员沈嵩龄分饬赶造，由钦州历防城茅岭抵东兴，计线路三百二十里”，于当年十二月初十日竣工，即在东兴设立子局一所。同年九月间，又因“赴琼剿办客、黎各匪，飞檄往来，急需递报”，饬委员沈嵩龄督饬海南岛的电报电线，其中“自海口开工，由安定至万州，复由安定至屯昌而抵岭门，并经番响入黎峒以达毛西村，计线路七百五十里”；“另由番响经打运及毛站凡阳至万充，计线路一百八十里”；“又由儋州至昌化，以备矿务通报，计线路二百零六里”；“又由儋州至那大经南丰进黎峒以达番仑而抵毛西村，与东路接，合计线路三百六十五里”；“由万州至陵水，由陵水至崖州，复由澄儋进抵和舍、那大，一路共计常线、军线七百三十五里，除拆卸常线、军线三百三十五里外，实造存常线、军线一千九百零一里”。以上各线均于光绪十三年(1887 年)闰四月、八月间陆续竣工，并“在崖州设立子局一所，在屯昌、万州、陵水、岭门、那大、儋州、昌化、凡阳等处设立报房八所”。随后又“饬委员沈嵩龄自岸步设机，历石城、化州而抵高州，计线路二百四十里”，于当年十一月初四日竣工，“即在高州设立子局一所，并将雷州子局移设岸步，仍在雷州设一报房”。[19]至此，原广东西路之琼州、廉州、雷州、高州诸府境内的电报线路网大致铺设完成，为海防军情之及时递报奠定了基础。

四、琼、廉两地炮台、炮堤之建设

中国虽然海陆兼备，但受传统小农经济的影响，自古就是一个重陆轻海的国家。在这种海防主导思想之下，清朝统治者面对来自海上的威胁时也主要以近海防御为主。炮台由于威力巨大，且自身又具有一定的防护能力，故而成为清代海防的主要措施，在全国沿海地区得到广泛、持续的建设。清代广东海防西路作为广东海防四路中最长的一路，在各个险要海口、港澳曾经布置有众多炮台，严密控制着所有重要的港湾。在经历了两次鸦片战争之后，洋炮威力远大于国炮已成共识，故广东军政当局于光绪年间开始在滨海地区重要府县、港口大规模地修筑西式炮台，并于重要海岸修筑炮堤，通行炮车，以便与炮台相辅使用。

光绪十五年(1889 年)九月二十日,张之洞上《建筑琼廉海口炮台折》,详细地提出了琼、廉等地炮台的建设计划,其中琼州主要涉及的是海口港及其附近地区的炮台、炮堤以及车炮建设,廉州则重点建设北海港炮台与陆上车炮,另新收之钦州白龙尾亦有炮台添置。据其奏折称:“窃惟琼州一府,孤悬海外,逼近越南,关键中外……强敌日伺,垂涎已久……查琼州离省过远,限隔大洋,若非豫为筹备完固,令其可战可守,自固藩篱,一旦有事,无论水陆赴援,断然无及……臣前年冬间因出巡各海口,先至琼州海口亲加相度。海滩广阔,敌人巨舰难以驶近,然其船炮甚巨,足可护其登岸舢板。若我之台炮稍弱,则徒受炮而不能击敌……当勘得海口城西五里之秀英山,土人称为水英山,地势最好,距敌较近,冈阜高广,可以东西兼顾,应筑台七座。海口城西十里之西场地亦坚实,其地亦可登岸,应筑台三座。每台各配大炮一尊,均二十四生三十五倍口径长炮,始足及远攻坚。海口城后西南之大英山,地势耸出,俯瞰海口令城,应筑台五座,配十五生长炮五尊……其海口城西三里之盐灶,近年建有镇琼台。城西一里临河,旧有得胜台,地低沙松,只可量加修治,酌设田鸡等炮,以资辅助。惟琼州海口形势,海岸平衍,海滩散漫,若敌人用舢板小轮分投,伺便登岸,更难防遏……惟有沿海坚筑炮堤,方可有恃。今将滨海一带西自西场起,东至牛始旧炮台止,共二十余里,筑一坚固长堤,开修炮路,通行炮车,用以扼击沿滩入口敌船。炮台远攻,车炮近击,交相为济,庶可云以守则固……共配七生半车炮一百零二尊,计十七队,操练精熟,以备攻击……廉州北海一口,去越甚近,敌船自海防来一日可到。近接九头山,又为海盗之窟宅。琼防而外,此为最亟。臣前至北海巡视,冠头一岭最为扼要,岭之左右数峰相倚,远瞰大洋,正对轮船来路……曾与北海镇总兵王孝祺商酌,廉防不能专恃炮台,必须陆军炮队与炮台相辅为用,始能得力。现拟于冠头岭、天马岭、石龟尾诸山择要居高筑台五座,配二十四生炮五尊,扼击敌人巨舰。廉州平衍,向可行车,其平沙一带,拟练车跑五队配八生七车炮三十尊,用马驾运,以备敌人近岸,往来驰骤攻击及援护炮台之用……计琼、廉炮台共十五座……至新收之白龙尾地方亦为紧要,前遵旨将设官分汛事宜筹定举办,并奏明应筑炮台四五座以资控扼。查该处海港内通钦州、防城,实为钦防之门户……定于近内较高之山建设炮台五处。现将省防撤出之四吨重以上克虏伯钢炮五尊拨发该处应用,委署北海镇总兵陶定昇前往勘估台工,督同冯子材所部将弁修造。”[20]

《建筑琼廉海口炮台折》中提及的二十四生三十五倍口径长炮和七生半、八生七车炮,均系从德国克虏伯厂订购,装备齐全,技术先进。其中长炮“配击铁甲钢弹六百颗、开花钢弹一千四百颗、钢子母弹四百颗、硬铁弹一千六百颗、引火五十枚、装弹炸药二万二千启罗。又额外添配小粒药九百五十启罗,药筒一百二十六启罗,专为新式子母弹之用……此项改定之二十四生长炮二十尊,计拨琼防十尊,廉防五尊”;车炮则“有车无鞍,八生七车炮三十尊,车件配全,每炮弹一百颗”。[21]

在大规模修筑琼、廉等地西式炮台的同时，为了配合炮台的使用，张之洞还在琼、廉等地多处海岸要段修筑了炮堤，运行车炮，与炮台远近相辅，组成远近多层次的火炮覆盖网。其实张之洞在光绪十五年九月二十日上《建筑琼廉海口炮台折》前就已经开始建设琼廉等地的炮堤，如在其光绪十五年四月二十二日所上《札委琼州镇督办琼海堤岸》中，张之洞就曾提及在琼州海滩建筑炮堤："琼州孤悬海中，逼近越南海口地方，海滩广阔十余里，河道无定，敌人巨舰难以驶近，须防舢板小轮入口近岸。前年本部堂亲莅琼海相度地势，水浅沙松，旧有炮台，修造既未合法，地基亦多坍陷，潮长辄至淹没，于防守大非所宜。当经勘得地段，东路自东炮台起，迤东至牛始炮台，约二百余丈，西路自西炮台起，西南至西场地方，约十五六里，均须一律普筑坚实长堤，开修炮路，坚筑堤墙，以便通行炮车，排立枪队，用以扼击敌人入口近岸之小轮舢板……上年已饬雷琼朱道，将西炮台至海口街外旧炮台自北而南一段堤岸兴工修筑，现拟东自东炮台起，东至牛始炮台，西自西炮台起至西场止，勘估兴工……堤宽一丈，底宽四丈，内外作坦坡形，紧要处加宽加厚，均用灰沙三合土坚筑，堤身连堤墙共高一丈。堤墙或作缺口，或开枪炮眼，以及堤身、堤墙暨桥工一切宽广高厚土木灰石工程均由该员筹议妥协，会同雷琼道禀办，以专责成。"[22]从"上年已饬雷琼朱道，将西炮台至海口街外旧炮台自北而南一段堤岸兴工修筑"一句可知，至少在光绪十三年(1887 年)张之洞通过实地考察就认识到"普筑坚实长堤，开修炮路，坚筑堤墙"的重要意义，并于次年即光绪十四年(1888 年)就已责成雷琼道守将对琼州西炮台至海口街外旧炮台自北而南一段堤岸进行修筑，光绪十五年(1889 年)则是更大规模修筑炮堤行动。

张之洞对炮堤建设一事非常关注，曾多次发电询问修筑进程，并提出指导意见。光绪十五年八月初一日张之洞连发《致琼州李镇》《致钦州广捷林国祥、琼州镇涛黄伦苏》两副电牍，批示海口东西炮堤工程丈量用具及筑堤用料，并详加询问炮堤具体建设情况。[23]八月二十六日又发《致琼州陶镇、李镇、顾道》详细批示炮堤高八尺厚二丈余即可，只用沙土不必用灰，或沙土各半或四六成随宜。修补顶面用三合土以免雨淋。另要求属下详细勘察炮位安置地方，绘图禀报。[24]十月初七日再次发《致琼州李镇、朱道》批示修筑炮堤工程的经费，并指示从前所筑炮堤低薄，一律修成高厚坚实与新堤整齐划一。[25]

张之洞对琼、廉等地炮台的建设，其布局十分详细、合理。如琼州海口炮台、炮堤分为四路："海口街外旧得胜炮台故址筑三台，为首路；迤西水之水英场筑三台，为中路；再迤西之西场筑三台，为尾路；大英山上三台，为后路。俱安二十四生大炮，共洋式台十二座，炮十二尊。"[26]廉州则"不能专恃炮台，必须陆军炮队与炮台相辅为用"，以炮台远攻，车炮近击，交相为济，力求最大限度抗击来自海上的敌人。

五、琼州榆林港之建设

榆林港在三亚市东南部，港湾水深浪静，群山环抱，是中国最南端的优良海港。光绪《崖州志》载："榆林港在三亚港东，仅隔鹿回头一岭，相距五里，呼吸可通。港势闳阔，高山环抱，风恬浪静，可泊轮船。琼崖两属之海港，此为最占形胜。"[27]榆林港自清代以来就是海防要地，乾隆时期曾拨管队一名，兵十四名驻防，并建有墩台防御。[28]到了道光年间又建有榆林炮台，并拨防兵十三名驻守。[29]鸦片战争之后，特别是中法战争前后，法人觊觎榆林港的军事价值，曾多次派船停泊测量。越南之役时，法舰十八艘曾驻泊此港。光绪十五年七月初，又有法船入港测量水道，树标插帜。[30]其实，在光绪十三年(1887年)，道员杨玉书在其临终遗电中就曾建言："越南之役，幸款局已定，不然琼事不堪设想……港门两岸宜筑炮台，控制之内立埠头，中可容轮船数十艘……其港口较埠头为胜，与香港不相上下，海口水浅，高之十倍。此处一开埠头，则崖东、南、西三路源头均活，实为富琼第一要策。"[31]

崖州道员杨玉书的遗电和法国对榆林港的频繁入侵，使张之洞意识到榆林港重要的海防价值。张之洞一方面于法船驶入榆林港次月致电总理衙门诘问法使，谓"琼州除海口而外，皆非通商处所，法国何得派船在榆林港等处测探水道，上岸钉桩、插标？岂惟存心叵测，实为越权妄为。除饬将各旗标撤去，严切禁阻，不准土恶乘机勾引外，请诘责法使立电该兵船，毋得擅进不通商口岸，以杜狡谋，俾免滋事"[32]，另一方面委署崖州协副将川东徐赞彪统带水陆五营驻扎榆林。[33]又派李先义率员勘察榆林港，据该镇及各弁将禀称："勘得榆林港两山环抱，水口紧而且深，形如葫芦，口门内水深港阔，可泊铁甲大船十余艘，中号兵轮二三十艘……如海防有事，扎水寨为营，形势之胜，不独为琼海他口所无，即广东通省各海岛亦所罕觏。查琼州海面七洲洋一带风浪最恶，无可停泊，若将此港筹备完密，设琼海有事，我之铁舰与敌舰攻击之时，倘值风暴不便，得此可资收泊。又有炮台以为犄角，实为讲求海军必争之地。"[34]有鉴于此，张之洞即上折朝廷建议在榆林港择地筑台，订购巨炮，以加强海防，并在其《查勘榆林港形势筹议驻营筑台片》中提出了具体的炮台建设计划："拟于榆林港口门外东山乐道岭、西山独田岭分筑炮台各三座，两岸相距二百余丈……若配十五生新式长跑六尊，足资扼守……现经雷琼道朱采调派一营前往驻扎，令其覆加体察，一俟定议即行筹款购炮兴工。"[35]

光绪十五年(1889 年)七月，上谕张之洞着调补湖广总督，以漕运总督李瀚章为两广总督。[36]此时修建榆林港事宜刚开始不久，故张之洞在督粤期间未能如修建炮台和架设电线那样亲自督办至完成。由于中法战争之后张之洞与李鸿章政见不同，产生了很大的矛盾，其兄李瀚章便将张之洞订购的巨炮尽举以赠北洋水师，榆林港备遂虚。[37]但不可否认的是,张之洞对榆林港的开建与琼岛海防建设做出了巨大的贡献,正如民国《海南岛志》所云:“时法兰西来测水,是为筹备海防之始。”[38]后来榆林港建成后,直到现在仍然具有极大的军事战略价值。

总之,光绪十年(1884年)至十五年(1889年),张之洞督粤期间,鉴于琼、廉两地海防的落后情形和抗击法国入侵的现实需要,积极引进近代西方先进军事技术,通过架设电线、修筑炮堤、添购巨炮、通行车炮等一系列措施,在琼、廉等地迅速建立了较为完备的近代海防体系,对于加强琼、廉地区的海防具有重要意义,极大地提高了两地的海防实力,对于抵抗法国侵略者的入侵也起到了一定的作用。不过也应当看到,张之洞的海防建设虽然客观上促进了琼、廉两地海防事业的近代化,为维护国家海疆权益和抵御列强入侵做出了重要贡献,但是由于当时清朝执政者日益腐败,清朝已步入濒临崩溃之边缘,这也就决定了张之洞在琼、廉等地的海防建设不可能真正奏效。

【注释】

[1]萧致治:《张之洞与广东海防近代化》,见鸦片战争博物馆主办:《明清海防研究论丛》第三辑,广东人民出版社2009年版,第3~15页。

[2]何永涛:《试析张之洞与晚清海南海防事业的发展》,《西安文理学院学报(社会科学版)》2017年第3期。

[3][明]郑若曾:《郑开阳杂著》,景印《文津阁四库全书》本,商务印书馆2005年版,第307页。

[4][明]郑若曾撰,李致忠点校:《筹海图编》卷3《广东事宜》,中华书局2007年版,第245页。

[5]吴宏岐、韩虎泰:《明代两广总督府址变迁考》,《中国历史地理论丛》2013年第3辑。

[6][清]卢坤、邓廷桢主编,王宏斌等点校:《广东海防汇览》卷2《舆地一·险要一》,河北人民出版社2009年版,第30页。

[7]王彦威、王亮辑编,李育民等整理:《清季外交史料》第二册卷27《直督张树声奏法越交兵通筹边备折》,湖南师范大学出版社2015年版,第531页。

[8][清]张之洞:《越南日蹙宜筹兵遣使先发预防折》,光绪八年四月二十日,见王树枏编:《张文襄公全集》卷4《奏议四》,《近代中国史料丛刊》第452册,台湾文海出版社1970年版,第520页。

[9]刘平:《张之洞传》,兰州大学出版社2000年版,第103页。

[10][清]张之洞:《敬陈海防情形折》,光绪十年九月初三日,见王树枏编:《张文襄公全集》卷9《奏议九》,《近代中国史料丛刊》第453册,第902页。

[11]《广东海防史》编委会编:《广东海防史》,中山大学出版社2010年版,第255~256页。

[12][清]张之洞:《札委各员测绘海口图说》,光绪十一年十一月初四日,见周伟民、唐玲玲选编:《张之洞经略琼崖史料汇编》,海南出版社2015年版,第63~64页。

[13][清]张之洞:《巡视海口折》,光绪十三年十一月二十七日,见王树枏编:《张文襄公全集》卷24《奏议二十四》,《近代中国史料丛刊》第454册,第1863、1864页。

[14][清]张之洞:《巡视海口折》,光绪十五年十月十二日,见王树枏编:《张文襄公全集》卷28《奏议二十八》,《近代中国史料丛刊》第455册,第2124~2126页。

[15]Poul Duedahl,On Line with Chinese:*How Danish Ships Came to Lay Submarine Cables and Introduce Telegraphy in China 1869—1872*.上海中国航海博物馆主办:《国家航海》第十辑,上海古籍出版社2017年版,第118~143页。

[16][清]张之洞:《展设钦廉雷琼电线片》,光绪十一年五月二十五日,见王树枏编:《张文襄公全集》卷11《奏议十一》,《近代中国史料丛刊》第453册,第1057、1058页。

[17][清]张之洞:《展设钦廉雷琼电线片》,光绪十一年五月二十五日,第1058、1059页。

[18][清]张之洞:《展设钦廉雷琼电线片》,光绪十一年五月二十五日,第1059、1060页。

[19][清]张之洞:《添设各路电线折》,光绪十三年十一月二十七日,见王树枏编:《张文襄公全集》卷24《奏议二十四》,《近代中国史料丛刊》第454册,第1864~1870页。

[20][清]张之洞:《建筑琼廉海口炮台折》,光绪十五年九月二十日,见王树枏编:《张文襄公全集》卷27《奏议二十七》,《近代中国史料丛刊》第455册,第2090~2100页。

[21][清]张之洞:《建筑琼廉海口炮台折》,光绪十五年九月二十日,第2097~2098页。

[22][清]张之洞:《札委琼州镇督办琼海堤岸》,光绪十五年五月初二日,见王树枏编:《张文襄公全集》卷95《公牍十》,《近代中国史料丛刊》第474册,第6656~6658页。

[23][清]张之洞:《致琼州李镇》《致钦州广捷林国祥、琼州镇涛黄伦苏》,光绪十五年八月初一日,见王树枏编:《张文襄公全集》卷133《电牍十二》,《近代中国史料丛刊》第464册,第9579~9581页。

[24][清]张之洞:《致琼州陶镇、李镇、顾道》,光绪十五年八月二十六日,见王树枏编:《张文襄公全集》卷133《电牍十二》,《近代中国史料丛刊》第464册,第9590~9591页。

[25][清]张之洞:《致琼州李镇、朱道》,光绪十五年十月初七日,见王树枏编:《张文襄公全集》卷133《电牍十二》,《近代中国史料丛刊》第464册,第9615页。

[26][清]张之洞:《致琼州李镇》,光绪十五年八月初一日,见王树枏编:《张文襄公全集》卷133《电牍十二》,《近代中国史料丛刊》第464册,第9578、9580页。

[27][清]钟元棣创修:《光绪崖州志·外一种》(上册)卷12《海防志》,海南出版社2006年版,第305页。

[28][清]萧应植修,陈景埙纂:乾隆《琼州府志》卷4《军政志》,见广东省地方史志办公室编:《广东历代方志集成·琼州府部》(四),岭南美术出版社2009年版,第276页。

[29][清]明谊修,张岳崧纂:道光《琼州府志》(一)卷17《经政志十三》,见广东省地方史志办公室编:《广东历代方志集成·琼州府部》(五),岭南美术出版社2009年版,第399页。

[30]吴剑杰编著:《张之洞年谱长编》(上卷),光绪十五年七月,上海交通大学出版社2009年版,第245页。

[31]《杨道遗电》(光绪十三年四月初九日午刻到),见周伟民、唐玲玲选编:《张之洞经略琼崖史料汇编》,海南出版社2015年版,第199页。

[32][清]张之洞:《致总署》,光绪十五年八月初五日,见王树枏编:《张文襄公全集》卷133《电牍十二》,《近代中国史料丛刊》第464册,第9582、9583页。

[33]陈铭枢纂:民国《海南岛志》第二十二章《名胜古迹》,见广东省地方史志办公室编:《广东历代方志集成·琼州府部》(七),岭南美术出版社2009年版,第550页。

[34][清]张之洞:《查勘榆林港形势筹议驻营筑台片》,光绪十五年九月二十日,见王树枏编:《张文襄公全集》卷27《奏议二十七》,《近代中国史料丛刊》第455册,第2103页。

[35][清]张之洞:《查勘榆林港形势筹议驻营筑台片》,光绪十五年九月二十日,第2104页。

[36]《清德宗实录》卷272,"光绪十五年七月乙卯"条,中华书局1987年版,第637页。

[37]吴剑杰编著:《张之洞年谱长编》(上卷),光绪十五年七月,第245页。

[38]陈铭枢纂:民国《海南岛志》第二十二章《名胜古迹》,第550页。

(作者单位:暨南大学历史地理研究中心)

北京“六郎庄”与“广安门”语源再探*

孙冬虎

探讨地名语词的起源及其演变过程，对这类专有名词进行追根寻源与正本清源，是地名学与词源学共同的任务。从理论上讲，每个地名语词都应具有真实的来源及其产生之后的发展过程，这就是地名的“语源”或“词源”。但是，由于文献记载的缺失，能够确切知道语词真实源流的地名仅是这个庞大家族中的一部分而已。语言学家已经指出：“人们根据语音的相似，既不考虑语音的历史发展，也不考虑词义的演变过程，而去牵强附会地推测词源，就形成了所谓俗词源。”[1]地名当中存在着许多在民间逐渐形成的“俗词源”，它们被大众广泛传播但可能于史无征，反映了一定地域的人们在相应历史阶段的社会生活和丰富想象，也是民间传说或神话故事的源泉。还有一类关于地名词源的解释，既不符合历史事实，也有别于颇具民间文学或民俗学价值的俗词源，这里姑且称之为地名的“伪词源”。此前我们曾经论及北京海淀区六郎庄与西城区广安门的语源问题[2]，兹就嗣后所见包括通州六郎庄在内的史料，对相关语源问题再做进一步探究。

一、通州六郎庄的历史痕迹

北京通州区马驹桥镇与海淀区万柳地区，各有一个“六郎庄”。这类地名很容易使人联想到民间广为流传的北宋杨家将故事，通常是根据杨六郎的传说命名或更名，只是每个地名的形成年代可能有些差异。一个普通村落如果没有与重要事件或历史人物联系在一起，往往很少有机会载入文献。通州六郎庄的命名之源，就需要在梳理考辨的基础上予以推断。

有些古代地方志开列本州县的村落清单，指出各村位于州县治所某个方位多少里，

* 本文为国家社会科学基金项目《京津冀地区环境史》(批准号:17BZS088)阶段成果。

这就已经是难得的历史线索了。清代康熙《通州志》不记乡里之下的具体村落，迄今所见通州“六郎庄”被载入方志，是乾隆《通州志》上的寥寥九字：“六郎庄，距州城三十里。”[3]

值得注意的是，1992年版《北京市通县地名志》称，六郎庄“明代已成村，因迁徙民带六个儿子至此定居，而名。庙钟铸有：‘万历二十三年大明国顺天府，通州漷县西乡永宁屯六郎庄各村善人，发心铸钟一口，于本庄兴济庵供养。’”[4]沿着这个线索查证，这口铁钟现被通州区文管所收藏，大钟寺古钟博物馆编《北京古钟》著录其铭文：“大明国顺天府通州漷县西乡永宁屯、六郎庄各村善人发心铸钟一口，本庄兴济庵供养。……万历二十三年十月吉日造。”[5]两相比较，古钟的铭文应以《北京古钟》的照片与释文为准，地名志编纂者则做了稍显随意的著录标点，所谓“因迁徙民带六个儿子至此定居，而名”也并未交代有何依据。从当年修志人员的来源以及试图为所有地名找到命名依据的普遍心理推测，这种解释或许出于当地的传说，但更有可能是那时的“创造”。兴济庵自明代一直延续下来，《通州文物志》著录的本区现存古树名木，即有“马驹桥镇六郎庄兴济庵古槐”[6]，而《北京市通县地名志》按照民间习惯笼统称之为“庙”。钟铭以无可置疑的“铁的事实”显示，通州六郎庄至少在明万历二十三年（1595年）之前的某个时期成村，否则这个村名也不会被铸在铁钟之上。此外，综合下面关于海淀六郎庄语源的讨论，通州六郎庄的命名也不能轻易排除杨家将故事的广泛影响。

二、海淀六郎庄的演变过程

相对而言，关于海淀六郎庄的历史记载比较丰富，地名形成及其演变的线索也要清晰得多。这里原是颐和园东南的一个村落，随着郊区城市化的推进，数年前已经变为城市社区，现在还有区片、道路、车站等以“六郎庄”为名。这个名称的出现，是清初民间附会北宋杨家将故事的结果，此后还有过一个不曾流行开来的谐音称谓“柳浪庄”。

《明太宗实录》记载，永乐四年（1406年）八月北京行部奏报：“宛平、昌平二县，西湖景东牛栏庄及清龙、华家、瓮山三闸水，冲决堤岸百六十丈。”[7]西湖景亦称西湖、瓮山泊，清乾隆年间改建后更名昆明湖。奏疏里说牛栏庄位于西湖景以东，该地正是今天的六郎庄之所在，村落形成的年代自然是此前的某个时期，只是无缘载入历史文献而已。作于嘉靖三十九年（1560年）的张爵《京师五城坊巷胡同集》，记载北京西郊村落也有牛栏庄[8]。万历二十一年（1593年）刊刻、宛平知县沈榜依据实地调查与衙署档册文件编纂的《宛署杂记》，更加明确了牛栏庄的左邻右舍：“县之西北，出西直门一里曰高郎桥，又五里曰篱笆房、曰苇孤村，又二十里曰鞑子营，又十里曰北海店，其旁曰小南村、曰八沟村、曰牛栏庄、曰中务村、曰北务村。”[9]这些地名延续到当代，并没有发生太大变化，郎、店、八、务分别以近音字或同音字改写为梁、淀、巴、坞；苇孤村今作魏公村；北海店即北海淀，指今北京大学一带；小南村今称小南庄。带有泥土气息的“牛栏庄”在民众约定俗成中定名，从周围的篱笆房、八沟、海淀等名称所显示的地理环境看，这个村名应当是早期居民在此养牛的写照。淀边草滩是牧牛之地，归来则把它们圈入护栏。通常用木头围成的“牛栏”，成了所在地域的突出标志，也是附近村庄命名的依据，“牛栏庄”之名的语源就在于此。

从“牛栏庄”到“六郎庄”，是依照谐音改换地名用字的结果。译自清代内务府满文奏销档的《内务府奏曹寅家人呈报修建西花园工程用银折》记载，康熙五十一年十一月十四日（1712年12月11日），内务府总管赫奕、署内务府总管马齐，根据江宁织造曹寅家人陈佐的呈文，奏报了曹家使用的银两数额：“六郎庄真武庙，配殿六间，和尚住房八间，用银一千四百三十五两二钱；在六郎庄修造园户住房三十间，用银一千两。”[10]这是目前所见记载“六郎庄”最早的文献，村庄命名的实际年份自然应当更早些。

经过谐音改字的“六郎庄”，一度曾被继续谐音雅化为“柳浪庄”。海淀一带泉源广布、绿柳如丝，早在明代就修建了不少著名的私家园林。侯仁之先生指出：“有些封建文人来海淀游览风光，即景生情，就地写诗，觉得‘牛栏’二字不雅，不能入诗，就擅自改为柳浪庄。可是柳浪庄的名称，在民间并未流行。”[11]不过，从语音演变的渐进规律来看，由“牛栏庄”谐音改为“柳浪庄”显得生硬突兀，远不如从“牛栏庄”过渡到“六郎庄”再到“柳浪庄”来得顺畅自然。更为关键的是，迄今在明代著述中没有发现“柳浪庄”的踪迹，最早记载这个名称的文献，当推清代蒙古族人博明的笔记《西斋偶得》。乾隆十六年（1751年）博明在官学尚未毕业，管理学务的内务郎中王柳溪，向学生们讲述了他奉命审理圆明园夜间丢失陈设玉器一案时发生的“神怪事”。嫌犯长林实际上并未偷窃，接受问讯时却被卖油炸糕的小二“附体”，口称“八年前，方十有五岁。正月初旬，因鬻糕遇长明于柳浪庄”，随后被长明杀害。[12]据此推断，“柳浪庄”之名在文人群体中使用，可能是乾隆初期之事。这个名称虽然诗意浓厚却过于脱离大众，昙花一现之后即归于沉寂。在进入21世纪前后，它又被挖掘出来作为区域历史文化元素，取“万泉庄”与“柳浪庄”的首字，形成以“万柳”为专名的社区、道路等类名称，以曲折隐蔽的方式在一定程度上复活了。

三、六郎庄命名的文化背景

北京西北的海淀一带，是以杨家将传说更改地名或有意把某些地名与杨家将联系起来的重点区域。名将杨业或称杨继业，其子延昭即杨六郎，都在《宋史》有传。杨业为国捐躯后，被朝廷追赠中书令，民间据此尊称他为“杨令公”或“老令公”，杨业父子征战的足迹实际上从未到过今天的北京地区。不过，民间文化在某些方面的优势远非代表主流的官方正史可比，群众自有无穷的想象力和塑造力，能够以虚实相济的手法，在他们心目中勾画出波澜壮阔的历史画卷，塑造出丰富多彩的英雄群像。除了传说以杨六郎率军驻扎而得名的“六郎庄”之外，华家屯改称“挂甲屯”，有杨六郎在此挂甲的故事；百望山改称“望儿山”，传说是佘太君登高远望、期盼失落番邦的儿子杨四郎归来之处；山下的两个小村东百望、西百望，也随之谐音改称“东北望”“西北望”（今东北旺、西北旺）；亮甲店、韩家川、南羊坊等地，同样带上了杨家将传说的色彩。即使在长城沿线的密云区，也有以杨业身后的尊称为名的“令公村”。这些村落的命名，应当具有相同或相近的历史文化动因。

北京地区的“六郎庄”一类地名，大都产生于民族矛盾尖锐的清朝初期。这样的更名以及附会于这些地名的传说，寄托了民众在特定历史阶段对统治者的反抗情绪，他们的知识来源则是戏曲、小说、评话等艺术形式。余嘉锡先生 1945 年在《杨家将故事考信录》中指出：“自教育不兴，人多不识字，真能读书者尤少。乡曲陋儒，几不知历史为何物。贩夫走卒、纤儿村妇之流，茶余酒后，促膝抵掌，侈口而谈史事，听其所言，大率荒谬无稽，不出于小说，必出于戏剧，而以戏剧之所常演者为尤多。”[13]关于杨家将事迹传播的社会背景，按照余嘉锡先生的解说，南宋以来在民间形成的以抵抗侵略、恢复故土为主调的杨家将故事，人物和情节在传播过程中逐渐丰富，流传范围也越来越广。将演义故事或神话传说附会于某些地名，本来就是各地普遍存在的历史文化现象。金朝的女真贵族、元朝的蒙古贵族对北方汉族人民的统治，都已刺激了杨家将故事在民间的演义与流布。清朝初年汉族人民在满洲贵族压迫下的境遇，与他们在元朝时期的情形极为相似，这就使杨家将的故事具备了进一步传播的社会基础。在杨六郎不曾到过的北京地区出现“六郎庄”等地名，就是特定历史阶段社会普遍心理的写照。这样的地名来自与历史事实并不完全相符的俗词源，是人民群众集体认同的结果。它们与丰富生动的传说相结合，保留了地名文化的深刻记忆。

余嘉锡先生说：“余以为杨业父子之名，在北宋本不甚著，今流俗之所传说，必起于南渡之后。”[14]与其他文献记载相比，这个判断不免显得有些保守。欧阳修大约在北宋皇祐三年（1051 年）或稍后一些为杨琪撰写的墓志铭说：“君之伯祖继业，太宗时为云州观察使，与契丹战殁，赠太师、中书令。继业有子延昭，真宗时为莫州防御使。父子皆为名将，其智勇号称无敌，至今天下之士至于里儿野竖，皆能道之。”[15]尽管墓志铭历来不乏顺情揄扬之笔，但也不至于太过失实。既然杨家父子被誉为无敌名将，自北宋开国以来的近百年间一直受到从士大夫到乡民儿童的赞誉，这就意味着杨家将的事迹早已家喻户晓，其社会影响绝非宋室南渡之后才开始形成。借助戏曲、评话、小说等大众喜闻乐见的艺术形式，传播范围日益广泛、演义成分逐渐增加就成为势所必然。正是由于北宋以来奠定的民间文化基础与清初改朝换代之后的社会心理高度契合，海淀一带才出现了从“牛栏庄”到“六郎庄”之类谐音寄意的村落更名。

循着这样的思路再度审视通州六郎庄，尽管村落形成于明万历二十三年(1595年)之前，但它的命名仍然可能是受到上述民间文化影响的结果。外来移民带领六子建村之说，在《北京市通县地名志》之外，迄今未见任何文字证据。这里在明朝之前相继属于辽南京、金中都、元大都的郊坰区域，一般而言，契丹、女真、蒙古族统治者与汉族民众之间的关系，在很多方面应当与清初入关后的情形相似。杨家将故事在明代之前既已传播开来，民众以约定俗成的方式把所在村落命名为“六郎庄”，同样也是在顺应思念卫国良将的社会心理，这远比其他解释来得合乎情理。

四、“广宁门”如何变作“广安门”

广宁门是明代北京外城西墙的城门，《明实录》记载：嘉靖三十二年(1553年)十月“新筑京师外城成。上命正阳外门名永定，崇文外门名左安，宣武外门名右安，大通桥门名广渠，彰义街门名广宁”[16]。广宁门位于金中都彰义门故址正东约2100米，新旧两座城门之间有“彰义街”(或称“彰义门大街”)相通，相当于今广安门外大街一线。由于这样的地理关联，广宁门长期被俗称为“彰义门”，明清文献对此多有记载。自清代道光朝开始，广宁门又有了“广安门”这个语义相同但用字各异的称谓，经过一个时期的混杂使用，直至形成后来者居上、以“广安门”普遍取代“广宁门”的局面。

那么，“广宁门”是何时何故改称“广安门”的？对于这个问题，从民国时期到当代，坊间流行的说法是，清代为避讳道光皇帝爱新觉罗·旻甯的“甯”字(简化字写作“宁”)，把“广宁门”改作语义相同的“广安门”。但是，迄今所见主张此说的论著虽言之凿凿几近异口同声，除了对若干史实或基本常识的叙述不乏错漏之外，却没有一人一书标明自己的史料依据何在。[17]更为关键的是，为帝王避讳无疑是朝廷的统一意志，道光年间却不曾颁布因此而改名的谕旨之类的政令，光绪朝的官修文献也仍在混用“广宁门”与“广安门”两个称谓，这就更需要梳理史料、严加辨析。

《清实录》等官方文献表明，面对着从原本单一的“广宁门”变为“广安门”与“广宁门”混用，再到晚近时期“广安门”完全取代“广宁门”的相继更替，所谓道光帝即位后主张避讳“宁”字之说，包含着太多想当然的猜测。究其原因，为避讳而更改地名在中国历史上由来已久，不仅深刻影响着当代研究者的思维习惯，在清代朝臣的头脑中更是根深蒂固。但是，道光帝并不主张过分避讳，因此在最初几年沿用了“广宁门”之名，只在书写时以缺笔表示避讳之意。道光四年(1824年)之后，臣子们认为这样终究不够妥当，于是自觉地以语义相同的“广安门”替代“广宁门”，并且逐渐上升为官员的集体认知。不过，以“广安门”替代“广宁门”毕竟不是朝廷明确颁布的诏令，光绪年间修志时仍然采用“广宁门”之名，同时也混用晚出的“广安门”。这个趋势延续到民国年间，直至“广安门”完全替代“广宁门”成为普遍使用的正式名称。

道光帝对于名称避讳问题，秉承了他的祖父乾隆帝的思想。乾隆四十一年（1776年）的谕旨说“避名之典虽历代相沿，实乃文字末节，无关大义”，可以采取缺笔等方式稍作表示而无需避讳某个字。在已经拟定的皇家儿孙诸辈人名用字中，“永字，世所习用，而体义亦不宜缺笔。绵字，为民生衣被常称，尤难回避”。这样，“与其改众人之名以避一人之名，莫若改一人之名使众无可避，较为妥善。将来继体承绪者，惟当以永作颙，以绵作旻，则系不经用之字，缺笔亦易。而永、绵等字，均可毋庸改避”[18]。遵照这样的祖训，嘉庆二十五年（1820 年）八月初十，已经即位的绵甯把名字改作“旻甯”，并提出以缺笔表示避讳，“其奉旨以前所刻书籍，俱无庸追改”。不久，肃亲王永锡等上奏：“临文不讳，圣主不以为嫌。而臣子之心，究多惶悚。……嗣后文移奏牍，恭请避写甯字。”皇帝批复：“既知临文不讳，何用琐琐！仍遵前旨，改写一画一撇。”永锡等又奏：“前代避讳，原有改用音相近者。”皇帝再次批复：“不可为法。”[19]正是因为道光帝如此坚定地主张不避讳“甯”字，《清宣宗实录》才会有下列记载：道光元年（1821 年）七月谕内阁：“复据英和奏，亲至广宁门外查看，大道水深四五尺，人马断难行走，不得已暂行还宫。”[20]九月，“赏广宁门外普济堂煮赈小米三百石”[21]。道光三年（1823 年）十月，“加赏广宁门外普济堂煮赈小米五百石”[22]。道光朝的奉天广宁县、广东广宁县，在实录中也不曾改名。

《清宣宗实录》道光四年（1824 年）九月壬寅，出现了“赏广安门外普济堂煮赈小米三百石”[23]。由此至道光二十九年（1849 年），内容与此完全相同的记载还有 27 次，“广宁门”已不见踪影。在其后的咸丰、同治、光绪三朝实录里，“广安门”代替了“广宁门”，但两个“广宁县”依然存在。由此表明，更改城门名称只是京城诸臣的共识而不是朝廷统一的诏令。正是因为这个缘故，光绪十二年（1886 年）成书的《光绪顺天府志》才会这样书写：“外城环京城南面……西为广宁门。”[24]“广宁门大街，俗称彰义门大街。义或讹仪。”[25]“增寿寺饭厂，顺治七年设，在广宁门大街。”与此同时还有“勉善善堂，嘉庆初年设，在广安门内王子坟口内”“广仁善堂，光绪六年设，在广安门内烂面胡同”“资善水局……在广安门内大街”等采用后起名称的写法[26]。

可以推想，《清实录》与《光绪顺天府志》都是官修文献，纂修者绝无故意漠视朝廷规定的必要。如果“广宁门”确实在道光帝即位后被朝廷明令改为“广安门”，那么，实录所记载的大臣奏折，断不敢冒着“大不敬”的风险继续使用“广宁门”一名，皇帝的谕旨也不会带头出尔反尔；编纂《光绪顺天府志》的缪荃孙、朱一新等，记录了“广宁门”以及由它派生命名的“广宁门大街”，却没有谈到因为避讳而改“宁”为“安”之事，也足以证实朝廷不曾发布改名的诏令。刊行于 1930 年的《燕都丛考》第一编，记载外城各区的界线时已多次使用“广安门大街”之名，叙述街市分布时则与“广宁门大街”交替使用。[27]从单一的“广宁门”变为“广安门”与“广宁门”混用，是道光年间诸臣主动进行的非正式避讳所致。

“广安门”的影响越来越大,民国以后最终取代了“广宁门”的法定名称地位。尽管如此,如果笼统地说“广宁门”是为避道光帝的名讳而改称“广安门”,依然与历史的真实不尽相符,也与古代常见的避讳更名不可同日而语。

【注释】

[1]高名凯、石安石主编:《语言学概论》,中华书局 1987 年版,第 141 页。

[2]参见拙作《北京地名的伪俗词源举隅》,《中国历史地理论丛》2008 年第 3 辑。

[3]乾隆《通州志》卷 1《封域 · 村庄》,清乾隆四十八年刻本。

[4]通县地名志编辑委员会编:《北京市通县地名志》,北京出版社 1992 年版,第 262 页。

[5]大钟寺古钟博物馆编:《北京古钟》(上卷),北京燕山出版社 2006 年版,第 315 页。

[6]北京市通州区文化委员会编:《通州文物志》,文化艺术出版社 2006 年版,第 370 页。

[7]《明太宗实录》卷 58,永乐四年八月癸卯。

[8][明]张爵:《京师五城坊巷胡同集》,北京古籍出版社 1982 年版,第 14 页。

[9][明]沈榜:《宛署杂记》卷 5《街道》,北京古籍出版社 1983 年版,第 41 ~42 页。

[10]故宫博物院明清档案部编:《关于江宁织造曹家档案史料》,中华书局 1975 年版,第 106 页。

[11]侯仁之:《海淀附近地区的开发过程与地名演变》,见《海淀区地名志》编辑委员会编:《北京市海淀区地名志》,北京出版社 1992 年版,第 507 页。

[12][清]博明:《西斋杂著二种 · 西斋偶得》,见《国学文库》第 16 编,1934 年据清嘉庆刊本重印。

[13]余嘉锡:《杨家将故事考信录》,云南人民出版社 2005 年版,第 96 页。

[14]余嘉锡:《杨家将故事考信录》,云南人民出版社 2005 年版,第 98 页。

[15][北宋]欧阳修:《欧阳修全集》卷 29《供备库副使杨君墓志铭》,中华书局 2001 年版,第 444 页。

[16]《明世宗实录》卷 403,嘉靖三十二年十月辛丑。

[17]例如:余棨昌《故都变迁记略》,北京燕山出版社 2000 年版;宣武区地名志编辑委员会《北京市宣武区地名志》,北京出版社 1993 年版;张清常《北京街巷名称史话》,北京语言文化大学出版社 1997 年版;王彬等《北京街巷图志》,作家出版社 2004 年版。其余不再列举。

[18]《清高宗实录》卷 1020,乾隆四十一年十一月庚辰。

[19]《清宣宗实录》卷 2,嘉庆二十五年八月癸巳。

[20]《清宣宗实录》卷 21,道光元年七月戊辰。

[21]《清宣宗实录》卷 23,道光元年九月乙亥。

[22]《清宣宗实录》卷 60,道光三年十月丙申。

[23]《清宣宗实录》卷 73,道光四年九月壬寅。

[24]《光绪顺天府志·京师志一·城池》,北京古籍出版社 1987 年版,第 3 页。

[25]《光绪顺天府志·京师志十四·坊巷下》,北京古籍出版社 1987 年版,第 409 页。

[26]《光绪顺天府志·京师志十二·厂局》,北京古籍出版社 1987 年版,第 316、322、323、329 页。

[27]陈宗蕃编著:《燕都丛考》,北京古籍出版社 1991 年版,第 8~9、589、598 页。

(作者单位:北京市社会科学院历史所)

黄河变迁与历代河南地名变动*

孙景超

地名是人们对具有特定方位、地域范围的地理实体赋予的专有名称，其产生、变化与地理环境的关系极为密切。同时，地名的迁移与变化也往往能够反映出环境变造的痕迹。陈桥驿先生曾指出，通过地名研究，可以了解当时山脉与河流的走向及其相互关系和城邑、聚落的位置，也可探索古今河道变迁。[1]显然，从地名变化的角度出发，是研究历史时期地理环境变化的必要着手点。目前学界对此已经有了相当的认识，但研究的深度与广度都有待于继续深化。[2]

黄河是中华民族的母亲河，也是历史时期变动最为剧烈的一条河流。在有史料记载的两千多年里，黄河决口泛滥多达1500余次，改道26次，大改道6次，对我国的历史、地理、环境与社会文化等各方面都有巨大的影响。[3]河南作为黄河流域的重要省份，地处黄河变动最为剧烈的中下游河段，独特的地理位置，造成黄河决口、泛滥有一半以上发生在河南境内，重大改道几乎全部发生在河南境内，影响的地域范围涉及今京广铁路以东、淮河以北的广大地区。[4]如此重大频繁的变动，导致河南地名深受黄河变迁的影响。本文以历史时期黄河变迁对河南地名的变动影响入手，讨论环境变迁与地名变动的关系。

一、地名渊源

（一）从自然地名到政区地名

在地名学上，“河南”一词有一个从自然区域名称向行政区名转变的过程。河在秦汉之前是黄河的专称，河南之省名，源于大部分辖区位于黄河之南。传说中古代曾有九州

---

* 中国人民大学科学研究基金（中央高校基本科研业务费专项资金资助）项目成果，批准号：15XNL018，项目名称：《中国地名学体系建构研究》。

之分,《尚书·禹贡》中描述豫州的范围是"荆河惟豫州",即黄河以南、荆山以北的地方为豫州。虽然"九州"并非实际的行政区划,但也符合了行政边界"山川形便"的原则,今天河南省的辖境大部分位于黄河以南,省名正是由此而来。

古代依黄河的流向与相对位置,将中原地区大致分为三河地区:河南、河内与河东,均为中国文明的重要发源地。汉代司马迁在《史记》中述及:"昔唐(夏)人都河东,殷人都河内,周人都河南。夫三河在天下之中,若鼎足,王者所更居也……土地小狭,民人众。""三河"之中除河东位于今山西外,河南、河内都在今河南省境内。黄河过潼关后折而向东至荥阳附近,大致呈东西走向,其南岸以洛阳为中心的地域即被称为"河南"。秦代在此置三川郡,汉高祖二年(前205年)更名河南郡。自此,"河南"长期是洛阳及其周围地区的行政区名。从县级政区来看,汉代在此区置洛阳、河南二县。至金正隆二年(1157年),省河南县入洛阳县,"河南"一名才不再作为县级政区名。[5]作为统县政区,历史上曾长期设置有"河南国"(秦末汉初之申阳)、"河南郡"、"河南府"等政区,作为都城时还有"河南尹"等设置(东汉、曹魏、北魏等)。

由于洛阳地区长期作为王朝都城,地位重要,"河南"的地域也开始不断扩大,唐太宗贞观元年(627年),分全国置十道,玄宗开元二十一年(733年)分置十五道,河南道均为其中之一,辖境约相当于今河南、山东两省黄河以南、淮河以北的广大地区。元代至元五年(1268年)立河南行省,至元二十八年(1291年)立河南江北行中书省,管辖黄河以南、长江以北的广大地区,治所在汴梁(开封)。从此,"河南"一词在行政区划层面上扩大为省级行政区域。明初将黄河以北部分地区划入,大致形成今日河南省的范围。清代因之并略有改动,直至今日仍为省级行政区名。与河南相类似,黄河以北的"河北"也经历了这一转变。

古代黄河在荥阳以东,折向东北流经天津附近入渤海,今河南北部太行山以东的地域,枕山面河,四面似围,故称为河内。该地区春秋时亦有西河之称,《史记·仲尼弟子列传》所载"子夏居西河教授,为魏文侯师",今汤阴县东三十五里尚有西河村,有可能就是此地。[6]汉代在这一地区设置河内郡,治所先在武陟,后迁沁阳,"河内"也由自然区域地名成为行政地名。隋唐改怀州,元置怀庆路,明清为怀庆府。但河内县之名一直是县级政区,至民国二年(1913年)改河内县为沁阳,从此河内成为历史名词。

三河之外,还有"河朔"之称,泛指黄河以北地区,这一地区名最早见于《尚书·泰誓中》:"惟戊午,王次于河朔。"孔(安国)传:"戊午渡河而誓,既誓而止于河之北。"《三国志·袁绍传》中描述袁绍:"振一郡之卒,撮冀州之众,威震河朔,名重天下。"其基本范围相当于"河北"地区,与"河内"有所重叠,但在地域范围上要大一些。

除了区域名称有这种转变趋势外,具体地名也有这种情况,如三门峡市:黄河过潼关后折向东,切穿晋豫两省间的山地,由于地质条件的差异,河道中由鬼石和神石将河道分成三流,如同有三座门,依水流情况被称为“人门”“神门”“鬼门”,三门峡由此得名。早在甲骨文卜辞中已有“三门”这一地名,《殷契粹编》第七十三片有“岳于楚、楚于三门”[7]之语。自秦惠公十年(前 390 年)在其附近置陕县,长期为县级政区不变。清雍正二年(1724 年),改升陕州直隶州。随着万里黄河第一坝——三门峡大坝的建设,于 1957 年 3 月经国务院批准成立省辖地级市,1962 年 10 月改为县级市,1986 年 1 月又调整为地级市。这一变化过程也反映了从自然地名向行政地名的转变。

(二)县级政区地名渊源

内黄:战国属魏地,当时称黄河以北为内,以南为外,有内黄、外黄和小黄。关于这一组地名,于史有证。五代时李珽从朱温北征,“过内黄,因侍立于行厩,(梁)太祖顾曰:‘此何故名内黄?’珽曰:‘河南有外黄、小黄,故此有内黄。’又曰:‘在何处?’对曰:‘秦有外黄都尉,理外黄,有故墉,今在雍丘。小黄为高齐所废,其故墉今在陈留。’”[8]内黄自汉高祖九年(前 198 年)置县至今,除治所有所迁徙外,主体范围基本不变,是一个千年古县,而外黄、小黄早已废弃,湮没在历史上频繁的地名变动中。

浚县:历史时期黄河流经于此,古名黎阳。晋灼论其得名:“黎山在其南,河水经其东,其山上碑云:县取山之名,取水之阳以为名。”[9]西汉高祖初年置黎阳县,北宋政和五年(1115 年),升为浚州。明洪武二年(1369 年)降州为县,始称浚县。在浚县境内,与黄河有关的地名还有著名的大伾山和枋头城。《禹贡》中记载黄河的流向是“东过洛汭,至于大伾,北过降水,至于大陆”,故大伾山素称“禹贡名山”。[10]枋头则与曹操有密切关系,东汉建安九年(204 年),“(曹操)于水口下大枋木以成堰,遏淇水东入白沟,以通漕运,故时人号其处为枋头”[11]。魏晋南北朝时枋头为军事要地,有诸多重大战役发生于此,今浚县西尚有以枋城命名的片村(含前枋城、后枋城和东枋城等数个村庄)。深厚的历史积淀,使得浚县成为河南省七座国家历史文化名城中唯一的县级国家历史文化名城。

延津:古代黄河自今延津至滑县段,是重要的渡口,总称为延津。春秋置廪延邑,以境内有虚廪堆延绵不断而得名。公元前 242 年以境内多棘,置酸枣县。北宋政和七年(1117 年),以境内有黄河渡口改称延津县。宋代以后由于黄河改道南流,延津的位置从黄河南岸变为了黄河以北。[12]

孟津、孟县:两地隔河南北相望,均以古黄河渡口得名。《尚书·禹贡》注“孟为地名,在孟置津(即渡口),谓之孟津”。一名盟津,传说商朝末年,周武王起兵伐纣,渡过黄河时与各路诸侯会盟于此,故名。两地在历史时期还有过其他地名。孟津地区,秦置平阴县,三国魏置河阴县,隋省河阴县,唐代先后置大基、河清等县,金熙宗天眷三年(1140 年)改为孟津县,至今未变。[13]今孟县之地,秦置河雍县。汉武帝时置河阳县,历代多因之。唐武宗会昌三年(843 年),升为孟州,明太祖洪武十年(1377 年)改孟州为县,始称孟县[14],

1996 年改称孟州市。

以上县名今日皆存,还有一些政区地名也由黄河而来,但今已不存。兹考证如下:

河平军:宋金时期,黄河曾北流经今卫辉地区,多次泛滥造成灾害。金代在该地置有河平军,其命名之意自然是希望河患平息。可惜未能如意,甚至河平军治所还曾因河患而迁移过。《金史》记载:“卫州,下,河平军节度……明昌三年(1192 年)升为河平军节度,治汲县,以滑州为支郡。大定二十六年(1186 年)八月以避河患,徙于共城(今辉县境内),二十八年(1188 年)复旧治。”[15]

临河:隋文帝开皇六年(586 年),曾在今浚县境内“分黎阳置临河县,属卫州”,该县“南临黄河为名”。至金世宗大定二十九年(1189 年),“没入黄河水患,城废”[16]。

河阳:古人以山南水北为阳,山北水南为阴。在历史上,也曾因此设立过河阳与河阴两县。河阳位于黄河以北孟县境内,春秋时晋国有河阳邑,秦置河雍县,汉改河阳县,历代因之。唐武宗会昌三年(843 年),升为孟州,明洪武十年(1377 年)降为孟县。自此河阳从行政地名中消失。

河阴:历史上河南境内设置过两个河阴县,一个是汉代的平阴县,三国魏改曰河阴,北魏后期的“河阴之变”即发生于此,隋废,故城在今河南孟津县东。唐开元二十二年(734 年),为便利东南漕运,在汴河口修筑河阴仓,并析置河阴县,以县置于黄河之南而得名,其地在今荥阳市东北。历宋元明诸朝,至清乾隆三十年(1765 年)并入荥泽。其初治广武山北大峪口,后因黄河泛滥改道,治所屡徙,至明洪武二年(1369 年)徙至今河南荥阳市东北广武镇后长期稳定。1913 年,复置河阴县,1931 年,河阴、荥泽二县合并为广武县,1948 年汜水县与广武县合并为成皋县,1954 年又省入荥阳县,今属荥阳市(县级市)。

二、治所迁移

治所是各级政区的政治中心,一般都具有相当的稳定性,但自然灾害尤其是水灾是引发行政区治所迁移的重要原因。河南是黄河下游的重要省份,历史时期由于黄河变迁引发的治所迁徙极为频繁。明代黄河中下游沿岸的州县治所,因黄河水患迁城以避的有 27 个,其中 18 个在河南境内。[17]在清代,河南亦有 3 县因黄河水患而迁治。今举历代迁治之要,略述如下:

清丰:唐代大历七年(772 年)置县,以县界有孝子张清丰门阙,魏州田承嗣请为县名。治所在今县西北十八里,宋代庆历四年(1044 年)迁至县南五里德清军故城,嘉祐年间避黄河水患迁县西南十五里故城,后复移今治。[18]

南乐:西汉置乐昌县,西晋改为昌乐县,后唐庄宗避祖李国昌之讳,改为南乐。县治原在今县治西谷村一带,北宋元丰四年(1081 年),县治迁今地。时黄河泛滥,南乐等县城在大河堤岸之内，形势危急，大臣李立之奏言："北京（今大名）南乐、馆陶、宗城、魏县，浅口、永济、延安镇，瀛州景城镇，在大河两堤之间，乞相度迁于堤外。"于是用其说。[19]可见，在北宋中后期，河患频繁，当时由此而迁移的政区治所不止南乐一县。

范县：西汉置，县治在今河南省范县张庄乡旧城村；明洪武十三年（1380年）因黄河泛滥，范县县城倾圮，被迫从旧城迁往今山东莘县古城镇。中华人民共和国成立后，由于河南、山东两省的行政区划变动与水利争端，为彻底解决金堤河流域的排水问题，1956年范县县城再由古城镇迁往今范县老城。[20]但由于区划调整不彻底，范县县城孤悬于山东省莘县境内，成为飞地。

台前：西汉置寿良县，东汉因避讳改寿张，屡有兴废。旧县治在梁山南，因黄河泛滥，金代大定七年（1167年），河决坏城，迁县治于县西竹口镇（今属山东阳谷县祝口村），大定十九年（1179年）迁回原地。明洪武三年（1370年）黄河决口，裁寿张县，洪武十三年（1380年）复置，迁县治于王陵店（今寿张镇），后又迁于凤凰山北（南台子，今县治所在地）。1964年裁寿张县，其地大致以金堤河为界，分属山东阳谷县和河南范县，1978年从范县分置台前县。[21]

长垣：战国魏地。秦置县，治所在今县城东北三十五里，隋置匡城县，治司家坡。金泰和四年（1204年）因黄河改道，迁柳冢村。明洪武二年（1369年），因黄河水灾迁治蒲城（今县城）。

封丘：古封父国，汉置封丘县。历史上封丘屡遭河患，其县城自金代至清顺治年间曾六次被河水冲毁（金大定中、元初、元至正间、明弘治二年、万历十五年、清顺治九年）。其中，金世宗大定十七年（1177年），黄河自白沟决口，县城全毁，迁至县北十里新城（今县王村乡小城村）。元成宗元贞二年（1296年），河决封丘，新城毁，县衙迁回原址重建土城。清顺治九年（1652年），黄河自大王庙决口，知县余缙将县治迁往县西南于家店。至顺治十八年（1661年），才重回旧址。[22]

孟津：金改河清为孟津，县治从黄河北岸白坡镇迁至孟津渡。元代县城西移二里，在永安堤上；明嘉靖十七年（1538年）县治又向西移二十五里，迁今孟津老城。[23]这几次迁移的原因都是由于黄河水患造成对南岸侧蚀加重，县治不得不迁移。

孟州：秦置河雍县，汉武帝元封五年（前106年）改河阳县，唐武宗会昌三年（843年），升为孟州，治河阳县。明太祖朱元璋洪武十年（1377年）改孟州为县，始称孟县，沿袭至今，1996年改称孟州市。金世宗大定二十八年（1188年），河冲河阳城，州治向东北高区迁移十五里，修筑新城，新治称上孟州，后故城修复，州治迁回，称下孟州。元初迁治于上孟州，即今孟州市区。[24]

虞城：古虞国，秦置虞县，北魏改置萧县，隋代复置虞城县至今，县城在今治西南三里。元、明、清时期黄河曾长期流经县境，河患频繁，明嘉靖九年（1530年），因黄河水患移今治。[25]

项城:项城县旧治槐坊店,在“古黄河之滨,去今县东北六十里”。明初多次遭受黄河水患。明洪武二十四年,河决原武,水至项县,县城倾圮。洪武三十年(1397 年)冬十一月,黄河南徙,“项旧城圮于水,民庐冲没殆尽”。延至宣德三年(1428 年)始迁今治[26],其县城迁至原南顿县之殄寇镇,而原来的项城老城在被河水冲圮后,在故城的城东形成槐店集。

宁陵:古葛伯地,战国属魏,曾为宁陵君封地。汉武帝元狩年间置县,一直延续至今。《金史·地理志》载:“大定二十二年,徙于汴河堤南古城。”[27]虽未言明因河患,但当时黄河南徙,在开封附近河道屡有变迁,宁陵亦当受其影响。

以上所言是现存县城的迁移情况,还有一些历史上曾经存在、现已废弃的政区,也曾出现过治所因为河患而迁移的情况。

考城:考城县因河患曾多次迁移治所,分别是元至元二十五年(1288 年)、明洪武二十三年(1390 年)、正统十三年(1448 年),到清乾隆四十三年至四十七年,连年水灾,考城县“黄河漫堤,城没于水”。乾隆四十七年(1782 年)被迫迁治。志书中特别记载,为长远防避黄河水患,县治迁至“黄河北岸张村集偏东高埠宽阔处”[28]。

胙城:周封胙国,西汉置南燕县,隋开皇十八年(598 年)改称胙城。宋熙宁年间治所圮于河,迁治于华里店(今延津县胙城乡),金正大年间(1224—1231 年)迁移到宜村渡。元泰定三年(1326 年),因风沙缘故,治所重迁回华里店。胙城除了受黄河洪水的影响外,也饱受黄河所带风沙的侵袭。清顺治年间,胙城县治已是“飞沙四集,壕堑不明,居人仅数百家,备极萧条之甚”。自胙城西北,“一派沙地,并无树木村庄,飞沙成堆,衰草零落”[29]。到雍正五年(1727 年),胙城县终于撤废,土地并入延津县。

濮阳:古称帝丘,秦代置濮阳县。其治所先后迁移 4 次,多与黄河有密切关系。五代时在此夹河筑德胜南北寨城,澶州、濮阳县均治南城,为军事重镇,其间也曾多次被黄河水患。如宋太宗淳化四年(993 年),“十月,河决澶州,陷北城,坏庐舍千余区”。沿至宋神宗熙宁十年(1077 年),河患更加严重,“南城圮于水,移治北城,惟以濮阳县为治”[30]。

河阴:唐开元二十二年(734 年),为便利东南漕运,在今河南荥阳北古汴河口筑河阴仓,并置县。县治紧临广武山。金代以后,黄河不断南徙侵蚀,危及河阴县城。元顺帝至正十六年(1356 年),河决河阴县,官署民居尽废,遂成中流,不得已徙治大峪口;明代初年,黄河加速南徙,河阴县城再次迁徙,并最终沦于河中,县废。[31]

荥泽:其情况与河阴县类似。该县置于隋开皇四年(584 年),得名于境内的荥泽。明成化八年(1472 年)城圮于河,改迁今治(古荥镇)。1931 年与河阴县合并为广武县,今属荥阳。

三、政区归属变动

在中国古代，黄河是阻隔两岸交通的天堑，也往往是行政区划的边界，最早如《尚书·禹贡》中“九州”的划分，黄河都是明显的边界标志地物。后世的行政区划，也往往以黄河为分界，如唐代的河北道与河南道、元代的中书省与河南江北行省，这也符合中国古代行政区划上的“山川形便”原则。直到明初才打破了这一传统，由于明代统一是由南向北，导致黄河以北的部分地区归属河南省管辖，形成了“犬牙交错”的局面，并一直持续至今。但在次级政区和底层政区，仍然在很大程度上遵循着“山川形便”原则，以黄河作为明确的边界。也正因此，黄河的决口、泛滥与改道，除了给两岸地区带来深重的灾害，也往往导致该地区与黄河相对位置的变化，进而导致黄河沿岸地区政区的治所发生迁移，有时也会导致行政区划归属的变化。

胙城、长垣：早在金代，就开始因为河道变迁调整行政区划。卫州胙城县，“本隶南京（开封），海陵时割隶滑州，泰和七年（1207年）复隶南京，八年以限河来属”。开州长垣县，“本隶南京，泰和八年（1208年）以限河不便，来属”[32]。据此可知，胙城、长垣二县本隶黄河南岸的开封府，后因位置在大河之北，统隶不便，分别改隶黄河以北的卫州（治今卫辉）和开州（治今濮阳）。与之相类似的还有原归德府楚丘县，归属几经变化：“国初隶曹州，海陵后来属，兴定元年（1217年）以限河不便，改隶单州。”与之相应的单州砀山县，“兴定元年以限河不便，改隶归德府”[33]。

考城：考城县原本位于黄河北岸，清初属归德府管辖，因来往交通不便，乾隆四十八年（1783年）改属卫辉府。但令人没有想到的是，数十年后的咸丰五年（1855年），黄河铜瓦厢决口后改道北流，使得考城县在地理上回到黄河以南，而卫辉府其余各县仍在河北。原本为了便利而调整的行政区划，反而形成了新的地理阻隔。为此，又不得不于光绪元年（1875年）将考城县重新改隶归德府。

原武、延津：两县都位于黄河以北，明代以来归属黄河南岸的开封府管辖。清雍正二年（1724年），为方便行政管理而重新调整归属，原武改隶怀庆府，延津改隶卫辉府。

阳武、封丘：与前述诸县的情况相类似，乾隆四十八年（1783年），位于黄河以北、原属开封府的阳武县改属怀庆府，封丘县改属卫辉府。后来的黄河虽然改道向北，但没有改变这几个县与黄河的相对位置，其行政区划归属关系也未再有变化。[34]

在乡镇级别地名中，也有类似的变动，此类变动情况更加频繁，数量也更多，在此难以详述，兹不赘述。

四、余　论

以上简要论述了历史时期黄河变迁对河南地名的影响，类似的情况，在黄河上游的宁夏平原、河套平原，黄河中游的小北干流地区，以及下游地区黄河曾经流过的河北、山东、安徽、江苏等省都有体现。这种影响典型地反映出了历史时期人类对环境的感知与适应；而从地名变动的情况出发，也可以在一定程度上反映出历史时期的环境变动情况。在生产力水平还较低下的时代，这种关系以人类被动地适应环境变化为主，这也是历史时期诸多县城治所迁移的主要原因。这种环境对地名的影响，也不仅仅限于河南的地名，而是大河流域的普遍现象。从具体分析来看，与黄河有渊源的地名大多出现的时间较早，其命名与变化大多也体现了由自然地名向政区地名的转变趋势；治所迁徙与政区归属的变动，则与黄河的泛滥改道有密切关系。在黄河变动情况较频繁的时期如宋代、明代和清代，地名的变动情况也较多，每一次的迁移都与黄河的决口、泛滥、改道分不开。

此外，地名变动与历朝历代的治河政策也分不开。宋代治河，"北流"和"东流"两派治河争议中夹杂着军事因素与新旧党人的政治争议，治河主张始终难以确定，屡次治河与实际情况难以相符。[35]黄河时而北流，时而东流，在今冀鲁豫三省交界地方多次泛滥，导致诸多城镇被淹没或迁徙，前引李立之所言即为明证。金元两代至明代前期，黄河河道呈多股分流，对地名的影响多集中于河南境内。明人治河方案经历了初期"分流"、中期的"北堤南分"及明末潘季驯的"束堤治河"的探索阶段，最终河道固定在今"废黄河"一线；清人治河则坚守"束堤治河"的方针，河道相对比较固定。因此在明代河患发生后，漫流情况较严重，影响范围十分广泛，举凡鲁西南、淮北平原上颍河及颍河以东的沿河一线的城镇都有受到黄河泛水影响的危险，尤以河南地名的变动情况居多。清代黄河主要是独流，随着黄河堤防的不断完善，形成固定的河道，下游河道首先淤积垫高，因水患而引发的地名迁移也呈现了自西北向东南发展的趋势，下移到山东、安徽和江苏境内。[36]

随着社会生产力水平的提高，人们对于自然的改造能力愈发强大，地名的被动适应情况开始少见。今天的黄河，由于两岸堤防的不断修筑，以及三门峡、小浪底等一系列的水利工程的建成，黄河已然安流六十余载，"今日长缨在手，何时缚住苍龙"的愿望也已经实现；黄河上的各类桥梁、现代化的渡口也大大便利了两岸的交通。随着黄河对于沿岸地区的影响减弱，由此引发的中高级地名变动与迁移现象也基本消失。但在黄河两岸堤防之内的滩区，河道仍然迁徙不定，还存在着"落河村"这样的底层地名变动与迁移，黄河沿岸各级行政区对于滩地资源的争夺也日益激烈，黄河对河南地名的影响在较长的一段时期内，仍将继续存在。

【注释】

[1]陈桥驿:《论地名学及其发展》,《中国历史地理论丛》1981 年第 1 辑。

[2]笔者所见相关的研究成果主要有凌申:《地名与历史时期江苏海岸变迁的相关研究》,《海洋科学》2002 年第 1 期;傅奠基、陈劲梅:《研究环境变迁的重要史料——昭通动植物地名中的环境信息》,《昭通师范高等专科学校学报》2004 年第 3 期;满志敏:《北宋京东故道流路问题的研究》,《历史地理》第 21 辑(2006 年);许鹏:《清代政区治所迁徙的初步研究》,《中国历史地理论丛》2006 年第 2 辑;霍岳飞、王尚义:《从汾河上游的地名透视环境变迁》,《沧桑》2006 年第 4 期;黄权生、蓝勇:《"湖广填四川"社会经济与生态效应的地名学研究》,《中国农史》2007 年第 4 期;陈隆文:《水患与黄河流域古代城市的变迁研究——以河南汜水县城为研究对象》,《河南大学学报(社会科学版)》2009 年第 5 期;陈计兵:《地名与地理环境关系研究》,《中国地名》2011 年第 2 期;李建华等:《基于 GIS 的宁夏中卫县地名文化景观分析》,《人文地理》2011 年第 1 期。其余成果兹不赘述。

[3]邹逸麟编著:《中国历史地理概述》,上海教育出版社 2005 年版,第 30 页。

[4]《中国自然地理》编辑委员会:《中国自然地理 · 历史自然地理》,科学出版社 1982 年版,第 47 ~60 页。

[5]青海省有河南蒙古族自治县,设立于 1955 年。

[6]嘉靖《彰德府志》卷 1《地理志》,天一阁藏明代方志选刊,上海书店出版社 2014 年版。

[7]郭沫若:《殷契粹编》,科学出版社 1965 年版,第 372 页。

[8][北宋]薛居正等撰:《旧五代史》,中华书局 1976 年版,第 322 ~323 页。

[9][东汉]班固撰:《汉书》,中华书局 1962 年版, 第 1574 页。

[10]按:大伾山究竟何在,历来有武陟、成皋、黎阳(浚县)等多种说法,自唐代开始,浚县说开始占据主流。详参张莉花:《〈禹贡〉之"大伾"考》,《新学术》2008 年第 5 期。

[11][北魏]郦道元著,陈桥驿校证:《水经注校证》,中华书局 2007 年版,第 236 页。

[12]延津县志编纂委员会编:《延津县志》,生活 · 读书 · 新知三联书店 1991 年版,第 69 页。

[13]河南省孟津县地方史志编纂委员会编:《孟津县志》,河南人民出版社 1991 年版,第 14 ~22 页。

[14]孟县志编纂委员会编:《孟县志》,陕西人民出版社 1991 年版,第 39 页。

[15][元]脱脱等撰:《金史》,中华书局 1975 年版,第 607 ~608 页。

[16]按:临河县始置年份,《隋书 · 地理志》《元和郡县志》皆云"开皇六年置",《太平寰宇记》则记"隋开皇五年置",当以前说为是。详参吴宏岐、郭用和:《隋汲郡临河县故

城考》,《中国历史地理论丛》1998 年第 3 辑。

[17]详参中国历史学会主编,蔡泰彬撰:《明代漕河之整治与管理》,台湾商务印书馆 1992 年版。

[18]清丰县地方史志编纂委员会编:《清丰县志》,山东大学出版社 1990 年版,第 75 页。

[19][元]脱脱等撰:《宋史》,中华书局 1977 年版,第 2286 页。

[20]范县地方史志编纂委员会编:《范县志》,河南人民出版社 1993 年版,第 54 页。

[21]台前县地方史志编纂委员会编:《台前县志》,中州古籍出版社 2001 年版,第2~3 页。

[22]封丘县地方史志编纂委员会编:《封丘县志》,中州古籍出版社 1994 年版,第 60~61 页。

[23]史念海:《历史时期黄河在中游的侧蚀》,见史念海《河山集》(二集),生活·读书·新知三联书店 1981 年版,第 85~158 页。

[24]孟县志编纂委员会编:《孟县志》,陕西人民出版社 1991 年版,第 39 页。

[25]虞城县志编纂委员会编:《虞城县志》,生活·读书·新知三联书店 1991 年版,第 70 页。

[26]宣统《项城县志》,影印本,第 469、649 页,文海出版社 1967 年版。

[27][元]脱脱等撰:《金史》,中华书局 1975 年版,第 590 页。宣统《宁陵县志》记载略同。

[28]牛平汉主编:《清代政区沿革综表》,中国地图出版社 1990 年版,第 210 页。

[29][清]傅泽洪:《行水金鉴》,商务印书馆 1937 年版,第 2353 页。

[30]光绪《开州志》,中州古籍出版社 1995 年版,第 48 页。

[31]史念海:《黄土高原历史地理研究》,黄河水利出版社 2001 年版,第 91 页。

[32][元]脱脱等撰:《金史》,中华书局 1975 年版,第 629 页。

[33][元]脱脱等撰:《金史》,中华书局 1975 年版,第 591 页。

[34]以上诸县的归属变革,可参考牛平汉主编《清代政区沿革综表》,中国地图出版社 1990 年版,第 209~212 页。

[35]邹逸麟:《北宋黄河东北流之争与朋党政治》,见饶宗颐主编:《华学》第 9、10 辑,上海古籍出版社 2008 年版。

[36]韩昭庆:《明清时期黄河水灾对淮北社会的影响探微》,见刘海平主编:《文明对话:东亚现代化的涵义和全球化中的文化多样性——中国哈佛—燕京学者第四、第五届学术研讨会论文选编》,上海外语教育出版社 2006 年版,第 441~463 页。

(作者单位:中国社会科学院古代史研究所)

清代"直隶"省级政区沿革考*

——《清史·地理志》直隶省叙

华林甫

21 世纪初，国家清史工程上马，主体工程分纪、志、表、传、图五大部分，规模庞大；敝人始终参与邹逸麟教授主持的《地理志》工作，并具体撰写其中直隶、浙江两省内容。

本文系十余年前旧稿，为《地理志》中"直隶"作为省级政区的沿革考证，正文 2188 字。作为大型清史的一部分，《地理志》撰稿须符合《清史编纂则例》、《清史典志编纂细则》和《〈清史·地理志〉正文编纂细则》等规则。总体要求是简明扼要、点到为止，关键是史实必须明白无误，所以典籍记载不明之处必须逐一考辨明晰。

今人续写《清史·地理志》应与全国地理总志、地方志区别开来，即：继承十六部正史地理志优秀传统，以高层政区来谋篇布局，但字数有约束，既不能像全国地理总志那样可以放开了写，也不能像地方志那样细大不捐，但又不能遗漏重要的清代地理事物。鉴于《清史》成果今后正式出版时仅能保留极少量个别脚注之情况，本文脚注 1.7 万字予以全部公布，以示《地理志》原稿"无一事无来历"之理念。

因体例、字数所限，正文有些地方不允许展开。特此说明。

直　隶[1]

明为北直隶[2]。顺治元年有其地，改曰直隶[3]，因明制辖顺天、永平、大名、顺德、广平、河间、保定、真定八府，延庆、保安两直隶州及宣府镇[4]。顺治初置四巡抚、一总督：顺

* 本文系华林甫主持北京市社会科学基金重大项目《流散欧洲舆图与晚清史事研究》（批准号：17ZDA09）阶段性研究成果之一。

天巡抚初治密云，后移遵化，辖顺天、永平二府[5]；保定巡抚治真定府，辖保定、真定、顺德、广平、大名、河间六府[6]；天津巡抚治天津卫，析保定巡抚之河间府属之[7]；宣府巡抚治宣府镇，辖延庆、保安二州[8]；宣大总督辖有宣府镇，治山西大同府[9]。六年五月裁天津巡抚，辖地并入顺天巡抚[10]；八月置直隶山东河南三省总督，治大名府[11]，三省总督兼保定巡抚[12]。九年裁宣府巡抚，辖地并入宣大总督。[13]十五年五月裁三省总督[14]而存保定巡抚[15]，治大名府，辖大名、保定、真定、顺德、广平五府[16]；七月裁宣大总督[17]，以宣府镇属顺天巡抚[18]。十八年十月增置直隶总督，治大名府[19]，兼管河务[20]；裁顺天巡抚，辖地并入保定巡抚[21-22]；十二月保定巡抚移治真定府[23]。康熙四年改直隶总督为直隶山东河南三省总督。[24]六年改保定巡抚为直隶巡抚。[25]八年裁三省总督[26]，直隶巡抚移治保定府[27]，并设守、巡二道[28]。三十二年改宣府镇为宣化府[29]，降保安、延庆二直隶州为散州属之[30]。五十四年直隶巡抚加总督衔，六十年罢加衔。[31]雍正元年改真定为正定。[32]二年改直隶巡抚为直隶总督[33]，改守道为直隶承宣布政使司、巡道为直隶提刑按察使司，俱治保定府[34]，升定、冀、晋、赵、深五州为直隶州[35]，置张家口厅[36]。三年改天津卫为天津直隶州。[37]六年，以蔚州自山西来属。七年升河间府沧州为直隶州。[38]八年置直隶河道水利总督，驻天津。[39]九年升天津直隶州为天津府[40]，降沧州直隶州为散州属之[41]。十年置多伦诺尔厅。[42]十一年改热河厅为承德直隶州[43]；升保定府易州为直隶州[44]，以涞水及山西广昌县来属。十二年置独石口厅[45]；三月降晋州直隶州为散州，属正定府[46]。乾隆二年改直隶河道水利总督为直隶河道总督[47]，六年以直隶总督兼管直隶河道总督事务[48]。七年复改承德直隶州为热河厅。[49]八年升顺天府遵化州为直隶州。[50]十四年定由直隶总督兼理河务，裁直隶河道总督。[51]二十八年直隶总督兼管巡抚事务。[52]四十三年升热河厅为承德府。[53]咸丰十年直隶总督兼管长芦盐政。[54]同治九年直隶总督因兼北洋大臣而常驻天津，冬令还驻保定。[55]光绪二十九年析承德府朝阳、建昌二县为朝阳府。[56]三十四年升承德府赤峰县为赤峰直隶州。[57]宣统三年领府十二[58]、直隶州七[59]、直隶厅三[60]、散州十七[61]、散厅一[62]、县一百二十七[63-64]。

辖境　东邻奉天、濒临渤海，西界山西，南连河南、山东，北与内蒙古壤地交错。

省城[65]　即保定城，系元修，明初增筑女墙，雍正七年建四门、马道，乾隆十八年、嘉庆十三年重修。同治九年后，直隶总督因兼北洋大臣而设行辕于天津，冬令还驻保定。天津城系明永乐二年建，雍正三年修筑，门四，外有濠，乾隆二十六年重修。

名山　有太行、大茂、燕山、碣石。太行南起河南北部，北上为直隶与山西分界，北止于边墙，东迤为京师西山、京东燕山，至滨海碣石而止。北岳原为直隶曲阳大茂山，顺治末改祀于山西浑源。[66]

大川　有永定、滹沱、滏阳、子牙、大清及白、运、漳、卫、黄、滦诸河。永定河原名桑干河，西自山西来，因常泛滥改道而名无定河，康熙中筑堤而钦赐“永定”，迳[67]宣化、顺天、天津三府，汇入海河，东至大沽口入海。滹沱河亦自山西来，尝分南、中、北三路，同治七年后迳正定、保定二府及定、深二州，东至河间府与滏阳河合；滏阳河源出广平府磁州，北迳顺德府及赵、冀、深三州，入河间府纳滹沱为子牙河，东北迳顺天、天津二府，汇入海河。大清河上源拒马河、猪龙河、唐河均源出山西，东迳易、定二州及保定、正定、顺天、天津四府，汇入海河。白河出塞外独石口厅，东南迳宣化、顺天二府，至通州而为北运河，南入天津汇入海河；南运河自山东临清入，北迳广平、河间、天津三府，亦汇入海河。漳河亦出山西，东迳广平、大名二府入卫河。卫河自河南彰德府入，黄河自咸丰五年后从河南开封府入，俱迳大名府入山东。滦河出承德塞外，南迳永平府入海。

淀泊　有东、西二淀，南、北二泊。东淀以三角为大，跨顺天、天津、河间三府；西淀以白洋最广，跨保定、河间二府。南泊即顺德府大陆泽，殆涸；北泊即赵州宁晋泊，仍为泽国。

关隘　东北有山海关，太行山有井陉、临洺[68]诸关及居庸、紫荆、倒马内三关，边墙有喜峰、古北、独石、张家诸口。

边墙　俗称长城，分内外。外长城东起山海关，经喜峰口、古北口、慕田峪而西迳独石、张家诸口而讫于宣化府镇口台；内长城北起慕田峪，南经内三关而达顺德府大岭口。

帝陵　有遵化东陵、易州西陵。

行宫　有承德避暑山庄（详见《京师志》）。[69]

园林　以京师西郊三山五园著称，即：万寿山、玉泉山、香山和圆明园、畅春园、颐和园、静明园、静宜园。[70]

主要商埠　有天津、张家口、秦皇岛。

盐场　属长芦盐运司，旧有十六场[71]，道光十二年后省并为八：归化、石碑、济民、越支、芦台、丰财、严镇、海丰。

铁路干线　津榆铁路之前身唐胥铁路修成于光绪七年，十二年延伸为开平铁路，十九年展筑完毕，起于天津而东至山海关；津卢铁路起于天津而讫于卢沟桥，光绪二十三年筑成；三十三年，将贯通京师与奉天省城间之铁路命名为京奉铁路。京汉铁路原为光绪三十二年筑成的自卢沟桥至汉口之“卢汉铁路”，自卢沟桥至前门段筑成于光绪二十六年，全线起于京师正阳门而讫于湖北汉口。京张铁路起于京师西直门而讫于张家口，宣统元年筑成。正太铁路起于正定府石家庄[72]而讫于山西太原府，宣统元年筑成。津浦铁路起于天津而讫于江苏浦口，宣统三年筑成。

电线　有三路，一由北京出张家口入蒙古，一历通州至天津分达营口、德州、烟台，一由保定达太原、西安。[73]

【补记】《清史·地理志》是恩师邹逸麟教授主持的国家清史纂修三级项目，本文只是其中直隶省部分的总叙。邹老师于2020年6月19日凌晨因病逝世。谨以此文，悼念恩师。

【注释】

［1］《清史·地理志》各省排序，鉴于傅振伦先生早有对《清史稿·地理志》之批评（《清史稿评论》，见许师慎编《有关清史稿编印经过及各方意见汇编》下册，台湾，中国史料研究中心，1979 年，第 587 页），我项目组一直有考虑。为此于 2007 年 9 月 2 日专门研究过，2009 年 5 月 30 日拿出了排序初稿（系笔者所撰），并在《地理志》合同到期而上交典志组的全稿中予以具体贯彻。为准备 2011 年 7 月《地理志》专题研讨，我项目组以长篇文档《关于“地理志一审审校报告”的答复》上交典志组，内有各省排序的终稿（亦系笔者所撰，胡恒协助）。清朝各种文献之编排次序互有差异，有的差别还很大，清代本身也没有一个完全统一的编排，应以若干重要文献排序为基本框架，同时吸收各种排序的优点，进行适度合理的个别调整。无论怎么排序，“直隶”均排首位。但没有想到的是，有人竟利用内部能第一时间接触我项目组早期成果的有利身份，趁大型《清史》未曾出版之机，抢先发表了省域排序结论，尽管该结论业已过时。为了正本清源，特发表十余年前我项目组《清代省域排序详情》的结论：

典籍	省域名称																						
	直隶	奉天吉林黑龙江	江苏	安徽	山西	山东	河南	陕西	甘肃	浙江	江西	湖北	湖南	四川	福建	台湾	广东	广西	云南	贵州	新疆	内外蒙古	青海、西藏
康熙朝《大清会典》卷 18—19《户部·州县》	1	2	3		9	8	10	11		4	5	6		12	7		13	14	15	16			
《皇朝文献通考》卷 269—292《舆地考》	1	2	6	7	4	3	5	13	14	10	8	11	12	16	9		17	18	19	20	15	21	22
《皇朝通典》卷 90—96《州郡典》	2	1	6	7	4	3	5	13	14	9	8	11	12	15	10		16	17	18	19	20		
《皇朝通志》卷 28—31《地理略》	2	1	6	7	4	3	5	13	14	10	8	11	12	15	9		16	17	18	19	22	20	21
《乾隆府厅州县图志》	2	1	3	4	5	6	7	8	9	10	11	12	13	14	15		16	17	18	19	20	21	
一统志 初修	1	2	3		4	5	6	7	8	9	10	11	12	13	14		15	16	17	18		19	
一统志 续修	1	2	3	4	5	6	7	8	9	10	11	12	13	14	15		16	17	18	19	21	20	
一统志 重修	1	2	3	4	5	6	7	8	9	10	11	12	13	14	15		16	17	18	19	20	21	22
《清国史·地理志》	1	2、3、4	5	6	8	7	9	10	11	13	14	15	16	19	12		17	18	20	21	22		
《清续文献通考》	1	2、3、4	8	9	6	5	7	16	17	13	10	14	15	19	11	12	20	21	22	23	18	24－25	26－27
《皇朝政典类纂》卷 428—450《方舆》	1	2	3	4	5	6	7	8	9	10	11	12	13	14	15		16	17	18	19	20	21	22
《清史稿·地理志》	1	2、3、4	5	6	7	8	9	10	11	12	13	14	15	16	17	18	19	20	21	22	23	24－26	27－28
《皇朝地理志》	1	2、3、4	5	6	8	7	9	10	11	13	14	15	16	19	12		17	18	20	21	22	23	
《中国历史地图集》	1	2、3、4	5	6	7	8	9	10	11	12	13	14	15	16	17		18	19	20	21	22	23	24
王恢先生的意见	1	2、3、4	16	15	7	5	6	8	9	17	14	12	13	11	18	19	20	21	22	23	10	25	24
赵泉澄	1	2、3、4	8	9	6	5	7	16	17	13	10	14	15	19	11	12	20	21	22	23	18		
《全国官缺表》	1	2	3	4	6	5	7	8	9	10	12	13	14	17	11		15	16	19	18			

说明：《全国官缺表》是指刘子扬著《清代地方官制考》（紫禁城出版社 1994 年版）第 459 页至第 523 页附有根据中国第一历史档案馆两件档案编成的《全国各省府州县官缺一览表》。

王恢先生的意见，见氏著《地志识略》第 187 页论“《清史稿·地理志》”，台湾编译馆，1988 年版。

由上述表格来综合考虑《清史·地理志》省域排序，就是以三部《大清一统志》的编排为基本框架，吸收台湾庋藏《皇朝地理志》等文献编排的优点进行了微调，结果是：直隶、奉天、吉林、黑龙江、江苏、安徽、山东、河南、山西、陕西、甘肃、浙江、江西、福建、台湾、湖北、湖南、广东、广西、四川、云南、贵州、新疆、内蒙古、外蒙古、青海、西藏。

[2]或曰，查乾隆续修《大清一统志》："（明）永乐元年以北平为北京，罢布政使司，以所领隶北京行部。十九年改北京为京师，罢北京行部，以各府州直隶京师。本朝顺治元年，世祖章皇帝定鼎建都，顺天等八府二州及宣府镇仍直隶。"于此可知：明之北直隶，其正式称呼为"直隶"，即直隶于京师。清仍其旧，称"直隶"，并无更改之说。所谓"北直隶"，只是与"南直隶"的对称，并非正式名称。

笔者按：据乾隆续修《大清一统志》以为明无北直隶，故无清初更名之说。此说差矣！揆诸实际，明朝有无北直隶，须以明代史料为据。明代有"北直隶"之称的史料，有下述四类：

明朝官方常用"北直隶"一词。《大明会典》，于卷9、29、30、32、76、77、132、155、157、171、173十一卷中出现"北直隶"19次，并且多次南、北直隶并称。仅举两例，卷77："洪熙元年定取士额数，南京国子监并南直隶共八十名，北京国子监并北直隶共五十名，江西五十名，浙江、福建各四十五名……"卷157："弘治八年奏准停止烧砖官员请敕河南、山东及南、北直隶巡抚官委府州县官管理，仍以布、按二司分巡分守官提督烧造。"《明会典》是朝廷官书，其中的政区难道是"并非正式名称"？

明朝大臣商辂、马文升、杨一清、胡世宁、杨廷和、孙懋等奏疏奏议中，常见"北直隶"一词。如名臣杨廷和《请圣驾还京以安宗社以慰人心疏》："具官臣杨廷和谨题为恭请圣驾还京以安宗社以慰人心事，伏惟圣驾出幸今已一月矣，内外人心栗栗危惧，又有讹言传播总督军务威武大将军名号及巡幸山西、陕西、河南、山东、南北直隶之说，愚民无知，转相告语，甚至扶老携幼逃避山谷。"很难想象，名臣杨廷和给皇帝奏疏中使用的不是正式名称。明朝官方常用"北直隶"一词，毋须再多举例证。

明代文臣、文人的诗文集中，亦多"北直隶"之称，见陆容撰《菽园杂记》卷5、贺士谘编《医闾集》卷4、何瑭撰《柏斋集》卷8、文徵明撰《甫田集》卷28、陆粲撰《陆子余集》卷4、杨继盛撰《杨忠愍集》卷3、钱谷撰《吴都文粹续集》卷43等。此处仅举一例，贺士谘《医闾集》卷4："永乐间，朝廷以朵颜三卫内向效顺，遂徙大宁诸城之人于北直隶，而以其地与之义州，遂两面受敌。"

明章潢撰《图书编》卷36："除中都留守司南京、北直隶、山东、河南各二班……"明罗洪先《广舆图》卷1，即有"北直隶舆图""北直隶图叙"（参见下图），开头即称"北直隶建置：北直隶府八、属州一十七、县……"

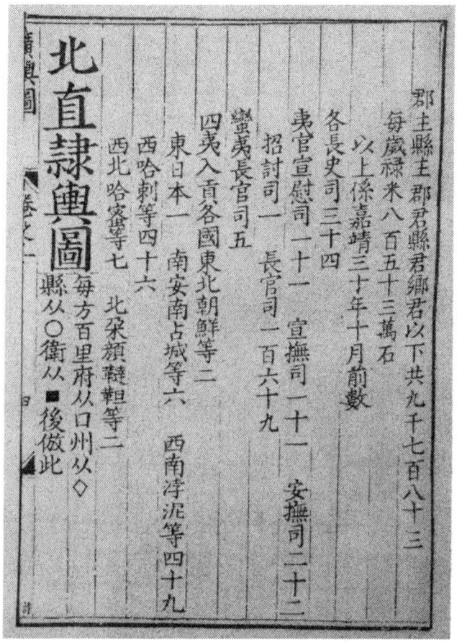
郡主縣主郡君縣君鄉君以下共九千七百八十三
每歲祿米八百五十三萬石
以上係嘉靖三十年十月前數
各長史司三十四
夷官宣慰司一十一　宣撫司一十一　安撫司二十二
招討司一　長官司一百六十九
蠻夷長官司五
四夷入貢各國東北朝鮮等二
東日本一　南安南占城等六　西南浡泥等四十九
西哈剌等四十六
西北哈密等七　北朵顏韃靼等二
北直隸輿圖 每方百里府从口州从◇縣从○衛从■後倣此

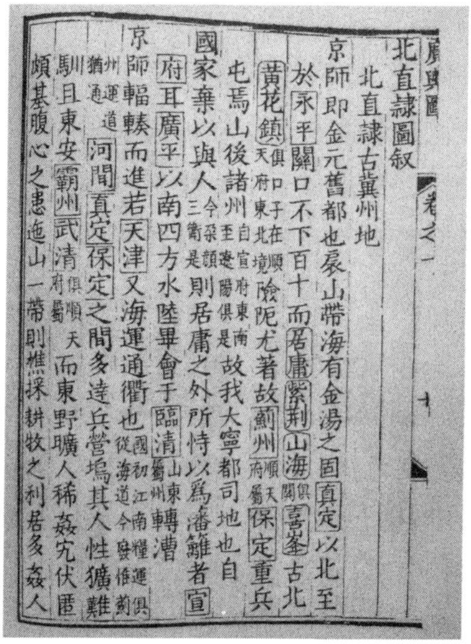
北直隸圖叙
北直隸古冀州地
京師即金元舊都也負山帶海有金湯之固真定以北至
於永平關口不下百十而居庸紫荆山海喜峯古北
黄花鎮俱口子在順天府東北境險阸尤著故蓟州俱順天府屬保定重兵
屯焉山後諸州自宣府東南至遼陽俱是故我大寧都司地也自
國家棄以與人今朵顏三衛是則居庸之外所恃以爲藩籬者宣
府耳廣平以南四方水陸畢會于臨清山東屬州轉漕
京師輻輳而進若天津又海運通衢也國初江南糧運俱從海道今發淮蓟
猶州通運道河間真定保定之間多達兵營塢其人性獷難
馴且東安霸州武清俱順天府屬而東野曠人稀姦宄伏匿
頗甚腹心之患遵山一帶則樵採耕牧之利居多姦人

又，清代文献也有称呼明北直隶者，如：雍正《畿辅通志》卷13《建置沿革》：“永乐元年建北京，称行在，十九年始都北京，改（北平等处承宣）布政司为北直隶。”这只是辅助史料，恕不展开。

[3]《清国史·地理志》卷2：“永乐元年建为北京，其畿辅之地直隶六部。国初因之，曰直隶省。”《清史稿·地理志》：“清顺治初，定鼎京师，为直隶省。”清内府朱丝栏写本（204卷本）《皇朝地理志》卷2：“国初因之，曰直隶省。”

[4]雍正《畿辅通志》卷13《建置沿革》：“本朝世祖章皇帝统一万方，定鼎建都，顺天、永平、保定、河间、正定、顺德、广平、大名八府直隶京师。”《清朝文献通考》卷269《舆地考一》：“本朝顺治元年，世祖章皇帝定鼎建都，其顺天等八府二州及宣府镇，皆仍其旧。”《清朝通典》卷90《州郡一》：“明以顺天府为京师，共领顺天、保定、永平、真定、顺德、广平、大名、河间八府，延庆、保安二州。”康熙朝《大清会典》卷18《州县一》：“顺治元年定鼎京师，以顺天等八府直隶六部……京师并直隶地方不设布政使司，以守道管理钱谷，府八、州二十、县一百一十二。”

[5]《清世祖实录》卷5顺治元年五月庚辰，“顺天巡抚宋权献治平三策”（《清实录》第三册，第64页上，中华书局1985年影印版，下同）；卷6顺治元年七月丁未，“兵部左侍郎刘余佑以京东土寇窃发，请移顺天巡抚驻密云，蓟州道驻遵化，摄政和硕睿亲王从之”（《清实录》第三册，第71页上）；卷12顺治元年十二月庚申，“遵化乃近关要路，请命巡抚宋权仍自密云还镇遵化，以资弹压，从之”（《清实录》第三册，第114页下）。《清史稿》卷238《宋权传》：“明天启五年进士。官顺天巡抚，驻密云。受事甫三日，李自成陷京师，权计杀自成将黄锭等。睿亲王师入关，籍所部以降，命巡抚如故……时权仍驻密云，抚治二十余州县，兼领军事。旋以遵化当冲要，命权移驻，先后击降自成党数千。”《清朝文献通

考》卷 269《舆地考一》:(顺治元年)设顺天巡抚驻遵化,辖顺天、永平二府。嘉庆朝《大清会典事例》卷 20:“顺治初年,设顺天巡抚一人,驻遵化州。”

[6]《清朝文献通考》卷 269《舆地考一》:(顺治元年)设保定巡抚驻真定,辖保定、真定、顺德、广平、大名、河间六府。《清世祖实录》卷 5:顺治元年五月壬子“以故明真定府知府邱茂华为井陉道,署巡抚事”(第三册,第 60 页上)。《清世祖实录》卷 6:顺治元年七月壬子“以内弘文院学士王文奎为都察院右副都御史,巡抚保定等处地方”。嘉庆朝《大清会典事例》卷 20:“顺治初年,设保定巡抚一人,驻真定府。”

[7]《清世祖实录》卷 5 顺治元年五月己未,“令故明太子太傅左都督骆养性仍以原官总督天津等处军务”(第三册,第 61 页上);卷 10 顺治元年十月乙丑“升都察院副理事官雷兴为右副都御史巡抚天津等处”(第三册,第 99 页上)。参见林涓《清代的巡抚及其辖区变迁》,见《历史地理》第 20 辑。又,见于《清史稿》的天津巡抚,还有顺治二年四月的张忻(卷四,第 94 页)、四年九月的李犹龙(卷四,第 108 页)、五年八月的夏玉(卷四,第 111 页)。

[8]《清朝文献通考》卷 269《舆地考一》:“(顺治元年)设宣府巡抚驻宣府镇,以直隶延庆、保安二州属之。”嘉庆朝《大清会典事例》卷 20:“顺治初年,设宣府巡抚一人,驻宣府镇。”

[9]《清朝文献通考》卷 13《钱币考一》,“谨按:阳和地近大同,明洪武年间筑城,景泰时设宣大总督驻此,为重镇,国初尚沿其制;顺治六年以移大同府治于此,并移铸局,八年仍还故治;至是年议裁宣大总督,故铸局复移大同”;卷 183《兵考五》,“国初定鼎……设宣府巡抚,驻宣府镇,辖宣府及直隶延庆、保安二州;并设宣大总督,驻山西大同镇,以宣府属之”;卷 184《兵考六》,“谨按:顺治二年设山西巡抚,驻太原府;又设宣大总督,驻大同府之阳和城,十三年裁宣大总督,改设山西总督驻大同府”;同卷又说,“(顺治)十二年移宣大总督及督标官兵自阳和改驻大同府”,“十三年裁宣大总督”;卷 269《舆地考一》,“宣大总督驻山西大同镇,以宣府属之”;卷 273《舆地考五》,“复仍明制,设宣大总督,驻大同府之阳和城,顺治十三年裁宣大总督,改置山西总督”。嘉庆朝《大清会典事例》卷 20:“顺治初年,设宣大总督一人,驻山西大同镇。”

[10]雍正《畿辅通志》卷 59《职官》:“天津巡抚都御史,天启二年设,顺治六年裁。”《清世祖实录》卷 44 顺治六年五月癸未,户部等衙门疏言:“裁天津、凤阳、安徽巡抚巡江御史、天津饷道等官,以裕国家经费之用。报可。”(第三册,第 354 页上)《清史稿》卷 201《疆臣年表五》,顺治六年五月裁天津巡抚,末任巡抚夏玉于顺治六年九月改任山东巡抚。

[11]《清世祖实录》卷 45 顺治六年八月丁酉,录有姚文然奏设三省总督全文,结果是“疏入,从之”(第三册,第 361 页下)。雍正《畿辅通志》卷 60《职官》:“顺治五年设总督直隶山东河南军务都御史于大名府。”《清史稿》卷 197《疆臣年表一》内,顺治六年八月始

有直隶山东河南总督张存仁。续修《大清一统志》卷3:张存仁,奉天正黄旗人,顺治七年总督直隶山东河南三省,驻节大名;卷148:张存仁,镶蓝旗汉军人,顺治七年总督直隶河南山东三省。雍正《畿辅通志》卷67《名宦》:张存仁字完真,正黄旗世职,浙江人,顺治七年总督三省驻节大名。或说为五年置,《清朝文献通考》卷269《舆地考一》:(顺治)五年设直隶山东河南三省总督,驻大名。嘉庆朝《大清会典事例》卷20:“(顺治)五年设直隶山东河南三省总督一人,驻大名府。”《清国史·地理志》卷2:“顺治五年,置直隶山东河南总督,治大名。”笔者按:盖议在五年而六年始执行耳。据钱实甫《清代职官年表》第二册,第1345~1349页(中华书局1980年版),顺治六年至十五年的直隶山东河南三省总督是张存仁(顺治六年八月辛亥至八年十月)、马光辉(八年十月辛酉至十一年二月)、李祖荫(十一年二月庚寅至十三年十二月)、张悬锡(十四年正月乙卯至十五年五月丁酉)。

[12]语出《清史稿》卷201《疆臣年表五》,中华书局1976年版,第7491~7492页。《清国史·地理志》卷2:“保定巡抚,顺治十六年裁。”林涓《清代的巡抚及其辖区变迁》(见《历史地理》第20辑)认为,顺治六年八月裁保定巡抚,辖地并入三省总督(《清世祖实录》卷45)。笔者按:据《清实录》,乃将真保巡抚改为总督衙门,不是废掉保定巡抚而改属云云,姚文然奏言原文“……即将真保巡抚改为总督衙门……”(《清实录》第三册,第361页下),并无裁撤保定巡抚之意(“真保巡抚”之称,参见《钦定历代职官表》卷50《总督巡抚表》;《清朝通典》卷33《职官十一》“正保巡抚”)。

[13]《清朝文献通考》卷183《兵考五》,“(顺治)八年裁宣府巡抚,并于宣大总督”;卷269《舆地考一》,“八年裁宣府巡抚,并于宣大总督”。《清国史·地理志》卷2:“宣府巡抚,顺治八年裁。”嘉庆朝《大清会典事例》卷20:“(顺治)八年,裁宣府巡抚,归并宣大总督管理。”林涓《清代的巡抚及其辖区变迁》认为裁于顺治九年,依据是《世祖实录》卷64“顺治九年四月丁未”条:“户部以钱粮不敷,遵旨会议,一山东登莱巡抚宜裁,一宣府巡抚宜裁,以总督兼理。”笔者按:据钱实甫《清代职官年表》第1522~1523页,顺治八年有宣府巡抚冯圣光,顺治九年四月丁未始免,故林涓之说至确。

[14]《清朝文献通考》卷272《舆地考·山东省四》:顺治五年,定山东与直隶河南共一总督,十五年裁三省总督。《清朝文献通考》卷184《兵考六·直省兵》谨按:顺治元年设山东巡抚,驻济南府;五年山东与直隶河南共一总督,驻直隶之大名府,兼辖山东;十六年,裁三省总督。《清史稿》卷197《疆臣年表一》内,顺治六年始有直隶山东河南总督,至顺治十五年五月裁。

[15]清内府朱丝栏写本(204卷本)《皇朝地理志》卷2:“顺治五年置直隶山东河南总督,治大名,十六年改巡抚。”《清国史·地理志》卷2:“顺治五年置直隶山东河南总督,十六年改为直隶巡抚。”明言巡抚由总督改,但年份差一年,原因待考。

[16]《清世祖实录》卷117顺治十五年五月乙丑,“议政王、贝勒、大臣会推直省总督,

得旨:向因地方初定,特设直省总督,以资弹压,今可不设,但直隶八府幅员辽阔,着再添巡抚一员,分行管理,其驻扎处所及管辖地方,吏部酌议妥确并应用抚臣,即行会推具奏”(第三册,第 916 页下);卷 119 顺治十五年七月己酉,“以礼部右侍郎潘朝选为兵部左侍郎兼都察院右副都御史,巡抚保定”(第三册,第 923 页上)。嘉庆朝《大清会典事例》卷 20:“(顺治)十五年,裁直隶山东河南总督一人,改为直隶巡抚,仍驻大名府。”

[17]一说顺治十三年裁撤,《清朝文献通考》卷 184《兵考六》,“谨按:顺治二年设山西巡抚,驻太原府;又设宣大总督,驻大同府之阳和城,十三年裁宣大总督,改设山西总督驻大同府”;同卷又说,“十三年裁宣大总督”;卷 273《舆地考五》,“复仍明制,设宣大总督,驻大同府之阳和城,顺治十三年裁宣大总督,改置山西总督”。一说顺治十五年裁撤,《清世祖实录》卷 119 顺治十五年七月己亥:“裁宣大总督。”(第三册,第 922 页下)《清史稿》卷 197《疆臣年表一》,顺治十五年七月裁宣大总督。《清国史 · 地理志》卷 2:“顺治十三年裁。”笔者按:考钱实甫《清代职官年表》第二册,第 1348 ~ 1349 页,顺治十三年宣大总督有马之先、张悬锡,顺治十四年宣大总督有张悬锡、卢崇峻,顺治十五年七月之前仍有宣大总督卢崇峻,则十五年裁撤之说甚确。

[18]《清朝文献通考》卷 269《舆地考一》:“(顺治)十三年裁宣大总督,以宣府属于顺天巡抚。”嘉庆朝《大清会典事例》卷 20:“(顺治)十三年裁宣大总督,以宣府属顺天巡抚管理。”

[19]《清朝文献通考》卷 269《舆地考一》:“(顺治)十八年设直隶总督驻大名。”雍正《畿辅通志》卷 60《职官》:“(顺治)十八年,设直隶总督于大名。”《清史稿》卷 197《疆臣年表一》内,顺治十八年十月始有直隶总督苗澄。《清国史 · 地理志》卷 2:“十八年增置直隶总督,亦治大名。”

[20]《清会典事例》卷 901:“直隶总督兼管河道总督,所治为北河。”(《清会典事例》第 10 册,第 401 下 ~ 403 页,中华书局 1991 年影印版,下同)《嘉庆重修一统志》卷 5《直隶统部》“直隶总督”条,“旧有副总河一员,乾隆元年裁,以总督兼管河务”。嘉庆朝《大清会典事例》卷 20 作“乾隆二年裁直隶副总河,由总督兼管”。

[21]嘉庆朝《大清会典事例》卷 20:顺治十八年“又题准:直隶已设总督,其顺天、保定两巡抚应裁去一员。奉旨:顺天巡抚着裁去,顺天等处地方着保定巡抚兼管”。《盛京通志》卷 79《国朝人物十五》:“王登联,奉天人,隶镶红旗汉军。顺治六年知河南。郑州巡抚吴景道荐其有德有材,擢山东济南道。十七年授保定巡抚,十八年裁顺天巡抚,以登联兼理其事。”《盛京通志》卷 203《人物志八十三》:“(顺治)十八年圣祖仁皇帝御极,裁顺天巡抚,以登联兼理其事。”所以,《清朝文献通考》卷 183《兵考五》“(顺治)十八年裁顺天巡抚”和卷 269《舆地考一》“康熙初裁顺天巡抚”的记载并不矛盾,因为顺治十八年正月顺治帝死,康熙即位,废顺天巡抚在该年十月。《清世祖实录》卷 5 顺治十八年十月

辛酉，“吏部题：直隶已设总督，其顺天、保定两巡抚应裁去一员。得旨：顺天巡抚着裁去。韩世琦调江宁巡抚，其顺天等处地方着保定巡抚王登联兼管”（《清实录》第四册，第92页下）。《清国史·地理志》卷2：“顺天巡抚，康熙初裁。”《清史稿》卷201《疆臣年表五》，顺治十八年十月辛酉裁顺天巡抚。

[22]关于史事记载，典籍或误。《清朝文献通考》卷183《兵考》：（顺治）十六年改直隶山东河南三省总督为直隶巡抚，仍驻大名府；十七年移直隶巡抚驻正定府。雍正《畿辅通志》卷60《职官》：“十六年改三省总督为直隶巡抚，仍驻大名；十七年巡抚移驻正定。”笔者按：两书记载有误。《清史稿》卷197《疆臣年表一》总督内，顺治十五年裁直隶山东河南三省总督，并无改巡抚事；且卷201《疆臣年表五》巡抚内，明言顺治十五年五月裁直隶总督而分设顺天、保定二巡抚，顺治十六年有顺天巡抚祖重光、保定巡抚潘朝选。

[23]《清世祖实录》卷5顺治十八年十二月壬子：“命保定巡抚移驻真定府。”（《清实录》第四册，第98页上）《清国史·地理志》卷2：“直隶巡抚，（顺治）十七年移治真定。”嘉庆朝《大清会典事例》卷20：“（顺治）十七年改直隶巡抚，自大名府移驻真定府。”笔者按：应以《清实录》为准。

[24]《清朝文献通考》卷85《职官考》，“谨案总督，初设直隶、山东、河南各一人，康熙四年并为三省总督”；卷269《舆地考一》，“（康熙）四年复改直隶总督为三省总督，仍驻大名”。关于总督的全称，或云直隶山东河南三省总督，或云直隶河南山东总督，不固定。《八旗通志》卷201《人物志八十一》：“朱昌祚，汉军镶白旗人，康熙三年六月擢福建总督，以丁忧未之任，四年特起直隶山东河南三省总督。”乾隆《山东通志》卷27《宦绩志》：“朱昌祚字云门，高唐州人，初以奉天籍，康熙四年任直隶河南山东三省总督。”雍正《河南通志》卷54《名宦》：“朱昌祚，辽东人，三省总督。”《八旗通志》卷201《人物志八十一》：白秉贞，锦州人，隶镶白旗汉军。康熙六年累升直隶河南山东总督；同书卷339《八旗大臣题名》：白秉贞，汉军镶白旗人，康熙六年正月任直隶山东河南总督，八年九月休。《清史稿》卷197《疆臣年表一》内，康熙四年五月设直隶山东河南三省总督。嘉庆朝《大清会典事例》卷20：“康熙三年谕：直隶、山东、河南三省设一总督，管三省事……伊等应驻何地，着确议具奏，钦此……遵旨议定，直隶山东河南三省总督应驻大名府。”

[25]《清圣祖仁皇帝实录》卷20康熙五年十二月庚申，提及“（直隶）总督朱昌祚、巡抚王登联”；卷21康熙六年正月丙戌，“以顺天府府尹甘文焜为直隶巡抚”。据《清史稿》卷201《疆臣年表五》，康熙五年十二月尚有保定巡抚王登联，而次年正月则有直隶巡抚甘文焜。《八旗通志》卷207《人物志八十七》，“甘文焜，其先江西丰城人，后迁沈阳……入关，隶正蓝旗汉军。文焜由兵部笔帖式累迁礼部启心郎，圣祖仁皇帝御极改大理寺少卿，康熙二年迁顺天府尹，六年正月授直隶巡抚”；卷304，“甘文焜，汉军正蓝旗人，康熙六年正月任保定巡抚，七年十二月升云贵总督”。则知《清史稿·地理志》载“保定巡抚，顺治

十六年裁”无据。同治《畿辅通志》卷32所载顺治十六年“直隶巡抚”为追记。

[26]《清圣祖实录》卷30康熙八年七月壬辰：“裁直隶山东河南总督缺。”（第四册，第410页下）《清朝文献通考》卷184《兵考六·直省兵》：康熙元年设山东提督，驻青州府，四年复统于驻扎直隶之三省总督；五年移山东提督驻济南府；八年仍裁三省总督。《清朝文献通考》卷269《舆地考一》：（康熙）八年裁三省总督，以直隶巡抚自真定移驻保定。《清朝文献通考》卷272《舆地考·山东省四》：康熙四年复设三省总督，仍驻直隶之大名府，八年复裁。《清史稿》卷197《疆臣年表一》内，康熙八年七月裁直隶山东河南总督。

[27]《清朝文献通考》卷183《兵考》，“（康熙）八年裁三省总督，以直隶巡抚自正定府移驻保定府”；卷269《舆地考一》，“（康熙）八年裁三省总督，以直隶巡抚自真定移驻保定”。雍正《畿辅通志》卷60《职官》：“（康熙）八年裁三省总督，巡抚自正定移驻保定府。”嘉庆朝《大清会典事例》卷20，“直隶总督一人，驻保定府”；“（康熙）八年，裁直隶山东河南三省总督一人，改直隶巡抚自真定移驻保定府”。

[28]雍正《畿辅通志》卷13《建置沿革》：“康熙八年设守道、巡道各一员。”

[29]雍正《畿辅通志》卷13《建置沿革》：康熙三十二年，改宣府镇为宣化府。乾隆续修《大清一统志》卷三《直隶统部》：康熙三十二年，改宣府镇为宣化府。《清朝文献通考》卷269《舆地考一》，（康熙）三十二年，改宣府镇为宣化府。《清会典事例》卷26：康熙三十二年“改直隶宣府镇置宣化府，设知府，通判，经历司狱等官”（《清会典事例》第一册，第329页下）。《清国史·地理志》卷2：“康熙三十二年改宣府镇为宣化府，以延庆、保安二州属之。”

[30]《清会典事例》卷28康熙三十二年：“改直隶宣府镇置宣化府，改东路置保安、延庆二州，属宣化府……又改山西蔚州隶宣化府。”（《清会典事例》第一册，第358页下）。乾隆续修《大清一统志》卷24“延庆州”条，“本朝初属宣府镇，为东路，康熙三十二年属宣化府，乾隆二十六年裁延庆卫所辖地，并入州”；同卷“保安州”条，“永乐十三年复置保安州，直隶京师；本朝初属宣府镇，为东路，康熙三十二年属宣化府”。

[31]雍正《畿辅通志》卷60《职官》：（康熙）五十四年，直隶巡抚加总督衔，仍管巡抚事，六十年巡抚罢加总督衔。《清朝文献通考》卷269《舆地考一》：（康熙）五十四年直隶巡抚加总督衔仍管巡抚事。嘉庆朝《大清会典事例》卷20：“（康熙）五十四年定直隶巡抚兼总督衔，六十年停直隶巡抚兼总督衔。”

[32]因避雍正帝嫌名之讳而改。《皇朝通典》卷90《州郡一》：“雍正元年改真定府为正定府。”《清朝文献通考》卷269《舆地考一》，“雍正元年，改真定府为正定府”；卷270《舆地考二》，“雍正元年改名正定府”。《嘉庆重修一统志》卷27正定府《建置沿革》：“明洪武初复曰真定府，直隶京师；本朝初因之，雍正元年，改名正定府。”《清国史·地理志》

卷5《正定府》:“国初因明制曰真定府……雍正元年改府曰正定。”

[33]《清朝文献通考》卷269《舆地考一》:(雍正)二年改直隶巡抚为直隶总督。雍正《畿辅通志》卷60《职官》:“今上雍正二年升直隶巡抚为直隶总督,仍驻保定府,巡抚不复设。”查钱实甫《清代职官年表》第1388页,首任直隶总督李维钧,系由直隶巡抚迁任。《清国史·地理志》卷2:“雍正二年复改巡抚为总督,始如今制。”《清会典事例》卷590:“直隶总督,节制一提督七镇,驻扎保定府,保定城守营参将一人(驻扎保定府)……新雄营都司一人(驻扎新城县)……涿州营参将一人(驻扎涿州)……拱板营游击一人(驻扎拱极城)……良乡营守备一人(驻扎良乡县)。”(《清会典事例》第七册,第629页上)

[34]雍正《畿辅通志》卷13《建置沿革》:雍正二年以守道为布政司,巡道为按察司;卷59《职官》:“今上御极,特仿唐人京畿采访遗意,置布、按二司,又增设河道总督。”《清朝文献通考》卷269《舆地考一》:(雍正)二年改直隶巡抚为直隶总督,复改守道为直隶承宣布政使司,巡道为直隶提刑按察使司,俱驻保定。乾隆《大清会典则例》卷51《户部俸饷上》:雍正三年议准直隶巡抚改为总督,守、巡二道改为布、按二司。四库全书所收《朱批谕旨》卷10下朱批利瓦伊钧奏折:雍正二年十二月十一日直隶总督利瓦伊钧奏,“守巡二道缺已荷特旨改升藩臬两司”。

[35]《清朝文献通考》卷269《舆地考一》:(雍正二年)冀、赵、深、定、晋五州为直隶州。雍正《畿辅通志》卷13《建置沿革》:升正定府属之定冀晋赵深五州俱为直隶州。续修《大清一统志》卷3《直隶统部》:雍正二年升正定府之定、冀、晋、赵、深五州为直隶州。《清国史·地理志》卷2:“(雍正)二年,增置直隶州五:定、冀、晋、赵、深。”

[36]《清朝文献通考》卷269《舆地考一》:(雍正二年)又于边外增置张家口理事同知厅。《清国史·地理志》卷2:“(雍正二年)又置张家口厅。”按:口北三厅,俱视为直隶厅。

[37]《清朝文献通考》卷269《舆地考一》:(雍正)三年改天津卫为直隶州。续修《大清一统志》卷3《直隶统部》:雍正三年改天津卫为直隶州。雍正《畿辅通志》卷13《建置沿革》:雍正三年改天津卫为直隶州。《清国史·地理志》卷2:“(雍正)三年升天津卫为直隶州。”

[38]续修《大清一统志》卷3《直隶统部》:雍正七年升河间府之沧州为直隶州。雍正《畿辅通志》卷13《建置沿革》:雍正七年升河间府属之沧州为直隶州。《清国史·地理志》卷2:“(雍正)七年升沧州为直隶州。”

[39]见《清世宗实录》卷101“雍正八年十二月己亥”条,《清实录》第八册,第337页上。《钦定历代职官表》卷59《河道各官表》:“直隶河道总督,掌漳卫入运归海、永定河疏浚堤防之事,雍正八年置,以直隶总督兼管。”乾隆朝《大清会典则例》卷131《工部》:“(雍正)八年议准设直隶河道总督一人。”笔者按:雍正八年并设协办一人,后改直隶副总河,

驻固安(《养吉斋丛录》)。乾隆元年裁副总河,以直隶总督兼管河务,直隶河道出现总督与总河并管河务的局面,见《清高宗实录》卷17“乾隆元年四月辛巳”条,《清实录》第九册,第440页下。

[40]《清朝文献通考》卷269《舆地考一》:(雍正)九年复升天津州为府,以沧州属之。续修《大清一统志》卷3《直隶统部》:雍正九年复升天津州为府,以沧州属之。雍正《畿辅通志》卷13《建置沿革》:雍正九年更置天津府。《清国史·地理志》卷2:“(雍正)九年直隶天津州升为府,以沧州属之。”

[41]雍正《畿辅通志》卷13《建置沿革》:雍正九年复改天津州为府,降直隶沧州为州。《清国史·地理志》卷2:“(雍正)九年直隶天津州升为府,以沧州属之。”

[42]《清朝文献通考》卷269《舆地考一》:(雍正)十年,于边外增置八沟理事同知,及多伦诺尔理事同知厅。《清国史·地理志》卷2:“(雍正)十年置多伦诺尔厅。”

[43]雍正《畿辅通志》卷13《建置沿革》:十一年置热河承德州。《清朝文献通考》卷269《舆地考一》:(雍正)十一年于热河置直隶承德州。《清朝通典》卷90《州郡一》:“(雍正)十一年于热河置直隶承德州。”《清国史·地理志》卷2:“(雍正)十一年,改热河厅为直隶承德州。”

[44]易州升为直隶州的年份,有雍正十一年、十二年、十三年三说。《清国史·地理志》卷2:“(雍正)十一年,改热河厅为直隶承德州,又升易州为直隶州。”雍正《畿辅通志》卷13《建置沿革》:雍正十二年升保定府属之易州为直隶州并辖山西之广昌县。《清朝文献通考》卷269《舆地考一》:(雍正)十二年升保定府属之易州为直隶州。《清朝通典》卷90《州郡一》:“(雍正)十二年升保定府属之易州为直隶州。”续修《大清一统志》卷3《直隶统部》:雍正十三年升保定府之易州为直隶州,并辖山西之广昌县。笔者按:《清世宗实录》卷137雍正十一年十一月“升直隶保定府属易州为直隶州,以保定府之涞水及山西省之广昌二县隶之,从直隶总督李卫请也”(《清实录》第八册,第753页上)。当以《实录》为准。

[45]《清朝文献通考》卷269《舆地考一》:(雍正十二年)又于边外增置独石口理事同知厅,与张家口厅、多伦诺尔厅,并直隶于口北道。《清国史·地理志》卷2:“(雍正)十二年又置独石口厅。”

[46]《清世宗实录》卷141雍正十二年三月甲辰:“改直隶晋州及州属之无极、藁城二县,定州属之新乐县,俱仍隶正定府管辖,分保定州属之深泽县隶定州管辖,添设正定府平山县洪子店巡检一员。”(《清实录》第八册,第784页)雍正《畿辅通志》卷13《建置沿革》:雍正十二年复降直隶晋州为州。乾隆《正定府志》卷2《地理上·沿革》:“雍正十二年,复以晋州无极、藁城、新乐还隶正郡……十二年,复以晋州、无极、藁城、新乐一州三县还隶焉。”续修《大清一统志》卷3《直隶统部》:雍正十三年晋州仍属正定。《嘉庆重修一

统志》卷27正定府《建置沿革》:“雍正十三年以晋州及所属无极、藁城二县并定州之新乐复来属。”(按:《一统志》“十三”为“十二”之误)

[47]关于更改时间的考证。乾隆二年前,北河总河上奏时衔名均为“直隶河道水利总督”,而乾隆二年之后自顾琮始,历任北河总河上奏时衔名均为“直隶河道总督”。在刘勷和顾琮被任命为北河总河时的谢恩奏折里,记载分明。雍正十三年底,乾隆帝给刘勷的圣旨中写的是“刘勷补授直隶河道水利总督”,而乾隆二年给顾琮的是“直隶河道总督印务着顾琮暂行署理”。据此可推断,乾隆二年时,因圣旨中用字不同,礼部给刘勷和顾琮铸造的关防也有区别,所以自乾隆二年后,历任北河总河都使用“直隶河道总督”的衔名。

[48]此事记载较为紊乱,稍作梳理。《清高宗实录》卷17乾隆元年四月下辛巳“裁直隶副总河缺,以直隶总督兼管河务”(《清实录》第九册,第440页下)。《清会典事例》卷902:“乾隆十四年裁直隶省河道总督,以直隶总督兼管河事。”(《清会典事例》第十册,第412页上)《清朝续文献通考》卷133记载同。但是,《清高宗实录》卷149“乾隆六年八月己酉”条又云:“直隶河道必须总督一人兼理,事权归一,始于河务民生均有裨益。高斌系熟悉河务之人,今补授直隶总督,河工一切机宜俱着伊相度办理。”(《清实录》第十册,第1140页)按:今从后者。又,乾隆十年七月至十二年四月间直隶总督未兼河道总督职务,而由吏部尚书高斌兼任直隶河道总督,吏部尚书刘于义亦曾协理、署理,见《清高宗实录》卷244“乾隆十年七月乙酉”条(《清实录》第十二册,第157页上),《清高宗实录》卷270“乾隆十一年七月丁酉”条(《清实录》第十二册,第516页)。

[49]《清朝文献通考》卷269《舆地考一》:(乾隆)七年罢承德州,改置喀喇河屯理事通判厅,与热河厅、八沟厅、四旗厅、塔子沟厅,并直隶于热河道。《清朝通典》卷90《州郡一》:“乾隆七年罢承德州,改置热河厅。”

[50]《清朝文献通考》卷269《舆地考一》:(乾隆)八年,升顺天府属之遵化州为直隶州。《清会典事例》卷1090:乾隆八年“升遵化州为直隶州知州,以丰润、玉田二县属之,不领于顺天府”(《清会典事例》第十一册,第912页上)。《清高宗实录》卷196乾隆八年七月上辛巳“请将遵化州照易州之例,升为直隶州,其附近之玉田、丰润二县改归遵化直隶州统辖”(《清实录》第十一册,第522页下)。《清会典事例》卷152:乾隆八年升遵化州为直隶州,以永平府属之玉田、丰润二县隶州属(《清会典事例》第二册,第926页下)。《清国史·地理志》卷2:“(乾隆)八年升遵化为直隶州。”

[51]见《清高宗实录》卷337“乾隆十四年三月丁丑”条,《清实录》第十三册,第645页下。按:乾隆十二年四月,直隶河道总督印务又交由直隶总督兼管,见《清高宗实录》卷288“乾隆十二年四月己巳”条,《清实录》第十二册,第762页上。

[52]《清朝文献通考》卷269《舆地考一》:“(乾隆)二十八年谕:直隶总督官衔,照四

川总督之例，兼管巡抚事务。”

[53]《清朝文献通考》卷269《舆地考一》:(乾隆)四十三年升热河厅为承德府，以喀喇河屯、八沟、四旗、乌兰哈达、塔子沟、三座塔等厅，置县属之。《乾隆御制诗五集》卷83《古今体六十九首·癸丑七》:丙申复升热河厅为承德府，辖一州五县。《清国史·地理志》卷2:“(乾隆)四十三年升热河厅为承德府。”

[54]《清文宗实录》卷338咸丰十年十二月中丁丑:“谕内阁:前因恭亲王奕䜣等奏请将长芦盐政一缺裁撤，归直隶总督兼管等语。当交户部议奏。兹据奏称:长芦盐务，改直隶总督统辖，可期全纲整饬等语。长芦盐政一缺，着即裁撤，所有督办运课事宜统归直隶总督管理。”按:《清史稿·职官三·总督巡抚·直隶总督》作咸丰三年者误。

[55]《穆宗毅皇帝实录》卷286同治九年七月丁丑，“谕崇厚奏体察津郡现时情形拟即来京陛见一折，崇厚着即来京，其三口通商大臣一缺着毛昶熙暂行署理。崇厚即将关防交毛昶熙接收，毋庸携带来京，津门应办事宜仍着曾国藩、毛昶熙懔遵叠次谕旨妥速筹办。将此各谕令知之”;卷293同治九年十月壬子，“又谕总理各国事务衙门奏遵议毛昶熙请撤三口通商大臣条陈一折。洋务海防，本直隶总督应办之事，前因东豫各省匪踪未靖，总督远驻保定，兼顾为难，特设三品通商大臣驻津筹办，系属因时制宜;而现在情形，则天津洋务海防较之保定省防关紧尤重，必须专归总督一手经理，以免推诿而专责成。着照所议。三口通商大臣一缺即行裁撤，所有洋务海防各事宜着归直隶总督经管，照南洋通商大臣之例，颁给钦差大臣关防，以昭信守，其山东登莱青道所管之东海关、奉天奉锦道所管之牛庄关均归该大臣统辖。通商大臣业已裁撤，总督自当长驻津郡，就近弹压，呼应较灵，并着照所议。将通商大臣衙署改为直隶总督行馆，每年于海口春融开冻后移扎天津，至冬令封河再回省城。如天津遇有要件亦不必拘定封河回省之制。李鸿章现任直隶总督，当懔遵此次改定章程，将洋务事宜悉心筹画，海防紧要，尤须统筹全局，选将练兵，大加整顿，铭军酌留若干营，曾否定议，杨村河西务王庆坨等处，应否修筑炮台，拨营分驻，均着该督酌度情形，妥为筹办，畿辅水利，本宜讲求，而畿东尤亟，应如何设法宣泄，以利农田而固封守，着该督慎选贤能之吏，次第兴办”(《清实录》第五十册，第1051页下);卷293同治九年十月下庚申，“谕内阁、前据总理各国事务衙门奏、遵议尚书毛昶熙请撤三口通商大臣条陈。当谕令李鸿章妥筹应办各事宜。兹据该督酌议章程具奏，天津地方紧要，自宜因时变通。三口通商大臣一缺，着即行裁撤，所有应办各事宜均着归直隶总督督饬该管道员经理。即由礼部颁给钦差大臣关防，用昭信守，并着该督于每年海口春融开冻后移扎天津，冬令封河再回省城。倘遇有紧要事件，必须回省料理，亦准其酌度情形，暂行回省，事竣仍赴津郡，以资兼顾。其山东登莱青道所管东海关、奉天奉锦道所管牛庄关，均归该督统辖”;卷321同治十年十月庚午“谕军机大臣等:李鸿章奏、酌派练军营勇分路巡缉一折。本年直隶地方被灾较重……本年封河后，该督应否仍驻天津暂缓

回省之处，着酌量情形”；卷 324 同治十年十一月下“又谕、李鸿章奏、请饬催新授藩司迅速赴任等语。……直隶地方紧要，政务殷繁，各属被灾地方亟须加意抚绥。来春总督应驻天津，保定一切公事尤赖藩司经理。着瑞麟传知该员务于开春后即行雇搭轮船，由海道迅速赴任，毋稍迟延。将此谕令知之”。

[56]佟佳江著《清史稿订误》第 4 页谓，《清史稿·地理志》的“朝阳升府时间抄自《续通考·舆地考一》：‘(朝阳)本承德府属县……光绪三十年升府。’光绪二十九年四月初五日，热河都统锡良《热河所属度地添设府县情形片》(见《锡良遗稿》上册)，奏准设立朝阳府及阜新、建平二县，划热河承德府属建昌县来属。伪‘满洲事情案内所’编《满洲国各县事情》(1939 年)及日人山田久太郎《满蒙都邑全志》，皆谓朝阳县于光绪二十九年升府。民国《建平县志》卷 2，‘光绪二十九年冬，析平泉州之东北境、喀喇沁右翼旗之旧牧地，置建平县’。故，光绪二十九年朝阳县升府并置府属建平县”(吉林大学出版社 1991 年版)。

[57]《清德宗实录》卷 585 光绪三十三年十二月下戊寅，升热河赤峰县为直隶州，添设开鲁、巴西、绥东三县(《清实录》第五十九册，第 730～731 页)。《清朝续文献通考》卷 305：光绪三十三年升赤峰县为直隶州。《清史稿·地理志》也作光绪三十三年升赤峰县为直隶州。佟佳江著《清史稿订误》第 5 页引《光绪朝东华录》(五)，作光绪三十四年二月。笔者按：光绪三十三年十二月戊寅，换算成日期为当年十二月二十一日，已属年尾，故佟佳江之说较合常理。

[58]即保定、承德、朝阳、永平、河间、天津、正定、顺德、广平、大名、宣化十一府，再加上顺天府。

[59]即遵化、易、冀、赵、深、定、赤峰。

[60]即张家口、独石口、多伦诺尔。

[61]即通、涿、霸、蓟、昌平、祁、安、沧、景、滦、晋、磁、开、蔚、延庆、保安、平泉。《清史稿·地理志》作散州九，误。

[62]即围场厅。

[63]《清朝续文献通考》卷 305 直隶省“凡领府十一，直隶厅三，直隶州七，散厅一，散州十二，县一百有九”。《清国史·地理志》卷 2：“今京尹而外，领府十、直隶厅三、(直隶)州六、厅一、(散)州十七、县一百二十二。”谭其骧《〈清史稿地理志〉校正(一)》：“实查散州凡一十二：祁、安、晋、开、磁、沧、景、平泉、蔚、延庆、保安、滦，并顺天所领通、昌平、涿、霸、蓟五州共一十七；凡县一百零八，并顺天所领一十九，共一百二十七。”(见《长水集》上册第 188 页，人民出版社 1987 年版)笔者按：宣统三年时，顺天府辖 19 县、保定府辖 14 县、承德府辖 3 县、朝阳府辖 4 县、永平府辖 6 县、河间府辖 10 县、天津府辖 6 县、正定府辖 13 县、顺德府辖 9 县、广平府辖 9 县、大名府辖 6 县、宣化府辖 7 县，遵化直隶州辖 2

县、易州直隶州辖 2 县、冀州直隶州辖 5 县、赵州直隶州辖 5 县、深州直隶州辖 3 县、定州直隶州辖 2 县、赤峰州直隶州辖 2 县，以上总计 127 县。

[64]新修《清史·地理志》于直隶省各府州厅之排序，笔者研究后得出的初步结论如下：

清朝直隶省各府、厅、州之排序

典籍		府级政区名称																			
		顺天府	保定府	正定府	大名府	顺德府	广平府	天津府	河间府	承德府	朝阳府	赤峰直隶州	宣化府	口北三厅	永平府	遵化直隶州	易州直隶州	冀州直隶州	赵州直隶州	深州直隶州	定州直隶州
《大清会典》卷18（康熙朝）		1	3	5	8	6	7		4						2						
《皇朝文献通考》卷269		1	2	6	9	7	8	5	4				10		3	11	12	13	14	15	16
《皇朝通典》卷90			1	5	8	6	7	4	3	10			9		2	11	12	13	14	15	16
《皇朝通志》卷24		1	2	6	9	7	8	5	4	11			10		3	12	13	14	15	16	17
《全国官缺表》		1	2	6	9	7	8	5	4				10		3	11	12	13	14	15	16
《乾隆府厅州县图志》		1	2	7	10	8	9	6	5	3			11		4	12	13	14	15	16	17
一统志	初修	1	3	6	9	7	8	5	4	16			10		2		11	12	13	14	15
	续修	1	2	6	9	7	8	5	4	11			10		3	12	13	14	15	16	17
	重修	1	2	6	9	7	8	5	4	11			10		3	12	13	14	15	16	17
畿辅通志	雍正，卷13、14	1	3	6	9	7	8	5	4				10		2		11	12	13	14	15
	同治，卷16	1	2	7	10	8	9	6	5	3			11		4	12	13	14	15	16	17
《清国史·地理志》		1	2	7	10	8	9	6	5	3			11	12	4	13	14	15	16	17	18
《清续文献通考》		1	2	4	7	5	6	9	8	12	13	14	10	11	3	15	16	17	18	19	20
《清史稿·地理志》		1	2	3	4	5	6	7	8	9	10	11	12	13	14	15	16	17	18	19	20

说明：《全国官缺表》是指刘子扬著《清代地方官制考》（紫禁城出版社 1994 年版）第 459 页至第 523 页附有根据中国第一历史档案馆两件档案编成的《全国各省府州县官缺一览表》。又，所列府级政区是清末建置，非前、中期名称。

关于直隶省府、州、厅排序的结论：综合上述文献排序，本着先府、后直隶厅、再直隶州的原则，排序应是：顺天、保定、承德、永平、河间、天津、正定、顺德、广平、大名、宣化、朝阳十二府；口北三厅；遵化、易、冀、赵、深、定、赤峰七直隶州。

疑问和说明：①表内各种地理志书中，没有一部典籍是按照道的范围来排序的。②若以道序来排，如果省会所在的清河道优先，清河道有保定、正定二府和易、赵、深、定、冀五直隶州，比省会还重要的顺天府怎么办？承德府放正定府后面？直隶州放在各府的前面？③若以首都优先，以通永道排第一，则通永道包括了顺天府、永平府、遵化直隶州，但是永平府怎么也不能排在保定府之前的，而遵化直隶州放在保定、承德诸府的前面？④所以，依道序来排列府、直隶厅、直隶州序的设想，于直隶省恐怕是不成立的。⑤于是，笔者自己排序如上结论。

[65]本志体例，在省级叙述中加“省城”一项，只陈述城垣，如城周、城门等，如《大清一统志》“城池”一项。或曰：宜改为“省会”或“省治”。笔者按：“省城”非指省会。如写省会，则还必须要讲衙署、人口、市街……彼乃《城市志》之任务。“省会”“省治”之说固然存在，然“省城”一词大量见于清代官方文书中，如上谕、圣训、朱批谕旨、臣工奏议、钦定方略、会典、会典则例、大清律例、清三通、省级通志、八旗通志等，可举三例：①《钦定大清会典则例》卷110：“又题准甘肃河州土司苏成威凶横不法，题参革职，迁往河南省城，在提镇驻扎地方安插，改设流官管辖。”②《清朝通志》卷89：“又开盛京、江西、河南、湖广省城及湖广之荆州、常德二府铸局，五年开江南之江宁府铸局。”③四库全书所收《朱批谕旨》卷61：雍正四年二月二十四日广西巡抚汪漋奏：“因左江总兵官驻扎南宁府，与桂林省城相距甚远。”故不可将“省城”改为“省会”或“省治”。

[66]北岳原为直隶曲阳大茂山，顺治末改祀于山西浑源。明《礼部志稿》卷84有《北岳改祀近地》一篇。《明经世文编》卷417，有沈鲤《议改北岳疏》。又见清张崇德《恒岳志》卷上。齐召南《水道提纲》卷3《清水河》：“唐县西北大茂山，即古北岳。”

[67]凡河流所经，用“迳”字。项目组曾反复讨论，在《细则》中规定：“某水，东南西北(方位)自某地入，方位‘迳’(不用‘经’)某地。”普通历史地理学工作者都知道，这个字是郦道元《水经注》的常用字。

[68]《清文宗实录》卷99咸丰三年七月乙巳：“据称河北形势，以清华镇、临洺关为最要，该处均有大军驻扎。”(《清实录》第四十一册，第435页)

[69]参见某某篇的写法，是戴逸主任的提议。特此说明。

[70]此为旧稿原有。在“行宫”与“主要商埠”之间，原有“园林”一目。2008年10月12日在典志组组长撮合下，《地理志》与《京师志》达成共识，《地理志》不再描述京师，故这段正文在正式定稿中将被删除。

[71]雍正《畿辅通志》卷37《盐政》：长芦之盐，有由煎而成者，其旧有四场，曰阜民、曰石碑、曰济民、曰归化是也。今则阜民场荒矣。有由晒而成者，其旧有九场，曰兴国、曰利民、曰富国、曰富民、曰海丰、曰深州海盈、曰阜财、曰利国、曰严镇是也。今则富国、富民、深州海盈亦荒矣。若丰财、越支、芦台三场，其旧半煎而半晒，今则芦台如故，而丰财晒、越支煎矣。《嘉庆重修一统志》卷25《天津府二》：盐场在府界者凡十：富国场在天津县东，兴国场在静海县高家庄，丰财场在沧州葛沽，利民场在毕孟镇，严镇场在同居镇，俱

属沧州;阜民场在常葛镇,利国场在韩村,海丰场在杨二庄,富民场在崔家口,阜财场在高家湾,俱属盐山县。

[72]“石家庄”之名,世谓民国始见,实则清末已见于舆图标示。德国庋藏 Kart. E. 1951/11 - 20 晚清《获鹿县舆地全图》中,于县治东偏南绘出聚落“石家庄”(今石家庄市旧火车站附近)。

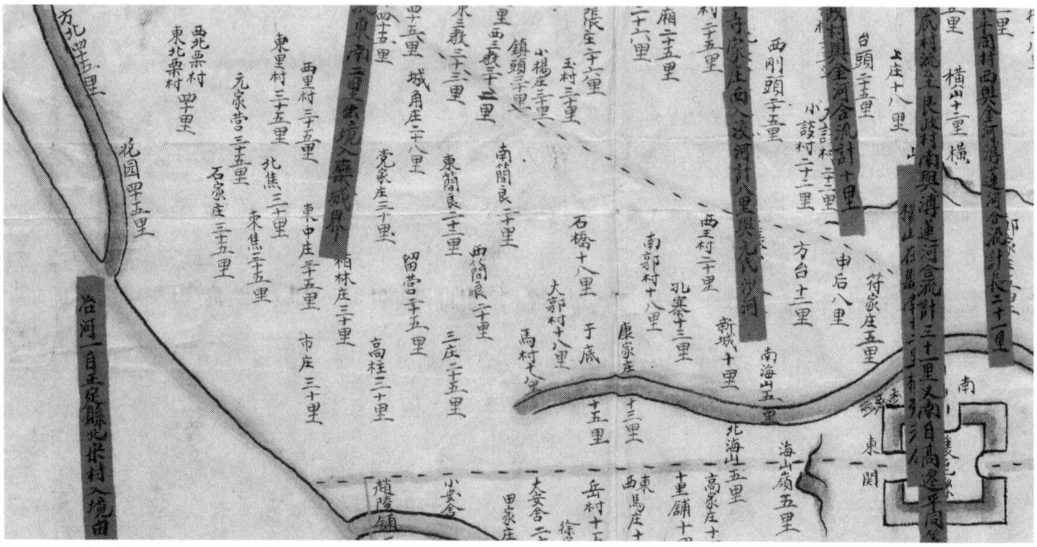

[73]刘师培著《中国地理教科书》第六课《直隶省总论(上)》,见《刘申叔遗书》下册,江苏古籍出版社 1997 年版,第 2329 页,据宁武南氏 1934—1936 年校印之《刘申叔先生遗书》重印。

(作者单位:中国人民大学清史研究所)

三、历史聚落与人口地理

历史时期西安城市发展的限制性地理因素分析

王社教

城市的形成和发展需要一定的地理条件支撑。这里的地理条件，既包括城市所处的地理位置条件，也包括城市所在的区域自然地理条件和区域经济地理条件。城市的地理位置是城市对于其以外的某些客观存在的地理因素的结合，包含数理地理位置、自然地理位置、经济地理位置、政治地理位置等。城市所在的区域自然地理条件包含地质地貌、气候水文、土壤植被等自然地理要素，城市所在的区域经济地理条件是区域自然地理条件的衍生转化，包含自然资源的丰饶度及其组合、区域人口的构成和质量、区域经济发展的水平、区内之间和与区外物资交流的通达性等。这些地理条件提供城市形成和发展所必需的人类生存环境、能源供应和人口支撑。当这些地理条件的某些方面不足以支撑或者开始制约一个城市的继续发展时，这些地理因素便成为这个城市发展的限制性因素。

过去的城市地理和城市史研究对城市形成和发展的优势地理因素分析较多，对城市发展的限制性地理因素讨论较少，地理学中对限制性地理因素这一概念也没有一个明确的或统一的定义。那么什么是城市发展的限制性地理因素，又如何判断一个城市发展的限制性地理因素呢？如前所述，所谓城市发展的限制性地理因素是指那些制约一个城市人类生存环境的改善、经济发展水平的提高和城市规模的继续扩大，使得城市物资交流和能源供应的成本大大增加的地理因素。城市的形成和发展与城市所处的地理位置以及其所在的区域自然地理条件和区域经济地理条件紧密联系，因此，判断一个城市发展的限制性地理因素应以其所在的区域，亦即这个城市形成和发展的腹地是否具备提供上述基础条件为标准，当本区域的某一地理因素不能满足生产该城市发展所需要的衍生资源，必须从域外输入才能解决时，这个地理因素即成为该城市发展的限制性地理因素。

西安位于关中平原中部，山环水绕，攻守兼备，自然条件较为优越，具备形成一个大都市的基本条件,曾经作为13个王朝的都城,建都时间长达1100余年,特别是在西汉隋唐时期,其城市规模和影响力及于亚欧,是当时世界著名的大都市。西安城市发展的地理条件虽然较为优越,其发展所依托的关中平原在古代号称"陆海"和"天府之国",但在不同的历史时期,由于城市规模的急剧扩张和人口的迅速增长,城市物资供应和能源供给先后出现问题,影响到城市的安全和稳定,进而制约着城市的继续发展,不得不动用国家力量全力保障从区外输入才得以解决。

西安城市形成和发展依托的区域无疑是以关中平原为核心的关中地区。关中本来只是表示函谷关以西的地方,后来人们给它规定了一个范围,指函谷关、武关、大散关和萧关四关之中,或函谷关与大散关之间。函谷关有新旧之分,老关为秦关,位于今河南省灵宝市,汉武帝时,将函谷关向东搬移到今河南新安县。武关位于今陕西省丹凤县东武关河北岸,大散关在今陕西省宝鸡市西南大散岭上,萧关地当今宁夏固原东南。关中平原也叫渭河平原,位于渭河中下游,由渭河及其支流泥沙堆积而成,西起宝鸡,东抵黄河,东西长约360公里,西部宽约1公里,东部宽在80公里以上。这里河流密集,土壤肥沃,农业开发较早,是关中地区精华所在。秦定都咸阳,"北至九嵕甘泉,南至鄠、杜,东至河,西至汧、渭之交,东西八百里,南北四百里,离宫别馆,相望联属"[1]。分天下为郡县,于关中设内史,掌管京师咸阳及京畿40余县,辖地约为今关中平原和商洛地区。汉初定都长安,于关中复设内史,景帝二年分内史为左右内史,与主爵都尉同治长安城中,因所辖皆京畿之地,故合称三辅。武帝时改此三政区分别为京兆尹、左冯翊、右扶风。三辅共辖57县,辖地除东南今商洛地区划属弘农郡外,与秦内史相近。[2]唐定都长安后,于太宗元年,并省州郡,又按山川形便,分天下为关内、河南、河东、河北、山南、陇右、淮南、江南、剑南、岭南十道。开元二十一年,"又因十道分山南、江南为东、西道,增置黔中道及京畿、都畿,置十五采访使,检察与汉刺史之职"[3],京畿采访使辖京兆府、华州、同州、商州、凤翔府、邠州,辖境与秦内史基本相同。由此可见,自秦汉以来,古人无论是对关中地区范围的理解,还是具体到各个王朝对行政管理区域的划分,关中一直是一个独立的区域,其范围基本固定,大致就是秦内史和唐京畿道的管辖范围。然而,考虑到秦岭的天然屏障和阻隔,秦岭以南的商洛地区与西安所在的关中平原联系十分困难,历史时期西安城市发展的真正腹地不应包括商洛地区在内,其形成和发展依托的区域相当于今西安、咸阳、宝鸡、渭南、铜川5市和杨凌示范区的辖境。也就是说,我们在考察历史时期西安城市发展的限制性地理因素时,应以此区域范围为标准,当本区域范围内的某一地理因素不能满足西安城市生产发展所需要的衍生资源,必须从本区域以外输入才能解决时,这个地理因素即西安城市发展的限制性地理因素。

从西安城市发展的历史来看,其资源供应严重不足的时期主要集中在西汉、唐和20世纪八九十年代。下面就以这三个时期分析历史时期西安城市发展的限制性地理因素。

一、西汉京师长安的粮食供应问题

西汉长安发展的主要问题是粮食供应不足的问题。

西汉定都长安,采取强干弱枝、移民以实关中的政策。据《汉书·地理志》载:“汉兴,立都长安,徙齐诸田,楚昭、屈、景及诸功臣家于长陵。后世世徙吏二千石、高訾富人及豪桀并兼之家于诸陵。盖亦以强干弱支,非独为奉山园也。”[4]加上都城政治中心的引力作用,列侯及其徒隶、军事保卫人员、郡国驻京办事人员、皇室后宫和后勤服务人员、外国使节和商人各色人等大量聚集京师,导致长安和关中地区人口急剧增长。据《汉书·惠帝纪》记载,惠帝时曾三次大规模征集长安城周围百姓集中修筑长安城。第一次是在三年春,“发长安六百里内男女十四万六千人城长安,三十日罢”。第二次是在同一年的六月,“发诸侯王、列侯徒隶二万人城长安”。第三次是在五年春正月,“发长安六百里内男女十四万五千人城长安,三十日罢”[5]。长安城600里内的范围,比关中地区要大,最多一次征集男女146000人,大概也已达到当时区域内能征集到的劳动力的上限了。加上宗室、贵族、列侯等享受免役特权的人,据葛剑雄先生估计,当时关中的人口约有50万人。[6]至西汉末年,关中地区户籍登记人口达到243.6万,其中京师长安户籍登记人口为24.6万,长陵户籍登记人口17.9万,茂陵户籍登记人口27.7万。[7]

人口的快速增长,导致关中粮食供给严重不足,汉初每年从关东漕运的粮食不过数十万石,到武帝时期,在关中地区农田水利条件和农业技术水平都有明显提高的情况下,从关东地区漕运的粮食则达到400万石。[8]为此,西汉政府采取了以下五个方面的措施来解决京师长安的粮食供应问题。

(一)分散都城人口

汉长安城位于渭河南岸龙首山北麓,平面略成长方形,面积约34.39平方公里。[9]武帝时期,又在城西兴筑建章宫,周回20余里,长安城的面积增加了约1/9。长安城面积虽然广大,但主要以宫殿建筑为主,其中长乐宫、未央宫、桂宫、北宫、明光宫5座宫殿面积共约有14.7平方公里,宫殿面积约占长安城总面积的42%。[10]除宫殿外,城内还有武库、太仓、东市、西市、京师官署、郡国邸第等。普通百姓居住的闾里主要分布在长安城的东北部,一些达官贵人的甲第则集中在未央宫的北阙附近。总体来说,长安城中居住的人口是不多的。那些因为“实关中”政策迁移来的大量人口主要通过设置陵县的办法安置在长安城周围。西汉在长安城周围共设有长陵、安陵、霸陵、阳陵、茂陵、平陵、杜陵7个陵县和万年、南陵、云陵、奉明4个“准陵县”[11]。其中长陵、安陵、阳陵、茂陵、平陵5陵位于渭北咸阳原上,霸陵地处长安城东灞河西岸白鹿原上,杜陵在长安城东南鸿固原上。这些陵县的人口除了从关东地区徙入的齐诸田和楚昭、屈、景及诸功臣家，以及二千石、高訾富人、豪桀并兼之家外，丞相、御史大夫、将军等现职高级官员也要求徙入在位皇帝的陵邑，即使已在其他陵邑定居，也要随时帝而徙。据上文所述，到西汉末年，部分陵县的户籍登记人口已经接近甚至超过了京师长安的户籍登记人口。这就大大分散了长安城的人口，减少了城市资源供给的压力。

（二）规定列侯就国

高祖五年（前202年）五月，下诏"诸侯子在关中者，复之十二岁，其归者半之"[12]，以赋役上的优待政策吸引列侯和其子女留在关中。但到了文帝时，情况就发生了变化。文帝二年（前178年）下诏："今列侯多居长安，邑远，吏卒给输费苦，而列侯亦无由教训其民。其令列侯之国，为吏及诏所止者，遣太子。"[13]明确指出因吏卒给输费苦等原因，要求除了在中央官府任职和特许者外，列侯应该就国；即使本人因为在中央官府任职等原因不能就国，也必须派其太子前往。

（三）兴修关中水利工程

上述两项措施主要是从减少都城长安和关中地区粮食等资源的消耗量出发，同时西汉政府还通过兴修关中水利和在关中地区率先推广先进农业生产技术两项措施来增加区域内粮食的产出。

早在战国时期，秦国就在关中兴修了著名的郑国渠，使得秦国的国力大幅增强。西汉时期，在郑国渠灌区修建了六辅渠和白渠，在灞河以东渭河南岸修建了漕渠，在洛水以东地区修建了龙首渠，在泾水以西地区修建了成国渠、灵轵渠和沣渠等一系列水利工程，灌田数千至万余顷不等。[14]这些水利工程的兴修，大大改善了关中地区农业生产的水土条件，粮食生产水平得到大幅度提高，为京师的粮食供应奠定了坚实的基础。武帝太始二年（前95年）白渠建成后，溉田4500余顷。"民得其饶，歌之曰：'田于何所？池阳、谷口。郑国在前，白渠起后。举臿为云，决渠为雨。泾水一石，其泥数斗。且溉且粪，长我禾黍。衣食京师，亿万之口。'"[15]西汉时，郑国渠灌区亩产皆在一钟左右[16]，郑国渠灌区有地4万余顷，亩产一钟，年产达2500余万石，是每年从关东漕粮的6倍多[17]。

（四）推广先进农业技术

由于地理位置的重要，西汉时期许多先进的农业生产技术首先在关中地区得到推广。西汉在全国各地设铁官，负责生产和出售铁制农具。根据对《汉书·地理志》有关记载的统计，其时全国共有县、邑、道、侯国等县级行政区1587个，设铁官共49处，平均约32县才有1处铁官，而关中所在的三辅地区57县就设有郑、夏阳、雍、漆4处铁官，平均约14县就有1处铁官，密度远远大于其他各地。此外，西汉时期赵过、氾胜之等人所发明和总结出来的代田法、区种法、溲种法等精耕细作的农业技术以及小麦的种植也首先在关中地区得以推广。《汉书·食货志》记载，汉武帝末年，任命赵过为搜粟都尉，“过能为代田，一亩三圳”，“一岁之收常过缦田亩一斛以上，善者倍之”，“过使教田太常、三辅，大农置工巧奴与从事，为作田器”，又奏平都令光“以为丞，教民相与庸挽犁”，“率多人者田日三十亩，少者十三亩，以故田多垦辟”，“民皆便代田，用力少而得谷多”。[18]而氾胜之因“督三辅种麦，而关中遂穰”的功绩直至东晋元帝大兴元年(318年)还被当作在徐、扬二州推广三麦种植的成功事例加以宣传[19]。

（五）保证关东粮食输入

虽然采取了减少粮食消耗和提高本地粮食产量等措施，但京师长安粮食供给不足的问题始终没有得到根本解决。武帝时，因“分缗钱诸官，而水衡、少府、太仆、大农各置农官，往往即郡县比没入田田之。其没入奴婢，分诸苑养狗马禽兽，及与诸官。官益杂置多，徒奴婢众”，关中人口大增，导致每年“下河漕度四百万石，及官自籴乃足”。[20]为此，先是大农郑当时建议开关中漕渠，以缩短漕运路程，减少漕运时间[21]；后又有河东郡守番系建议“穿渠引汾溉皮氏、汾阴下，引河溉汾阴、蒲坂下”，增加河东地区的粮食产量，直接从渭河运往关中，以避底柱之险，减少败亡烦费；接着又有人上书欲通褒斜道，以替底柱之漕[22]。然而除关中漕渠获得成功，达到了预期目的，后两项工程都与最初的目标相距甚远。即使到了宣帝时，因“用吏多选贤良，百姓安土，岁数丰穰”，关中地区的粮食缺口依然很大，据大司农中丞耿寿昌的推算，过去每年漕运至京师的关东粟为四百万斛，用卒六万人。现在趁年丰谷贱，可以籴三辅、弘农、河东、上党、太原郡谷供给京师，但也只能“省关东漕卒过半”[23]。

可以说，为了保证京师的粮食供给，西汉政府动用了大量的力量，想尽了各种办法，但始终没有从根本上解决问题。

除粮食供应不足问题外，西汉为了保证京师的水源供应，还在南郊开挖了昆明池。昆明池开凿于汉武帝元狩四年(前119年)，传统的说法是为伐云南昆明国训练水军而建，黄盛璋先生则认为是为了解决长安城不敷应用的水源问题，是为汉长安城的蓄水库而开凿。昆明池的水源为交水，其上源来自发源于秦岭大义峪的洨水及樊杜诸水，自南经石闼堰、石闸口等分水和调水设施而入。其东、北、西各有一个出口。东出之水主要供应漕渠，明堂辟雍的水源亦由此引入。北出之水流经建章宫，为建章宫用水提供补给。西出之水与沣水相通，当为调节昆明池水量之用，水位高时由此放入沣河。同时，洨水下游流经汉长安城西向北注入渭河，和汉长安城最为接近，在昆明池开凿之前就应该已经就近得到利用，昆明池开凿以后，自然也不会废弃，而是得到进一步的改造和利用。据《水经注》记载，洨水到了汉长安城西南角就一直沿城北上，在章门西通过飞渠入城，先汇为沧池，继东流经未央宫、桂宫间称为明渠，又东流经长乐宫北从清明门出城。泬水主流则自章门外仍沿城北流，经建章宫凤阙东，分为二水，一水东北流，沿城西墙北上，最终注入渭水；另一支折西进入建章宫内，经渐台东和太液池合，又北出注入渭水。[24]总体来说，终汉一代，京师长安的水源补给较为充足，没有出现城市用水紧张的问题，仅靠近郊的河流就可保证供应。

二、唐都长安的资源供应问题

唐代长安发展的主要问题依然是粮食供应不足的问题，同时水源和薪炭供应不足的问题也日渐显现。

唐长安城的前身是隋大兴城。公元581年二月，杨坚废北周静帝，建立隋朝。第二年六月，颁诏另建新都于龙首原南麓。开皇三年（583年）三月，宫室基本建成，新都取名为大兴城。大兴城是一个东西略长、南北略窄的长方形城池，分宫城、皇城和外郭城三部分，宫城位于北部中央，皇城位于宫城之南，外郭城包于宫城和皇城的东、南、西三面之外，面积共84平方公里，是汉长安城的2.4倍。唐取代隋朝后，改大兴城为长安城，继续以此为都。太宗贞观八年（634年）七月，于宫城东侧外郭城北墙外修建大明宫，作为太上皇清暑之所[25]，但第二年五月太上皇病逝，营建工程停止。高宗龙朔二年（662年），因恶太极宫卑下，大明宫再次得到大规模营建。大明宫是唐长安城建筑规模最大的一处宫殿区，平面形状呈南宽北窄的楔形，面积3.3平方公里。

作为大一统王朝的都城，必然吸引各色人等的聚集，导致城市人口的增长。关于隋大兴城的人口数量，因为缺少文献记载无从得知，从当时关中地区总人口规模看，应已达到或超过西汉末年。隋代京兆、冯翊、扶风3郡大致相当于关中的范围，据《隋书·地理志》记载，大业五年（609年）京兆、扶风、冯翊三郡载籍户数分别为308499、92223、91572，合计为492294户，按全国户均5.17口计算，当时关中地区人口约为254.5万。[26]而对于唐长安城的人口数量，研究者一般认为在100万上下，持人数少者认为在50万左右，持人数多者认为盛时当在一百七八十万，或更多。从唐长安城各部分实际居住的人口推测，城内实际居住的人口在70万左右。[27]城内实际居住的人口至少是汉长安城人口的2.5倍。但就整个关中地区而言，人口的增长并不多。据《旧唐书·地理志》的记载，唐代最为繁盛时期的天宝年间，相当于关中地区的京兆、凤翔二府和华州、同州、邠州三州户籍登记人口合计为538499户，3105131口[28]，口数是西汉末年关中户籍登记人口的1.27倍，只比西汉末年增长了67万人。

隋唐都城粮食供应不足的问题在隋文帝开皇年间就已出现。《隋书·食货志》云："时天下户口岁增，京辅及三河，地少而人众，衣食不给。"[29]为此，隋王朝采取了以下几点应对措施：一是置募运米丁，奖励募运。“开皇三年，朝廷以京师仓廪尚虚，议为水旱之备，于是诏于蒲、陕、虢、熊、伊、洛、郑、怀、邵、卫、汴、许、汝等水次十三州，置募运米丁。又于卫州置黎阳仓，洛州置河阳仓，陕州置常平仓，华州置广通仓，转相灌注。漕关东及汾、晋之粟，以给京师。又遣仓部侍郎韦瓒，向蒲、陕以东，募人能于洛阳运米四十石，经砥柱之险，达于常平者，免其征戍。”[30]二是开广通渠，改善运输条件。三是在发生饥荒之年，粮食供应问题实在无法解决，只好由皇帝亲率朝廷官员和百姓一起赴洛阳就食。“（开皇）十四年，关中大旱，人饥。上幸洛阳，因令百姓就食。从官并准见口赈给，不以官位为限。”[31]这是历史文献中第一次关于隋唐皇帝就食洛阳的记载，由此可见当时都城缺粮和粮食运力不足问题之严重！另外，也有不少人提出徙民宽乡的建议，但最终停留于争论，没有得到通过。[32]

唐代初年，政事简明，用物有节，粮食缺口较少，每年漕运京师之粟不过 20 万石，自高宗以后，漕运逐渐增多。《新唐书·食货志》云：“唐都长安，而关中号称沃野，然其土地狭，所出不足以给京师，备水旱，故常转漕东南之粟。高祖、太宗之时，用物有节而易赡，水陆漕运，岁不过二十万石，故漕事简。自高宗已后，岁益增多，而功利繁兴，民亦罹其弊矣。”[33]裴耀卿亦说：“昔贞观、永徽之际，禄廪未广，每岁转运，不过二十万石便足。今国用渐广，漕运数倍，犹不能支。”[34]至玄宗开元二十二、二十三、二十四年，3 年漕运关东米达 700 万石。之后，定制每年转运江淮米在 40 万石。[35]

唐代都城长安和关中地区的人口都超过了西汉时期，但唐代每年从东部地区转运的粮食远远少于西汉，这一方面得益于唐代关中地区农业的发展，另一方面也是因为运力所限，东南漕运的唯一通道黄河三门之险一直没有得到有效的解决。唐代关中地区的农业区域范围较西汉时期有明显扩大。西汉时期关中地区的农业生产区域主要分布在渭水以北、泾水以东的东北区和渭水以北、泾水以西的西北区，以及渭水以南、灞水以东的东南区。渭水以南、灞水以西的西南区水土资源丰富，农业开发较早，在西汉以前是关中地区农业经济最繁荣的地带之一，但在汉武帝时期成为上林苑的一部分，良田被毁弃，老百姓被赶走，农耕经济基本不存在。[36]唐代除东北、西北、东南区的农业生产水平进一步提高外，西南区的农业生产也得以迅速发展。玄宗开元年间诏云：“近历鄠镐，左连岐雍。见江山秀丽，沟塍绮错。长杨鄠杜之间，竹林园果之富，相望于道，家给人足。”[37]西南区的农业生产兴盛面貌跃然纸上。唐代关中地区的农业生产水平也较西汉时期有所提高，主要表现是水利灌溉工程的普遍兴修和冬小麦的广泛种植。西汉时期兴修的郑国渠、白渠、成国渠等著名水利工程在唐代不断得到修浚和扩建，继续发挥作用，唐代还在成国渠旁修建了升原渠，在韩城龙门开渠引黄河水，在朝邑开渠引洛水，在武功开渠引杜阳水，这些渠道灌田都在数千顷以上[38]。冬小麦的产量比传统的黍、粟要高，自汉武帝时期在关中地区推广以来，经过 600 余年的发展，种植技术日渐成熟，形成了夏收麦秋收谷、稳定的两年三熟耕作制度。唐代关中地区的粮食自给率大为提升。据研究,开元末年和天宝年间,关中地区粮食自给率达到97.8%,并提供了政府用粮的31.3%。[39]

由此可见,隋唐两代关中地区所生产的粮食是能够满足当地需要的,是因为都城人口的增加才导致关中地区粮食供应不足,需要从关东地区运入。但这些都是一般年景的情况。一旦关中地区遇到灾荒,粮食不足的问题就非常严重了。唐代前期,曾出现了多次皇帝率百官大臣千里迢迢就食东都的狼狈景象。据统计,唐高宗在位34年,曾7次行幸洛阳,其中明确记载因关中饥荒而去洛阳就食3次。唐玄宗去东都就食也有5次,时人有"逐粮天子"之称。直到开元二十二年采纳裴耀卿的建议,实行分段储运,又采纳牛仙客的建议,在关中地区施行和籴之法以后,关中粮食不足的问题才得到解决,以后诸帝再未逐食东都。[40]

唐代长安城的饮用水主要利用地下水,即来自井泉。但对周边地表水的利用也是不遗余力。隋唐时期从东郊的浐水、南郊的潏水和交水都开凿了引水入城的渠道,主要有龙首渠、永安渠、清明渠和黄渠。龙首渠在城东,以浐水为源,开凿于隋开皇三年(583年)。龙首渠大致在今秦沟村堰水入渠,傍浐水西岸北流,至长乐坡西北分为二渠,东渠北流入苑,西渠自通化门入城流向皇城和太极宫。主要供应外郭城东北部、皇城、大明宫、太极宫和兴庆宫的用水需要。永安渠在城西南,引用交水,亦开凿于隋开皇三年(583年)。永安渠大致在今香积寺西南1公里处堰交水入渠,由安化门西流入长安城内,向北依次流经大安、大通、敦义、永安、延福、崇贤、延康诸坊,又经西市之东,布政、颁政、辅兴、修德4坊之西,北流入苑,汇入渭河。主要供应外郭城西部和禁苑的用水需要。清明渠在长安城南,以潏水为源,亦开凿于开皇初年。清明渠大致在今韦曲东南朱坡村附近引潏水,西北流至安化门入城,北流依次经过昌明、丰安、宣义、怀贞、崇德、通义、太平诸坊,进入皇城,再由广运门流入宫城,最后注入宫城内的南海、西海和北海。主要供应外郭城南部和皇城、宫城的用水需要。黄渠在城东南,其水源为义谷水(今大峪水),正式开凿是在开元年间。黄渠于义谷堰水北上少陵原,继之汇入曲江池及其以西、以北诸坊。主要满足曲江池和外郭城东南部的用水需要。这些渠水为长安城内大量的园林池沼提供了充足的水源,也为城内居民的一般洗濯提供了方便,同时为长安城的地下水开采提供了必要的补给。[41]与西汉时期相比,隋唐长安城的水源补给有所扩大,由西汉时期的主要引用城南的交、潏二水扩大到对浐水的利用。不过虽然引用的水源有所扩大,但还没有出现区内水源不足的问题。

唐长安城薪炭供应不足是西安城市发展史上的一个新现象。对此,龚胜生曾有过专门研究[42]。据龚胜生推测,唐长安城年耗薪柴在40万吨左右。京兆府南境的终南山无疑是长安城薪炭的重要产区,白居易《卖炭翁》一诗就明确说卖炭翁"伐薪烧炭南山中"。因为冬春季节是长安城薪炭消费旺季,所以一到仲冬,终南山北麓一带便呈现出一片"苹路载驰，折薪负荷”的热闹景象。但终南山的薪炭并不能满足长安城的需要，远在关中平原西境的岐州（今陕西凤翔）和陇州（今陕西陇县）也成为京师的重要薪柴产区。为了保证长安城的薪炭供应，唐代在司农寺属下设置钩盾署作为负责京城薪炭供销的专门机构，为宫廷、百官、蕃客和祭祀、朝会、宾客等重要活动提供薪炭。钩盾署每年于京兆府、岐州、陇州募役7000人伐做木橦以供宫内和百官所需。到唐中叶时，因为长安城薪炭供不应求，朝廷又别置木炭使以加强薪炭的采用。木炭使不是专官，设置不常，大概视京城薪炭供需矛盾的缓急而定，多以高官兼领，尤以京兆尹为常。据《唐会要》记载，天宝五年（746年）九月，以侍御史杨钊充木炭使。永泰元年（765年）闰十月，以京兆尹黎干充木炭使。自后京兆尹常带使，至大历五年（770年）停。贞元十一年（795年）八月又以户部侍郎裴延龄充京西木炭采造使，至十二年九月停。[43]为了保证京城薪柴的供应，唐代在关中西部和南山脚下还曾开凿过专门用于运输薪炭的渠道。如武后垂拱初年于岐州开升原渠运岐、陇二州材入长安城；玄宗天宝二年，京兆尹韩朝宗分渭水入自金光门，置潭于西市西街，以贮材木；代宗永泰二年，京兆尹黎干以京城薪炭不给，于南山开“运木渠”漕运南山薪炭。

三、20世纪末西安的缺水问题

唐代以后，长安城不再为都，城市规模急剧缩小，城市人口数量也迅速减少。虽然至清代中期关中地区的人口数量已经超过唐代，但史籍中未见记载西安城市发展遇到过严重的资源短缺问题。

西安城市发展过程中再一次遇到资源不足的问题是20世纪七八十年代开始出现的严重的缺水问题。1954年西安市便已发现供水紧张苗头，1959年夏季出现供需差距4万立方米/日。之后随着城市规模的迅速扩展，城市供水需求急剧增长，缺口越来越大，1961年供需差距为6万立方米/日，1971年供需差距为10万立方米/日，至1990年达27.1万立方米/日。[44]自1969年至1995年，几乎每年夏季西安都要出现水荒，许多居民饮水困难，工厂因缺水而停产减产，甚至一些高等院校也因水荒不得不提前放假。1969年夏，有85%的地区自来水上不了楼，40%的地区实行定时供水，大街小巷到处是人们排队等水、接水的“长龙”；北郊、东南郊一些地区出现平地断水；一些企业因供水不足而被迫限产、停产。1981年因春夏无雨，河水断流，地下水补给量和水源井产水量减少，城市建成区90%的区域供水水压剧降，64%的地区二楼无水，10%的地区平地断水3天以上，出现了空前严重的水荒。[45]

进入20世纪80年代后期，城市建成区已由高峰期供水紧张发展到年年、天天供水困难。全市陷入严重的供水危机之中。人们经常为吃水而东奔西忙，为接水而昼夜难安。

那时几乎家家户户都准备有几个塑料桶用于贮水，有的家庭中的浴缸也不是用来洗浴，而是变成了贮水的容器。特别是 1995 年，由于天气干旱造成地表水源断流，地下水量锐减。这一年，西安市的供水缺口达到了 40 万立方米/日。每到上下班时间，带着水桶的自行车大军成了街头的一大景观。虽然供水部门实行了定时供水、一再加压等多种措施，可是西安城里高地势区域仍然没水。纺织城、电工城、电子工业区、啤酒厂等许多地区和企业因缺水而出现停厂和半停厂状态，一些宾馆、饭店及旅游、生活服务设施因供水不足无法正常营业。日益加重的供水危机严重制约着城市的发展，西安处于水荒磨难之中，经济损失无法估量，社会反响极为强烈。

与此同时，因地下水过度开采导致的地裂缝灾害也日益严重。自 1949 年西安解放至 20 世纪 80 年代以前，西安市的水源供给长期单纯依靠地下水。由于长期单一过量开采地下水，造成地下水位急剧下降，引发出一系列的环境问题，主要表现为地面下沉加快、地裂缝发育的加速。据统计[46]，与 20 世纪 60 年代相比，1978 年西安市地面总沉降量大于 50 毫米的面积达 100 平方公里，大于 100 毫米的面积有 76 平方公里，最大沉降量为 295 毫米。到 1983 年，地面沉降量大于 100 毫米的面积增加到 90 平方公里。到 20 世纪 80 年代末，地面沉降量超过 500 毫米的面积有 48 平方公里，超过 1000 毫米的面积有 3. 7 平方公里。20 世纪 60 年代，西安市区地裂缝有 7 条，长 34. 3 公里，20 世纪 70 年代后期增加到 10 条，地表破裂每年以 100 多米的速度向两端延伸，1990 年地裂缝长 55. 2 公里。由于地裂带地面垂直位移加快，20 世纪 80 年代，明城墙墙体、钟楼基座出现裂缝，唐大雁塔产生倾斜，大量的现代构筑物和地下设施遭受不同程度的破坏以至报废拆除，造成巨大的经济损失，人民的生命财产受到严重威胁。水资源的短缺成为西安城市进一步发展的严重制约。

为解决西安的缺水问题，西安市先后于 1959、1972、1979、1989 年完成了四期城市供水工程。第一期供水工程自 1954 年至 1959 年。主要工程项目包括新开辟灞河水源地、浐河水源地，新建东郊南北厂、西郊南北厂、等驾坡与观音庙高地清水池，扩建西关水厂、丰镐路工段及铺设联络管、输水管和郊区配水管网等。第二期供水工程自 1960 年至 1972 年。工程项目主要包括沣河水源地、十里铺水源地、灞河水源地收尾及西郊配水厂收尾，第一水厂扩建，城内和西南郊补压井工程，铺设南郊及城区配水管网等。第三期供水工程自 1973 年至 1979 年。主要项目包括新建北郊渭河水源地、第四水厂、纺织城加压站、草滩管理站变电所、观音庙高地清水池；扩建灞河水源地、沣河水源地、东郊北厂、浐河新厂、西郊南厂及在浐河水源地和东、西郊配水厂范围内补钻新井等。第四期供水工程自 1983 年至 1989 年。主要工程项目包括新建西北郊水源地、第五水厂、沙河滩管理站、劳动路加压站及相应的输水管网、输电线路、变配电站所等。[47]

由此可见，经过一、二、三期工程，西安周围的地表水源包括灞河、浐河、沣河、渭河等都已被充分利用,所以第四期工程水源的开采主要是钻挖深井为主。每期供水工程完成后,虽然日增供水量都有明显的增加,但日需水量缺口越来越大。为此,1979 年 4 月和 10 月,在经过充分讨论后,西安市建委先后两次向市委和市政府建议开发利用黑河水源,筑坝引水,从长远考虑解决西安水源的不足问题。这些建议很快得到西安市委、市政府和陕西省政府的采纳。在 1980 年 7 月 7 日召开的陕西省人民政府 1980 年第十九次办公会议上,同意将引周至县黑河水进西安的工程列入十年长期规划。

黑河是渭河的一条支流,发源于西安市西南周至县境内秦岭主峰太白山自然保护区内的二爷海,干流长 125. 8 公里,流域面积 2258 平方公里,年均径流量 6. 67 亿立方米,除汛期含有少量泥沙外,年平均有 8 个月含沙量为 0。黑河峪口距西安市区 86 公里,海拔高程比西安城区高 110 米,可实行重力自行输水。黑河引水工程的水源除黑河水库主水源以外,尚有石头河水库补充水源,石砭峪水库调补备用水源,田峪、丰峪自流补充水源等。1986 年 1 月经国务院同意,国家计委对《黑河引水工程设计任务书》作出批复,同意开工建设。1987 年 12 月 19 日黑河引水工程破土动工。1990 年 8 月黑河引水工程石砭峪到西安的引水暗渠全线贯通,日净水 60 万立方米的曲江水厂建成水库每天向市区供水 8 万立方米。1992 年 12 月沣峪以东引水暗渠通水,沣峪径流引入市区。1994 年 12 月田峪以东引水暗渠贯通,田峪径流引入市区。全长 86 公里的黑河引水暗渠全线贯通,黑河径流引入市区。1996 年初作为黑河引水工程的主水源,黑河金盆水利枢纽工程前期准备工作全面铺开。1996 年 6 月 28 日作为西安城市供水调补水源的石头河西安供水工程全线竣工,石头河水库开始向西安供水。1998 年 10 月黑河水利枢纽截流前的三大控制工程导流洞、大坝基础帷幕灌浆、大坝上游围堰截渗墙相继完成。1998 年 10 月 29 日大坝上游围堰合龙,黑河截流成功。2000 年 11 月 29 日黑河水利枢纽工程实行导流洞封堵。2000 年 12 月 9 日引水洞全线完工,投入使用,黑河水库开始蓄水。2001 年 6 月泄洪洞工程全面建成。11 月 9 日,作为黑河水利枢纽工程之一的南郊水厂正式供水。12 月黑河大坝完工。黑河大坝、引水洞、泄洪洞的完工,标志着黑河水利枢纽主体工程已经胜利建成。黑河引水工程建成后,一年可向西安供水 4 亿立方米,日平均供水 110 万立方米,使西安市日供水量可达 175 万立方米。西安自 1995 年最后一次闹水荒后,多年来没有再出现过城市用水紧张的情况。

由于水源充足,西安的城市环境也得到很大改观。2000 年以前,西安市内只有兴庆公园内的兴庆湖和莲湖公园内的莲湖两个较大的水体;护城河内有水,但实际上是污水沟,臭气熏天。黑河引水工程建成后,利用调节后的水源完成了对护城河的清淤改造,沿护城河修建了环城公园;建起了水面面积达 2 万平方米,亚洲最大的喷泉广场和最大的水景广场;先后修筑了大唐芙蓉园内的北湖和曲江遗址公园里的南湖。西安人民生存的环境质量有了很大的提高。

另外,黑河引水工程的建成改变了西安城市供水单纯依靠地下水源的状况,减少了对地下水的开采量,从而延缓了超量开采地下水引起的地面下沉、降落漏斗等一系列环境问题,缓解了西安城市地质环境灾害的发生。[48]

四、历史时期西安城市发展的限制性地理因素

从历史时期西安城市发展来看,限制西安城市进一步发展的地理因素主要是土地和植被资源的有限、水资源的不足和与区外物资交流的困难,而这些因素最终能够起限制性作用,根本原因是在一定的社会经济条件和生产力发展水平下,其所衍生的资源无法支撑城市规模的继续扩大和城市人口的进一步增长。但其中的关系比较复杂,不是城市规模扩大和城市人口增长就必然导致支撑城市发展的地理因素成为限制性因素。

西安城市在发展过程中,曾经 3 次出现过地理因素发挥限制性作用的时期。第一次是在西汉时期。因为城市人口的增长导致西安和关中地区粮食供应不足,需要竭尽全力保证从关东运入。但因为陵县的设立,城市人口相对分散,所以未出现供水不足的问题;同时因为人口总规模较小,也未出现薪柴供应不足的问题。第二次是在隋唐时期。因为城市规模的急剧扩张和城市人口的过分集中,城市供水和薪柴供应不足的情况开始显现。城市粮食供应不足的问题这时依然存在,甚至在前期因为运输困难一度相当严重,但因为农业生产水平的提高和相关政策的调整,虽然长安城市和关中地区的人口都超过了西汉时期,其对区外粮食的依赖度却要远远小于西汉时期。第三次是在 20 世纪 70 到 90 年代。因为城市人口的迅速增长,一度出现了严重的"水荒",单靠近郊水源已解决不了问题,不得不从关中地区西部寻找水源。与此同时,因为农业生产力水平的提高,现代交通的迅猛发展,粮食和其他城市物资供应不再成为西安发展的限制性因素。而随着宋以后的"燃料革命",煤、气替代传统的薪柴,先后进入城市生活,尽管西安和关中地区的人口数量远远超过了汉唐时期,西安城市发展中薪柴供应不足的现象也早已成为历史。

历史时期西安城区面积和人口情况表

时间	城区面积(平方公里)	城区人口(万人)	关中地区人口(万人)
西周丰镐	—	—	—
秦咸阳	—	—	—
西汉长安	34.39	50	239.3(京兆尹 65.6,左冯翊 91.7,右扶风 82)②

（续表）

时间	城区面积（平方公里）	城区人口（万人）	关中地区人口（万人）
隋大兴城	84		254.1（京兆郡 159.4，冯翊郡 47.3，扶风郡 47.4）③
唐长安城	87.3	70	310.3（京兆府 196.7，华州 21.3，同州 40.8，凤翔府 38，邠州 13.5）④
北宋京兆府城	5.4	—	187.1（京兆府 53.7，同州 23.4，华州 26.9，耀州 34.7，邠州 16.2，凤翔府 32.2）⑤
金京兆府城	5.4	—	37.3 万户（京兆府 9.8，乾州 2.7，同州 3.5，华州 5，耀州 5.4，邠州 4.7，凤翔府 6.2）⑥
元奉元路城	5.4	—	28.6（奉元路 27.1，凤翔府 1.5，邠州）⑦
明西安城	11.5	—	174.6（西安府 145.7，凤翔府 28.9）⑧
清西安城	11.5	—	671.4（西安府 296.2，凤翔府 134.8，同州府 180.5，乾州 34.2，邠州 25.7）⑨
民国西安城	—	—	—
1949 年	—	18.6①	735.8⑩
1953 年	—	29.0①	866.5⑩
1964 年	—	85.9①	1193.9⑩
1982 年	—	121.4①	1687.0⑩
1990 年	—	144.7①	1973.0⑩
2000 年	—	450.36⑪	2225⑩
2005 年	—	510.55⑪	2326.5⑩
2009 年	—	—	2357.6⑩
2012 年	—	611.62⑪	2358.2⑫
2016 年	—	648.54⑪	2401.7⑬

数据来源：①为城区人口。西安市地方志编纂委员会编《西安市志》第一卷《总类》，西安出版社1996年版。②《汉书》卷28上《地理志上》，元始二年（2年）数。③《隋书》卷29《地理志上》，按全国户均5.17口计算，大业五年（609年）数。④《旧唐书》卷38《地理志一》，天宝十三年（754年）数。⑤《宋史》卷87《地理志三》，崇宁年间数。⑥《金史》卷26《地理志下》，为泰和年间户数，若按每户5口计算，则为186.5万口。⑦《元史》卷60《地理志三》，宪宗二年（1252年）数。其中邠州没有户口记录，但元代奉元路所领商州不属关中地区，两相抵消，人口总数应该相差不大。⑧嘉靖《陕西通志》卷33《民物一·户口》，嘉靖二十年（1541年）数，已减去不属关中地区的商州户口数。⑨《嘉庆重修大清一统志》卷227、235、243、247、248，嘉庆二十五年（1820年）数。西安府含不属关中地区的孝义和宁陕宁户口数。⑩陕西省地方志编纂委员会编《陕西省志》第14卷《人口和计划生育志》。⑪为城镇人口数。西安市统计局、国家统计局西安调查队《西安统计年鉴2017》。⑫为西安市、铜川市、宝鸡市、咸阳市、渭南市和杨凌示范区常住人口数之和。陕西省统计局、国家统计局陕西调查总队《陕西统计年鉴2013》。⑬为西安市、铜川市、宝鸡市、咸阳市、渭南市和杨凌示范区常住人口数之和。陕西省统计局、国家统计局陕西调查总队《陕西统计年鉴2017》。

从历史发展经验来看，一个城市所处的地理条件，其是否成为该城市发展的限制性因素，既与这些地理条件所衍生的资源丰饶度有关，也与城市规模、人口数量、人口聚集度、与区外物资交流的通达性、社会发展程度、生产力发展水平、资源特性等因素相关。其中与城市规模、人口数量和人口聚集度成正相关关系，城市规模越大，人口数量越多，人口聚集度越高，限制性地理因素越多，限制性越强；与资源丰饶度、社会发展程度、生产力发展水平、与区外物资交流的通达性成负相关关系，资源丰饶度越高，社会越发展，生产力越进步，与区外物资交流越顺畅，限制性地理因素越小，限制性越低。

总而言之，不同城市发展的限制性地理因素不同，同一城市在不同发展阶段，其限制性地理因素也有变化。随着社会的进步、生产水平的提高、资源利用技术的变革，以及交通运输条件的改善，某些历史时期曾经极为严重的资源供给不足问题不再成为城市发展的限制性因素，但随着城市规模的无限扩张和城市人口的进一步增长，又会出现一些新的资源供给不足问题，城市发展的某些优势地理因素可能会转变成限制性地理因素。

就西安城市发展而言，因为水资源自身特性和运输方式的限制，水源供给将会在相当长一段时间内成为西安城市发展的限制性因素。虽然国务院和陕西省启动了引汉济渭工程[49]，将会极大地改善关中地区的水环境，缓解“大西安”建设和关中平原城市群建设水源供给不足的问题，但必须对这一工程的社会成本、经济成本、生态成本和未来代价有充分的预估。从西安赖以发展的地理条件来说，严格控制城市发展规模，限制城市人口增长，大力发展科技内涵丰富、水资源消耗小的产业，才是西安城市发展的正确道路。

【注释】

[1]陈直校证：《三辅黄图校证》卷 1《咸阳故城》，陕西人民出版社 1980 年版。

[2]《汉书》卷 28 上《地理志上》，中华书局 1962 年版。谭其骧：《中国历史地图集》第二册，中国地图出版社 1982 年版。

[3]《新唐书》卷 37《地理志一》，中华书局 1975 年版。谭其骧：《中国历史地图集》第五册，中国地图出版社 1982 年版。

[4]《汉书》卷 28 下《地理志下》。

[5]《汉书》卷 2《惠帝纪》。

[6]葛剑雄：《中国人口史》第 1 卷《导论、先秦至南北朝时期》，复旦大学出版社 2002 年版，第 334 页。

[7]据《汉书》卷 28 上《地理志上》记载：平帝元始二年(2 年)，京兆尹，户 195702，口 682468；左冯翊，户 235101，口 917822；右扶风，户 216377，口 836070。长安，户 80800，口 246200。长陵，户 50057，口 179469。茂陵，户 61087，口 277277。

[8]《汉书》卷 24 上《食货志上》：“天下既定，民亡盖臧，自天子不能具醇驷，而将相

或乘牛车。……漕转关东粟以给中都官，岁不过数十万石。”《汉书》卷24下《食货志下》：武帝时“乃分缗钱诸官，而水衡、少府、太仆、大农各置农官，往往即郡县比没入田田之。其没入奴婢，分诸苑养狗马禽兽，及与诸官。官益杂置多，徒奴婢众，而下河漕度四百万石，及官自籴乃足”。

[9]《汉长安城位置长度精确确定》，见《光明日报》1997年1月29日。

[10]王社教：《汉长安城》，西安出版社2009年版，第58页。

[11]葛剑雄：《西汉人口地理》，商务印书馆2014年版，第161～176页。

[12]《汉书》卷1下《高帝纪下》。

[13]《汉书》卷4《文帝纪》。

[14]《史记》卷29《河渠书》；《汉书》卷29《沟洫志》；《汉书》卷28上《地理志上》。

[15]《汉书》卷29《沟洫志》。

[16]吴慧：《中国历代粮食亩产研究》，农业出版社1985年版。

[17]《史记》卷29《河渠书》；《汉书》卷29《沟洫志》；《汉书》卷24上《食货志上》。

[18]《汉书》卷24上《食货志上》。

[19]《晋书》卷26《食货志》，中华书局1974年版。

[20]《汉书》卷24下《食货志下》。

[21]《史记》卷29《河渠书》。

[22]《汉书》卷29《沟洫志》。

[23]《汉书》卷24上《食货志上》。

[24]黄盛璋：《西安城市发展中的给水问题以及今后水源的利用与开发》，见《历史地理论集》，人民出版社1982年版，第6～41页。

[25]《资治通鉴》卷194《唐纪十》。

[26]《隋书》卷29《地理志上》。

[27]王社教：《论唐都长安的人口数量》，见史念海主编：《汉唐长安与关中平原》，陕西师范大学出版社1999年版。

[28]《旧唐书》卷38《地理志一》。按：《旧唐书·地理志》户口数未有明确系年，只记明是天宝户、口，《新唐书》卷37《地理志一》将此户口数据系于天宝元年，2府3州的户数与《旧唐书》的记载完全相同，但京兆府、华州、邠州的口数稍有不同，估计是传刻之误。好在合计数相差不大，《新唐书》比《旧唐书》记载的数字少了约7000人。

[29]《隋书》卷24《食货志》。

[30]《隋书》卷24《食货志》。

[31]《隋书》卷24《食货志》。

[32]《隋书》卷24《食货志》。

[33]《新唐书》卷53《食货志三》。

[34]《旧唐书》卷49《食货志下》。

[35]《旧唐书》卷49《食货志下》;《新唐书》卷53《食货志三》。

[36]王社教:《论西汉定都长安与关中经济发展的新格局》,《中国历史地理论丛》1999年第3辑。

[37][清]董诰等编:《全唐文》卷26《幸凤泉汤诏》。

[38]曹尔琴:《论唐代关中的农业》,《中国历史地理论丛》1989年第2辑。

[39]余蔚:《浅谈唐中叶关中地区粮食供需状况——兼论关中衰弱之原因》,《中国农史》1999年第1期。

[40]杜海斌:《唐代粮食安全问题研究》,陕西师范大学2013年博士学位论文,第161~166页。

[41]李令福:《关中水利开发与环境》,人民出版社2004年版,第198~213页。

[42]龚胜生:《唐长安城薪炭供销的初步研究》,《中国历史地理论丛》1991年第3辑。本部分内容主要依据龚胜生该文的论述。

[43][宋]王溥:《唐会要》卷66《木炭使》,中华书局1955年版。

[44]西安市地方志编纂委员会编:《西安市志》第二卷《城市基础设施》,西安出版社2000年版。

[45]西安市黑河引水工程总指挥部办公室、中共西安市委党史研究室:《西安黑河引水工程》第一卷《一期工程》,西安出版社1998年版。

[46]西安市黑河引水工程总指挥部办公室、中共西安市委党史研究室:《西安黑河引水工程》第一卷《一期工程》,西安出版社1998年版。

[47]西安市地方志编纂委员会编:《西安市志》第二卷《城市基础设施》,西安出版社2000年版,第162~165页。

[48]王社教:《西安的"水荒"及其解决途径》,见张妙弟主编:《"地域文化与城市发展"2009北京学国际学术研讨会论文集》,同心出版社2010年版,第727~737页。

[49]引汉济渭工程是陕西省战略性水资源配置工程,也是国务院确定的172项重大水利工程之一。工程地跨黄河、长江两大流域,穿越秦岭屏障。工程采取"一次立项、分期配水"建设方案,逐步实现2025年配水10亿立方米,2030年配水15亿立方米。引汉济渭秦岭隧洞工程预计2020年底全线贯通。工程建成后,总调水规模15亿立方米,相当于100多个西湖的水量,受益人口1400多万人,将大大缓解西安和关中地区用水紧张问题。

(作者单位:陕西师范大学西北历史环境与经济社会发展研究院)

元末开封“五门”形成考论*

吴朋飞

一、引　言

明代开封城的地势和城门格局,《如梦录·形势纪》中有专门记载,即“三山不显,五门不对”[1]。其中,“五门不对”的五门,《如梦录》及明清以来的文献记载很清楚,且能确指其具体位置。但对于五门的形成过程,今人不察,研究者或多直接引用光绪二十四年(1898年)《祥符县志》中“元将泰不花等以汴城四面城门,止留五座,以通往来,余八门俱塞”[2]的记载,一带而过,不再深究[3]。以笔者的学术视野,目前学术界还未见有学者专门对此问题进行过探讨。城门的设置及城门数目的增减,对城市发展意义重大,它对城市外部形态和内部街巷格局起着决定性的控制作用,同时还反映了城市管理者对城市环境的适应与调控。本文拟结合文献记载和考古材料对元明之际开封如何形成“五门”进行初探,试图回答当时究竟被堵塞了几座城门及其位置。

明清开封城“五门不对”的城门格局,形成于元末,这一点确定无疑。乾隆《祥符县志》中载,“元将泰不花等以汴城四面城门,止留五座,以通往来,余八门俱塞”[4],该史料表明元明之际开封城门出现变化,形成了“五门”格局。此事发生在元末至正十七年(1357年),元军统帅太不花为阻止红巾军攻城,对开封城门进行了干预措施,笔者认为按照文献描述,太不花堵塞和“止留五门”是针对元末开封内城墙上的陆行门而言。问题的关键是“余八门俱塞”,塞的哪八门,有八门吗？这一问题的解决,需要对元代之前开封内城墙上的诸城门设置情况进行一番梳理。

---

* 本文为国家社会科学基金项目“泛滥黄河侵入开封城市过程的环境史研究”(15BZS024)和河南省高等学校青年骨干教师资助计划“黄泛平原古城城市形态演变历史研究”(2016GGJS-027)阶段性成果。

二、元代之前开封城门的演变

元末开封内城墙及诸城门的设置，是开封历代城墙和城门不断形成和演变的结果。综观开封城市发展的历史，可谓盛衰至极，反复无常。[5]开封城墙（包括内城墙）的形成、发展变化过程极为复杂。

（一）781年之前的城门

在今开封城市区位上，开封城的起源最早可追溯到战国大梁城的前身——仪。春秋仪邑的年代、城址等，有待研究。魏惠王六年（前364年）魏国将都城自安邑迁到仪邑，改称大梁，有兴筑城墙和城门的明确记载。据研究，战国魏都大梁城大约是兼跨今开封城西北部郊区及老城区的北部和西北部，十二座城门中只有高门和夷门能明确大致位置。[6]秦王政二十二年（前225年），秦将王贲"引河沟灌大梁，大梁城坏"[7]，城毁魏亡。

秦灭魏后，在大梁废墟上设浚仪县，属三川郡。此后开封城经过数百年的缓慢恢复，至东魏孝静帝天平元年（534年）在浚仪置梁州，北周武帝建德五年（576年）改梁州为汴州。隋朝通济渠的开凿，使得汴州城一跃成为日益繁华的"水陆大都会"。唐初沿用前代的汴州城，唐德宗建中二年（781年）永平军节度使李勉对原汴州城进行了一次扩建（一说重筑），扩建后的新汴州城成为后世开封城的雏形。"南北朝时期遗留下来的汴州城，既比较狭小，又不大坚固，所以在781年，汴宋节度使李勉又重筑了一次。"[8]显然，李勉重筑的开封城是源于南北朝时期的州城。

（二）781年的新设城门

唐德宗建中二年（781年），时任永平军节度使兼汴州刺史的李勉对南北朝时的汴州城进行了大规模的"重筑"，史称"筑罗城"[9]。《旧唐书》载，"春正月……李勉为永平军节度、汴滑陈等州观察等使……三月庚申朔，筑汴州城。……先是汴州以城隘不容众，请广之。至是筑城"[10]。李勉所筑汴州城"周回二十里一百五十五步"[11]，面积较现存开封城墙范围略小。考古工作者对现存明清东、西城墙缺口处的勘探和北宋东京城南、北城墙的考古发掘过程中，在宋内城城墙遗址下发现了唐汴州城遗址。考古证实，唐汴州城的东、西墙叠压在北宋内城东、西城墙的墙下，南、北墙则由于金代后期的毁坏，残墙淤埋于现地表下深10—12米处，残宽10米左右，系夯土版筑而成。残墙基厚约30厘米，墙基下是一层厚约5—30厘米的碎砖瓦层，作为城墙的基础。据考古初步勘测，四墙如均按直线计算，其形制略为东西稍长南北略短的正方形，四墙总长11550米左右。[12]若按东西长2900米，南北长2875米，则其面积为8.34平方公里。

新筑的汴州城共设城门7座，其中南面一门，名尉氏门；东面二门，南为宋门，北为曹门；西面二门，南为郑门，北为梁门；北面二门，西为酸枣门，东为封丘门。汴州城筑好后，李勉将原驻宋州（今商丘睢阳区）的节度使署衙移到汴州，设在州城内北偏西处，四周筑有城墙，时称牙城，周长约四里。唐德宗贞元十四年（798 年），时任宣武军节度使的董晋又在汴州城东、西墙各修建一座汴河水门，韩愈的《汴州东西水门记》记载了此修筑盛况。在李勉和董晋的营治下，开封城市经济得到飞速发展。刘宽夫在《汴州纠曹厅壁记》中言：“大梁当天下之要，总舟车之繁，控河朔之咽喉，通淮湖之运漕。”[13]至此，可以确认唐代汴州城共有城门七座，水门两座（图 1）。

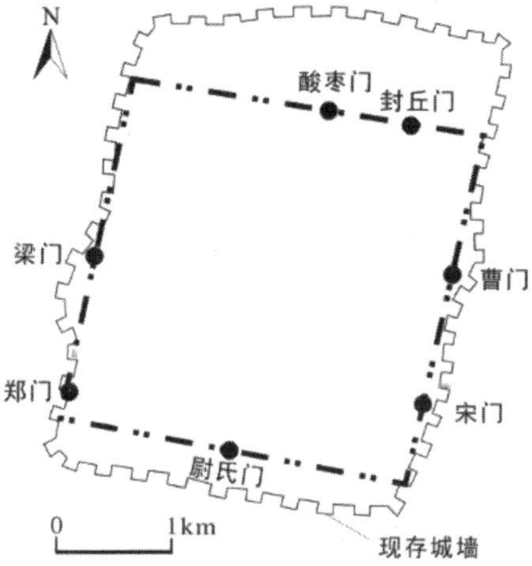

图 1　781 年的开封城门

（三）五代城门名称的变化

五代时期，开封政治地位进一步提升，成为后梁、后晋、后汉、后周的国都。五代汴州城在绝大部分时间沿用的是李勉 781 年扩建后的汴州城，在后周世宗增筑罗城之前，汴州城门延续唐制，并未加以增减，只是后梁、后晋时更换过门额名称。

后梁时期，七门仍唐汴州城旧制，只是城门名称发生了变化，即：南面的一门，尉氏门改为高明门；东面二门，南面的宋门改为观化门，北面的曹门改为建阳门；西面二门，南面的郑门改为开明门，北面的梁门改为乾象门；北面二门，西面的酸枣门改为兴和门，东边的封丘门改为含耀门。[14]

后晋天福二年（937 年）夏五月，石敬瑭迁都汴州。复升汴州为东京，置开封府。改京城诸门：南门尉氏门改为薰风门；西面二门，南面的郑门改为金义门，北面的梁门改为乾明门；北面二门，西边的酸枣门改为玄化门，东边的封丘门改为宣阳门；东面二门，北面的曹门改为迎春门，南面的宋门改为仁和门。[15]

后周时期，开封城墙形态发生变化，但城门数目未出现变动。五代末期的后周广顺二年（952 年），周太祖郭威曾下诏“开封府修补京师罗城，率畿内丁夫五万五千，版筑旬日而罢”。因当时新的外城尚未修筑,此处“罗城”仍是指唐以来一直沿用的汴州城墙。周世宗显德二年(955 年),开封城墙形态出现大变,形成“外城—内城—皇城”三重城城市结构,当时“东京华夷辐辏,水陆会通,时向隆平,日增繁盛。而都城因旧,制度未恢,诸卫军营,或多窄狭,百司公署,无处兴修”,世宗“令所司于京城四面,别筑罗城”。[16] 即在原唐汴州城的四周重新规划增筑了一道城垣,周回四十八里二百三十三步,号曰外城、罗城,也称新城。原唐汴州城的城垣,则被称为内城、旧城,仍为“周回二十里一百五十五步”[17],城门未出现变动。至此,五代时期的开封城门(后周时的内城城门)与唐代相比,城门仍为七座,水门两座,只是城门名称有些改动。

(四)北宋内城的城门

北宋定都开封,其都城继续沿用后周 955 年所形成的“外城—内城—皇城”三重城的城市格局,并不断修缮完备。故后周时的内城墙为北宋继续使用,《宋会要辑稿》对唐宋城墙的沿革关系记载很清楚,即“东京,唐之汴州,梁建为东都,后唐罢之,晋复为东京,国都因其名。旧城周回二十里一百五十五步,即唐汴州城,建中初,节度使李勉筑,国朝以来号曰阙城,亦曰里城”[18]。北宋内城在沿用唐汴州城墙的同时,除继续沿用唐时所形成的七座城门和两座水门外,又在南城墙上增加了东门保康门、西门崇明门以及北墙上的西门天波门,这样北宋开封内城共设城门十二座,其中陆路城门十座。详见下表。

开封城墙城门名称演变一览

时间	东城墙			南城墙			西城墙			北城墙			资料来源
		南	北	东	中	西	南		北	东	中	西	
唐		宋门	曹门		尉氏		郑门		梁门	封丘	酸枣		《五代会要》
后梁		观化	建阳		高明		开明		乾象	含耀	兴和		《旧五代史》
后晋		仁和	迎春		薰风		金义		乾明	宣阳	玄化		《旧五代史》
北宋		丽景(旧宋门)	望春(旧曹门)	保康	朱雀	崇明	宜秋		阊阖(大梁门)	安远(旧封丘)	景龙	天波	《宋史·地理志》
	汴河南岸角门子	旧宋门	旧曹门	保康	朱雀	新门	旧郑门	汴河北岸角门子	梁门	旧封丘门	景龙门	金水门	《东京梦华录》卷一《旧京城》
		丽景	望春	保康	朱雀	崇明	宜秋		阊阖	安远	景龙	天波	《宋会要辑稿》

（续表）

时间	东城墙			南城墙			西城墙			北城墙			资料来源
		南	北	东	中	西	南		北	东	中	西	
金代		宾曜	曹门	保康	丰宜	崇明	郑门		梁门	玄武	景龙	天波	楼钥《北行日录》卷上；《金史》卷25《地理志》
元初至1357年		宋门	曹门	保康	南门	崇明	郑门		梁门	北门	景龙	天波	乾隆《祥符县志》卷16《杂事志·识遗》
1357年至明清		丽景门（宋门）	仁和门（曹门）		南薰门（南门）				大梁门（西门）	安远门（北门）			《如梦录》

由上表可知，北宋开封内城所设城门共计十二座，其中陆路正门十座，汴河角门子两座（图2）。这些城门的名称沿袭前代又多次改动，又有俗称、旧称。十座正门中，南墙有城门三座，中为朱雀，西为崇明，东为保康；西墙有城门两座，南为宜秋，北为阊阖；北墙有城门三座，中为景龙，西为天波，东为安远；东墙有城门二座，南为丽景，北为望春。这些城门的正式定名，除保康门为大中祥符五年赐名外，其余的都是宋太平兴国四年九月赐额改名的。[19]另外，《东京梦华录》中记载的汴河南岸角门子、汴河北岸角门子是“陆行便

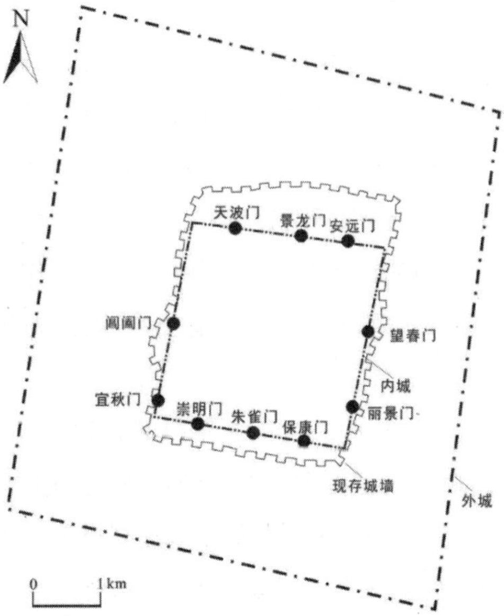

图2　979年的开封内城城门

门,不在正门之列"[20],而且角门子与汴河上的水门闸一起,一并构成北宋东京内城特殊的水门形制。这与外城汴河入城时所设南北角门子加拐子城的水门形制不同,这一点《北宋东京水门考》[21]里已有很清楚的解释。杨庆化的《北宋东京城水陆城门考补》一文提出内城"15座之说",即"东京内城的城门数量不是12座,应是15座"。他在12座城门的基础上,认为"汴河穿过内城的上、下水门,金水河进入内城的水门,共3座水门被漏掉了"。[22]显然,搞清当时的水门形制和记述方式很重要,不能认为只要城墙上有开口就可以认为有城门。汴河穿过内城的上下水门是和其所设角子门一起作为城门系统看待的。

北宋东京内城城垣遗址的范围已被考古探出,城门中只有朱雀门遗址和汴河西角门子遗址的位置大致测定,其余各门址尚未找寻到。整个内城遗址略呈正方形,叠压在今开封老城区范围以内,较现存开封城墙范围规模略小,周长约11550米。南墙基位于今大南门北300米左右的东西一线,自西向东经市二建预制厂、市三建预制厂、迎宾饭店、包公东湖、封吉府街、南泰山庙街、青龙背街,至汽车发动机厂等地。北墙基位于今龙亭大殿北500米左右的东西一线,自西向东经市汽车公司停车场、塑料公司、市人民体育场南部、汽车四队、二十八中学等地。东、西墙基分别叠压在现存开封城墙东、西墙之下。[23]朱雀门为京城正南门,位于今开封老城大南门北350米左右的封吉府街东侧和南泰山庙街西侧之间的中山路路面下。已知缺口宽约150米。由于缺口坐落处为北宋御街遗址,根据位置判断此缺口应是朱雀门遗址。[24]

(五)金代内城的城门

北宋末年"靖康之变"后,宋王朝偏安江南,开封落入金人统治,改东京为汴京。金废帝完颜亮和宣宗完颜珣还曾短暂定都开封,有21年的建都历史。金代对汴京城的营造,主要体现在两个方面。一是金皇宫范围扩大和皇宫格局变化。金汴京皇宫的范围在五代北宋皇宫"周回五里"的基础上,重新营建和扩筑,达到了方圆"九里十三步"的规模,并在原皇宫之外又新筑了一道城作为其皇城,而将原宋皇城作为其宫城,完成了皇城与宫城的正式分离。[25]二是将原北宋东京城内城南、北城墙向外拓展,形成现今开封城墙格局。

此事发生在金宣宗定都开封期间。贞祐二年(1214年),金宣宗为军事形势所迫,将国都由燕京迁至汴京。迁都后,为了抵御蒙古军的进攻,强化城防,曾不断对城墙进行加固维修。贞祐四年(1216年)十二月,尚书右丞相术虎高琪最早提出"修南京里城",金宣宗说:"民力已困,此役一兴,病滋甚矣。城虽完固,朕亦何能独安此乎?"[26]术虎高琪的建议被否定后,翌年,即兴定元年(1217年)七月,完颜赛不又上书说:"京都天下之根本,其城池宜极高深,今外城虽坚,然周六十余里,仓猝有警,难于拒守。窃见城中有子城故基,宜于农隙筑而新之,为国家久长之利。"金宣宗"从之"。[27] 据《金史》卷108《侯挚传》记载:"(兴定)三年(1219年)七月,设汴京东、西、南三路行三司,诏挚居中总其事焉。十月,以里城毕工,迁官一阶。"这里的"里城",即开封内城。当时侯挚任三司使(掌管经济事务),也应参与了开封内城最后阶段的修建事务。[28]

根据开封市文物工作队对北宋东京城内城和宋、金皇宫遗址的钻探结果,金宣宗筑里城实际上是在北宋东京内城故基的基础上,将其南、北城墙分别向外进行了扩筑。北宋东京内城东、西城墙的故基之上为金代至明清时期开封城的东、西城墙,东京内城的南墙的残基之上为金、明时期的黄泛地层,没有发现晚期的城墙建筑;北宋东京内城的北墙之上则为金汴京皇宫的北墙。说明金宣宗筑里城仅是对原北宋内城的南、北城墙体分别向南、向北进行了扩筑,到达现今保存的明清南、北城墙的位置;而北宋内城东、西城墙的位置,历经金、元、明、清至今,一直没有变动。[29] 在修筑内城时,拆除了沿线的太学等建筑,就连原来的宋国子监也是"当城所经,弗便也,坏而徙之东南大城之下,不及屋而亡"[30]。金宣宗扩建后的"里城",确定了今日开封城墙的规模。

按此,金宣宗筑里城仅是将南、北城墙分别向外进行了扩筑,达到了现在保存的明清南、北城墙的位置,那么城门的设置有无变化呢?王曾瑜指出,金朝虽然重修宫殿,向北扩大宫城,但对宋朝原有的里城和外城的整个城市格局没有更动,只是将城门改名。[31] 刘春迎同样指出,金代末年,宣宗迁都开封之后,"再筑子城",但也不过是对原宋内城的南北两墙向外拓展而已,在城门的设置上,应无大的变化。[32] 因而,兴定三年(1219年)后的开封内城,仍为陆行门十座,但城门的名称出现了变化(图3)。目前我们知道金代开封

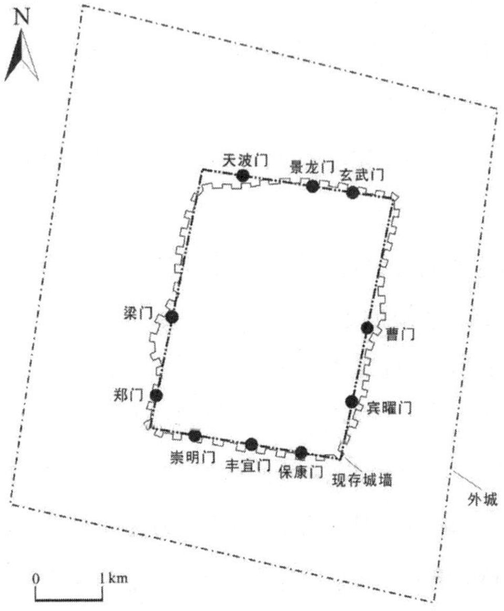

图3 1219年的开封内城城门

内城有三座城门的名称发生了变化。金代中期，按照宋使楼钥的记载，里城的“（旧）宋门，即丽景门，金改为宾曜门”；里城北墙偏东的“旧封丘门，即安远门也，金改为（玄）武门”；里城朱雀门改为“丹凤门”等。[33]金宣宗筑里城后的新南门名为“丰宜”，《金史》卷25《地理志》中有记载：“宫（皇）城门，南外门曰南薰，南薰北新城门曰丰宜，桥曰龙津桥，北门曰丹凤，其门三。丹凤北曰舟（州）桥，桥少北曰文武楼，遵御路而北横街也。”《大金国志》卷33指出“汴京制度，宣宗所迁，大概依宋之旧”。其他城门名称，恐怕未发生变化。

三、元末开封“五门”的形成

蒙古军占领开封后，在此设南京路，至元二十五年（1288年）改为汴梁路。至元二十八年（1291年）置河南江北行省，以汴梁为省会，开封成为地方政治中心城市。

元代汴梁城的建设保持了金代开封城的格局，只在元世祖至元二十七年（1290年）修汴梁城和仁宗延祐六年（1319年）修汴梁护城堤。[34]至元二十七年（1290年）十一月，黄河决祥符县义唐湾（今开封城东北），水由外城东北水门（善利门）入，不得已乃颓城为堰，以拒水进城。水退后，“增外防百三十里”[35]。延祐五年（1318年）正月，河北河南道廉访副使奥屯在上疏中建议：“近年河决杞县小黄村口，滔滔南流，莫能御遏，陈、颍濒河膏腴之地浸没，百姓流散。今水迫汴城，远无数里，傥值霖雨水溢，仓卒何以防御。方今农隙，宜为讲究，使水归故道，达于江、淮，不惟陈、颍之民得遂其生，窃恐将来浸灌汴城，其害匪轻。”这一建议起到实效，官府在开封城北修建了一道护城堤，城东修建了黄河大堤。延祐六年（1319年）创修河堤、护城堤，完善开封城北、东面的黄河防御工程。工程由大司农司下都水监移文汴梁分监修治，“自六年二月十一日兴工，至三月九日工毕。总计北至槐疙疸两旧堤，南至窑务汴堤，通长二十里二百四十三步。创修护城堤一道，长七千四百四十三步，下地修堤，下广十六步，上广四步，高一丈，六十尺为一工”。[36]这两次修城活动，都与抵御黄河洪水有关，根本未涉及内城，故内城城门未发生变化，仍为十座陆行门。

元末元军与农民起义军之间的数次战争则导致了开封城门的重大变化。这一变化史实发生在元顺帝至正年间，刘福通率领的农民起义军和元军在开封城下曾展开数场激烈战斗，至正十七年（1357年）农民起义军攻打开封时，“纵火烧汴梁诸门城楼”，当时城内元军统帅太不花为了加强防守，“以汴城四面城门，止留五座，以通往来，余八门俱塞”，至此，开封内城墙上的城门减至五座，即《如梦录》所记的宋门、曹门、南门、西门和北门（图4）。至正十八年（1358年）刘福通率领的农民起义军攻占汴梁城后将其作为首都，也未将那些已堵塞的城门重新扒开。之后，开封五门一直为明清两朝所沿用，直到1927年，冯玉祥开辟新南门（新门），这一城门格局才被改变。

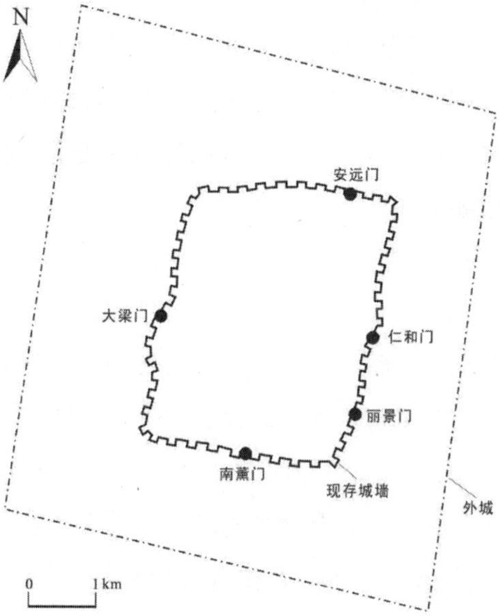

图4　1357年的开封内城城门

按照前文的论述，元军统帅太不花其实仅筑塞了南城墙三座城门中的东西两座城门，留中间的南门；堵塞了西城墙上两座城门中的南边一门；堵塞了北城墙三座城门中的西、中两座城门，留东面的北门，共计堵塞了五座城门，留五座城门（见前表和图4）。而非乾隆《祥符县志》所谓的“余八门俱塞”，当时开封内城墙上总共才有十座陆行门，留了五门，又哪来八门呢？此文献出自该书卷16《杂事志·识遗》，也很可怀疑它的可靠性。

四、结　语

城门决定着一座城市的内外交通，城内外街道的分布格局以及居民的聚居分布形态都在很大程度上受其影响。通过本研究得知，明清开封城五门格局的形成是至正十七年（1357年）元军统帅太不花人为干预的结果，当时留下五座城门，堵塞了五门，非“余八门俱塞”。从各城墙上被堵塞的城门分析，东西城墙上留下的城门最多，自唐代781年的汴州城就已经确立名称和位置的四门中，堵塞了西城墙上南面的一门郑门，留下的三座，分别为东城墙上的曹门、宋门和西城墙上北面的大梁门；而南北城墙上被堵塞的城门最多，该两段城墙为金宣宗1219年所扩筑，六门中只剩二门，南城墙上的南门和北城墙上的北门。这或许与各段城墙形成的年代早晚有关，越早的城墙其城门附近的防御设施也就越完善。

总之，现存开封城墙最早可追溯到南北朝时期的州城，781年李勉所筑汴州城为五代北宋定都开封奠定了坚实的基础，对后世开封城的发展影响极大。该城墙在781年至

955 年为开封城墙,955 年至 1357 年则变为开封内城墙(1219 年曾南北扩筑),洪武初开封内城墙改为砖城,一直延续至今。781 年时的汴州城有陆行城门七座,至太平兴国四年(979 年)城门增至十座,一直沿用至 1357 年,中间只是名称稍有变化,1357 年后开封城门则变为五座,为明清开封城所沿用。因此,城门数量的变化,是开展城市历史地理研究过程中需要特别关注的重要问题。

【注释】

[1]孔宪易校注:《如梦录·形势纪第二》,中州古籍出版社 1984 年版,第 3 ~4 页。

[2]光绪《祥符县志》卷 23《杂事志·识遗》。对于元将"泰不花"这一人名,近人论著如王育民的《中国历史地理概论》,刘顺安的《古都开封》,刘春迎的《北宋东京城研究》《考古开封》《揭秘开封城下城》,开封市地方志编纂委员会的《开封市志》以及《中原文化大典·文物典·历史文化名城》等都是直接引用光绪《祥符县志》的记载,而《元史》卷 141 有《太不花传》,应忠实于正史,写为"太不花"。其实,这一史料在乾隆《祥符县志》卷 16《杂事志·识遗》已有记载,今人多不察。

[3]刘春迎:《明代分封制与黄河水患影响下的开封城》,《河南大学学报(社会科学版)》2016 年第 5 期。朱军献:《古代城门与城市空间结构关系研究——以北宋至晚清的开封城市为案例》,《南阳理工学院学报》2017 年第 5 期。王育亮:《北宋东京城城门研究》,河南大学 2012 年硕士学位论文。

[4]乾隆《祥符县志》卷 16《杂事志·识遗》。

[5]吴朋飞:《开封城市生命周期探析》,《江汉论坛》2013 年第 1 期。

[6]吴朋飞、徐纪安、马建华:《"引河沟灌大梁"初探》,《中原文物》2016 年第 1 期。

[7][汉]司马迁撰:《史记》卷 6《秦始皇本纪》,中华书局 1959 年版,第 234 页。

[8]单远慕:《开封史话》,中华书局 1983 年版,第 15 页。

[9][北宋]乐史撰,王文楚等点校:《太平寰宇记》卷 1《东京·开封府》。

[10][后晋]刘昫等撰:《旧唐书》卷 12《德宗纪上》,中华书局 1975 年版,第 327 ~328 页。

[11][元]脱脱等撰:《宋史》卷 85《地理志一》,中华书局 1977 年版,第 2102 页。

[12]开封宋城考古队:《北宋东京内城的初步勘探与测试》,《文物》1996 年第 5 期。

[13][清]董诰等编:《全唐文》卷 740 之《汴州纠曹厅壁记》,中华书局 1983 年版,第 7649 页。

[14][宋]薛居正等撰:《旧五代史》卷 3《梁书·太祖纪三》,中华书局 1976 年版,第 50 页。

[15][宋]薛居正等撰:《旧五代史》卷 77《晋书·高祖纪三》,中华书局 1976 年版,第

1020 页。

[16][北宋]王溥:《五代会要》卷26《城郭》,上海古籍出版社1978年版。

[17][元]脱脱等撰:《宋史》卷85《地理志一》,中华书局1977年版,第2102页。

[18][清]徐松辑:《宋会要辑稿·方域一》,中华书局1957年版,第7319页。

[19]周宝珠:《宋代东京研究》,河南大学出版社1992年版,第56~58页。

[20]周宝珠:《宋代东京研究》,河南大学出版社1992年版,第45页。

[21]吴宏岐、孙伟:《北宋东京水门考》,见《中国古都研究》(第二十辑),山西人民出版社2005年版。

[22]杨庆化:《北宋东京城水陆城门考补》,《开封大学学报》2010年第3期。

[23]开封宋城考古队:《北宋东京内城的初步勘探与测试》,《文物》1996年第5期。

[24]开封宋城考古队:《北宋东京外城的初步勘探与试掘》,《文物》1992年第12期。

[25]刘春迎:《金汴京(开封)皇宫考略》,《文物》2005年第9期。

[26][元]脱脱等撰:《金史》卷14《宣宗纪》。

[27][元]脱脱等撰:《金史》卷113《完颜赛不传》。

[28]王曾瑜:《金代的开封城》,《史学月刊》1998年第1期。

[29]刘春迎:《金代汴京(开封)城布局初探》,《史学月刊》2006年第10期。

[30][元]姚燧:《牧庵集》卷5《汴梁庙学记》。

[31]王曾瑜:《金代的开封城》,《史学月刊》1998年第1期。

[32]刘春迎:《考古开封》,河南大学出版社2006年版,第196页。

[33][南宋]楼钥撰:《北行日录》卷上。

[34]康熙《开封府志》卷9《城池》。

[35]开封市地方志编纂委员会编:《开封市志(第一册)》,中州古籍出版社1996年版,第43页。

[36][明]宋濂撰:《元史》卷65《河渠志二·黄河》,中华书局1976年版,第1623页。

(作者单位:河南大学黄河文明与可持续发展研究中心)

明代晋东南乡村堡寨聚落的时空分布研究

郝文军

一、引　言

作为一类典型的聚落类型，晋东南沁河流域的乡村堡寨聚落因为蕴含独特而丰富的自然、历史、社会、民俗和建筑等信息而逐渐受到学界的关注。但是囿于传统研究方法对资料利用的局限，目前相关研究尚有很大的深入空间。新资料的挖掘、新方法的运用和现有资料的新视角分析成为近些年推进学术研究取得突破的有效途径。晋东南沁河流域的乡村聚落至今仍保存着几十座明代修筑的堡寨，还有一些保存完整的避兵楼散落乡间。当地的乡土文献、乡间碑刻、民间家谱等资料对于域内堡寨兴修也有零散记载。如果将这些此前学界关注不够的资料进行挖掘整理，与地方史志资料、时人文集等结合起来，并运用人文地理学、社会学和建筑学等方法，对现存堡寨、避兵楼的选址、结构、功能布局、防御体系等方面进行实测和分析，对了解乡村历史的地方学者、乡耆以及建筑主人进行咨询、采访，复原明代晋东南乡村堡寨聚落兴筑的时空拓展过程、归纳其自身特点则将成为可能。

二、现有资料及处理方法

本文研究资料主要包括五个方面：明清时期晋东南各府州县修撰的地方志、明代晋东南籍贯文人文集、乡村碑刻、家族家谱、当代文物普查到的现存堡寨或堡寨遗址。明清地方志是梳理明代晋东南乡村堡寨数量、名称和大致修筑时间的主要资料。目前收集到的明清晋东南地方志有40多部，其中有乡村堡寨记录的为21部，据此可以推断出修筑于明代的堡寨聚落数量、名称、依托聚落以及大致修筑时间，这是本文主要的依托资料。明清时期，晋东南文人荟萃，留下文集不少，曾在当地做官的文人也留下一些反映当地情况的文集。不过,经梳理,其中记载明代晋东南修筑堡寨情况的不多,目前掌握资料中仅有明末清初沁水县张道濬、阳城县张慎言在文集中对明代崇祯时期境内乡村修筑堡寨情况有记载。张道濬亲身参加了镇压明末农民起义军的过程,也倡议和主持修筑了大量乡村堡寨,他在《从戎始末》和《兵燹琐记》中对明末崇祯时期沁水县境内遭遇兵灾情况及乡村百姓在其倡议下修筑堡寨情况都有详细记载,可以弥补地方志资料一般只记载堡寨名称的缺憾。清代康基田在《晋乘蒐略》中对明代山西腹地乡村修筑堡寨的时间、背景等情况也有所涉及。[1]另,清代官修《大清嘉庆一统志》中也对晋东南境内一些堡寨的修筑时间有所记载。上述资料的解读就解决了地方志中没有标注的堡寨修筑时间问题。此外,晋东南乡村现存大量碑刻资料,蕴含相当丰富的乡村聚落信息,其中也包含一些堡寨聚落信息,将其挖掘出来,归纳整理,也可以印证地方志记载或弥补地方志记载缺失,目前学界还没关注到这方面的内容。当地一些家谱资料也有乡村修筑堡寨的零星记载,如高平市大周村武氏家谱资料记载明末家族修筑 3 座堡寨用于村民御暴的情况。[2]晋东南境内目前还保存不少堡寨建筑,有些保存完好,如晋城市沁河中游的几十座堡寨建筑和长治市上党区的一些避兵楼,此外还有一些堡寨遗址遗迹,如沁县的花山寨,沁源县的大栅堡、小寨村堡,泽州县的仙台寨等。这些现存堡寨遗址、遗迹不仅可以印证、弥补文献记载,还可为实地考察分析堡寨的格局、选址、修筑时间、建筑材料等提供文献没有提供的信息。

本文首先通过对上述资料中堡寨信息进行全面归纳,整理出明代晋东南乡村中修筑堡寨的数量为 164 座,并确定每个堡寨的名称及其依托乡村聚落。其次,根据文集、碑刻、方志修撰时间以及堡寨修筑背景等因素综合分析,判定上述堡寨的修筑时间集中于嘉靖和崇祯时期的特点。再次,根据文献叙述,并运用地名学原理确认上述 164 座堡寨建筑依托乡村的现在位置。从次,根据实地考察和 Google - Earth 确定各个堡寨依托聚落的经纬度和高程,运用 GIS 技术制出明嘉靖时期和明崇祯时期晋东南堡寨聚落的时空分布图。最后,结合晋东南的地貌、河流等自然因素及堡寨的空间分布、距城(府州县城)远近、规模大小等分析其选址原则。

三、结果分析

(一)乡村堡寨聚落的数量和比例

通过对明清时期晋东南的地方志、碑刻文献、家谱资料的爬梳,加上近些年文物普查、学者考察等方法,将晋东南所有堡寨资料进行综合归纳整理与分析,目前能够确定明代晋东南修筑堡寨数量是 164 座。除少数几座堡寨是依山而建外,绝大多数堡寨都是依托某一村落修筑的,与村庄融为一体。从数量上看,沁州总计修堡寨 80 座,县均的堡寨数量最大,为 26.7 座;潞安府有 1 个县没有找到堡寨信息,其他县找到的信息也不多,总计能确定修筑的堡寨有 33 座,县均堡寨数量最小,为 4.1 座;泽州总计能确定修筑堡寨的数量为 67 座,县均堡寨为 13.4 座。潞安府各县方志中或者不记堡寨或者只记载几个堡寨,并不是因为没有堡寨或者堡寨很少,而是不予记载的“选择性遗忘”[3]所致,实际从潞安府各县地貌情况和人口规模看,其平均修筑的堡寨数量至少不会少于沁州各县。

明代晋东南村庄数以千计,目前已经确知的堡寨只有 164 座。因为文献缺载,实际堡寨数量应该不止这些,但是只有少数村庄修筑堡寨则是不争事实。如嘉靖时期沁源县境内有 174 个村庄,修筑堡寨的只有 16 个,修筑堡寨的村庄占村庄比例不足 10%[4];崇祯时期堡寨数量增加到 23 座,村庄也增加到 234 个,修筑堡寨村庄占村庄总数比例仍不足 10%。其他各州县修筑堡寨村庄占村庄总数的比例也都不高。

(二)乡村堡寨聚落的修筑时间分布

通过各种资料的综合分析,目前能够确定的,修筑于明代的晋东南堡寨为 164 座。上述堡寨在修筑时间上具有集中性特点。集中修筑于明嘉靖初年、嘉靖二十年前后和明崇祯时期。乡村聚落修筑堡寨是社会动荡时期村民自保行为的反映,明代晋东南乡村聚落集中修筑堡寨的时间恰好与嘉靖初年潞州陈卿起义,嘉靖二十一年蒙古军队侵入沁州、潞安府境内,以及明末崇祯时期陕北农民起义军在晋东南长期盘踞和来回流动劫掠相对应,说明两者之间具有正相关性。因为陈卿起义与蒙古军队侵扰都发生在嘉靖时期,时间间隔不远,而且目前能确定是陈卿起义时期修筑的堡寨只有 3 座,数量太少,这里将嘉靖时期作为一个时间段进行处理。这样,明代晋东南乡村聚落修筑的堡寨分布于两个时间段,即嘉靖时期和崇祯时期。

(三)乡村堡寨聚落的空间分布

晋东南的乡村聚落多数在明代就存在了,而且聚落名称直到 20 世纪七八十年代也没有太多变化。因此,运用地名学方法,借助新中国成立后晋东南各县编修的地名志或地名录,可以找到明代晋东南 164 座堡寨依托的乡村聚落。其中,能确定为嘉靖时期存在的堡寨聚落为 48 个,能确定崇祯时期存在的堡寨聚落为 164 个。崇祯时期的 164 座堡寨包括嘉靖时期就存在的 48 座堡寨和后建的 116 座堡寨。运用 GPS 定位仪对上述堡寨进行空间定位,将堡寨所在位置的经纬数据做成数据库,然后运用 GIS 技术,结合 DEM 数据,制成明代晋东南嘉靖时期和崇祯时期堡寨聚落空间分布图会发现,嘉靖时期,晋东南的堡寨主要分布在晋东南的西北和北部,即当时的沁州和潞安府管辖范围,南部泽州境内几乎没有堡寨分布。这种聚落分布是符合史实情况的。这一时期,晋东南先后发生了两次大的动乱。第一次是嘉靖初年爆发的陈卿起义,起义军的核心活动区域是潞州,起义被镇压后,该地升为潞安府。目前已知的嘉靖初年为抵御陈卿起义军修筑的堡寨都集中于潞安府境内,估计当时晋东南的堡寨聚落也是主要集中于潞安府境内乡村。第二次是嘉靖二十一年(1542 年)蒙古俺答汗的军队侵入沁州、潞安府。实际早在嘉靖十九年蒙古军队攻打到与沁州和潞安府毗邻区域时,当时的山西巡抚陈耀就已经通令各县乡村修筑堡寨以自卫了。估计沁州、潞安府境内一些乡村在嘉靖十九年就开始修建堡寨了。顺治《潞安府志》记载有这一时期境内乡村聚落在蒙古军队军事威胁下大规模修筑堡寨的情形[5],印证了嘉靖时期当地乡村大规模修筑堡寨的事实。不过由于文献记载有详有略,目前对于嘉靖时期晋东南修筑堡寨情况掌握不一。沁州及其属县的方志中对于修筑堡寨的名称、数量记载较为详细,情况比较清楚。而潞安府及其属县方志中对堡寨情况缺载漏载严重,目前能确定下来的堡寨只有十几座,还不如沁州沁源县一县的数量。这就造成潞安府辖境堡寨分布稀少、沁州辖境堡寨分布密集的假象。根据顺治《潞安府志》的叙述,当时潞安府境内大的聚落应该普遍修筑堡寨了,只是因为顺治《潞安府志》及其他各县地方志中都没有完整记载境内修筑堡寨的数量和名称,目前还无法还原当时潞安府境内乡村聚落修筑堡寨情况。所以,嘉靖时期晋东南堡寨聚落分布情况,在潞州部分还是无法清楚再现。泽州位于沁州和潞安府东南,嘉靖时期没有遭到蒙古军队的攻击。因为军事威胁相对少,只有靠近潞安府的高平县有个别乡村有修筑堡寨的活动。

运用 GPS 定位仪对上述堡寨进行空间定位,将堡寨所在位置的经纬数据做成数据库,然后运用 GIS 技术,结合 DEM 数据,制成明代崇祯时期堡寨聚落空间分布图会发现,这一时期晋东南的沁州、潞安府和泽州都有堡寨分布,数量上大为增加,区域上也从沁州、潞安府扩大到泽州。而且,这一时期泽州修筑的堡寨数量很多,这也是与这一时期陕西农民起义军在晋东南的活动区域相一致的。明崇祯四年(1631 年),爆发于陕西北部的农民起义军从陕西越过黄河进入山西。晋东南因为经济富庶、官宦云集、商业发达,成为起义军长期盘踞和往来劫掠的对象。长期安宁的泽州乡村聚落在这一时期遭到前所未有的破坏。为了御暴安民,泽州许多有实力的乡村聚落掀起大规模修筑堡寨的运动。因为财资雄厚,修筑的堡寨规模宏大、设施完整、材料坚固,明末泽州许多乡村修筑的堡寨至今仍完整保存,巍然屹立于沁水两岸。同样,由于文献记载详略不同,反映到图上表现为潞安府辖境堡寨数量相对少,分布稀疏,而沁州、泽州辖境堡寨数量多,分布密集。当然,这是根据目前能确定的堡寨制成的明嘉靖时期、崇祯时期晋东南堡寨聚落分布图,潞安府境内的堡寨分布还不能准确反映当时的实际情况。但这并不影响对于堡寨聚落的特点分析。

(四)堡寨聚落的选址

影响明代晋东南的乡村堡寨聚落选址的因素主要有两个,即距河远近和聚落规模。前者属于自然因素,后者属于社会因素。

1. 靠近河流

靠近河流是明代晋东南堡寨聚落选址中较突出特点之一。明代晋东南的乡村聚落数以千计,目前能够确定修筑堡寨的数量不多,嘉靖时期为48个,崇祯时期为164个。对比分析这些修筑堡寨的乡村聚落和没有修筑堡寨的乡村聚落,会发现修筑堡寨的乡村聚落在选址上有一定规律可循,靠近河流就是其规律之一。嘉靖时期晋东南堡寨主要分布于晋东南西北角沁州及其属县部分,都是靠近河流的位置。崇祯时期晋东南堡寨数量大幅增加,范围也扩大到泽州,但是仍明显表现出靠近河流的特点。如嘉靖时期沁州修筑堡寨18座,是当时16个州县中堡寨数量最多的,这18座堡寨大多数都是毗邻境内大小河流的。其中,西峪寨靠近西汤河,交口堡靠近西河,乔村寨位于景村河与迎春河之间,段村寨位于迎春河支流,新店寨靠近徐阳河,郭村寨、尧神寨、寺庄寨、道兴寨、段柳寨都靠近沁水的大小支流,上执寨、南仁寨、故县寨、南泉寨都位于白玉河大小支流旁,只有皇后寨、开村寨、花山寨不是靠近河流。

崇祯时期,晋东南各州县境内的堡寨数量都有所增加,但仍没有改变靠近大小河流的特点。如沁州的堡寨从18座增加到34座,仍遵循靠近河流的规律,其他如沁州属县沁源县、武乡县,泽州属县阳城县、沁水县等堡寨分布也都具有靠近河流的特点。

2. 依托较大、较富聚落

明代晋东南的乡村聚落很多,但只有很少一部分聚落修筑了堡寨。这些聚落基本都是境内规模较大、经济相对富庶的村庄。晋东南堡寨聚落集中的沁州和泽州地貌以山地、丘陵为主,耕地稀少、土地贫瘠,境内村庄以不足五十户的中小聚落为主。修筑堡寨需要大量的人力、物力和财力,规模小、经济基础薄弱的聚落是无力修筑堡寨的。在以山地、丘陵为主的晋东南,那些靠近大小河流的聚落因为水源相对充足,地势相对平坦,土地相对肥沃,耕地相对丰富,聚落规模较大,经济也相对富裕。加之靠近沟通内外的河流,这些聚落平时还会受益于往来商贸。这些村庄一般具备修筑堡寨的条件,同时由于规模较大、经济基础较好,又靠近沟通内外交通的河流,这些聚落在战乱时也最易遭到劫掠。不管是嘉靖时期的蒙古骑兵还是崇祯时期的陕北起义军,都是通过晋东南沟通内外的大小河流进出晋东南的。这就是晋东南的堡寨基本都依托较大、较富聚落的原因。上述乡村聚落也最容易成为战乱中修筑寨堡以自卫的行动者。

四、明代晋东南堡寨聚落时空演变特点

(一)区域的扩大和数量的增加

嘉靖时期,晋东南能确定的堡寨聚落只有48座,范围上主要局限于西北部的沁州和北部的潞安府。从能确定的堡寨聚落看,西北部的沁州境内堡寨聚落最为集中。崇祯时

期，晋东南的堡寨聚落数量猛增至164座，翻了三倍还多。此时晋东南堡寨聚落的分布范围也扩大到整个晋东南，此前几乎没有堡寨聚落分布的泽州成为堡寨聚落最为密集的区域。崇祯时期晋东南堡寨聚落数量的增加和范围的扩大是与明末崇祯时期陕北农民起义军对晋东南乡村聚落破坏的严重性、持续性和普遍性密切关联的。嘉靖时期的陈卿起义和后来的蒙古军队对晋东南乡村聚落的破坏是局部的、暂时的，而崇祯时期陕北农民军对晋东南乡村聚落的破坏是全局的、持续的，这也是嘉靖时期堡寨数量少、崇祯时期堡寨数量多的主要原因。

（二）堡寨的继承性

晋东南修筑的堡寨具有继承性，对比嘉靖时期和崇祯时期的堡寨名称和位置会发现，崇祯时期的一部分堡寨是直接继承嘉靖时期的堡寨，或略加修补，或加以扩建。也就是说，嘉靖时期修筑的48座堡寨，绝大部分都在明末崇祯时期经过维修扩建继续发挥保境安民的作用。将嘉靖时期堡寨聚落分布情况与崇祯时期堡寨聚落分布情况对比会发现，两者有45处堡寨是重合的。也就是说，嘉靖时期修筑的48处堡寨中，有45处在崇祯时期又被维修（或扩建）利用。两个时期的堡寨聚落名称，大多数没发生变化，只有少数名称有所变化，如下表。

晋东南嘉靖和崇祯时期重合堡寨一览表

嘉靖时期	崇祯时期	嘉靖时期	崇祯时期	嘉靖时期	崇祯时期
故城堡	故城堡	重城寨	重城寨	寺庄寨	寺庄寨
苏峪寨	敦固寨	段柳寨	段柳寨	开村寨	开村寨
权店寨	权店寨	新店寨	新店寨	郭村寨	郭村堡
护甲寨	护甲寨	南泉寨	南泉寨	尧神寨	尧神寨
南关寨	南关寨	南仁寨	南仁寨	段村寨	段村堡
韩壁寨	天成寨	上执寨	上执寨	乔村寨	乔村堡
蟠龙寨	攀龙寨	道兴寨	道兴寨	皇后寨	皇后寨
王可寨	王可寨	古寨	古寨	龙山寨	龙山寨
花山寨	花山寨	韩洪寨	韩洪寨	绵上镇堡	绵上堡
西峪寨	西峪寨	北董堡	北董堡	官军镇堡	官军堡
安乐馆寨	安乐馆寨	苏店堡	苏店堡	侯壁堡	侯壁寨
下留寨	下留寨	南董堡	南董堡	阳城寨	阳城寨
定阳寨	定阳寨	角沿村堡	角沿村堡	霜泽堡	霜泽堡
师庄寨	师庄寨	西火堡	西火堡	王凤寨	王凤寨
郭道寨	郭道寨	余吾堡	余吾堡	中村寨	中村寨

五、结　论

明代晋东南乡村聚落的堡寨是战乱时期村民修筑的用以御暴安民的产物。明代晋东南乡村堡寨在修筑时间上具有集中性特点，分别对应嘉靖初期的陈卿起义、嘉靖中期的蒙古军队入侵和崇祯时期陕北农民军的盘踞与劫掠。明嘉靖时期和崇祯时期晋东南堡寨聚落的分布范围是与战乱影响范围相对应的。嘉靖时期的堡寨聚落主要分布于沁州和潞安府，抵御对象是南侵的蒙古军队；明末崇祯时期的堡寨聚落分布范围扩大到整个晋东南，抵御对象是盘踞、游走于晋东南的陕西农民起义军。明代晋东南堡寨聚落的选址受到自然和社会因素的影响。堡寨聚落具有继承性，堡寨一旦修筑，后世会经常修复以备战时利用。靠近河流、耕地较多、规模较大、相对富庶的乡村聚落更易于修筑堡寨，实际也是当时堡寨聚落集中分布的区域。总体看，明代晋东南修筑堡寨村庄的比例并不大，大多数村庄是没有能力修筑堡寨的。

【注释】

[1][清]康基田编著:《晋乘蒐略》卷30上，山西古籍出版社2006年版，第2320页。

[2]见薛林平、刘冬贺等著《大周古村》附录3《武氏家谱》选录之《行踪志》，中国建筑工业出版社2010年版，第197页。

[3]郝文军:《文本与史实——明清时期潞安府地方志堡寨记载稀少的原因与真相管窥》，《中国地方志》2018年第5期。

[4][明]李守贞等纂:《沁源县志》卷1《封域·里甲》、卷2《建置·堡寨》，明万历刻本。

[5][清]杨畯编修:《潞安府志》(清顺治刻本)卷6《城池》载“嘉靖间，边患孔棘，各县乃于民居繁衍村落督建城堡以保卫民。群雉云连，崇墉棋布，似亦足恃以无恐”。

(作者单位:渤海大学历史文化学院、东北亚走廊研究院)

水患与治所城市迁移的关系研究*

——以道光初年陕西略阳县为中心

程　森

水患与城市的关系古往今来一直是一个重要话题，人们主要关注水患形成的原因和城市应对水患的举措。近年来，鉴于当代城市水患、内涝问题层出不穷，历史学界的相关研究成果日渐丰富。[1]在这一研究主题中，水患与治所城市迁移是城市史、历史地理研究中的一个重要研究视角。许鹏较早对清代政区治所的迁移做过全面的梳理研究，作者尤其指出水患是清代治所迁移的主因。不过因清代政区治所的史料繁多，作者研究不免有所遗漏，如其认为道光年间的治所只有1次迁移，时为道光五年的吉林长春厅，但作者并未发现陕西略阳县城在道光八年迁至新址。[2]

在梳理前人研究后可以发现，水患与治所城市迁移的研究已有一种思路，即环境失调—水灾频仍—城址迁移，认为水患是导致水灾频发区治所城址迁移的根本原因。不过，在历史上很多治所城市长期遭遇水患，但并未迁移；一些迁移之后的新城又回归迭遭水患的老城。因此，以治所迁移之前出现水患就认为水患是其迁移的根本原因的观点有失偏颇。应该说，迁移城址本身是一项耗费财力、人力、物力之事，统治阶层必然会加以深入考量。同时，城市在传统时期的主要功能是军事、政治功能，迁城关乎地方治乱，并不简单，尤其是那些军事地理形势较为重要的山地城市。因此，研究水患频发地区的治所城市迁移应深入挖掘史料，综合考察，方能贴近当时的历史真相。基于这样的思考，本文试以道光初年陕西略阳县城址迁移为例，考察该县在遭遇水灾之后迁移城址的具体过程和地方官员的心态，以期能有助于深化相关领域的研究。

* 本文为2017年国家社会科学基金西部项目(17XZS033)研究成果。

一、千年治城：道光以前略阳城址旧说剖析

略阳地处陕西秦岭西段南坡，群山环峙，平地罕有，古称武兴、兴州、顺政，因其居川、陕、甘之交，自古为军事重镇，尤其是在南北分裂时期。嘉陵江自北向南，纵贯全境，略阳自古有“嘉陵第一城”之誉。道光八年(1828 年)，略阳城址由象山脚下的“老城”迁至凤山脚下“新城”(见图 1)。清代以来，多数学者认为凤山脚下的新城在历史上长期作为治所存在[3]，武兴、兴州皆在此处，而象山脚下的老城直至正德初年方才建城，新城城址的存在是道光八年迁城的重要原因。笔者认为这种观点是不正确的，象山脚下的老城才是旧武兴、兴州所在。因其关乎道光八年略阳迁城的原因，笔者先对此进行剖析。

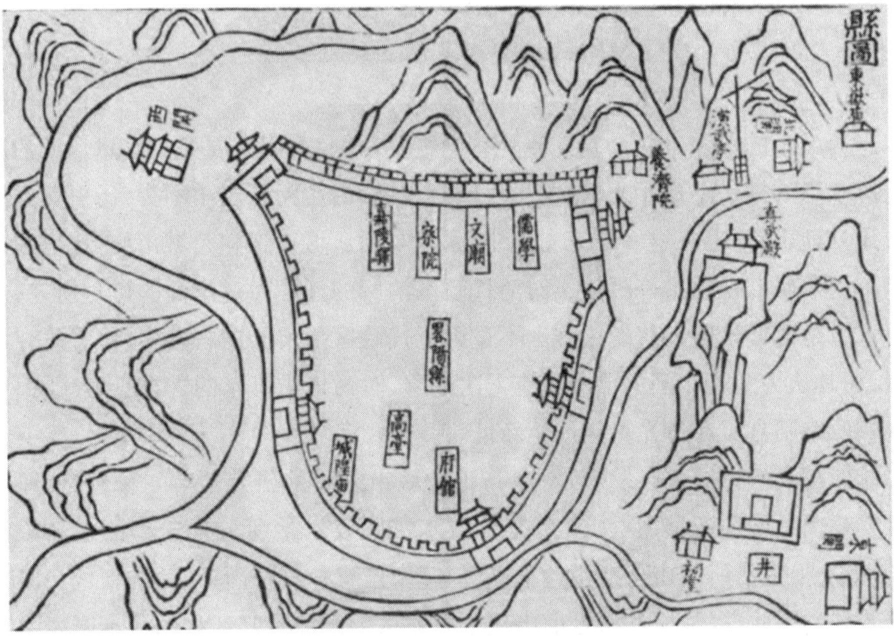

图 1　明代略阳县城

说明：图片据嘉靖《略阳县志》卷 1《县图》，天一阁藏明代方志选刊。

略阳古为《禹贡》梁州之域，战国时期处于白马氐东境。秦代为蜀郡，并无县治。汉武帝元鼎六年(前 111 年)以白马氐故地置武都郡，今略阳辖境属沮县，今略阳城区无城址。至三国时期，武兴城最终建立。据《三国志・蜀书・姜维传》注引《蜀记》载：“蒋舒为武兴督。”蜀汉景耀六年(263 年)，钟会攻蜀，蒋舒开城出降。这表明至少在公元 263 年今略阳城区已有城址了，时名“武兴城”，这为后世略阳城区设置州、县治所奠定了基础。

至西晋永嘉末年，氐族杨茂搜自号氐王。此后，杨茂搜后裔杨鼠在武兴称王，杨鼠子

杨集后又称藩于北魏。杨集不久谋叛，魏废其为藩镇，后又改镇为东益州。[4]西魏时期，又将东益州改为兴州。隋大业二年(606 年)，罢兴州为顺政郡，唐武德元年复置兴州，属山南道。据李吉甫《元和郡县图志》，兴州领顺政、长举、鸣水三县，顺政即兴州州治。李吉甫说，兴州城“即古武兴城也”。州城“虽在平地，甚牢实，周回五百许步，唯开西北一门，外有垒，三面周匝”。[5]这表明三国以来武兴城虽迭经更名，但城址并未变动。

那么，蜀汉至唐代的武兴城到底是在象山脚下的“老城”还是凤山脚下的“新城”？道光初年的略阳各级官员和今人张喜治都将新城存在城址作为迁城可行性的一个因素，只是凤山脚下新城址到底产生于哪个时期尚需辨明。今人张喜治较早对武兴城基址作出考证：

> 据《水经·漾水》注：“汉水又东经武兴城南。”明《嘉靖略阳县志》：“武兴废城在县城东关，宋吴曦王宫室故址。”《汉中府志·古迹》：“武兴城，东二里吴曦屯兵故地，即今文家坪也。”清道光《略阳县志·山川》：“武兴山在东里许，因山连武兴城故名。”清光绪《略阳县乡土志·山》载：“翠屏山俗名南山，山西小峰名玉文山，山东高峰名小景山与武兴山对峙。旧志：山连武兴城，故名。”又载：“古兴洲城即今新城之基。”这充分说明，古武兴城址即今文家坪之新城。[6]

考证三国至唐代武兴城故址，自然以这一时期文献为准，由张喜治所引文献来看，《水经注》撰述时间距三国最近，最为可靠，但是张喜治并未加以解读，而且所引文字也不完整。道光《略阳县志》撰于略阳迁城之后，所记山川方位是以迁城之后的新城为准，若以旧城为准，则说“……旧志在……”，体例明了。如其称“夹渠河在东，源发飞仙岭，即《水经注》之东溪水。……知县郭熊飞名夹渠河曰玉带河”[7]。从实际地形来看，玉带河的确源出新城之东，西南绕新城汇入嘉陵江。因此，道光《略阳县志》所说“武兴山在东里许”，实际上是说武兴山在新城之东。而且这段文字张喜治也并未引用完整，缺失如下文字：“武兴山在东里许，旧志‘山连武兴城，故名’。《方舆胜览》：‘武兴山在(兴)州西一里，古兴州城于此。’”[8]

武兴城知名度很高，略阳周边很多山脉在历史上都有武兴山之称，上引《元和郡县图志》兴州也有武兴山，在顺政县北百里[9]。明代《陕西通志》在记载汉中地区山川时竟有两处武兴山，一在沔县(今勉县)东北十里，“南临汉江，古武兴郡城在此”；一在略阳县南二里。[10]道光《略阳县志》所说“旧志‘山连武兴城，故得名’”，其来源在嘉庆《汉中府志》中即可看出端倪。嘉庆《汉中府志》明确记载武兴山在略阳县东三里，“上连武兴城，故得名”。而凤山在略阳县东一里，“曾有凤集其巅”。因此，因年代久远，旧志以讹传讹，武兴山“散见”于各类文献之中，张喜治所谓凤山即武兴山并无实据，道光以前凤山与武兴山并不相同，以武兴山来论武兴城之所在并不妥当。而且，《方舆胜览》所说明显与张喜治的观点矛盾——宋代兴州并非古兴州城，古兴州城是在宋代兴州城西一里的武兴山附近，显然这个武兴山并非道光时期新城或老城东里许的武兴山。光绪《略阳县乡土志》所说的武兴山显然抄袭前说，不足为据。综合以上分析来看，张喜治认定凤山脚下的新城为三国至唐代的武兴城或兴州城论据并不充分，而且遗漏了一些矛盾材料。

事实上，《水经注》的信息最为关键，是解决武兴城址的直接依据。据《水经·漾水注》载：

> 汉水又东，迳武兴城南，又东南与北谷水合，水出武兴东北，而西南迳武兴城北，谓之北谷水。南转迳其城东，而南与一水合，水出东溪，西流注北谷水。又南流，注汉水。[11]

汉水即嘉陵江，由西向东经武兴城南。由图1来看，今嘉陵江在略阳老城的河道由西向东南转折，河道向北侧蚀。北魏时，嘉陵江在今略阳老城西面的主河道当较今更靠南一点。北谷水，熊会贞按曰："《寰宇记》谓之黄坂水，今曰八渡河，出略阳县东北紫柏山。"北谷水由东北向西南经武兴城北，又向南经武兴城东，再南边与一出自东溪河之水汇合，再南流入嘉陵江。这条出自东溪的水就是夹渠河，也即上文所引道光《略阳县志》所说的知县郭熊飞改名的玉带河。显然，《水经注》时期的武兴城东、西、南三面环水，与图1所示略阳老城周边水系如出一辙。李吉甫说兴州城在平地，只开西北一门，从军事上来看显然是因东、南、西皆有河流阻隔可资防御。此外，武兴城外有石垒，但并非四面有垒，而是三面有垒，笔者认为这些应在东、南、西三面，除了军事目的外，主要在于防洪，与后世略阳城外兴建的石堤类同。此外，晚唐诗人郑谷有《兴州江馆》《兴州东池》二诗，其中《兴州江馆》有"愁眠不稳孤灯尽，坐听嘉陵江水声"[12]之句，也可证唐代兴州在嘉陵江边。因此，凤山脚下的新城绝非自三国以来的武兴城。

五代及北宋时期，略阳仍称兴州城。据北宋乐史《太平寰宇记》，兴州属山南西道，领顺政、长举二县，顺政为兴州州治，也即今略阳县。可贵的是，《太平寰宇记》明确记录了兴州顺政县的城址位置："嘉陵江在县南一里。黄板（坂）水在县东一里。"[13]黄板水即上文所引熊会贞所指八渡河。因此，北宋兴州仍在八渡河以西的今略阳老城区，而非凤山脚下的新城。

南宋初年略阳仍称兴州，但至开禧三年（1207年），兴州改为沔州，兴州城亦改称沔州城，顺政县改为略阳县，为沔州治所。由上面所引南宋祝穆的《方舆胜览》记载："武兴山在州西一里，古兴州城于此"，似乎南宋兴州（沔州）城址有所变化。但祝穆随后明确指出了沔州城址的方位："沔州在嘉陵江之侧，汉中在沔水之滨，沔州之江即非沔水，州以此名，更当详考。"[14]显然，祝穆对沔州的得名持有异议，但他对沔州的方位表述明确无疑，即在嘉陵江侧。因此,北宋至南宋的兴州、沔州皆在嘉陵江边,即今老城区域。不过,《方舆胜览》所谓“古兴州城于此”的记载,表明“武兴山”上可能曾存在城址,周宏伟先生认为在宋及宋以前,今略阳县城一带曾存在过山上、山下两处城址。山下城址即《元和郡县图志》所谓地处“平地”的三国以来的武兴城、兴州,而山上“古兴州”城址实际上是宋人对汉武都故城的误认。[15]赵炳清对此表示异议,他认为由《元和郡县图志》和《方舆胜览》所记兴州的史料只能表明古人对兴州城址所在认识不同,而无法得出山上兴州城是汉武都故城的遗迹。[16]且不管山上“古兴州城”是否为汉武都故城,周宏伟先生认为三国至唐代武兴城、兴州“是今略阳县城嘉陵江支流八渡河之东的凤凰山下文家坪”,即当地所谓“新城”,笔者认为这是有误的。显然,周宏伟先生认同张喜治的观点,但由上文分析来看,自三国蜀汉以来,武兴城、兴州乃至南宋沔州的治所一直处于今象山脚下的“老城”区。

今人认为清代以前凤山脚下存在城址且是古武兴、兴州的“最有力”证据,就是上文张喜治所引嘉靖《略阳县志》和嘉庆《汉中府志》的观点。嘉靖《略阳县志》载:“武兴废城在县城东关,宋吴曦王宫室故址,碑存文剥。”[17]“碑存文剥”四字,张喜治并未引用,这表明至迟至嘉靖时期,略阳县城东关存在宋吴曦王宫的碑刻,表明当时的确存有城址。嘉庆《汉中府志》也说:“武兴城,东二里吴曦屯兵故地,即今文家坪也。”[18]这两处史料都提及了略阳县城东关的“武兴城”与吴曦有关。吴曦原为南宋四川宣抚副使,受金人诱降。开禧二年(1206 年)十二月,金封其为蜀王。[19]吴曦以四州之地公开降金,在兴州称王。可惜随后众叛亲离,次年二月,兴州中军正将李好义等冲入伪王宫将吴曦杀死。开禧三年(1207 年),兴州改为沔州。我们已经知道南宋兴州城在今略阳老城区,吴曦据此称王,若嘉靖《略阳县志》所说不误,则作为叛将的吴曦离开兴州城的防护在城外另筑王宫显然是冒险之举,这是不合常理的。实际上,《宋史》中明确记载吴曦是以治所为王宫。开禧三年(1207 年)正月,吴曦“僭王位于兴州,即治所为行宫,称是月为元年”[20]。因此,嘉靖《略阳县志》所谓“碑存文剥”的武兴城很可能是嘉庆《汉中府志》所谓的吴曦屯兵故地。总之,凤山脚下存在城址当在南宋开禧初年,即吴曦掌控兴州之时,但这一城址并非汉唐以来的旧武兴城、兴州。

无论是南宋沔州城还是凤山脚下的“新城”,在南宋末年的战乱中都遭到毁弃。南宋嘉定以来,沔州号称抗金、蒙古“西陲用兵”的“门户”,在金军和蒙古军先后与宋军争夺沔州激战的情况下,沔州城被夷为平地。宝庆三年(1227 年),“元兵至武阶,损弃沔而遁”。沔州知州高稼苦撑经营,创立山寨 84 座。端平二年(1235 年),蒙古军正式进攻南宋。十二月,进逼沔州,“沔无城”,高稼“依山为阻”,布置“疑兵”,抗击蒙古军,因寡不敌众被杀。[21]这表明,迟至 1235 年,今略阳城区已无城了。元代略阳属广元路沔州,但在至元二十年(1283 年),沔州治所由略阳迁至新建之铎水县(今勉县旧州铺)。[22]元代略阳一直没有筑城,长期处于有治无城的状态。

明初，略阳仍未筑城。据《寰宇通志》，“武兴城，在略阳县治南，本汉之武都郡，梁立武兴蕃王国，以土城，俱废”[23]。《寰宇通志》的体例很明确，如果论某处在治所或城址的附近，则曰“县治”某处，如“一百八渡河，在略阳县治东。自徽州界来，流入嘉陵江，人渡者凡一百八处”[24]。一百八渡河就是八渡河，在略阳县治之东。因此《寰宇通志》所说“武兴城”就在略阳治所之南一点。《寰宇通志》成书于景泰七年（1456年），当时略阳尚未筑城，嘉靖《略阳县志》明确记载略阳筑城是在正德初年，县治一直在象山脚下。由《寰宇通志》可以看出，正德年间所筑之城就是延续三国以来的武兴城址。

据嘉靖《略阳县志》载，正德六年（1511年）郧阳巡抚都御史蓝璋因川北农民起义军蓝臣瑞（即蓝玉）率其部下进攻略阳，略阳无城防守，于是委派扶风县知县孙玺赴略阳主持筑城事宜。“玺至，组织民工筑土城，始筑成三面，蓝兵突至，攻城，城陷，孙玺被脔杀”[25]，筑城工程被迫暂停。《明史》将孙玺列入《忠义传》，也指出略阳“旧无城，檄玺往城之”[26]，这也表明略阳此前的确一直没有筑城。正德八年（1513年），县令马翱主持补修城垣，并建楼于四隅，环城为屋，可通巡警。这就是道光八年之前一直延续的略阳县城，当地俗称老城。老城地处象山脚下，也是古武兴、兴州的所在，西有嘉陵江，东有八渡河，南有夹渠河（今称玉带河），从军事地理上来说亦可谓形胜之地（见图1）。

总之，自三国蜀汉筑武兴城设武兴督以来，作为治所的武兴、兴州抑或略阳，其城址历代未有变动。至少从蜀汉景耀六年（263年）至道光八年（1828年），象山脚下的略阳城址沿用一千五百六十五年。道光以来，学者多以文家坪上的“新城”城址作为略阳迁城的合理性依据，但这一“依据”并不能抹杀历代象山脚下的略阳城址未有变动的事实。而且，在接下来的论述中我们也能看到略阳长期遭遇水患，城墙迭经损毁，然而略阳城址却一直未有变动，这就表明水患并不一定是水灾频发区治所城址迁移的根本原因。

二、变与不变：水患频仍环境下的治所城市应对

由于地处秦岭一线，略阳这一山僻小城历来为南北争夺的军事重镇。元以来，略阳城的军事意义由南北争夺的重镇，变为区域性控扼之城，其地处川、陕、甘交界地带的地理位置，成为控扼川陕、陕甘的要地。略阳不仅有山路可通甘、陕，水路亦可承载军事运输。清初用兵巴蜀，由白龙江入嘉陵江，“南下百余里，至略阳县城经宁羌阳平关入蜀境。过朝天阙至广元县，水程五百七十余里”[27]。只是在相对稳定的和平时期，治所城市的军事功能不免逐渐让位于作为行政中心的政治功能，在水灾频发的山区，城市人为地集聚大量人口，水患就成为治所城市所要面对的严重问题。

略阳处于秦岭地段南部迎风坡，历来为暴雨频发区域。略阳城区地处嘉陵江、八渡河、玉带河三河交汇处，山口窄狭，遇大暴雨，河水暴涨，宣泄不及，即酿成水灾。嘉庆时期，汉中

府知府严如熤赴略阳勘查水灾时写出了这样的诗句:“兴州自古称形胜,保境安澜亦壮哉!”[28]略阳为形胜之区,不筑城不足以控制周边区域;但在水患频发之区置城聚民又间接加剧了水灾危害。在历史上略阳军民不仅要面对来犯之敌,还要长期面对洪水的危害。

据1992年新修《略阳县志》统计,从北宋太平兴国二年(977年)至清光绪十四年(1888年)的911年间,略阳城有27年发生水灾,有21年大水淹城。从光绪十五年(1889年)到1989的100年间,有51年发生水灾,有34年大水入城,平均每3年一遇。其中,光绪十五年(1889年)、二十四年(1898年),宣统二年(1910年),民国九年(1920年)、十四年(1925年)、二十年(1931年)、二十五年(1936年)、三十六年(1947年),1949年,1951年,1956年,1964年,1980年,1981年,1984年为大水灾,水灾平均六七年一遇。水灾主要发生于夏、秋两季,以7、8、9月居多。水灾成因是连续大雨、暴雨,或骤降大暴雨。其降雨范围广,时间长,雨次多,雨量大,特大暴雨往往造成水灾,淹及县城。如民国三十六年(1947年)八月十日晚,略阳大雨猛降,嘉陵江水涨,由东门入城,至十四日午,东街民房仅留屋脊,南北两街民房尽没,水势高10余丈。“县城即成泽国,房舍坍塌,禾稼冲没,牲畜、货物损失严重,人口死亡甚多。计被灾者达303户。”[29]新中国成立后相关部门调查勘估,时嘉陵江略阳段洪水量为4530m^3/秒。1951年8月28日始,大雨如注,连绵10余日,9月4日山洪暴发,江河续涨,6日上午嘉陵江洪水流量达4960m^3/秒。老城东、西、北三面没于洪水之中,水深至屋顶(5.3米),浅者也2米。因此,水灾是略阳城市史上长期挥之不去的阴霾,建城以来,水灾与略阳城一直纠葛在一起。

为进一步揭示水患对略阳城市的影响,笔者将所搜集的北宋至民国时期略阳水灾的相关史料制成下表。

宋至民国略阳水灾情况

时　间	灾情描述
太平兴国二年(977年)九月	兴州江涨,毁栈道四百余间
绍熙二年(1191年)七月	嘉陵江暴溢,兴州圮城门、郡狱、官舍凡十七所,漂民居三千四百九十余
正统十三年(1448年)	大水
成化十年(1474年)	大水,河堤被冲
正德十四年(1519年)	大水,学宫悉坏,县署全无
崇祯四年(1631年)	江涨,坏城二百余丈
崇祯八年(1635年)	略阳涝,水淹城郭,民居尽没
崇祯十四年(1641年)	夜走白龙,江城尽没,春来紫燕,社主全非
顺治十年(1653年)	略阳大水、地震,城墙倒塌二百余丈

（续表）

时　间	灾情描述
康熙元年（1662年）、十二年（1673年）、二十四年（1685年）	水患，城垣均有水冲
乾隆四年（1739年）五月	大雨时行，上游甘肃阶州西和等处之水一时骤至，水口窄狭，宣泄不及，于五月十四日申刻漫溢民居，至亥时渐退
乾隆十五年（1750年）	大水
乾隆五十四年（1789年）	大雨，东西城楼坍塌，垛墙、土牛、石堤均有倾圮
嘉庆十六年（1811年）七月	大雨连绵，东西城楼门台坍塌。正北砖城、正南土城并东门外石堤，均有倾陷。水进东门，石堤被冲，长计六丈三尺，宽约一丈有余
道光三年（1823年）	大水进城
道光五年（1825年）	略阳县关外被水。沿河一带民居间有浸塌。坍塌石堤、城墙各一段
道光七年（1827年）七月	大雨连绵，嘉陵江水势猛涨，八渡河及玉带河均各滥溢，三水汹汹，城垣庐舍倾圮不堪，县令金在坤禀请于城东文家坪建新城
道光十五年（1835年）闰六月	略阳被水，冲塌房间，淹损人口
道光二十六年（1846年）八月	东乡何家岩大水忽起，木瓜岭拱桥被冲下，与八渡河交，水又进城
道光二十八年（1848年）七月	大水进城，西路窑坪、邓子院皆水
道光二十九年（1849年）八月	大水进城
咸丰四年（1854年）七月	大水进城
咸丰七年（1857年）闰五月	大水，城留三板[30]，蛙生灶中，浪起千层，舟行屋上。自来水患，莫此为最。人民由是益穷
同治六年（1867年）八月	阴雨连绵，江河四溢，水亦进城
光绪十五年（1889年）	大雨滂沱，水涨至县门始止
光绪二十四年（1898年）六月十五日	三河齐发，水高十丈余，城中人民逃之不及。但见灭顶濡首，翻巨浪于江中，吁地呼天，发大声于水上，望彼岸而莫登，有慈航以谁救，沿江伤人甚伙。斯时也，黑云泼墨，白雨倾盆，水天混混，一望无涯，狂澜莫挽，唯有望洋而叹矣。邑侯刘锟驾扁舟以飞渡，避难象山，设浮桥而频来查灾城市，开仓赈济，其民始苏。（新中国成立后调查勘估，当时嘉陵江洪水流量为9970m^3/秒，为略阳古今洪灾之最）
光绪二十八年（1902年）八月十六日	阴雨连绵，大水入城
宣统二年（1910年）	大水入城，损失无考

（续表）

时　间	灾情描述
民国九年（1920 年）六月四日	三河齐发，嘉陵江暴溢至赵家院门前，大水入城，北街和十字口全被淹没，水高于屋顶，毁民居二十余间。东关民居全淹毁
民国十四年（1925 年）	夏季多雨，以致山水暴发，江河泛滥，冲毁田屋，漂没人口不计其数。略阳城中积水数尺，村镇全行沦陷，稻谷多被水浸生芽，秋收无望，人民既难安处，又忧无食
民国十九年（1930 年）	略阳县城及沿江各地被水
民国二十五年（1936 年）	略阳连日大雨。嘉陵江水陡涨 4.5 丈，冲入县城，倒塌民房二百余间，损失财物甚巨，为患之烈，为数十年所未有
民国三十四年（1945 年）	略阳大水进城
民国三十六年（1947 年）	八月十一日晚大雨，嘉陵江水涨，由东门入城而北街，而南街。至十四日上午，东街民房仅露屋脊，南北两街民房尽没。民众以门板作筏托运杂物，水势高 10 余丈，县城即成泽国，房舍坍塌，禾稼冲没，牲畜货物损失尤巨，人口伤亡甚多
1949 年	大水入城，北街杂货店内水深达 1.6 米

资料来源：《宋史》卷 61《五行志》，中华书局，1977 年；嘉靖《略阳县志》，天一阁藏明代地方志丛选刊本；雍正《略阳县志》，雍正九年刻本；道光《略阳县志》，光绪三十年重刊本；光绪《新续略阳县志》，光绪三十年刊本；略阳县志编纂委员会编：《略阳县志》，陕西人民出版社，1992 年。

由上表来看，从 977 年至 1949 年的 972 年间略阳历经几次水灾频繁期，分别是崇祯年间、道光、光绪和民国时期。自成化十年（1474 年）至 1949 年的 475 年间，略阳有 25 次大水入城或水坏城墙，平均 19 年发生一次。除了气候原因，特殊的地形、水文环境也诱发了水灾的发生。略阳城处于三条河流交汇处，嘉陵江由西向东急转弯向南穿峡谷而去，八渡河由北向南在急转弯处注入嘉陵江，玉带河由东向西在嘉陵江急转弯处以北约三百米处注入八渡河，然后流入嘉陵江。这样，在大洪水时，嘉陵江的洪水便形成一堵水墙，使八渡河水位上涨，八渡河的洪水又使东渡河水位上涨。于是，一江两河便在县城处形成滞洪区，洪水期轻则浸损城墙，重则水淹县城，个别时期的水灾危害极大。

略阳迭遭水患，然而在道光八年之前并无迁城之举，地方官府主要的应对之策就是向朝廷禀告灾情，领取库银再将旧城修补。具体的修补情况，我们以雍正《略阳县志》和道光《略阳县志》的记载为据进行揭示。

明代略阳因水患而大规模修城主要在万历、崇祯年间。据雍正《略阳县志》，万历初，县城遭水灾崩毁，知县李朝言以外石内土的办法主持补修城墙。中途李朝言被调离略阳，继任知县王之臣继续主持修筑，于万历九年（1581 年）竣工。崇祯四年（1631 年），甘肃省徽县发生地震波及略阳，又加江河猛涨，塌坏城墙二百余丈，知县牛问仁主持修复。

入清以后，略阳因水灾而修城之举更为频繁。康熙元年（1662年）、十二年（1673年）、二十四年（1685年），城墙均被洪水冲损，知县施有光主持将城墙及各门楼修复。但至康熙四十五年（1706年）七月七日，城墙被洪水冲崩十之八九，难以修补，仅存基址。[31]乾隆三十一年（1766年），知县郭愈博请得库银修补城墙三里一分，长五十八丈，外砖内土，高一丈七尺，底宽一丈八尺，顶宽一丈二尺。堞墙高二尺一寸，厚一尺八寸。垛墙七百七十四堵，每堵长六尺，高二尺七寸，厚一尺八寸。建东、南、西、北、小西南门台，城楼五座，马道五座。东门外八渡河石堤一道，长九十丈，高三丈五尺，宽五尺。西门外嘉陵江石堤一道，长一百丈，高五丈宽五尺。[32]然而，这次城墙的重大修补并未维系多久。乾隆五十四年（1789年），略阳大雨，东、西城楼倒塌，垛墙、土牛、石堤均有塌毁。知县何树滋、张约又先后分段补修。嘉庆十三年（1808年），知县杨元泗主持补修了南、北城楼。嘉庆十六年（1811年）七月，略阳大雨连绵，东西城楼门台倒塌，正北砖城墙、正南土城墙及东门外石堤，均有倾陷，知县周书领款补修，至十八年（1813年）竣工[33]。

通过以上梳理可以看出，道光八年以前略阳城多因战乱、水患而损毁，地方上主要采取修补之策，治所城址并未迁移。补修城垣工费甚多，地方上很难承担，历代补修都由国家帑金提供支持。因此，道光八年略阳城址的迁移应结合相关史料综合考察，具体问题具体分析。在考察水患与城址迁移的过程中，不能仅看到迁城之前有水患，就认为迁城是水患所致。只有深入挖掘城址迁移的史料，考察在迁城过程中不同“责任者”的具体心态和说辞，方能窥知城址迁移的具体原因。

三、“撙节帑金”：城址迁移的主因

道光七年的大水，据道光略阳知县谭瑀所修《略阳县志》载：“道光七年七月，大雨连绵。嘉陵江水势猛涨，八渡河及玉带河均各滥溢，三水汹汹。城垣庐舍倾圮不堪。”[34]由此记载来看，略阳县城的确遭遇大水，大水殃及城垣和城内庐舍。护理陕西巡抚徐炘则说：“该县自六月下旬阴雨连绵，至二十七日，忽起大风，暴雨如注。西城外嘉陵江河水陡涨，东城外八渡河汇流入江，水势涌猛，由东、北两门漫城而进，致将衙署、民房均被淹没。”[35]不过由上文来看，前代也有比此次危害更巨的水灾，如康熙四十五年的大水致使略阳城墙仅存基址，但城址并未迁出。

道光《略阳县志》接着说：“邑令金在绅禀请于城东三里许地名文家坪，相度地势居高临下，实堪建筑城垣，并文武衙署、仓廒、监狱、兵房、马棚及文庙各祠、马神庙、演武厅等基址。”[36]因此，金在绅最先提议将略阳城迁出。按照程序，金在绅先应禀告上宪，得到批准，方最终确定是否迁城。略阳为汉中府辖县，遭遇水灾，汉中府知府定然知悉，并作一番处置。时汉中府知府为云南人杨名飏，兼护理陕西安道道员。杨名飏后任陕西布政使、陕西巡抚，为道光初年名宦。略阳水灾不久，杨氏“即刻携银二百两，躬亲赈济，全活数万生灵，条陈请帑七万，移建新城，为久安计”[37]。由此来看，金在绅在略阳水灾之后有迁移城址之请，杨名飏履勘后又条陈上宪，最终移建新城。不过，迁城毕竟为地方大事，涉及军事、政治、经济诸多方面，杨名飏也必须得到省上同意以及朝廷定议方能实现其请。幸赖杨名飏留有《移建略阳城议》一文，为我们进一步考察道光七年略阳水灾与迁城的关系提供了有价值的信息，其文曰：

道光七年六月二十八日夜，略阳大水，城垣倾圮。窃察受害之原，由于县城在象山之麓，自北而西，地势稍昂，东南两隅低洼太甚。左有夹渠、八渡两河，右有白水、嘉陵两江汇流城下。水口交关，壁立万仞。山形本属狭隘，叉道又复纡回。是以不能排决顺轨，因而怀山襄陵竟至倒流七八里之遥。水进五门，舟行城上，为建城以来未有之奇灾。盖缘近年老林开垦，洪水挟沙石而并流，宣泄有所不及，频岁被冲害于胡底。若不深谋远虑，非但国帑虚糜，且恐盈万生灵难免不有时终填沟壑。不修石堤，固不足以护城。即使城堤兼修，而三面受敌，必难坚固。即使城堤坚固，而如此次之水势，东北两门，甚至浮于女墙之上一丈有余，灾黎直于屋巅觅渡。尚幸水落之后，西墙甫倾，得以暂遏一隅。否则，狂澜径倒城，其为沼矣。思患预防，不得不改弦而易辙也。计复旧城工在十万以外，而水害卒莫能除。不若择地而蹈，以作永图。唯境内寸步皆山，只城东三里许凤山之半阜，后枕高岗，前朝文笔，止夹河一水环绕。其下无白水、嘉陵、八渡环攻之危。考诸志乘，即昔之文家坪，有明以前旧治在焉。可筑城三百一十丈，形势足据捍卫。堪资各工约估六万三千余两，移建一切之需，较减修复旧城之费。而且地势凭陵，工程可期巩固。事关国计民生，不敢存因仍苟且之见，以致贻害将来。爰集官民，再三熟议，询谋佥同，不揣愚昧，谨为条陈。[38]

略阳县城三水环绕，地势狭隘，迭遭水灾，杨名飏认为此次水灾为建城以来最大。当然，据前文梳理，前代水灾也有较此次为巨者。杨名飏可贵之处在于其指出了南山老林的垦伐对于水灾的影响，揭示了人类活动与自然环境变化之间的关系，颇具环境意识。此次水灾之患已如杨氏所说，但是因水灾导致城市破坏严重最终不得不迁移的结论似乎不能就此得出。略阳迁城的主要原因，杨名飏明确指出：“计复旧城工在十万以外，而水害卒莫能除。不若择地而蹈，以作永图。”修复旧城需要十万两银，但并不能保障今后不再遭遇水患。新城各工预算六万三千余两，较修复旧城更能节省朝廷帑银。他又“考据”略阳旧志，称凤山脚下之文家坪存有旧治，可为新城，只是其所依据的“旧志”不得而知。[39]通篇来看，杨名飏所议合情合理，又能替朝廷省钱，“爰集官民，再三熟议”，有论有据。

护理陕西巡抚徐炘在接获杨名飏条陈后，为审慎起见，决定派署理陕西布政使林则徐亲赴略阳勘查，以便做最终决定。林则徐当时已办理离任手续，只是新任未到，仍赴略阳。由徐炘的奏折来看，其对林则徐的办事能力颇为赞许，显然林则徐的踏勘结果对其决定上奏朝廷请求移建略阳县城起到了关键作用。略阳水灾、迁城之事颇费周章，徐炘有数份奏折提及此事。在七月二十二日的第一份奏折中，徐炘先述略阳水灾及汉中府地方官员抚恤之事，最后将县城移建之事提出：

> 据该护道杨名飏禀称"该县城左河右江，水口壁立，地本狭隘，势复迂回。自建城以来历遭水患。嘉庆二十四年甫冲城堤，越五年又冲。今越三年又冲。不但帑项虚糜，且恐后患未已。现经相度城东三里许凤山之麓，有平坡一段，背山面河，形势足据。即以修复旧城之费，已足敷移建一切之需而工程可期巩固"等语。[40]

可见，杨名飏所议移建县城的主要着眼点是给朝廷省钱，徐炘着意引述。但他随即指出，略阳旧城前代"相沿已久，应否照旧修复抑或另行改迁，未便轻率定议"。为确保无虞，他提出"署藩司林则徐练达精明，尽心公事……臣商令该藩司亲往周历确勘，再行定议"。由此来看，县级治所城市的迁移并不简单，因治所城址相沿已久，加之迁城涉及城市军事、政治功能和财政问题，并不能轻易改迁。徐炘对于迁城的审慎态度令我们印象深刻，由徐炘之后的奏折来看，若非林则徐确勘并认同汉中地方官员的提议，修复略阳旧城的可能性必然很大。

据杨国桢先生《林则徐传》，林则徐于道光七年九月十六日从西安赴略阳勘灾，兼勘移建县城事。十月十三日返回西安。[41]来新夏先生《林则徐年谱新编》则说林则徐于七月二十六日赴略阳勘灾，"安辑水灾居民，加给一月口粮，并勘查移建县城事"[42]。道光《略阳县志》也与此同。[43]由徐炘七月二十二日的第一份奏折来看，徐炘令林则徐前往略阳不可能迟至九月十六日，而且九月二十三日徐炘给道光帝的奏折已明确表示在林则徐勘查后恳请移建略阳县城。八月十二日，署理陕甘总督鄂山的奏折也提到徐炘已命林则徐前往略阳勘灾。[44]因此，林则徐在七月二十六日赴略阳应为确当。林则徐到略阳后与杨名飏及略阳各级官员讨论后，确定迁城之事。

尽管我们找不到林则徐认同迁城主张的奏折，但徐炘的奏折提到了林则徐的主要论断。九月二十三日，徐炘在林则徐踏勘之后最终上奏道光皇帝提出迁城之请，其奏折主要以林则徐的勘查为据。与杨名飏一样，林则徐的奏折也指出了导致略阳水灾频发的原因，以及略阳城面临的危局，只是林则徐对于此次水灾灾情描述得更为清晰。尽管杨名飏的奏折提到了护城石堤遭到破坏，需要修理，但他并未指出石堤重修的费用。而林则徐不仅指出了石堤损坏的情形，还明确指出修城必须修复护城石堤，而修复护城石堤和城墙的费用更巨：

> 即以工程而论，旧城已坍之处十居七八，即未坍之处根脚汕刷亦已虚空。今若照旧兴修，必须重培基址，名为修复，已不啻拆造之工。而东西两道石堤皆为护城而设，不修则保卫难资，并修则经费愈巨。且即使城堤并修，而毕竟江河水势顶冲，终非久计。[45]

当然，林则徐对杨名飏的建议是深表赞同的，因为两人奏折中一以贯之的理念是移建新城比修复旧城更为经济、划算，能为国家节省帑银。营建新城“较之修复旧城计省二百八十二丈。且不须修砌石堤，更多节省。似此一转移间，于帑项不至多糜而工程可期经久”。

作为三省边城，略阳除了政治功能外，最重要的功能是军事防御功能。徐炘指出：“臣等查略阳县毗连甘省，控扼蜀门，城垣最关紧要。既须永图捍卫，不使贻患生灵，尤应撙节帑金，不致虚糜劳费。既据该署司勘明，修复旧城所费多而难免水患；移建新城所费少而永保民居，权其利害安危，自应舍旧图新，定议移建。”[46]署理陕甘总督鄂山的意见也与徐炘等人一致，中国第一历史档案馆保存了鄂山奏请移建略阳县城的奏折，其内容与徐炘的奏折基本相同。[47]从汉中地方官员至陕西省级官员，其对略阳移建县城所持的一以贯之的理念是移建新城较修复旧城省钱。

由以上分析来看，略阳迁城一事是陕西地区各级官员一手促成的。这也表明，治所城市的迁移事关地方治乱兴衰，其实现的关键因素是各级官员群体的推动，政治力量的推动较之自然灾害的促成更为实际。各级官员自下而上的反馈，最终由皇帝裁决。就略阳县城迁移一事来看，促使道光皇帝做出迁城决定的关键因素是移建新城较修复旧城划算，其次才是陕西各级地方官员基于略阳县城水环境危局等的“合情合理”之辞。

在清代历史上，道光皇帝除了因鸦片战争而“著名”外，其节俭甚至吝啬也为世人所周知。道光元年，皇帝就发布《御制声色货利谕》，要求各级官员勤俭节约：“言利之臣，立加贬斥；惠民之政，不惜帑金。……要在为人上者，知稼穑之艰难，力崇节俭，返本还淳。然节俭之风，岂空言所能感化者。务在身践力行，概从朴实，勿尚虚文。……故省一分，天下阴受一分之福。于吏治民生，不无小补哉。”[48]道光皇帝带头力行节俭，地方官员也不得不加以仿效，进而影响到其在地方上的施政。同时，自嘉庆末年至道光七年，朝廷一直忙于平定新疆张格尔的叛乱，皇帝和各级官员不可能不明了军费开支耗费国家帑银，因而在地方施政经费上想办法加以节省。因此，道光皇帝对于略阳迁城能较修复旧城节省库银颇为赞许，其批准移建新城的谕旨也清楚地揭示了此点：

据该署督等委员勘明，若照旧兴修，必须重培基址，兼筑石堤。不特经费甚巨，势仍难期经久。勘得城东三里之文家坪，地居高阜，向未受淹。就该处移建新城，可免水患。且无须补筑堤工，较修复旧城，工费少而可资巩固。著准其照议移建新城，并将旧坍庙宇、衙署、兵房等项，一并于新城内相度基址，勘估办理。[49]

此处所引谕旨为道光皇帝谕旨的主体部分，主要表达了道光对于移建新城节省国家库银的认同，说明他更在意的是城市修复与迁城所耗的国家库银。

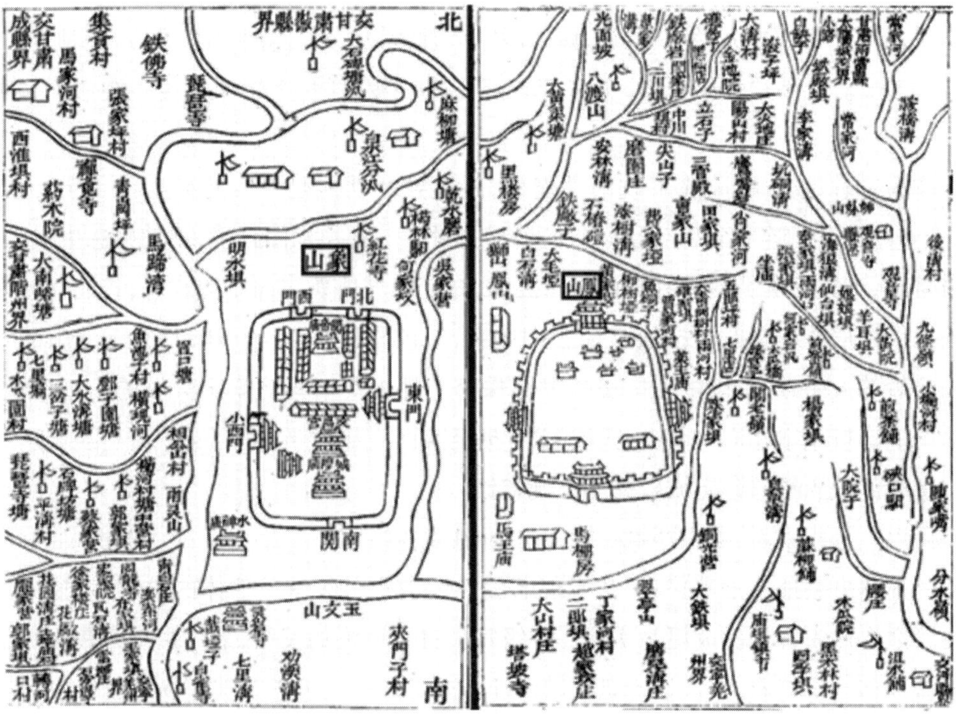

图2　道光初年略阳新、旧二城

说明：图片据道光《略阳县志》卷1《县境图》，光绪三十年（1904 年）重刊本，象山、凤山文字边框为笔者添加，以示明晰。

略阳城移建一事最终确定后，略阳知县郭熊飞（金在绅已离任）“于道光八年正月十六日兴工监修，于道光九年九月二十九日修理工竣。周围共长三百零六丈，计一里七分，门台三，东门曰延旭，南门曰玉带，西门曰安江，北向无门，虚设城楼一座”[50]。新、旧二城相距甚近，如图 2 所示。由新、旧略阳城的地理环境来看，旧城三面环水，一面靠山，军事地理形势较新城为佳，这恐怕是正德以来略阳虽迭遭水患而未迁城的主要原因。新城虽然“地居高阜”，但由前文所列表格来看，道光八年（1828 年）以后，新城也同样屡次遭遇水灾，咸丰七年（1857 年）的水灾危害程度似并不亚于道光七年的水灾。更具戏剧性的是，新城建成后，“人民多住旧城”[51]。《说文解字》云，“城，所以盛民也”。道光八年略阳县迁城似乎只是各级官员出于为国家节省库银的“经济之举”，新城并未集聚多少人口，民众更愿意在水患频发的旧城居住，迁城似乎成了官方的一厢情愿之举。

凤山脚下新城也并未坚持多久。同治元年（1862 年）至三年（1864 年），太平军及蓝大顺等四川农民起义军三次攻克略阳，将新城房屋焚毁罄烬，仅留文庙一所。历任知县以书院（嘉陵书院）作衙署，游击迁还旧城原署，原旧城武库改作守备署。光绪三年（1877 年），知县高振鹏奏报清廷同意，将衙署迁还旧城原衙署，随将旧城衙署刨修一新[52]，从道光八年（1828 年）至光绪三年（1877 年），新城仅存在四十九年。自此，略阳县城治所又从新城迁还老城，一直延续至今。

四、结　论

设治筑城必将集聚大量人口，在水灾频发的山区，这样的做法具有极大的风险性。在历史上，很多城址在频发的水灾环境中相当“顽固”，呈现出城址屡坏屡修的特点。尽管在历史上治所城市的迁移只是各地城市史上较小的“变奏”，但正如研究者所指出的，“县治迁徙的情形包罗万象、错综复杂，每一个案例都是值得深入分析的，从起因到过程，再到结果，都是由一连串的元素组成”[53]。在略阳城址迁移一案中，水灾导致略阳县城毁坏严重，但这并不能作为略阳最终迁城的根本原因。自明正德初年筑城以来，略阳迭遭水患却并未迁城。光绪三年以后，略阳回归旧城，但仍旧水患频仍，而且个别时期的水患远较道光七年为巨。这就表明，水灾与历史时期部分治所城市的迁移并不具有完全的一致性。

历代王朝或区域政权在略阳城区设治守城，主要着眼于该地的军事价值，尽管其处于暴雨频发之区，但自蜀汉构筑武兴城以来略阳长期作为秦岭西线的重镇为历代王朝或区域政权所重，作为区域治所长期沿用。从长时段来看，道光以前作为治所城市的略阳，其城址并无变动，南宋末年略阳东关可能出现城址，但其原因并非水患所致，治所也未迁至新城。道光以前，在略阳一千多年的建城史上，略阳城没有一次因水灾而迁城。可以说，在略阳城区，水灾是常态，迁城反而是特殊之举。由此，我们在关注历史上那些水灾频发地区的城址变动时，应对水患导致治所城市迁移的观点保持审慎的态度，应详细考订城址迁移的具体史料，具体分析、充分考量当时地方官员的具体思路，方能接近治所城市迁移的客观原因。

另一方面，我们由已有的研究中已经明了古人对于城市水患与城市周边地理环境破坏之间的关系有一定的认识，部分官员具有朴素的环境意识。我们进一步的关注点应集中于这些地方官员在这种环境意识影响下的做法，以及其在水患与城市之间关系的考察中所最终确立的立场和采取的方法。将灾害、城市、地方官员群体和国家做综合系统的考察，这样应能进一步推进城市史的研究。

【注释】

[1]参见行龙:《明清以来晋水流域的环境与灾害——以“峪水为灾”为中心的田野考察与研究》,《史林》2006年第2期；陈隆文:《水患与黄河流域古代城市的变迁研究——以河南汜水县城为研究对象》,《河南大学学报(社会科学版)》2009年第5期；李嘎:《关系千万重:明代以降吕梁山东麓三城的洪水灾害与城市水环境》,《史林》2012年第2期；李嘎:《旱域水潦:明清黄土高原的城市水患与拒水之策——基于山西10座典型城市的考察》,《史林》2013年第5期；牛淑贞:《周边环境与归绥城市水患》,《干旱区资源与环境》2014年第8期；胡吉伟:《民国时期城市水患的应对与治理——以战前南京防水建设为例》,《民国档案》2014年第3期；张亮:《水系变迁与安徽古代城市时空分布研究——兼及安徽三大流域古代城市比较》,《史林》2014年第1期；俞德斌:《民国时期县治迁徙的初步研究》,复旦大学2014年硕士学位论文；张力仁:《清代陕西县治城市的水灾及其发生机理》,《史学月刊》2016年第3期等。

[2]许鹏:《清代政区治所迁徙的初步研究》,《中国历史地理论丛》2006年第2辑。

[3]如光绪《略阳县乡土志》,光绪间抄本；张喜治:《略阳县城考》,见中国人民政治协商会议陕西省略阳县委员会文史资料研究委员会:《略阳文史资料》第12辑,1993年版；周宏伟:《汉初武都大地震与汉水上游的水系变迁》,《历史研究》2010年第4期等。

[4][唐]李吉甫撰:《元和郡县图志》卷22《山南道三·兴州》。

[5][唐]李吉甫撰:《元和郡县图志》卷22《山南道三·兴州》。

[6]张喜治:《略阳县城考》,见中国人民政治协商会议陕西省略阳县委员会文史资料研究委员会:《略阳文史资料》第12辑,1993年,第2~3页。

[7]道光《略阳县志》卷1《舆地部·山川》。

[8]道光《略阳县志》卷1《舆地部·山川》。

[9][唐]李吉甫撰:《元和郡县图志》卷22《山南道三·兴州》。

[10][明]赵廷瑞修:《陕西通志(上册)》卷3《土地三·山川》,三秦出版社2006年版。

[11][北魏]郦道元注,杨守敬、熊会贞疏:《水经注疏》,江苏古籍出版社1989年版,第1707~1708页。

[12][唐]郑谷:《兴州江馆》,见周振甫主编:《全唐诗》第13册,黄山书社1999年版,第5001页。

[13][北宋]乐史撰,王文楚等点校:《太平寰宇记》卷135《山南西道三·兴州》。

[14][南宋]祝穆撰,[南宋]祝洙增订,施和金点校:《方舆胜览》,中华书局2003年版,第1206页。

[15]周宏伟:《汉初武都大地震与汉水上游的水系变迁》,《历史研究》2010年第4期。

[16]赵炳清、周运中:《〈汉初武都大地震与汉水上游的水系变迁〉之质疑——与周宏伟先生商榷》,《历史地理》第28辑(2013年)。

[17]嘉靖《略阳县志》卷1《古迹》。

[18]嘉庆《汉中府志》卷6《古迹》。

[19][元]脱脱等撰:《金史》卷12《章宗本纪》。

[20][元]脱脱等撰:《宋史》卷475《吴曦传》。

[21][元]脱脱等撰:《宋史》卷449《高稼传》。

[22][明]宋濂撰:《元史》卷60《地理志》。

[23][明]陈循等纂:《寰宇通志》卷99《汉中府·古迹》。

[24][明]陈循等纂:《寰宇通志》卷99《汉中府·山川》。

[25]嘉靖《略阳县志》卷1《建置·城池》。

[26][清]张廷玉等撰:《明史》卷289《忠义》。

[27]道光《略阳县志》卷1《舆地部》。

[28][清]严如熤:《汉南集》卷1《赴略阳勘水灾感赋,示徐大尹》。

[29]略阳县志编纂委员会编:《略阳县志》,陕西人民出版社1992年版,第78页。

[30]指有三板墙高,约有6尺。

[31]雍正《略阳县志》卷1《城池》。

[32]嘉庆《略阳县志》卷8《城池》。

[33]道光《略阳县志》卷2《建置部》。

[34]道光《略阳县志》卷2《建置部》。

[35][清]徐炘:《护理陕西巡抚徐炘题报略阳县被水乏食贫民先后抚恤银数事》,中国第一历史档案馆藏清代档案,档案号:2-1-4-20319-2。

[36]道光《略阳县志》卷2《建置部》。

[37]方树梅编:《滇南碑传集》卷15《清巡抚》,开明书店1940年版。

[38][清]杨名飏:《关中集》(全1册),道光刻本,陕西省图书馆藏。

[39]略阳县治,历来方志记载明确,是在象山之下,并未见有在凤山脚下之说。见道光《略阳县志》卷2《建置部》。

[40][清]徐炘:《吟香书室奏疏》卷5,文海出版社1973年版,第1087页。

[41]杨国桢:《林则徐传》,人民出版社1981年版,第474页。

[42]来新夏:《林则徐年谱新编》,南开大学出版社 1997 版,第 141 页。

[43]道光《略阳县志》卷 2《建置部》。

[44][清]鄂山:《奏为陕西略阳县被水灾情及委员署藩司林则徐前往勘办事》,中国第一历史档案馆藏清代档案,档案号:4-1-1-690-20。

[45][清]徐炘:《吟香书室奏疏》卷 5,文海出版社 1973 年版,第 1163~1167 页。

[46][清]徐炘:《吟香书室奏疏》卷 5,文海出版社 1973 年版,第 1167 页。

[47][清]鄂山:《署理陕甘总督鄂山奏请移建略阳县城事》,中国第一历史档案馆藏清代档案,档案号:4-1-37-88-15。

[48]《清道光朝实录》卷 26,道光元年十一月乙卯条。

[49]《清道光朝实录》卷 127,道光七年十月丁丑条。

[50]道光《略阳县志》卷 2《建置部》。

[51]光绪《新续略阳县志》卷 1《灾异部》。

[52]光绪《新续略阳县志》卷 1《宦绩部》。

[53]俞德斌:《民国时期县治迁徙的初步研究》,复旦大学 2014 年硕士学位论文,第 3 页。

(作者单位:陕西师范大学西北历史环境与经济社会发展研究院)

楚先祖迁徙考论*

尹弘兵

楚族源研究是楚史与楚文化研究上的一大热点，早期曾众说纷纭，有西来说、北来说、东来说与土著说，等等。近几十年来，考古材料，尤其是大量出土文献的面世，为楚族源研究提供了一系列新资料，学者结合传世文献与出土资料对楚人的族源与流变等作了大量的研究，如李学勤、唐嘉弘、徐少华等学者对祝融八姓及其居地进行了认真的梳理[1]；李学勤、李零、李家浩等学者结合新出简牍和铭文材料对楚之先祖、世系进行了辨别、补充[2]。通过这些研究，学术界对楚族源问题有了大体一致的认识，即楚人源于祝融八姓之一的芈姓季连一支，早期活动于中原，后来逐步南迁，进入江汉之地。

传世文献对楚先祖的记载过于简略，出土文献中的相关资料亦颇为零碎，因此楚族源的问题虽已基本解决，但对于楚先祖的迁徙时间、历程及相关问题，虽已进行了不少的探讨，仍未能有较为确实的结论。徐旭生曾推测，楚“建国于江滨，大约在夏禹征服有苗以后”[3]。何介均亦言：“如果作最保守的推论，芈姓楚族进入江汉地区(丹淅至荆睢山区)，不会晚于夏初。至西周成王时建立楚国，其间已在苗蛮中生活了近千年。”[4]罗运环也认为：“芈姓族的迁徙似乎可以更明确地说发生在夏初以后。”[5]以上诸说均将楚先祖南迁的时间推断在虞夏之际或夏代初年。李玉洁则认为楚先祖南迁在夏商之际：“祝融部落的一支芈姓季连部落迫于商的威慑，从新郑一带，顺禹县、叶县这条古代的通路逐步南迁到淮水以南、汉水流域和荆山地区……”[6]顾铁符则主张楚族南迁在商代晚期，推测芈姓族人曾居于祝融故墟附近的“鄀”，晚商帝乙、帝辛时，因中原形势生变，鬻熊便带领其族人南迁于丹淅附近的丹阳。[7]张正明也认为：“楚人是南迁的祝融部落……他们避开殷人锐利的兵锋，大约在商代晚期迁到了豫西南的丹水流域。”[8]

---

* 国家社会科学基金重大招标项目“周代汉淮地区列国青铜器和历史、地理综合整理与研究”(15ZBD032)系列成果。

但以上意见，因缺乏足够的资料，大抵为推测之词。《清华大学藏战国竹简（壹）》（以下简称清华简）中的《楚居》一篇，对传世文献中记载极为简略的楚先祖，提供了全新且较为全面的资料[9]，清华大学出土文献研究与保护中心的学者对这批材料作了全面、细致的清理与注解，为我们依据《楚居》所提供的新资料来探讨楚先祖的迁徙，提供了良好的基础。本文是在学界已有研究成果的基础上，结合最新发表的清华简《楚居》，对楚先祖的迁徙时间、历程及相关问题作一些新的探讨。

一、祝融、季连与华夏

季连出自上古时代的祝融部族，祝融则出自更为远古的帝颛顼高阳，《史记》卷 40《楚世家》叙楚之远祖曰：

> 楚之先祖出自帝颛顼高阳。高阳者，黄帝之孙，昌意之子也。高阳生称，称生卷章，卷章生重黎。重黎为帝喾高辛居火正，甚有功，能光融天下，帝喾命曰祝融。共工氏作乱，帝喾使重黎诛之而不尽。帝乃以庚寅日诛重黎，而以其弟吴回为重黎后，复居火正，为祝融。吴回生陆终。陆终生子六人，坼剖而产焉。其长一曰昆吾。二曰参胡。三曰彭祖。四曰会人。五曰曹姓。六曰季连，芈姓，楚其后也。

此一楚先祖族谱，又见于《国语·郑语》、《大戴礼记·帝系》及《世本》，亦见于楚人之自称，如《左传》僖公二十六年载："夔子不祀祝融与鬻熊。楚人让之，对曰：'我先王熊挚有疾，鬼神弗赦而自窜于夔。吾是以失楚，又何祀焉？'" 屈原赋《离骚》："帝高阳之苗裔兮，朕皇考曰伯庸。"皇考当训祖考，亦即高祖，屈原之高祖伯庸，据学者研究，即祝融。饶宗颐《楚辞地理考》："王逸注云'父死称考'。此以皇考为屈原父。《文选》五臣注驳之，谓'为人子者忍斥其父名'。王闿运、闻一多俱谓皇考当训祖考，即屈原远祖，亦楚太祖，而未详何人。""'皇考'，即'太祖'，原与楚同姓，则原之皇考，当亦楚之太祖，诚无疑也。伯庸者何人，以予考之其殆祝融乎！""是融盖楚先。其名本单称曰融。'融''庸'音同、字通，《路史·后纪》（四）'祝融'，字正作'祝庸'。'伯'者，爵名，庸之'伯庸'，犹'鲧'之称'伯鲧'，禹之称'伯禹'。'伯'字于古当训大。"[10]祝，古亦训"始"、"大"义，贾逵云："祝，甚也；融，明也。"[11]虞翻曰："祝，大；融，明也。" 韦昭曰："祝，始也。"[12]长沙子弹库出土帛书本祝融之"融"，字亦作"螗"[13]，王引之《经义述闻》云"庸与融同"[14]。可见伯庸即祝融，王光镐、赵炳清亦主此说 。[15]屈原为楚之同姓，其自叙祖先，自称其远祖出自帝高阳颛顼，称祝融为皇考，可见楚人的确出自祝融，为帝高阳颛顼苗裔。又《左传》昭公二十二年载楚灵王之语："昔我皇祖伯父昆吾，旧许是宅。"昆吾为祝融长子，季连为祝融幼子,故楚灵王称昆吾为伯父。

传世文献所记楚先祖世系,得到了出土文献的证实,在包山楚简、新蔡楚简和望山楚简中屡见楚先祖名号:

包山简217:举祷楚先老僮(童)、祝𩏃(融)、媸(鬻)酓(熊)各一牂。

包山简237:举祷楚先老僮(童)、祝𩏃(融)、媸(鬻)酓(熊)各两牯。[16]

新蔡简甲三:188、197:☐……举祷楚先老童、祝𩏃(融)、媸(鬻)酓(熊)各两牂。……☐。

新蔡简甲三:268:☐……就祷楚先老嫜(童)、祝[融]。[17]

望山简120+121:☐先老禮(童)、祝[融]、媸(鬻)酓(熊)各一牂。[18]

简文中的老童,即《楚世家》中的卷章,《集解》引谯周曰"老童即卷章",可见楚先祖出自中原,为上古时期中原华夏集团核心部族,已是不刊之论。

祝融与夏的关系更为紧密,是夏王朝的重要支柱。祝融部族形成之初,即与夏有特殊关系,《国语·周语上》载周内史过曰:"昔夏之兴也,融降于崇山。"韦昭注:"融,祝融也。崇,崇高山也。夏居阳城,崇高所近。"按崇高即嵩高,即后世之嵩山,在今河南登封市北。[19]此言又见于今本《竹书纪年》:"夏道将兴,草木畅茂,青龙止于郊,祝融之神降于崇山。"[20]可见祝融部族与夏王朝关系之密切,甚至于被视为夏王朝得以建立的关键因素。陆终之后,祝融部族分而为六,文献中称为陆终六子,季连即陆终幼子,六子中又别分二支,上古时代的祝融部族最终演化为庞大的祝融族团,总称为祝融八姓。祝融族团的核心部族昆吾自夏初时起即有重要地位,《墨子》卷11《耕柱》:"昔者夏后开使蜚廉折金于山川,而陶铸之于昆吾",表明夏代开国时昆吾即因善于制陶而在夏王朝中颇受重用。至夏代后期,昆吾更主持夏政,成为夏王朝的最重要支柱,《国语》卷16《郑语》谓"昆吾为夏伯",《风俗通义》则载"夏后太康,娱于耽乐,不循民事,诸侯僭差,于是昆吾氏乃为盟主,诛不从命,以尊王室",并将昆吾与商之大彭、豕韦,周之齐桓、晋文并称为"五伯"。

祝融之居地,据《左传》昭公十七年载:"郑,祝融之虚也。"《汉书》卷28下《地理志下》:"郑国,今河南之新郑,本高辛氏火正祝融之虚也。"按郑国初封时原在陕西华县一带,西周末年,郑桓公为避周室之乱东迁于济、洛、河、颍之间,后郑国于古溱、洧二水交会处立都,是为新郑,今河南省新郑市郑韩故城遗址,春秋时为郑国之所在。新郑附近早年则为祝融故居。祝融一族后来支系繁洐,分布很广,但祝融各支早期居地可考者大致在今河南省中部的新郑、密县、许昌一带,因此陆终六子独立之初,可能都居住在新郑周围。[21]至于祝融八姓后来的分布,李学勤概述说:"北起黄河中游,南至湖北北部,可以说是环处中原。”[22] 徐少华则对祝融八姓的分布与流变作过全面探讨：昆吾族先在今河南许昌东，后迁帝丘，即今河南濮阳西南；其支族在今河南范县与梁山之间；董父一支初在今山西绛县、闻喜与曲沃三县之间活动，帝舜赐姓命氏后东迁今山东定陶一带；其后别封鬷夷，亦在定陶一带活动；斟姓氏族的活动地在今山西西南部的汾河下游一带，与董父居地相近；彭祖族先在中原，后在今江苏徐州一带，其后别支豕韦北迁至今河南滑县东南；秃姓舟人与妘姓郐人两支均在今新郑附近，季连一支可能在今河南鄢陵县西北一带。总之，祝融各族所居，东至今山东西部、江苏西北，南未过淮河、方城，西未及关中，北至山西南部和河南北部，基本未出黄河中游地区。[23]

由此可知祝融部族及其后裔祝融八姓，均为中原核心部族，上古时代即为华夏集团中的重要成员，并与夏王朝有特殊关系，为夏王朝之中坚。

但华夏的含义，需在此作详细说明，然后我们才能对祝融及其后裔有更为清晰的理解。

华夏一词，首先是族群概念。最早见于《尚书·武成》：“华夏蛮貊，罔不率俾。”《左传》襄公二十六年：“楚失华夏。” 华夏又称为诸夏，《左传》僖公二十一年：“以服事诸夏。”又可简称为华或夏，《左传》定公十年：“裔不谋夏，夷不乱华。”华夏作为族群，起源于远古时代黄河中游地区的炎黄部落集团，经历复杂的融合与变迁，由部落而国家，率先在中原地区建立起夏、商、周三代王朝，在由部落而国家的过程中，民族开始形成，到西周时，夏、商、周三族已初步融为一体，有了共同的族称（夏、中国），共同的地域观念（禹绩、夏区），共同的祖先观念（黄帝为共同始祖），共同的经济特征和文化特征，形成了有共同自我认知的族群共同体，到春秋时期就形成了稳定的华夏民族。[24]需要指出的是，作为族群概念，华夏是与四夷相对的，华夏居于中原，夷狄居于四方。华夏与夷狄是不相兼容的。近代以来的学者，在研究传说时代时，溯及源头，将华夏民族之远祖的炎、黄两大族系称为华夏集团。[25]

其次，华夏又是地域概念。上古时代，族群与居地的同一性很强，族地纽带相对坚韧，族名往往也是地名，因此华夏不但是族群概念，也是地域概念。上古时代的华夏地域，徐旭生先生作过较详细的考证：“华夏集团发祥于今陕西省的黄土原上，在有史以前已经渐渐地顺着黄河两岸散布于中国的北方及中部的一部分地方。”[26] 王玉哲先生认为：“黄、炎集团是北方的部落，居留之地，西到陕、甘，东与东夷部落交错，南与苗蛮部落为邻。”[27] 因此，作为地理概念，华夏即中原。进入夏代，华夏在族群上指夏王朝诸族，在地理上则较为确定，指今河南省中部、西部及山西省南部[28]，1959 年徐旭生调查夏墟，就是以豫西、晋南地区为目标，著名的二里头遗址即此次考察的成果。[29] 在考古学文化上，二里头文化之二里头类型和东下冯类型，大体与文献所载夏核心区一致。更进一步说，华夏在地理上指三代王朝的核心区域。可见华夏在地理上即中原，在最狭窄的含义上指以嵩山为核心的今河南省中部和西部地区及山西南部。

祝融故居在新郑，季连的居地文献失记，但清华简《楚居》有详细记载。《楚居》开篇即曰："季连初降于郻山。""郻山"，整理者读为"騩山"，目前学界一般认为，騩山即大騩山，一名大嵬山，又名具茨山，在今河南省禹州市、新郑市、新密市交界处。[30]但上古时代，人类不可能居住在山上，必得居住在适宜农耕之地，故騩山并不是历史上曾真实存在过的季连部族的居地，其性质可能是作部族祖先神所居的神山、圣山、祖山、宗山[31]，真实的季连部族居地则应在距騩山不太远的平原地带，与祖山之间有河流相连。罗运环教授早年即主张陆终六子独立之初，可能都居住在新郑周围[32]，《楚居》所载季连初降之地的騩山，正在新郑附近。因此季连部族的早期活动地区当在以今河南省新郑为核心、嵩山山脉至伏山山脉之间的河南省中部地区。

在《楚居》的记载中，季连在商代晚期时的主要活动，是在汌水、方山一带见到"盘庚之子"，并追求其女"比隹"：

> （季连）见盘庚之子，凥（处）于方山，女曰比（妣）隹，秉兹衔（率）【1】相，詈㿝四方。季䌟（连）䎽（闻）亓（其）又（有）甹（聘），从，及之盘（泮），爰生緹白（伯）、远中（仲）。毓（毓）徜（徜）羊（徉），先凥（处）于京宗。[33]

盘庚，整理者认为"疑即商王盘庚"[34]。整理者在此引用一"疑"字，可能是对季连的年代下限进入商代晚期有所疑惑。但历史上不同族群的发展进程与速度不一致是正常的，反之倒是不正常的。夏商周三代王朝处于中国历史发展的顶端，他们的发展速度是其他部族所不能比拟的。祝融族系与夏王朝关系密切，是夏王朝的重要支柱，但随着夏商易代，祝融族系各支受到商朝的严厉打击。商汤灭夏，首当其冲的即祝融八姓中的昆吾及韦、顾，《诗经·商颂·长发》记其事曰："韦顾既伐，昆吾夏桀。"《郑笺》："韦，豕韦，彭姓也；顾、昆吾皆己姓也，三国党于桀恶，汤先伐韦、顾，克之，昆吾、夏桀则同时诛也。"《左传》亦言昆吾与夏桀同以乙卯日亡。[35]经过夏商鼎革，祝融各族不再有夏代时的繁盛状况，季连在传世文献中被称为"中衰"，当与商人对祝融集团的打击有关。[36]故进入商代后，芈姓祝融失去了中原核心部族的地位，在历史运行中被甩离中国历史发展的主轴，由中原核心沦为中原边缘，这当是芈姓一族南迁的历史背景。因此《楚居》所载之盘庚，当即著名的商王盘庚，无可置疑。关于比隹的身份，则有盘庚之女和盘庚孙女两种说法，但学者更倾向于比隹的身份是盘庚孙女。[37]

《楚居》所载季连在商代晚期时的各居地，如汌水、方山、京宗等地，皆已难以稽考，但季连既曾"见盘庚之子"，并为与其联姻而辗转，则其居地必得相近。而盘庚之子身为商王室的核心成员，作为商王族，其居地当在商核心区内。而晚商核心区学者已作了较多讨论,我们在此主要从文化地理的角度来确定。我们现在已知,晚商文化分为多个类型,而其最为核心、最为重要的,显然是殷墟类型,因此殷墟类型的分布地区,就是商王朝核心区所在。由此可以推知盘庚之子的居地,必得在晚商文化殷墟类型的分布范围内,而晚商时与盘庚之子有密切关系的季连居地,虽不知其具体地点所在,但可确定其亦在殷墟类型的分布范围内。而晚商文化殷墟类型的分布范围,是以安阳殷墟为中心,包括今河北中南部和河南北部及中部地区。[38]可知终季连之世,迟至商代晚期时,祝融族系中的芈姓季连一支,虽然在夏商易代后被边缘化,不再是中原核心部族,辗转于多地,但始终在传统的中原文化区,并未南迁。

分析至此,我们可以得出一些初步的结论:祝融作为上古时代华夏集团的核心部族,作为夏王朝重要支柱,其族群属性为华夏;季连作为祝融后裔,虽在夏代名声不显,亦属于华夏核心族群;夏商易代后,季连失去了华夏核心族群的地位,从华夏核心沦为华夏边缘,但并未离开中原,其族群属性亦未发生变化。

二、芈姓、楚蛮与楚国

芈姓祝融从中原南迁江汉,由此与"楚"发生交集,成为楚人,并最终建立楚国。但芈姓、楚蛮、楚国这三者之间的关系,需要认真梳理。

首先要把"楚"的含义弄清楚,然后才能对相关问题有正确的认识。检索文献,"楚"字大抵有四义。

一是指某种野生林木,即楚木。《诗经》卷一之三《汉广》:"翘翘错薪,言刈其楚。"郑笺:"楚,杂薪之中尤翘翘者。"类似用法在《诗经》中多见,如"葛生蒙楚,蔹蔓于野"(《唐风·葛生》),"绸缪束楚,三星在户"(《唐风·绸缪》),"交交黄鸟,止于楚"(《秦风·黄鸟》),"扬之水,不流束楚"(《王风·扬之水》,此句又见于《郑风·扬之水》),"楚楚者茨,言抽其棘"(《小雅·谷风之什·楚茨》)。从《诗经》所述来看,楚是一种分布很广的野生林木,主要分布在南方,北方个别地区可能亦有。

二是特指中原某些地区。《左传》隐公七年:"戎伐凡伯于楚丘以归。"僖公二年:"诸侯城楚丘而封卫焉。"襄公十年:"宋公享晋侯于楚丘。"昭公二十二年:"王师军于京楚。"这些楚丘、京楚,皆在中原。[39]其中楚丘有二,一为隐公七年、襄公十年之楚丘,杜预注谓在"济阴成武县西南",《读史方舆纪要》卷33《山东四》曹州"曹县"条下有楚丘城,地在曹县东南四十里,春秋时在曹国与宋国之间[40],此为山东之楚丘;另一楚丘即春秋时卫国为狄灭后所迁之楚丘,地在今河南滑县。至于京楚,为王子朝之乱时子朝所居,其地当在今洛阳附近。这些楚丘、京楚,皆在中原,而这些地方以楚为名,可能与楚木有关,为中原地区的楚木丛生之地。[41]

三是指楚蛮。楚蛮是商周时代的南方居民,古三苗的后裔,三苗灭亡后在南方形成一个新的族群,其族源属南方的苗蛮集团。[42]禹征三苗后三苗解体,余部改宗中原文化,其后裔在商周时期形成南方一大部族。[43]楚蛮之得名,或亦因其居于南方楚木丛生之地。商周时期,楚蛮相当活跃。今本《竹书纪年》:“(帝癸)二十一年,商师征有洛,克之。遂征荆,荆降。”帝癸即夏桀,可知楚蛮在文献中最早出现于夏商之际,其形成当早于此,应为夏代。商代后期,武丁曾征楚蛮,今本《竹书纪年》:“(武丁)三十二年,伐鬼方,次于荆。”武丁伐荆一事,又见于《诗经·商颂·殷武》:“挞彼殷武,奋伐荆楚。罙入其阻,裒荆之旅。有截其所,汤孙之绪。”周初,则有周成王封熊绎于楚蛮,西周晚期,楚熊渠称雄江汉,并封其三子为王,“皆在江上楚蛮之地”[44]。春秋早期,“楚成王初收荆蛮有之”[45],此后楚蛮不见于史籍,当是楚蛮已尽为楚国所并。楚蛮的历史早于楚国,楚国则是在楚蛮之地发展起来的,后来楚通荆,故楚蛮又称荆蛮,但文献中一般多见荆蛮而少见楚蛮,如《诗经》屡有“荆”和“蛮荆”之称,《国语》《吴世家》《齐世家》《汉书》《竹书纪年》等均称荆蛮,《左传》昭公二十六年载周王子朝奔楚,遣使告于诸侯曰“兹不穀震荡播越,窜在荆蛮”,唯《楚世家》称为楚蛮。

第四,指芈姓楚国。但此义的出现是最晚的,按诸史籍,周成王之时,封熊绎为诸侯,自此始有楚国。

“楚”也是地理概念。在自然地理的含义上,“楚”指楚木丛生之地,是由“楚木”衍生而来的概念。在人文地理的意义上,“楚”则有二义,一是指楚国之地,二是指楚蛮之地。

楚国始于西周初年,但初封时的楚国很小,诸书皆言仅五十里,《史记》卷47《孔子世家》载楚令尹子西曰“且楚之祖封于周,号为子男五十里”,卷14《十二诸侯年表》则称“齐、晋、秦、楚其在成周微甚,封或百里或五十里”,至春秋早期,楚地尚“土不过同”(《左传》昭公二十一年),杜预注:“方百里为一同,言未满一圻。”孔颖达《正义》:“言田虽至九百里,犹止名同,故云‘不过同’,非谓百里以下也。”可见楚国初封时地域之小。楚国迅速强大,奄有南方之地,是春秋早期以后的事。

由此我们可以得出一个重要认识:西周以前,只有楚蛮而无楚国,因此西周以前的楚人,就只能是楚蛮之人而非楚国之人,西周以前的楚地,只能是楚蛮之地而非楚国之地。

楚蛮为古三苗的遗裔,因此探讨夏商时期“楚”的地域范围,需先确定三苗的居地。据徐旭生先生考订,三苗的范围在今湖北、湖南、江西一带,西面和南面的界限,文献无征,东面的界限,今江西的大部分地区仍当属于苗蛮,其北界较为明确,大约在河南西部熊耳、外方、伏牛诸山脉间,具体而言,东以大别山脉为界邻于东夷集团,西则北越南阳一带,侵入外方、伏牛山脉间,北邻于华夏集团[46],这一地理范围与考古学上的屈家岭——石家河文化的分布范围大致相合,其盛衰亦基本同步,因此学界普遍认为,长江中游地区的屈家岭——石家河文化即三苗所创造的文化遗存[47]。三苗瓦解后,楚蛮取代三苗成为南方的一大族群，从中原文献中屡见楚蛮（或荆蛮）来看，楚蛮是商周时代的南方居民中与中原王朝交往较多，与中原关系较为紧密，在政治、文化上受中原影响较深的一部分，属于中原政治与文化势力的边缘组成部分，与中原王朝有较为复杂的关系，一般说来受中原王朝的统治，但又叛服无常，往往成为中原王朝的征伐对象，地理上亦较为邻近中原。

上引今本《竹书纪年》，夏桀二十一年，"商师征有洛，克之。遂征荆，荆降"。有洛为古族名，《逸周书·史记解》："昔者有洛氏宫室无常，池囿广大，工功日进，以后更前，民不得休。农失其时，饥馑无食，成汤伐之，有洛以亡。"张华《博物志》卷10亦谓："昔有洛氏……人民困匮，商伐之，有洛氏以亡。"有洛氏之族，当在洛水流域，《尚书·五子之歌》："太康尸位以逸豫，灭厥德，黎民咸贰。乃盘游无度，畋于有洛之表，十旬弗反。"《书序》云："太康失邦，昆弟五人须于洛汭，作《五子之歌》。"孔传："太康五弟与其母待太康于洛水之北，怨其不反，故作歌。"可知有洛当在洛水流域。而商师征有洛之后再征荆，则此荆必与洛水流域较为接近。又荆蛮（楚蛮）为古三苗的后裔，则荆蛮之地，应在古三苗的分布范围之内，据上引徐旭生先生所考，苗蛮集团的北界，在今河南西部南阳以北，熊耳、伏牛、外方诸山脉间，正与洛水流域相邻。从自然地理来看，熊耳、伏牛、外方山脉以北，为伊水、洛水流域，以南即丹淅水、唐白河流域，而丹淅水、唐白河流域正好在苗蛮集团的分布区内，楚蛮则为三苗后裔。由此可见，商师所征之荆蛮，当在伏牛、熊耳、外方山脉以南的鄂豫陕交界地区。此处还可补充一条旁证，据石泉先生考证，内乡（按内乡在淅水以东不远处）附近，有最古的荆山。[48]后世楚通荆，楚蛮即荆蛮，荆山也可解为楚山，则内乡附近的荆山，或因楚蛮族群在此活动而得名。由此可知，夏商时期楚蛮地域之北界当在今鄂豫陕交界地区，以伏牛、熊耳、外方诸山脉与华夏区域相隔。[49]伏牛、熊耳、外方诸山以北的豫中、豫西地区为华夏，以南的南阳盆地则为楚地。直至春秋战国时期，楚国从南阳盆地北出方城的道路犹称为"夏路"，《史记》卷41《越王勾践世家》有"夏路以左"的记载，唐司马贞《索隐》引刘氏云："楚适诸夏，路出方城，人向北行，以西为左，故云夏路以左。"可见出方城才算诸夏之地，而方城则是南阳盆地与中原诸夏的交通隘口，楚与诸夏在此分隔，此亦可证南阳盆地为楚地，南阳盆地以北的中原为诸夏之地。

关于南阳盆地的人文地理属性，还需略作分辨。《史记·夏本纪》载夏之同姓，其中的"有男氏"，《逸周书·史记解》作"有南氏"，有男氏所在，郦道元《水经注·江水》引韩婴叙《诗》曰："其地在南郡、南阳之间。"故有学者据此认为，夏核心区包含南阳盆地在内。[50]但我们认为，谓有男氏在南阳、南郡之间，文献证据过于薄弱。而且从考古学文化上分析，南阳盆地已是二里头文化的边缘地带，二里头文化的核心二里头类型，其分布的最南端在南阳方城八里桥遗址[51]，但方城在南阳盆地东北边缘与豫中平原交界处，故二里头类型并未深入南阳盆地。夏代时的这一文化地理与政治地理格局是在新石器时代屈家岭文化和石家河文化与中原龙山文化分布格局的基础上形成的，并且进一步影响到东周时期，东周时楚与中原诸国仍然在方城分隔。另《史记·货殖列传》有“颍川、南阳，夏人之居也”的说法，张守节《正义》曰“颍川、南阳皆夏地也”。但《货殖列传》已明确指出这是秦代移民的结果：“秦末世，迁不轨之民于南阳。南阳西通武关、郧关，东南受汉、江、淮。宛亦一都会也。俗杂好事，业多贾。其任侠，交通颍川，故至今谓之‘夏人’。”颍川，秦置郡，辖地为嵩山以南、伏牛以北，基本在今河南省中部，颍川当然是夏地，为夏早期核心区，秦迁不轨之民于南阳后，汉代时南阳之民交通颍川，以此之故汉代南阳之民才有“夏人”之称，非南阳本为夏地。

以上从文献考据中得出的楚蛮地域，在考古学方面亦有相应的支持。楚蛮后来尽为楚国所并，是楚国下层民众的主要来源，因此楚蛮在文化上与楚国有密切的联系。考古学界为探讨楚文化的起源，提出了早期楚文化的概念，主要指夏商西周时期与典型楚文化有直接渊源关系的一组陶器遗存。这组陶器遗存以鬲为核心，以鬲、盂、豆、罐或鬲、盆、豆、罐为基本组合。鬲很有特点，似鼎非鼎又似鬲非鬲，为北方的鬲与南方的鼎结合而成，又被称为“鼎式鬲”或“鬲式鼎”，一般为连裆或弧裆，空足很浅，甚至略有略无，柱足，足与器身分开制作，此制法名为二次包制，学界称为楚式鬲。[52]从目前的研究成果来看，夏商时期的早期楚文化是由以楚蛮为主体的江汉土著民族所创造的，西周时期的早期楚文化是由周代的南土诸侯和江汉小国及江汉土著民族（楚蛮、百濮等）共同创造的，楚国在早期楚文化中只是很小的一支，春秋早期以后，迅速强大起来的芈姓楚国主导了这一支考古学文化的发展，将早期楚文化发展成为东周时期的典型楚文化。[53]具体到商代晚期至西周早期，此类文化因素的代表性遗存，已知较为明确的有湖北蕲春毛家嘴西周遗存[54]，湖北黄陂鲁台山 H1[55]，湖北枣阳毛狗洞 H1 及Ⅰ、Ⅱ式陶鬲[56]，武汉阳逻香炉山北区第 11 层[57]、河南内乡黄龙庙岗晚商遗存[58]、淅川下王岗遗址西周早期遗存中的Ⅳ式鬲[59]，下王岗 2008 年发掘的西周早期遗存中的 Ab 型鬲[60]，它们均与关中姬周文化的鬲有异，具备楚文化的特征。经学者初步考察，在江汉地区的商代考古学文化中，汉东地区和丹江地区在地理上较为邻近中原，在文化上受中原文化影响较深，是中原文化的地方变体，主体文化面貌与中原商文化一致。同时又有一类受中原商文化影响，但又有别于中原商文化的新因素，在文化上既有本地新石器文化因素，又与楚文化有密切的联系，则商代的楚蛮可能就在此类考古学文化中，可能是创造并使用此类考古遗存的古代居民之一。[61]其中内乡黄龙庙岗遗址商代遗存有必要单独提出，在黄龙庙岗遗址商代晚期遗存中发现有一种二次包制的矮柱足鬲，为该遗址的特征性器物，其特点是折沿，腹微鼓，深袋足，分裆，裆较浅，截锥足较矮，与湖北枣阳毛狗洞、新洲阳逻香炉山等遗址出土的西周早期柱足鬲颇为相似，而内乡附近正有最早的荆山，黄龙庙岗遗址西周晚期遗存中的此类遗物，当是楚蛮族群在此活动所遗留下来的，正可与文献所载熊丽征雎山印证。

进一步讨论，楚蛮与楚国有着极为复杂的关系：熊绎的封地在楚蛮之地，其国又以楚为名，后来楚蛮完全融入楚国，地为楚地，人为楚人，于是，楚国与楚蛮在后世的记忆中，往往没有严格区分，常混为一谈。因此芈姓、楚蛮与楚国这三者之间的关系需要深入探讨，才能有较为清晰的认识。

楚蛮与芈姓楚族及楚国是有区别的，仔细梳理其间的区别，大抵有如下内容：

第一，楚蛮与芈姓楚人的族源不同。楚蛮为古三苗的后裔，按徐旭生的上古居民分类体系，其族源属南方苗蛮系统，而芈姓源自华夏，出自中原，是声名显赫的祝融后裔。

第二，楚蛮与芈姓出现的时代相距较大，楚蛮最早出现于夏商之际，其形成当在夏代，而芈姓始于季连，季连的年代上限远在夏代之前，大约出现于唐虞之世。[62]

第三，楚蛮与楚国大小不同。初期的楚国很小，楚国初封时是“封以子男之田”，初封时“土不过同”，封地大小仅五十里，而楚蛮在夏商周三代是一大族群，在南方有广泛的分布，是南方土著居民中数量众多、分布较广的一支。

第四，与中原王朝的关系不同。夏商时代芈姓为中原华夏成员，夏代时更是中原核心族群，而楚蛮则常遭中原王朝的征伐。西周时楚是周朝的封国，而楚蛮为周朝的征伐对象。

但楚蛮与楚国又有极为密切的联系，二者甚至难以区分。从新出《楚居》可知，芈姓祝融自丽季起即已有“楚人”之称，此楚当是指楚地之人，即楚蛮，表明芈姓祝融离开中原进入楚地后与楚蛮融为一体，其族群属性也发生了变化，从华夏变成楚蛮。到西周初年，熊绎受封建国亦是在“楚蛮之地”，到西周晚期时，熊渠的活动范围是在“江上楚蛮之地”，甚至熊渠公然自称“我蛮夷也”，表明芈姓楚人已植根于江汉蛮夷之中。到春秋早期时，“楚成王初收荆蛮有之，夷狄自置”。此后楚国迅速发展壮大，楚蛮及其他江汉土著居民完全融入楚国，成为楚国下层民众的主要组成部分。而楚国之所以能在春秋时期迅速崛起，有“天方授楚”之说，当是楚国经过长期经营，将楚蛮、百濮等江汉土著蛮族和其他江汉小国完全融入，整合成为楚国家的有机组成部分，从而摆脱了部族国家的狭隘性质，具备了强大的实力，将楚国发展成为按地域组织居民的新型国家，令周朝诸侯望而生畏。

综上所述，西周以前，只有楚蛮而无楚国，因此西周以前的“楚”，无论是族群还是地域，均与楚国无关，只能是指楚蛮。夏代以前，祝融部族居于中原，为华夏核心，考古学文化为中原龙山文化。祝融的时代尚未有楚蛮，楚蛮的前身三苗则居住在江汉地区，创造了江汉地区的屈家岭——石家河文化。夏代时，三苗余部在南方形成楚蛮族群，此时中原的祝融部族演变为庞大的祝融族团，以昆吾为首的祝融各族居住在以新郑为核心的今河南省中部地区，为夏王朝支柱力量，故夏代之时，祝融族系与楚蛮之间毫无交集。商代时，楚蛮相当活跃,与商王朝有较为复杂的关系,一般而言臣服于商,但叛服无常,又常遭商的征伐。而季连一族则失去了中原核心部族的地位,从中原核心沦为中原边缘,但迟至晚商时季连仍居于中原,并与商王室联姻。可见夏商二代,芈、楚二分,芈姓部族与楚蛮毫无关系。西周及东周早期时,芈姓楚国建立于楚蛮之地,则是楚国与楚蛮并立的局面,但此时楚国小而楚蛮大,楚国在楚蛮之内。春秋早期以后,楚国迅速强大起来,奄有南方之地,楚蛮则完全为楚国所并,成为楚国的有机组成部分,此后便只有楚国而无楚蛮。由于东周时楚蛮消失无踪,完全融入楚国,只有楚国而无楚蛮,于是后人便不免下意识地认为文献中的"楚"必是楚国,其实西周时期,楚蛮与楚国共存于世,而且此时的楚蛮要比楚国大得多,文献中的楚当是兼指楚蛮与楚国,至于西周以前则是只有楚蛮而无楚国。

三、楚先祖的迁徙时间

综合以上分析,可知华夏与楚蛮是两个不相兼容的族群,同时也是两个不相兼容的地域,在早期族地联系紧密、族群与居地基本同名的情形下,芈姓一族从华夏变成楚人,不仅表明其居住地域发生了变化,从中原迁至楚地,而且表明其族群属性发生了变化,从中原的华夏旧族变成南方楚蛮。

芈姓不是从一开始就有"楚人"之称的,芈姓一族何时与"楚"发生交集,在传世文献中并无明确记载,因此在《楚居》发表之前,学者多据《楚世家》所记,认为芈姓一族与"楚"发生交集在熊绎受封之后。但《楚居》为此提供了新资料,使得我们可以对这一问题作出新的探讨,并据此进一步讨论楚先祖的南迁过程。

从《楚居》所述来看,迟至晚商时期,终季连之世,季连一族虽已失去中原核心部族的地位,但仍能与商王室联姻,表明其仍居于中原,并未离开传统的中原文化区,但穴熊继为部族首领,将季连部族变为穴熊部族后,情形看来发生了变化:

> 穴畲遟(迟)遷(徙)于京宗,爰旻(得)【2】妣𠭰(厉),逆流哉(载)水,毕(厥)牆(状)䏘(聂)耳,乃妻之,生侸弔(叔)、丽季。丽不从行,渭(溃)自𦢊(胁)出,妣𠭰(厉)宾于天,𢀜(巫)戕(并)赅(该)亓(其)𦢊(胁)以楚,氐(抵)【3】今曰楚人。至畲𢘅(狂)亦居京宗。

由此可知,穴熊继季连为部族首领时,仍居于"京宗",此时穴熊所居之"京宗",当与季连晚期所居之"京宗"为一地,位在中原。[63]但穴熊继为部族首领后,芈姓祝融发生了一系列的重大事件。据《楚居》所述,穴熊的主要活动是见到妣𠭰,并娶妣𠭰为妻,生侸叔、丽季。但《楚居》叙述穴熊的这些活动时,有一句"逆流载水",由此句似可推知,此时穴熊部族可能已离开最初的"京宗"之地，有所迁徙。另一方面，穴熊时期，芈姓祝融内部新出现了佢叔、丽季两个支系，这两个支系是穴熊后裔，与季连后裔的緼伯、远仲两支不同，季连后裔的緼伯、远仲和穴熊后裔的佢叔、丽季，构成了芈姓祝融的四大支系，后来的楚王室，是这四大支系中的丽季后裔，也是穴熊后裔，非季连后裔。更为重要的是，此处明确记载，芈姓一族与"楚"之名号发生交集，芈姓一族始有"楚人"之称，发生在丽季出现以后。

丽季，《楚居》中又称为"丽"，整理者认为即《史记・楚世家》所载的鬻熊之子熊丽。《楚居》叙丽季的出生时说"丽不从行，溃自胁出，妣㓾宾于天"。"丽不从行"，整理者释"从"为"顺"。"宾于天"，整理者认为是"死的婉称"。"溃自胁出"一句，整理者注："文献中有楚先祖自胁出的记载，《楚世家》云：'陆终生子六人，坼剖而产焉。'《世本》也说：'陆终娶于鬼方氏之妹，谓之女嬇，是生六子，孕而不育，三年同，启其左胁，三人出焉；启其右胁，三人出焉。'简文'渭'可读为'溃'，义与坼、剖等义近。"[64]则全句意为丽季的出生并不顺利，是从妣㓾的胁下出来，结果妣㓾因此而去世。

对《楚居》中有关丽季出生的记载，有不少学者从后世生活经验出发认为这是古代父子相继、妇女生产，甚至认为这是古代的剖腹产，并据此进行解释或阐发，此实大误。《楚居》中的"溃自胁出"，在古籍中有类似的表述，如《大戴礼记・帝系》和《史记・楚世家》，均谓陆终六子自胁而出，"坼剖而产"。但传说时代的人名非真实人物而是部族之名，因此陆终六子并不是真实的六个人，而是六个部族。徐旭生指出："古人所用地名、氏族名、个人名，常常不分。……《山海经》所记三代以前的某生某、《国语》所记有虞氏与夏后氏所禘的黄帝、殷人所禘的舜、周人所禘的喾，大约全是氏族分离的关系，与个人的血统关系无干。时代越近，所谓生的，所祖祭、郊祭、宗祭、报祭的才多由于真正血统的关系，是因为当时氏族制度渐渐衰歇、退处无力的缘故。所以治此时代历史的人必须注意土地名、氏族名、个人名的常相合一，然后爬梳纠纷的史实才能比较容易。"[65]因此传说时代的某生某，不可视为真实的父子关系，只是一种拟人化的部族分支关系。白寿彝总主编《中国通史》对此亦有明确论述："神话传说中的所谓炎帝、黄帝、蚩尤、颛顼、共工之类的'人物'，他们之间的相互关系比较复杂，或结盟，或通婚，或兵戎相见。如果把他们当作某些具体人物来看待，那就错了，因为他们并非具体的人，而是指某些氏族或部落。然而，把这些'人物'名字完全理解成氏族部落的名称，也未必然。因为在原始社会时期，人名往往是和部落名相一致的。史书上经常说的某人生某人的现象，除了存有父子关系的意味外，其基本含义则是氏族分支或部落分支的关系。"[66]罗运环更明确指出，"陆终产六子，虽带有神话色彩，但也反映了一定的历史事实。'产'和'子'仍然不能理解为'产子'、'孩子'之义，是一种氏族性的裂变。是说在陆终时代，庞大的祝融集团分离出了六个支系。芈姓是其中之一，其首领为季连"[67]。故此处文献记载中的自胁而出，"坼剖而产”与《楚居》中的“溃自胁出”，就不是指妇女生产或父子相继，而是指上古时代的部族支分情形，父部族裂解析分为若干个子部族。

丽季出现时已是商周之际，此时已进入历史时代很长时间，但《楚居》所叙丽季的事迹，仍颇具神话色彩，这表明丽季的身份仍然是传说人物而非是历史人物，由此可以确定丽季的身份不是具体的个人而是部族或部族首领，但丽季最初出现时并未独立发展，而是与緹伯、远仲及佢叔并为芈姓部族内部的四大支系，可知丽季最初出现时并不是独立部族，而是芈姓部族内部的支系，后来的丽季也没有独立发展，而是继承了鬻熊的首领职位，芈姓部族仍是一个整体，并未出现部族支分现象。因此丽季仍然是穴熊部族内部的支系，并不是独立部族，也就是说，丽季出现时还有穴熊，丽季的时代仍然是穴熊的时代。另据《楚居》所载，丽季的出现导致“妣㔻宾于天”，则丽季支系形成时，尚有妣㔻，有妣㔻则有穴熊。由此可以确定丽季出现时芈姓祝融仍处在穴熊时代，而《楚居》在世系上对丽季的叙述也有一些模糊之处，当是此时楚世系实际上并未从穴熊过渡到熊丽，丽季的年代与穴熊的年代可能有部分重合。当然，也有可能是丽季并不是楚世系中的单独一代或丽季的时代很短，其大部分时间是与穴熊重合的。

《楚居》所载丽季史事颇具传说色彩，但丽季出生时“溃自胁出”的结果导致“妣㔻宾于天，巫并该其胁以楚，抵今曰楚人”。“巫并该其胁以楚”一句，整理者释为“用荆条将妣㔻之胁缠包复合”，而芈姓一族也由此而有楚人之称，这透露出芈姓一族在族群属性上的重大变化：芈姓祝融由华夏变成楚蛮。在上古时期族群与地域同一性很高、族名即地名的情形下，这也意味着芈姓祝融离开了中原华夏故地，进入楚地。可知楚先祖离开中原，离开传统的华夏地域，离开中原文化核心区，进入楚地并改变其族群属性成为楚蛮中的一员，其时间当在穴熊时代。穴熊的时代笔者所考，应在商代晚期，其上限约在廪辛、康丁、武乙、文丁，考古年代为殷墟三期，其下限约在帝乙时期或周文王早期。[68]另据学术界详细考证，穴熊即鬻熊[69]，而鬻熊晚期时已见周文王，与周人建立了密切的联系，因此其迁徙的时间当在穴熊的早期，可能在其继为部族首领之后不久即离开中原故地开始迁徙，因此其确切的迁徙时间或在廪辛、康丁前后，考古年代为殷墟三期偏早。

四、楚先祖的迁徙路线及其他问题

《楚居》对丽季的记叙包含了不少神异色彩，但将那层神话的外衣剥去，所反映的正是芈姓部族于穴熊时代从华夏地域进入楚地，并因此而改变其族群属性，从华夏旧族变身成为南方楚蛮的历史。而文献所载熊丽的活动，亦不在中原，而与南方楚地有关。《墨子·非攻下》曾记载“昔者楚熊丽始讨此睢山之间”。关于“睢山”，孙诒让注引毕沅曰：“睢山，即江汉沮漳之沮。”1973 年马王堆汉墓出土《战国纵横家书·苏秦谓燕王章》有

"楚将不出雎、章"，证实"雎"即沮漳之"沮"。雎山所在，有学者以为雎山即柤山，今南漳东北至襄樊一带的山区，为古雎山之所在[70]，也有学者认为熊丽所讨"雎山之间"，当指沮水与荆山之间。[71]

但商末周初时，汉水以南尚是蛮荒之地，江汉核心区的古代文化发展链条在后石家河文化之后完全中断，夏商两代一直到西周早期，江汉地区出现了巨大的文化断层，这意味着江汉地区曾经高度繁荣，发展到很高程度、已进入初期文明阶段的人类社会在夏商时期完全消失了[72]，直到西周早期时，这一地区犹为蛮荒地域，西周中晚期时，由于真武山类型文化的形成及其南下[73]，江汉核心区才得到重新开发。因此中原人的地理认知是否已达此地尚难断言，就此而论，今汉水以南的荆山、沮漳地名，有可能是西周中晚期以后才发展起来的，熊丽也不会跑到当时尚荒无人烟的汉南地区去讨伐，因此熊丽所讨之雎山，不得在汉水以南，或在汉水以北居民较多、开发水平较高之处。我们虽然难以确考汉水以北的雎山究在何处，但此熊丽所讨之雎山当与荆山有关，《淮南子》卷4《地形训》"雎出荆山"，《水经》卷32《沮水》："沮水出汉中房陵县景山"，郦道元注："沮水出汶阳郡沮阳县西北景山，即荆山首也，高峰霞举，峻竦层云。《山海经》云：金玉是出，亦沮水之所导。"可见雎与景山、荆山有一定联系，而据石泉先生所考，丹江下游的内乡附近，有最古的荆山[74]，则熊丽所讨之雎山或亦在此附近，内乡正在南阳盆地范围内。退而言之，雎山地望即使有争议，但肯定是在汉江流域的楚地，非在中原华夏之地。可见"熊丽始讨此雎山之间"，透露出芈姓一族离开中原故地进入南阳盆地的信息。上文已考，南阳盆地属楚地，内乡黄龙庙岗遗址发现有楚蛮活动的遗物，熊丽向此地发展，正与"楚地""楚蛮"发生交集，与《楚居》所述正可互证。

在楚国历史上，穴熊（鬻熊）最重要的活动是与周人建立政治联系，《楚世家》记载鬻熊（穴熊）与太颠、闳夭、散宜生、辛甲大夫等周初重臣投奔周文王，为文王师。鬻熊（穴熊）事周，当是以其人生经验和政治智慧辅佐周文王。[75]鬻熊（穴熊）的子孙也因此得以服事周室，熊绎受封时，是以"文、武勤劳之后嗣"而受封。成、康时期，熊绎与鲁公伯禽、卫康叔子牟、晋侯燮、齐太公子吕伋俱供职周室（事见《楚世家》及《左传》昭公十二年楚灵王语）。周成王举行岐阳之会，熊绎亦曾参与，在会中负责守燎（事见《国语·晋语八》），这可能是其父（熊狂）、祖（熊丽）所留之职。周原甲骨亦留下周初时周楚关系颇为密切的记载："曰今秋楚子来告父后哉。""其微、楚□氒燓，师氏受燓。"[76]这些文献记载均表明，商末周初时，鬻熊（穴熊）及其子孙与周室关系密切，芈姓楚人首领不仅前往关中拜会周王，而且曾参与周室的燎祭，并在周室的重大盟会中任守燎之职。因此学者认为，商末周初之时，鬻熊（穴熊）一族的居地应靠近关中。[77]

上文已考，穴熊继为部族首领后不久即已离开季连时代的京宗。由此可以推定，丽季支系出现时，芈姓祝融正处在从今河南省中部的故土向关中附近地区迁徙的路途之中。《楚居》中不言丽季的居地，或是丽季之时，芈姓部族居无定所，正处在迁徙途中之故。进一步还可以推定，芈姓祝融迁徙路线当是从今河南省中部（嵩山山脉与伏牛山脉东段之间的地区）地区出发，越过分隔南阳盆地和豫中平原的伏牛山和方城山，进入南阳盆地，芈姓部族在南阳盆地活动时可能抵达今内乡附近，再溯丹水而上到达秦岭南麓、邻近关中的丹水中上游地区。考虑到自然地理与人文地理环境，其迁徙所经地区的最大范围，西边的最大界限当在丹水，南边的最大界限应是汉水。至于汉水以南的江汉腹地，在新石器时代曾极为繁荣，有发达的古代文化，但自禹征三苗之后，江汉地区的古代文化解体，整个夏商时期，江汉地区极为荒凉，直到西周中期才有一支考古学文化南下进入原石家河文化故地[78]，因此迁徙中的芈姓祝融不可能渡汉水南下进入当时尚是一片蛮荒之地的汉南地区。由此判断芈姓祝融迁徙时所经地区，基本在南阳盆地。

在族群属性上，芈姓祝融既然进入楚地，则必与楚地土著居民——楚蛮发生联系，“抵今曰楚人”在族群上的意义，是来自中原、长期在华夏核心区活动的芈姓祝融进入楚地后，因与楚蛮接触，结果自身也土著化了，土著化的结果是芈姓祝融被视为“楚人”，“楚人”这个称呼对芈姓祝融来说，不仅是他称，也是自称，不仅是外部认同，也是内部的自我认同。徐旭生先生早年曾指出：“梼杌是从深化人民出去，跑到浅化人民中间去做首领，祝融大约也是同类的人物。他虽然出于另外的集团，但是由于他到苗蛮集团中做首领，苗蛮自然受他的影响，而他及他的后人的风俗习惯大部分也要同化于苗蛮，也是一种不可免的情形。”[79]芈姓祝融进入楚地与楚蛮为伍，其必然的后果是芈姓祝融的土著化，这大概是一种必然的情形。春秋时的杞国，亦是外来民族土著化的一个例子，《左传》僖公二十七年：“春，杞桓公来朝，用夷礼，故曰子。”杜预注：“杞，先代之后，而迫于东夷，风俗杂坏，言语衣服有时而夷，故杞子卒，《传》言其夷也。”杞为先夏之后，本为正宗的华夏，然因与东夷为伍，则不可避免地要被东夷同化，即杞进入东夷地区后土著化，故《传》言其用夷礼，其族群属性也由华夏变成了东夷。类似的例子古今中外甚多，如秦末天下大乱，秦龙川令赵佗据岭南自立建南粤国，秦灭之时，赵佗称南粤武王，至汉初高帝十一年时，汉廷遣陆贾使南粤，“贾至，尉佗魋结箕踞见贾”[80]，已完全是越人习俗[81]。赵佗建立南粤国，主要依靠的是秦征岭南所留下的中原移民，但在生活习俗上不得不向土著居民看齐，汉初赵佗还在世时，岭南地区的中原移民短时间内就已土著化。在欧洲，第一保加利亚王国亦是类似情形，保加利亚本为突厥人的一支保加尔人联合当地的斯拉夫人所建，保加尔人在政治上起主导作用，但保加尔人的人口甚少，不久之后，保加尔人便改操斯拉夫语，为斯拉夫人所同化，但保加利亚这个名称则保留了下来。[82]

另一方面，芈姓祝融进入楚地并土著化，看来与其中原姻族发生了冲突，此种行为等于由夏入夷，因此难以为华夏族群所接受，“妣𠭰宾于天”可能是这一冲突的反映。而丽季支系本身亦有可能是芈姓祝融内部土著化的结果，是芈姓祝融内部与楚蛮关系较为密切的一支，随着丽季支系成为芈姓祝融的主体并取得部族领导地位，芈姓祝融也因此成为"楚人"。可见芈姓祝融成为"楚人"，乃是其自身"楚化"的结果。

此外需要指出的是，芈姓祝融与"楚"本无关系，我们以前曾认为，芈姓与楚国不能直接划上等号，芈姓一族不是一开始就有"楚"之名号的，熊绎受封之前，芈姓与"楚"或"荆"无关，至熊绎受封于楚蛮之地，建立芈姓楚国之后，芈姓才与"楚"或"荆"发生交集，芈姓一族才被称为楚人，而楚国之得名，也不是因为芈姓一族早有"楚人"之称或"楚""荆"之名号，乃是因地而名国，是因芈姓部族受封于楚蛮之地，其国才得以"楚"为名。[83]今据《楚居》，此观点需略作修正，芈姓祝融在熊绎受封之前就与楚蛮为伍而成为楚蛮一员，至迟在穴熊时期就因丽季支系的出现而有"楚人"之称。熊绎国号之得名，亦当是芈姓一族业已楚化，成为楚蛮一员，其族被视为"楚人"，亦自视为"楚人"，故其国得名为"楚"。但《楚居》也证明了芈姓祝融与"楚"或"荆"本无关联，不是从一开始就有"楚"之名号，其与"楚"发生交集是很晚的事。

五、结　语

综上所述，上古时代，祝融为中原华夏集团核心部族，并与夏王朝有极为密切的关系，祝融后裔各支更为夏王朝的重要支柱。季连一族在夏代虽名声不显，但仍为中原核心部族。夏商易代后，季连失去中原核心部族的地位，从中原核心沦为中原边缘，终季连之世，芈姓部族虽屡有迁徙，但始终未离开传统的中原文化区。商代晚期，穴熊离开传统的中原文化区，开始迁徙。

芈姓部族开始迁徙后，其内部出现了丽季支系，从丽季开始，芈姓部族始有"楚人"之称，表明芈姓进入楚地后与楚蛮为伍，导致其族群属性发生了变化，从中原华夏变成南方楚蛮，从中原华夏之地进入楚蛮所居的南阳盆地，而丽季本身亦可能是芈姓部族内部因与楚蛮有较多联系而最先"楚化"的一支。从熊丽曾伐睢山来看，迁徙中的芈姓可能曾达内乡附近，然后沿丹江溯流而上，至秦岭南麓靠近关中的丹江上游地区，从而与周人建立了政治联系，奠定了楚国的基础。

【注释】

[1]李学勤：《谈祝融八姓》，《江汉论坛》1980年第2期；唐嘉弘：《释"祝融八姓"》，《江汉论坛》1981年第3期；徐少华：《论祝融八姓的流变与分布》，见湖北省考古学会选编《湖北省考古学会论文选集(三)》，1998年，第122～139页。

[2]李学勤：《论包山简中一楚先祖名》，《文物》1988年第8期；李零：《楚国族源、世

系的文字学证明》,《文物》1991 年第 2 期;李家浩:《包山竹简所记楚先祖名及其相关的问题》,《文史》第 42 辑,中华书局,1997 年。

[3]徐旭生:《中国古史的传说时代》(增订本),文物出版社 1985 年版,第 167、109 页。

[4]何介均:《关于楚蛮和楚族族源的断想》,见楚文化研究会编《楚文化研究论集》第三集,湖北人民出版社,1994 年,第 11 ~23 页。

[5]罗运环:《楚国八百年》,武汉大学出版社 1992 年版,第 59 页。

[6]李玉洁:《楚史稿》,河南大学出版社 1988 年版,第 6 页。

[7]顾铁符:《楚国民族述略》,湖北人民出版社 1984 年版,第 18 ~19 页。

[8]张正明:《楚史》,湖北教育出版社 1995 年版,第 24 页。

[9]清华大学出土文献研究与保护中心编、李学勤主编:《清华大学藏战国竹简(壹)》,中西书局 2010 年版。

[10]饶宗颐:《楚辞地理考》,商务印书馆 1946 年版,第 7 ~9 页。

[11]《左传》昭公二十九年孔颖达《正义》引。

[12]《史记》卷 40《楚世家》“帝喾命曰祝融”句下《集解》引。

[13]字形见《江汉考古》1985 年第 1 期所附帛书图。说见李学勤:《谈祝融八姓》,《江汉论坛》1980 年第 2 期。

[14][清]王引之:《经义述闻》卷 20“服物昭庸采饰显明文章比象周旋序顺”条,江苏古籍出版社 2000 年版,第 482 页。

[15]王光镐:《楚文化源流新证》,武汉大学出版社 1988 年版,第 8 页;赵炳清:《楚人先民溯源略论》,《民族研究》2005 年第 1 期。

[16]湖北省荆沙铁路考古队:《包山楚墓》,文物出版社 1991 年版。

[17]河南省文物考古研究所:《新蔡葛陵楚墓》,大象出版社 2003 年版。

[18]湖北省文物考古研究所:《江陵望山沙冢楚墓》,文物出版社 1996 年版。按望山一号墓所出 120、121 号竹简,整理者认为应连读。

[19]徐元诰:《国语集解》,中华书局 2002 年版,第 29 页。

[20]方诗铭、王修龄撰:《古本竹书纪年辑证》,上海古籍出版社 2005 年版,第 208 页。

[21]罗运环:《楚国八百年》,武汉大学出版社 1992 年版,第 57 页。

[22]李学勤:《谈祝融八姓》,《江汉论坛》1980 年第 2 期。

[23]徐少华:《论祝融八姓的流变与分布》,见湖北省考古学会选编《湖北省考古学会论文选集(三)》,1998 年。

[24]王钟翰主编:《中国民族史》,武汉大学出版社 2012 年版,第 138 页。

[25]徐旭生:《中国古史的传说时代》,广西师范大学出版社2003年版,第43页。

[26]徐旭生:《中国古史的传说时代》,广西师范大学出版社2003年版,第55页。

[27]王玉哲:《中华远古史》,上海人民出版社2003年版,第129页。

[28]关于夏核心区,诸多学者均作过探讨,其结论大体一致,参王玉哲:《中华远古史》,上海人民出版社2003年版,第155页;邹衡:《夏商周考古学论文集》(再续集),科学出版社2001年版,第232页;孙淼:《夏商史稿》,文物出版社1987年版,第108~111页;李民:《夏商史探索》,河南人民出版社1985年版,第48页。

[29]徐旭生:《1959年夏豫西调查"夏墟"的初步报告》,《考古》1959年第11期。

[30]李学勤:《论清华简〈楚居〉中的古史传说》,《中国史研究》2011年第1期;徐少华:《季连早期居地及相关问题考析》,见清华大学出土文献研究与保护中心编《清华简研究(第一辑)》,中西书局2012年版。

[31]参陈晓云、陈立柱:《说"国必依山川"》,《史学月刊》2005年第8期。

[32]罗运环:《楚国八百年》,武汉大学出版社1992年版,第57页。

[33]释文参考复旦大学出土文献与古文字研究中心研究生读书会:《清华简〈楚居〉研读札记》,见复旦大学出土文献与古文字研究中心网站,2011年1月5日,http://www.guwenzi.com/SrcShow.asp? Src_ID=1353。

[34]清华大学出土文献研究与保护中心编、李学勤主编:《清华大学藏战国竹简(壹)》,中西书局2010年版,第183页。

[35]见《左传》昭公九年杜预注及孔颖达疏;《尚书·汤誓》孔颖达疏则曰:"《左氏》以为昆吾与桀同以乙卯日亡,韦顾亦尔。"

[36]徐少华:《论祝融八姓的流变与分布》,见湖北省考古学会选编《湖北省考古学会论文选集(三)》,1998年;张万高:《简论芈姓祝融的南迁及其相关问题》,《江汉考古》1988年第2期。

[37]赵平安:《清华简〈楚居〉妣隹、妣戭考》,《中国文化研究》2012年第1期。

[38]中国社会科学院考古研究所:《中国考古学·夏商卷》,中国社会科学出版社2003年版,第305页。

[39]王光镐:《商代无楚》,《江汉论坛》1984年第1期。

[40][清]顾祖禹撰,贺次君、施和金点校:《读史方舆纪要》(三),中华书局2005年版,第1575页。

[41]王光镐:《商代无楚》,《江汉论坛》1984年第1期。

[42]对于楚蛮族源的讨论,可参张正明主编:《楚文化志》,湖北人民出版社1988年版,第5页;张正明:《楚史》,湖北教育出版社1995年版,第52页;伍新福:《荆蛮、楚人与苗族关系新探》,《求索》1988年第4期;刘玉堂:《夏商王朝对江汉地区的镇抚》,《江汉考

古》2001 年第 1 期。

[43]尹弘兵:《禹征三苗与楚蛮的起源》,《武汉科技大学学报》2011 年第 2 期。

[44]《史记》卷 40《楚世家》。

[45]《史记》卷 32《齐太公世家》。

[46]徐旭生:《中国古史的传说时代》,广西师范大学出版社 2003 年版,第 65 ~ 67 页,第 75 ~ 76 页。

[47]参俞伟超:《先楚与三苗文化的考古学推测》,《文物》1980 年第 10 期;李龙章:《江汉新石器时代文化系统族属考》,《江汉考古》1988 年第 2 期;张绪球:《长江中游新石器时代文化概论》,湖北科学技术出版社 1992 年版,第 318 ~ 323 页;孟华平:《长江中游史前文化结构》,长江文艺出版社 1997 年版,第 240 ~ 244 页;何介钧:《长江中游新石器时代文化》,湖北教育出版社 2004 年版,第 467 页。

[48]石泉:《楚都丹阳及古荆山在丹、淅附近补证》,见氏著《古代荆楚地理新探》,武汉大学出版社 1988 年版,第 208 页。

[49]刘玉堂、尹弘兵:《楚蛮与早期楚文化》,《湖北大学学报(哲学社会科学版)》2010 年第 1 期;尹弘兵:《商代的楚蛮与西周初年的楚国》,《华夏考古》2013 年第 1 期。

[50]郑杰祥:《夏史初探》,中州古籍出版社 1988 年版,第 74、78 页。

[51]中国社会科学院考古研究所:《中国考古学 · 夏商卷》,中国社会科学出版社 2003 年版,第 90 页。

[52]苏秉琦:《从楚文化探索中提出的问题》,《江汉考古》1982 年第 1 期。

[53]张硕:《早期楚文化的民族环境》,《江汉论坛》2010 年第 12 期;尹弘兵:《早期楚文化初析》,《江汉考古》2011 年第 3 期。

[54]中国科学院考古研究所湖北发掘队:《湖北圻春毛家咀西周木构建筑》,《考古》1962 年第 1 期。

[55]黄陂县文化馆、孝感地区博物馆、湖北省博物馆:《湖北黄陂鲁台山两周遗址与墓葬》,《江汉考古》1982 年第 2 期。

[56]襄樊市博物馆:《湖北枣阳毛狗洞遗址的调查》,《江汉考古》1988 年第 3 期。

[57]香炉山考古队:《湖北武汉市阳逻香炉山遗址考古发掘纪要》,《南方文物》1993 年第 1 期。

[58]杨宝成:《试论西周时期汉东地区的柱足鬲》,见楚文化研究会编《楚文化研究论集》第四集,河南人民出版社,1994 年;杨宝成:《内乡县黄龙庙岗商代遗址及战国秦汉墓葬》,见中国考古学会编《中国考古学年鉴(1989)》,文物出版社 1990 年版。

[59]河南省文物研究所、长江流域规划办公室考古队河南分队:《淅川下王岗》,文物出版社 1989 年版,第 326 页,图版一二三,6。

[60]中国社会科学院考古研究所山西队、河南省文物局南水北调办公室:《河南淅川县下王岗遗址西周遗存发掘简报》,《考古》2010 年第 7 期。

[61]张硕、尹弘兵:《楚蛮的考古学观察》,《中国文化研究》2011 年第 3 期。

[62]关于季连的年代上限,参罗运环:《楚国八百年》,武汉大学出版社 1992 年版,第 49 页;徐少华:《论祝融八姓的流变与分布》,见湖北省考古学会选编《湖北省考古学会论文选集(三)》,1998 年,第 135 页;尹弘兵:《楚先祖年代考析》,《江汉论坛》2014 年第 11 期。

[63]尹弘兵、吴义斌:《"京宗"地望辨析》,《江汉考古》2013 年第 1 期。

[64]清华大学出土文献研究与保护中心编、李学勤主编:《清华大学藏战国竹简(壹)》,中西书局 2010 年版,第 184 页。

[65]徐旭生:《中国古史的传说时代》,广西师范大学出版社 2003 年版,第 40 页。

[66]白寿彝总主编:《中国通史》第三卷,上海人民出版社 1989 年版,第 168 页。

[67]罗运环:《楚国八百年》,武汉大学出版社 1992 年版,第 43 页。

[68]尹弘兵:《〈楚居〉中楚先祖的年代问题》,见罗运环主编《楚简楚文化与先秦历史文化国际学术研讨会论文集》,湖北教育出版社 2013 年版,第 175 页。

[69]李家浩:《楚简所记楚人祖先"鬻熊"、"穴熊"为一人说》,《文史》2010 年第 3 辑(总第 92 辑),中华书局,2012 年。

[70]张正明、喻宗汉:《熊绎所居丹阳考》,见《楚学论丛》,江汉论坛编辑部,1990 年;王光镐:《楚文化源流新证》,武汉大学出版社 1988 年版,第 280 ~ 376 页。

[71]罗运环:《楚国八百年》,武汉大学出版社 1992 年版,第 85 页。

[72]鲁西奇:《区域历史地理研究:对象与方法——汉水流域的个案考察》,广西人民出版社 2000 年版,第 124 ~ 127 页。

[73]张昌平:《试论真武山一类遗存》,《江汉考古》1997 年第 1 期。

[74]石泉:《楚都丹阳及古荆山在丹、淅附近补证》,见氏著《古代荆楚地理新探》,武汉大学出版社 1988 年版。

[75]尹弘兵:《鬻熊史事解析》,《江汉论坛》2008 年第 3 期。

[76]陕西周原考古队:《陕西岐山凤雏村发现周初甲骨文》,《文物》1979 年第 10 期。

[77]石泉、徐德宽:《楚都丹阳地望新探》,《江汉论坛》1982 年第 3 期,又见氏著《古代荆楚地理新探》,武汉大学出版社 1988 年版,第 186 ~ 190 页。

[78]张昌平:《试论真武山一类遗存》,《江汉考古》1997 年第 1 期。

[79]徐旭生:《中国古史的传说时代》,广西师范大学出版社 2003 年版,第 75 页。

[80][东汉]班固撰:《汉书》卷 43《陆贾传》。

[81]黄留珠:《从龙川令到南粤王》,见氏著《秦汉历史文化论稿》,三秦出版社 2002

年版，第 267 页。

[82]刘明翰主编：《世界通史・中世纪卷》，人民出版社 2004 年版，第 146～147 页。

[83]参拙著《楚国都城与核心区探索》，湖北人民出版社 2009 年版，第 38、39 页。另参何介钧：《关于楚蛮和楚族族源的断想》，见楚文化研究会编《楚文化研究论集》第三集，湖北人民出版社，1994 年，第 12 页；张正明：《秦与楚》，华中师范大学出版社 2007 年版，第 34 页。

（作者单位：湖北省社科院楚文化研究所）

20 世纪 30 年代东北地区人口密度分布的空间量化研究

丁绍通　韩宾娜

近年来,以地理信息系统技术[1]为代表的空间分析方法的应用在历史地理学领域产生了深刻影响。以往史学研究中,研究方法的局限性使得历史要素的空间属性不能得到很好的展示。2000 年以后,GIS 技术进入历史地理学研究领域,此后,历史地理学者才开始重新审视空间这一概念对历史地理研究的重要意义。[2]GIS 技术与历史地理学结合,能够将历史材料整合为多元数据,并将这一数据还原到当时特定的空间维度中,分析相关历史要素的空间联系,探讨其空间变化规律,从而揭示不同要素之间的空间相互作用机理。

在中国近代史上,20 世纪 30 年代的东北地区是一个特殊的时空范围。1931 年日本发动九一八事变,并于次年成立伪满洲国。其殖民统治和掠夺政策,不仅在很大程度上改变了东北地区原来的人口结构,而且深刻地改变了东北乃至整个东北亚地区的政治格局。[3]因此,研究 20 世纪 30 年代东北地区的人口变化,对于探讨日伪殖民统治下的东北社会发展具有重要意义。本篇论文以 20 世纪 30 年代东北地区的县级人口数据为对象,在地理信息系统这一平台之上,采用空间分析的方法,即空间自相关(spatial autocorrelation)和偏最小二乘回归(partial least - squares regression),分析日伪统治时期东北地区人口密度的空间分布形态,及其与自然、人文社会等因子的空间统计联系,以期为空间分析方法在人口史研究领域的应用提供有益的尝试和探索。

一、数据来源与处理方法

(一)研究范围和数据来源

东北地区是中国的一个自然地理大区和经济大区,包括今天的黑龙江、吉林、辽宁三省和内蒙古自治区的赤峰、通辽、锡林郭勒盟、兴安盟、呼伦贝尔等地。坐标范围为北纬 38°—53°、东经 119°—135°。由于县级单元尺度上的分析比省级单元更能体现人口变化的细节,因此论文中人口数据精度精确到“县级”行政区划范围。参考金毓黼主编的《东北要览》一书中关于东北地区的区划资料[4],本文以 1941 年伪满洲国所分 19“省”194“县级”单元为准,将其余各年份不同“省县”人口数据分别划入此 19“省”194“县级”单元进行比较分析。参考伪满洲国的国情统计资料[5],整理出 1933 年、1940 年两个年份的东北“县级”人口统计数[6];文中相关的地形数据采用 30m 分辨率的 DEM[7]数据,来源于地理空间数据云平台[8];气候和土地资源数据来自地球系统科学数据共享平台[9]。

(二)数据处理方法

采用 ArcGIS[10]软件分区统计功能,得到近代东北“县域”范围的多年平均降雨数据、温度数据和土地数据。降水和温度数据是离散分布的点状数据,通过空间插值的方式,将点状数据转换为连续的面状数据。土地数据是从 1∶100 万土地资源数据中提取的土地适宜类型数据,对各类型土地资源赋予不同的属性值,其中,宜农耕地为 0,宜农宜林宜牧地为 1,宜农宜林地为 2,宜农宜牧地为 3,宜林宜牧地为 4,宜林地为 5,宜牧地为 6,不宜农林牧地为 7。

用东北地区面状“县界”矢量图叠合相应的地形、气候和土地资源数据,通过 ArcGIS 分区统计功能,计算得到东北地区“县域”尺度的海拔、坡度、坡向、温度、降水和土地资源等数据的平均值;运用 ArcGIS 中 Near 工具分别计算出各“县域”质心与距其最近的河流、铁路及中心城市之间的距离;通过 ArcGIS 属性表的运算功能,用人口数量除以相应“县域”面积,得到多年“县级”平均人口密度。

二、20 世纪 30 年代东北地区人口密度的可视化表达

(一)人口密度分布格局

本文以人口密度为指标分析人口的空间分布状况。根据整理的县级人口统计数,计算出 1933 年、1940 年东北地区人口“县级”密度(每平方公里人口数)和 1933—1940 年“县级”平均人口密度分布数。结合行政区划资料可见,近代东北地区人口分布极不均匀。从纵向来看,中南部地区人口密度高,而北部地区人口密度极低。从横向来看,人口密度的高低可以分为三个层次,西部地区人口密度最低,东部地区高于西部地区,中部地区是一个由南向东北延伸再折向西北的弧形区域,这一区域是人口密度最高的区域。根据具体数量,将东北地区的人口密度分为八级,第一级人口密度每平方公里 235—413 人,主要是奉天、辽中、营口等地;第二级人口密度每平方公里 150—235 人,主要是长春、

呼兰、九台、青龙、辽阳、鞍山等地;第三级人口密度每平方公里 90—150 人,主要是安东、吉林、海城、承德、锦州等地;第四级人口密度每平方公里 58—90 人,主要是宽甸、辑安、通化、建平、舒兰、五常、汪清等地;第五级人口密度每平方公里 33—58 人,主要是镇东、洮安、乾安、通辽、丰宁、隆化、依安、富裕、林甸等地;第六、七、八级人口密度每平方公里在 30 人以下,主要是西北部的伪兴安诸省、伪黑河省和东北部的伪三江、伪东安、伪间岛等"省"区。

(二)人口空间分布的集聚特征

人口密度的空间分布状况大致可以显示人口在空间分布上的聚合趋势。伪满时期东北地区人口主要分布在松辽平原东部地区,有大片彼此相连的聚集区。这一集中分布的区域,以奉天(沈阳)、开原一线为核心,其西北界大致为阜新、彰武、康平、昌图一线,东北界为东丰、柳河、通化、桓仁,东南界为盖平、庄河、岫岩、凤城,西南界直抵渤海。自该区域往北、往西南又连接另外两大片人口密集区,即吉林省中东部地区和"热河省"南部地区,其人口密度仅次于以奉天、开原为核心的人口密集区。伪牡丹江省东部是大片的沼泽地和长白山区,这一地区的人口密度很小,辽河平原、松嫩平原的西部人口密度也很小。黑龙江北部、呼伦贝尔、大兴安岭、小兴安岭山地等地区的人口密度最低。

空间中距离近的事物之间的联系性强于距离远的事物之间的联系性。因此,人口在一定地域环境下的分布并不是随机的,而是呈现一定的空间分布形态。为了探讨区域中不同单元内的人口数据是否具有空间依赖或空间相关性,运用空间自相关分析方法对人口的空间聚集程度进行量化研究。本文通过 OpenGeoDa 软件对 1933 年、1940 年东北地区"县级"人口密度数据进行全局和局部空间自相关分析,以揭示人口分布的空间关联性。

全局空间自相关分析可以用来探测人口密度分布在整个东北地区内是否具有空间相关性。其计算公式如下:

$$I = \frac{n\sum_{i=1}^{n}\sum_{j=1}^{n} w_{ij}(x_i - \bar{x})(x_j - \bar{x})}{\sum_{i=1}^{n}\sum_{j=1}^{n}(w_{ij})\sum_{i=1}^{n}(x_i - \bar{x})^2}$$

式中 I 为 Moran 指数;n 为研究区内单元数;x_i、x_j 分别为单元 i、j 的属性值;$\bar{x}$ 为属性 x 的平均值;w_{ij}为空间权重。I 的范围为[-1,1],小于 0 表示空间负相关,等于 0 表示空间不相关,大于 0 表示空间正相关。

在 OpenGeoDa 软件环境下,采用基于多边形 ROOK 邻接的方式定义空间权重,对 1933 年、1940 年"县级"人口密度做全局空间自相关分析,得出两个年份对应的全局 Moran's I分别为 0.5900、0.5515,其 Z 值为 12.1134、10.8702,均通过显著性检验,表明人口密度在空间分布上并不是随机性的,而是呈现出较强的正自相关性,即存在显著的空间聚集特征。全局 Moran's I 值从 1933 年的 0.5900 下降到 1940 年的 0.5515,说明在人口密度分布保持正自相关这一特性不变的情况下，人口聚集程度有所减弱。这主要是因为20 世纪30 年代以来，东北地区的人口持续向西部和北部人口稀少区流动，使得人口的总体分布趋于均衡。

为进一步探讨局部区域人口密度分布的空间相关性，采用局部空间自相关方法分析1933 年和 1940 年的“县级”人口密度。计算公式如下：

$$I_i = \frac{n(x_i - \bar{x})\sum_{j=1}^{n} w_{ij}(x_j - \bar{x})}{\sum_{i=1}^{n}(x_i - \bar{x})^2}$$

式中 I_i 为局部 Moran 指数。局部 Moran’s I 将具有自相关特性的空间单元划分为高—高、低—低、高—低、低—高 4 种空间自相关类型，分别与 Moran 散点图中 4 个象限相对应。其中高—高代表高属性值的区域相邻接，低—低代表低属性值的区域相邻接，高—低代表高属性值的区域与周围低属性值的区域相邻接，低—高代表低属性值的区域与周围高属性值的区域相邻接。

通过计算局部 Moran 指数，得到相应年份的 LISA 聚集格局。可以发现，近代东北地区的人口空间聚集格局整体比较稳定。始终存在着以高—高和低—低邻接类型为主的连片聚集区域。其中，高—高邻接区主要出现在东南部区域，从双城、五常以南开始，经长春、吉林，一直延伸到辽东湾附近。从人口密度的平均分布状况来看，这一区域是全东北地区内人口密度最高的区域，各县级单元在空间分布上形成连片的高人口密度邻接区。低—低邻接区主要出现在西北部、北部和东部区域，如伪黑河省、伪兴安北省、伪兴安东省、伪北安省、伪三江省等地。西北部和北部区域因其极端的气候条件，人口数量少，且“县级”单元范围大，各地人口密度基本都在 10 人/km^2 以下，人口空间分布差异小，因此，形成了大片的低—低邻接区。东部地区因为有长白山脉，大多数地区是起伏和缓的丘陵地带，人口分布受地形的影响，呈现出不连续的低—低分布区。

将两个年份的 LISA 格局对比分析可知，伪安东省中北部区域的凤城、安东、宽甸等地人口大量流出，其邻接类型由高—高转为低—高。位于辽东湾西侧的义县、锦西、兴城、朝阳、凌源、凌南、青龙等 7 个“县级”单元，其邻接类型从不显著转为高—高邻接，主要因为九一八事变后，由关内到关外的移民潮虽然放缓，但这一地带是关内外移民流动的“咽喉”要道。不论是关内移民移向关外，还是关外移民回流关内，这一地区都是人口常年驻扎地带，人口密度的持续增长，最终使这一地区由不显著转变为高—高邻接区。

三、人口空间分布与环境关系的量化探究

（一）人口分布与环境因子量化分析

以史料记载为基础，结合近代东北地区的实际情况，选取平均海拔（X_1）、平均坡度

(X_2)、平均坡向(X_3)、平均温度(X_4)、平均降水(X_5)、土地类型(X_6)、距中心城市距离(X_7)、距水系距离(X_8)、距铁路距离(X_9)等自然和社会环境因子作为自变量,县级平均人口密度为因变量,采用偏最小二乘回归法对两种变量进行回归分析,探究各环境因子对人口密度分布的影响程度。偏最小二乘回归是一种新型的多元统计数据分析方法,可以集多元线性回归分析、典型相关分析和主成分分析的基本功能为一体,能有效解决变量存在多重共线性的问题。其基本原理如下:

假设有 q 个因变量$\{y_1, y_2, \cdots, y_q\}$和 p 个自变量$\{x_1, x_2, \cdots, x_p\}$,$n$ 个观测样本,由此构成矩阵 $X=(x_1, x_2, \cdots, x_p)_{n\times p}$和 $Y=(y_1, y_2, \cdots, y_q)_{n\times q}$。偏最小二乘回归分别在 X 与 Y 中提取出成分 t_1 和 u_1,然后 X 对 t_1 回归,Y 对 u_1 回归,如果得到的回归方程其精度没有达到要求,则继续对 X 和 Y 的残余信息进行新成分提取,循环往复,直到得到满意精度的回归方程为止。若最终的回归对 X 提取了 m 个成分,则 $y_k(k=1,2,\cdots,q)$将对该 m 个成分进行回归,最后将结果表达成 y_k 关于原自变量 $x_1, x_2, \cdots, x_p$ 的回归方程。

在最小二乘回归分析后会得到两个重要参数,BETA 和 VIP,BETA 是各自变量的回归系数,VIP 是变量投影重要性指标,其计算公式如下:

$$VIP_j = \sqrt{p\sum_{k=1}^{m}\{pV_k \times (W_{jk}/\|W_k\|)^2 \sum_{k=1}^{m} pV_k\}}$$

式中 VIP_j 代表第 j 个预测变量的重要性,pV_k 为第 k 个成分对相应变量 Y 的方差解释量。通常,VIP 大于 1 的自变量非常重要,位于 0.5—1 之间的比较重要,小于 0.5 则不重要。

另外,为减小人口密度数值波动造成的误差,取人口密度值的常用对数,作为实际参与回归分析的因变量(Y)。回归结果如下表所示。根据表中重要性值的大小,将影响人口密度分布的 9 个环境因子分成 3 类,其中,距中心城市距离(1.6105)、平均温度(1.4121)、距铁路距离(1.2273)、距水系距离(1.0473)等因子的 VIP 值超过了 1,对人口分布具有显著影响;平均降水(0.8394)、平均海拔(0.8148)、土地类型(0.6321)等因子的 VIP 介于 0.5—1 之间,对人口分布的影响比较重要;平均坡向和平均坡度因子的 VIP 最小,仅为 0.1440 和 0.1421,对人口分布的影响作用非常小。各变量的回归系数显示,平均海拔、土地类型、距中心城市距离、距水系距离、距铁路距离等因子对人口分布的变化起负向作用,即海拔越低,宜农耕地越集中,距河流、中心城市和铁路距离越短,人口密度越高。温度和降水因子则起正向作用,温度越高,降水量越大,人口密度相对越高。总体看,温度是所有自然类因子中对人口分布影响最大的因子,在社会经济因子中,距中心城市的距离对人口分布影响最大,这一结果表明,区域中心城市在近代东北人口的空间演变过程中起着重要作用,对人口分布具有强大的集聚力。

标准化的偏最小二乘回归方程为:

$Y = -0.0267X_1 + 0.0583X_2 + 0.0442X_3 + 0.3580X_4 + 0.0307X_5 - 0.1851X_6 -$

$0.3616X_7 - 0.0959X_8 - 0.1758X_9$

这一回归模型可以解释近代东北"县级"人口密度空间变化的 78.5%。为更直观地显示回归方程的拟合效果，绘制人口密度观测值与回归方程拟合值的曲线图(见下图)，图中纵坐标代表人口密度对数值，横坐标代表各人口密度单元序号，灰色线为观测值曲线，黑色线为拟合值曲线，两条曲线的走向具有较高的一致性，即模型的拟合效果是好的。

近代东北人口密度变化影响因子的 BETA 与 VIP

编号	BETA	VIP
X_1	-0.0267	0.8148
X_2	0.0583	0.1421
X_3	0.0442	0.1440
X_4	0.3580	1.4121
X_5	0.0307	0.8394
X_6	-0.1851	0.6321
X_7	-0.3616	1.6105
X_8	-0.0959	1.0473
X_9	-0.1758	1.2273

注：$R^2 = 0.785$

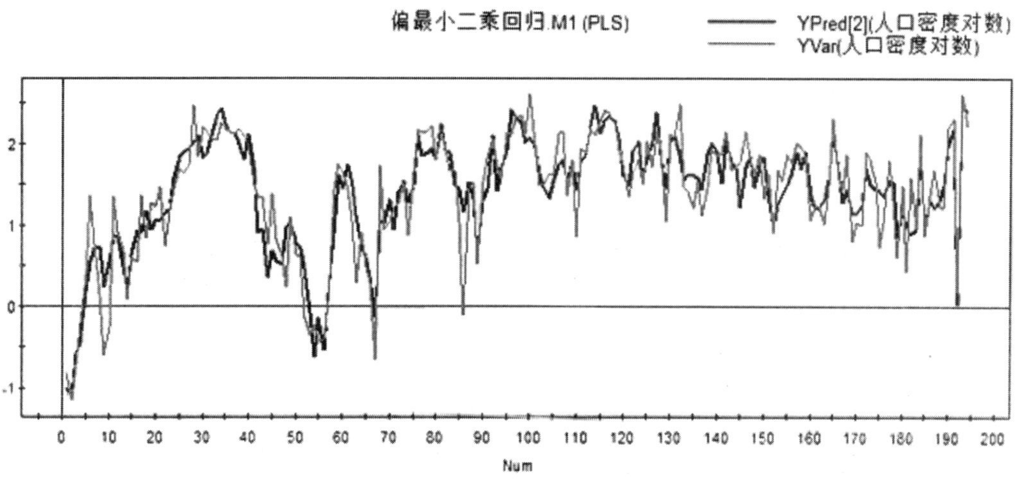

观测值与拟合值曲线图

(二)人口空间分布格局成因

近代以来,东北地区的人口数量普遍增长,内部人口流动频繁。但这种变动是小尺度上人口数量的变动,全区人口分布的宏观格局始终保持稳定。表现为大量的人口集中分布在以哈尔滨、长春、奉天(沈阳)、营口和大连五大城市为主线的两侧区域。这种人口分布格局,除与移民由南向北的移动方向有关外,也和东北地区的自然环境基础及人文社会因素密切相关。

优越的自然条件能够为区域人口集聚赋予自然优势,因此人口的空间分布总是与自然环境条件分不开的。[11]从自然因素考虑,地形、气候、水文、土地和物产资源等自然地理条件对人口的分布与变化均有不同程度的影响。东北地形以平原和山地为主,三面环山,南临渤海、黄海,中部为松辽平原,便于发展农业、工业和交通运输业,人口在空间分布上呈高密度集中状。西北部、东部和北部的山区,地势高峭,交通不便,人口密度极低。如黑龙江北部、呼伦贝尔、大兴安岭、小兴安岭山地区人口密度均在 10 人/km^2 以下。人口密度与气候土地因素的相关分析表明,温度越高,降水量越大,土地适宜性越强,人口密度越大。实际上,气候因素对人口分布的影响主要源自其对农业生产的制约作用。东北地区南北部气候差异大,南部温暖湿润,河湖纵横,适宜农耕。北部寒冷干燥,尤其在西北部草原地带,干旱导致土地严重沙化和盐碱化,限制了农业的发展。而在近代东北地区的人口中,农业人口在总人口中占了绝大部分。[12]全区人口分布呈自东南向西北递减的趋势。具有一定规模物产资源的地区,也往往能够吸引人口集聚。比如本溪和抚顺。本溪位于铁矿蕴藏丰富的奉北地区腹地,近代鞍山钢铁工业生产需要消耗大量铁矿石,位于其邻近地区的本溪依托铁矿资源聚集了大量劳动力,其市区人口从 1932 年的 15363 人一跃增长到 1941 年的 112102 人。抚顺因其丰富的煤炭资源也聚集了大量人口,至 1940 年,抚顺人口由 1934 年的 40000 人增至 111485 人。[13]矿产资源对于区域人口的集聚而言仅仅是一种内力作用,近代以来本溪、抚顺等地区人口的急剧增长与日本对资源的强烈需求密切相关。九一八事变后,日本为进一步控制东北能源,扩大发动战争所需要的钢铁、煤炭生产,将大量劳工安置在矿产基地,正是在这种外力和内力结合作用下,本溪、抚顺等地快速成为人口集聚中心。

人口流动本质上是一种社会经济现象[14],自然条件对于它只是提供了一种自然基础,而人口的空间分布格局,是由人文、社会、经济因素直接塑造的。

中心城市是指对较大地域范围具有强大吸引力和辐射力的综合职能城市,距中心城市越近,交通越方便,土地利用强度越大,人口密度越高。[15]从前文表格中相关分析的结果发现,各“县级”单元的人口密度与其到中心城市距离之间的相关性非常显著,距中心城市越近的“县级”单元,其人口密度越大。近代以来,东北地区城市快速发展,先进的生产方式和广阔的产品市场吸引大量人口持续向城市及其周边地区集聚。到 20 世纪 30 年代，人口集聚的趋势更加明显，大量人口增长发生在城市中心。[16]考虑到建设现代化城市可以便于展开新的殖民掠夺，日本在占领中国东北以后，花费大量人力物力进行城市化建设，使得东北的城市快速发展。截止到 1941 年太平洋战争爆发前，基本建成了“首都新京”（长春）、工业中心奉天（沈阳）和哈尔滨、港口大连、军事基地牡丹江和旅顺、能源基地鞍山、本溪、抚顺等多个大型殖民地城市[17]，涌入城市的移民和参与城市建设的劳工使得城市人口数量不断增多，根据伪满时期的统计资料，1937 年东北地区的城市人口数为 648 万，到 1941 年增至 957 万，增长率达 47.7%，而同时期东北地区的总人口增长率为 16.9%，农村人口仅增加 10.3%[18]，奉天（沈阳）、大连、长春、哈尔滨、营口、安东（丹东）、吉林、锦州、承德、佳木斯、满洲里、海拉尔等城市及其周边地区成为东北的人口集聚中心。可见，城市及其边缘地区人口数量显著增长已经成为这一时期东北地区人口变化的重要特点。

交通对人口迁移也有着显著的影响。在东北近代人口的发展变化过程中，交通线路的发展起着独特的作用。从 1894 年至 1945 年，东北铁路建设长度突破 10000km，近代东北成为当时全国线路网络发达、每平方公里内铁路密度最高的地区。[19]截止到 1941 年，在东北地区建成的各等级公路共计 31432km。[20]复杂的现代化交通网络，改变了人口的空间分布状态。以铁路为例，近代以来，东北地区形成了“东西三横，南北三纵”的铁路布局形态。结合人口密度的空间分布状况可知，区域内人口分布相对集中的区块与铁路主干线重合度很高，表明在铁路的影响下，人口空间分布的结果是密集于铁路沿线，尤以南满和京奉两条铁路线附近为人口稠密地带。在铁路沿线，河流水系等农耕条件较好，交通便利，且大部分地区都是已开发地区和城市，因此人口的集聚程度高。

20 世纪 30 年代东北地区的人口分布和演变，还有其深刻的历史、政治原因。清代以来，统治者为保护东北“龙兴之地”而对其实行严格的“封禁政策”，这一时期，东北的生态环境得到保护，但人口密度极低。鸦片战争以后，东北地区逐渐成为俄、英、日、美等国列强的竞相掠夺之地。清廷危机四伏，“移民实边”成为朝野上下共识。又恰逢黄河中下游地区连年遭灾，山西、河北、河南和山东等地农民大量移民关外，“闯关东”移民潮由此开始。这一时期东北地区的人口数量迅速增长，人口分布的特征是：西部、北部区域人口密度极低，大量人口集聚在交通便利、适宜农耕的辽河平原地区。九一八事变以后，东北沦陷，日本将其作为进一步发动侵略战争的后方基地，制订了一系列服务于经济掠夺和侵略战争的经济政策，连带影响了东北地区人口的空间分布和演变。为继续南下侵华，日本制订“南进战略”，在以锦州和葫芦岛为核心的区域投入大量资金进行市政建设和工商业发展，并赚取经济效益，使得东北南部区域人口快速增长。出于掠夺资源和强化殖民统治的需要，日本于 1935 年 5 月制订了一个 20 年内由日本向中国东北移民 100 万户[21]的“满洲移民计划”，此后，日本在东北的移民数量急剧增长。1938 年后，为防御苏联和加强东北北部地区的军事统治，日本制订“北边振兴计划”，将大批的劳工派往伪间岛、伪牡丹江、伪三江、伪东安、伪黑河、伪兴安北、伪兴安东等东北北部七省修筑铁路和战略工事，使东北北部地区和东部地区的人口数量显著增长。到了 40 年代初，东北地区人口分布特征虽然依旧为南密北疏，但南北部人口数量差异有了明显减小。

人口的分布和人口数量的增减，并不是由单个因素决定的，而是多个要素相互作用的结果。如果一个地区有优越的自然条件，却没有良好的交通条件，那么这种自然优势对人口的吸引力也不会快速显现。人文社会条件优势的发挥也是以自然条件为基础。另外，近代东北地区的人口变化受政策性因素影响非常大。东北沦陷后，日本制订的多种政策和计划，影响了东北人口的正常发展过程，使得人口的分布格局完全围绕着日本侵略东北的战略目标而演变。例如，日本为推行“国境军事战略”，将大量劳工安置在牡丹江、黑河、佳木斯、海拉尔等地修筑战略工事，使得这些自然条件原本不太优越的地区人口快速集聚。总之，多种因素综合作用于东北地区人口分布的形成与发展，其中，外力作用下强制性的人口演变模式对近代乃至今天东北地区人口分布格局的形成产生了重要影响。

四、小　结

本文利用 GIS 技术和定量统计方法对近代东北地区人口的空间分布及变化进行了综合分析，并探讨了人口空间分布的影响因素。

1933 年、1940 年两个年份东北“县级”人口密度分布的可视化，清晰地显示了近代东北地区人口分布的不平衡和南密北疏的分布格局。“县级”平均人口数据的密度分析表明，人口主要分布在松辽平原的东部地区，集聚重心在奉天(沈阳)和开原之间，周围有彼此相连的大片聚集区。从全局来看，人口密度分布存在较强的正自相关性，空间集聚特征显著，从 1933 到 1940 年，这种集聚程度有所减弱。从局部来看，人口密度的空间邻接类型主要以低—低和高—高类型为主，低—低类型主要分布在伪黑河省、伪兴安北省、伪兴安东省、伪北安省、伪三江省、伪龙江省等地区，高—高类型主要分布在伪吉林省、伪四平省、伪奉天省、伪锦州省等地区。统计分析说明，人口密度的空间变化与海拔、温度、降水、土地宜耕类型、距河流距离、距中心城市距离、距铁路距离等因子显著相关，其中，温度和区域中心城市的吸引力对近代东北人口密度分布的影响最大。总体而言，东北地区人口的空间分布格局，是由自然因素与人文社会因素综合作用形成的。自然环境为人口的空间分布提供了自然基础，人文社会因素实现了人口的空间分布和演变，对人口的空间分布和变化产生了重要的影响。

另外,对两个年份人口数据的量化研究表明,量化分析方法的应用要建立在充分而完备的人口数据基础之上。实际上,历史人口数据的研究考证工作非常复杂,因此空间分析方法在历史人口研究中的应用具有很大的局限性。但 20 世纪 30 年代东北地区的人口统计数据具有特殊性。日伪统治者为巩固殖民统治和扩大侵略,在东北地区进行了详细周密的户口统计工作,得到较为符合现代人口学规范的人口数据。这一工作虽为侵略活动服务,但在客观上方便了后人对近代东北人口的研究。本文结合空间分析和现代人口统计分析方法研究了 20 世纪 30 年代东北人口的空间分布和演变,这一研究进一步表明,以优质的历史人口数据为基础,运用空间分析方法,通过交叉研究可以得到准确而客观的研究结论。

【注释】

[1]地理信息系统技术,即 GIS 技术,是对有关地理分布数据进行采集、储存、管理、运算和显示的技术系统,具有强大的基于地理数据的空间分析功能,是处理空间数据的有力工具。

[2]林珲、赖进贵、周成虎编:《空间综合人文学与社会科学研究》,科学出版社 2010 年版,第 148 页。

[3]丁绍通、韩宾娜:《1930 年代东北地区人口的时空演变及其影响》,《地域文化研究》2018 年第 3 期。

[4]国立东北大学编著:《东北要览》,国立东北大学,1944 年,第 279 页。

[5]相关资料有伪满洲国国务院总务厅统计处编:《大同元年末现住户口统计》,1933 年;伪满洲国国务院总务厅统计处编:《大同二年末现住户口统计》,1934 年;伪满洲国国务院总务厅临时国势调查事务局编:《康德七年临时国势调查报告》,1940 年;伪满洲国治安部警务司编:《康德二年末满洲帝国现住户口统计》,1936 年;伪满洲国治安部警务司编:《康德五年末满洲帝国现住户口统计》,1939 年;伪满洲国国务院总务厅统计处编:《康德六年满洲帝国统计摘要》,1940 年;日满农政研究会编:《满洲农业要览》,1940 年;大连商工会议所:《满洲国经济图说》,1940 年。

[6]伪满洲国较完整的户口登记工作从 1933 年开始,此后各年人口数量虽有增长,但由于东北地区人口基数大,因此人口的空间分布形态变化并不大,两个年份人口数据的平均值,大体可以反映 20 世纪 30 年代东北人口的空间分布状况。

[7]DEM 是数字高程模型的简称,是通过有限的地形高程数据实现对地面地形的数字化模拟,即地形表面形态的数字化表达。坡度、坡向等地形特征值均可在 DEM 的基础上派生。

[8]参见网址 http://www.gscloud.cn。

[9]参见网址 http://www.geodata.cn。

[10]ArcGIS 是一个全面的系统,是用户用来收集、组织、管理、分析、交流和发布地理信息的平台软件。

[11]李雨停、丁四保、王荣成:《地理成本与人口空间分布格局研究》,《中国人口·资源与环境》2009 年第 5 期。

[12]于春英:《伪满时期人口、耕地的多元变迁对农业生产的影响》,《中国农史》2016 年第 2 期。

[13]曲晓范:《近代东北城市的历史变迁》,东北师范大学出版社 2001 年版,第 312 页。

[14]谷国锋、贾占华:《东北地区人口分布演变特征及形成机制研究》,《人口与发展》2015 年第 6 期。

[15]王法辉、金凤君、曾光:《区域人口密度函数与增长模式:兼论城市吸引范围划分的 GIS 方法》,《地理研究》2004 年第 1 期。

[16] Wang Yishou, *Chinese Migration and Population Change in Manchuria, 1900—1940*, Twin Cities: Doctoral Dissertation of Minnesota University, 1971.

[17]曲晓范:《近代东北城市的历史变迁》,东北师范大学出版社 2001 年版,第 283 页;顾朝林:《中国城镇体系——历史·现状·展望》,商务印书馆 1996 年版,第 158 页。

[18]王士君、宋飏、姜丽丽等:《中国东北地区城市地理》,科学出版社 2014 年版,第 43 页。

[19]姚永超、吴松弟:《中国近代经济地理》第 9 卷,华东师范大学出版社 2015 年版,第 119 页。

[20]王士君、宋飏、姜丽丽等:《中国东北地区城市地理》,科学出版社 2014 年版,第 48 页。

[21]日本移民的主体是农业移民,100 万户大致为 500 万人。

(作者单位:东北师范大学历史文化学院)

四、历史社会文化地理

黄帝涿鹿故事与北京历史地理*

史党社

一、序　言

顾颉刚先生对于先秦时期黄帝形象的变迁,有很精当的论述。他总结,黄帝形象,经历了神话中的上帝到历史中的帝王的演变。[1]从现在的资料,例如《左传》来看,至迟至春秋时期,黄帝已经具有了上帝与人王的双重面孔。但在成为古帝王之后,其上帝的身份也并没有失去,这就是以秦与东方相区别的两个系统中的黄帝。

《礼记·乐记》与《史记·乐书》都说封黄帝之后于蓟,即今北京西部。[2]根据东周以降的文献记载,在今天北京西边不远、河北北部涿州—怀来一带,有许多黄帝的传说和遗迹,此处就是黄帝"都城"涿鹿之所在。按此,那时的人们认为,或者有传说,此处即黄帝活动的中心区域。对于本地黄帝故事的来源,学界还有不同说法。陈平先生发挥苏秉琦先生之说,认为黄帝之族来自红山文化地区,后来南迁至涿鹿一带。[3]沈长云先生则认为,可能是晋陕白狄迁徙于此,并把此处认为是黄帝的活动地,所以才有许多黄帝的传说。[4]

笔者基本同意沈先生之说,并将发挥其余意,认为黄帝涿鹿系列故事应是白狄之一的代戎根据自己东迁的故事造作和强调的结果,目的是为了强调与中原华夏的联系,以改变自己的族群身份。其年代必定在东迁之后,大约在东周时期。

二、东周代戎造作、强调黄帝涿鹿故事而非燕

这是本文的核心观点,论据有三。

---

* 项目名称:国家社会科学重大攻关项目"秦统一及其历史意义再研究"(项目编号:14ZDB028)子课题"秦国的崛起与秦的统一"。

证据一。

认为黄帝传说与代戎有关的一个有力的证据，除了白狄也为姬姓之外，还有黄帝故事中所反映的黄帝东进路线与白狄东迁的故事中的路线是重合的。

白狄东周时期生活在陕北、晋中北、内蒙古中南部，直至冀中北地区，这是他们自西陕晋间东迁的结果。周人与所谓的白狄，同为姬姓，都曾生活于陕北附近，这有许多证据。例如生活于晋陕间的大戎狐氏、关中的骊戎和河北北部、中部的鲜虞，同为姬姓，其中的大戎、鲜虞，是白狄自陕北、晋中北一带东迁的结果。黄帝传说最早在陕晋流行，并随这些族群的移动而流行，在文献中约略可寻。

如周人与姞姓的关系。《国语·晋语》记载：

> 黄帝之子二十五人，其同姓者二人而已，唯青阳与夷鼓皆为己姓。青阳，方雷氏之甥也。夷鼓，彤鱼氏之甥也。其同生而异姓者，四母之子别为十二姓。凡黄帝之子，二十五宗，其得姓者十四人为十二姓。姬、酉、祁、己、滕、箴、任、荀、僖、姞、儇、依是也。唯青阳与苍林氏同于黄帝，故皆为姬姓。

在此记载之下，同文紧接着说“少典娶于有蛴氏，生黄帝、炎帝”云云，二者应是两个故事。前一故事不提姜氏，应该年代较早；后一故事按照周人的历史，年代应不早于姬、姜两姓在关中西部会合之后[5]，即商后期古公亶父时代。

本段话中的姬，周人为此姓，可证周人与黄帝的联系。其他姓族中，姞姓之后有南燕、偪、密须。密须所在比较清楚，即所谓的密国，在今甘肃东部平凉市灵台县。《左传》宣公三年记载后稷元妃为姞姓之女，此传说中黄帝之后中的姞姓，也继承了其母之姓，而非黄帝之姬姓，可证周祖与姞姓的通婚，与黄帝姬姓一样，确实是历史真实。《晋语》中其他姓族与黄帝的联系，则可能是后来的演绎和派生，例如多活动于东方的任姓的薛，己姓的郯、温、昆吾等。周人立国前恰恰生活在西北陕、甘一带，与姞姓婚姻的存在，也可作为周人早期在西北活动的证据，作为周人的神灵与祖先，黄帝传说也由此可证产生于西北。

又如黄帝与北狄、犬戎的关系。《山海经》之《大荒西经》记载：“有北狄之国，黄帝之孙曰始均，始均生北狄。”《大荒北经》：“黄帝生苗龙，苗龙生融吾，融吾生弄明，弄明生白犬，白犬有牝牡，是为犬戎，肉食。”《潜夫论·志氏姓》说：“隗姓赤狄，姮（姬）姓白狄……短（姬）即犬戎氏，其先本出黄帝。”北狄、犬戎都与黄帝有关，此二族群生活地正在晋中北以西的陕北、陇东地区，其以黄帝为祖，与代戎认黄帝为祖十分相似，都是在这些地区起源或活动而受黄帝故事影响的结果。代戎可能在未迁之前即拥有了黄帝故事，容下继续辨之。

白狄老家在陕北一带，东周时期有一个东迁的过程，最远到达河北中北部，冀北山地的代戎即其一支。历史学家对这一过程多有论述[6]，已经不须赘述。考古学者也从文化因素之间的联系加以论证。例如林沄[7]以及跟随其后的杨建华[8]两位。他们认为，进入到关中的西戎，在被秦驱逐后而东迁形成白狄。对于白狄的来源，即戎东迁而为白狄的观点，笔者并不十分赞同，因为戎、狄在东周时代还是分得很清楚的，泛称为“戎”，“狄”则为“戎”中有具体所指的人群，不然东周时期“戎”“狄”称谓并存就失去了意义。狄大概就是本生活于陕北甚或陇东、内蒙古中南部的土著，不必待戎人东迁而形成，即山西、河北的白狄是自陕北迁来的。但林、杨所说的白狄东迁过程以及西北、华北间的文化联系，则是可据的。

沈长云先生曾有类似看法。他认为，对于涿鹿的地点不必过于拘泥，其在塞北地区应无问题，“张家口地区与内蒙古中南部及晋西北一带相毗邻，距离陕北亦不算远，自龙山时期至于夏商周三代，两地间考古文化的传播及人群的流动移徙应是很正常的事，或许有白狄族的一支自晋陕一带移徙到张家口地区，并从而称自己的祖先黄帝出生在这里，也是可以理解的”[9]。不过，笔者的看法与沈先生不同的是，黄帝族在最早的时期，当为西北族群的神灵，后来才演化为人王即多族的祖先，一如上文所引顾颉刚先生的说法那样，作为历史人物的黄帝，并非一以贯之的。

最早的黄帝形象，应是姬姓周人等族群的上帝，流行地域在今甘肃东部、陕北一带，这是后来秦人立畤祭祀上帝的渊源。[10]而在代戎的涿鹿黄帝故事中，黄帝不但与炎帝成为兄弟，也成了历史人物，显然是离开陕北后的事情。所以，笔者探讨代戎涿鹿黄帝故事产生的年代，也当在东周以后。按照下文的考释，涿鹿黄帝故事中的阪泉、涿鹿、釜山，还可以约略看出白狄东迁的历史印痕。代戎中的涿鹿黄帝故事，可能是代戎把黄帝故事带到了这里，并结合自己的东迁历史重加创造的结果，时间在东周时期。

证据二。

燕国乃姬姓，为召公奭之后，燕人崇拜黄帝，实为正常。但涿鹿等地名，东周时期都在代戎的活动范围之内，而不是燕。可见此处的黄帝故事，属于代戎而非燕。这些地名包括阪泉、涿鹿、釜山，等等。

阪泉，文献记载很多。例如《史记·五帝本纪》：

> 轩辕乃修德振兵，治五气，蓺五种，抚万民，度四方，教熊罴貔貅貙虎，以与炎帝战于阪泉之野。三战，然后得其志。

还有涿鹿。《五帝本纪》又载：

> 蚩尤作乱，不用帝命。于是黄帝乃征师诸侯，与蚩尤战于涿鹿之野，遂禽杀蚩

尤。而诸侯咸尊轩辕为天子，代神农氏，是为黄帝。

同篇还记载黄帝“邑于涿鹿之阿”。按《正义》引《括地志》云：“阪泉，今名黄帝泉，在妫州怀戎县东五十六里。出五里至涿鹿东北，与涿水合。又有涿鹿故城，在妫州东南五十里，本黄帝所都也。《晋太康地里志》云：‘涿鹿城东一里有阪泉，上有黄帝祠。’”

按《正义》之说，唐妫州在今怀来东官厅水库一带，位于其东、东南的阪泉所在、涿鹿，大致都在今怀来—昌平之间。陈平先生则认为，涿鹿应该更加靠西，在今河北涿鹿矾山镇三堡村东北，此处有一不晚于战国的古城，当即黄帝之涿鹿、阪泉所在。因为武后二年，唐妫州怀戎县曾经东徙至清夷军城（即后来的旧河北怀来县城，今被官厅水库淹没），二者距离大约一百一十里。此事比《括地志》成书要早，以此律之，则在矾山镇一带。[11]陈先生的考证是可信的。

釜山，其地有两说，一说在海边，一说即在涿鹿附近。《索隐》解释黄帝“合符釜山”说：“合诸侯符契圭瑞，而朝之于釜山，犹禹会诸侯于涂山然也。又案：郭子横《洞冥记》称东方朔云‘东海大明之墟有釜山，山出瑞云，应王者之符命’，如尧时有赤云之祥之类。盖黄帝黄云之瑞，故曰‘合符应于釜山’也。”《正义》则引《括地志》云：“釜山在妫州怀戎县北三里，山上有舜庙。”总体看来，釜山并不出今北京至渤海一带。

阪泉、涿鹿、釜山等地名，东周时期最早属代戎之地，战国早期赵襄子灭代后属赵，属上谷郡，秦汉时仍属上谷郡。察其历史，先属代戎而后属赵，从来就非燕地。例如《水经注》卷十一“㶟水”记载，燕人伐赵，围浊鹿，赵武灵王及代人救浊鹿，败燕师于勺梁，所说“浊鹿”即涿鹿，可知上述推测为不误。[12]

在今天北京西北的燕山山地，有畜牧色彩浓厚的军都山类型考古学文化，其主人曾被认为是山戎，现在多被认为是代戎。[13]代戎的分布地，在冀北，西及晋北。东周时期涿鹿等地既属代戎，则黄帝涿鹿故事，只能是代戎而非比邻的燕。

代戎作为一个有名的族群，虽与燕比邻但差异大，后者被认为华夏正宗，前者则为“蛮夷”，不同的族群属性，也决定了与族群属性密切相关的传说故事的差异。其例还可举以下故事。

《五帝本纪》说黄帝“迁徙往来无常处，以师兵为营卫”，这应是司马迁援引的儒家之说，目的想说明黄帝的“勤政”，但无意间暴露了以下两点：一是黄帝族源的“戎狄性”；二是创造这个说法的初始的人群，应是操持畜牧、移动性很强的“戎狄”之人。而比邻的姬燕，作为周人的分支，则以农业、定居为特征，与此“迁徙往来”频繁的狄人适成对比。这些人群，自然包括作为白狄分支的代戎。这说明，白狄也参与了黄帝传说的“创造”，而不仅仅因袭周人。

证据三。

虽然晋等姬周人群中也有炎黄争斗的故事，但是争斗的地点、“合符”即功成之地，却集中于冀北山地，实在是值得思考的现象。

燕为姬姓，与姜姓世代婚姻，构成了周人的主体。两族关系之密切，自不待言。在姬周传说之中，也有炎黄争斗的故事，例如《国语·晋语》又记：

昔少典娶于有蟜氏，生黄帝、炎帝。黄帝以姬水成，炎帝以姜水成。成而异德，故黄帝为姬，炎帝为姜，二帝用师以相济也，异德之故也。

前文已论，这个故事的年代不早于姬、姜两姓在关中西部会合即商后期古公亶父的时代。后来由于周人的扩张，又把其带到了全国各地。问题是，为什么作为白狄之后的代戎，要把黄帝与其生活地扯在一起？这除了代戎族源的原因之外，自然应从东周时期的族群政治关系去分析。

东周时期，夷、夏关系以对立与交流等形式强烈互动，族群的兼并与融合多当其时而发生。一些非“华夏”的族群为了自身利益，或在外交中不被轻视，希望侧身“华夏”集团，他们借助改变自身族源历史的做法，来达到上述目的。所以，在东周历史中，那些边缘或被边缘化的族群，利用祖先传说或历史故事，对于以炎黄为祖的“华夏”加以“攀附”，遂派生出许多类似故事，代戎造作、强调的黄帝涿鹿故事只是其中之一。这一如“禹生于西羌”这样的故事，形成的原因都是一样的。而那些本属“华夏”的族群，需要做的只不过是整合自身历史系统，使那些希望改变自身“外人”身份的族群挤进这个系统变成“华夏”，例如从《左传》、《国语》到《五帝本纪》的五帝系统的形成，就是许多边缘族群化为“华夏”的结果。

三、结　语

本文从文本和历史地理两个角度，对黄帝涿鹿系列故事进行了简略分析。从阪泉等地之所在来说，这些故事属于代戎而非燕；从其形成原因和过程来说，应是东周时期代戎为了改变自身族群的“蛮夷”身份而向“华夏”靠拢的结果，其中也可能包含有代戎族群来源方面的原因。而代与燕，都与本次会议的举办地北京有关。

【注释】

［1］顾颉刚：《黄帝》，顾著：《史林杂识初编》，中华书局1963年版，第176～184页。

［2］《史记·周本纪》则说封尧后于蓟，黄帝后于祝。按当以黄帝之后封蓟县不误。参沈长云：《从周族的起源论及黄帝氏族的发祥地》，《河北师院学报（社会科学版）》1996

年第 1 期。

[3]陈平:《略论阪泉、涿鹿大战前黄帝族的来龙去脉》,陈著:《燕秦文化研究——陈平学术论集》,燕山出版社 2003 年版,第 352 ~ 360 页。

[4]沈长云:《周族起源诸说辨正——兼论周族起源于白狄》,《中国史研究》2009 年第 3 期。

[5]《诗·大雅·绵》:"绵绵瓜瓞,民之初生,自土沮漆。古公亶父,陶复陶穴,未有家室。古公亶父,来朝走马,率西水浒,至于岐下,爰及姜女,聿来胥宇。"按此诗亶父至于岐下后再与姜姓结合。

[6]蒙文通:《周秦少数民族研究》第五《白狄东侵》,龙门联合书局 1958 年版,第 81 ~ 85 页。

[7]林沄:《从张家口白庙墓地出土的尖首刀谈起》,林著:《林沄学术文集》(二),科学出版社 2008 年版,第 20 ~ 30 页;《中国北方长城地带游牧文化的形成过程》,林著:《林沄学术文集》(二),第 39 ~ 76 页。

[8]杨建华:《中国北方东周时期两种文化遗存辨析——兼论戎狄与胡的关系》,《考古学报》2009 年第 2 期;《略论秦文化与北方文化的关系》,《考古与文物》2013 年第 1 期。

[9]沈长云:《周族起源诸说辨正——兼论周族起源于白狄》,《中国史研究》2009 年第 3 期。

[10]《史记·封禅书》记载:"自未作鄜畤也,而雍旁故有吴阳武畤,雍东有好畤,皆废无祠。"秦灵公后来在吴阳立上下畤,祭祀黄帝、炎帝。武畤在今陕西宝鸡,好畤在乾县东,若其记载是真实的,则年代可上溯到西周,可能是北方系族群所立(包括周人),祭祀的对象也可能有黄帝。

[11]陈平:《古阪泉、涿鹿地望考——阪泉、涿鹿之战及其有关问题论述之一》,陈著:《燕秦文化研究——陈平学术论集》,第 327 ~ 334 页。

[12]陈平:《古阪泉、涿鹿地望考——阪泉、涿鹿之战及其有关问题论述之一》。

[13]韩嘉谷:《从军都山东周墓谈山戎、胡、东胡的考古学文化归属》,内蒙古文物考古研究所编,李逸友、魏坚主编:《内蒙古文物考古文集》第一辑,中国大百科全书出版社 1994 年版,第 336 ~ 347 页。

(作者单位:西北大学历史学院)

两汉时期任侠文化的地理分布初探

陈新海

先秦以来的士文化和任侠之风对秦汉时期的民风影响颇深，行侠之人不仅受到统治者的关注，更是受到平民百姓的推崇，并影响到社会风气，“布衣之徒，设取予然诺，千里诵义，为死不顾世，此亦有所长，非苟而已也”。司马迁对这些重然诺的任侠之人很是欣赏，生怕这些社会下层的侠士为后世所遗忘，“至如闾巷之侠，修行砥名，声施于天下，莫不称贤，是为难耳。然儒、墨皆排摈不载。自秦以前，匹夫之侠，湮灭不见，余甚恨之。以余所闻，汉兴有朱家、田仲、王公、剧孟、郭解之徒，虽时扞当世之文罔，然其私义廉洁退让，有足称者。名不虚立，士不虚附。至如朋党宗强比周，设财役贫，豪暴侵凌孤弱，恣欲自快，游侠亦丑之。余悲世俗不察其意，而猥以朱家、郭解等，令与暴豪之徒同类而共笑之也”，故而作《游侠列传》记载当时之侠客，欲使“其言必信，其行必果，已诺必诚，不爱其躯，赴士之厄困”的侠客之义，能为世人所重视，能为后世之人所传承。

任侠之风因受文化传统和政治因素的影响，在各地的表现是不同的。本文以《史记》、《汉书》和《后汉书》记载的任侠人物为主体，以任侠之风系人，以人系地，呈现各地任侠之风的区域特征，以进一步探析两汉时期任侠民风文化的地理分布。

一、两汉时期任侠人物活动的差异

从《史记》、《汉书》和《后汉书》的传记中，得到两汉时期以任侠称于世者共有 74 人，其中西汉 49 人，东汉 25 人（见两汉时期任侠人物表）。以任侠人物的分布来看，颍汝为核心的地区（含洛阳、东郡、淮阳、南阳等周围地区），共 19 人，其中西汉时期有 12 人，东汉有 7 人，占两汉时期任侠人物的 25.68%；关中地区，共 26 人，其中西汉时期有 19 人，东汉时有 7 人，占 35.14%；燕赵地区，共 4 人，其中西汉时期有 3 人，东汉时有 1 人，占 5.41%；齐鲁地区，共 7 人，其中西汉时期有 5 人，东汉时有 2 人，占 9.46%；荆楚地区，共

3 人,其中西汉时期有 3 人,东汉时没有,占 4.05%;东楚地区,即“彭城以东,东海、吴、广陵”。彭城治今江苏徐州,东海郡治所在今山东郯城,吴为先秦诸侯国,治江苏苏州,广陵为今天江苏的扬州,这一区域共 4 人,其中西汉时期有 3 人,东汉时有 1 人,占 5.41%;陇西地区,共4 人,其中西汉时期有 1 人,东汉时增至 3 人,占 5.41%。关中地区和颍汝地区是两汉时期任侠人物最为集中的地区,其次是齐鲁地区,再者是燕赵地区、东楚地区和陇西地区,荆楚地区最少。

两汉时期任侠人物表

时代	人物	所属郡县(今地)	人物任侠记载	资料来源
西汉	白氏	代 (今河北蔚县)		《史记》卷 124《游侠列传》
	窦婴	清河观津 (今河北衡水东)	任侠自喜,将兵,以军功为魏其侯	《史记》卷 49《外戚世家》 《汉书》卷 97《外戚传上》
	田叔	赵陉城 (今河北定州)	叔喜剑	《史记》卷 104《田叔列传》 《汉书》卷 37《季布栾布田叔传》
	剧孟	洛阳 (今河南洛阳)	布衣游侠剧孟、郭解	《汉书》卷 92《游侠传》
	张良	颍川城父 (今河南郏县)	居下邳,为任侠	《史记》卷 55《留侯世家》 《汉书》卷 40《张陈王周传》
	灌夫	颍阴 (今河南许昌)	夫不喜文学,好任侠,已然诺。诸所与交通,无非豪桀大猾	《史记》卷 107《魏其武安侯列传》 《汉书》卷 52《窦田灌韩传》
	汲黯	濮阳 (今河南濮阳)	合己者善待之,不合己者不能忍见,士亦以此不附焉。然好学,游侠,任气节,内行修洁,好直谏	《史记》卷 120《汲郑列传》 《汉书》卷 50《张冯汲郑传》
	郑当时	陈 (今河南淮阳)	郑庄以任侠自喜,脱张羽于厄,声闻梁楚之间	《史记》卷 120《汲郑列传》 《汉书》卷 50《张冯汲郑传》
	周庸	陈 (今河南淮阳)	以豪闻	《史记》卷 124《游侠列传》
	宁成	南阳穰 (今河南南阳)	致产数千金,为任侠,持吏长短,出从数十骑。其使民威重于郡守	《史记》卷 122《酷吏列传》 《汉书》卷 90《酷吏传》
	韩无辟	梁 (今河南商丘)	梁韩无辟……纷纷复出焉	《史记》卷 124《游侠列传》

（续表）

时代	人物	所属郡县（今地）	人物任侠记载	资料来源
	薛兄	阳翟（今河南禹县）	阳翟薛兄……纷纷复出焉	《史记》卷124《游侠列传》
	韩孺	郏（今河南郏县）	陕韩孺……纷纷复出焉	《史记》卷124《游侠列传》
	季布	楚（今属湖北）	为气任侠，有名于楚。“得黄金百，不如得季布诺”	《史记》卷100《季布栾布列传》《汉书》卷37《季布栾布田叔传》
	季心	楚（今属湖北）	气盖关中，遇人恭谨，为任侠，方数千里，士争为死	《史记》卷100《季布栾布列传》《汉书》卷37《季布栾布田叔传》
	田仲	楚（今属湖北）	以侠闻	《史记》卷124《游侠列传》
	朱云	鲁（今山东曲阜）	少时通轻侠，借客报仇。长八尺余，容貌甚壮，以勇力闻	《汉书》卷67《杨胡朱梅云传》
	朱家	鲁（今山东曲阜）	朱家大侠	《史记》卷100《季布栾布列传》《史记》卷124《游侠列传》
西汉	眭弘	鲁国（今山东曲阜）	少时好侠，斗鸡走马，长乃变节，从嬴公受《春秋》	《汉书》卷75《眭两夏侯京翼李传》
	瞯氏	济南（今山东济南）	以豪闻	《史记》卷124《游侠列传》
	楼护	齐（山东临淄）	论议常依名节。长安号曰“谷子云笔札，楼君卿唇舌”，言其见信用也。唯成帝时，外家王氏宾客为盛，而楼护为帅	《汉书》卷92《游侠传》
	王孟	符离（今安徽宿州）	以侠称江淮间	《史记》卷124《游侠列传》
	郭解	轵（后人关中）（今河南济源）	布衣游侠剧孟、郭解	《汉书》卷92《游侠传》
	孝宣皇帝	长安（今陕西西安）	然亦喜游侠	《汉书》卷8《宣帝纪》
	朱安世	京师（今陕西西安）	京师大侠	《汉书》卷66《公孙刘田王杨蔡陈郑传》

（续表）

时代	人物	所属郡县（今地）	人物任侠记载	资料来源
西汉	杜建	新丰（今陕西临潼）	建素豪侠，宾客为奸利	《汉书》卷76《赵尹韩张两王传》
	稚季	京兆（今陕西西安）	稚季者大侠	《汉书》卷77《盖诸葛刘郑孙毋将何传》
	王林卿	京师（今陕西西安）	侍中王林卿通轻侠	《汉书》卷77《盖诸葛刘郑孙毋将何传》
	朱博	杜陵（今陕西西安）	伉侠好交，随从士大夫，不避风雨	《汉书》卷83《薛宣朱博传》
	萬章	长安（今陕西西安）	长安名豪	《汉书》卷92《游侠传》
	张回	长安（今陕西西安）	长安名豪	《汉书》卷92《游侠传》
	赵君都	长安（今陕西西安）	长安名豪	《汉书》卷92《游侠传》
	贾子光	长安（今陕西西安）	长安名豪	《汉书》卷92《游侠传》
	陈遵	杜陵（今陕西西安）	及郡国豪桀至京师者，莫不相因到遵门 王莽时，诸公之间陈遵为雄，闾里之侠原涉为魁	《汉书》卷92《游侠传》
	原涉	阳翟（后迁茂陵）（今河南禹县）	祖父武帝时以豪桀自阳翟徙茂陵 王莽时，诸公之间陈遵为雄，闾里之侠原涉为魁	《汉书》卷92《游侠传》
	杜君敖	霸陵（今陕西西安）	其名闻州郡者皆有谦退之风	《汉书》卷92《游侠传》
	韩幼孺	池阳（今陕西泾阳）	其名闻州郡者皆有谦退之风	《汉书》卷92《游侠传》
	漕中叔	西河（今陕西澄城、大荔一带）	其名闻州郡者皆有谦退之风	《汉书》卷92《游侠传》
	樊仲子	长安（今陕西西安）	为侠而逡逡有退让君子风	《史记》卷124《游侠列传》
	赵王孙	槐里（今陕西兴平）	为侠而逡逡有退让君子风	《史记》卷124《游侠列传》

（续表）

时代	人物	所属郡县（今地）	人物任侠记载	资料来源
西汉	高公子	长陵（今陕西咸阳）	为侠而逡逡有退让君子风	《史记》卷124《游侠列传》
西汉	郭公仲	西河（今陕西澄城、大荔一带）	为侠而逡逡有退让君子风	《史记》卷124《游侠列传》
西汉	卤（鲁）公孺	太原（今山西太原）	为侠而逡逡有退让君子风	《史记》卷124《游侠列传》
西汉	兒长卿	临淮（今江苏洪泗县）	为侠而逡逡有退让君子风	《史记》卷124《游侠列传》
西汉	田君孺	东阳（今江苏盱眙县）	为侠而逡逡有退让君子风	《史记》卷124《游侠列传》
西汉	护羌校尉通长子次兄	籍贯无考	护羌校尉通长子次兄素与帝从舅相善，两人俱游侠，宾客甚盛	《汉书》卷69《赵充国辛庆忌传》
西汉	卫子伯	籍贯无考	两人俱游侠，宾客甚盛	《汉书》卷69《赵充国辛庆忌传》
西汉	壹生孺	籍贯无考	孺为任侠，州郡歌之	《汉书》卷100《叙传上》
西汉	绣君宾	马领（今甘肃庆阳北）	其名闻州郡者 皆有谦退之风	《汉书》卷92《游侠传》
东汉	刘伯升	南阳蔡阳（今河南南阳）	好侠养士 性刚毅，慷慨有大节	《后汉书》卷1《光武帝纪》 《后汉书》卷14《宗室四王三侯列传》
东汉	刘梁	南阳蔡阳（今河南南阳）	以侠气闻	《后汉书》卷14《宗室四王三侯列传》
东汉	张堪	南阳宛（今河南南阳）	以气侠立名	《后汉书》卷31《郭杜孔张廉王苏羊贾陆列传》
东汉	许劭	汝南平舆（今河南平舆）	少峻名节，好人伦，多所赏识	《后汉书》卷68《郭符许列传》
东汉	袁绍	汝南平舆（今河南平舆）	公族豪侠	《后汉书》卷68《郭符许列传》 《后汉书》卷74《袁绍刘表列传》
东汉	袁术	汝南汝阳（今河南汝阳）	少以侠气闻	《后汉书》卷75《刘焉袁术吕布列传》
东汉	戴良	汝南慎阳（今河南正阳）	家富，好给施，尚侠气，食客常三四百人。时人为之语曰："关东大豪戴子高。"	《后汉书》卷83《逸民列传》

（续表）

时代	人物	所属郡县（今地）	人物任侠记载	资料来源
东汉	赵林（赵缪王子）	今河北邯郸	好奇数，任侠于赵、魏间，多通豪猾，而（王）郎与之亲善	《后汉书》卷12《王刘张李彭卢列传》
	王遵	霸陵（今陕西西安）	少豪侠，有才辩	《后汉书》卷13《隗嚣公孙述列传》
	陈遵	京兆下邽（今陕西西安）	关西之大侠	《后汉书》卷27《宣张二王杜郭吴承郑赵列传》
	窦融	扶风平陵（今陕西咸阳）	家长安中，出入贵戚，连结闾里豪杰，以任侠为名	《后汉书》卷23《窦融列传》
	马严	扶风茂陵（今陕西兴平）	通轻侠客	《后汉书》卷24《马援列传》
	马敦	扶风茂陵（今陕西兴平）	通轻侠客	《后汉书》卷24《马援列传》
	廉范	京兆杜陵（今陕西西安）	以气侠立名	《后汉书》卷31《郭杜孔张廉王苏羊贾陆列传》
	杜硕	京兆杜陵（今陕西西安）	豪侠，以货殖闻	《后汉书》卷80《文苑列传》
	张邈	东平（今山东东平）	少以侠闻	《后汉书》卷75《刘焉袁术吕布列传》
	孙礼	北海安丘（今山东安丘）	好游侠	《后汉书》卷30《郎顗襄楷列传》
	楚王英	楚国（今江苏徐州）	少时好游侠，交通宾客	《后汉书》卷42《光武十王列传》
	段颎	武威姑臧（今甘肃武威）	少便习弓马，尚游侠，轻财贿，长乃折节好古学	《后汉书》卷65《皇甫张段列传》
	隗崔	天水成纪（今甘肃天水）	素豪侠，能得众	《后汉书》卷13《隗嚣公孙述列传》
	董卓	陇西临洮（今甘肃临洮）	以健侠知名	《后汉书》卷72《董卓列传》
	王涣	广汉郪（今四川三台）	少好侠，尚气力，数通剽轻少年	《后汉书》卷76《循吏列传》
	杜季良	籍贯无考	豪侠好义	《后汉书》卷24《马援列传》

（续表）

时代	人物	所属郡县（今地）	人物任侠记载	资料来源
东汉	中常侍郑飒	籍贯无考	任侠通剽轻，数与悝交通（桓帝弟蠡吾侯悝为勃海王）	《后汉书》卷55《章帝八王传》
	中黄门董腾	籍贯无考	任侠通剽轻，数与悝交通	《后汉书》卷55《章帝八王传》

从任侠人物活动的持续性方面来看，到东汉时期呈现减弱的趋势，持续性较好的是颍汝地区，其次是关中地区，荆楚地区的任侠人物衰减明显，到东汉时期已无可以称道的任侠人物了，唯有陇西地区是呈现上升的态势。

两汉时期任侠人物在任侠行为的持续方面也存在不同，即折节问题。司马迁在谈到郭解时说："及解年长，更折节为俭，以德报怨，厚施而薄望。"折节，即改变了年轻时的一些做法，有了新的行为方式。西汉时期折节的任侠人物还不是很多，但是到了东汉，任侠人物折节者甚多。如广汉郪人（四川省三台县）王涣"少好侠，尚气力，数通剽轻少年。晚而改节，敦儒学，习《尚书》，读律令，略举大义"[1]。后官至洛阳令。武威姑臧人段颎，"少便习弓马，尚游侠，轻财贿，长乃折节好古学。初举孝廉，为宪陵园丞、阳陵令，所在有能政"。后官至太尉。[2]类似的还有太子太傅赵熹、长沙太守郅恽、南阳太守袁术等。马援劝其兄子放弃任侠行为的事更具代表性。马援得知他哥哥的儿子马严、马敦仰慕当时大侠杜季良而与侠客交友，仿效侠客之行的事后，从万里之远的交阯写信劝其兄子放弃任侠行为。[3]足见任侠行为在东汉已成衰微之势。在折节方面还有一点仍需重视，西汉的大侠郭解的"折节"是将年轻时任意而为的"肆意"性改掉、放弃了，济危扶困、轻死重诺的侠义行为仍然没有放弃，"然其自喜为侠益甚。既已振人之命，不矜其功，其阴贼著于心本发于睚眦如故云。而少年慕其行，亦辄为报仇，不使知也"。可见其尚武的一面仍很突出。东汉诸任侠者在"折节"之后，基本上是放弃了尚武的风气，转而习儒学，通过儒学而取得功名、官职。

二、两汉时期任侠人物的地理分布

司马迁的《史记·货殖列传》和班固的《汉书·地理志》都有关于各地民风的论述，任侠民风分布较为浓烈的地区当数燕赵地区，在司马迁和班固的笔下，燕赵地区北起种代，南至邯郸，任侠之风盛行。司马迁说："种、代，石北也，地边胡，数被寇。人民矜懻忮，好气，任侠为奸，不事农商。"石，即石邑县。《史记集解》徐广曰："石邑县也，在常山。"石邑县，西汉初置，《汉书·地理志》“常山郡”条：“石邑，井陉山在西，洨水所出，东南至廮陶入泜。”石邑县治所在今河北获鹿县城南35里处。常山，即古恒山，《汉书·地理志》“常山郡”条：“上曲阳，恒山北谷在西北。”上曲阳，即曲阳旧称，在今河北曲阳；恒山又称常山，因避汉文帝刘恒之讳而改称，即今曲阳西北部的大茂山。种代地区位于汉代石邑县北的恒山即今曲阳县西北的大茂山以北的地区，约为今河北、山西北部的河北怀安、蔚县以西，山西阳高、浑源以东一带。班固在论述种代地区时除了强调其“民俗懻忮，好气为奸，不事农商”外，还对这一地区任侠民风的持续发展作了解释：“自全晋时，已患其剽悍，而武灵王又益厉之。故冀州之部，盗贼常为它州剧。”

种代地区往南就是燕地，“夫燕亦勃、碣之间一都会也。南通齐、赵，东北边胡。上谷至辽东，地踔远，人民希，数被寇，大与赵、代俗相类，而民雕捍少虑，有鱼盐枣栗之饶”。班固云：“蓟，南通齐、赵，勃、碣之间一都会也。……其俗愚悍少虑，轻薄无威，亦有所长，敢于急人，燕丹遗风也。”班固进一步强调了燕地的“敢于急人”的任侠民风，并指出这是受燕丹招纳侠客、荆轲刺秦的影响。

中山位于燕赵地区的中部，“中山地薄人众，犹有沙丘纣淫地余民，民俗懁急，仰机利而食。丈夫相聚游戏，悲歌慷慨，起则相随椎剽，休则掘冢作巧奸冶，多美物，为倡优”。悲歌慷慨到了后期成为燕赵地区民风的代表。

燕赵地区南部的邯郸地区，司马迁论述得不是十分明确。“郑、卫俗与赵相类，然近梁、鲁，微重而矜节。濮上之邑徙野王，野王好气任侠，卫之风也。”这里的赵，就是指邯郸地区，这里与郑国、卫国的民风相同，又受到鲁国的儒风影响，尚礼矜节持重。同时又说卫之风有“好气任侠”的文化因子，故而，邯郸地区的民风既矜节持重，又好气任侠，也就是说在鲁之儒风的影响下，任侠之中又带有一些儒风之气，或许是儒侠的雏形吧。

邯郸地区在班固的笔下，其民风特征十分明了，班固将邯郸与中山放在了一个民风区中进行论述：“赵、中山地薄人众，犹有沙丘纣淫乱余民。丈夫相聚游戏，悲歌慷慨，起则椎剽掘冢，作奸巧，多弄物，为倡优。”“邯郸北通燕、涿，南有郑、卫，漳、河之间一都会也。其土广俗杂，大率精急，高气势，轻为奸。”在班固看来，中山被赵兼并之后就成为赵的一部分，赵、中山已成为一体，而且赵地也有“椎剽掘冢，作奸巧”的民风文化，司马迁曾说“齐、赵设智巧，仰机利”。又据孙继民研究，“1949年以后在邯郸地区所有发掘的战国秦汉墓中，无不发现被盗掘的痕迹。有的墓葬被盗往往不止一次。据说在河北省故赵范围内，除战国中山王陵因墓葬形制特殊而有幸完整保存一部分外，其余战国秦汉墓葬都普遍遭到过盗掘”[4]。赵与中山一体，民风相类。班固偏重于对邯郸“高气势，轻为奸”的民风的记述，司马迁则偏重于对邯郸受鲁之儒风影响的记载。这大概是因为司马迁时期，汉武帝推广儒学，儒风兴起，司马迁对任侠者又多有褒奖、爱惜之意。班固时期，任侠者多受到执政者的多重打击，班固对任侠者多持贬低态度，故而笔法不同。

司马迁记载任侠民风的还有两个地区，一是颍川、南阳地区，“颍川、南阳，夏人之居也。夏人政尚忠朴，犹有先王之遗风。颍川敦愿。秦末世，迁不轨之民于南阳。南阳西通武关、郧关，东南受汉、江、淮。宛亦一都会也。俗杂好事，业多贾。其任侠，交通颍川，故至今谓之‘夏人’”。[5]班固进一步解释说：“颍川、南阳，本夏禹之国。……秦既灭韩，徙天下不轨之民于南阳，故其俗夸奢，上气力，好商贾渔猎，藏匿难制御也。……颍川，韩都。士有申子、韩非，刻害余烈，高仕宦，好文法，民以贪遴争讼生分为失。”任侠、上气力是颍川、南阳地区的民风特征。

另一个是西楚地区，“夫自淮北沛、陈、汝南、南郡，此西楚也。其俗剽轻，易发怒，地薄，寡于积聚。……徐、僮、取虑，则清刻，矜己诺”。矜己诺，就是言必诺、行必果的道德行为准则，而这一准则正是侠者的准则。班固没有提到西楚的任侠民风，这与西楚地区自汉中期之后任侠人物活动逐渐减少是相一致的。

司马迁在《货殖列传》中，没有提到关中地区和齐鲁地区有任侠之民风。班固在《汉书·地理志》中，对关中地区的任侠民风进行了论述，关中地区“是故五方杂厝，风俗不纯，其世家则好礼文，富人则商贾为利，豪桀则游侠通奸”。同时又记载：“天水、陇西，山多林木，民以板为室屋。及安定、北地、上郡、西河，皆迫近戎狄，修习战备，高上气力，以射猎为先。”即关中周围地区也成了任侠民风之区，这与任侠人物活动情况是相符的。齐鲁地区的任侠民风也没有得到班固的认可，故而在《地理志》中没有相关内容的记载。

班固对吴越所在的东楚地区民风记载曰：“吴、粤之君皆好勇，故其民至今好用剑，轻死易发。”[6]这一区域也是一个任侠民风之区，无论是西汉时期，还是东汉时期，都有任侠人物在这一区域活动。然而，对此司马迁却没有给予记载。

三、两汉时期任侠民风文化区形成分析

两汉时期任侠民风文化区的形成，是先秦时期养士之风的遗存，也与两汉政府的人口政策有关。

（一）养士之遗风

进入春秋时代之后，“士”阶层经过“文武分途”之后，以勇力和技艺见长的武士在新的历史条件下开始转化为侠，这一过程到春秋末期已基本完成了。侠士与主家已成为宾主关系，侠士追求的是“士为知己者死”的生命价值和“死节”的精神价值。侠士的独立性，使侠士可以自由地选择自己认为是知己的主家，能为知遇之恩而轻命践诺。战国时期各国间的攻伐与君臣间的权力之争，制度变革和生产技术的发展所带来的城市繁荣，为侠士的发展提供了良好的空间。同时，养士之风兴起，无论是国君，还是权臣，都尽可

能多地收养门客、侠士,诸如赵襄子、魏文侯、赵惠文王、燕昭王、秦相吕不韦、燕太子丹等,门下都收养有千人以上的门客、侠士。战国四公子在养士方面最为有名,“魏有信陵、赵有平原、齐有孟尝、楚有春申,皆借王公之势,竞为游侠,鸡鸣狗盗,无不宾礼。而赵相虞卿弃国捐君,以周穷交魏齐之厄;信陵无忌窃符矫命,戮将专师,以赴平原之急:皆以取重诸侯,显名天下,扼腕而游谈者,以四豪为称首。于是背公死党之议成,守职奉上之义废矣”[7]。

齐国的孟尝君田文,封地在薛,“招致诸侯宾客及亡人有罪者,皆归孟尝君”。门客云集薛地,使薛地成为任侠尚武的一个中心,其风浓烈并影响到汉代,司马迁曾路过薛地,记载曰:“其俗闾里率多暴桀子弟,与邹、鲁殊。问其故,曰:‘孟尝君招致天下任侠,奸人入薛中盖六万余家矣。’世之传孟尝君好客自喜,名不虚矣。”[8]孟尝君的养士之风必然对齐鲁之地的尚侠之风有带动作用,并渗透到汉代。

魏国的信陵君魏无忌,“为人仁而下士,士无贤不肖皆谦而礼交之,不敢以其富贵骄士。士以此方数千里争往归之,致食客三千人。当是时,诸侯以公子贤,多客,不敢加兵谋魏十余年”。高祖刘邦也非常敬佩信陵君而为其修建庙宇,供世人祭拜,“高祖每过之而令民奉祠不绝也”。[9]轵在战国时为魏国属地,在汉初出现了郭解这样的名震当世的大侠,可见此地尚侠之风绵延不绝。

赵地以平原君为代表,养士和任侠之风浓厚。秦末之际,在陈胜手下为将的陈馀说:“臣尝游赵,知其豪桀及地形,原请奇兵北略赵地。”至赵地后,说服诸豪杰起而诛暴秦,“豪桀皆然其言。乃行收兵,得数万人”。[10]足见此地尚侠之士的多寡了。

楚国的春申君黄歇初封于“淮北地十二县”,后改封于江东,今江苏苏州。“春申君客三千余人。”[11]江东任侠之风绵延至东汉。

燕国的太子丹“阴养壮士二十人”,从数量上看是绝对无法与战国四公子相比的,但是燕太子丹对侠客的尊敬和荆轲刺秦王这一举动,对民风影响至深,使其远超其他诸位公子。

(二)两汉封王的风尚

西汉之初,采取分封制来巩固政权,无论是异姓王,还是后来的同姓王,都沿袭战国以来的养士之风,招募豪杰、收养侠士门客。“汉初,兵民不甚分。如冯唐吏卒皆家人子弟,起田中从军,而后汉礼仪志,谓罢遣卫士,必劝以农桑。由是观之,兵农尚未分。”[12]兵民不分、全民习武的社会现状也为养士之风再起提供了土壤。

张耳被时人称为贤者,门下聚集了一些门客。汉初封为赵王,贯高、赵午等十余人辅佐其左右。张耳子张敖继汉王位之后,受到刘邦的轻慢,贯高、赵午等因此谋刺刘邦,以报主恩。事泄后赵王敖被捕,贯高等到长安自首,为赵王张敖辩白。刘邦知其事后称其为“壮士!”“贤贯高为人能立然诺。”司马迁感慨道:“张耳、陈馀,世传所称贤者;其宾客厮役,莫非天下俊桀,所居国无不取卿相者。”[13]

陈豨者,宛句人也。韩王信起兵反叛失败后逃入匈奴,陈豨因跟随刘邦平叛有功,被封为列侯,“以赵相国将监赵、代边,边兵皆属焉”。陈豨年少时仰慕战国时期的魏国公子信陵君,此时他为将守边,招募天下宾客。陈豨时常告假归乡,路过赵国时,跟随他的宾客有千余乘,“邯郸官舍皆满”。[14]

淮南厉王长是刘邦的少子,后封为淮南王。厉王有材力,力扛鼎,人称“刚直而勇,慈惠而厚,贞信多断”。为了给母亲报仇,他亲往仇家辟阳侯处,并用藏在袖中的金椎杀死辟阳侯,又“驰诣阙下,肉袒而谢”。淮南王的母亲是真定人,后为赵王张敖的美人,刘邦过赵境时得幸而生淮南王。淮南王身上也有一种赵人的豪侠之气。

梁孝王刘安都睢阳,吴楚齐赵七国反时梁孝王率兵参与平叛有功,他又是窦太后最喜爱的少子,有四十余城,其国在汉诸封王中为大国,居天下膏腴之地。梁孝王恃功与宠而自傲,广睢阳城七十里。又“得赐天子旌旗,出从千乘万骑。东西驰猎,拟于天子”。“招延四方豪桀,自山以东游说之士。莫不毕至,齐人羊胜、公孙诡、邹阳之属。”“梁多作兵器弩弓矛数十万,而府库金钱且百巨万,珠玉宝器多于京师。”[15]

东汉永和初年,河间王“骄奢,不遵典宪”,其左右聚集着一批豪侠,欲图不轨,后为张衡所治。[16]

班固称:“是故代相陈豨从车千乘,而吴濞、淮南皆招宾客以千数。”这些一方诸侯前后相承,招募宾客、收养侠士,使侠客勇士的社会地位不断提升,成为侠客成了一些人追求衣食之禄、提高自身社会地位的一条路径,对当地尚武任侠民风具有推动作用。

(三)诸豪迁徙

移民实首都是巩固政权的一项重要措施,刘邦采纳刘敬的建议,将齐国贵族田氏,楚国贵族昭氏、屈氏、景氏,和燕、赵、韩、魏诸国贵族后裔,以及豪杰名家十余万口迁徙到关中地区。[17]武帝时期又多次移民实关中。如元朔二年(前 127 年)夏,“徙郡国豪杰及訾三百万以上于茂陵”。太始元年(前 96 年)春正月“徙郡国吏民豪桀于茂陵”。[18]主父偃曾建议武帝说:“茂陵初立,天下豪桀兼并之家,乱众民,皆可徙茂陵,内实京师,外销奸猾,此所谓不诛而害除。”得到武帝的采纳。[19]此后,这类的移民还有多次,如宣帝本始元年(前 73 年),“募郡国吏民訾百万以上徙平陵”。[20]

刘邦时期主要是将六国后裔、贵族迁到关中,武帝时期迁到关中的多是豪侠,这对关中的民风影响很大。司马迁说关中“四方辐凑并至而会,地小人众,故其民益玩巧而事末也”。并没有提及任侠之风,说明司马迁时期关中的民风多受刘邦时期贵族移民的影响,尚奢华。武帝时期侠豪迁到关中,特别是郭解入关中,对关中的民风影响深刻。“解入关，关中贤豪知与不知，闻其声，争交欢解。”郭解被杀之后，关中地区的任侠之风鹊起，“自是之后，为侠者极众，敖而无足数者。然关中长安樊仲子，槐里赵王孙，长陵高公子，西河郭公仲……虽为侠而逡逡有退让君子之风”。所以，到班固记载关中民风时，就“豪桀则游侠通奸”。任侠是关中较为突出的民风了。

（四）两汉帝乡

西汉的开国皇帝刘邦是沛郡丰县中阳里人，是当地一位亭长。《史记》和《汉书》等史籍记载刘邦“仁而爱人，喜施”，能救人之急。史籍里虽然没有明言刘邦是一位侠士，但是其行为确实有些侠气。吕思勉就将刘邦归为“任侠者流”。与刘邦一起起事的樊哙、夏侯婴、灌婴、卢绾等，都是些“鼓刀、仆御、贩缯”之徒，都些好武尚气之人，后来又都以武功或封侯或封王，即便到了“孝惠、吕后时，公卿皆武力有功之臣”[21]。以武入仕之风，对民风是有一定影响的。“及汉祖杖剑，武夫勃兴，宪令宽赊，文礼简阔，绪余四豪之烈，人怀陵上之心，轻死重气，怨惠必仇，令行私庭，权移匹庶，任侠之方，成其俗矣。”[22]

东汉的开国皇帝刘秀是南阳郡蔡阳人，他和其兄刘伯升都是好侠养士。李通曾说：“南阳宗室，独刘伯升兄弟泛爱容众，可与谋大事。”[23]跟随刘秀打天下的武将功臣也多是南阳、颍川等郡人，如南阳郡的邓禹[24]、贾复、岑彭等，颍川郡的冯异等[25]。颍川、南阳，都是“上气力”“任侠”之地。[26]

两汉的开国皇帝和武将功臣都起于西楚地区，这里也成为帝乡所在。作为帝乡，更是王侯将相、皇亲国戚的集中居住地，如灌夫“不好文学，喜任侠，已然诺。诸所与交通，无非豪桀大猾。家累数千万，食客日数十百人。波池田园，宗族宾客为权利，横颍川”。颍川儿童歌谣唱道：“颍水清，灌氏宁；颍水浊，灌氏族。”又如邓禹家族，“邓氏自中兴后，累世宠贵，凡侯者二十九人，公二人，大将军以下十三人，中二千石十四人，列校二十二人，州牧、郡守四十八人，其余侍中、将、大夫、郎、谒者不可胜数，东京莫与为比”。他们多成为一方名门望族，称雄乡里，家族中拥有数量可观的家臣门客。随着东汉家族田庄的发展，一些豪杰侠士多委身其中，组成私人武装的部曲，或者田庄的主人本身就是豪杰。至于东汉末年各地地方武装的形成，多是以家族为基础的，曹操和刘备都得到过一些大家族的支持。

（五）榜样效应

司马迁在《游侠列传》中，用较多的笔墨介绍了轵人郭解的事迹，并列举了三例郭解“以德报怨，厚施而薄望”“振人之命，不矜其功”的故事，郭解的每一种任侠行为，都得到了社会的强烈反应，“而少年慕其行，亦辄为报仇，不使知也”。“诸公闻之，皆多解之义，益附焉。”“少年闻之，愈益慕解之行。”郭解的任侠行为成为当时社会行为文化的风向标，成为众多青年人学习、模仿的榜样。同时,郭解也成为社会名流、贤达人士,无论是朝中为官者,还是地方豪绅,都以与郭解结交为自豪。汉武帝下令迁关东富豪到关中,郭解家资达不到迁徙的标准,但是因为他的社会影响力太大,也被列入西迁关中的名单之中。郭解不愿西迁,时任大将军的卫青亲自向武帝为郭解说情,卫将军为言:“郭解家贫不中徙。”武帝曰:“布衣权至使将军为言,此其家不贫。”武帝没有答应卫青的请求,于是郭解徙家关中。郭解迁入关中之后,又在关中引起广泛的社会影响,权贵争先与之交往,引起政府的不安,最后,御史大夫公孙弘议曰:“解布衣为任侠行权,以睚眦杀人,解虽弗知,此罪甚于解杀之。当大逆无道。”遂族郭解翁伯。郭解的社会影响力给他全族带来了杀身之祸,却对社会的行为文化影响深刻,司马迁总结说:“吾视郭解,状貌不及中人,言语不足采者。然天下无贤与不肖,知与不知,皆慕其声,言侠者皆引以为名。”[27]足见郭解的榜样作用之大了。

司马迁曾对朱家的任侠行为感到十分疑惑:“鲁人皆以儒教,而朱家用侠闻。所藏活豪士以百数,其余庸人不可胜言。然终不伐其能,歆其德,诸所尝施,唯恐见之。振人不赡,先从贫贱始。家无余财,衣不完采,食不重味,乘不过軥牛。专趋人之急,甚己之私。”而且朱家不求回报,其侠义之行深为世人称赞,“自关以东,莫不延颈原交焉”[28]。鲁国虽然以儒学为昌盛,但是地处齐和东楚之间,齐和东楚都有任侠之风,受其民风影响而出现像朱家这样的侠士也就是自然之事了。

卫地有“好气任侠”的民风文化,班固分析曰:“卫地有桑间濮上之阻……周末有子路、夏育,民人慕之,故其俗刚武,上气力。汉兴,二千石治者亦以杀戮为威。宣帝时韩延寿为东郡太守,承圣恩,崇礼义,尊谏争,至今东郡号善为吏,延寿之化也。其失颇奢靡,嫁取送死过度,而野王好气任侠,有濮上风。”子路是孔子的学生,“好勇力,志伉直”。子路曾向孔子问君子与勇的关系,子路问:“君子尚勇乎?”孔子曰:“义之为上。君子好勇而无义则乱,小人好勇而无义则盗。”周敬王四十年(鲁哀公十五年),卫乱,父子争位,卫大夫孔悝参与了谋乱。子路时为孔悝的邑宰,听闻事变后,驰往入城救其主卫出公。路遇子羔,子羔对子路曰:“(卫)出公去矣,而门已闭,子可还矣,毋空受其祸。”子路曰:“食其食者不避其难。”遂入城,对新继卫国王位的蒯聩说:“君焉用孔悝?请得而杀之。”[29]蒯聩惧,杀死子路。夏育也是卫国的勇士,范雎对秦昭王说,成荆、孟贲、王庆忌、夏育都是古之勇士。孟贲和夏育都是卫人,相传夏育能力举千钧。[30]子路和夏育等人的侠义行为,受到卫人的崇慕,任侠之风传承不衰。

诸如郭解、子路此类的任侠榜样人物还有许多,如对燕赵地区有深刻影响的荆轲等,榜样人物的侠义行为是当地民风文化形成的主导因素,正如《论语·颜渊》中所说:“君子之德风,小人之德草,草上之风,必偃。”

【注释】

[1]《后汉书》卷76《循吏列传》。

[2]《后汉书》卷65《皇甫张段列传》。

[3]《后汉书》卷24《马援列传》。

[4]孙继民、郝良真等著:《先秦两汉赵文化研究》,方志出版社2003年版,第20页。

[5]《史记》卷129《货殖列传》。

[6]《汉书》卷28《地理志下》。

[7]《汉书》卷92《游侠列传》。

[8]《史记》卷75《孟尝君列传》。

[9]《史记》卷77《魏公子列传》。

[10]《史记》卷89《张耳陈馀列传》。

[11]《史记》卷78《春申君列传》。

[12]《文献通考》卷150。

[13]《史记》卷89《张耳陈馀列传》。

[14]《汉书》卷34《韩彭英卢吴传》。

[15]《史记》卷58《梁孝王世家》。

[16]《后汉书》卷59《张衡列传》。

[17]《汉书》卷43《郦陆朱刘叔孙传》。

[18]《汉书》卷6《武帝纪》。

[19]《汉书》卷64《严朱吾丘主父徐严终王贾传上》。

[20]《汉书》卷8《宣帝纪》。

[21]《史记》卷121《儒林列传》。

[22]《后汉书》卷67《党锢列传》。

[23]《后汉书》卷15《李王邓来列传》。

[24]《后汉书》卷16《邓寇列传》。

[25]《后汉书》卷17《冯岑贾列传》。

[26]《汉书》卷28《地理志下》、《史记》卷129《货殖列传》。

[27]《史记》卷124《游侠列传》。

[28]《史记》卷124《游侠列传》。

[29]《史记》卷67《仲尼弟子列传》。

[30]《史记》卷79《范雎蔡泽列传》,《集解》引《汉书音义》。

(作者单位:河北廊坊师范学院社会发展学院)

孙吴荆州的“王化”与“蛮化”析论*

——从吴简所见“叛走”现象谈起

周能俊

在出土与整理公布的走马楼吴简与郴州苏仙桥吴简中，有大量关于孙吴荆州亡叛现象的记载。而相关的孙吴荆州亡叛现象与非汉民族问题，以及因此而引发的人口、郡县等历史人文地理要素变迁的研究早已引起了学术界的重视。如谭其骧[1]、周一良[2]、宫川尚志[3]、张泽咸[4]、陈可畏[5]、蒙默[6]、张伟然[7]、谷口房男[8]、川本芳昭[9]、黎石生[10]、王素[11]、高凯[12]、侯旭东[13]、韩树峰[14]、吕春盛[15]、邢义田[16]、鲁西奇[17]、高敏[18]、沈刚[19]、罗新[20]、李鄂权[21]、魏斌[22]、秦晖[23]等先生均进行了十分深入的研究与探讨。本文拟在此基础上，结合走马楼与苏仙桥两地新出简牍，对孙吴荆州临湘、桂阳两县的非汉民族附籍状况与亡叛现象做进一步的梳理，并从历史人文地理的视角管窥汉末三国时期孙吴荆州辖境国家控制力的扩展与收缩进程。

一、“亡叛”现象

根据已公布的走马楼吴简与郴州苏仙桥吴简，“叛走”现象在孙吴统治下的荆州长沙郡与桂阳郡是较为普遍存在的。[24]

首先，从传统观之。据张家山汉墓竹简记载，汉高祖十一年（前196年），“六月戊子发弩九诣男子毋忧，告为都尉屯，已受致书，行未到，去亡。毋忧曰：‘变（蛮）夷大男子岁出五十六钱以当繇（徭）赋，不当为屯，尉窯遣毋忧为屯，行未到，去亡，它如九’”[25]。该简中明确记载了南郡夷道百姓毋忧乃是因为临时性的徭役——“为都尉屯”而逃亡。特

* 项目基金：2015—2016年度浙江省高校重大人文社科项目攻关计划（2016QN008）。

别值得注意的是，此案例乃是墓主陪葬的《奏谳书》22 个案例中的一个，而这些案例极有可能是墓主生前处理案件的范本。由此推测，西汉初期的南郡江陵地域可能大量存在着百姓因临时性徭役叛走的现象。

又如东汉建武时期，“先是含洭、浈阳、曲江三县，越之故地，武帝平之，内属桂阳。民居深山，滨溪谷，习其风土，不出田租。去郡远者，或且千里。吏事往来，辄发民乘船，名曰‘传役’。每一吏出，徭及数家，百姓苦之。（卫）飒乃凿山通道五百余里，列亭传，置邮驿。于是役省劳息，奸吏杜绝。流民稍还，渐成聚邑，使输租赋，同之平民”[26]，亦明确记述了东汉初桂阳南部三县的吏民也是因为非常规的“传役”而流亡，因此，当卫飒开通道路，杜绝“传役”后，自然“流民稍还”了。

复如永和二年（137 年）日南蛮反，有大臣建议发荆、扬、兖、豫四万人镇压，李固指出“今荆、扬盗贼盘结，武陵、南郡蛮夷未集，长沙、桂阳数被征发，难复扰动，其不可一也。兖、豫之民，闻万里征役，无有还期，恐十五万户不得一士，郡县迫促，惧有叛亡，其不可二也”[27]。李固已经明确向顺帝与朝臣提出长沙与桂阳的吏民因日南蛮的反叛而数次被征发临时性的徭役，已经处在逃亡或反叛的边缘；而兖、豫二州的吏民也会因为镇压本次日南叛乱而征发的临时性兵役大规模地亡叛。

再如汉桓帝延熹九年（166 年）下诏，“比岁不登，民多饥穷，又有水旱疾疫之困。盗贼征发，南州尤甚。（谓长沙、桂阳、零陵等郡也，并属荆州。）灾异日食，谴告累至。政乱在予，仍获咎征”[28]。从诏书所见，汉桓帝君臣亦认为荆州百姓最为困顿的主要原因除了“水旱疾疫”，更在于因弭平“盗贼”而大量征发的临时性的徭役。

综上所述，自两汉以降，荆州吏民因不堪临时性的徭役而叛走进而成为流民，是有其悠久的历史传统的。孙吴荆州长沙、桂阳二郡吏民的叛走显然也是继承了这一传统而来。

其次，立足现实。孙吴政权征发临时性的徭役十分频繁。仅孙权统治时期，就分别在黄武五年（226 年）、嘉禾三年（234 年）、赤乌三年（240 年）、赤乌五年（242 年）、太元元年（251 年）先后五次下达诏令关注或减轻孙吴百姓所负担的包括临时性徭役在内的沉重徭役，但成效并不显著，以致发展到吴简中大量出现的临湘、桂阳两地吏民叛走这种较为极端的现象。

而孙权在给陆逊的书信中对百姓繁重的临时征发则自我辩解道：“至于发调者，徒以天下未定，事以众济。若徒守江东，修崇宽政，兵自足用，复用多为；顾坐自守可陋耳。若不豫调，恐临时未可便用也。”[29] 基于这一考虑，孙吴一代，包括荆州百姓在内的孙吴民众都不得不承受着十分繁重的临时性徭役。这也大量体现在了走马楼吴简等简牍之中。“☐吕岱所督都尉（?）□□□陈综司马吕石（?）等所领士众”[30]，这显然是为了配合黄龙三年（231 年）至嘉禾三年（234 年）吕岱屯兵沤口的军事行动而临时征发的。又如“☐

□租月钱一千六百汝以今年二月三日下移居武昌太常军”[31]，则是为了保障武昌潘濬所部军需而临时征调的。再如“☐所领嘉禾元年税吴平斛米卅斛九斗六升为禀斛米卅二斛被督军”[32]，虽不知被督为孙吴荆州境内何军之军粮，然孙吴荆州吏民因军事行动而所受临时征发之繁复可想而知。复如“☐□□十一日起五月一日讫卅日所言名物钱米诸所调求”[33]，显见孙吴荆州吏民所受发调之苦。

由此可见，孙吴国家繁重的临时性征役发调是荆州吏民大规模叛走的根本性原因。

根据走马楼吴简“右民六户□走入泠道湘西醴陵☐”[34]与“右□乡郡县吏兄弟合十五人前后各叛走□趣刘阳吴昌醴陵☐”[35]两条简文，似可推测临湘吏民“叛走”的方向为泠道、湘西、醴陵、刘（浏）阳、吴昌等周边地域。除了上述五地境内有许多人迹罕至的峻岭岩穴、深沟险谷，可以提供良好的隐匿场所之外，似乎还有着其他的原因。

根据记载，长沙桂阳等地的非汉民族“好入山壑，不乐平旷”，常常“屯结深山”[36]，“武陵、长沙、卢江郡夷，槃瓠之后也。杂处五溪之内。槃瓠凭山阻险，每每常为害”[37]。可见，荆州南部包括泠道等五地的深山峻谷许多都是被当地的非汉民族所占据。而这些盘踞深山的非汉民族自东汉以来就一直没有完全被中央政府所控制。即使到了刘宋时期，荆州各地的“蛮夷”依然“所在多深险……所居皆深山重阻，人迹罕至焉。前世以来，屡为民患”[38]。这就为临湘等地的吏民摆脱孙吴政权的盘剥提供了一个托庇之所。

临湘等地的吏民之所以选择托庇于这些“屯结深山”的非汉民族，乃是因为叛走的吏民对于这些所谓的“蛮夷”十分熟悉。征诸史籍，有大量孙吴荆州地域“蛮”汉杂处的证明。如“大合新兵，并使潘濬发夷民，人数甚多”[39]，又如“明日，（杨）肇果攻故夷兵处，（陆）抗命旋军击之”[40]，可知，孙吴荆州所辖军队中有大量归化的“蛮夷”青壮士兵。而吴简所载“曰 □中 尚（?）……部伍夷民”[41]，尽管由于简文残缺，部分内容已然难以确知，但部分“夷”民已经被编入孙吴政权管辖的部伍之中是十分清楚的。再如“期卅一斛五斗付州吏区业给廪夷（?）民”[42]，明确说明孙吴临湘侯国辖下有非汉民族的编户百姓存在。由此似可推测，临湘等地所辖的里丘居民，不全是汉族人，有的是汉族人里丘，有的是非汉民族聚居，有的则是“夷”汉杂居。因此，受到当地地域文化的影响，临湘等地叛走的吏民无论是已经“王化”的非汉民族，还是长期与纳入孙吴管辖的“蛮夷”频繁接触甚至杂居的汉族人，对盘踞深山、抗拒“王化”的“蛮夷”从生活习性到宗教信仰都十分了解。这就为临湘吏民叛走至“蛮夷”屯聚的山谷并融入“蛮夷”聚落提供了极大的便利。

二、征服“蛮夷”叛户与析置郡县

临湘等地迫于孙吴繁重的临时性徭役而叛走的吏民，在孙吴政权“兵久不辍，民困于役"[43]的情况下,显然不太可能主动地回乡重新归附于孙吴统治之下。而孙吴政权的赋役征发因之受到了严重影响，进而威胁到孙吴在荆州的统治。孙吴政权出于增加控制地域与人口、绥靖地方治安、稳定统治的目的,采取一系列措施来迫使叛走的吏民与屯聚深山的"蛮夷"出山成为国家的编户齐民。

孙吴政权对于固守险阻的"蛮夷"与叛走吏民最常用的手段就是军事征服。孙吴征服这些荆州"蛮夷"与亡叛的军事行动大致可以分为国家全力征讨与地方自行剿灭两大类。国家全力讨伐行动的代表就是黄龙三年(231年)正月到嘉禾三年(234年)末,孙权命令吕岱与潘濬共同讨伐武陵"蛮夷"[44]。

地方自行征剿的行动则有黄盖在武陵太守任内先后讨伐武陵"蛮夷"与长沙益阳山贼[45],张承"出为长沙西部都尉,讨平山寇,得精兵万五千人"[46]等。此类军事行动比国家征讨在出动兵力、持续时间、规模等方面自然远远不如。但孙吴荆州各地方政府一直在不断地进行着这类行动。其行动的范围遍及孙吴荆州的各个地域。可以说这类军事行动才是孙吴武力征服荆州"蛮夷"与亡叛的主要军事手段。

孙吴政权在武力征服荆州"蛮夷"与亡叛,获得大量土地与人口之后,下一步所采取的措施就是分置郡县。据有关记载及清人考据,孙吴将所辖原汉末荆南不足六郡(长沙、桂阳、零陵、武陵、南郡、江夏部分)之地析分成十五郡(南郡、宜都、建平、江夏、武陵、天门、长沙、衡阳、湘东、零陵、始安、邵陵、桂阳、始兴、临贺)。[47]

造成孙吴荆州行政区划如此巨变的原因自然有许多,经济发展、地理位置、南北对峙的战略态势等多种因素综合影响着孙吴荆州的郡县分合。但"蛮夷"与亡叛归化使得土地与人口的增加可能是孙吴荆州行政区划变迁的最重要因素之一。如张承"出为长沙西部都尉,讨平山寇,得精兵万五千人",可知至少这一万五千人的"蛮夷"或亡叛被纳入了孙吴长沙西部都尉的统辖之下。且孙吴一贯对俘虏实行"强者为兵,羸者补户"[48]的政策,由此推测,仅张承的讨伐,就让长沙西部都尉辖下新增了大量的"王化""蛮夷"人口。吴简中大量出现的"叛士",就是指被纳入孙吴临湘政府管理的普通出山土著与叛民。[49]同时,也将这些"蛮夷"原本耕种的土地,以及他们聚居的山谷等归属于孙吴长沙西部都尉的辖境。这些人口与土地、辖区的扩大与增加,都为孙吴将长沙西部都尉改为衡阳郡创造了条件。而事实上,张承对荆州"蛮夷"与亡叛的讨伐,仅仅是孙吴政权和地方政府对荆州"蛮夷"众多军事讨伐行动中的一次而已。又如"五谿蛮夷叛乱盘结,(孙)权假(潘)濬节,督诸军讨之。……斩首获生,盖以万数,自是群蛮衰弱,一方宁静"[50]。潘濬在该次讨伐"蛮夷"中,亦获得了大量的"蛮夷"与叛走人户。这些新获人户也被编入孙吴荆州地方郡县的版籍之中,成为编户齐民。苏仙桥吴简"右嘉讳六年判(叛)户口食人已还故居"[51],"◇□逐亡叛不得佃种米当出无有◇"[52],"◇□□日叛部扌□◇"[53]三条简文就明确反映出孙吴桂阳郡辖下有大量亡叛人户重新附籍。而这种叛走人户重新附籍的现象可能在孙吴荆州各地郡县中大量存在。

孙吴荆州行政区划变迁最显著的特征就是将长沙、零陵、桂阳等郡的都尉设为新的郡县。“都尉”一职，汉制“典兵禁，备盗贼……又置属国都尉，主蛮夷降者。中兴建武六年，省诸郡都尉……唯边郡往往置都尉及属国都尉，稍有分县，治民比郡”[54]。孙吴荆州所辖的长沙、桂阳、零陵诸郡既非边郡，又非属国，然而东汉与孙吴政权在这一带设置了许多都尉，如长沙郡有西部都尉，桂阳郡有南部都尉（治曲江），零陵郡有北部都尉（治昭陵）、南部都尉（治始安）。其目的就是更有效地控制盘踞在当地山谷中的荆州“蛮夷”。而将都尉辖区改为郡县，则说明了孙吴已经将这些都尉辖区内的“蛮夷”基本征服，将大量“蛮夷”纳入国家控制的编户齐民体系之中。这些地域也因此可以改为普通郡县，实行与内地郡县一样的治理方式了。这一过程正反映了荆州“蛮夷”被大量“王化”，成为编户齐民的特定历史进程。

对于那些已经“王化”成为国家编户齐民的“蛮夷”，孙吴政权对他们也采取一些怀柔的手段，给予他们一些赋役上的优待，防止他们逃亡甚至起来反抗。如吴简中大量存在的“真吏”，就是那些出自本地非汉民族，在已成为编户的非汉族群中担任基层管理人员的人。他们享受复除徭役、不缴纳口算等优待。[55]

三、“王化”与“蛮化”

孙吴荆州境内的土著被迫出山，成为孙吴政权的编户齐民，接受华夏族群的文化风俗等，即“王化”。而包括临湘等地在内的孙吴政权所辖吏民叛走，进入土著所屯聚的山谷，放弃华夏族群的文化风俗，融入土著的族群，即“蛮化”。“王化”与“蛮化”始终贯穿于孙吴对荆州地方的控制过程。而且在不同的历史阶段，由于受到荆州当地多民族地域文化的浸润，“王化”与“蛮化”还各自呈现出不同的特点。

首先，在帝国控制力较为薄弱的边缘地带，就文化而言，原居民的文化风俗和中原核心区的主流文化风俗长期处于拉锯的状态。[56]从孙吴控制荆州与征伐土著亡叛的全过程来看，也并非单向性地只有“王化”没有“蛮化”，而是双向性的，即“王化”与“蛮化”长期拉锯，两者同时存在并产生影响。如《搜神记》载，“江，汉之域有貙人，其先廪君之苗裔也，能化为虎。长沙所属蛮县东高居民，曾作槛捕虎。槛发，明日众人共往格之，见一亭长，赤帻大冠，在槛中坐。因问‘君何以入此中？’亭长大怒曰：‘昨忽被县召，夜避雨，遂误入此中耳。急出我。’曰：‘君见召，必当有文书。’即出怀中召文书，于是即出之。寻视之，乃化为虎，上山走。俗云：貙，虎化为人，好着葛衣，其足无踵，虎有五指者皆是貙”[57]。故事所述虽颇有不稽之处，但直至两晋时期荆州南部长沙等地仍为貙人等非汉民族的活动地域，且长沙郡有非汉民族聚居之“蛮县”存在，似乎是客观的史实。即便到了南朝时期，荆湘地区仍是“多杂蛮左，其与夏人杂居者，则与诸华不别。其僻处山谷者，则言语不通，嗜好居处全异，颇与巴、渝同俗。……其相呼以蛮，则为深忌。……长沙郡又杂有夷蜒，名曰莫徭，自云其先祖有功，常免徭役，故以为名。……武陵、巴陵、零陵、桂阳、澧阳、衡山、熙平皆同焉”[58]。可见，孙吴政权即使是通过武力强行将荆南的部分非汉民族纳入了国家的管理之下，但仍有大量的非汉民族游离于国家郡县控制之外。而这些非汉民族接受“王化”的程度即便到了南朝时期仍然不高。

其次，国家文化和政治上的优势力量并不必然每一刻都居于优势。帝国控制力一时受挫，是拉锯下长期存在的现象和问题。[59]汉末三国时期，正值各方势力纷争，华夏族群内耗严重，统治者控制力严重削弱。荆州辖境的“蛮夷”也因之大规模激烈抵抗“王化”。如中平三年(186年)“时长沙贼区星自称将军，众万余人，攻围城邑……周朝、郭石亦帅徒众起于零、桂，与星相应”[60]，“冬十月，武陵蛮叛，寇郡界”[61]；中平四年(187年)“冬十月，零陵人观鹄自称‘平天将军’，寇桂阳”[62]。又如黄盖曾先后弭平“武陵蛮夷反乱，攻守城邑”与“长沙益阳县为山贼所攻”[63]等多次“蛮夷”攻拔城邑的扩展企图。朱治“从(孙坚)讨长沙、零、桂等三郡贼周朝、苏马等”[64]。又如“会刘备东下，武陵蛮夷蠢动……零、桂诸郡尤相惊扰，处处阻兵，(步)骘周旋征讨，皆平之”[65]。再如潘濬讨伐“五谿蛮夷叛乱盘结……斩首获生，盖以万数”[66]。复如陆凯“五凤二年(255年)，讨山贼陈毖于零陵”[67]。直至刘宋时期，仍是“宋民赋役严苦，贫者不复堪命，多逃亡入蛮。蛮无徭役。强者又不供官税，结党连群，动有数百千人，州郡力弱，则起为盗贼。种类稍多，户口不可知也”[68]。

最后，从总体的历史进程来看，国家总是利用其政治、经济、军事等各方面的优势不断地深入那些游离于其控制范围之外的地域，即“王化”是地域历史发展的主流。具体到孙吴控制的荆州地域，孙吴政权对荆州的控制力度是逐渐加强的，其控制的荆州辖境与人口也是急剧扩张的。从孙吴将辖下原汉末的荆南不足六郡(长沙、桂阳、零陵、武陵、南郡、江夏部分)析分成十五郡(南郡、宜都、建平、江夏、武陵、天门、长沙、衡阳、湘东、零陵、始安、邵陵、桂阳、始兴、临贺)即可管窥一斑。上文所见大量吴简简文与史籍记载也表明有大量荆州“蛮夷”被纳入孙吴荆州基层社会。他们逐渐接受华夏族群的风俗文化，才有“其相呼为蛮，则为深忌”的景象出现。

由此可知，在孙吴政权采取的大量举措之下，孙吴荆州的非汉民族与亡叛吏民走上了两条完全不同的历史发展道路。他们中的绝大部分经受不住孙吴政权武力征讨与怀柔两大措施的交替运用，或主动或被动地走出山谷，被纳入到当地地方基层社会中，成为孙吴政权的编户齐民。他们原来占据的地域也成了孙吴政权新的领土所在，开垦与耕种的土地也成为孙吴荆州地方政府控制下的赋役所出之地。而另有少数坚持对抗孙吴政权、不愿“王化”归附的人群，在面对孙吴的强力征伐与经济封锁时无力抗拒，被迫放弃原有的活动地域，向更加边荒的地区迁徙。其结果自然是更加地与世隔绝，被不断边缘化。

四、结　论

综上所述，吴简所见的叛走现象既是两汉荆州百姓因临时征调而亡叛的继续，也是孙吴政权临时征役过于繁重的现实反映。而孙吴荆州吏民叛走的地域则是游离于孙吴政权控制之外的“蛮夷”聚居之地。叛走的荆州吏民因叛走前长期与归化的非汉民族杂处，受到当地地域文化的影响，因此叛走后十分易于融入那些非汉民族群体，从而被“蛮化”。而孙吴政权则利用武力等手段迫使亡叛吏民与非汉民族出山附籍，从而扩大了辖境，增加了人口，并因之析置郡县。并将另一部分非汉民族驱赶到更边远地区，使得那些山民更加与世隔绝，进一步被边缘化。当然孙吴政权对荆州非汉民族的“王化”过程也并非一帆风顺，其中也有反复拉锯，甚至收缩。汉末三国时期，大量叛走的吏民增强了那些所谓“化外蛮夷”的实力，使得他们联合起来更频繁地反抗孙吴政权。而孙吴政权则采取各种手段迫使大量山民出山，进入孙吴的控制之下。这样既稳定了孙吴政权对于荆州的统治，更增加了孙吴的赋税收入，扩大了军队的征发对象及政府统治的地域范围。随着亡叛吏民与“化外”非汉民族向更为偏远的地域迁徙，孙吴政权的控制力也向着边远地区逐渐渗透。同时，这个过程也是中国版图不断扩展的过程，更是地方社会不断封建化、不断融入中华文化的过程。

【注释】

[1]谭其骧:《近代湖南人中之蛮族血统》，见氏著《长水集》，人民出版社 2009 年版，第 376 ~ 410 页。

[2]周一良:《南朝境内之各种人及政府对待之政策》，见氏著《魏晋南北朝史论集》，北京大学出版社 1997 年版，第 33 ~ 101 页。

[3]〔日〕宫川尚志:《六朝时代的村》，见刘俊文主编:《日本学者研究中国史论著选译·六朝隋唐》，中华书局 1992 年版，第 67 ~ 108 页。

[4]张泽咸:《六朝的徭役制度》，见氏著《晋唐史论集》，中华书局 2008 年版，第 43 ~ 74 页；张泽咸:《魏晋北朝的徭役制度》，见氏著《晋唐史论集》，第 1 ~ 42 页。

[5]陈可畏:《东越、山越的来源和发展》，见中国社会科学院历史研究所编:《古史文存·秦汉魏晋南北朝卷》，社会科学文献出版社 2004 年版，第 80 ~ 102 页。

[6]蒙默:《魏晋南北朝时期的“蛮”》，见氏著《南方民族史论集》，四川民族出版社 1993 年版，第 273 ~ 305 页。

[7]张伟然:《湖南历史文化地理研究》，复旦大学出版社 1995 年版。

[8]〔日〕谷口房男:《华南民族史研究》,绿荫书房1996年版。

[9]〔日〕川本芳昭:《魏晋南北朝时代の民族问题》,汲古书院1998年版。

[10]黎石生:《长沙市走马楼出土"叛走"简探讨》,《考古》2003年第5期。

[11]王素:《说"夷民"——读长沙走马楼三国吴简札记》,《故宫博物院院刊》2004年第5期。

[12]高凯:《从走马楼吴简看孙吴初期长沙郡吏民的社会生活》,《光明日报》2004年5月18日;高凯:《从吴简看孙吴初期长沙郡吏民的生活习俗》,《许昌学院学报》2008年第1期。

[13]侯旭东:《北朝村民的生活世界——朝廷、州县与村里》,商务印书馆2005年版。

[14]韩树峰:《走马楼吴简中的"真吏"和"给吏"》,见长沙简牍博物馆、北京吴简研讨班编:《吴简研究(第二辑)》,崇文书局2006年版,第25~40页。

[15]吕春盛:《三国时代的山越与六朝的族群现象》,《台湾师大历史学报》2005年第33期;吕春盛:《魏晋南北朝时期的"蛮"及其概念之演变》,见《郑钦仁教授七秩寿庆论文集》,稻乡出版社2006年版。

[16]邢义田:《从出土资料看秦汉聚落形态和乡里行政》,见氏著《治国安邦:法制、行政与军事》,中华书局2011年版,第249~340页。

[17]鲁西奇:《人群·聚落·地域社会:中古南方史地初探》,厦门大学出版社2012年版。

[18]高敏:《从〈嘉禾吏民田家莂〉看长沙郡一带的民情风俗与社会经济状况》,见氏著《长沙走马楼简牍研究》,广西师范大学出版社2008年版,第36~43页。

[19]沈刚:《走马楼三国吴简所见"叛走"简剩义》,《江汉考古》2009年第1期。

[20]罗新:《王化与山险——中古早期南方诸蛮历史命运之概观》,《历史研究》2009年第2期。

[21]李鄂权、骆黄海:《从走马楼吴简看孙吴时期长沙郡的人口流动与民族融合》,《福建文博》2009年第4期。

[22]魏斌:《吴简释姓——早期长沙编户与族群问题》,见http://www.bsm.org.cn/show_article.php?id=1135。

[23]秦晖:《传统中华帝国的乡村基层控制:汉唐间的乡村组织》,见氏著《传统十论》,复旦大学出版社2011年版,第1~44页。

[24]周能俊:《走马楼吴简"叛走"考释》,《南京晓庄学院学报》2012年第2期。

[25]张家山二四七号汉墓竹简整理小组编:《张家山汉墓竹简〔二四七号墓〕(释文修订本)·奏谳书》,文物出版社2006年版,第89页。

[26][南朝宋]范晔:《后汉书》卷76《循吏列传·卫飒传》,中华书局1965年版,第

2459 页。

[27][东汉]荀悦、[晋]袁宏撰,张烈点校:《两汉纪·后汉纪》卷18《孝顺皇帝纪上》,中华书局2002年版,第360页。

[28]《后汉书》卷7《孝桓帝纪》,第317页。

[29][晋]陈寿:《三国志》卷47《吴书·吴主传》,中华书局1959年版,第1133页。

[30]长沙市文物考古研究所走马楼简牍整理组:《长沙走马楼三国吴简·竹简(贰)》(下文简称《简二》),文物出版社2006年版,第734页,释文794。

[31]长沙市文物考古研究所走马楼简牍整理组:《长沙走马楼三国吴简·竹简(叁)》(下文简称《简三》),文物出版社2008年版,第798页,释文3473。

[32]《简二》,第854页,释文6704。

[33]《简二》,第865页,释文7241。

[34]《简三》,第794页,释文3270。

[35]长沙市文物考古研究所走马楼简牍整理组:《长沙走马楼三国吴简·竹简(壹)》(下文简称《简一》),文物出版社2003年版,第1048页,释文7454。

[36]《后汉书》卷86《南蛮西南夷列传·南蛮传》,第2829、2833页。

[37][晋]干宝:《晋纪》,见《后汉书》卷86《南蛮西南夷列传·南蛮传》第2830页注六引。

[38][南朝梁]沈约:《宋书》卷97《夷蛮传·荆雍州蛮》,中华书局1974年版,第2396页。

[39]《三国志》卷60《吴书·周鲂传》,第1390页。

[40]《三国志》卷58《吴书·陆逊附子抗传》,第1357页。

[41]《简一》,第914页,释文984。

[42]《简一》,第927页,释文1648。

[43]《三国志》卷47《吴书·吴主传》,第1140页。

[44]《三国志》卷60《吴书·吕岱传》,第1385页。

[45]《三国志》卷55《吴书·黄盖传》,第1285页。

[46]《三国志》卷52《吴书·张昭附子承传》,第1224页。

[47][清]钱仪吉:《三国会要》卷37《舆地四·吴州郡》,上海古籍出版社2006年版,第734~737页。

[48]《三国志》卷58《吴书·陆逊传》,第1344页。

[49]沈刚:《走马楼三国吴简所见"叛走"简剩义》,《江汉考古》2009年第1期。

[50]《三国志》卷61《吴书·潘濬传》,第1397页。

[51]湖南省文物考古研究所、郴州市文物处:《湖南郴州苏仙桥J4三国吴简》,中国

文物研究所编《出土文献研究(第七辑)》,上海古籍出版社 2005 年版,第 152 ~ 168 页,释文 7。

[52]湖南省文物考古研究所、郴州市文物处:《湖南郴州苏仙桥 J4 三国吴简》,释文 19。

[53]湖南省文物考古研究所、郴州市文物处:《湖南郴州苏仙桥 J4 三国吴简》,释文 103。

[54]见《后汉书》志二八《百官志五》,第 3621 页。

[55]罗新:《"真吏"新解》,《中华文史论丛》2009 年第 1 期。

[56]邢义田:《从出土资料看秦汉聚落形态和乡里行政》。

[57][晋]干宝、[南朝宋]陶潜撰,李剑国辑校:《新辑搜神记 新辑搜神后记》卷 20《变化篇之五 · 貙人》,中华书局 2007 年版,第 343 页。

[58][唐]房玄龄等:《隋书》卷 31《地理志下》,中华书局 1973 年版,第 897 ~ 898 页。

[59]邢义田:《从出土资料看秦汉聚落形态和乡里行政》。

[60]《三国志》卷 46《吴书 · 孙破虏讨逆传》,第 1095 页。

[61]《后汉书》卷 8《孝灵帝纪》,第 353 页。

[62]《后汉书》卷 8《孝灵帝纪》,第 354 页。

[63]《三国志》卷 55《吴书 · 黄盖传》,第 1285 页。

[64]《三国志》卷 56《吴书 · 朱治传》,第 1303 页。

[65]《三国志》卷 52《吴书 · 步骘传》,第 1237 页。

[66]《三国志》卷 61《吴书 · 潘濬传》,第 1397 页。

[67]《三国志》卷 61《吴书 · 陆凯传》,第 1400 页。

[68]《宋书》卷 97《夷蛮 · 荆雍州蛮》,第 2396 页。

(作者单位:浙江水利水电学院马克思主义学院;黔南民族师范学院历史学院)

宋代以来浙江方志中龙王信仰的分布与特点*

赵旭腾

一、龙王信仰在浙江的发端

关于龙王信仰的起源，一般认为是佛经之中的龙王与本土道教、自然崇拜相结合的产物。龙王最早是佛教概念，早在西晋太康六年（285 年），竺法护译出的四卷《海龙王经》中就有龙王形象，东晋法显翻译的《摩诃僧祇律》中就已经出现了"龙王宫"的内容，龙王形象至迟在西晋已经诞生。道教用于与佛教争胜的《老子化胡经》中，也出现了"深渊龙王"字样。[1]此后，随着佛教的进一步传播，佛教中的龙王形象逐渐普及开来，在《妙法莲华经》《历代三宝记》《大乘义章》《大方广佛华严经》中都有龙王的记载。与此同时，道教也试图将龙王化进道教神仙体系中，《太上洞渊说请雨龙王经》中就出现了众多降雨龙王。在唐末五代杜光庭所著记载道教科仪的《太上黄箓斋仪》中记载了召唤南方水帝龙王的祝文："南方水帝，太伯龙王，神咒流行，普扫不祥，洪水飞灾，上召蛟龙，开除水径，千道万通，敢有千试，摄送火宫，赤书所告，莫有不从。"[2]唐代的一些笔记小说记载了人格化的龙王形象，如唐代传奇《柳毅传》中出现了诸如"洞庭龙君""钱塘龙君""泾川龙君"这样人格化的龙王。[3]巧合的是，传奇中为洞庭龙女大战"泾川龙君"的"钱塘龙君"，或许影响了浙江明文记载出现最早的具有赐额的龙王庙——广润龙王庙的诞生。广润龙王，即钱塘湖龙王，正明二年吴越王钱镠建造广润龙王庙时曾作《吴越王建庙碑记》，记载了钱塘湖龙王受到赐封的始末：

盖闻四灵表瑞，则龙神功济于生民，百谷熟成，则水旱事关于阴骘，而况浙阳重镇，

* 本文系华林甫主持教育部人文社科重点研究基地重大项目《清代政区设置与地方治理研究》（批准号：19JJD770009）的阶段性研究成果。

自古吴都，襟带溪湖，接连江海，赋舆甚广，田亩至多，须资灌溉之功，用泰耕桑之业。钱塘湖者，西临灵隐，东枕府城，澄千顷之波澜，承诸山之源派。梁大同中，湖庙尝置。唐咸通年，刺史崔彦曾重修，凿石为门，蒸沙起岸，自予翊扶圣运，移建节旄，旧日湖堤尽为城宇……一郭军民，尽承甘润，逐年开豁，淼若浤阙……其中菰莲郁茂，水族繁滋……润绿野之万家，常如甘泽。固有龙神居止，水府司存，降景佑于生灵，兴旱涸之风雨。原其自编祀典，积有岁年，虽陈奠酹之规，未施展敬之所……盖为古来藩侯牧守不能建立殿堂。予统吴越山河，绾天下兵柄，前后累申祈祷，皆致感通，既荷阴功，合崇祠宇。昨乃特于湖际选定基埫，创兴土木之功，建立栾栌之构，至于殿庭、廊庑、门楹、阶墀，悉亲起规模，指挥擘划，俱臻壮丽以称精严。然后慎选良工，塑装神像，威容赫奕，冠剑阴森，陈将僚侍卫之仪，列钟鼓豆笾之位，以至车舆、仆马、帐幄、盘筵、祭器、爨厨无不臻备，馨香荐献不阙四时。况镜水清流、烟波浩渺，其湖周百余里，其派数十余川，济物于人，功能及众，亦无龙君之庙貌。予遂与钱塘龙君一时建立庙堂，同表奏闻，乞加懿号。果蒙天泽，并降徽章，其所奉敕旨，具录如后：敕钱塘重地，会稽名邦，垂古今不朽之基，系生聚无疆之福。有兹旧迹特创新规，岂曰神谋，实因心匠。盖水府受天之职，庇民之功，岁时罔阙，于牲牢祈祷必观于肸蠁，得一方之义化，致两境之安康。钱镠普扇仁风，久施异政，至诚所切，遂致感通。其钱塘湖龙王庙宜赐号广润龙王，镜湖龙王庙宜赐号赞禹龙王，牒至准敕旨，若夫人惟神赞，神实人依，信冥阳共理之言，乃幽显相须之义，今者，式严庙貌永受烝尝，四时之殷荐不亏万姓之祷，祠无阙神，其受天朝之宠，赉阙千古之光辉，常镇吴邦，豫消灾沴，必使原田肥沃，克昌广润之名，谷稼丰登，更表土龙之德。今则严禋已立，邃宇咸周，聊记岁月刻于贞珉，后来观者，其鉴之哉。[4]

钱镠之所以在西湖之畔设立钱塘湖龙王庙，一方面是出于治理西湖的目的，另一方面则是受道教、佛教的影响。钱镠定都杭州后，花费了大量人力物力在治理钱塘江水患和疏浚西湖上，经其治理的西湖，成为泽被一方的重要水源，一如碑文中所述“一郭军民，尽承甘润”“润绿野之万家，常如甘泽”，因此吴越王希望通过设立龙王庙来寻求钱塘湖龙君这位“土龙”的庇佑。在碑文中，钱镠提及西湖旧有湖庙，但到新修钱塘湖龙王庙时，已不知旧有湖神为何。那么，为何钱镠新建西湖湖庙和镜湖（即绍兴鉴湖）水神庙时没有选择大禹等原先存在的水神，而是选择龙王呢？从保留在《全唐文》中钱镠祭祀太湖龙的祭文[5]中可以寻找其中的原因：

投龙文

大道弟子天下都元帅尚父守中书令吴越国王钱镠，年七十七岁，二月十六日生，自统制山河，主临吴越，民安俗阜，道泰时康，市物平和，遐迩清晏，仰自苍昊降佑，大道垂恩。今则特诣洞府名山，遍投龙简，恭陈醮谢，上答元恩，伏愿合具告祈，兼乞镠壬申行年四时履历，寿龄遐远，眼目光明，家国兴隆，子孙繁盛。志祈元祝，允协投诚，谨诣太湖水府金龙，驿传于吴越国苏州府吴县洞庭乡东皋里太湖水府告文。宝正三年，岁在戊子，三月丁未朔二十六日壬申投。

除了这篇太湖《投龙文》外，在浙江省绍兴博物馆还藏有投龙简实物两枚，其中一枚投龙简的文字除地点为射的潭外，与本篇几乎完全一致，年月都是宝正三年三月。另一枚的信息更丰富，规格更大，是在宝正三年八月所投，记述的是钱镠希望依靠在国境内遍投龙简来"广积阴功"，从而战胜"淮夷"，也就是北边的南吴政权。从钱镠《投龙文》中可以看出，钱镠曾在整个吴越国范围内寻找"洞府名山"，"遍投龙简"，以求道教仙灵的庇佑。尽管三篇投龙文中水府洞君并非龙王，但是钱镠认为水府之中必有龙存在，可以将信息传达给神仙，无疑也加速了龙王信仰的发展与传播。钱镠本人，在执政后也大力推动道教的发展[6]。同时，包括钱镠在内的吴越国历代君主，对佛教都非常推崇，钱镠对龙王的推崇一定程度上也应受到了佛教的影响。

自五代至元，不仅杭州，浙江各地也逐渐将龙王信仰纳入地方祭祀系统，留存至今的宋元浙江各府县的志书中，都能找到关于龙王庙的记载。宋元龙王庙中的龙王，部分保留了佛教元素，同时地方民众将自然崇拜融入龙王信仰，一些自然景观开始沾染龙王的因素。宋元时期浙江方志中的龙王庙、龙潭、龙穴如下表所示：

表1　临安府龙王庙、龙潭分布情况表

庙名	所在县	事迹	出处
东天目龙王庙	临安	淳祐八年祷雨应……奏请封东天目龙王为灵佑公，赐庙额曰惠泽	咸淳《临安志》
仁惠龙王庙	富阳	灵岩山，在县南三十里，高八十丈，有仁惠龙王庙宝山院	咸淳《临安志》
龙洞	仁和	在临平山，《祥符志》云自洞门至水际五丈，阔一丈五尺，高一丈三尺，其水深不可测，祷祈多验	咸淳《临安志》 淳祐《临安志》
大雄山白龙洞	钱塘	在钱塘县崇化乡大雄山，传说有白龙，嘉定八年祷雨有应，封显灵孚济侯，赐庙额曰敏应	咸淳《临安志》 淳祐《临安志》
黑龙王祠	仁和	在仁和县水和乡超山上有干湿二洞、黑龙王祠。嘉定八年祷感应赐额曰通灵，之祠先封慧应侯，继封宣济侯，淳祐七年，亢旱，祷雨感应，加封昭慧龙祠，系圆满院掌管香火	咸淳《临安志》 淳祐《临安志》
大遮山龙王穴	钱塘	在钱塘县去北关五十里溪上大遮山，有龙王穴，舟人相传风雨之夕龙吐珠有光	咸淳《临安志》

（续表）

庙名	所在县	事迹	出处
黑龙潭	钱塘	在宝月山宝月寺之西，莫测深浅，亢旱不竭，晴则潭水碧色可爱，将雨则湛黑	咸淳《临安志》
白龙潭龙王庙	仁和	在仁和县临平镇东湖，旧有龙王庙，绍兴十四年四月，水冲坏塘岸，版筑不就，祷于潭重立庙乃成	咸淳《临安志》
龙游潭	仁和	在仁和县肇元乡皋亭山，时有蜿蜒出没其门，乡人称为水瓮，亢旱祷必雨	咸淳《临安志》
龙潭	临安	在高陆乡猷溪中，环以岩石，既深且清，有石如屋覆其上，号渴泽龙王	咸淳《临安志》
白龙潭龙王庙	於潜	在十一都运河侧，绍兴间号龙王庙	咸淳《临安志》
顺济庙	仁和	浙江里民冯氏祠，绍兴三十年赐顺济庙额，庆元庚申封灵佑公，绍定间重建庙，封英烈王，嘉定十七年封次子为助宁侯，绍定六年加助灵佐顺侯（冯氏有死后化龙传说）	咸淳《临安志》
汤村龙王堂	仁和	政和二年，汤村沙岸为潮水所冲，州县立龙王祠以祷之，六年奏请增广庙祠	咸淳《临安志》
昭应庙	钱塘	在白塔岭，绍兴间建，旧传钱塘顺济龙王，咸淳元年诏赐昭应庙为额	咸淳《临安志》《梦粱录》
孚应庙	钱塘	在磨刀坑龙山渡，乾道三年九月建，旧传水府龙王，咸淳元年诏赐孚应庙	咸淳《临安志》
广顺庙	钱塘	在龙山，旧传镇江龙王小祠，咸淳元年诏赐广顺	咸淳《临安志》
顺济龙王庙	仁和	在汤村镇，政和五年，郡守李偃以江潮侵啮，奏请同两浙运使措置用石版砌岸，因建庙。累封灵应、昭应、嘉应三王	咸淳《临安志》
嘉泽庙	钱塘	旧在钱塘门外二里，号钱塘湖龙君。钱氏表请封广润龙王。国朝累封为渊灵溥济侯庙。始梁大同中，乾道五年，以祷雨应重建，淳祐八年，又建且亭其前之井。咸淳五年潜说友葺而新之	咸淳《临安志》
会灵庙	钱塘	在涌金门外，即柳洲五龙王庙，中毁，寓惠明寺。庆元六年，祷雨应，赐庙额曰会灵王。开禧元年，淳祐七年先后创建。咸淳五年，潜说友又更新之。开禧中，帅臣赵师睪重塑五王像，旒冕珪服毕具，其中三像一模韩侂胄，二陈自强，三苏师旦	咸淳《临安志》
龙井惠济庙	钱塘	在风篁岭上，绍兴十八年赐庙额，累封为嘉应广济孚惠王。咸淳五年，潜说友更创祠宇。旁有德威亭，即旧龙井亭，东坡书扁	咸淳《临安志》

（续表）

庙名	所在县	事迹	出处
南高峰龙王祠	钱塘	在荣国寺后钵盂潭，累封为孚应昭顺侯庙。废已久，咸淳五年七月，潜说友以久晴祷潭上，觉微雨沾衣，顷之甘澍如倾，乃即故址为创庙以答灵贶	咸淳《临安志》
玉泉龙王庙	钱塘	在净空院。嘉泰初赐庙额曰灵泉，嘉定初改仁惠，嘉熙四年又改神运，淳祐八年重建庙。咸淳三年，贾似道又捐钱葺而新之。神始封嘉应公，后加曰溥泽	咸淳《临安志》
白龙王庙	仁和	在临平东山之中，亦有龙池在洞侧（即上文白龙潭）	咸淳《临安志》《梦粱录》
黑龙王庙	仁和	在超山，嘉定间祷雨屡验，请于朝，赐通灵为额，累封通灵惠应宣济昭惠侯	咸淳《临安志》
灵泽庙	临安	在径山能仁寺，去县五十里，即唐国一禅师开山时所现龙神也，每岁雨旸愆期，邑人祷之多应。绍兴八年赐灵泽庙额，累封为显应孚佑昭济龙王	咸淳《临安志》
昭应庙	於潜	在县北四十五里，旧志云天目龙王祠也，崇宁三年赐昭应庙额。政和三年封渊源侯，累封至今为广佑灵济昭应孚惠王	咸淳《临安志》
顺济宫	仁和	去城四十里，在汤镇赭山之间，元系龙王庙。绍兴元年移请云涛观为额，四年旱，祷而雨改赐今额。嘉泰二年九月，赐三神侯爵曰广泽，曰顺泽，曰敷泽。嘉定九年，增封曰广泽灵应，曰顺泽昭应，曰敷泽嘉应	咸淳《临安志》《梦粱录》
无相寺龙王池	钱塘	寺有会正堂，紫芝岩右有灵鳗池，熙宁七年久旱，郡守沈起祷之，至晚大雨，今号灵泽龙王池	咸淳《临安志》
超山报慈圆满院龙王祠	仁和	在超山，绍兴初无碍道人法才建，请今额，被旨追严显仁皇后香火，内有海云龙王神祠，祷雨多应	咸淳《临安志》

表2　庆元府龙王庙、龙潭分布情况表

庙名	所在县	事迹	出处
灵波庙	鄞县	广德湖白龙祠	宝庆《四明志》 延祐《四明志》
白龙庙	鄞县	灵波庙别庙	宝庆《四明志》 延祐《四明志》

（续表）

庙名	所在县	事迹	出处
显济龙王庙	奉化	在镇亭山	宝庆《四明志》
湍水岩潭龙王祠	慈溪	因旱祷雨未获，有老父坐水滨石上，语行人曰，曷不于此祈？令张义和亟祷之，得小蛇以归，雨随至。其后县家祷祈多应	宝庆《四明志》
天井山龙王堂	鄞县	天井山在通远乡，神龙所居。有三井焉，旱暵祈请得蜥蜴或蛇蟹之类，自山下望之，奕奕有光，雨辄应。每欲雨，则云雾先兴于此山	宝庆《四明志》 延祐《四明志》
翼鱼潭龙王庙	奉化	县西南四十里，周皆祷雨之所。潭径二丈余，深广如之。其流萦绕于松林金溪二乡，溉田甚博。祥符间，有渔者钓到五彩二翼鱼。是岁大旱，乡人合道、释、巫觋鸣铙槌鼓以迎之，取潭中鳗鱼而归，未出山而雨大至。岁则大熟，于是乡之父老相率为建祠宇，立龙王像。淳熙间，岁甚旱，乡人三沐三熏，一步一拜，以礼之周日夜而后至潭所，黎明未得所请，忽有大蛇，投入潭中。是岁大旱，唯此乡得免	宝庆《四明志》
顺济庙	慈溪	县东南七里即白龙王祠有潭，祷辄应，宋淳熙八年僧法秀建，宝祐六年赐今额	至正《四明续志》
白龙潭	象山	在县南三十里，伍师山岭，遇旱祷雨多应	延祐《四明志》
涌泉潭	象山	在县西南十五里，潭水清浅，人谓龙穴，亢旱则斩鹅祭之，铙鼓方鸣，泉即涌出	延祐《四明志》
龙洞	象山	在县东南二十五里锯门山之趾，世传五龙聚会之所，洞如石屋，多钟乳石，天将大雨，水如雷鸣，声闻十余里，岁旱投以朱书铁简，则雨立应	延祐《四明志》
洞井龙潭	鄞县	坐落三十八都	延祐《四明志》
灵头山龙潭	鄞县	坐落三十八都旧名胡家圣井	延祐《四明志》
宝岩寺龙湫	鄞县	锡山宝岩寺后有湫名白龙王，宋淳祐年间至今雨旸祈求无不感应	延祐《四明志》
太白山龙洞	鄞县	县东六十里，旱暵祷之辄应	延祐《四明志》
匾溪龙潭	定海	在县西北百里灵绪四都黄杨岭，遇旱乡民祈祷屡应，大德元年潭侧建祠以祀	延祐《四明志》
清林龙潭	定海	在县江南七里，久已湮塞，嘉泰中旱，县令商逸卿访求故迹，祷雨即应，自此逢亢旱，县官率士民诣潭请龙祈雨，屡有奇验	延祐《四明志》
钓岩龙潭	定海	在海晏三都，去县百里，地名福泉山，县境遇旱，官吏诣潭祈龙，雨泽随至	延祐《四明志》

（续表）

庙名	所在县	事迹	出处
东龙潭	昌国	在州之东，介万寿、衍庆两山间，据山之顶，清澈无底，上有龙王祠，遇旱则祷之	大德《昌国州志》
泄潭瀑布	昌国	在州东北三十六里，宋宣和中岁旱，簿尉刘佖投以诗，诗沉而雨至	大德《昌国州志》
青龙潭	昌国	在普慈寺之后山，祷雨则出青蛇以显其异	大德《昌国州志》
九节鳗潭	昌国	在州东五里畦塍间，一古井耳，有鳗被斫为九节不死而归潭中，乡人神之，以为龙，遇旱必祷焉	大德《昌国州志》
郑山龙潭	昌国	在州东大剪村，有山危峭，山之巅旧有石罅，遇旱祷之，有金丝蜥蜴出	大德《昌国州志》
高嶅山龙穴	昌国	高嶅山在岱山东南，藏经云东海有山名曰高嶅，乃娑竭龙王所居之地，上有亭宇，遇旱乡人祷之	大德《昌国州志》
岱山龙潭	昌国	岱山龙潭依山之麓，其潭有三，深不盈尺，祷旱投以尺书，则有物若蟹捧而入，间有状如鳗者跃而出，或诚不能感则书复浮于水	大德《昌国州志》
高大山龙潭	昌国	去州东三十里，父老相传有白龙乘云而下，双睛驻地遂成龙渊，旱暵不竭，有青蜥蜴常现潭上，遇旱则祷焉	大德《昌国州志》

表3　绍兴府龙王庙、龙潭分布情况表

庙名	所在县	事迹	出处
耳潭龙王庙	会稽	县东北一十里	嘉泰《会稽志》
赞禹龙王庙	山阴	赞禹龙王庙在县南二里	嘉泰《会稽志》
铜井瑞泽龙王庙	山阴	铜井瑞泽龙王庙在县西七十里	嘉泰《会稽志》
龙王庙	萧山	在县东四十里，有龙井，在山之巅	嘉泰《会稽志》
顺圣龙王庙	上虞	顺圣龙王庙在县东八里	嘉泰《会稽志》
鬼啸潭龙王祠	余姚	鬼啸潭在上林山坳，人迹罕到，傍有龙王祠	嘉泰《会稽志》
三悬潭龙祠	嵊县	三悬潭在贵门山下，有龙祠，号普济	嘉泰《会稽志》

表4 湖州龙王庙、龙潭分布情况表

庙名	所在县	事迹	出处
黄龙洞龙王祠	乌程	卞山岩窦阴沉，旁有龙王祠，有水旱祷焉。知州事苏轼有刻。熙宁六年有碑记	嘉泰《吴兴志》
龙王庙	安吉	在县西南金石乡，庙有龙井，遇旱祈祷甚灵响	嘉泰《吴兴志》

表5 嘉兴府龙王庙、龙潭分布情况表

庙名	所在县	事迹	出处
显济龙王庙	海盐	宋大观三年建，政和间县人郭三益为中司，以祷祈感应奏请封爵。山半有龙湫，水旱不溢不涸，崇宁三年以显济名其庙，宣和五年封龙君为渊灵侯，绍熙七年六月，旱暵，知县李直养因祷于龙君得小龙以归就县厅设醮，三日后果雨，是岁大稔，闻于朝进，封龙君为广惠渊灵侯，龙母为龙君夫人。绍熙二年李直养建新龙君龙母二大殿，绍熙五年敕封龙君为广惠渊灵威佑侯，龙母为庆善荐福夫人，又创建兴福院于庙之右以广僧居，以严香火之奉	至元《嘉禾志》
五龙王堂	嘉兴	宋天圣二年立，隆兴元年更创祠宇，服色坐位出于俚俗，不复讨论，祷而未应。州学录夏公以《文选》郭景纯游仙诗言五龙事上之州，知州姚宪从之，遂改正其服位，继而响应。祠宇之南偏乃焚化院，尝掘得大通年石佛像，奉安之时光明满室	至元《嘉禾志》
白龙潭	嘉兴	顺德龙王，景德禅院前。以白龙穴于此，故行舟飘溺，作塔埋舍利以镇之后，遂无害，今寺之伽蓝神，乃顺德龙王也。宋淳熙改元，秋大旱，知县李时习以虎头骨投有龙处，且既得雨，偶取虎头稍迟，雷电绕于郡治听讼之所。言婺州图经亦载搅龙之事	至元《嘉禾志》

表6 严州龙王庙、龙潭分布情况表

庙名	所在县	事迹	出处
两港龙王庙	建德	位于新安江与兰溪江汇合处，平息水患。淳熙年间赐庙额庆元，后又封新安江之神曰灵济侯，开禧改封东阳江之神曰广润侯	淳熙《严州图经》 景定《严州续志》
建昌山龙王庙	建德	无载，有祭龙坛	淳熙《严州图经》
珠山龙王庙	桐庐	有乳泉溉田甚多，又名乳泉龙王庙	景定《严州续志》

（续表）

庙名	所在县	事迹	出处
三井龙王庙	遂安	有两处	景定《严州续志》
紫龙王庙	分水	县西南十五里，乃紫龙山之神，山有三池，岁旱请水祈祷，以水中得生物为雨	景定《严州续志》

表7　台州龙王庙、龙潭分布情况表

庙名	所在县	事迹	出处
定光观	黄岩	传水潭中有龙	嘉定《赤城志》
三井庙	仙居	传三井潭中有龙	嘉定《赤城志》
沓山庙	天台	本龙王祠，传说是吴赤乌二年建	嘉定《赤城志》
龙鸣山	黄岩	有龙湫，祷雨有应	嘉定《赤城志》
德渊庙	临海	祀白龙潭，崇宁五年县令改坛而建，政和五年赐今额，建炎四年封滋荣侯，时御海、赤颊、碧瀛、湫水、四潭同被侯封，俗所谓五龙是也	嘉定《赤城志》
延庆院	临海	有龙潭	嘉定《赤城志》
白龙潭	临海	不详	嘉定《赤城志》
戏龙潭	临海	不详	嘉定《赤城志》
白龙潭	黄岩	有龙见于潭	嘉定《赤城志》
白塔潭	黄岩	有龙见于潭	嘉定《赤城志》
松岩潭	宁海	有龙见于潭	嘉定《赤城志》
茶山黑龙潭	宁海	有龙见于潭	嘉定《赤城志》
湫水潭	宁海	有屈坦母化为龙母的传说	嘉定《赤城志》
白龙潭	宁海	有龙见于潭	嘉定《赤城志》
梁源潭	宁海	有龙见于潭	嘉定《赤城志》
澄照院	黄岩	旧名龙潭	嘉定《赤城志》

宋元时期临安府（路）的龙王庙（包括龙潭、龙穴）共有29处，庆元府（路）有25处，绍兴7处，湖州2处，嘉兴3处，严州6处，台州16处。从数量上看，杭州与宁波的两个统县政区的数量极多，其余总和不过34处。但临安府与庆元府的龙王信仰差异极大。杭州府的龙王信仰在南宋已经纳入祠祀系统中，全部29处龙王庙、龙潭均已见于南宋方志，而庆元府在南宋只有6处，其余均在元代方见之于文献中。其次，临安府龙王信仰的载体以龙王庙为主，只有4处龙穴、龙潭，以及1处附属于寺院的龙王池，而庆元则以龙潭为主，只有7处龙王庙，其余皆为龙潭、龙穴。但是各统县政区的差异并非只是数量和

年代上的差异。

宋元时期的浙江龙王信仰，呈现多元化的特点。在各统县政区中，临安府的龙王信仰特点最为丰富，明显区别于其余统县政区。第一，临安作为南宋的行在所，元代亦是大都会，交通发达，与各区域联系密切，这反映在龙王信仰上就是临安的龙王包含了外来龙王，如钱塘广顺庙，为镇江龙王小祠，这是浙江仅有的一例。第二，临安府自五代吴越国以来，佛教兴盛，佛教寺院遍布府城内，体现了龙王与佛教之间的渊源：临安府内有七处龙王庙(潭)是在佛教寺庙之中，为浙江全省之冠。第三，临安府龙王信仰最大的本土特点则是龙王的潮神身份，仁和县临平湖白龙潭龙王庙、顺济龙王庙、汤村龙王堂均是为筑造海塘而建，龙王的功能为护佑海塘。

除了差异，临安府的龙王信仰与其余地区也有相当多的共性。首先是龙王的祈雨功能，各统县政区出现的龙王信仰均具备祈雨的特点，这也是后世龙王庙最大的功能。其次是龙王庙多有龙潭、龙井。再次是功用方面，除了祈雨，还有护佑灌溉功能，如钱塘湖龙王和桐庐县的乳泉龙王、奉化县的翼鱼潭龙王，都具有护佑灌溉的功能。而在与佛教的关系这一点上，嘉兴的白龙潭、昌国的高鳌山龙穴、鄞县的宝岩寺白龙王，均是从寺院或佛教经典中诞生，只是数量上远远不及临安府。

其余各府县也有自身特点。如嘉兴府白龙潭，其龙王本身为恶龙，是在佛法感化下才成为寺院伽蓝神，而其祭祀龙王的方式与一般的投书简不同，采用的是搅龙法，即投虎骨以祭龙。严州两港龙王庙处于建德梅城，是新安江和兰溪江两大钱塘江上游汇聚之地，两港龙王庙主要保佑航运通畅。庆元府的龙潭数量冠绝浙江，而且龙潭多有“神鳗”。

除了上述特点，宋元时期浙江龙王信仰还有区别于明清时期的最大特点，就是龙王的人格化特征，如慈溪湍水岩潭龙王，传说其曾化为老人的形象，指引乡民祈雨。而最具代表性的是仁和顺济庙，也是宋元时期唯一记录真实姓名的龙王。顺济龙王名为冯俊，钱塘人士，北宋熙宁年间生，娶妻郭氏，生三子，事母甚孝，十八岁时梦见天帝赐予其神力，精明文义，知人祸福。元祐年间，曾在钱塘江中显灵救助渡舟，叱咤之际就平息了江潮。又言自己在龙宫中宴饮，从而解释其睡梦中吐出海物的异状。大观三十一年，冯俊说天帝召其掌管江水，三日后去世，享年三十六岁，世人认为其飞升为龙，绍兴三十年赐额，其子孙世奉其庙。[7]通过对冯俊生平的描述，不难发现，冯俊家族极有可能是当时的巫师家族，其后代营造了其孝顺、聪慧、救人危难的形象以迎合南宋的祭祀政策，最后得以赐封为龙王。这正是宋代民间信仰迎合朝廷祭祀政策编造神迹以求得到国家赐额从而获得名利的方法。[8]

二、明清时期龙王信仰在浙江的分布

明清时期浙江龙王信仰分布进一步扩大。浙江省所辖的杭州、嘉兴、湖州、宁波(清代分出定海直隶厅）、绍兴、台州、金华、衢州、严州、温州、处州，每一府都有龙王庙或龙井、龙潭。下表是明清时期浙江各府龙王庙的统计情况。[9]

表8　明清时期浙江各府龙王庙的统计表[10]

府名	县名	庙名	总数
杭州府	钱塘、仁和	水神庙、龙神庙、嘉泽庙、龙井龙王祠、会灵庙、顺济庙、白龙王庙、黑龙王庙、汤村龙王堂	9
	海宁州	龙词、龙王庙	2
	富阳	龙王祠、仁惠龙王庙	2
	余杭	洞霄龙王祠、径山龙王祠、龙王祠、白崖山龙王祠、齐亨龙王祠	5
	临安	灵泽庙、惠济庙	2
	新城	龙王庙、贝山龙王庙、仙女龙王庙、渔洲山龙王灵惠庙	4
	於潜	浪山龙王庙、龙王殿四	5
	昌化	龙池庙、庐山龙王庙	2
嘉兴府	秀水	顺济龙王庙	1
	嘉善	汾泽庙	1
	海盐	海神庙、陈山龙君行祠	2
	平湖	陈山显济庙、龙王庙三	4
湖州府	乌程	卞山龙王祠（黄龙神庙）、青龙神庙、龙王庙	3
	武康	渊应庙	1
	安吉	金石乡龙王庙、黑龙潭神庙、泽境龙王庙、龙王庙	4
	孝丰	天目山龙神庙	1
宁波府	鄞县	金沙井龙神渊应庙、天井山龙神显济庙、碧沚水仙渊灵庙、海神庙、白龙王庙、洪圣庙、灵波庙三、诚应庙	10
	慈溪	顺济庙、赭山龙王庙、九里庙、永林庙、北雪龙神殿、龙王堂三、龙王殿、永昌龙王庙、乌盆龙神殿、永昌龙王殿	12
	镇海	镇远门龙神庙、南熏龙王宫、东箬乡龙王宫、灵绪乡龙王堂、灵龙宫、陈如乡龙王宫、灵岩乡龙王宫、广济龙王宫、泰印乡龙王宫二、海晏乡龙王宫二	12
	奉化	柏香岩龙神庙二、善应龙潭祠、谢圣龙神祠、马岭龙神庙金钟塾龙祠、龙潭庙、四峰龙王祠、响岩龙神庙、西溪庙三、鲤湖山龙神行祠、灵济泉龙祠、镇亭龙神祠、隐潭龙祠	15
	象山	南田龙王宫二	2
定海直隶厅		谢龙王祠	1

（续表）

府名	县名	庙名	总数
绍兴府	山阴	赞禹龙王庙、铜井瑞泽龙王庙	2
	会稽	龙池庙、的耳潭龙王庙	2
	萧山	白龙王庙	1
	诸暨	白龙堂、五泄龙堂、龙王堂	3
	上虞	顺圣龙王庙、龙潭庙	2
	余姚	应王庙	1
	嵊县	五龙庙、龙王庙、篁山庙	3
	新昌	龙亭庙、龙皇庙、龙神庙二、龙王庙三	7
台州府	临海	龙神庙	1
	黄岩	白龙庙、毓龙宫、安定庙	3
	太平	天后宫祔祀龙神、龙王堂	2
	宁海	龙王宫、灵润庙、灵济庙、显泽庙、香岩庙、灵泽庙	6
	天台	龙王庙九（分别祭祀九个龙潭的龙君）	9
	仙居	龙王庙、龙母庙、三井庙、彭溪潭龙神庙	4
金华府	金华	龙神庙、龙女庙、井龙庙	3
	兰溪	天津龙王庙、龙神庙、龙王庙、横山龙王庙	4
	东阳	龙王庙	1
	武义	天井潭龙王庙、三断潭龙王庙	2
	浦江	灵泽庙（灵济庙）、泄水龙王庙、龙王庙	3
衢州府	西安	龙神祠、灵泽庙、白龙庙、青龙庙、乌龙殿	5
	龙游	龙王庙、龙穴殿、龙王殿	3
严州府	建德	龙王庙三	3
	淳安	龙王庙	1
	遂安	龙王庙	1
	桐庐	乳泉龙王庙、武牛山龙王祠	2
	分水	紫龙王庙、白水龙王庙、龙神庙	3
温州府	永嘉	兴肇龙王庙、龙母宫、风龙神庙	3
	乐清	龙湫慈济庙、龙母庙、雁山龙神庙	3
	玉环	龙王庙	1

（续表）

府名	县名	庙名	总数
处州府	丽水	龙神祠、白龙庙、龙子庙	3
	缙云	龙王庙、新龙宫	2
	松阳	白龙瑞现夫人庙	1
	龙泉	坐创龙王庙	1
	庆元	博济庙	1

至明清时期，龙王信仰进一步被纳入祠祀系统中，仅龙王庙的数量就已经超过了宋元时期龙王庙与龙潭的总和。根据上表的统计结果，明清时期杭州府一共有 31 处龙王庙载入《祠祀志》，嘉兴府 8 处，湖州府 9 处，宁波府 52 处（包括定海直隶厅 1 处），绍兴府 21 处，台州府 25 处，金华府 13 处，衢州府 8 处，严州府 10 处，温州府 7 处，处州府 8 处，全省共计 192 处。最直观的变化是宁波府的龙王庙数量相比宋元时期增长极多，成为浙江省第一，甚至超过了杭嘉湖三府的总和。而除了龙王庙，作为龙王信仰重要载体的龙潭、龙穴，在数量上也增加了，例如：

湖州府长兴的五龙潭，德清的白龙潭。安吉的天目山龙潭六[11]、白龙潭、黑龙潭、五龙湖，孝丰的天目山龙潭六、龙井。

宁波府鄞县的金沙井龙潭、太白山龙潭、天井龙潭、铜盆浦龙潭、青山三圣井龙潭、水晶宫龙潭、清瑞龙潭、蒋山龙潭、锡山龙潭、仙井龙潭、绿戏桥龙潭。定海的东龙潭、青龙潭、九溪龙潭、九节鳗潭、郑山龙潭、菖蒲潭、高山大龙潭、桃花山龙潭、灌门龙潭、岱山龙潭、高晵山潭。

台州府临海县的白龙潭、戏龙潭、龙井，黄岩县的龙潭坑水、白龙潭、龙井，太平县的白龙潭，宁海县的白龙潭、石龙资潭、白龙山潭、湫水潭、茶山潭、金井潭、梁源潭，天台县的五潭、河胤潭、百丈潭、急泽潭、黄坛潭、石埠潭、蟹渚潭和瀑布潭，仙居县的彭溪潭、三井潭、龙幻潭、紫微潭、曹潭、米筛潭、龙坑潭。

金华府义乌县的龙祈山、龙潭、龙井，武义县的八素潭、三断潭、天井潭，浦江县的仙鸽潭、龙潭、灵泽潭、漳龙潭，汤溪县的龙岩山、湖山。

衢州府西安县的洞岩龙井、苦马槽山、九龙山、蓑衣洞、白塔洞龙祠、湖柘潭，龙游县的龙须岩、晓溪山，江山县的大岭、圣堂山、石鼓山、湖山、登真岩、龙潭、岩头潭，常山县的禹迹洞、了巾山、白龙洞、玉龙洞、斗潭、龙池、龙饮泉，开化县的石龙岩、县石岩、龙潭、禹门潭、圣潭、石龙岩、悬石岩、鸦金岭、钟山龙潭、云雾岩。

温州府瑞安县的华岩潭、龙耕潭，玉环厅的龙潭。

处州府丽水县的龙潭，宣平县的大蛤潭、峡溪潭。

关于龙王庙的地理划分，笔者认为可以将其划分为宁台滨海带、杭嘉湖绍平原带、金衢严丘陵带和温处瓯江带。正如朱海滨《祭祀政策与民间信仰变迁》所言："各地的民间信仰，都与各个区域特殊的环境相对应。在浙江省各个区域范围内广受崇拜的各种地方神，都与该区域特有的社会经济、自然环境等相一致。"[12]浙江龙王信仰分布的差异，自然也与其地理环境、社会经济的差异有密不可分的联系。

宁波、台州二府的龙王信仰最盛，龙王庙与龙潭被载入方志的数量极多，且多有对应，如光绪《宁海县志》所载，灵润庙，祀湫水潭龙王；灵济庙，祀白龙潭龙王；显泽庙，祀茶山潭龙王；香岩庙，祀金井潭龙王；灵泽庙，祀梁源潭龙王。[13]而且这一地区的龙王庙往往在一府范围内设有分庙。从地理角度看，宁波府地处甬江流域，台州府地处椒江流域。该地区龙王兴盛的原因一是甬江、椒江的上游地带，地形以丘陵为主，山体之间的水潭，正是孕育龙潭之地：宁台二府气候亦属于亚热带季风性气候，夏天炎热少雨，而山间潭水久旱不涸，被认为是神龙所居。宁波府龙王庙最多的奉化县和台州府龙王庙最多的天台县都处于上游地带。宁台二府与作为文化中心的钱塘江流域处于"若即若离"的状态：一方面，因为四明山、括苍山等山体的阻隔，宁台二府各独占一个流域，文化具有一定的独立性；另一方面，又与钱塘江流域保持了一定的联系，宁波府有浙东运河与杭州相连，台州则又通过海洋与宁波联系密切。这一点对龙王信仰传播的影响在于，一方面龙王信仰从杭州等地传入宁波，或许再由宁波向台州传播，而龙王信仰进入该地区后，迅速与当地本就盛行的潭水崇拜结合，诞生出众多潭龙王；另一方面，钱塘江流域众多的人格神却没有能进一步产生巨大影响，使得在这一地区内龙王庙、龙潭成为最主要的祈雨之地。而另一重要原因则是宁波府的海洋属性，这一点在宁波府镇海县（明代为定海县）表现尤其明显。镇海地处甬江冲积平原，地势低洼，又处于甬江出海口，商贸繁盛，外海商船停泊宁波三江口，镇海是必经之地。而宁波又常常是台风登陆之地，极易形成风暴潮，海水倒灌，淹入县境，屋舍尽毁，县境成为一片泽国，因此镇海十分期望能够得到海龙王的庇佑。所以镇海县虽不像鄞县、奉化等地拥有较多的龙潭，但是龙王庙数量仍然很多。再如定海直隶厅，孤悬海中，尽管龙王庙数量少，但是拥有极多的龙潭，一方面固然有海潮侵扰的因素，另一方面，岛屿上水源较少，仍有旱灾之忧，当地民众需要向这些龙潭祈求庇佑。而台州府受妈祖文化的影响，以妈祖为海洋保护神，海龙王祔祀于妈祖庙中。

杭嘉湖绍平原带，龙王信仰的特点是多元化，这一地区是浙江经济、文化极为发达的地区，与外来文化的交往也非常密切：杭嘉湖三府地处狭义上的江南地区，经济极为发达，与今江苏、皖南地区交流密切，绍兴文化昌盛，与杭州、宁波联系密切。地形上，这一地区以平原为主，因此龙潭较少，相比宋元时期，方志中增加的龙王庙主要是地处山区的县增设的潭龙王，如杭州府龙王庙数量增长多的是地处天目山脉的临安、於潜、昌化，绍兴则是地处天台山、会稽山的新昌、嵊县，而地处平原的县，龙王庙的数量增加有限。因此这一地区龙王庙的形态保留了宋元时期的特点，即既有从佛寺中诞生的龙王庙（杭州水神庙等），也有最早的龙君（西湖、鉴湖），人格化的龙王（杭州顺济庙），作为潮神的龙王（海宁龙王庙）和最普遍的潭龙王。功能上除了祈雨外，还有航运和防护海潮。

金衢严丘陵带，地处钱塘江上游，金华府地处婺江流域，衢州府地处衢江流域，严州府地处新安江流域。这三府地形以山区为主，平原集中在金衢盆地上。这一地区的特点是方志中的龙王庙少而龙潭、龙穴多，龙王信仰多以朴素的自然崇拜体现。这一特点的形成有两个原因，一是地形特点，如前文所述，浙江全境都属于亚热带季风性气候，而且除了婺江、衢江、新安江干流所经之地外，县境大都地形崎岖，蓄水更为不易。季风气候影响下，浙江四季降水不匀，农历五月以后，天气干旱，降水稀少，容易发生旱灾，祈雨的需求也十分强烈。因此对于龙潭、龙穴的崇拜也很多，衢州府共有龙潭、龙岩 32 处。二是本地区的民间信仰特别繁盛，尤其是人格神众多，如徐偃王、周宣灵王、胡公大帝、五显神，这些人格神本身就具备一定的保佑风调雨顺的功能，这些信仰在金衢严地区不仅传播广泛，而且深入人心，这样则进一步挤压了龙王庙的发展空间。嘉庆元年大旱，县令张许就是先往徐偃王庙祈雨，未果，才前往天津龙王庙祈雨。[14]

温州、处州两府，地处瓯江流域，与浙江省其他府处于一种隔离的状态。该地区西北有仙霞岭与衢州、金华两府相隔，东北有括苍山与台州相隔，温州沿海为雁荡山脉，平原极少，境域内几乎全是山区。该地区被纳入祠祀系统的龙王信仰较少，两府相加 15 县 1 厅，不过 15 处龙王庙，4 处龙潭，其中处州府只有 8 处龙王庙，3 处龙潭。但是原始的龙王信仰仍然盛行。处州府内各处均有用于祈雨的水潭，如缙云县的骅潭庙[15]，宣平县的黄陇潭、三笋坑潭、石鸭洞潭、朱坑潭、上水鲤鱼潭、碧水潭[16]都具备祈雨的功能，其中黄陇潭、三笋坑潭亦是县令祈雨之地，这些潭水虽然未被冠以龙潭之名，但其实际效用是一样的。从民间调查的情况[17]看，温处两府的龙王信仰并非不发达，只是在历代方志中被记载得不多。这可能与瓯江流域受福建等地影响较大有关，如温州受福建影响，以妈祖为海洋保护神。

三、浙江龙王信仰的特点

为什么龙王在宋代以后迅速被纳入祠祀系统，并成为主要的祈雨对象呢？除了上文提及的浙江各县本身就存在对深潭的自然崇拜这一因素外，从方志中记载的祈雨记录看，还有一个重要原因就是龙的特性。龙在中国传统文化中早就具有“兴云致雨”的能力。向龙王祈求布云降雨和收云止雨，符合当时民众的认知。更重要的是，龙的行踪飘忽不定，神龙见首不见尾，正给了祈雨不应的合理解释。正如至元二年兰溪横山龙王庙祈雨记中所言：“嗟乎！神智变化莫灵于龙渊，飞而天行岂有迹哉。然而窟宅斯在，肸蠁潜通。虽未可的然求之于方体之中，而又不可漠然委之方体之外，惟夫以心感心，以神格神。”[18]尽管在方志中对于诸如龙王庙、禹王庙、平水庙等祈雨之所的效果多为“祷雨辄应”，实际上从碑文和祈雨记上反映的并非如此。以宁波天井山龙神显济庙为例，根据沈一贯《天井山龙王祠记》[19]所记：

……今年海内大祲，斗米银二钱，六月既望，复当丽牲之日，而郡二龙公视县事叹享之不诚，民亡以赖也，自往酹焉。明日祠铜盆浦，又明日祠金沙偏龙之所在……秋七月旱，先是五月旱，是为重氛……郡侯张公、暨龙公与杨公、黎公、唐公，皆跣足而走望，为坛壝召诸神，焦然稽首。张公复以繁露从事，而身求龙于慈溪龙公，再来是山。扪萝上第五井，百稽而延伫之……

文中所载的是明代宁波知府因为当年五月、七月两次大旱，祷雨不应，遍访鄞县各处龙潭，天均不雨，甚至前往慈溪龙王庙处祈雨，之后前往天井山祈雨得应的事迹。之所以最后选择天井山，是因为天井山，即今天宁波海曙区五龙潭景区，距离府治过于遥远，即使以今天的公路前往，也有近90里的行程，路程是上文提及的“金沙偏龙”（即在阿育王寺附近的金沙井龙王庙）的两倍，遑论交通不便的明代。因此宁波知府最后才选择了天井山龙王祭拜，幸运的是在天井山龙潭祈雨后终于降雨，缓解了旱情。天井山龙王是幸运的，但是浙江其他府县的龙王没有这样的好运，使得其往往“久废坍圮”，直到下次祈雨诸庙不应后，地方官才会前往这些旧庙祈雨，若恰好此时雨云降临，则旧庙得以重修。简而言之，龙王的不确定性能够“较合理”地解释龙王庙祈雨不应的现象，客观上提高了民众对于龙王信仰的“容忍度”，使龙王庙不会因为一两次的祈雨不应而遭到废弃。

而通过对宋、元、明、清方志等史料中龙王庙、龙潭的记述，可以归纳出浙江龙王信仰的三大特点：

第一，是龙王的本土性。浙江祠祀系统龙王信仰的开端即为本土的钱塘湖龙王和镜湖龙王。到了明清时期，浙江全省所祭祀的龙王，除了雍正五年朝廷遣官斋送至杭州瑞石山，由李卫建庙祭祀的“福越滋农龙王”[20]、宁波鄞县海神庙中奉祀的海中诸龙王和洪圣庙祀奉的东海龙王[21]、宁波镇海南熏门外龙王宫祭祀的东海龙王[22]、台州府宁海县龙王宫所祀诸龙王[23]外，皆为本土龙王。包括东海龙王在内的四海龙王以及五方龙王，或出现在《八仙过海》《西游记》等小说当中，在民间传播很广，或在皇家祀典中也有一席之地，如雍正二年就曾“加封四海龙王，东海曰显仁，南海曰昭明，西海曰正恒，北海曰崇礼”[24]，但是在地方行政祀典中，接受度并不高。这一点并非浙江个例：晏云鹏在《洮岷地区“龙神”信仰探源》一文中统计了洮岷地区存在过的18种龙王信仰，全部是以徐达等历史人物为原型的人格化龙王，姓名具备，并无四海龙王[25]。抛开小说的因素，造成中央与地方政府对四海龙王祭祀态度差异的原因，主要在于龙王的功能与中央和地方视角的差异。中央政府的祀典必然是着眼于天下，如雍正二年的赐封：

> （雍正）二年八月，加江海大神封号，少詹事钱以垲上言请加封江海诸神有功德于民者，下礼部议覆，从之。于是加四渎封号，江渎曰涵和，河渎曰润毓，淮渎曰通佑，济渎曰永惠，均遣官赍送祭文、香帛，令督抚布政使大员致祭。又加封四海龙神，东海曰显仁，南海曰昭明，西海曰正恒，北海曰崇礼，均如四渎仪，令地方官致祭。又封大沽海口之神加广惠二字，立庙天津，又封浙海潮神为运德海潮之神，立庙海宁县，又封洞庭湖神加涵元汇利四字，立庙常德府，均致祭如仪。

可见，雍正二年的这次加封，着眼于整个疆域，而对于地方政府来说，着眼的自然是地方境域，在时人心中，正如地方官主政一方，一方水土自然有一方龙王庇佑，本土龙王更能庇佑一方水土。因此，龙王很少有分庙，至多于府境内传播。这一点最明显的就是宁波府。如鄞县碧沚水仙渊灵庙即为鄞县金沙井龙神渊应庙的分祠，鄞县白龙庙为鄞县灵波庙的分祠，镇海县灵岩乡龙王宫为定海县（1841 年方因鸦片战争之故升为定海直隶厅）谢龙王庙的分庙。再如台州府黄岩县白龙庙，是元代知州刘亨晋建，祀奉的是太平县方岩山白龙潭，但在明代洪武初年，即改为白龙山之神。

除了民众认同这一因素外，还有一个重要原因就是府（州）县行政的需求。通过方志等资料可以发现，到了明清时期，当府县久旱无雨时，地方官员往往要亲赴龙王庙及其龙潭所在祭祀祈雨，则龙潭须在境域内。如崇祯五年，鄞县大旱，知县王章前往距县治东三十五里的青山三圣井龙潭祈雨，有记[26]；康熙三十五年，金华大旱，知县赵泰甡前往距县治南一百五里的三断潭龙王庙祈雨，有记[27]；乾隆二十七年，浦江大旱，县令何子祥前往距县治南十里的白石潭灵济庙祈雨，有记[28]；康熙三十六年，衢州府大旱，守道董昭祚、知府张琳、西安知县陈鹏年，一同前往距府治南五里的乌龙殿祈雨，有记[29]；同治十年，大旱，处州知府潘绍治前往县治西丽阳行祠后的龙神祠祈雨[30]。从中可以肯定，到了明清时期，府（州）县官员只向本土的龙王祭祀祈雨，而不会向外府、外省龙王祈雨，自然也不会为之立庙。

第二，浙江的龙王信仰，具有朴素原始的特点，这表现在浙江龙王信仰中完全人格神[31]的比例很低，除了上文提及的杭州顺济庙外，仅有富阳仁惠龙王庙、慈溪湍水岩潭龙王祠、新昌龙亭庙等几处，多为龙化为人形帮助民众祈雨的事迹。绝大多数的龙王庙都是从龙潭、龙穴演化而来，只具备人形的形象而已。这是因为在浙江龙王信仰中，龙王最重要的功能就是降雨，这从浙江龙王庙最普遍的庙号顺济和多祀奉白龙中就可以看出：以顺济为额，然有祈求风调雨顺、济世安民之意；多白龙，是因为白龙象征着能布雨的白云。[32]而祈雨的地点就是龙潭、龙穴。[33]而早在龙王庙传入之前,浙江民众就已经有向潭水祈雨,之后取信物而归的仪式,这与后来龙王庙祈雨的仪式完全一致。[34]如在乾道《四明图经》中对鄞县阿育王山渊灵庙的记述为:

> 阿育王山渊灵庙在广利寺,鳗井在其东,相去里余,世谓之圣井。自东晋时已着灵异,其中二大鳗乃护塔神也,其一有金线自脑达于尾,其一每现光耀,折花引之,则双红蟹或二虾前导而后出焉。钱武肃王以岁旱命,九华长老十善大德与国中所谓五叔太尉者,同迎归钱塘之南塔寺山间,凿石为井,立亭其上,以效圣井,用伸礼敬……康宪钱公尝因旱斋沐祷请灵鳗……皇朝屡因旱暵祈求感应,元祐元年,奉敕赐额,乾道二年,太守赵公伯圭祷雨有应,知鄞县事李柄作记刻于石。[35]

在对渊灵庙的记述中,可以找到当时人祈雨的仪式,即祈雨时,将潭中的生物作为信物取回,以待降雨。这一流程与上文提及的历代祈雨官员祷记中的记述是完全一致的。巧合的是,渊灵庙在宋元时期的宁波方志中并非龙王庙,但是到了清代的康熙《鄞县志》中,渊灵庙的全称为"金沙井龙神渊灵庙",并有了碧沚水仙渊灵庙这一分祠,可见至迟在康熙年间,渊灵庙也转化成了龙王庙。台文泽在《试析民间信仰与自然生态的关系——以陇南地区龙王神信仰为例》一文中也曾提及陇南地区的龙王信仰中,祭祀仪式同样是取水中生灵作为信物,并认为这是对上古时期祈雨时对蛇、虾、蛤蟆、猪等动物的运用这一风俗的遗留或延续。[36]

那么,时人为何会认为龙王藏身于龙潭中呢?通过对史料的梳理,可以发现龙潭具有以下几个特征:首先是龙潭的潭水需要四时不竭,尤其是夏季干旱时,仍能保持潭水清澈,深不见底。其次是龙潭附近往往景色绝美,多处龙潭都有潭前飞瀑如练的景色。龙潭之所以具有这样的特点,是因为龙潭大多位于深山之中,人类活动较少,同时,浙江气候湿润,水汽丰富,山间往往云雾缭绕,符合"云从龙"的特征,使得乡民认为潭水中有仙灵庇佑。而值得注意的是这些潭水被认为是龙潭后,又反过来使得这一地区的生态环境得到保护,因此潭水边有较多的动物活动,故而祈雨也能够得物而归。

第三,浙江的龙王信仰与佛教关系密切。这一点在上文中也有提及,只是龙王信仰与佛教的关系不仅体现在起源中,在龙王庙的维系、祭祀方面,佛教寺院也承担着重要角色。关于这一问题,陈政禹《浙江龙王信仰的"佛教化"研究》一文曾进行专题研究,并提出了浙江的龙王信仰佛教化的四个表现:一是龙王庙由僧人主持,二是龙王庙与寺庵的相互转化,三是寺院兼祀龙王,四是龙王庙宇与寺院比肩而立。[37]这四个特点精确概括了浙江龙王信仰与佛教之间的关系。

四、历代祭祀政策下的浙江龙王信仰

历代祭祀政策中对龙王信仰影响最大的当属宋代的祭祀制度。宋神宗熙宁七年，朝廷下令地方上报各地神灵，再加以赐封。之后的南宋、元继承了这一政策，对于民间信仰的赐额较为宽松，地方官员申报“神迹”即能获得赐额，并且屡次加封。这一时期，大量的民间信仰进入了官方祭祀体系，获得了封号。宋元两代之所以重视民间信仰，是为了进一步加强对这些祠庙的控制。正如朱海滨《祭祀政策与民间信仰变迁》所言“国家的祭祀官员并不直接管理各地众多的祠庙，其建设、管理都由民间进行。但由于信仰是各地人民的精神纽带，当地人民在对重大事情做出决定之前，往往都要征求主宰当地的神灵的意志，于是祠庙便成为各个地域社会的中心场所”[38]。祠庙在地方社会具有重要的影响力，尤其是在动员社会力量时。农民起义也往往借助神灵的“神谕”来宣扬其合法性，故而宋元两代积极地将民间信仰纳入官方祭祀体系中，以加强其控制力。在这一祭祀政策下，浙江“诞生”了众多龙王，诸多水潭摇身一变成了龙潭，进一步成为龙王庙。这是因为封号赐额对于祀神而言意义重大，一旦获得，可以摆脱“淫祠”的身份，进入国家正祀，不仅声名日广，香火旺盛，而且不会遭到政府的打压。因此，“为了迎合国家的祭祀政策，求得祠神祠庙的封号、庙额，各地人们都纷纷伪造灵迹，动用各种关系，向上申报灵异事迹以求加入祀典”。“如果没有能力获得朝廷的赐封，就不惜雇用僧侣、道士等，让他们自行赐封。”[39]龙王庙的发展也正是沿循这一轨迹。

进入明代以后，因为儒家思想对祭祀政策的影响，祭祀政策明显收紧，如徽州府五显神，在传播过程中产生了各种各样的形态，但在明代也屡屡因为打击淫祠的政策而被打压。而龙王信仰则未受到大的影响，尤其是浙江的龙王信仰，因为其半人格化的特征，多由地方的潭水化来，本身少有“劣行”[40]，符合儒家的祭祀政策的准则。明代祭祀政策对于浙江龙王信仰的影响，主要在于龙王的名称。洪武三年，朱元璋颁布神号矫正诏：诏定镇海渎诸神，前代加以封号非宜，今并改正。止以山水本名称其神。郡县城隍神号，一体改正，止称某府某县城隍之神。[41]这一政策对于浙江龙王信仰的发展影响主要在于名称的变更，同时加强了龙王的本土属性，这使得龙王庇佑本乡本土的观念更加深入人心，因此明代方志中龙王庙的数量依然在增长，如宁海、天台两地的部分龙潭，在宋代方志中仅作为普通潭水记载，但在明代则已经升为龙潭，并且创建龙王庙，专祀潭龙王。

清代较之于明代，对龙王信仰更加重视，乾隆帝曾于乾隆三年批准了贵州布政使陈德荣关于统一全国各坛庙祭文的奏折，其中将龙王从其他庙祀中单独列出，排于“文庙、武庙、城隍”之后。

在清代浙江地方志中，清代地方政府修建龙王庙的事迹众多，如雍正五年，李卫将康熙末年毁坏的钱塘湖龙王庙（时为马公祠）改建为莲池庵，将钱塘湖龙王复祀其中。雍正七年，淳安县在知县王仕源的授意下改米公书院为龙王庙，这是淳安县第一座龙王庙[42]；平湖县龙王庙，咸丰十年毁于兵火，同治知县邢守道捐俸重建[43]；宁海县香岩庙，为道光时敕建[44]。在发展龙王信仰的同时，清代也在加强对龙王信仰的控制。以雍正朝为例，雍正帝于雍正五年七月十一日下诏：

> 龙神散布霖雨，福国佑民，功用显著。朕在京虔设各省龙神像位，为各省祈祷，今思龙神专司各省雨泽，地方守土大臣理应虔诚供奉，朕特造各省龙神大小二像，着该省督抚迎请供奉本地，虔诚展祀。[45]

尽管雍正帝在上谕中言“设各省龙神像位”，然而在宋元明三代的浙江方志中，并无龙王掌管浙江全境降雨，而雍正帝赐予浙江的，实际是一个新设的龙王，即上文提及的“福越滋农龙王”，李卫在瑞石山上修建龙王庙，迎接龙王像，岁时祈祷，崇祀特虔。[46]雍正帝企图以敕封“福越滋农龙王”的形式，总管浙江龙王信仰，将所有的浙江龙王统归于“福越滋农龙王”下，实际上也是其树立个人帝王威望的体现。

除了在省城杭州设立福越滋农龙王以图统领全省龙王外，雍正帝亦格外关注宁波龙王信仰。其于雍正五年[47]敕封镇海蛟门山龙王为涵元昭泰镇海龙神，发国库帑银二千五百两创建祠宇，雍正八年开建，至雍正九年建成。[48]而根据民国《镇海县志》的记载，镇海龙王庙，正殿祀奉的是蛟门龙王，两庑安设雁潭、乌沙、鳗井、桃花、钓岩、箬雷、陈山、泷口、嬴屿、李家堰、天井峰、北雪十二龙王。之后江源潭龙王、圣井龙王也祔祀其中。可见，镇海龙王庙的设立，就是为了统御宁波境内诸龙王。因此雍正帝对其极为重视，钦定祭文，时任浙江总督为其撰写记文，目的也是为昭示“圣主念切民依，苟有利于民社，虽偏处海隅而皆不遗恩宠”。[49]龙王信仰在宋元宽松的祭祀政策下得到广泛传播，在明代“止以山水本名称其神”的政策下加强了本土意识，在清代重视龙王的祭祀政策下，成为朝廷加强集权的一种手段。

【注释】

[1]王浮：《老子化胡经》，大正新修大藏经本。

[2]杜光庭：《太上黄箓斋仪》卷54《镇坛真文玉决》，明正统道藏本。

[3]张培锋：《中国龙王信仰与佛教关系研究》，《文学与文化》2012年第3期。

[4]咸淳《临安志》卷71《祠祀一》。

[5]《全唐文》卷130《吴越武肃王钱镠》。

[6]详见曾国富：《道教与五代吴越国历史》，《宗教学研究》2008年第2期。

[7]咸淳《临安志》卷71《祠祀一》。

[8]朱海滨:《祭祀政策与民间信仰变迁——近世浙江民间信仰研究》,复旦大学出版社2008年版。

[9]本文中的龙王庙、龙潭数据来源于《浙江地方志集成》(全68册)、《中国方志丛书》等地方志。

[10]本表中的统计数量仅为明清两代存在过的龙王庙数量,如杭州汤村龙王堂,早在永乐十一年就因汤村镇陷于江中而消失。

[11]天目山有十二龙潭,安吉、孝丰各六。

[12]朱海滨:《祭祀政策与民间信仰变迁——近世浙江民间信仰研究》,复旦大学出版社2008年版,第183页。

[13]光绪《宁海县志》卷4《建置志二・祠祀》。

[14]光绪《兰溪县志》卷3《庙祀》。

[15]康熙《缙云县志》卷3《祀典》。

[16]民国《宣平县志》卷1《舆地志・山川》。

[17]见《浙江风俗简志》之《温州篇》与《丽水篇》,浙江人民出版社1988年版。

[18]光绪《兰溪县志》卷3《庙祀》。

[19]康熙《鄞县志》卷7《敬仰考》;沈一贯《喙鸣诗文集》文集卷5《天井山龙王祠记》。

[20]民国《杭州府志》卷9《祠祀一》。

[21]康熙《鄞县志》卷9《敬仰考》。

[22]民国《镇海县志》卷13《坛庙上》。

[23]民国《台州府志》卷55《祠祀略》。

[24]《清文献通考》卷100《郊社考》。

[25]晏云鹏:《洮岷地区"龙神"信仰探源》,《西北民族学院学报(哲学社会科学版)》1998年第3期。

[26]康熙《鄞县志》卷7《敬仰考》。

[27]光绪《金华县志》卷13《志典祀第五》。

[28]光绪《浦江县志》卷13《志典礼第一》。

[29]民国《衢县志》卷4《坛庙》。

[30]见光绪《处州府志》卷8《祠祀志》。

[31]此处的完全人格神指的是既有人形的神灵形象,又有人格化的传说故事,浙江的龙王信仰大多为半人格神,即只具备人的形象,却无相关故事。

[32]苑利:《华北地区龙王庙主神龙王考》,《西北民族学院学报(哲学社会科学版)》

2002年第4期。

[33]龙王庙地点除了最主要的龙潭外，还分布在府城、县城、江边，以及洞穴附近。分布在行政聚落的龙王庙，主要是方便官员在旱灾时祭祀，毕竟大部分龙王庙都在深山之中，官员祭祀往往不便，故而在行政聚落附近建造龙王庙以方便祭祀祈雨。金华府兰溪县、严州府淳安县两港龙王庙则是设在江边，是认为龙在江中。而钱塘、仁和、富阳等地则认为龙藏身于山间龙穴之中。

[34]浙江省各府县祭祀龙王的基本仪式是在龙王庙祈祷，向龙潭中投入祭文，这些祭文有些在铁简上，有些写在丝帛上再放入瓶中，将潭中或潭边出现的蛇、鳝、金线蜥蜴等信物带回寺庙供奉。这比李琦《祈雨仪式中的龙神信仰论析——由〈黄土高原的村庄——声音·空间·社会〉引发的思考》(《西北民族研究》2018年第1期)中所提及的"画龙祈雨"法简单得多。

[35]见乾道《四明图经》卷2《鄞县·祠庙十二》。

[36]台文泽:《试析民间信仰与自然生态的关系——以陇南地区龙王神信仰为例》,《原生态民族文化学刊》2012年第2期。

[37]陈政禹:《浙江龙王信仰的"佛教化"研究》,《台州学院学报》2017年第1期。

[38]朱海滨:《祭祀政策与民间信仰变迁——近世浙江民间信仰研究》,第184页。

[39]朱海滨:《祭祀政策与民间信仰变迁——近世浙江民间信仰研究》,第186页。

[40]并非所有的龙王形象都是友善的，在南宋洪迈《夷坚志》中，有《湖口龙》一文，讲述的是官兵在江西龙王庙(顺济庙)中喝酒嫖妓，导致在江上航行时被龙王报复，几乎全部溺毙的事。

[41]陈建:《皇明通纪法传全录》卷5。

[42]光绪《严州府志》卷8《秩祀》。

[43]光绪《平湖县志》卷9《祠祀》。

[44]光绪《宁海县志》卷4《建置志二·祠祀》。

[45]《雍正上谕内阁》卷59《雍正五年七月上谕三十二道》。

[46]乾隆二十七年，乾隆帝南巡御时题龙王庙匾额"南巡盛典",咸丰十一年毁，同治四年重建。见民国《杭州府志》卷9《祠祀一》。

[47]《雍正朝实录》为雍正七年。

[48]雍正《浙江通志》卷220《祠祀四》。

[49]民国《镇海县志》卷13《坛庙上》。

(作者单位:宁波市天一阁博物院)

千佛寺塔院与万历皇嗣祈祷

——北京海淀花园路塔院地名探析

张 雨

北京联合大学应用文理学院东侧有地名曰“塔院”，位于北京市海淀区花园路街道办事处辖区。该地在民国时称塔院村（位于今花园路与塔院东街之间），1932 年属北平市第 15 自治区第 4 坊（《北平市自治区坊所属街巷村里名称录》）。新中国成立后因其地靠近关北头（德外关厢北头），曾属西四分局德外大街派出所管辖，门牌起止号码 1—11（1953 年《北京市街巷名称册》）。[1]该村原有住户十几家，大多是因租种塔院土地而定居于此的农民。后称塔院大队（“文革”时期曾称“东方红大队”），属于东升公社。随着城市化进程推进，该地先后成为北太平庄街道、学院路街道（曾称五道口、东升路街道）和花园路街道辖区。[2]

在搜集花园路地区历史和文化资料的过程中，笔者对塔院地名的由来及其背后的历史进行了初步整理，并意外发现塔院的营建与明代万历初年的皇嗣祈祷活动有着直接而密切的关系。[3]由皇嗣祈祷所引发的东宫册立问题和三大疑案（梃击案、红丸案、移宫案），既充满着宫闱秘事的色彩，又标志着明末朝政纷乱和衰亡的开始，因而为后世人所津津乐道。不过人们却很少注意到，塔院与万历皇嗣祈祷、“国本之争”活动之间曾经的关系。故笔者不揣谫陋，将旧作修订成稿，以揭示塔院地名背后的文化与历史，贤达君子幸正之。

一、塔院的传说与真实

塔院因塔（华严永固普同塔）而得名。据《日下旧闻考》记载，塔院在清代称“多宝佛塔禅院”，位于“出土城西北里许，旧名千佛寺”。其塔题曰“华严永固普同塔”，为明神宗生母慈圣太后李氏于万历乙酉年(万历十三年,1585年)所建[4],是一座八角七级密檐式佛塔。时至今日,塔及禅院早已不复存在,庆幸的是,历史意外地为我们留下了华严永固普同塔的旧时身影,并且是北京现存最早的影像资料之一。[5]

为什么李太后要在此距离北京城五里之外的土城北侧建造一座七级浮图?民间流传着这样一段故事:

> 李太后是神宗生母,通州漷县(今北京市通州区漷县镇)人。她进宫后,只是一个普通的妃子,几年后才被封为贵妃,不久又有了身孕。宫廷之内,母以子贵,只有生了皇子,地位才能提升。于是她差人到京师土城外的千佛寺请来一位高僧,问他自己身怀的是太子还是公主,老僧不敢胡言,但却猜出贵妃肯定是希望生个太子,于是就随着她的心意说是"太子龙孕"。李贵妃一听很高兴,并承诺:若真生了太子,便在他念佛修道的寺院附近置地建佛塔一座。几个月后李贵妃果然生了一个男婴,他就是后来的神宗万历皇帝朱翊钧。子为帝王,其母便被尊称为"慈圣宣文明肃皇太后"。为了回报高僧的"妙算",李贵妃就出资在那位高僧修道的寺院附近买了一大块地,建起一座高大的华严永固普同塔,周围还分布着十二座小塔。以后高僧在此圆寂,其骨灰被瓮葬于华严永固普同塔下,同时铸铜佛像千尊,置于大师瓮葬周围,作为大师的护法金身。从此华严永固普同塔便成为德胜门外西北方的标志,也是京城西北的名塔之一。[6]

塔院村的这个故事当然只是民间传说而已,仅从塔院建造时间在明神宗万历年间,就可知所谓李太后为求生子而向遍融许诺一事,是好事者所杜撰的情节。[7]不过,在虚构的同时,这一则民间故事又非常典型地体现了京城文化的特点——无论何人何物何事,百姓在口耳相传的过程中,都喜欢将其与深宫红墙内外联系起来。由此形成的民间传说,往往虚实结合,即在充斥着史实性的错误、经不起推敲的细节的同时却又带着某种历史场景的真实。塔院的传说同样如此,在存在着错误的同时,又折射出明代皇室生活和后宫政治的真实背景(详第四节)。

据万历后期曾两度担任内阁首辅的赵志皋所撰碑记可知,塔院更准确的营造过程是这样的:此地当时为鹰房村所有,万历十一年(1583年),慈圣皇太后出资在此村置地近5顷,专门建造了一座"华严永固普同塔",塔高60米,基座周长20米[8],预作城北千佛寺(今西城区大石桥胡同拈花寺)方丈遍融法师及其法嗣的身塔。[9]法师于次年灭度后,便被安放于塔内龛中。此后皇室和善男信女捐资在塔四周陆续建起了佛殿、僧舍等建筑作为城内千佛寺的下院,因而又被称为"千佛寺遍融大师塔院"。[10]

二、遍融法师的生平行止

据《明史》记载,李太后极其"好佛,京城内外多置梵刹,动费巨万"。[11]她所捐资修造的寺庙中,就包括在今西城区德胜门内大石桥胡同的千佛寺和花园路地区的塔院。[12]遍融法师何许人也?竟然能让皇帝生母为他建起如此一座大丛林和身塔?我们不妨通过石刻史料和文献记载来了解一番。[13]

遍融法师生于明孝宗弘治十六年(1503 年)六月十四日,灭度于明神宗万历十二年(1584 年)九月九日,享年 83 岁[14],僧腊 64 夏。法师俗姓鲜(或言姓线,应误),名不详,四川顺庆府营山县(今四川南充营山县)人,法号真圆,字大方,别号遍融,是明朝中后期北京佛教界华严宗闻名天下的大长老,与临济宗的德宝法师(1512—1581)齐名[15],是隆庆年间至万历初年佛教振兴的重要先驱,也是为当时各地入京讲习义教、参禅学佛者所争相访求的佛门耆宿。晚明四大高僧中的三位——云栖袾宏(莲池,1535—1615)、紫柏真可(达观,1543—1603)与憨山德清(1546—1623)都曾先后入京求教于遍融法师和德宝法师。[16]

遍融居千佛寺前的行脚处所[17]

行脚处所	备注
四川什邡蓥华山	约正德十六年(1521),年十七八[18],在此修行约十年
江西洪州(南昌)	约嘉靖九年(1530),葺马祖庵[19],掩关七载,初通《华严》奥旨
初入北京龙华寺[20]	约嘉靖十六年,深入华严法界,融通三昧
旋归庐山狮子岩	隐居二十余载,证华严三昧,得大解脱法门,德名日溢
再入北京柏林寺	约嘉靖三十八年,在此检阅《大藏经》九年,寺近内官监官房(今雍和宫所在)
徙居法通寺[21]	约隆庆初年(1567),后因牵涉赵贞吉、高拱、张居正等人政争而入狱
隐居谷积山[22]	约隆庆万历之际,经赵贞吉或张居正救免牢狱之灾
移居世刹海[23]	万历初年(1573),慈圣太后迎请入居,寺在龙华寺前,张居正曾访问佛法

不过,与德宝韬光养晦、鲜置门生的淡泊作风不同,遍融比较高调,他第二次入京师后"大作佛事,化度群品,王公大臣瞻仰敬服",被视为国师。[24]这一方面是源于两人的不同性格和佛学理念,遍融"一味实心实行",力图实践佛门各宗要义,却"无著述传世"[25],另一方面则是两人所面临的形势不同,德宝是在嘉靖中期返回京师的,此时正值明世宗崇信道教热情高涨的时期,不断下令整顿佛教僧俗,以至于"拆毁寺院,沙汰僧尼,焚佛骨于大通桥(在东便门外)下"[26],而遍融到达北京宣讲佛法时已是隆庆年间,朝廷政策有

了很大的转变。自隆庆元年起，在大臣的倡议下，穆宗采取了一系列打压道教的政策以扭转前朝过分崇道的弊政。[27]也正是在这样的环境下，遍融才能深受名宦公卿推崇，却也为他带来一场牢狱之灾。《塔院碑记》载："尝在杲日寺讲《华严》，苦言警众，定水生波。日蔽浮云，身遭宪纲，虽图圄系闭，唯正念。倏然神龙翊运，佛日重光，大学士赵公贞吉疏请得免，复于谷积山块然端坐。"

遍融在隆庆四年（1570年）前后所遭遇的这场牢狱之灾，与隆庆以来朝廷、儒臣意图扭转崇道风气有关，也与王阳明"致良知"学说造成阳明学者多融通儒释之说有关。[28]时风所及，僧人往往奔走权贵豪门，至于身陷图圄者，也是屡见不鲜。关于遍融入狱的前因后果，陈玉女前揭文考辨已详，此不具。

简而言之，第二次入京的遍融，得同乡"陈文端（以勤，顺庆府南充人，1511—1586）、赵文肃（贞吉，成都府内江人，1508—1576）二公为护持，道望赫然"。[29]赵、陈二人不仅是隆庆朝重要的内阁大臣，而且深受阳明学说影响，故能护持遍融，大弘其教。遍融此次入狱，正是受赵贞吉与高拱、张居正的政争殃及所致。至于出狱，亦得赵贞吉或张居正之力。[30]

可以说虽然因人事而遭遇无妄之灾，但同样是借助着自己深厚的人脉，遍融得免牢狱之苦，并很快进入了自己人生最辉煌的时期：住持千佛寺，身藏普同塔。在此期间，他所展现出来与内官的良好关系，也提醒我们：在靠近内官监官房的柏林寺检阅《大藏经》九年的遍融，恐怕也并非像《塔院碑记》所载那样"一衲一龛，胁不至席，九年于斯，面壁少林，不是过也"，完全固守当初达摩面壁少林时的禅心——他身上更多地体现出要为佛学争得一席之地的实践精神。

三、千佛寺及其塔院的营建与变迁

在隆、万之际，以崇佛为手段来营建以自身为中心的政治网络的慈圣太后自然不会不关注到遍融这位一代宗师。虽然无法确认遍融脱狱是否得到了慈圣太后的授意，但从此后迎请入城、新建丛林、营造身塔来看，李氏都在其中起主导作用。

据杨守鲁《千佛寺碑记》载，千佛寺位于北京内城西北，属于乾位（"都城乾隅"），原为御用监太监赵明扬的宅院。为了迎接遍融，李太后捐出"膏沐资"，她的另外一双儿女潞王朱翊镠及瑞安公主也都"佐钱若干缗"，由有着"内廷枢辅"之称的司礼监掌印太监冯保出面买下赵宅，并由御马监太监杨用具体负责建造事宜。杨用同时还是直接向冯保推荐遍融之人，而已经去世的赵贞吉的称赞和事以师礼，对于遍融获知于冯保，亦有不小作用。千佛寺建成于万历九年（1581年）秋，占地34亩，"寺南向，外为山门，为天王殿，为钟鼓楼，中为大雄宝殿，为伽蓝祖师殿，后为方丈，为禅堂，为僧寮，为庖湢，为园圃，左右侧则有龙王庙、汲井亭,养老、礼宾诸所”,一一俱全。在遍融的提议下,杨用又专门铸造昆(毗)卢世尊像一座(《大方广佛华严经·毗卢遮那品第六》),坐于莲花宝座之上,座上有“千佛旋绕四向若朝者然”(乔应春《新建护国报恩千佛寺宝像碑记》)[31],另外还铸有十八罗汉、二十四诸天及塑伽蓝、祖师、天王等像,极为庄严肃穆。远望寺院所在,“风气聚焉,龙脉结焉,云霞烟雾覆而护焉”。[32]有了当朝皇帝生母皇太后的大力支持,新落成的千佛寺自然财力雄厚,很快成为京城内第一大佛门丛林,当时人便称:“京师栖众饭僧之所,唯千佛寺,千佛者,遍融大师所居也。”[33]

千佛寺的首任住持即遍融,然而此时的他已是年近八旬的老人了,虽然气力未衰,每天晚上仍能“上殿,顶礼宝像,祝圣母皇太后、今上皇帝寿,下殿即诵说真经密义,启牖诸善士”(《宝像碑记》),但是毕竟岁月不饶人。于是慈圣太后便非常用心地预先选址,要为法师建立一座气势恢宏的全身塔。塔址最终选定在德胜门外土城北一里多地的鹰房村。万历十一年,慈圣太后派太监姜绶、陈儒以“白金七十八镒”[34],在鹰房村买下了一块面积达“肆顷捌拾柒亩玖分”(据塔院碑碑阴题记,是千佛寺面积的 14.5 倍)的土地[35],建起了“普同大塔一座,内列八十一龛,其中一以藏师全身舍利,其余者,俟继师道者居之”(《塔院碑记》)。次年九月九日,遍融去世后被安葬于塔身石龛之中。

此后,按照慈圣太后的旨意,在杨用、姜绶、陈儒等太监的监督下,塔前陆陆续续建起了“普光明殿、天王殿、山门、方丈、左右角楼、钟鼓楼、伽蓝祖师殿、配殿、厨库、茶寮,计百有余楹”,“其殿堂中,各造渗金佛像,花旛供器,什物俱全”(《塔院碑记》)。至万历二十六年(1598 年),塔院最终修建完成,前后历时达十五年,可见其工程之浩大。在新塔院落成之日,当时内阁首辅大臣赵志皋特意撰写了《塔院碑记》,刻石以志不朽。根据碑阴题记,捐资兴建塔院的各界善信,除了慈圣皇太后外,还包括有仁圣皇太后(神宗嫡母)、容妃韩氏、惠妃马氏(皆神宗庶母)、皇后王氏、皇贵妃郑氏及端妃周氏以下妃嫔等(见图1),共计 160 余人。[36]塔院在当时京城佛寺中的地位,由此可见一斑。

塔院建成之时,遍融法师已经去世十多年了,遗憾的是一直没有人继承他的法嗣(如《续灯正统》《五灯全书》等都记载遍融的师承法嗣未详)[37],这与此后千佛寺和塔院的逐渐衰落或有一定的关系。至清雍正十一年(1733 年),因本寺年久失修,“琳宫颓敝,钟鼓寂寥”,奉敕重修,御赐名拈花寺[38],成为清前期北京禅宗寺院之一,由曾受到顺治皇帝赏识的玉琳通琇(1614—1675)法师的弟子超善担任住持。[39]

随着千佛寺的改名,塔院在清代便被称为“多宝佛塔禅院”。所谓“多宝佛塔”,是指拈花寺僧人在普同塔旁边陆续建起的 12 座小塔。这 12 座塔形制为覆钵式砖塔,即多宝佛塔,亦称喇嘛塔[40],与普同塔的密檐式形制明显为两个时代的产物。这也正是明代千佛寺和清代拈花寺的差别。据民国时期寺庙登记表,这 12 座小塔是拈花寺历代住持的骨塔,周围筑有虎皮围墙。

大明仁圣懿安康静皇太后
大明慈圣宣文明肃皇太后

容妃韩
惠妃马
中宫皇后王
皇贵妃郑
端妃周
奇妃叶
未封李

图1 《塔院碑记》碑阴题名录文(局部)

随着此处成为僧人丛葬之地,除了拈花寺僧外,柏林寺僧也被安葬于此,或建塔于普同塔周边,或以布囊、瓦缶贮僧骨,置于普同塔内龛中。然而由于年代寝远,安放遍融灰骨的容器逐渐损坏,同治初年又重新更换石龛。到了民国初年,周肇祥访古时所见普同塔的状况已颇堪忧,塔内“中空不可登”,下有隧道,石扉也已开启。秉烛而入,可见部分僧骨散落于地而无人收拾。[41]

到了 20 世纪,在经历了 300 多年风雨的冲刷之后,普同塔外观依然保有它建立之初的风采[42],但它周边的佛殿僧舍早已不见当年的繁华。民国北平市政当局先后在 1928 年和 1936 年分别进行了两次寺庙登记,塔院均名“拈花寺十方塔院”,地址为牤牛桥(即牤牛桥)27 号,相关事务由拈花寺自行管理。在 1936 年庙产登记中,除去本寺之外,塔院庙宇基地面积约 8 亩,殿堂禅房 18 间,菜园地灰房约 1 亩,寺前房基地约 6 分,耕地 52 亩。总面积不到 62 亩,还不足建院之初的零头。庙内法物 1928 年时仅“有佛像四尊,香炉烛扦木质二堂,香炉烛扦铁质一堂,金刚经一部”,以及“十方普同塔一座,拈花寺历代住持塔骨十二座,另有石碑两座”。到了 1936 年,虽然佛像等有所增加,也不过是“佛偶像七尊,金刚经一部,礼器三十四件,法器一件”,以及“大小柏树一百零三棵,大小槐树九棵,大小榆树三十八棵,马尾松四棵,枫树五棵”。[43]

塔院规模的缩小与寺院经营不善及原有土地和庙产被不断出卖有关。仅据民国寺庙资料来看,当时在牤牛桥地区,也就是塔院周边,还分布着广慈禅林(牤牛桥西,本寺在东城前圆恩寺胡同 7 号)附属土地 1 亩余,瑞应寺(本寺即明代龙华寺)附属塔院庙一处,房屋殿宇13间,祭地28亩,心华寺(本寺在西城孝友胡同1号,旧址尚存,今九门小吃附近)附属塔院茔地4亩。[44]从位置上推测,以上三寺的下院或土地,或均为原千佛寺塔院所有。

由于清代、民国以来,拈花寺塔院规模不断缩小,建筑或田产被分割为数寺共有之地,其他寺院也会在此新建僧塔。从距离上来说,它们距离普同塔都不远。新中国成立之后,随着塔院庙产被收回重新分配,人们逐渐忘记了这些塔群的来历,塔院地区的所有小塔,均被视为普同塔的附属建筑,被认为是千佛寺(拈花寺)旧物。这也正是现在有些资料上记载的是“主塔周围有27座小塔”[45],而不是如民国寺庙登记时记载的“拈花寺历代住持塔骨十二座”的原因。

20世纪50年代,土地改革完成之后,塔院附近的多处庙产都成了塔院大队的生产和生活用地。作为本寺的拈花寺,也被中央政府和北京市政府划拨给中国人民大学(时称华北大学)用于办学,后归该校印刷厂使用,直至2013年8月才启动腾退工作。腾退后的拈花寺归北京佛协管理,但目前维修工作尚未展开,寺院也未对外开放。[46]这些变化切断了塔院与其本寺之间的联系。

据现有资料记载,到了20世纪60年代,华严永固普同塔还完整存在,但至1968年时,就只剩下基座和地宫了,塔身大部分已经被拆毁。寺庙建筑也只剩下两进殿堂(包括正殿)和东、西各三楹禅堂,成为当时塔院大队部办公用房。1981年,北京市科委买下该院,后为北京压缩机研究中心所在地(花园路3号院)。院内外原有苍松翠柏数百株,大概在大炼钢铁运动和城市化发展中被砍伐殆尽。后院内仅存古柏4棵,至20世纪90年代时,就剩下了1棵古柏。[47]到了今天,只有“塔院”这个地名相沿留传了下来。

四、皇嗣祈祷运动中的千佛寺及塔院

千佛寺及其塔院的历史变迁大致如上节所述。塔院已消失殆尽,但围绕着遍融、千佛寺和塔院的营建,背后还隐藏着一段不为人知的往事。有关塔院地名来历的传说,正与明朝万历以后持续不断的“国本之争”有着直接的关系。但如前所述,李太后为求生子而向遍融许诺一事,根本不可能出现。可故事中有关求子的背景,却又真真切切地存在于当时朝野之中和僧俗两界。李太后也确实是万历年间祈嗣活动的主要发起人和参与者。只不过,她并非为自己求子,而是替自己的儿子明神宗,或者更准确地说是为包括但不限于她所选立的儿媳——皇后王氏来祈嗣。

由万历之初祈嗣活动所引发的各方力量持续交锋,深深地影响着明神宗之后政局和国势的走向。众所周知,万历中叶以后,朝野因“东宫册封(立储)”问题长期陷入人事派阀纠葛的泥淖里,并延宕至南明时期的福王、潞王争立。实际上,在立储之前的皇嗣祈祷阶段,早已伏下明末政治纷争的危机。明朝的灭亡,不能不说与这场旷日持久的政治内耗有着直接的联系。千佛寺和塔院的营建,虽然只是其中的一段小插曲,却也是影响着年轻的万历皇帝态度的重要一环。

陈寅恪较早论及晚明政治分野流变与万历朝立储之争的关系。他指出:“少时读史见所述东林本末颇多,大抵与顾史两氏(按:指顾苓、史惇)之言无甚差异……近岁偶检明史,始悟昔人所论,只从光宗与福王竞争皇位即所谓‘国本’开始,殊不足说明后来南都政局之演变,似有更上一层楼之必要。”“光宗生母王太后,乃其祖母,即神宗生母李太后之宫人。李太后亦是宫人出身。光宗生母与福王常洵生母,虽俱非正嫡,但常洵之生母,其出身远胜于光宗之生母。光宗所以得立为太子,纯由其祖母李太后之压力使然。李太后享年颇长,故光宗遂能维持其太子之地位,而不为福王所替代。潞王翊镠亦李太后所生,与光宗血亲最近。由是言之,东林者,李太后之党也。嗣潞王常淓之亲祖母即李太后。此东林所以必需拥戴之以与福王由崧相抵抗。斯历史背景,恩怨系统,必致之情事也。”“故知李太后光宗之党与郑贵妃福王之党,其分野恩怨始终不变。”[48]

值得注意的是,上文所提及的人物中,慈圣太后李氏、潞王翊镠、贵妃郑氏[49],以及陈先生未提及的神宗皇后王氏,均出现在与千佛寺和塔院相关的碑记或题名中。[50]而祈嗣活动也正是围绕着上述诸人展开的。只有光宗生母恭妃王氏(王太后)未见载于题名,原因不详,推测不外乎因受到神宗及郑贵妃的排挤。

综括言之,年仅十岁的神宗即位后,慈圣太后初临朝便欲改变旧时政治格局,培植亲信势力,因此扶持亲近佛教的张居正与司礼监太监冯保等人,罢免顾命大臣内阁首辅高拱[51],并改变旧制,取得与穆宗皇后(仁圣太后)同等地位。[52]为了巩固自身的地位,慈圣太后不仅利用朝野党议,聚拢一批清流士大夫(即后之东林党人)以为奥援,还主动掌控皇嗣议题,并展开一系列的祈嗣活动,冀获实效。为此,她首先为儿子选定了皇后,完成大婚,接下来便是寻找各种理由来兴建佛寺[53],其中就包含着祈求皇嗣尽快降生的目的。当时佛教界的高僧大德,出于弘法的宿愿,也密切关注着现实政治。对于皇太后的这一心思,他们也有意予以协助,以巩固佛教刚刚从嘉靖排斥政策打压中恢复的元气。

万历六年(1578年)春,礼部奉慈圣太后旨意,择得黄道吉日,由张居正等人主持,完成了皇帝与锦衣卫指挥使王伟之女王氏的大婚典礼。[54]实际上,太后求孙心切之意,早在万历四年,神宗刚刚进入十四岁的青春发育期时便表现了出来。名义上是神宗为生母祝寿所建的慈寿寺(万历四年二月至六年八月修成,寺在阜成门外八里庄,今仅存一塔,形制为八角十三级密檐式仿木结构实心砖塔,高50米,在玲珑公园内,见图2)[55],早已预告了皇嗣祈祷活动的开启。张居正曾提到,原本慈圣太后是想在五台山灵鹫峰建寺,来为穆宗祈福,为神宗祈储,因为这里的一座佛塔中供奉有释迦牟尼佛的真身舍利,只是由于路途太远,最后才在阜成门外选址建起了慈寿寺。但随后因“未了台山之愿”,太后最终还是坚持在五台山修建了大塔院寺(万历七年九月至十年七月修成)。[56]

图2 西山掩映下的慈寿寺塔(陈天奇摄)

五台山大塔院寺修建的万历七年(1579 年),是慈圣太后崇佛的重要一年[57],恰好也是神宗大婚的第二年,其中无疑包含着为皇嗣祈祷的目的。然而出乎慈圣太后意料的是,王皇后迟迟不能怀孕,一直到万历九年(1581 年)十二月,才为神宗生下了嫡长女荣昌公主,也是她此生唯一的孩子。虽然此事发生在五台山大塔院寺修建期间,但更引起笔者注意的是,王皇后孕育荣昌公主的十个月(万历九年二月至十二月),恰恰跟千佛寺的修造时间(万历八年正月至九年七月)重合度很高。[58]可以说千佛寺兴建而王皇后有喜,寺成而荣昌降诞。虽然是嫡长女,但毫无疑问的是,在公主出生之前,无论是慈圣太后,还是王皇后,她们一定希望神宗的第一个孩子会是儿子。在非常注重礼法和宗法的明代,嫡长子身份无疑会极大地增加这个孩子成为皇太子并继承皇位的砝码。

这样的情节,恰恰与前面提及的塔院地名传说的背景相吻合,只不过故事中对皇子的期待,不应该归于慈圣太后,而照映在她所选定的儿媳——王皇后身上。故事发生的空间应在千佛寺而非塔院。由此也不难想见,千佛寺刚刚落成之后,遍融不顾自己年近八旬的高龄,也要每晚坚持亲自上殿,“顶礼宝像,祝圣母皇太后、今上皇帝寿”(《宝像碑记》),未被提及的目的也应包含有为皇嗣降生出力。

只可惜事与愿违,慈圣太后的第一次努力败给了生育概率。虽然此时的王皇后仅仅十八岁,还处在适育年龄黄金阶段,但慈圣太后已经不愿意坐等在慈宁宫中。可见,对于嫡长孙,她是多么地期盼。幸运的太后抓住了下一次机会。只是,故事的女主角由王皇后变成了王才人(光宗生母)——慈宁宫中的一位宫女。《明史·孝靖王太后传》载:

孝靖王太后,光宗生母也。初为慈宁宫宫人。年长矣,帝过慈宁,私幸之,有身。故事,宫中承宠,必有赏赉,文书房内侍记年月及所赐以为验。时帝讳之,故左右无言者。一日,侍慈圣宴,语及之。帝不应。慈圣命取内起居注示帝,且好语曰:“吾老矣,犹未有孙。果男者,宗社福也。母以子贵,宁分差等耶?”十年(1582 年)四月封恭妃。[59]八月,光宗生,是为皇长子。既而郑贵妃生皇三子,进封皇贵妃,而恭妃不进封。二十九年册立皇长子为皇太子,仍不封如故。三十四年,元孙生,加慈圣徽号,始进封皇贵妃。三十九年病革,光宗请旨得往省,宫门犹闭,抉钥而入。妃目眚,手光宗衣而泣曰:"儿长大如此,我死何恨!"遂薨。大学士叶向高言:"皇太子母妃薨,礼宜从厚。"不报。复请,乃得允。[60]

按照正史的记载,事情是这样发生的:神宗在去慈宁宫问安时,私下召幸王才人,使其有了身孕。但慈圣太后事先并不知情,神宗也不打算让自己的母亲及时知道。很久之后,在一次宴会上,太后才发觉内情,向神宗求证。这时神宗依然一言不发。没想到太后早有后招,立即命身边太监取来《内起居注》,让皇帝自己查看行房记录。事实面前,年轻的皇帝只得承认。这时,塔院地名传说中"母以子贵"的话语,以"在场状态"(Anwesenheit)出现在历史的真实情境中。最后,也应该是在太后推动下,王氏被册封为恭妃。她果然不负众望,两个月之后便产下一个男婴。这就是未来在"国本之争"中备受压力的皇长子朱常洛。[61]

神宗有意瞒着慈圣太后有关私幸王才人之事(按时间推算,应在万历九年十月),是可以理解的。面对母亲之前种种崇佛行为的意图,神宗自然心知肚明:她无非是想通过祈求皇嗣的功劳来达到"绑架"自己和朝局的目的。皇帝当然不愿意束手就擒,于是便有了万历九年八月,"圣意命博选淑女以备侍御"之举。神宗最初的想法应该只是想挑选侍御宫女以备临幸,但张居正等大臣却以"选用宫女,事体太轻,恐名门淑女不乐应选,非所以重万乘求令淑也"为由,并援引嘉靖九年慎选九嫔之例,建议变更为大规模的选妃活动,要求神宗奏请慈圣太后允可。[62]他们的目的很明确,那就是拖延时间。最终直到万历十年三月,淑嫔郑氏与其他八人才一同获得册封。尽管如此,出乎慈圣太后和张居正意料的是,未来"国本之争"中的另一主角——郑贵妃,也就是淑嫔郑氏,借由此次选妃登上历史的舞台,并迅速俘获神宗欢心,地位随之持续抬升。[63]

为了在皇嗣祈祷运动中取得主动权,神宗从选妃之初便积极投身其中,只不过他倾向于利用道教来达成自己的目的,从而避免母亲和自己争夺功劳。当然这样的细节,不可能出现在正史之中或官员笔下。所幸当时佛门参与者之一的憨山德清法师及其弟子福征从不同视角记录下了当时母子双方在祈皇嗣活动中的冲突与较量:

(万历)九年辛巳。予(德清)三十六岁,建无遮会。初,妙师(妙峰福登)亦刺血书《华严经》,与予同愿,欲建一圆满道场,名无遮会。妙师募化,钱粮毕集,京中请大德名僧五百众。其道场事宜俱备就,适皇上有旨祈皇嗣,遣官于武当。圣母遣官五台,即于本寺。予以为沙门所作一切佛事,无非为国祝厘,阴翊皇度。今祈皇嗣,乃为国之本也，莫大于此者。愿将所营道场事宜，一切尽归并于求储一事，不可为区区一己之名也。妙师意不解，上所遣内使亦不解事，但以阿附为心。予大不然，乃力争，忤之，竟行予议。然忤内使之名，亦有闻。顷之，江南妖人作难，忌者即欲借此中伤，以破道场。然以为国求储之题目，竟保全始终无虞。……及十月临期，妙师率所请五百余僧，一日毕集，内外千人，其安居供具茶饭斋食，条然不失不乱，亦不知所从来，观者莫不骇然。初，开启水陆佛事七昼夜，予七日之内，粒米不餐，但饮水而已。然应事不缺，供诸佛菩萨，每日换供五百桌，次第不失，不知所从出。观者以为神运，予自知为佛力加被也。

（福）征生神宗朝，知所争皇储事最大，当憨祖出世所关，皇储事独先。盖其功在首倡，定储诸公，为图社稷神几，非依附建储末议，为启门户祸局者也。血书经，无遮会，求储之始因也。皇上遣内官于武当，阴为郑贵妃祈嗣，祈之道士也。圣母遣内官于五台，阴为王才人祈嗣，祈之和尚也。各有崇信，各有祷求。内使窥伺帝意，惧有不测，故以阿附为心，遂二心于圣母之命，不欲归并向与妙师所营血经圆满无遮道场于求储一事，以鸣盛举。盖无遮募成，不关求储，求储内遣，不建无遮。是以妙师不解，起见在佛法。憨祖力争，矢心在国本。胜因适集，精诚格天。……厥后牢山难作，皇言有云“举朝为和尚，我偏为道士”，遥结武当、五台一案也。[64]

尽管依德清自述，慈圣太后派遣内官赴五台祈嗣之举，是在神宗遣使至武当山祈嗣后的临时应对措施，但在双方这一轮的祈嗣较量中，争取到后手优势并圆满达成心愿的是慈圣太后。虽然在德清等人的追述中，神宗是为郑贵妃，而慈圣太后为王才人祈嗣，但这不过是在“国本之争”的现实中形成的特定历史书写模式。其实，在万历九年十月祈嗣时，慈圣太后尚不知神宗私幸王才人之事，而选妃活动也才刚刚启动，神宗也应未遇到郑氏。可以说，当时急于举办祈嗣道场的母子俩都还没有找到自己的特定目标。[65]

在后来对德清自叙作解释时，福征首先点明“皇储之争”是神宗一朝最重大的事件，因而成为诸高僧大德出世弘教的首要目标。至于德清日后入狱，也正是根植于其涉身于祈胤及立储这些备受朝野争议的敏感问题，而万历九年的求储无遮会更是祸患之源。本来在举办求储法会之前，德清与妙峰原本筹划的是在五台山建立血书《华严经》圆满道场（无遮会）。恰逢此时太后派遣宦官要求建立祈嗣道场，德清便将筹备血书无遮会的一切事宜，归并为求储无遮会之用。这不仅令妙峰不解，也引起某些宦官的疑惑，称其阿谀奉承太后。德清不以为然，全力促成求储无遮会的圆满完成。[66]

从前引神宗“举朝为和尚，我偏为道士”一语，不难看出，为了和自己母亲所支持的五台山佛教界较量，神宗赌气似地选择了他之前并不太满意的道教势力，来为自己争取主动。在求助于武当山全真道的同时，神宗也借助于江西龙虎山天师道，因而在万历九年正月，派太监为天师府修葺祖坛庙。尽管此事无果而终，但这与一年多之前（万历七年冬），神宗对张天师入京朝觐一事非常不满，做出了除非皇帝征召，否则不得来京的禁令相比[67]，还是反映出神宗态度的转变。

这么短的时间内，神宗对张天师的态度有了如此大的转变，万历八年的崇佛活动肯定成为其中的关键。而这一年，恰恰是千佛寺动工的时候。由此不难想见，建立在内城西北的千佛寺，确实是慈圣太后为王皇后求子的重大举措。或许也正因为如此，杨守鲁《千佛寺碑记》会特别强调"贸地于都城乾隅"一事。[68]专门选择了在京城乾位（西北）建寺，且所择之地"望之风气聚焉，龙脉结焉，云霞烟雾覆而护焉"，自然是希望像卦辞中所说的那样："大哉乾元，万物资始，乃统天。云行雨施，品物流行。大明终始，六位时成，时乘六龙以御天。乾道变化，各正性命，保合太和，乃利贞。首出庶物，万国咸宁"（《周易·彖辞·乾》），期待嫡长子的出生。[69]

虽然最终事与愿违，但是新建护国报恩千佛寺一事，深深地刺激了神宗皇帝，使得他改变了对天师道的看法，于万历九年正月遣使修真人府，并在选妃开始后不久，便立即着手安排武当山祈嗣道场。这些举措打乱了李太后的计划，于是才出现前述德清力主将原来的血书无遮会改为求储无遮会。虽然是被迫之下，仓促举办，办事太监也有二心，但此次五台山求储法会收到了奇效。万历十年八月十一日，恭妃王氏生下了皇长子朱常洛。[70]而此事距离五台山祈嗣无遮会，恰好整整十个月，符合十月怀胎之数。[71]仓促应对之举，却让慈圣太后盼望已久的目的最终达成。这无疑是一个巨大的巧合，而巧合也必将归功于慈圣太后信心的灵验，亦可借以大肆渲染皇长子乃佛祖应化所生的福运。在道场主事的德清、妙峰等僧亦随之声名大噪，所谓："以当日无遮道场太盛，为宫闱祈嗣、得嗣之名太著，忤内使之言，有闻于内，其事更大，其名更不可居。"[72]结果引起道教武当山祈嗣派的敌视，加深了佛道双方的紧张。妙峰与德清迫于时局，为免盛名之累，不得已乃分别避居山西芦芽山和山东劳山（今崂山）。德清在万历十一年避居劳山后，易号为"憨山"，含义不言自明。即便如此，万历二十三年（1595年），憨山因"私修"庙宇获罪，被充军到广东雷州，不能不说是祈嗣活动的后续影响。[73]

五、结　语

有关海淀区花园路街道塔院与其本寺的兴衰，以及地名传说背后的历史事实已叙于前。营建千佛寺和遍融的顶礼宝像（即专门铸造的毗卢遮那佛像，即法身佛），暗含着慈圣太后为神宗王皇后祈嗣的目的，虽然未能收得奇效，但就其影响神宗积极主动参与祈嗣而言，亦可视为当时皇嗣祈祷活动的重要一环。至于此后营建的华严永固普同塔及塔院，虽然动工于皇长子朱常洛出生之后，与祈嗣活动没有直接的关系，但它毕竟是慈圣太后追念遍融的直接产物[74]，或可称为纪念碑式的建筑[75]，因而仍可视为皇嗣祈祷活动的后续。加之塔院规模宏大，耗时有年，是千佛寺成为万历中京城第一大丛林的主要组成部分，这恐怕已超出了作为遍融“纪念碑”的现实需求。再考虑到华严永固普同塔及塔院选址同样在北京城郊西北的乾位，与阜成门外的慈寿寺塔遥相呼应，当并非出于偶然，而应视为慈圣太后与佛教界大德持续巩固“国本”的重要象征。[76]

塔院这样一个极为平常的地名竟然与明末政治有着密切的关系，值得人们不断地回味。这样的一段历史隐情，早已随着当事人的远去而消失在人们的记忆之中，只留下一段似是而非、似非而是的传说吸引着我们去追寻塔院历史，也由此在无意之中揭开了它的面纱。北京地名研究的魅力，正在于此。

（附记：在本文修改过程中，孙刚、释广如、高智伟、滕艳玲、武迪、张建斌、吴密、张梨霞等师友或学生为查找资料提供了帮助，谨此一并致谢！）

【注释】

［1］徐征：《海淀地名典故》，北京出版社 2003 年版，第 81 页。

［2］参见《北京市海淀区地名志》，北京出版社 1992 年版，第 74、69 页。

［3］中共海淀区委花园路街道办事处工作委员会、海淀区人民政府花园路街道办事处、北京联合大学应用文理学院编著：《北京市花园路地区历史与文化研究》，学苑出版社 2015 年版。参见该书“千佛寺塔院”“明代佛教华严宗大师——遍融真圆”等部分（张雨执笔），第 108 ~ 121、175 ~ 189 页。

［4］［清］于敏中等编纂：《日下旧闻考》卷 107《郊坰 · 北》，北京古籍出版社 2000 年版，第 1773 页。

［5］第二次鸦片战争中，英军摄影部主任费利斯 · 比托（Felice Beato，1832—1909）于咸丰十年（1860 年）拍摄了一组北京的最早影像。比托的镜头捕捉到了当时仍旧完好的普同塔，这与当时联军曾驻扎在黑寺（今北京市海淀区民族小学）一带［咸丰十年八月二十八日《谕为夷人扰园庭将僧格林沁等革爵革职》，中国第一历史档案馆编《清代档案史料 · 圆明园》（上），上海古籍出版社 1991 年版，第 555 页］，距离塔院不远有关。1862 年编辑的《中国》影集收录了比托的部分照片。不过，当时他大概已经忘记了部分照片的拍摄地点，因而在此张照片说明中标注为“圆明园内山丘上的宝塔”。但图片右侧塔上可见“敕建阐教禅师塔”字样，据此可断定，该塔是拈花寺达天禅师（乾隆四十五年敕封“阐教禅师”）之骨塔，由此也可以确定此照片的拍摄地点应为今花园路地区的塔院。参见王军《圆明园的记忆》，中华世纪坛世界艺术馆、秦风老照片馆编《残园惊梦：奥尔末与圆明园历史影像》，广西师范大学出版社 2010 年版，第 21 ~ 22 页。

[6]蒋利平:《为人熟知的塔院村》,北京科技大学校友网,发布时间:2012-11-27,最近访问时间:2018-4-27,网址:http://alumni.ustb.edu.cn/infoSingleArticle.do?articleId=5744。引文略有改动。参见焦雄:《"塔院"一名探源》,胡玉远主编:《燕都说故》,北京燕山出版社1996年版,第21~22页。后者指明老僧为达天达和尚(即遍融),此当是误将遍融与达天混为一人所致。

[7]李太后为武清侯李伟(其家原籍山西平阳府翼城县,永乐初随靖难军进京,占籍漷县永乐店。李伟先后担任锦衣卫都指挥佥事、中军都督府同知,封武清侯,在海淀一带修建清华园,是清代畅春园前身)之女,少入裕王府为宫女,嘉靖四十二年(1563年)为裕王朱载垕(即明穆宗,年号隆庆)生下长子朱翊钧(即明神宗),从而由宫女升为侧妃。隆庆元年(1567年)封贵妃,地位仅次于陈皇后(仁圣太后),神宗即位后尊称为慈圣皇太后,亦称孝定太后。李太后笃信佛教,曾夜梦一尊九首菩萨,乘金凤从天而降,授予她《九莲经》。李太后醒后将全部经文背诵,令人记录入大藏经典中,即《佛说大慈至圣九莲菩萨化身度世尊经》。神宗为生母祈寿,于万历四年(1576年)敕建慈寿寺于京西阜成门外,其后殿供奉着九莲菩萨佛像,七宝冠帔,坐一金凤,九首。于是,宫内外僧俗百姓咸称李太后乃九莲菩萨化身。参见《明史》卷114《后妃二·孝定李太后传》,中华书局1974年版,第3534~3536页;张先得等:《北京市郊明武清侯李伟夫妇墓清理简报》,《文物》1979年第4期;彭兴林:《北京佛寺遗迹考》,宗教文化出版社2012年版,第670~673页;王启元:《慈圣皇太后、〈九莲经〉与万历佛教》,《佛学研究》2014年第00期。

[8]相关数据见《北京市海淀区地名志》,第199页。

[9]遍融,碑文作"偏融",典籍多作"遍融",为行文方便,本文一律作"遍融"。

[10][明]赵志皋:《大护国千佛寺遍融大师塔院碑记》(以下简称《塔院碑记》),碑阳及碑阴题名,拓片见北京图书馆金石组编《北京图书馆藏中国历代石刻拓本汇编》第58册,编号:京6017,中州古籍出版社1989年版,第84~85页。碑阳录文参见《赵志皋集》附录《集外诗文》,浙江古籍出版社2012年版,第410~412页。按:《塔院碑记》所载建塔与安葬遍融的时间,与《日下旧闻考》所载不同,或即安葬遍融之时,塔尚未完工,至万历十三年始毕役而刻铭。然塔已毁,所刻"华严永固普同塔"等文字今已无存。

[11]《明史》卷114《后妃二·孝定李太后传》,第3536页。

[12]何孝荣:《明代北京佛教寺院修建研究》,南开大学出版社2007年版,第328~329页。

[13]陈玉女:《明华严宗派遍融和尚入狱考——兼论隆、万年间佛教与京师权贵的往来》,《明代的佛教与社会》,北京大学出版社2011年版,第147~192页。

[14]此据赵志皋《塔院碑记》原文,不过据同碑所载生卒年,以周岁计,实为81岁。

[15]德宝法师俗姓吴,字月心,号笑岩。北京人(一作江西金台人),锦衣世家,成年

后不愿做官，出家于京城广慧寺，后遍参名山，得法于玉泉明聪（应作无闻明聪，住湖北随州关子岭龙泉寺），成为临济宗第28代法嗣。约嘉靖二十四年（1545年）前复归北京，历住圆通等寺。万历五年（1577年），他应僧俗之请居西城"柳巷，败屋数椽，残僧数辈而已"。万历九年，德宝圆寂，其门人建塔将其葬于西直门外高粱桥之北郊，即今海淀北太平庄街道辖区内的笑祖塔院（近小西天牌楼）。参见[清]于敏中等：《日下旧闻考》卷52《城市·内城西城三》，第836页；蔡日新：《临济下虎丘禅系概述》，甘肃民族出版社2008年版，第133～144页；陈玉女：《明华严宗派遍融和尚入狱考》，《明代的佛教与社会》，第147～148页；赖永海主编：《中国佛教通史》第12卷，江苏人民出版社2010年版，第102～107页。

[16]赖永海主编：《中国佛教通史》第12卷，第350～352页。何孝荣：《明代北京佛教寺院修建研究》，第578～579、582～593页。

[17]参见陈玉女：《明华严宗派遍融和尚入狱考》，表1"遍融行脚处所"，《明代的佛教与社会》，第149页。

[18]陈玉女认为遍融生于正德元年（1508年），卒于万历十二年，享年七十九岁，嘉靖十七年（1538年）前后，年约三十二，于四川营山县云华山出家。她以《续灯正统》《五灯全书》《补续高僧传》《锦江禅灯》等内典所载"至年将立，感生死无常，遂舍家入云华山""至壮龄三十有二，一旦天机顿发，功名之心灰冷，遂托峨眉之游，望然有天下之志""世寿七十九，僧腊五十"为据，未采信《塔院碑记》之说。尽管碑记亦有"年滨世载，遂弃其家，即莹（蓥）华山礼可和尚，薙染受具"，似乎出家时年近30岁。然而据德清《题达观大师祭遍融大和尚文后》所载："遍老度生六十余年，法施将满大地"（[明]释福善日录、[明]释通炯编辑：《憨山老人梦游集》卷31，蓝吉富编：《禅宗全书》第51册，台北文殊文化有限公司1989年版，第459页），遍融的僧腊应该是在60年以上，故本表以正德十六年前后为其出家之时。笔者推测《塔院碑记》及内典皆以遍融三十岁前后为其出家之岁，是与三十岁的遍融已在洪州马祖庵闭关研习《华严经》经历加以杂糅而形成的书写结果。因为初通《华严》奥旨，对于一代华严宗师而言，应该有着特别的意义。很可能遍融本人在晚年对自己行止进行"构建"时，已认可了三十岁前后"薙染受具"的叙事模式，故为内典所依承。参见[明]冯梦祯撰，王启元校注：《快雪堂日记校注》卷3。万历十七年（1589年），曾经亲近遍融的老僧天际言其"曾为诸生，三十出家。生平看《华严》得力"。（上海人民出版社2019年版，第88页。）

[19]马祖道一（709—788），汉州什邡（今四川什邡）人，禅宗洪州宗开创者，唐代宗、德宗时居洪州钟陵开元寺（今江西南昌佑民寺）等地讲法，四方学者云集。其塔庙在石门山，即今靖安宝峰寺。参见邢东风：《马祖江西行踪遗迹考》，楼宇烈主编：《当代中国宗教研究精选丛书·佛教卷》，民族出版社2008年版，第61～66页；张岱年主编：《中国哲学

大辞典》"马祖"条,上海辞书出版社2010年版,第598页。

[20]龙华寺,始建于元,位于北城日忠坊,明成化中重修,赐额"龙华",清代改称瑞应寺,在德胜门东,今鼓楼西大街路北新开胡同路西。参见彭兴林:《北京佛寺遗迹考》,第279页;徐威:《北京汉传佛教史》,宗教文化出版社2010年版,第313页。

[21]法通寺,在今安定门内法丰胡同7号。参见齐心主编:《北京元代史迹图志》,北京燕山出版社2009年版,第292页;彭兴林:《北京佛寺遗迹考》,第96~97页。

[22]谷积山,属大房山支脉,位于房山区东北约15公里的坨里镇(2002年并入青龙湖镇)北车营村界。杨亦武:《谷积山诸寺》,《北京文博》1998年第4辑。

[23]紫柏真可在《祭法通寺遍融老师文》(作于万历二十年,1592)中,自述其于"万历元年,北游燕京,谒暹(理)法师于张家湾,谒礼法师于千佛寺,又访宝讲主于西方庵,末后参遍(融)老于法通寺"。僧忏辑:《高僧选集·紫柏大师集》,上海佛学书局1934年版,第65页。据此,则遍融自谷积山返回京城后,在移居世刹海之前,曾在法通寺短暂居住。

[24][明]释幻轮:《释氏稽古略续集》卷3《遍融法师传》,收入《卍续藏经》第133册,台北新文丰出版社1977年版,第143页;[明]释明河:《补续高僧传》卷5《如幻传》,收入《佛藏辑要》第28册,台北中华佛教文化馆影印大藏经委员会,1957年,第638页。

[25][明]云栖袾宏辑:《皇明名僧辑略·笑岩宝禅师》,"行实"部分附袾宏曰:"予游京师,参遍融、笑岩二师。次年,二师俱示寂。融师一味实心实行,无著述传世。岩师隐柳巷,罕接见人,有《笑岩集》四卷。"见袾宏《莲池大师全集》(中),张景岗点校,华夏出版社2011年版,第317页。

[26][明]于慎行:《谷山笔麈》卷17《释道》,中华书局1997年版,第197页。

[27]陈玉女:《明华严宗派遍融和尚入狱考》,《明代的佛教与社会》,第162~165页。

[28]《明史》卷283《儒林二·王畿传》:"阳明学派,以龙溪、心斋为得其宗。"第7274页。王畿(绍兴山阴人,号龙溪)、王艮(泰州安丰场人,号心斋)等后学解析阳明"良知"为周流万变、自在无碍,与禅学所指"作用是性""即心是道"相差仅毫厘。故黄宗羲指出:"阳明先生之学,有泰州、龙溪而风行天下,亦因泰州、龙溪而渐失其传。泰州、龙溪时时不满其师说,益启瞿昙之秘而归之师,盖跻阳明而为禅矣。"[清]黄宗羲:《明儒学案》卷32,中华书局1986年版,第703页。

[29][明]释明河:《补续高僧传》卷5《遍融师传》,第638页。

[30]除《塔院碑记》所载"大学士赵公贞吉疏请得免"外,还有另外一种说法,《祖灯大统》《锦江禅灯》均指是"张太岳上章,明师无罪"。参见陈玉女:《明华严宗派遍融和尚入狱考》,《明代的佛教与社会》,第169页。

[31][明]乔应春:《新建护国报恩千佛寺宝像碑记》(简称《宝像碑记》),拓片见《北

京图书馆藏中国历代石刻拓本汇编》第 57 册，编号：京 533，第 101～102 页。录文见董晓萍、［法］吕敏（Marianne Bujard）主编《北京内城寺庙碑刻志》第 1 卷，国家图书馆出版社 2011 年版，第 212～221 页。该碑原在拈花寺，现藏北京石刻艺术博物馆。

［32］［明］杨守鲁：《新建护国报恩千佛禅寺碑记》（简称《千佛寺碑记》），拓片藏中国国家图书馆，编号：京 535。此拓片属旧拓，钤“国立北平研究院传拓章”（参见刘季人整理：《国立北平研究院、史学研究会及北平庙宇调查大要》，《北京档案史料》2009 年第 1 期），拓印清晰，保存较好，但不知何故未收录于《北京图书馆藏中国历代石刻拓本汇编》中。录文见董晓萍等主编《北京内城寺庙碑刻志》第 1 卷，第 222～228 页。笔者已据国图藏拓片对录文予以核对。该碑原在拈花寺，现藏北京石刻艺术博物馆。

［33］［明］陶望龄：《歇庵集》卷 6《慈慧寺碑记》（作于万历三十年，1602 年），台北伟文图书出版社 1976 年版，第 867 页。拓片见《北京图书馆藏中国历代石刻拓本汇编》第 58 册，编号：京 1127，第 136 页。此处所引据拓片。另，千佛寺碑及宝像碑碑阴题名，合计僧俗 2940 余人，据此不难想见当时千佛寺之规模。参见陈玉女：《明华严宗派遍融和尚入狱考》，《明代的佛教与社会》，第 178～189 页。

［34］［清］于敏中等：《日下旧闻考》卷 107《郊坰・北》在转引碑文时，称“赍白金七十八两”（第 1773 页），应误。

［35］塔院田地四至为“东至大石桥头，南至土城□□，西至十字大道，北至十字大道”（《塔院碑记》碑阴题记）。大石桥指的是健德门外的穹桥，建于元代，与卧虎桥、广济桥（清河桥）、安济桥（南沙河桥）、朝宗桥（北沙河桥）等并列于德胜门至昌平的谒陵御道之上。参见孔庆普：《中国古桥结构考察》，东方出版社 2014 年版，第 83、90～95、101 页。

［36］参见陈玉女：《明华严宗派遍融和尚入狱考》，《明代的佛教与社会》，第 177～178 页。

［37］陈玉女：《明华严宗派遍融和尚入狱考》，《明代的佛教与社会》，第 152～156 页。

［38］清高宗：《御制重修拈花寺碑文》，拓片见《北京图书馆藏中国历代石刻拓本汇编》第 68 册，编号：京 537，第 141 页。录文见董晓萍等主编《北京内城寺庙碑刻志》第 1 卷，第 230～231 页。但该书录文偶有不确，故本文所引据佟洵主编：《北京佛教石刻》，宗教文化出版社 2012 年版，第 322 页。该碑原在拈花寺，现藏北京石刻艺术博物馆。参见［清］于敏中等《日下旧闻考》卷 54《内城北城》，第 876～877 页。

［39］徐威：《北京汉传佛教史》，第 369～370、373～374 页。

［40］多宝塔（多宝佛塔）是安置多宝如来之塔，见《妙法莲华经・见宝塔品第十一》。多宝塔随着法华信仰的盛行而逐步流行，始于东晋。早期多建三层塔，从形制上还属于楼（亭）阁式塔。随着密宗在中原的流传，约在中唐至五代间，多宝塔同覆钵式塔（作为一

种带有纪念意义的佛塔形制，用于珍藏佛舍利或遗物，早期传入西藏，随着藏传佛教的盛行，而被称为“喇嘛塔”）在形象上已经结合。至宋代，早期塔中多宝、释迦二佛并坐的特征尽去，龛中一般只供一佛，或置于寺院前，或作舍利塔或墓塔。刻有密教咒符的多宝塔，还可用作镇桥塔。黄培量：《浙南砖石多宝塔的调查研究》，《东方博物》第48辑，浙江大学出版社2013年版，第50～52页。按，张羽新《清政府与喇嘛教》附《清代喇嘛教碑刻录》收录了《拈花寺碑文》（西藏人民出版社1988年版，第325～327页），或即与此12座多宝塔有关，但实际上清代拈花寺并非藏传佛教寺院。

[41]周肇祥：《琉璃厂杂记》卷3，宋惕冰、赵珩等整理，北京联合出版公司2016年版，第142～143页。据整理者推断，此卷系周氏于民国五年（1916年）农历三月中旬至五月底间所记。另参王彬、徐秀珊主编：《北京地名典（修订版）》，中国文联出版社2008年版，第486页。该书载更换石龛，事在同治元年（1862年）七月，然其资料出处未详，笔者亦暂未查得。

[42]1930年拍摄的普同塔，照片见汤用彬等编著：《旧都文物略·陵墓略》，北京古籍出版社2000年版，第129页。该图所附说明文字为：“遍融法师塔在德胜门外，为明慈圣太后斥赀建，清改为故都僧人丛葬之所，名十方塔院。”

[43]北京市档案馆编：《北京寺庙历史资料》，中国档案出版社1997年版，第29、457、523页。

[44]北京市档案馆编：《北京寺庙历史资料》，第126、139、486页。

[45]《北京市海淀区地名志》，第74页；《北京百科全书·海淀卷》，奥林匹克出版社、北京出版社2001年版，第252页。

[46]据1992年出版的《北京市西城区地名志》记载，除了中国人民大学外，北京铜丝厂、中央歌舞团、通力机电修造厂等单位也曾占用过拈花寺建筑。参见《占用60年　人大印刷厂下月搬出拈花寺》，《新京报》2014年1月27日，A08版；《人民大学：拈花寺是划拨而非“占用”》，《新京报》2014年1月30日，A09版；《拈花寺火患未除添新“病”》，《法制晚报》2016年5月4日，A13版。不过，拈花寺的腾退工作虽然启动于2013年8月，但迟至2018年10月仍未彻底完成（《资产与后勤管理处与北京市佛教协会就推进拈花寺全面腾退移交工作举行会谈》，中国人民大学资产与后勤管理处网站，发布时间：2018－10－12，最近访问时间：2018－11－27，网址：http://assets.ruc.edu.cn/index.php?s=/Index/news_cont/id/1294.html）。笔者于2018年10月10日实地考察了拈花寺现状，从广如法师处获知有关修缮工程即将有序进行。

[47]焦雄：《“塔院”一名探源》，胡玉远编：《燕都说故》，第21页；《北京市海淀区地名志》，第74页；《北京地名典（修订版）》，第486页。

[48]陈寅恪：《柳如是别传》，生活·读书·新知三联书店2001年版，第855、858、

862 页。

[49]值得一提的是,郑贵妃的家族墓地就位于西土城单家豁子外,在今蓟门桥以西、北三环北侧、首都体育大学东侧区域内,距离塔院不远。单家豁子是由北太平庄和铁狮子坟过土城,经弘晌墓(康熙皇帝长子允禔之子,墓碑今立于中国政法大学学院路校区南门内家属院中)向西去的通道。按,今蓟门里一带,旧称“大王花园”,即因允禔赐园而名,故其后人得葬于大王花园南。参见张有信:《元大都土城史话》,《海淀文史选编》第 15 辑,2009 年,第 219 页;冯其利:《京郊清墓探寻——宗室觉罗墓(续)》,《北京档案史料》2002 年第 1 辑;北京市地方志编纂委员会编:《北京志 · 文物卷 · 文物志》,北京出版社 2006 年版,第 538 页;海淀区人民政府编:《北京市海淀区地名录》,北京市测绘设计研究院制印厂,1996 年,第 64 页;《北京政法学院基本建设设计任务书》(1962 年 11 月 15 日),中国政法大学档案馆:《法大记忆:60 年变迁档案选编》,中国政法大学出版社 2012 年版,第 56 页。

[50]如图 1,郑贵妃与王皇后并列于《塔院碑记》碑阴题名中,显示出在立碑的万历二十六年,两人分庭抗礼的情势。这与当时人所述可相印证:“今上专宠郑贵妃,固累朝所少,因有疑福王怀夺宗之计者。……犹记向游郊外一寺,亦敕建者,壮丽特甚。登殿礼佛,见供几上并列三位,中曰‘当今皇帝万岁景命’,左曰‘坤宁宫万岁景命’,右曰‘翊坤宫万岁景命’。翊坤,则郑妃所处宫也。予为吐舌骇汗,讽主僧易之,不知能从与否。此盖彼宫位下大珰所为。时福邸之国已久,然不免并嫡之嫌矣。”[明]沈德符:《万历野获编》卷 3《宫闱 · 郊寺保厘》,中华书局 1997 年版,第 97 ~ 98 页。参见梁绍杰:《三则与晚明“国本之争”有关的传闻考辨》,田澍等主编:《第十一届明史国际学术讨论会论文集》,天津古籍出版社 2007 年版,第 138 页。

[51]韦庆远:《张居正和明代中后期政局》,广东高等教育出版社 1999 年版,第427 ~ 466 页。

[52]《明史》卷 213《高拱传》《张居正传》,第 5641 ~ 5643、5644 ~ 5647 页。参见图 1,及陈玉女《明万历时期慈圣皇太后的崇佛》,《明代的佛教与社会》,第 100 页。

[53]陈玉女指出,在面对慈圣太后广建寺院时,张居正态度上恭维至甚,虽屡次要求“节撙俭用”却未加以有效约束,只是在所撰碑文中再三强调皇室兴寺不劳民、不耗国帑等情,其中不难想见广建寺院所带来的财政问题。《明万历时期慈圣皇太后的崇佛》,见氏著《明代的佛教与社会》,第 101 ~ 122 页。

[54]神宗大婚是从万历四年举行过束发礼后便开始筹备的。详见樊树志:《晚明史(1573—1644)》上册《大婚》一节,复旦大学出版社 2015 年版,第 302 ~ 309 页。

[55]何孝荣:《明代北京佛教寺院修建研究》,第 327 页;《北京市海淀区志》,北京出版社 2004 年版,第 870 页。

[56]张居正《敕建慈寿寺碑文》称:慈圣太后“欲择宇内名山灵胜,特建梵宇,为穆考荐冥祉,皇上祈允(胤),遣使旁求,皆以地远不便瞻礼。乃命司礼监太监冯保卜关外地营之,出宫中供奉金若干两,潞王、公主暨诸宫眷助佐若干金,委太监杨辉等董其役。”继而在《敕建五台山大塔院寺碑记》称:“昔阿育王获佛舍利三千余颗,各建塔藏之,散布华夷,今五台灵鹫山塔是其一也。我圣母宣文明肃皇太后前欲创寺于此,为穆考荐福,今上祈储,以道远中止。……圣后至性精虔,不忘始愿……敕建大塔院寺。前为山门天王塔,内大慈延寿宝殿、大慈延寿护国佑民释迦之佛舍利宝塔……工始七年九月十五日,成于十年七月二十七日。”[明]张居正:《张文忠公全集·文集四》,万有文库国学基本丛书本,商务印书馆 1935 年版,第 564、567 页;马金花编著:《山西碑碣(续编)》,三晋出版社 2011 年版,第 294~297 页。德清自叙年谱亦载万历七年秋,“京都建大慈寿寺完。初,圣母(慈圣太后)为荐先帝,保圣躬,欲于五台修塔院寺、舍利宝塔。谕执政,以为台山去京窎远,遂卜附京吉地,建大慈寿寺。工完,覆奏,圣母以为未了台山之愿,谕皇上,仍遣内官,带夫匠三千人,来山修造。是时,朝廷初作佛事,内官初遣于外,恐不能卒业,有伤法门。时予力为之调护,始终无恙”。慈寿寺建成后,慈圣太后先后延请德清、真可居此寺。[明]释德清口述、[清]释福善记录、释福征述疏:《憨山大师年谱疏》卷上,国光印书局 1934 年版,第 45 页。

[57]紫柏真可在《刻藏缘起》中称万历七年在大云寺拜访云谷法会,是其发愿刻方册《嘉兴藏》之端。但据考证,紫柏拜访云谷是在万历三年前后,而缘起文当作于万历十四、十五年前后。紫柏之所以系之于万历七年,似是有意而为,以便与皇嗣祈祷活动契合,冀能获得慈圣太后关注。王启元:《慈圣皇太后、〈九莲经〉与万历佛教》,《佛学研究》2014 年第 00 期。

[58]据乔应春《宝像碑记》,千佛寺“计工始于万历庚辰(八年),一浃岁而告成”。以立碑的“万历辛巳(九年)七月”推知,似应始于万历八年秋。这与王皇后受孕时间更吻合。但据《千佛寺碑记》“事闻于圣母皇太后……即于首春(正月)委杨君用等往董其役,迄辛巳秋始克落成”,则应始于万历八年正月。

[59]本传所载时间应误。据定陵出土王氏圹志,封恭妃在万历十年六月十六日,与《万历起居注》所载封王氏为恭妃的上谕时间一致(引文详后)。圹志拓片及录文,见中国社会科学院考古研究所等编:《定陵》(上),文物出版社 1990 年版,第 230~232 页。

[60]《明史》卷 114《后妃二·孝靖王太后传》,第 3537 页。

[61]《明史》卷 114《后妃二·孝定李太后传》:“光宗之未册立也,给事中姜应麟等疏请被谪,太后闻之弗善。一日,帝入侍,太后问故。帝曰:‘彼都人子也。’太后大怒曰:‘尔亦都人子!’帝惶恐,伏地不敢起。盖内廷呼宫人曰‘都人’,太后亦由宫人进,故云。光宗由是得立。”第 3535 页。

[62]《明神宗实录》卷115,万历九年八月癸卯条,上海书店1982年版,第2178～2179页。

[63]万历十一年八月,淑嫔郑氏晋德妃,十一月,郑氏生皇次女(云和公主)。次年八月,再封贵妃。万历十四年正月,郑氏生皇三子朱常洵(福王,后被其子南明弘光帝朱由崧追尊为恭宗)。三月,复封皇贵妃,仅次于皇后。樊树志:《万历皇帝传》,凤凰出版社2010年版,第180～184页;刘精义:《明神宗纯懿皇贵妃王氏圹志考》,北京市社会科学院历史所编:《北京史研究(一)》,北京燕山出版社1986年版,第256～267页。

[64]《憨山大师年谱疏》卷上,第46～48页。参见[明]释镇澄撰、[民国]释印光续纂:《清凉山志》卷5《妙峰大师传》《憨山大师传》,宁夏回族自治区佛教协会印,1998年,第140、153～154页。

[65]梁绍杰已注意到释福征所谓五台山祈嗣时,神宗属意郑贵妃与慈圣意在王才人的说法不合情理,笔者看法与之一致。但他引据《万历起居注》所载册王才人为恭妃时上谕"目今未封者一人有娠,将临月矣"(万历十年六月四日,北京大学出版社1988年版,第2册,第229页),认为最早到万历十年六月王才人才发觉有娠,因此主张万历九年十月祈嗣是双方为王皇后临盆在即(万历九年十二月四日,《万历起居注》第2册,第192页)而建道场,与郑贵妃、王才人无关。见《三则与晚明"国本之争"有关的传闻考辨》。此说不审之处在于误解了上谕"将临月矣"的含义。按,"临月"即"临近足月,即将待产"之意,例见梁武帝《净业赋·序》:"临月者行产路侧,母不及抱。"[唐]释道宣:《广弘明集》卷29上《统归篇》,文津阁四库全书本,见《四库全书佛典》第2册,商务印书馆2017年版,第118页;《宋书》卷72《文九王·始安王休仁传》:"时廷尉刘曚妾孕,临月,(废帝)迎入后宫,冀其生男,欲立为太子。"中华书局2018年版,第2046页。这与前述上谕距离王氏产子(万历十年八月十一日)两个多月的时间是相符的。

[66]任颖卮、王东升:《青岛佛教研究》,中央编译出版社2015年版,第86～88页;陈玉女:《明万历时期慈圣皇太后的崇佛》,《明代的佛教与社会》,第123～126页。

[67][明]沈德符:《万历野获编》卷27《释道·羽流不列清班》、卷13《吏部·羽流恩恤之滥》,第696、345页。神宗命太监杨辉修天师府,而为给事中王道成等谏止一事,亦见《明神宗实录》卷108,万历九年正月甲戌条,第2078～2079页。之所以神宗被迫中止,与王道成等指出"禁近内臣不轻差出,往年太监杨辉曾差往承天修显陵矣,惟陛下岂重圣祖则有是命,非常典也。今亦使内臣为之督工,岂不失轻重之伦哉"有关。因为皇帝差内臣督工是非常之典,不宜用于修天师府。

[68]强调寺院在京城中的方位,亦见于承恩寺碑。万历二年(1574年),由于神宗替僧志善所居龙泉寺圮坏,"欲一新之,而其地湫隘,且滨于河,势难充拓",故神宗与慈圣太后以追念穆宗为由,兴建承恩寺,"命司礼监太监冯保贸地于都城巽隅、居贤坊故太监王

成住宅，特建梵刹”。次年寺成，“因官志善为僧录司左善世，以住持之”。[明]张居正：《张文忠公全集·文集四·敕建承恩寺碑文》，第561页。然而关于承恩寺的位置，史籍中多记载有误，或如张居正所载为东南巽位，或如沈德符所载在西南隅（《万历野获编》卷27《释道·京师敕建寺》，第686页）。承恩寺实在都城东北隅南居贤坊，见徐苹芳《明北京城复原图》（分图3），《徐苹芳文集·明清北京城图》，上海古籍出版社2012年版，第156页。参见何孝荣：《明代北京佛教寺院修建研究》，第326～327页。

[69]本文初稿曾在“新时代、新技术、新思维——2018年中国历史地理学术研讨会”上宣读，评议人夏增民教授指出，将营建千佛寺解读为慈圣太后为神宗王皇后祈嗣之举尚缺乏更为直接的证据，笔者亦颇知之。然如神宗和慈圣太后先后在武当山、五台山举办祈嗣道场之事，只见于执事僧徒的私人记载一样，此类事极难为正史和士人官僚所记载，而有关塔院的民间传说，虽不经，但在反映历史场景的真实感上，却与释氏内典有殊途同归之妙。换一个思路来看，按照福征的说法，慈圣太后在万历九年十月是为王才人祈嗣。既然能为王才人祈嗣，那么依常理而论，在神宗婚后，她不可能不为王皇后祈嗣。营建千佛寺，正当其时。只是因祈嗣未取得实效，此事遂湮灭于历史之中。另外，宣读论文时，笔者尚未见到杨守鲁《千佛寺碑记》全文，仅就《日下旧闻考》卷54所节录碑文中“贸地于都城乾隅”（第876页）一语而为证，亦有不足。在检获该碑全文后，可略作补论：千佛寺虽然是慈圣太后“虑冲圣日亲万机烦劳”，命冯保“访高僧修香火”为神宗“祝延万寿”而建，但其事始于“万历丙子（四年）”，而实动工于万历八年正月，恰经历了神宗婚事自筹备至完成的全过程。其间虽有冯保在听闻遍融之名后“别遣觇核其实，果见其凝觉澄冲，以禅悦为味，一切纷华世态，毫不染谂，为惠远流”的过程，迁延三年多才动工，却也有见兴建千佛寺之慎重。这种慎重或许正是源于慈圣太后祈求皇嗣的心愿，而王皇后在婚后将近两年的时间中始终未能怀孕，自然更加强化了太后祈嗣的念头。故杨守鲁在碑记中不仅指出千佛寺位于都城乾隅，且是“龙脉”结聚之地，并在文末指出：“遍融遂仰承德意，阐明法旨。皈依诸佛，开众生方便之门；延供十方，证真如菩提之果。自是灵心肸蠁，神物奔会，天子万寿，四海永康，皞皞熙熙，唐虞再见，亦应感之所必致者。夫谓护国、报恩之义，专在于此固不可。然谓此非护国而报恩也，亦岂所以语臣子不可解之忠，随事而效用者哉。”既然护国报恩不专于“天子万寿”等事，或则为皇嗣降生祈祷，亦是“随事而效用”之一端。

[70]《万历起居注》第2册，第246页。亦见前引王氏圹志。

[71]《憨山大师年谱疏》卷上，万历十年，第49页。

[72]《憨山大师年谱疏》卷上，万历十一年，第51页。

[73]陈玉女：《明万历时期慈圣皇太后的崇佛》，《明代的佛教与社会》，第127～136页。与之相关的，还有万历三十一年（1603年）妖书事件（亦称续妖书案），紫柏真可因之

而死，见同前书，第 137 ~ 143 页。

[74]或许慈圣太后追念遍融的行为，也受到了曾经受教于遍融，并且积极参与到求储和定储活动的憨山德清、紫柏真可的直接支持，因此也可视为是当时皇室和佛教界对遍融这位华严宗师的共同纪念。此外，据赵志皋《塔院碑记》“适度门诲公状其事，余因而记之，以示来劫云”，可知碑记是他在度门诲公所撰遍融行状基础上写成的。度门诲公，即度门正诲(1545—1628)，亦称无迹正诲，俗姓刘，湖北当阳人，10 岁出家，20 岁入荆南普仰寺，从天柱满秀修习北宗禅。隆庆二年(1568 年)，天柱入化，正诲追随其师旧迹，入两都，登讲席。万历七年返回当阳后，正诲在玉泉山东七里大通寺旧址寻得神秀遗冢及旧碑，始知大通寺即唐之度门寺。万历二十六年，神宗赐《大藏经》一部，慈圣太后赐千金，官吏以下捐资若干，正诲遂于此重建度门寺，为玉泉寺别院。正诲是一代诗僧，与袁宗道、袁宏道、袁中道兄弟及雷思霈等相善。[明]王维章:《度门寺无迹禅师塔铭并序》，湖北人民政府文史研究馆、湖北省博物馆整理:《湖北文征(全本)》第 4 卷，湖北人民出版社 2014 年版，第 426 ~ 427 页；周德富辑注:《雷思霈诗辑注》，“玉泉寺与无迹法师夜坐”诗注引《湖北诗征传略》卷 30，湖北人民出版社 2014 年版，第 68 页；姜子夫编著:《朝圣三峡玉泉寺:财富文明的神圣寺院》，中国藏学出版社 2004 年版，第 24 ~ 25 页。正诲与遍融交往情况不详，有待进一步探究。但真可、德清与正诲均曾对玄奘法师《八识规矩颂》作注释，对晚明庄学亦各有发明或引述，且均活跃于万历年间，三人宜应有一定交往，所谓“度门诲公状其事”或即受德清、真可所托。参见郭朋:《中国佛教思想史》(下)，社会科学文献出版社 2012 年版，第 328 页；周黄琴:《历史中的镜像——论晚明僧人视域中的〈庄子〉》，巴蜀书社 2015 年版，第 62 ~ 66 页。按，在万历三十一年续妖书案中，与真可一同获罪的，还有“进京日与达观交结惑众”的在官僧人正诲[杨向艳:《续妖书案之达观狱与万历政局》，《西南大学学报(社会科学版)》2017 年第 1 期]，但此人与度门正诲应是二人。

[75]“纪念碑式”或“纪念碑性”的概念，参见[美]巫鸿:《纪念碑式城市——长安》，《中国古代艺术与建筑中的“纪念碑性”》，李清泉、郑岩等译，上海人民出版社 2009 年版，第 186 ~ 187 页。

[76]最终，朱常洛于万历二十九年(1601 年)被册立为皇太子，这已是塔院建成后的第三年。而慈圣太后与王皇后也都终其一生在维护和巩固太子之位。参见《明史》卷 114《后妃二·孝定李太后传》及同卷《神宗孝端皇后王氏传》《恭恪贵妃郑氏传》，第 3535 ~ 3536、3537 ~ 3538 页。

(作者单位:中国政法大学法律古籍整理研究所)

清代直隶地区著书者的地理分布探析*

——以天津县为中心的考察

于双远

自辽金以来，北京及其周边地区在全国的政治地位逐渐上升，到元代则成长为全国的政治中心所在地，其周边的直隶地区也成为中书省直辖地区。自此，其为国家京畿重地的态势基本持续到清末，其间政权虽时有更迭，但直隶地区的地位不改，政治、经济亦以稳定为主流，这些都为本地文化的发展提供了保证。

本文拟以清代直隶地区的著书者作为研究对象，希图将著书者的地理分布搞清楚，进而对其如此分布的原因进行初步的探讨。文中的著书者，以相关文献中记载的留下著作的人物为准。关于著书者的地域归属，亦以文献中所载为准，即不再追究其祖籍所在，而以其写作书籍时长期的居留地为准。关于著书者的时代归属，则以所划定分期年份上推二十年，即著作者满二十岁，能够从事写作为准。

一、清代直隶地区著书者的分布

清代自顺治帝入关，定鼎中原，即以北京为都城，设立直隶省，至清末，其下辖十二府、七直隶州、三直隶厅。本文所研究的直隶地区则不包括承德、朝阳、宣化三府，赤峰直隶州，张家口、独石口、多伦诺尔三直隶厅等传统的塞北地区。

据民国时编撰的《河北通志稿》记载，清代二百六十余年间，直隶地区的著书者总数为 2331 人，遍布本文所研究的直隶地区 124 州县，只有 6 县没有著书者的记载。因为数

* 本文系天津市教委项目“明清时期直隶地区的文人分布及其原因探析”课题阶段性研究成果，项目编号:2018SK048。

据资料的缺乏,这没有著书者的6县,本文暂时不予考虑。有数据的124州县,其在清代产生的著书者的平均值为18.80人。相对于前代,应该说清代直隶地区的文化发展呈现出空前的繁荣景象。

然而,清代直隶地区的著书者分布并不均匀,其内部各州、县,表现出了巨大的差异性。我们以直隶地区有著书者记载的124州县的平均值,即18.80人,为中值,以各州县的著书者与此平均值的比值为统计对象,其比值超过1.5的州县确定为著书者分布较多的州县,以比值介于0.67与1.5之间的州县确定为著书者分布较为平均的州县,而以比值小于0.67的州县确定为著书者分布较为贫乏的州县,故可将124州县分成三大类。

1. 著书者分布较多的州县:

天津府　天津,251人;沧州,155人;南皮,76;青县,36人;静海,34人;盐山,34人;

顺天府　文安,80人;大兴,70人;宝坻,50人;宛平,48人;大城,43人;通州,31人;

河间府　任丘,69人;东光,50人;献县,38人;宁津,31人;

遵化直隶州　遵化,71人;丰润,61人;

大名府　大名,30人;

广平府　永年,35人;

永平府　滦州,39人;

赵州直隶州　柏乡,30人;

正定府　正定,39人。

2. 著书者分布较为平均的州县:

保定府　高阳,27人;安肃,16人;雄县,16人;清苑,15人;安州,15人;蠡县,13人;

永平府　迁安,22人;临榆,21人;乐亭,19人;卢龙,17人;昌黎,14人;

广平府　威县,25人;磁州,23人;成安,16人;曲周,14人;

大名府　长垣,21人;开州,15人;

定州直隶州　定州,19人;曲阳,13人;

河间府　交河,27人;景州,21人;

冀州直隶州　南宫,19人;枣强,15人;

赵州直隶州　赵州,14人;宁晋,13人;

深州直隶州　安平,13人;

顺德府　南和,19人;

天津府　庆云,15人;

正定府　元氏,14人;

遵化直隶州　玉田,23人。

3. 著书者分布较贫乏的州县：

顺天府　东安，10 人；霸州，10 人；房山，9 人；昌平，8 人；涿州，8 人；顺义，7 人；宁河，6 人；良乡，4 人；固安，4 人；武清，4 人；蓟州，4 人；三河，3 人；永清，2 人；香河，2 人；密云，2 人；保定，1 人；

保定府　定兴，11 人；容城，11 人；唐县，9 人；束鹿，9 人；满城，7 人；新城，6 人；博野，5 人；望都，5 人；祁州，3 人；

正定府　栾城，12 人；获鹿，9 人；灵寿，7 人；赞皇，7 人；晋州，6 人；井陉，3 人；阜平，3 人；平山，2 人；藁城，2 人；新乐，1 人；无极，1 人；

顺德府　广宗，8 人；邢台，5 人；平乡，5 人；唐山，4 人；巨鹿，3 人；内丘，3 人；沙河，1 人；

广平府　鸡泽，11 人；邯郸，9 人；广平，5 人；肥乡，4 人；清河，1 人；

河间府　河间，11 人；吴桥，11 人；故城，8 人；肃宁，5 人；阜城，3 人；

大名府　南乐，11 人；元城，10 人；清丰，3 人；东明，2 人；

冀州直隶州　武邑，6 人；冀州，4 人；新河，2 人；衡水，2 人；

深州直隶州　深州，11 人；武强，10 人；饶阳，5 人；

易州直隶州　易州，7 人；涞水，7 人；广昌，2；

赵州直隶州　高邑，2 人；隆平，1 人；

定州直隶州　深泽，3 人；

永平府　抚宁，8 人。

由此我们可以将清代的直隶地区分成东南、东北、中南三大区域，分别加以考察。

直隶东南地区：这一地区包括天津、河间二府和顺天府的文安、大城二县。由统计可知，以天津府为中心的直隶东南部地区为清代本地著书者最为集中的地区，而尤以天津府天津县的 251 人和沧州的 155 人为最高，而天津府下辖的南皮、青县、静海、盐山等县，与其接壤的顺天府文安、大城二县，河间府任丘、东光、献县、宁津等县，与本省的著书者平均值之比都超过 1.5。天津、河间二府的著书者总数达到 875 人，占整个直隶地区的 37.54%。由此可见，以天津府、河间府为主体的东南地区可谓直隶地区著书者聚集的中心，也可称之为清代直隶地区的文化中心区，其著书者的数量众多，聚集效应明显，分布亦不够均匀。

直隶东北地区：这一地区包括顺天、永平二府及其中间的遵化直隶州，其中顺天府的大兴、宛平、通州、宝坻等州县，遵化州的遵化、丰润二州县，永平府的滦州都可谓著书者分布较多的地区，而其周边永平府的卢龙、迁安、乐亭、昌黎、临榆等州县，遵化州的玉田县等地区，则是这一地区的外围地区，其著书者的分布较为平均。不过顺天府其他的州县，其著书者的分布则较为稀少。顺天、永平、遵化等府州，其著书者总数为 701 人，占整个直隶地区的30.07%。总体来说,这一地区的著书者分布没有东南地区那样密集,尤其是顺天府,表现出了强烈的聚集效应,其分布极不均匀。

中南地区:这一地区包括保定、正定、顺德、广平、大名等府,易州、深州、定州、冀州、赵州等直隶州。这一地区地域广大,而著书者的分布则较为贫乏。由统计可知,在这广大的区域内,只有大名府的大名县、广平府的永年县、正定府的正定县、赵州直隶州的柏乡县等四县,其著书者的分布较为集中,而其他剩余州县,其著书者的分布较为稀少。中南地区的五府五州,其著书者总数为755人,占整个直隶地区的32.39%。总体来说,这一地区地域广大,著书者的分布除个别州县较多外,其他都比较少,其分布则较为平均。

二、清代天津县的著作者

从上文的统计可以看出,清代天津府的天津县,在民国《河北通志稿》中,其著作者的人数达到了251人,占到整个直隶地区的10.77%,是名副其实的清代直隶地区著书者聚集中心。而结合其他文献资料,我们可以知道,清代天津县的著作者,其总数其实已经达到324[1]人。

清代天津县著作者的时代分布

时代	著作者人数	年均人数
清朝建立至清雍正二年(1644—1724)	47	0.58人/年
清雍正三年至乾隆末年(1725—1795)	96	1.35人/年
清嘉庆元年至咸丰十年(1796—1860)	110	1.69人/年
清咸丰十一年至清亡(1861—1911)	71	1.39人/年

由上表可知,居于清代直隶地区著书者聚集中心的天津县,其著书者在时间上的分布也是不均匀的。

具体来说,在清雍正三年以前,还没有天津县的行政建制,文献中所留下来的著书者数量还无法与后来的时期相比。这一方面应该与清初直隶地区政治上的不稳定、经济上的凋敝有关,另一方面也能表现出其缺乏合理行政建制的影响。不过,如果将其与直隶其他地区相比,其81年间产生了47位著书人,年均人数达到0.58人,数量和年均值在清代的直隶地区都可谓名列前茅。可以说,这一时期的天津地区已经表现出其与众不同的文化聚集潜力。

清雍正三年,天津州正式设立,自此,天津地区有了较为合理和独立的行政建制。同年，又升天津州为天津直隶州。雍正九年，又升天津直隶州为天津府，下辖六县一州。这种行政设置上的独立，政治地位上的提高，对天津县在文化方面的影响非常巨大，自雍正三年至乾隆末年，71年间，天津县出现了96位著书者；而此后的嘉庆元年至咸丰十年的65年间，天津县又出现了110位著书者。这136年间，天津县的著书者云集，文化昌盛，真正成长为清代直隶地区的文化中心。

清咸丰十一年，天津开埠，自此至清代灭亡的51年间，天津县又出现了71位著书者，虽然其年均值较前一时期略有下降，但下降幅度并不明显，这应该与文献资料修著年代较早，所列著书者不够全面和我们的统计方法不够科学有关。应该说，晚清时期的天津，其著书者的数量依旧是庞大的，依旧是此时直隶地区的文化中心。

总之，清代的天津县在清代初年就聚集了大量的著书者，且随着雍正年间天津行政建制的独立和政治地位的提高，呈现出日益繁荣的特点。那么，清代直隶地区这种著书者分布不均衡的现象，又与哪些因素相关呢？

三、直隶地区的地理环境

整体而言，清代的直隶地区东西窄而南北长，局促于华北平原北部，其西、北两面有太行山、燕山山脉围绕，而其内部的地理环境又较为复杂，就本文所讨论的范围，其地形大体可分为3区：

1. 太行山地丘陵地区

本区位于直隶地区西部边缘地带，北以小五台山、蔚县大南山为界，西、南分别与山西和河南为邻，东以100米等高线与海河平原分界，全区为一近南北向略呈缓S形的狭长的山地和丘陵地带。区内地貌类型复杂，除山地外，在山地中有丘陵、盆地和谷地交错分布。地势西北部最高，海拔在1000米以上，相对高度超过500米，个别山峰在2000米以上，如北部的小五台山、白石山。南部及东南部逐渐降到200米以下，属于丘陵和盆地。其中较大的有涉县、武安、井径、涞源等盆地。永定河、拒马河、滹沱河、漳河等大小河流发源或流经本区，成为海河水系的主要水源，它们横切山地，形成峡谷，成为京津冀与山西省重要的交通要道。

2. 燕山山前平原和滦河三角洲平原地区

本区北以三河、玉田、丰润、滦县、迁安、昌黎、秦皇岛一线以南与燕山山地区为界，西与北京市毗连，东南濒临渤海西岸。地形主要由潮白河、蓟运河、滦河及其他小河聚集而成。其中，滦河源远流长，上游为高原、山地、丘陵地形，坡降大，侵蚀重，含沙量大，自滦县附近开始入于平原。泥沙大量堆积，形成了巨大的冲积扇，古冶以西有开平盆地和陡河贯穿其间。本区由于北接燕山山地区，地表多由沙土、亚砂土组成，仅在洼地一带才有黏土、亚黏土沉积。

3. 海河平原地区

海河平原是黄淮海大平原的组成部分之一。此地东临渤海，西至太行山东麓，北与北京市、东北与天津市相毗连，南以省界与河南省、山东省相接。它和山地丘陵区以海拔100米等高线为分界线。在大地构造上属于华北台块的一部分，西接山西台背斜，北接燕山沉陷带，它同属于渤海凹陷的平原部分。

结合前文著书者的分布，我们可以看到，位于直隶地区西部太行山地丘陵地区的各州县，其著书者的分布均极为稀少。而燕山山前平原和滦河三角洲平原地区大体相当于直隶的东北地区，其著书者的分布相对较多，不过顺天府的分布不够均匀。海河平原地区则又可分为两区，海河下游的直隶东南地区，著书者分布密集，为直隶地区的文化中心；而其中游则为中南部平原地区，著书者分布不是很多，甚至比较稀少，但其分布较为平均。

四、清代直隶地区的水陆交通

元、明、清时期，以政治中心北京为中心的运河漕运相当发达，并以北京为中心建设了通往全国各地的驿道，带动了直隶部分州县的繁荣与发展。

海河水系有五大干流，南运河、北运河、大清河、子牙河和永定河，均在天津三岔河口汇入海河，再注入渤海。直隶境内除了东北部的承德、永平等府之外，大多和天津之间有河流相连。加之南北通衢的大运河流经其地，东可利用海河联系天津港，衔接海运交通，西又可利用官马大道和大运河勾连陆路交通枢纽北京，因此天津作为直隶境内水陆交通网络中枢的优势十分明显。清代天津货物流通渠道主要为运河及海路。其中运河商货主要有漕船携带的土宜以及运河商船所载的杂货，沿海贸易则主要包括渤海湾内的粮豆贸易以及闽粤、江浙地区的长途贸易。因此，清代前期沿海贸易的发展带动了天津城市的迅速崛起，使其成为华北地区最大的港口城市。天津从运河城市向沿海城市的转变并非始于1860年开埠之后，其作为港口城市的基础是在清代前期奠定的。[2]

由此可见，直隶的东南地区，水网密集，水路交通发达，而天津又正当直隶地区河运、海运的中心枢纽位置，工商业繁荣，城市发展迅速，这为著书者的大量出现和汇聚提供了比较坚实的经济基础，推动了天津文化的繁荣。位于天津府南部的沧州，地处渤海湾中部，运河和官马大道都经由此处，故拥有水陆双重便利的交通条件，是联结山东、东北及京师水路的交通要冲，成为直隶东南地区著名的贸易转运型城镇，故而其著书者亦大量出现、汇聚。而利用发达的内河水运交通，天津、沧州繁荣的文化亦向南、向西影响到其周边地区，从而形成了直隶东南这一文化重心区。

五、总　结

总之,清代直隶地区为京畿重地,长期处于中枢位置,社会稳定,经济繁荣,文化昌盛,著书者亦大量出现。不过清代直隶地区的著书者分布并不均匀,而是形成了以天津、河间二府及其周边地区为主的东南文化中心区,其中又以天津县、沧州最为集中,为直隶地区的文化重镇。这不得不说是与其平坦的地势、便利的水陆交通和繁荣的工商业经济密切结合在一起的。此区北面的顺天、遵化、永平等府州组成的直隶东北地区,其著书者的分布亦比较集中,著书者人数较多。应该说,这也与本地多有冲积性平原、三角洲的地势,较为发达的陆路、海运交通条件,起步较早的煤炭业等工商业经济基础有着莫大的关系。不过顺天府内各州县的著书者数量差距较大,这也从一个侧面显现出政治权力对政治中心驻地的巨大影响。直隶地区的中南部地区,除个别府州首县外,其著书者的分布均较为稀少,不过却比较均匀。应该说,本地西部为山地丘陵地形,中部为平原地形,虽地势较为平坦,但水运交通不是很发达,经济上以传统农作物的种植为主,兼有棉花、花生、蚕桑、瓜果等经济作物的种植,整体工商业不够发达,故其著书者亦比较稀少、平均。由此可见,文化的发展与地形、交通、经济等地理要素关系密切。

【参考文献】

(1)[民国]王树枏:《河北通志稿》,1935 年河北省通志馆铅印本。

(2)[清]薛柱斗纂修、高必大协修:康熙《天津卫志》,天津市地方志编修委员会编著《天津通志》。

(3)[清]张志奇、朱奎扬总裁:乾隆《天津县志》,天津市地方志编修委员会编著《天津通志》。

(4)[清]吴惠元总修:同治《续修天津县志》,天津市地方志编修委员会编著《天津通志》。

(5)[民国]高凌雯纂:民国《天津县新志》,天津市地方志编修委员会编著《天津通志》。

(6)[民国]宋蕴璞辑:民国《天津志略》,天津市地方志编修委员会编著《天津通志》。

(7)邓绶林等编著:《河北地理概要》,河北人民出版社 1984 年版。

(8)赵沛霖:《天津清代诗人生卒年考索》,《天津师大学报》1986 年第 1 期。

(9)许檀:《清代前期的沿海贸易与天津城市的崛起》,《城市史研究》1997 年 Z1 期。

(10)张献忠:《清代天津科举家族与地方社会》,《山东社会科学》2016 年第 8 期。

【注释】

[1]相关数据参考民国《河北通志稿》、康熙《天津卫志》、乾隆《天津县志》、同治《续修天津县志》、民国《天津县新志》、民国《天津志略》、赵沛霖所作《天津清代诗人生卒年考索》、张献忠所作《清代天津科举家族与地方社会》等书籍、文章。

[2]许檀:《清代前期的沿海贸易与天津城市的崛起》,《城市史研究》1997年Z1期。

(作者单位:天津师范大学历史文化学院)

五、历史自然地理

历史时期中国杨柳植物的分布*

关传友

杨柳，从广义上来说，是杨柳科（Salicaceae）植物的总称。它包括钻天柳属（Chosenia Nakai）、杨属（Populus L.）和柳属（Salix L.）植物，钻天柳属仅 1 种，故植物学、林学界一般以杨柳称之。全世界杨柳科植物约有 650 种，252 变种或变型。绝大多数种类分布在北半球温带，少数种类分布在南美洲和非洲的南部，仅澳大利亚和新西兰没有自然分布。[1] 杨柳科植物生态适应性广，在高山、平原、丘陵、低地、沼泽、沙地等土地上都能正常生长。在中国的横断山脉，柳属分布海拔最高达 5400 米，最低分布在中国新疆吐鲁番盆地的海拔 -72 米。大多数种类喜爱潮湿的生长环境，常成为温带、寒带次生林的先锋树种，柳属中的许多种类是北半球高山灌丛和垫丛植被的建群种。因此，杨柳科植物是温带、热带及亚热带高山植被和生态系统的重要组成成分。[2] 中国有杨柳科植物中所有的 3 个属、331 种，占世界全部种类的 52%，其中中国特有种 210 种。[3] 因此，中国是现代杨柳科植物的起源和分布中心。本文利用考古和文献资料对历史时期中国杨柳科植物的分布进行概述，敬请诸方家指正。

一、杨柳的起源与地史分布

（一）杨柳的起源

杨柳植物在地球上的生存和繁衍有着极为悠久的历史。根据古生物学家调查研究，杨柳科植物柳树叶的化石最早发现于我国吉林省早白垩纪中晚期的阿普第期（距今约 1.3亿年），可靠的孢粉化石最早发现于晚白垩纪早期的赛若曼期（距今约 1.1 亿年），特别是在白垩纪晚期地层中，我国的华北、东北及日本的杨属和柳属的孢粉化石均已十分

---

* 安徽省哲学社会科学规划项目“中国杨柳文化”（AHSKHQ2016D13）研究成果。

常见。在我国的黑龙江、吉林、江苏、抚顺、松辽盆地及日本,均有杨属的叶与柳属的叶及花粉化石的发现。因此,这些化石的发现,说明在早白垩纪晚期杨柳科的两大分支(杨属、柳属)就已经形成,杨柳科植物的先锋种类则在更早时期的早白垩纪前就已出现了。[4]苏联的地质学家和古植物学家 A. H. 克里什托弗维奇在《古植物学》一书中指出:“毫无疑问,从早白垩世起就已出现了很多葇荑花类植物这一点来看,这类植物(柳属、桦属、山毛榉属、栎属)在地质时期中应发生得也很早,可能是通过退化途径形成的。”“那些具有退化了的葇荑花序型花的科通过退化方式产生了各个不同的类群,诸如胡桃科、杨柳科等这些科无疑是在白垩纪中期以前出现的”,所以“自阿尔卑末期起,特别是在赛诺曼期,我们已经可以肯定诸如……杨柳科(Salicaceae)…… 等这样一些科存在。……该科化石在晚白垩世地层中开始发现,常见于第三纪地层,主要存在于落叶植物群落中”。[5]植物学研究专家根据古地理资料、古气候资料、化石资料和现代杨柳科植物的地理分布等方面的综合分析,推断杨柳科植物的起源地在我国的东北地区及日本和朝鲜一带。[6]世界各地的杨柳植物就是在这一地区迅速不断地向外扩散传播和适应新环境,进而演化繁衍出新的种类。

(二)地史时期中国杨柳的分布

我国第三纪陆相地层发育完整,分布广泛,保存着丰富的植物化石,其中就有许多是杨柳植物的化石。河南三门峡“门里组”属古新世植物孢粉化石有柳属植物的发现,豫西伏牛山的栾川潭头盆地古新世晚期的植物孢粉化石也发现有柳属植物。湖南桃源剪家溪古新世的孢粉组合中发现有柳属花粉。距今三千多万年的老第三纪始新世的贵州盘县石脑组植物化石和孢粉组合发现有柳树孢粉。黑龙江延寿依兰组、虎林达莲河组、吉林舒兰组、延边地区“珲春组”上部、辽宁抚顺古城子组,发现有属始新世亚热地湿润区的杨属植物的化石。在吉林延吉三合“珲春组”顶部、辽宁海龙桦甸组、沈阳北郊、河北张家口等地,发现有属渐新世北方温带湿润区杨属植物化石。河北围场赤峰组,发现有属中新世北方温带区的杨属植物化石。山东临朐山旺组,发现有属中新世中期东部沿海亚热带区的杨属和柳属植物化石。在西藏南木林乌龙组、阿里地区门士群上部和青海泽库咸水河组,发现有属中新世青藏高原温带区的杨属和柳属植物化石,且有较多种类。四川德昌昔格达组和云南洱源三营煤组,发现有属上新世川滇亚热带区的杨属植物种类的化石。青海柴达木盆地、四川松潘红土坡、西藏得宗、甘肃敦煌和新疆库车的库车群,发现有极为常见的属上新世西北温带区的杨属、柳属、槭属等种类的植物化石。[7]1982 年在宁夏同心县贺家口子采集到渐新世孢粉样品,有柳属孢粉。中科院新疆分院在新疆玛纳斯地区的金沟河、独山子及塔西河等地采集到的渐新世孢粉发现有杨属种类。西藏藏北的伦坡拉盆地早渐新世和渐新世的植物孢粉有杨、柳属植物的发现。广东茂名盆地发现有属早第三纪和中新世的柳属植物孢粉。广西百色、南宁、稔子坪、广平、合浦等盆地和北部湾涠洲岛及桂林石灰岩山地的新第三纪植物孢粉分析，均发现有柳属植物。湖南沅江华田水文中新世孢粉组合发现有柳属植物花粉。西藏南木林县乌龙组下段中新世的植物化石有柳属、杨属等种类。青海乌兰中新世和上新世植物孢粉发现有杨、柳、榆等树种，而在五道梁、沱沱河到通天河一带属上新世植物孢粉发现有柳、胡桃等树种。黄河中游地区的河南三门峡河湖相堆积的“三门组”中，发现有属上新世末期的杨、柳、榆及单子叶植物化石。山西武乡上新世植物孢粉化石发现有柳、榆等树种。新疆准噶尔盆地南缘天山山麓属上新世的“昌吉群”上部、“苍棕色组”发现有柳、榆等植物化石，柳喜湿润，分布于河岸湖畔的潮湿环境。说明上新世的天山植被有杨、柳、榆等适应干旱气候的树种，构成小叶林。[8]内蒙古昭乌达盟牛家营铁匠沟发现有属第三纪中期的杨树、红杉等树种化石，还发现有柳、椴等树种的孢粉化石。在阴山北麓的四子王旗、集宁、卓资、商都、兴和、武川、凉城、和林等地，发现杨、榆等树种孢粉。

第四纪由于冰川的作用，造成我国各地气候变化频繁，迫使植物群落的组合和分布发生变异。华北地区第四纪初期的植物化石分布，东起河南三门峡、山西太谷，西至青海、甘肃敦煌铁厂沟，普遍有落叶树种类，最主要有柳、杨、榆之属。[9]甘肃兰州地区的早更新世早期植物孢粉组合中发现有榆、柳等树种。贵州晴隆碧痕营谷地的早更新世落叶林主要由栗、柳、桦等树种组成。陕西铜川和洛川地区发现早更新世中晚期的柳属、杨属植物孢粉化石。在新疆准噶尔盆地到内蒙古阿拉善地区的新旧河道有早更新世胡杨疏林的分布。山西晋北大同桑干河流域早更新世晚期的植物孢粉化石有松、柳等树种，晋东北高阳县属中新世的“许家窑人文化”遗址和晋中东部娘子关的孢粉化石有柳、榆属树种花粉。[10]海南更新世北海组地层植物孢粉组合发现有柳属植物种类。根据植物孢粉分析，中更新世青海湖岸周围有杨、柳等形成的岛状林。湖南长沙袁家岭中更新世地层孢粉有柳属植物花粉的发现。在喜马拉雅山北坡发现有间冰期遗迹的西藏云杉、杨树等植物的孢粉组合。在河北迁安灰白色砂层及泥岩组成的河湖相堆积中，含有代表晚更新世早期的标准化石，植物化石有榆、柳等种属。[11]晚更新世后期，自山西吕梁山到甘南乌鞘岭之间，马兰期黄土大片露出，形成黄土高原，新黄土中含有榛、柳等木本植物孢粉组合。[12]甘肃环县楼房子和武都安化溜滩里晚更新世的孢粉分析有柳树种类。植物孢粉分析晚更新世青海湖周围山地林下和林缘有柳类树种。湖南常德裴家码头晚更新世孢粉有柳属花粉的发现。湖北江汉平原西部晚更新世地层中发现的植物孢粉有柳属花粉。广东三水、中山和东莞三地的晚更新世地层孢粉中发现有柳属植物。周昆叔调查北京附近平原地区泥炭沼孢粉发现全新世早期有松树、柳树、栎等树种。贵州盘县坪地长海子全新世早、中、晚期地层剖面的孢粉，均发现有柳树种类。湖北江汉平原西部、荆州东北全新世地层孢粉有柳属植物花粉。青海布哈河一带属全新世早期森林植被中杨柳类占有较大比重。[13]全新世新疆天山南坡分布有冰期生长于幽谷里的云杉、桦木和柳丛,在南疆荒漠的河岸则有大片的胡杨林分布。

以上是地史时期我国杨柳植物生存和分布的大体情况。

二、历史时期中国杨柳的分布

人类自开始就以森林作为生存和生活的依靠,上论所述说明地史时期杨柳是我国原始森林的重要组成树种之一,为我国原始人类的起源和繁衍做出了贡献。本节仅对我国历史时期杨柳的分布作一历史概貌性总结。

(一)新石器时期的杨柳分布

新石器时期是我国原始人类发展的重要阶段。考古发掘资料证实,距今约10500—9700年的河北徐水南庄头新石器时代早期遗址中发现有柳属的花粉[14],距今约8000—7000年的裴李岗文化的河南贾湖遗址有柳属花粉[15],距今约6000年的西安半坡仰韶文化遗址中发现有柳属花粉,在洛阳皂角树相当于二里头文化(距今约3800年)的古河道地层剖面中也发现有柳属花粉。[16]山东青岛地区孢粉分析得知,“在距今11000—8500年间,青岛胶州湾附近就有柳属植物”。江西南昌洗药湖泥炭的孢粉分析得知,距今8000多年的洗药湖孢粉组合中发现有柳属植物的孢粉。安徽安庆怀宁打捞长江水下古木的古土样孢粉分析得知,距今5000多年的长江沿江平原森林中有柳属植物。[17]上海青浦区崧泽文化下层、中层遗址植物孢粉(距今约5300—4500年)发现有柳属植物的花粉。[18]江苏苏州昆山的绰墩遗址的植物孢粉分析发现马桥文化期(距今约4000—3000年)的文化堆积层中有柳属植物的花粉。[19]以上是新石器时代杨柳植物分布的概貌。

(二)夏商周时期的杨柳分布

夏商周时期,人们对杨柳植物认识逐渐深入,当时的历史典籍记载较多。殷商时期的甲骨卜辞中有“柳”“杞”的象形文字,周代《种柳鼎》、晚周《散盘》上的金文中亦出现“柳”字。我国古代最早的历法专著《夏小正》,夏纬瑛先生考证认为是夏王朝末期成书的。[20]书载“正月柳稊。稊也者,发孚也”,“三月委杨,杨则花,而后记之”。表明当时杨柳已经受到了人们的广泛重视,因此有细致详尽的观察记录。成书于西周时的《易经》中也有杨柳的记载。《诗经》中多处提及杨柳的分布,如《秦风·车邻》,“阪有桑,隰有杨”;《陈风·东门之杨》,“东门之杨,其叶牂牂”;《小雅·南山有台》,“南山有桑,北山有杨”;《小雅·巷伯》,“杨园之道,猗于亩丘”。可见,不论是高山、低洼之地,还是旷野之地、庭院之区,都有杨柳的分布。先秦时期的历史典籍对杨柳的地区分布亦有明确记载。我国最早的地理学名著《山海经》，按地带记载了许多树种的区域分布。其中不少有关杨柳的记载，如《中山经》有"虎山…… 其西有谷焉，名曰雚谷，其木多柳、楮"，"风雨之山…… 其木多椒、椫，多杨"，"熊山…… 其木多樗、柳"，"风伯之山…… 其木多柳"，"即公之山…… 其木多柳"，"尧山…… 其木多榖、柞、柳"，"真陵之山…… 其木多柳"，"柴桑之山…… 其木多柳、芑"，"荣余之山…… 其木多柳、芑"等记载；《海外北经》有"平丘…… 杨柳"之载；《海外东经》也有"嗟丘…… 杨柳"之载；《大荒西经》还有"王母之山……白柳"之载述。[21] 先秦文献还有杨柳习性的载记，《战国策・魏策》载："今夫杨，横树之则生，倒树之则生，折而树之又生。"是对杨柳繁殖特性的记载。《周礼・地官・大司徒》论述"土宜之法"有"以土会之法，辨五地之生。一曰山林…… 二曰川泽，其动物宜鳞物，其植物宜膏物……"之载，文中"膏物"就是杨柳植物的泛称，是说土地与杨柳分布的关系。表明当时对杨柳认识的深刻程度。

（三）秦汉时期的杨柳分布

秦汉时期，有关杨柳记载的史料也逐渐增多。《汉书・五行志》记载上林苑有大柳，《西京杂记》载汉梁孝王菟园有柳树，《三辅黄图》记载西安灞水两岸有柳树。西汉司马相如《子虚赋》描述森林景观时有"蘖离朱杨"赋句，"朱杨"即杨柳；汉扬雄《蜀都赋》称颂四川树木分布时，有"春机杨柳，裊弱蝉杪"句，提及四川的杨柳。《汉书・地理志》有"信都国扶柳"的记载，颜师古注曰："阚骃云：'其地有扶泽，泽中多柳，故曰扶柳。'"信都国在河北冀州境内。《汉书・匈奴传》记载匈奴人的秋季"大会蹛林"的习俗，颜师古注曰："蹛者，绕林木而祭也。鲜卑之俗，自古相传，秋天之祭，无林木者尚竖柳枝，众骑驰绕三周乃止，此其遗法。"说明匈奴人居住的区域普遍有杨柳的分布。《汉书・西域传》称鄯善国多"胡桐"，一般认为即胡杨（Populus diversifolia），颜师古注曰："胡桐亦似桐，不类桑也。虫食其树而沫出下流者，俗名为胡桐泪，言似眼泪也，可以汗金银也，今工匠皆用之。"说明西域地区胡杨分布之广。考古资料可知，20 世纪西北地区出土的敦煌汉简、居延汉简大多是取柳木为材料制作的，说明在西北地区杨柳分布之广泛。

人工种植杨柳也大量出现，《汉书》载秦汉时为防止匈奴人南下沿长城"树榆为塞"，北魏郦道元《水经注・河水注》描述说："河水又南，诸次之水入焉…… 自溪西去，悉榆柳之薮矣。"[22]《汉书・周亚夫传》载西汉将军周亚夫驻军河内（今河南沁阳、博爱），于军营中植柳，称名细柳营。

（四）魏晋南北朝时期的杨柳分布

魏晋南北朝时期，杨柳遍布南北各地。《晋书・嵇康传》载，嵇康常在其住宅的大柳树下打铁，说明中原地区有杨柳的分布。晋左思《三都赋・蜀都赋》称蜀地有杞柳的分布。《南齐书·王敬则传》载王敬则出使北魏时于北馆种植杨柳，是于北方种植杨柳；刘宋盛弘之《荆州记》载，荆州之地多植柳，是南方之地植杨柳。唐李延寿《南史》载："刘悛之为益州，献蜀柳数株。"[23]说明蜀地有杨柳的分布。史书记载西域各国多有杨柳分布，《魏略·西戎传》载大秦国有杨柳，《晋书·西戎传》载：康居国属地粟弋多柳。郭仲产《秦州志》载，晋末上邽县（今天水市境）利上有杨树大树。北朝庾信的《马射赋》有"落花与芝盖同飞，杨柳共春旗一色"赋句，称道北方杨柳的广布。这时期人工种植杨柳林的规模经营已经出现，北魏时著名农学家贾思勰的《齐民要术》，系统总结了之前历代种植杨柳的经验技术，还提出了杨柳林的持续经营方法。

（五）隋唐时期的杨柳分布

隋唐时期，文献中有关杨柳分布的记载极为普遍。《隋书·食货志》载隋炀帝"自板渚引河达于淮海，谓之御河。河畔筑御道，树以柳"。史载隋唐时东胡人后裔的室韦人常用柳条编织车篷外出狩猎[24]，说明当时东北地区杨柳分布广泛。唐代西安城是"长安白日照春空，绿杨结烟垂袅风"（李白《阳春歌》），南京城是"杨花千里雪中行"（吴融《春归次金陵》），杭州城是"绿杨荫里白沙堤"（白居易《钱塘湖春行》），开封城是"夹堤千柳杂唐隋"（薛能《下第后夷门乘舟至永城驿题》），苏州城是"老来处处游行遍，不似苏州柳最多"（白居易《苏州柳》），洛阳城是"红桃绿柳垂檐向"（王维《洛阳女儿行》），扬州城是"街垂千步柳"（杜牧《扬州三首》），鄜州（今陕西神木县）城是"满街杨柳绿丝烟"（韦庄《丙辰年鄜州遇寒食城外醉吟五首》），成都城是"龙池九曲远相通，杨柳丝牵两岸风"（花蕊夫人《宫词》），南阳城是"柳影萧疏秋日寒"（钱起《送李九贬南阳》），齐安郡（今湖北黄冈市）是"柳岸风来影渐疏"（杜牧《齐安郡晚秋》），这些都是城市人工所植杨柳分布的概述。湖河地区杨柳分布在唐诗文里也有反映，元稹《寄乐天》描述越州（今浙江绍兴）镜湖的杨柳是"春入枝条柳眼低"，李绅《却望无锡芙蓉湖》之一称太湖杨柳是"柳岸萦绕在碧流"，白居易《西湖晚归回望孤山寺赠诸客》道杭州西湖杨柳是"柳湖松岛莲花寺"。高适《寄宿田家》有"山青每到识春时，门前种柳深成巷"句，赵嘏《寒食离白沙》有"试上方垣望春野，万条杨柳拂青天"句，是对乡村田园杨柳分布的描写。文学是现实生活的反映，从以上诗句中可看出隋唐时期杨柳在南北地区的分布之况。

（六）宋元时期的杨柳分布

宋元时期，由于人口急剧增加，自然森林植被减少，人们日益注重人工植树。南北地区都可见杨柳的分布。北宋为了防止辽兵、西夏兵的骑战，于瓦桥一带南北分界之所专植榆柳[25]，因此，北宋时在与西夏和辽国接壤边境地区有大面积的柳树、榆树组成的边防林。《大元一统志》记载丰州（今陕西府谷县）环城数十里多为榆和柳，西夏也利用其阻碍宋兵的进攻。[26]宋元时还积极营建堤岸林，宋朝廷把营造堤岸林作为治理水患、保护堤防安全的重要措施。黄河、淮河及江南运河堤岸林极为发达，熙宁间，日本僧人成寻乘舟自江南运河至汴京时，见沿途两岸“杨柳相连”“榆树成林”。[27]从施耐庵《水浒传》可看出宋元时期村落杨柳的分布之况。如史家庄是“墙外却有二三百株大柳树”；穆家庄是“前临村坞，后倚高冈。数行杨柳绿含烟，百顷桑麻青带雨”；柴进西庄是“两岸边都是垂杨大柳。树阴中一遭粉墙”；柴进东庄是“门迎阔港，后倚高峰。数千株槐柳疏林”；李家庄是“外面周回一遭阔港粉墙，傍岸有数百株合抱不交的大柳树”。[28]从宋元人的诗文中，也可看出杨柳的南北分布。欧阳修《浪淘沙》词“垂杨紫陌洛城东”句，称道洛阳杨柳；张舜民《西征》诗有“灵州城下千株柳”句，称述灵州（今宁夏灵武）城下的杨柳；柳永《定风波》“塞柳万株，掩映箭波千里”述汴京开封杨柳；苏舜钦《过苏州》有“绿杨白鹭俱自得，近水远山皆有情”诗句，称颂苏州杨柳之景致；柳永在《望海潮》词中有“烟柳画桥”，赞美杭州钱塘胜景；秦观在游扬州所作《扬州慢》词中有“巷入垂杨，画桥南北翠烟中”词句，赞颂扬州城的柳景；南宋词人姜夔的《淡黄柳》词序称：“合肥南城赤阑桥之西…… 唯柳色夹道”，是记述合肥城之杨柳；杨万里《舟过桐庐》有“后面山无数，南头柳更多”诗句，道出浙江桐庐的杨柳；南宋陈起《田父吟》的“家家柳色染轻黄，柳外归鸦噪夕阳”诗句，尽显太湖周边村落杨柳；元张养浩《中吕喜春来·探春》的“杨柳将垂袅娜枝”描述济南柳色景观；元代著名词人萨都剌《和马昂夫登楼有感》有“青青门外秦淮柳”，赞颂南京城杨柳。《辽史·营卫志》载：“鸭子河泺东西二十里，南北三十里，在长春州东北三十五里，四面皆沙埚，多榆柳杏林。”又载：“广平淀，在永州（今内蒙古翁牛特旗内）东南三十里，本名白马淀。…… 木多榆柳。”[29]表明西辽河流域有杨柳的大量分布。《辽史》和《金史》还记载有射柳的习俗，说明辽国和金国之地杨柳的分布。

（七）明清时期的杨柳分布

明清时期，杨柳树种作为自然森林植被多分布于西北、东北地区的草原之地。明李素《西平赋》称赞青海河湟地区的森林有“木则柳生株万，松挺丈千…… 芳槿篱横，长杨堤拂，微风起而树香，晨露晞而草馥”[30]之句，表明西宁地区有杨柳的自然分布。至清代，西宁仍有不少杨柳的分布，乾隆《西宁新府志》载该府辖地乔木林有“柳、白杨、青杨、檀、榆、楸、桦”[31]等树种。清申梦玺《雨后西平途中喜作》有“柳线半穿风”诗句，斌良《平戎驿》也有“绿杨临水润，红叶染霜匀”诗句，称道清西宁之地的杨柳。清共和县有柳梢沟，“有矮柳约十方里”[32]。清裴景福《河海昆仑录》记陕西境内杨柳分布称：西安城东灞桥“西岸老柳四五株，心空皮裂，百年前物，而自有旖旎缱绻之姿，盖为离人折残矣”[33]。“自长安以西，树木渐少，杨柳望秋将零，而青翠如夏。”[34]记咸阳是“杨柳浓绿，不见一叶凋零”[35]。清《敦煌乡土志》记载甘肃：“敦煌树林繁密，梧桐（即胡杨）一种，西湖极盛。…… 最南乡柏柳极多且巨,木质又硬,邑人皆资栋梁之用。"[36]可见敦煌地区有胡杨林和柳林的大量分布。庆阳的乔山多杨柳分布,民国三年(1914 年)编纂的《庆阳府镇志》载乔山两侧"为阔叶林及杂木林,多杨、柳、桦"[37]。甘肃河西走廊也有杨柳分布,《河海昆仑录》记载嘉峪"关内数百里,树木只生白杨、红柳、沙枣三种,红柳、沙枣无大株,老树皆白杨也"[38]。嘉峪关之外的"惠回堡东北隅河边白杨成林,河西岸行台旁有白杨逾二抱"[39]。安西城"东门街右白杨逾五六抱者近十株,正直朴茂,殆数百年物,圆径三四尺者,约二十余株,戈壁伟观也。街北有城隍庙已颓,残院中古树接荫。土人云,堡内白杨大者约八九十株,戈壁土厚水深,生物必大"[40]。明清时期内蒙古地区多杨柳分布,明《译语》称:"克忒克剌(今内蒙古赤峰市克什克腾旗),即华言半个山,山甚陡峻,远望如坡,故名。傍多松、桧、榆、柳及佳山水,按即古之平地松林矣。"《哲盟实剂》提及清内蒙古大兴安岭的索伦山有杨柳等树木的分布。内蒙古阴山山系的大青山也有杨柳的天然分布。清光绪《土默特旗志》有"其植松柏间生,桑椿尤少,榆、柳、桦、杨,水限山曲稍缓处丛焉,而杨、柳之繁如腹部"[41]之记载。清乾隆《热河志·物产》卷 93 有"杨,塞外多有之"的记载。河北坝上地区是清朝皇家的猎场"木兰围场",设立有七十二围。这七十二围的名称均系蒙古语,其中有十个围名是表示林木分布的,与杨柳有关的地名是巴彦布尔噶苏台("柳灌丛多的地方")、扎苏乌里雅苏台("附近有杨树")、默尔根乌里雅苏台("杨树明显的地方")、乌梁苏("有杨树")等,乌梁苏地名至今还在使用。[42]这些蒙古语地名,充分表明了清初"木兰围场"杨柳的茂盛程度,表明坝上地区有杨柳的天然分布。清同治三年(1864 年),清廷开放木兰围场,这里成了汉、满、蒙各族人的杂居之地,人们根据森林的面貌用汉语命名了一批地名,涉及杨柳的有杨树林子、杨树沟、柳条沟等,这些地名现多为围场县(设治于 1913 年)的行政村或居民点。直至清末,该区域还留有许多有关杨柳的地名。明清时期东北地区的松嫩平原属于森林草原,自明永乐皇帝朱棣北征至清皇太极时期,一直是这种森林草原景观。史载:"途边多榆、柳,长林丰草。"[43]

明清新疆地区有大量杨柳的天然森林分布。明陈诚《西域番国志》记述其于明永乐十五年(1417 年)访问别失八里(今属新疆乌鲁木齐地区)称:"有松、桧、榆、柳、细叶梧桐(胡杨)。"说明当时乌鲁木齐地区有杨柳的分布。实际上"乌鲁木齐"地名就与杨柳有关,维吾尔语解释为"优美的牧场"之意。但据学者考证,在维吾尔语形成前的唐宋时期,"乌鲁木齐"一名即见于古和阗塞语文书的记载,意为"柳树林"。[44]清末《河海昆仑录》记载了新疆哈密的杨柳分布,黄芦驿"西头白杨六株,大者逾三抱,垂柳四五株,为戈壁中仅见"[45]。哈密回城"四围杨柳桃杏,红绿鲜映。有穿天柳者,类杨也,缠民呼为素盖提,高五六丈,孤干冲霄,或至顶始生旁枝,或自根即抽条,远扬纤碧蒙密,观之生气勃然"[46]。哈密"礼拜寺,有老杨八九株,呼九龙树,大者盘屈亩余,独干年久心空存皮,又久皮四裂,或植立,或倒地横卧,生稊发孙枝,复逾数抱,离披重叠,槎枒撑距,龙鳞屋甲,如唐松汉柏，亦伟观也。出城杨柳夹道”[47]。以上所记杨柳应为人工所植。清末王树枏《新疆图志》记载塔城“西南二百四十里有巴尔鲁克山者，多松桧杨柳”，“巴尔鲁克”为“树木丛茂”也。[48]说明其地杨柳等树木之茂密。《新疆图志》还载昆仑山地的叶城四山有杨柳分布。《新疆图志》对新疆两大盆地的杨柳记载较多。如“出省城西门三十里小地窝堡，榆、柳夹道，茂林无际”，“至河湾，渐有榆、柳”，昌吉城“多榆，间有杨柳、沙枣等”；昌吉城三十里的芦草沟，“榆、柳丛生，大有一、二人合抱者”，呼图壁“柳多于榆，间有白杨”，乱山子“榆、柳稀少，疏不成林”，绥来县城“沿途榆、柳丛茂，间有杨柳桃杏”；十合子(石河子)“榆柳稍疏”，乌兰乌苏驿“多榆及红柳，一二人合抱之材甚多”，奎屯驿“沿渠间生榆、柳秧”，奎屯河“沿河红柳丛密，无大株”，库尔喀拉乌苏厅城“夹道官柳两行，附郭一带树木甚多，柳多于杨”；普尔塔奇“夹道榆柳”，四棵树“又名齐尔葛朗，榆柳稀疏，间有白杨”，固尔图“河湾一带红柳丛生。过渡，十里河滩，多柳”，沙窝子“多红柳”，距大河沿“数十里，榆柳成荫。出大河沿约一里许渡河，两岸柳多大株”；库车“沙雅之柳多空心”，“自拜城至温宿二百里，柳林翁蔚，地名哈拉玉儿滚，回语柳林众黑也”。[49]以上所记可以说明明清时新疆两大盆地平原杨柳分布之广泛程度。

清代新疆还有大面积的胡杨天然林的分布。清椿园《新疆舆图风土考》对新疆胡杨记载云：“胡桐，译言柴也。其树遍满沙滩，或数十里成林，而横斜曲侧，不任器用；间有端直者，亦不坚实。回人呼之‘胡桐’，言仅可取作烧柴而已。夏日炎蒸，其津液自树梢流出，凝如琥珀者为胡桐泪；自树身流出，色白如粉者，名胡桐碱。”[50]清徐松《西域水道记》载：“玉河(叶尔羌河)两岸皆胡桐，夹道数百里，无虑亿万计。”[51]清萧雄《西疆杂述诗》卷 4 自注说：新疆“多者莫如胡桐。南路盐池东之胡桐窝，暨南八城之哈喇沙尔、玛拉巴什，北路如安集海、托克多一带，皆一色成林，长百十里”；“南八城水多，或胡桐遍野，而成深林”；“哈喇沙尔之孔雀河，河口泛流数十里，胡桐杂树，古干成林，有阴沉数千年者，若取其深压者用之，其材必良”。[52]清吴其濬《植物名实图考》载：“今阿克苏以西，地名树窝子，行数日程，尚在林中，皆胡桐也。”[53]清末遣戍新疆的裴景福在其日记《河海昆仑录》中，对新疆胡杨林的分布载曰：“罗布淖尔胡桐连阴数百里。”“七个井北近天山，胡桐围二三抱…… 树顶老干生叶，类中土白果叶，下半新枝叶细似柳，干皮皱裂，与中土梧桐迥异。”[54]还描述南疆开都河“下游产胡桐，大者数围”[55]。王树枏《新疆图志》载乌苏托多驿“沿途胡桐(胡杨)茂密”，沙门子“胡桐相望”，巴楚三山“生胡桐、红柳”。[56]

民国初谢彬的《新疆游记》系统地记载了清末新疆胡杨的自然分布，巴楚县“东西五百七十里，南北五百二十里，注卤少田，多胡桐柽柳”[57]，巴楚县“十台西南行，道旁胡桐、红柳，丛翳连绵，人行其中，不觉暑气。…… 胡桐老干，裂皮溜汁，俗呼胡桐泪。缠民有‘胡桐泪，车夫买’之谚，谓其能医马腹疾也”[58]。自巴楚西南行，“沿途胡桐低树，夹道连绵”[59]，“连日皆在北河北岸行，或远或近，均在眼底。河皆窄小，宛若沟渠。而红柳胡桐，继续弥望，昔所谓树窝子是也"[60]。文中的北河即喀什噶尔河，说明喀什噶尔河流域的胡杨林面积之大。该书记载民丰至且末一段的胡杨林，自民丰尼雅"入沙窝，十里，胡桐窝子，八里，沙窝尽。行碱地，多胡桐。…… 十三里，胡桐窝子，树大合抱，且极稠密，月下望之，疑为村庄。五里，树窝尽，过小沙地复入树窝，皆胡桐"[61]。"道左右数里以外，皆有海子（湖泊）…… 右海之东，左海之西，皆有胡桐，茂密成林。五里，道南多胡桐树……道北远山多为树木。询之导者云：自此至且末，道北数十里外，皆胡桐不断。"[62]可见民丰尼雅至且末胡杨林分布之茂密。对且末以东到台特马一段的胡杨林也有如下记载：入且末境，经栏杆"四围多胡桐，大皆合抱"[63]；安得悦（安迪尔兰干）东北行，道旁"胡桐相望"[64]；过卡玛瓦子（喀马尕孜）"胡桐三五交枝道左"[65]；过"梧桐窝子，四十六里，树塘，译言树木条达参天也"[66]；青格里克东北行，"恒见枯死红柳、梧桐，弃堆道旁"[67]；塔他浪（且末县城之东）东偏北行，"庄田弥望，胡桐成林"[68]；塔哈提帕尔，"译言胡桐成阴，夏可乘凉也"[69]；敦的满海子，"胡桐亦多"[70]。民国初期编纂的《新疆地理志》记载新疆塔里木河下游"河岸杨柳、梧桐（胡杨）灌水丛生，蜿蜒如张翠幕"[71]。该书在记载新疆森林时称"平地者多梧、榆"，天山"南路多梧林，北路多榆林。沿道路而行梧、榆林"，至玛喇巴什西七十里，"悉成梧林，而其宽达三四十里以上"。[72]该书所记"梧林"就是胡杨林，可见民国初期新疆胡杨林自然分布区域之广大。

位于内蒙古阿拉善地区的额济纳绿洲，清代尚有大面积的天然胡杨林分布。清末宋伯鲁在其《托多克道中戏作胡桐行》诗中曾惟妙惟肖地写道："君不见额林之北古道旁，胡桐万树连天长。交柯接叶方灵藏，掀天掉地纷低昂。矮如龙蛇欲变化，蹲如熊虎踞高岗，嬉如神狐掉九尾，狞如药叉牙爪张！"赞美额济纳绿洲胡杨林的壮观景象。1944 年参加国民政府的"康宁农业调查团"的科学家董正钧在《居延海》书中还记载："南由狼山老树窝起，北至河口，沿东西河及支流两岸，直达居延海滨，均布满天然森林。""红柳高达丈余，密生处，人不可入，一望无际，方圆数千里。"[73]到中华人民共和国政府成立后的五十年代初期调查，该绿洲尚有近百万亩的胡杨天然林及疏林分布。

明清时期杨柳大多系人工林，这从明清人的诗文中可以得到反映。明谢榛《江南曲》的"夹岸多垂杨"句、清吴绮《江南曲》的"垂杨处处带啼莺"句、清张英《忆江南曲》的"杨柳家家好系船"句，都是对江南杨柳分布的描述。明李先芳《由商丘入永城途中作》的"村原处处皆杨柳，一路青青到永城"、清沈德潜《过许州》的"到处陂塘决决流，垂杨百里罨平畴"诗句，是对中原杨柳的称许。明嘉靖年榆林举人马希龙《八月泛舟赤峡》有"柳垂十里蒹葭岸"诗句，是赞美陕西榆林红石峡的优美柳色景观。明邢尚简《登边楼》诗有"青嶂重重岸柳横"诗句，描述青海西宁的杨柳。清萧雄《西疆记述诗》卷 4 自注对清代新疆栽植柳树、杨树记述甚详，其称新疆"平地、大小水边暨屋舍左右，则宜于柳。柳数种，或叶大枝昂，或垂条摇曳，而飞花舞絮不概见土人。于枝条粗大者种之，以俟再发，佣材用也。平地树木原少，凡有人烟处又为贼所罄伐，根株几绝。左文襄公檄饬湘楚诸军，客于驻处，择低洼闲地，搜折树枝，排插为林，方及数年已寖庆乎，蔚然深秀，民甚德之，此榆柳也”；“白杨葱茏，无曲枝，枢楯密，附干直上，无离披岐出者，状甚檀，高者十数丈，望若攒笔，园句挺秀，皮多白色，叶薄而稍圆，回人赖为材用，惜失坚实。自生者少，每于入家屋侧，或茔园城市，闲偶见数株，皆排列整齐，大都栽植使然也”。[74]清刘鹗《老残游记》称济南城是“家家泉水，户户垂杨”；清初著名文人王士祯《浣西沙》词有“绿杨城郭是扬州”句概况扬州城的杨柳。明袁宏道《瓶花斋集》中记述北京高梁桥柳景是“两水夹堤，垂杨十余里”[75]。明徽州歙县人李流芳《游西山小记》记述北京西山的杨柳是：“出西直门，过高梁桥，可十余里，至元君祠。折而北，有平堤十里，夹道皆古柳，参差掩映；澄湖百顷，一望渺然。…… 晚风正清，湖烟乍起，岚润如滴，柳娇欲狂。”[76]清浙江人姜宸英《玉河春柳赋》则描绘了北京城的杨柳是“千株万株，婀娜纷敷，或交绮陌，或傍金渠”[77]。清乾隆皇帝的《入柳条边》诗有“西接长城东属海，柳条结边画内外”[78]句，称述东北柳条边的杨柳。柳条边是清朝在东北设置的边墙。清初著名文人王士祯《池北偶谈》载：“哈达城在抚顺东北，有哈达河。其东插柳结绳以界蒙古，长亘千里，南至朝鲜，西至山海关。有私越者置重典，名‘柳条边’。”[79]是先用土堆成高、宽各三尺的土堤，然后堤上每隔五尺插植柳条三株，中间用绳子连结起来，形成一条柳条篱笆，篱笆墙外挖了深深的壕沟，便称为柳条边。近人尚秉和对清代华北地区行道柳有这样的记述：“清时官道，宽数十丈，两旁树柳，中杂以槐。余幼时，自正定应举赴京师，行官道六百余里，两旁古柳参天，绿荫幂地，蹇驴而行，可数百里不见烈日。”[80]从上述明清人的诗文中，可以看出当时杨柳的分布之况。云南昆明城郊滇池边大观楼长联中有“九夏芙蓉，三春杨柳”词句，称道滇池岸边杨柳及荷花景观，很显然该处杨柳应是人工栽培。

明清时期各地编纂的地方志书中的“风俗志”都记载有寒食节、清明节插柳、戴柳的习俗，说明其地域有杨柳的分布。

三、结 束 语

以上仅是根据考古和文献资料所反映的我国历史时期杨柳植物分布的大致概貌，遍及全国不同森林植被的分布区，与历史上人类社会活动有着密切相关的联系。杨柳植物的分布为历代人开发利用杨柳植物提供了丰富的物质资源，是中国杨柳文化产生和发展的基础与保证。

【注释】

[1]丁托娅：《世界杨柳科植物的起源、分化和地理分布》，《云南植物研究》1995年第

3 期。

[2]丁托娅:《世界杨柳科植物的起源、分化和地理分布》,《云南植物研究》1995 年第 3 期。

[3]丁托娅:《世界杨柳科植物的起源、分化和地理分布》,《云南植物研究》1995 年第 3 期。

[4]丁托娅:《世界杨柳科植物的起源、分化和地理分布》,《云南植物研究》1995 年第 3 期。

[5]赵良能、龚固堂:《柳树起源与进化的探讨》,《四川林业科技》2014 年第 4 期。

[6]丁托娅:《世界杨柳科植物的起源、分化和地理分布》,《云南植物研究》1995 年第 3 期。

[7] 郭双兴:《我国晚白垩世和第三纪植物地理区与生态环境的探讨》,古生物学基础理论丛书编委会编辑:《中国古生物地理区系》,科学出版社 1983 年版。

[8]中国科学院《中国自然地理》编辑委员会:《中国自然地理·古地理·上册》,科学出版社 1984 年版,第 59 页。

[9]中国科学院《中国自然地理》编辑委员会:《中国自然地理·古地理·上册》第 77 页。

[10]董智勇主编:《中国森林史资料汇编》,中国林学会林业史学会 1993 年,第111～113 页。

[11]中国科学院《中国自然地理》编辑委员会:《中国自然地理·古地理·上册》,科学出版社 1984 年版,第 138 页。

[12]中国科学院《中国自然地理》编辑委员会:《中国自然地理·古地理·上册》,第 139 页。

[13]中国科学院《中国自然地理》编辑委员会:《中国自然地理·古地理·上册》,第 217 页。

[14]保定地区文物管理所等:《河北徐水县南庄头遗址试掘简报》,《考古》1992 年第 11 期。

[15]张居中:《环境与裴李岗文化》,周昆叔主编:《环境考古研究·第一辑》,科学出版社 1991 年版,第 122～129 页。

[16]洛阳市文物工作队编:《洛阳皂角树:1992—1993 年洛阳皂角树二里头文化聚落遗址发掘报告》,科学出版社 2002 年版,第 95 页。

[17]黄赐璇、梁玉莲:《安庆古树的古土壤孢粉分析及其古地理环境》,中国科学院地理研究所:《地理集刊第 13 号》,科学出版社 1981 年版。

[18]王开发等:《崧泽遗址的孢粉分析研究》,《考古学报》1980 年第 1 期。

[19]萧家仪等:《太湖平原全新世中晚期古植被、古环境与古文化——以苏州绰墩遗址为例》,《南京师大学报(自然科学版)》2004 年第 2 期。

[20]夏纬瑛:《夏小正经文校释》,农业出版社 1981 年版,第 73 ~81 页。

[21]袁珂校注:《山海经校注》,巴蜀书社 1993 年版。

[22]陈桥驿校证:《水经注校证》卷 3《河水》,中华书局 2007 年版,第 83 页。

[23][唐]李延寿:《南史》卷 31,中华书局 2000 年版。

[24]董智勇主编:《中国森林史资料汇编》,第 44 页。

[25][宋]李焘《续资治通鉴长编》卷 93,中华书局 1995 年版。

[26]董智勇主编:《中国森林史资料汇编》,第 177 页。

[27]陈登林、马建章编著:《中国自然保护史纲》,东北林业大学出版社 1991 年版,第 121 页。

[28][元]施耐庵:《水浒全传》,中华书局 1960 年版。

[29][元]脱脱、欧阳玄等:《辽史》卷 32,志第二《营卫志中》,中华书局 2000 年版。

[30]董智勇主编:《中国森林史资料汇编》,第 219 页。

[31][清]杨应琚编纂:《西宁新府志》卷 8《地理志 · 物产》,青海人民出版社 1988 年版。

[32]董智勇主编:《中国森林史资料汇编》,第 224 页。

[33][清]裴景福:《河海昆仑录》卷 1,《中国西北史地文献》第三十四卷,兰州古籍书店 1990 年影印版,第 124 页。

[34][清]裴景福:《河海昆仑录》卷 2,第 146 页。

[35][清]裴景福:《河海昆仑录》卷 2,第 147 页。

[36]董智勇主编:《中国森林史资料汇编》,第 200 页。

[37]董智勇主编:《中国森林史资料汇编》,第 213 页。

[38][清]裴景福:《河海昆仑录》卷 3,第 368 页。

[39][清]裴景福:《河海昆仑录》卷 3,第 391 页。

[40][清]裴景福:《河海昆仑录》卷 4,第 402 页。

[41]董智勇主编:《中国森林史资料汇编》,第 63 页。

[42]华林甫:《植物与中国地名的变迁》,《中华读书报》2000 年 9 月 30 日。

[43]董智勇主编:《中国森林史资料汇编》,第 27 页。

[44]华林甫:《植物与中国地名的变迁》,《中华读书报》2000 年 9 月 30 日。

[45][清]裴景福:《河海昆仑录》卷 4,第 443 页。

[46][清]裴景福:《河海昆仑录》卷 4,第 451 页。

[47][清]裴景福:《河海昆仑录》卷 4,第 452 页。

[48]董智勇主编:《中国森林史资料汇编》,第270页。

[49]董智勇主编:《中国森林史资料汇编》,第274~276页。

[50][清]椿园:《新疆舆图风土考》卷4《回疆风土记·物产》,《中国方志丛书·西部地方第4号》,台北成文出版社1968年影印版。

[51][清]徐松:《西域水道记》卷1《罗布淖尔所受水上》,中华书局2005年版。

[52][清]萧雄:《听园西疆记述诗》卷4《草木》,清光绪二十一年刻本,藏南京图书馆。

[53][清]吴其濬:《植物名实图考》卷35《木类·胡桐泪》,商务印书馆1957年版。

[54][清]裴景福:《河海昆仑录》卷4,第476页。

[55][清]裴景福:《河海昆仑录》卷2,第217页。

[56]董智勇主编:《中国森林史资料汇编》,第275~276页。

[57]谢彬:《新疆游记》,中华书局排印本,中华民国十二年(1923年),第202页。

[58]谢彬:《新疆游记》第199页。

[59]谢彬:《新疆游记》第203页。

[60]谢彬:《新疆游记》第204页。

[61]谢彬:《新疆游记》第253页。

[62]谢彬:《新疆游记》第254页。

[63]谢彬:《新疆游记》第255页。

[64]谢彬:《新疆游记》第256页。

[65]谢彬:《新疆游记》第256页。

[66]谢彬:《新疆游记》第256页。

[67]谢彬:《新疆游记》第257页。

[68]谢彬:《新疆游记》第264页。

[69]谢彬:《新疆游记》第264页。

[70]谢彬:《新疆游记》第265页。

[71]张献廷:《新疆地理志》第二章《地文地理》第三节《水志》,成文出版社1968年影印版,第22页。

[72]张献廷:《新疆地理志》第三章《人文地理》第五节《产业》,第114页。

[73]董正钧著,杨镰、张颐青整理:《居延海》,中国青年出版社2012年版。

[74][清]萧雄:《听园西疆记述诗》卷4《草木》,清光绪二十一年刻本,藏南京图书馆。

[75][明]袁宏道著,钱伯城笺校:《袁宏道集笺校》卷17《瓶花斋集之五》《游高梁桥记》,上海古籍出版社1981年版,第682页。

[76][明]李流芳:《檀园集》卷8,上海文化出版社2013年版。

[77][清]姜宸英:《澹园集》卷7《玉河春柳赋》,文渊阁四库全书本,上海古籍出版社1987年影印版。

[78][清]爱新觉罗·弘历:《御制诗二集》卷51《入柳条边》,文渊阁四库全书本,上海古籍出版社1987年影印版。

[79][清]王士祯著,靳斯仁点校:《池北偶谈》卷2,中华书局1982年版。

[80]尚秉和:《历代风俗事物考》,台北商务印书馆1985年版,第186页。

(作者单位:皖西学院皖西文化中心)

明代中后期珠江中上游地区的灾害与社会治理*

刘祥学

明代，珠江中上游地区社会始终处于动荡状态，各民族掀起的反抗斗争此起彼伏，极大地冲击了明朝的统治。学术界对此也给予了较多的关注，有不少的研究成果。[1]但多数是从以往的阶级斗争的观念出发，将这一地区的社会动乱归因于统治阶级的残酷压迫。事实上，这一时期，珠江中上游地区灾害频仍，岩溶地形广布，生态脆弱而敏感，山区居民生产力水平较低，抵御自然灾害的能力较弱。遇有灾害的发生，在救灾不力的情况下，很容易演化成社会问题。为此，笔者拟专门就这一问题开展学术探讨。

一、极端气候变化下的自然灾害

众所周知，明代之后，全球气候开始逐步变冷。1500—1900年间，属于历史上最冷的小冰期，又称宇宙小冰期。其气候特征是：气候变干、变冷，灾害多发。这样的气候环境对于不同纬度和海拔高度的地区社会都有明显影响，环境脆弱敏感地区所受影响尤大。

珠江中上游地区处于云贵高原向两广丘陵的过渡地带，地势西北高而东南低，地表切割严重，地形破碎，岩溶面积广大，地表水易渗漏，土层疏松易流失，这对发展农业生产有诸多不利的影响。在生产力水平较低的民族地区，抵御自然灾害的能力较弱。在宇宙小冰期的气候背景下，珠江中上游地区极端天气增多，气候也不断变冷。主要表现之一就是冬季冷空气活动频繁，寒潮猛烈南下，不断深入珠江中游腹地，降雪线不断南移。南宋时，桂北的兴安附近有严关，又称炎关，为降雪分界线，以南地区少有降雪，南中居民不

* 国家自然科学基金项目“明清以来珠江中上游山地的人类活动与环境效应”（批准号：41661024）阶段性成果。

知雪为何物。但明代以后，桂林以南地区降雪日趋频繁。明景泰四年(1453 年)冬，柳州“大雪”[2]；明武宗正德元年(1506 年)冬，海南岛的万州，竟然“雨雪”[3]；正德五年(1510 年)、正德七年(1512 年)十一月，漓江出现“冰合”现象[4]；正德十四年(1519 年)十二月，钦州“大雨雪，池水冰，草木皆枯，民多冻死”[5]。明世宗嘉靖元年(1522 年)十二月时，钦州、合浦“大雨雪，水冰，草木枯，民多冻死”[6]。嘉靖五年(1526 年) 十二月，临桂县与庆远府同时出现了“池水皆冰”的现象。万历十二年(1584 年)冬十二月，“武缘县大雪”[7]。关于明代中后期这一地区降雪情况，在一些资料集中多有反映(表 1)。

表 1 明代中后期珠江中上游地区降雪情况一览表[8]

时间	地区	资料描述
景泰四年(1453 年)	柳州、来宾	冬，大雪
天顺三年(1459 年)	庆远府	正月三十日夜，雷电风雨大作，雪深尺许
弘治十七年(1504 年)	兴业	大雪，与北方无异
正德五年(1510 年)	桂林	十一月，漓江冰合
正德七年(1512 年)	临桂、灵川、兴安、平乐	十一月，漓江冰合
正德十四年(1519 年)	钦州	十二月大雨雪，池水冰，草木皆枯，民多冻死
嘉靖元年(1522 年)	钦州、合浦	十二月，大雨雪，池水结冰，树木皆枯，民多冻死
嘉靖五年(1526 年)	桂林	十二月十一至十二日，城市池水结冰
嘉靖五年(1526 年)	钦州、合浦	十二月，大雨雪，池水冰结，草木皆枯，民多冻死
	庆远	十二月十二日，庆远大霜，池水皆冰
嘉靖十一年(1532 年)	横州	冬，雪
嘉靖十二年(1533 年)	郁林	三月大雪，竹木都冻，枯
	武鸣	冬，雨雪
嘉靖十六年(1537 年)	郁林	三月大雪，竹木都冻，枯
嘉靖十七年(1538 年)	郁林	三月大雪，竹木都冻，枯
嘉靖二十一年(1542 年)	武鸣	冬，雨雪
嘉靖四十四年(1565 年)	桂林	十月二十九日夜，大雪，漓江鱼多冻死
	兴安、灵川	十月大雪，鱼冻死，浮流自千秋峡至木马江
万历六年(1578 年)	灵川	十二月十三日，天雨雪，平地深三尺，艮江河冰
	兴安	十二月，大雨雪，平地深三尺，河水成冰
万历七年(1579 年)	灵川	冬十二月，天雨雪，艮江复冰
	兴安	雨雪，河水成冰

（续表）

时间	地区	资料描述
万历十二年(1584 年)	武鸣	十二月初一日,大雪
	宾州	十二月初一日,大雪,深三四尺
万历三十二年(1604 年)	灵川	冷死者三十余人
万历四十二年(1614 年)	横州	十一月,大雪,积尺许
崇祯三年(1630 年)	宜州	冬,大雪
崇祯八年(1635 年)	藤县	正月十九,大雪

此外,明代这一地区气候转冷,还可从一些动物的分布变迁得到反映。亚洲野象是喜热怕冷的动物,对气候的冷暖变化异常敏感。明初之时,在北部湾沿岸山区、横州一带即有分布,但在明后期时,野象已不断南移至今越南境内。[9]明代珠江中上游地区气候的变冷趋势造成极端天气不断增多,灾害亦成多发之势。

主要灾害有:

水灾。珠江中上游地区水网密布,不少地区山高谷深,河床普遍较高,一般的水灾难以形成危害。但在河流的上游山区,以及多条河流的汇流处,则常有水患之虞。夏季多暴雨,集雨面宽大,短时内可汇集较大的地表流量,排水不畅造成河水暴涨,导致农田淹没,山体滑坡,道路、房屋冲毁等严重灾害。据《广西通志》记载,明代中后期发生的水灾主要有:明穆宗隆庆元年(1567 年)夏四月,“富川县大水,奉溪山崩七处”[10];隆庆五年(1571 年)夏五月,“大水,太平府城淹颓三百余丈,思明、平乐、贺县皆大水”[11];明神宗万历七年(1579 年)夏五月,“北流县大水,漂没城垣、民舍”[12];万历十二年(1584 年)正月“荔浦县大雷电、雨雹”[13];万历十四年(1586 年)春三月,“怀集县古城大水,岳山麓崩;秋七月,梧州大水,庐舍、田禾尽淹没。藤县、郁林、博白、北流皆水”[14];万历四十一年(1613 年),柳州“大水”[15];万历四十三年(1615 年)秋七月,“恭城县势江山崩……平乐县河水暴涨”[16];万历四十五年(1617 年)秋八月初四日,“恭城县大雨如注,山涧水涌,连崩一十三岭,树木拔折,沿江鳞介多死,巨木散材河干山积”[17];次年夏六月,恭城县诸溪“不雨而涨”[18]。在短短的五十年时间内,以广西为主的珠江中游地区即发生了 8 次较为严重的水灾,平均每 6 年左右即发生一次。考虑到省志记载的水灾均是较为严重且有一定范围的水灾,而一般局域性的水灾多无载。因此,实际发生水灾的频率可能还更高些。在此,以平乐、梧州两个上、下游主要的河流汇集地为例,明代中后期水灾情况见表 2。

表2 明代中后期平乐[19]、梧州[20]水灾情况一览表

地区	时间	史料描述
平乐	成化二十一年(1485 年)	夏五月大水,平乐大雨漂流民居数万,城几没
	弘治五年(1492 年)	大雨
	正德十年(1515 年)	夏、秋大水
	嘉靖元年(1522 年)	秋七月大水
	嘉靖十四年(1535 年)	大水入城
	嘉靖十六年(1537 年)	大水,水浸室庐害稼
	嘉靖二十六年(1547 年)	大水
	万历十四年(1586 年)	七月,大水
	万历四十三年(1615 年)	河水暴涨
	天启元年(1621 年)	五月,大水
	天启七年(1627 年)	五月,三江大水
	崇祯六年(1633 年)	七月,大水
	崇祯八年(1635 年)	六月,大水
	崇祯十四年(1641 年)	五月,大水
梧州	成化二十一年(1485 年)	大雨,漂流居民数万,推移洲岸城几没
	成化二十二年(1486 年)	五月,大水
	正德十一年(1516 年)	秋七月,大水
	嘉靖元年(1522 年)	秋七月,大水,漂民庐舍万余
	嘉靖十四年(1535 年)	大水,漂民舍万余,没城郭
	嘉靖十六年(1537 年)	夏,大水,城东南民舍尽没
	嘉靖十七年(1538 年)	大水
	嘉靖十八年(1539 年)	大水,坏东南民舍
	万历十四年(1586 年)	秋七月,大水,南门外水高一丈五尺,漂民八百一十六家,田禾尽没
	万历四十年(1612 年)	六月,大水
	万历四十二年(1614 年)	大水
	万历四十五年(1617 年)	大水
	天启七年(1627 年)	五月,大水
	崇祯六年(1633 年)	大水
	崇祯八年(1635 年)	六月,大水
	崇祯十四年(1641 年)	五月,大水

从上表不难看出，平乐与梧州之间的水灾发生在时间上有极强的关联性，同时因梧州地处广西东南较低处，汇集了珠江中上游的所有洪水，因而梧州发生的水灾在很大程度上也是珠江中上游地区水灾的直接反映。从时间上，嘉靖、万历年间，是这一区域水灾的多发时期。

旱灾。这一区域多为岩溶地形，地下河水系发育良好，地表水易渗漏，蓄水较为困难，发生旱灾后，对农业生产造成的影响直接而巨大。从明代中叶的成化年间以降，珠江中上游地区的旱灾即较为频繁。如万历三年（1575 年），"怀集大旱"[21]；万历十二年（1584 年），"梧州府大旱"[22]；万历二十二年（1594 年），"怀集秋旱"；万历二十三年（1595 年），容县"秋旱"；万历四十五年（1617 年），"柳州大旱，融县尤甚"；万历四十六年（1618 年），"全省大旱"[23]。有关旱灾，一些资料作了较为详细的记载，见表 3。

表3 明代中后期珠江上游地区旱灾情况一览表[24]

年代	地区	资料描述
成化六年(1470 年)	广西	旱，饥
成化七年(1471 年)	镇安	春旱
成化八年(1472 年)	广西、临桂、梧州、平乐	春，旱；梧州大旱
成化十一年(1475 年)	田州、梧州、苍梧	田州：旱，自五月不雨至秋八月；梧州、苍梧：大旱
成化十二年(1476 年)	田州	旱
成化十八年(1482 年)、成化十九年(1483 年)	柳州	连旱
成化十九年(公元 1483 年)至成化二十三年(1487 年)	象州	连年旱
成化二十年(1484 年)	昭平	秋，大旱
弘治元年(1488 年)	柳州及属县	连年旱
弘治四年(1491 年)	浔州、梧州、太平、桂林府属临桂、柳州府属来宾等地	旱
弘治五年(1492 年)	梧州、崇左	旱灾
弘治七年(1494 年)	广西全境、横州、永淳、宣化	大旱
弘治九年(1496 年)	昭平	大旱
弘治十一年(1498 年)	广西全境	大旱
弘治十二年(1499 年)	平乐	大旱
弘治十五年(1502 年)	阳朔、平乐	旱
弘治十七年(1504 年)	兴业、贵港	大旱

（续表）

年代	地区	资料描述
正德三年(1508 年)	灌阳	大旱
正德七年(1512 年)	宣化、横县、永淳、昭平	皆旱
正德九年(1514 年)	北流	旱
正德十年(1515 年)	横州、永淳	旱
正德十一年(1516 年)	临桂、太平	旱
正德十二年(1517 年)	宾阳、宣化、玉林、思恩府、太平、浔州府	大旱
正德十三年(1518 年)	广西全省	旱
正德十四年(1519 年)	南宁、平南	夏,旱
正德十五年(1520 年)	桂林府	大旱
嘉靖二年(1523 年)	桂林府、平乐府	旱
嘉靖十一年(1532 年)至嘉靖十二年(1533 年)	太平府	旱
嘉靖十五年(1536 年)	平乐府	旱
嘉靖十七年(1538 年)	灵川县	旱
嘉靖二十三年(1544 年)	横州	旱,四月不雨至七月
嘉靖二十八年(1549 年)	横县	旱
嘉靖二十九年(1550 年)	富川	大旱
嘉靖三十年(1551 年)	横县	四月至于秋,七月不雨,无禾
嘉靖三十一年(1552 年)	横县、上思	横县:四月至七月不雨,无禾,岁大旱
嘉靖三十二年(1553 年)	义宁	上思:大旱 七至十月,无雨
嘉靖三十四年(1555 年)	义宁、灵川	七至十月,无雨
嘉靖三十五年(1556 年)	灵川、桂林、兴安	旱
嘉靖三十九年(1560 年)	广西全境	大旱
嘉靖四十四年(1565 年)	横州	夏季无雨
隆庆五年(1571 年)	梧州、苍梧	夏季,大旱
万历三年(1575 年)	灵川	秋七月,旱
万历七年(1579 年)	柳州府属各县	旱
万历十二年(1584 年)	梧州	大旱

（续表）

年代	地区	资料描述
万历十三年(1585年)	平乐府、梧州府	大旱
万历十五年(1587年)	融安、柳州	大旱
万历十七年(1589年)	永淳	大旱
万历二十三年(1595年)	广西各地	旱
万历二十六年(1598年)	阳朔	旱
万历二十八年(1600年)	宾州	旱
万历二十九年(1601年)	梧州	旱
万历三十五年(1607年)	上思	大旱
万历三十八年(1610年)	富川、钟山	三至五月无雨,大旱
万历四十年(1612年)	北流、郁林、梧州	大旱
万历四十六年(1618年)	广西全境	大旱,柳、庆、邕、浔、梧皆无收
万历四十七年(1619年)	梧州、宾州等地	旱灾为虐,赤地千里
天启四年(1624年)	灵川、平乐、横州等地	旱
崇祯七年(1634年)	太平、桂林、临桂	旱
崇祯八年(1635年)	柳州	旱
崇祯十一年(1638年)	宣化	大旱
崇祯十四年(1641年)	宾、迁、柳、庆、太平府	大旱
崇祯十五年(1642年)	贵县	旱

从以上表中记载可以看出,明代中后期,珠江上游地区水旱灾害明显呈现出多发、交替发生的特征。同一地区甚至出现连续两年、甚至三年遭受水旱灾害的情况,这对脆弱的农业经济造成了毁灭性的打击。虽然这一时期这一地区也有地震、蝗灾、瘟疫等灾害发生,但发生的频率不高,且多以局域性的灾害为主,其影响远远小于水、旱灾害带来的危害。

二、自然灾害对社会秩序的冲击

在自然面前,人类的力量无疑是渺小的,灾害的发生总会造成一定的人员生命与财产损失。对中国这样国土面积较为广阔的国家而言,发生一些自然灾害是十分正常的,发生了灾害也不一定就意味着会对社会秩序产生重大的消极影响,只要各级官员重视,组织得当,救灾得力,就会有效地减少损失,在尽可能短的时间内恢复、组织社会生产,重建社会秩序，避免产生次生社会灾害，影响地方统治的稳定。但明代中后期，统治趋于腐败，地方官员贪婪盘剥。尤其是对处于边疆的珠江中上游地区而言，比之内地，又有着特殊性。那就是：少数民族人口众多，生产力水平较低，缴纳赋税能力低下，农业生产体系十分脆弱。一旦遭受灾害的打击，更容易影响社会秩序的稳定。

珠江中上游地区主要以瑶、壮等少数民族为主，他们“盘万岭之中，当三江之险，六十三山倚为巢穴，三十六源踞其腹心，其散布于桂林、柳州、庆远、平乐诸郡县者，所在蔓衍。……种类滋繁，莫可枚举”[25]；弘治年间，总督邓廷瓒也言“广西瑶、壮数多，土民数少”[26]。其生产大多处于相对落后状态，“惟藉刀耕火种，蓄积有限”[27]。终年劳作，收入极为微薄。靠刀耕火种方式维持的农业生产体系，在自然灾害的袭击下，极易崩溃，进而使社会秩序无法维持。

一是灾害造成的饥荒、疾疫，使大量人口死亡。明中后期频繁的水旱灾害，对这一区域社会产生的直接冲击就是粮食减产、绝收，产生大面积的饥荒，或者灾后产生疾疫，造成民众大量死亡。明成化年间以降，珠江中上游地区因灾造成的饥荒十分频繁。如弘治五年（1492年），平乐府及辖下永安州，因暴雨成灾，均出现“岁饥”[28]现象。又如嘉靖十四年（1535年）五月，思恩府发生大洪灾，当地居民“民多流离，或饿死”[29]；嘉靖十六年（1537年），平乐府属恭城县发生水灾，“田稼浸没，民大饥”[30]。次年，又发洪水，民再饥。万历十四年（1586年）时，因为水灾，柳州、兴安等地均发生较为严重的饥荒。然而，相较而言，旱灾所造成的饥荒与人口死亡后果更为严重。根据相关资料记载统计，明成化年间之后，因为连年干旱，珠江中上游地区发生饥荒的有：成化十九年至成化二十三年（1483年—1487年）的象州，弘治元年（1488年）的柳州，弘治五年（1492年）的太平府，弘治七年的（1494年）的横州与南宁府宣化县，弘治九年（1496年）的平乐府昭平县，弘治十一年（1498年）广西范围内的饥荒，弘治十五年（1502年）的阳朔、平乐，弘治十七年（1504年）的兴业、贵县，正德三年（1508年）的灌阳，正德七年（1512年）的横州、宣化、永淳，正德九年（1514年）的北流，正德十年（1515年）的横州、永淳，正德十一年（1516年）的太平府，正德十二年（1517年）的宾州、思恩府、太平府，正德十三年（1518年）的田州、思恩、柳州、平乐等府州，正德十四年（1519年）的思恩府，正德十五年（1520年）的思恩府与阳朔。嘉靖十一年（1532年）至十二年（1533年）的太平府，均因旱灾出现“大饥”现象。嘉靖二十八年（1549年）的横州，隆庆五年（1571年）的梧州，万历元年（1573年）的昭平，万历七年（1579年）的柳州府，万历十三年（1585年）的“广西饥”[31]，万历十五年（1587年）的柳州府，万历二十三年（1595年）广西全境饥荒，万历二十八年（1600年）的宾州，万历四十年（1612年）的郁林州、梧州府等。万历四十一年（1613年）至万历四十七年（1619年）的数年间，珠江中上游地区旱灾更为严重，赤地千里，柳州、庆远、邕州、浔州、梧州均发生严重的饥荒。正德年间以及万历年间，这一区域因旱灾发生的饥荒频率均极高，一些地区如宾州、横州、柳州、昭平等地，都是反复发生饥荒。对社会冲击尤大的是，灾害造成的饥荒常常导致大量的农业人口死亡。如明英宗正德十三年(1518 年)，广西全省旱疫，“死人十之五”[32]。这一年，田州、思恩府治、昭平等地，因为饥荒，死者甚众，柳州府柳江县一带，“人至相食”[33]；正德十五年(1520 年)时，思恩府治周边地区，居民又因旱灾饥荒，饿死无数。嘉靖十一年(1532 年)、嘉靖十二年(1533 年)，太平府因严重旱灾，赤地千里，民不聊生。明神宗万历四十一年(1613 年)至万历四十七年(1619 年)，是这一区域人口饥亡最多的时期。浔州府、庆远府、柳州府融县和罗城、桂林府临桂县、太平府、梧州府、平乐府永安州等地，民因饥而死者过半。从史料记载看，万历四十五年(1617 年)是旱灾最为严重的年份，“是岁柳州大旱，融县尤甚，人民死亡相继，鬻卖男女不下数千人，铁炉厢及上郭、拱辰坊、北城脚烟火之地，尽为坵墟。明年未复业，知县应懋璜代输粮赋。四十六年，全省大旱，民饥，南宁尤甚。庆远府多疫疠”[34]。同一年，宾州遭遇了罕见的旱灾，人口大量死亡，“赤地千里，民饥而死者大半”[35]，“旱魃为虐，所辖十余城，郊圻尽赤，道殣相望”[36]。“戊午之大荒，己未之大疫，宾民死者，白骨成山”[37]；“余设处银三十两，分发柳州府照磨汤一中，仓官滕元台，为建义冢三区。又发迁江、宾州银十两，亦造义冢，掩埋饿殍尸骸，因劝士民随处收埋，或经行路道间，常令土司带锄锸相随，遇则以土掩之，三四百里经行之处，亦不至暴骸于莽，窜骨于渠者，然而不能使其不饿殍也，可悯孰甚焉。真是救荒无奇策耳！”[38]

二是频发的水旱灾害除严重影响农业生产外，还毁坏房屋，破坏城镇、家园，使无数民众流离失所，成为流民。嘉靖十四年(1535 年)五月，思恩府发生大洪灾，武缘县“民大流殍”[39]；万历四十五年(1617 年)，宾州“赤地千里，流离遍野”[40]。同年，柳州府罗城县一带，居民因大旱“相继鬻卖男女于楚，及逃窜者数千人”[41]。次年，柳州、庆远、梧州、邕州、浔州诸府因旱灾无收，民众流离，自鬻者无数。万历四十七年(1619 年)时，柳州府来宾、迁江一带，居民因大旱，“游离遍野”[42]。可以说，嘉靖年间之后的珠江中上游流域，因为灾害频发，流民现象相当普遍。

三是灾害严重影响到农业生产，造成粮食减产、绝收，引发粮价上涨，严重影响社会的稳定。除了水旱灾害外，造成“害稼”的灾害还有蝗灾。如正德十二年(1517 年)，南宁府宣化县“春旱，秋蝗害稼”[43]。但最主要的还是水旱灾害，淹没田禾，枯死禾苗，以致当年粮食大幅减产，导致严重缺粮，粮价因而不断上涨。正德十三年(1518 年)，柳州府大旱兼时疫，当地“斗米值银半两”[44]；正德十五年(1520 年)，桂林府旱灾，“斗米银一钱”[45]；更有甚者，嘉靖三十一年(1552 年)，横州大旱，“斗米千钱”[46]。万历末年，广西连年遭受旱灾，宾州、柳州府、上思等灾区，粮价同样腾贵。这对灾民而言，又多了一重打击，逃荒成了唯一的出路。而流民的增多，直接威胁到珠江中上游地方社会的安定。

三、灾害赈济与地区治理

明中后期珠江中上游地区频繁的自然灾害，无疑威胁到明朝的地方统治。为了稳定地方统治秩序，明朝廷也采取过一些赈济措施。主要有：

减免当年应纳税粮，减轻民众负担，这是历代统治者最为常见的措施之一。自成化年间以来，遇有灾情发生，明廷均较为注意减免税粮。如成化十三年（1477 年），户科给事中张海上奏“广西……水旱频仍，瘟疫大作，饿殍盈途，流逋载道，乞将各处灾重府、州、县、卫所成化十二年粮草子粒、颜料，量为减免，其逋负者亦暂停追”[47]，当即得到明廷的允可。至嘉靖年间，这一地区灾害多发，明廷多次因灾及时减免税粮。嘉靖六年（1527 年）二月，“免广西桂林等府税粮有差”[48]；同年四月，又“以灾伤免广西额办钱粮一年”[49]。嘉靖十四年（1535 年）十二月，再以水灾“免广西梧州等府税粮有差”[50]。

从应上缴税银中，留出部分额银以赈济灾荒。如万历五年（1577 年），“以广西饥荒，留万历四年例银三千九百余两赈济”[51]；万历七年（1579 年），广西抚按官张任等上疏，称“柳州府所属五州县旱灾，饥民当赈，欲以贮库银一千四百五十余两留以赈荒”，明廷即“从之”[52]。万历四十一年（1613 年），“广西水灾，巡抚部都御史吴中明、巡按御史穆天顺，请从内帑金银，或留本处税银赈恤”[53]。

万历四十五年（1617 年）、万历四十六年（1618 年）间，广西灾情异常严重，巡按潘一柱以“粤西亢旱，赤地千里，奏留税银四万余，籴粟备赈，并额征金税尽数蠲免，以赦边荒”[54]；同年，广西巡抚林欲夏再奏“柳州、浔南、太平、梧州、庆远及平乐、桂林、思恩各府，亢旱为灾，乞赐停税蠲赈，以慰遗黎”[55]。

再就是开仓赈济饥民，或采取措施平抑粮价。如万历十四年（1586 年）时，明廷“发仓赈平乐、柳浔饥民”[56]。万历二十二年（1594 年），又“蠲济广西恭城、永福、阳朔等州县”[57]。万历四十二年（1614 年），“两广侯代督臣张鸣冈则以两广炎灾异常，请破格蠲赈”[58]。史料又载林梦琦在万历己未（1619 年）任南宁太守，“时当大荒后，邕民犹在疮痍，梦琦下车问民疾苦，发仓赈济”[59]。万历末年，宾州等地大旱，右江巡道万盛年“复借饷市米减价平粜，置粥厂”[60]，“请那借明年之额饷，差官籴运于广东，而平粜于宾、柳各属，所得米价则照数贮库以还兵粮，余米尽散饥民，即平民亦得减价之利，一转移间而三善备焉。蒙制台俯允，即为领饷运籴，然巾车搬载，万倍艰辛，始得至宾，平籴每担一两五钱，粜价还兵饷，余米则煮粥于城，给散于乡，而孑遗之民，赖以少存”[61]。

应该说，这些赈灾措施都是具有相当的针对性的。对于缓解灾情、舒缓民艰，具有一定的作用。但从总体上看，明廷这些赈济措施，都是临时性的救灾之举，对于稳定社会秩序的效果较为有限。随着频发灾害的冲击，相应地，在明代中后期，珠江中上游地区社会进入剧烈的动荡时期。各族民众的反抗十分激烈，并形成了几个较为持久的反抗活动中心。

一是以洛清江流域为中心的古田动乱区。这一地区地处太平山脉的南沿，相当于永福百寿乡至鹿寨一带地区。从景泰年间之后，这里便爆发了壮、瑶各族人民的反抗斗争，一直持续到隆庆五年(1571 年)才最后平息。正德之后，规模不断扩大，斗争十分活跃，向北扩展至桂林的漓江流域，向南发展至柳州府马平县等地。有关记载较多，如正德三年(1508 年)，“柳州府马平、洛容二县壮贼数万为患”[62]；正德十六年(1521 年)，“广西古田县蛮贼聚众为乱”[63]；嘉靖六年(1527 年)，“广西柳州洛容、古田蛮贼反”[64]。嘉靖二十四年(1545 年)，巡抚两广都御史张岳奏称“两广徭壮窃发……广西则有马平、来宾二县覃朝解等各肆卤掠，敌杀官军”[65]。

二是以红水河下游地区为中心的八寨动乱区。自今上林县至忻城县之间，崇山峻岭，当地的壮族分布较多，有八寨或十寨之称。自景泰、成化年间，当地壮族起来反抗，为总督两广军务都御史韩雍所镇压，嘉靖至万历间，再次爆发大规模反抗，波及武缘、南宁、宾州、永淳等地。“诸贼据有八寨，凶黠特甚”[66]，直至万历八年(1580 年)始被平息。

三是以府江流域为中心的动乱区。府江为平乐府所在的桂江流域，包括昭平、永安、贺县、恭城等地。两岸山区瑶、壮分布较多，“两岸及三峒，皆府江壮……东岸属平乐，西岸三峒属荔浦，延袤有千余里，中间巢峒盘络，为瑶壮渊薮”[67]。明中期时这一带少数民族频频起来反抗。正德三年(1508 年)，“贺县贼首覃公浪、吴父昊等，纠集怀集县贼覃父敬、连山县贼李公旺等，杀劫乡村，遂引平乐县鱼狗等峒贼出府江东西两岸，钩动官商船货，为患凡三年”[68]。总督两广都御史陈金等奏称“广西府江地方，绵亘三千余里，皆贼巢穴”[69]。隆庆初年至万历年间，这一带民众反抗达到高潮，“荔浦永安之间，反者四起……当是时，道路梗塞，城门昼闭，永安荔浦，几至陆沉”[70]。

此外，梧州周边地区的藤县、岑溪以及右江流域等地，也时有民众暴乱，如正德九年(1514 年)，“广西苍梧县流贼六百余人，劫掠马罔、大圳等村”[71]；隆庆六年(1572 年)，“广西府江，右江诸瑶壮复乱”[72]。零零星星，至万历年间尚未平息。

仔细分析相关资料记载，即可发现，相当多的民众反抗活动，均有自然灾害的背景，而且爆发反抗的区域与灾区也是基本重叠的。如正德九年(1514 年)，梧州、苍梧、北流一带遭遇水灾与旱火，这一地区的“流贼”即活动频繁起来，对明的统治形成威胁。万历四十五年(1617 年)，宾州地区发生严重旱灾，当地的“溪岗林箐诸蛮乘机啸聚，窥逼城池，土官伪檄调兵侵地，龙城一带远迩震恐”[73]，又载“戊午旱灾，赤地千里，流离遍野，斗米价至四钱，划盗益炽”[74]。

既然明朝统治者对发生在珠江中上游地区的自然灾害给予了重视并采取了一些赈济措施，为何不能有效地稳定社会秩序呢?

笔者认为,这首先与珠江中上游地区特殊的民情有关,那就是低下的生产力水平。明代中叶以来,珠江中上游地区灾害连年,严重冲击了这一地区十分脆弱的农业生产体系。这一地区民众生产力水平本就不高,正常年份下,明廷也无法从中收取足够的赋税,以维持地方统治开支。"本省为西南边徼,所统流官州县数仅五十,实计人户不能六百余里,特江南一大县而已。"[75]由于经常无法足额收取赋税,导致地方官府"钱粮日亏"[76]。在灾害多发的情况下,赋粮的收取更是无从筹措。其次是明廷地方官员的急征暴敛。明中叶以来,明朝统治者派到这一灾害地区的官员,"守令非人,重科厚敛"[77]。虽然明廷也采取了一些诸如减免税粮、留用税银、开仓济民等赈灾措施,但在地方官府财力极为有限的情况下,这些措施往往成为彰显朝廷恩德的政治宣示,而很难真正有效地实施。尤其是明中后期,明廷本身财力困窘,并没有足够的财力赈济灾民。因此,赈济的效果相对有限。相反为维持统治,地方官僚更多地是想方设法增收赋税。万历二年(1574年),即有地方官员称"广西原额夏秋二税共该米四十三万一千三百五十七石,屯粮六万一千二百石,国初如数输纳,军需不匮。近来民间拖欠,完纳者不足三分之一。其间贼占抛荒,固多有藉以为名,民隐其几者;有指荒为词,未荒而免者,有势豪吞占,莫可谁何者"[78]。万历十年(1582年),广西巡抚郭应聘清丈全省田粮,称"原料过重,均摊减轻。……今恐岁费不敷,仍听征输。……融江六峒诸瑶丈复田粮,已加数倍。若复科重,恐有不堪"[79]。在这样的情况下,珠江中上游地区社会矛盾在严重的灾害因素影响下,不断激化。为巩固对这一地区的统治,明廷更多地实行以剿为主的政策,从外省征调更多的军力镇压各地的反抗活动,从而导致更大的社会动荡。

总之,明中后期珠江中上游广大地区,因为严重的灾害冲击,广大民众最基本的温饱需求没法得到保障,因此不论是明廷采取了什么赈济措施,也不管明廷采取以剿为主的治理措施,还是实行抚谕政策,治理效果均较为有限。在剧烈的社会动荡下,各地民众为了共同反抗残暴的明王朝,彼此联系得到空前的加强,瑶、壮等不同民族自发地联合起来。反抗活动平息之后,一些汉族人逐渐进入民族地区,这些都促进了这一区域民族关系的发展。可以说,灾害影响下的人口流动,重新塑造了这一地区的人文社会环境。

【注释】

[1]有关成果主要有高言弘、姚舜安:《明代广西农民起义史》,广西人民出版社1984年版;麦思杰:《赋役关系与明代大藤峡瑶乱》,《广西民族师范学院学报》2016年第2期,等等。

[2][清]王锦:《柳州县志》卷1《机祥》,台湾成文出版社1967年版。

[3][明]唐胄:《琼台志》卷41《纪异》。

[4][明]苏浚:《广西通志》卷41《灾异》。

[5]参阅杨年珠主编:《中国气象灾害大典·广西卷》,气象出版社2007年版,第338页。

[6][民国]《合浦县志》卷5《前事志》。

[7][清]金鉷:《广西通志》卷3《机祥》,清文渊阁四库全书本。

[8]本表根据杨年珠主编:《中国气象灾害大典·广西卷》,气象出版社2007年版,第337~338页相关资料制作。

[9]参阅刘祥学:《明代驯象卫考论》,《历史研究》2011年第1期。

[10][清]金鉷 :《广西通志》卷3《机祥》。

[11][清]金鉷:《广西通志》卷3《机祥》。

[12][清]金鉷:《广西通志》卷3《机祥》。

[13][清]金鉷:《广西通志》卷3《机祥》。

[14][清]金鉷:《广西通志》卷3《机祥》。

[15][清]王锦:《柳州县志》卷1《机祥》。

[16][清]金鉷:《广西通志》卷3《机祥》。

[17][清]金鉷:《广西通志》卷3《机祥》。

[18][清]金鉷:《广西通志》卷3《机祥》。

[19][清]张智林:《平乐县志》卷9《灾异》。

[20]根据杨年珠主编:《中国气象灾害大典·广西卷》,气象出版社2007年版,第26~33页相关资料制作。

[21][清]金鉷:《广西通志》卷3《机祥》。

[22][清]金鉷:《广西通志》卷3《机祥》。

[23][清]金鉷:《广西通志》卷3《机祥》。

[24]根据杨年珠主编:《中国气象灾害大典·广西卷》,气象出版社2007年版,第127~134页相关资料制作。

[25]《明史》卷317《广西土司》。

[26]《明史》卷317《广西土司一·庆远》。

[27]《明宪宗实录》卷13,成化元年春正月甲戌。

[28]参阅杨年珠主编:《中国气象灾害大典·广西卷》,气象出版社2007年版,第27页。

[29]参阅杨年珠主编:《中国气象灾害大典·广西卷》,气象出版社2007年版,第28页。

[30]参阅杨年珠主编:《中国气象灾害大典·广西卷》,气象出版社2007年版,第28页。

[31]《明神宗实录》卷 156,万历十三年十二月庚戌。

[32]参阅杨年珠主编:《中国气象灾害大典·广西卷》,气象出版社 2007 年版,第 129 页。

[33]参阅杨年珠主编:《中国气象灾害大典·广西卷》,气象出版社 2007 年版,第 129 页。

[34][清]金鉷:《广西通志》卷 3《机祥》。

[35][清]汪森辑:《粤西丛载》卷 17《粤事》。

[36][清]金鉷:《广西通志》卷 68《名宦》。

[37][清]汪森辑:《粤西丛载》卷 17《粤事》。

[38][清]汪森辑:《粤西丛载》卷 17《粤事》。

[39]参阅杨年珠主编:《中国气象灾害大典·广西卷》,气象出版社 2007 年版,第 28 页。

[40]参阅杨年珠主编:《中国气象灾害大典·广西卷》,气象出版社 2007 年版,第 132 页。

[41]参阅杨年珠主编:《中国气象灾害大典·广西卷》,气象出版社 2007 年版,第 132 页。

[42]参阅杨年珠主编:《中国气象灾害大典·广西卷》,气象出版社 2007 年版,第 133 页。

[43]参阅杨年珠主编:《中国气象灾害大典·广西卷》,气象出版社 2007 年版,第 129 页。

[44]参阅杨年珠主编:《中国气象灾害大典·广西卷》,气象出版社 2007 年版,第 129 页。

[45]参阅杨年珠主编:《中国气象灾害大典·广西卷》,气象出版社 2007 年版,第 129 页。

[46]参阅杨年珠主编:《中国气象灾害大典·广西卷》,气象出版社 2007 年版,第 130 页。

[47]《明宪宗实录》卷 163,成化十三年闰二月乙丑。

[48]《明世宗实录》卷 73,嘉靖六年二月壬子。

[49]《明世宗实录》卷 75,嘉靖六年夏四月己巳。

[50]《明世宗实录》卷 182,嘉靖十四年十二月癸丑。

[51]《明神宗实录》卷 59,万历五年二月乙丑。

[52]《明神宗实录》卷 92,万历七年冬十月丁酉。

[53]《明神宗实录》卷 515,万历四十一年十二月丁亥。

[54]《明神宗实录》卷575,万历四十六年冬十月戊寅。
[55]《明神宗实录》卷575,万历四十六年冬十月癸未。
[56]《明神宗实录》卷175,万历十四年六月戊子。
[57]《明神宗实录》卷295,万历二十四年三月己丑。
[58]《明神宗实录》卷522,万历四十二年秋七月戊寅。
[59][清]金鉷:《广西通志》卷68《名宦》。
[60][清]金鉷:《广西通志》卷68《名宦》。
[61][清]汪森辑:《粤西丛载》卷17《粤事》。
[62]《明武宗实录》卷40,正德三年秋七月己亥。
[63]《明世宗实录》卷7,正德十六年冬十月癸未。
[64]《明世宗实录》卷75,嘉靖六年四月己酉。
[65]《明世宗实录》卷301,嘉靖二十四年秋七月乙酉。
[66]《明神宗实录》卷99,万历八年闰四月庚申。
[67][明]瞿九思:《万历武功录》卷4《广西府江右江诸壮列传》。
[68]《明武宗实录》卷79,正德六年九月己酉。
[69]《明武宗实录》卷155,正德十二年十一月丙戌。
[70][清]汪森:《粤西丛载》卷28《府江右江》。
[71]《明武宗实录》卷118,正德九年十一月丙戌。
[72]《明穆宗实录》卷69,隆庆六年四月己卯。
[73][清]金鉷:《广西通志》卷68《名宦》。
[74][清]汪森辑:《粤西丛载》卷17《粤事》。
[75]《明孝宗实录》卷60,弘治五年二月癸丑。
[76]《明孝宗实录》卷66,弘治五年八月戊申。
[77]《明孝宗实录》卷93,弘治七年冬十月辛巳。
[78]《明神宗实录》卷32,万历二年十二月己酉。
[79]《明神宗实录》卷126,万历十年冬十月甲子。

（作者单位:广西师范大学历史文化与旅游学院）

乾隆年间河南省水旱灾害对粮价波动的影响*

萧凌波

一、引　言

历史时期粮食价格的变动及其驱动因素历来是经济史及其他相关学科(如生态史、历史地理学)的重要研究课题。清代建立了一套完善的粮价奏报制度,大量以府为单位、涵盖各类粮食作物(如粟、稻、麦、豆)、按月统计上报的粮价单保存至今,为深入、定量研究清代粮价提供了无可比拟的便利条件。特别是两套最具代表性的粮价数据集——"清代粮价资料库"[1]和《清代道光至宣统间粮价表》[2]的整理发布,为研究的广泛开展提供了极大的便利条件。过去数十年间,在粮价长期、短期变动规律及其归因,粮价变动的社会影响,粮价的区域差异与市场整合等方面,都取得了丰硕的成果[3]。

在上述研究方向中,粮价变动的归因是众多研究者关注的焦点,它不仅是粮价研究的根本落脚点之一,对其认识的准确与否,也在相当程度上影响着其他方向的研究。清代粮价从长期来看呈现上涨趋势,一般将其归因为货币和人口两方面。在此之外,彭凯翔提到了气候的趋势性变化(冷暖)可能在长期尺度上发挥作用,但并未深入探讨[4];而王业键等则基于对长江三角洲地区的研究,认为长期气候变迁与粮价波动关系不明显[5]。在较短的时间尺度上,粮价波动的影响因素更为复杂多变,如季节、灾害、战乱、政策、市场等,这其中自然灾害(特别是水旱灾害)及其导致的歉收往往得到研究者的优先关注,但得到的结论差异较大。如彭凯翔认为,在短时间尺度上(4—5 年),旱涝灾害对米价的影响远高于冷害,而涝灾的影响又高于旱灾[6];李明珠则基于其对直隶分府粮价的研究,认为旱灾对于粮(粟米、小麦)价有显著的正向影响,而水灾的影响并不明确,并从水旱灾害的不同运作方式("水荒一线,旱荒一片")角度论证了这一结论[7];马立博注意到在 18 世纪的不同时段,广

* 国家自然科学基金项目(41501207)、国家社会科学基金重大项目(13&ZD092)资助。

东省灾害引发的歉收对于当地粮价的影响是逐渐减弱的(反映为收成与粮价的相关系数逐步降低),并进一步认为这是华南地区一体化稻米市场逐步成形并发挥调节机制的结果[8];谢美娥对1738—1850年间台湾米价变动与自然灾害(旱涝)进行了逐年对比,发现在部分严重灾害年份之后(当年或之后1—2年)确实出现了米价的攀高,但对整个时间序列作的相关分析结果并不理想,说明灾害仅对部分时段的米价有显著影响[9];李军[10]及马国英[11]等人对清代山西省的研究则显示,自然灾害(主要是水旱)对当地粮价变动的影响并不十分显著,并认为制度保障、货币利率、市场体系等因素抑制了灾害的影响。

对比这些代表性研究成果不难发现,在如何定量评价自然灾害对于粮价变动的影响方面,当前研究还存在较多不确定性,有继续深入探讨的必要。以上这些结论的差异,固然有一部分可能来自研究对象本身的差异(如区域差异),但更多的还是由研究者使用的分析手段、量化指标、数据来源、时空尺度等方法层面的差异所造成。笔者认为,有以下几个方面的问题是值得后续研究者加以考虑的:(1)自然灾害的量化指标问题——目前常见的量化当年灾害严重程度的做法是将各类灾害放在一起笼统计数,以此与粮价作相关分析,而忽略了不同类型的灾害影响方式、程度的差异,彭凯翔、李明珠等人对水、旱等灾害分别进行量化统计的思路是值得借鉴的;(2)时间尺度问题——现有研究对灾害与粮价关系的探讨多在年际尺度上展开,而清代粮价奏报数据是逐月统计的,一年之内,粮价在不同月份之间会存在波动,并出现峰值和谷值,这种季节性波动与作物生长周期有关,自然也就造成不同月份的粮价对于自然灾害的敏感度不同,这种差异有助于我们更好地理解灾害的作用机制,因此在更短的尺度上分析两者的关系有其必要性;(3)数据可靠性问题——除了不同来源的粮价数据可靠性会存在差异,仅就奏报数据而言,在清代不同的时段可靠性也会有所差异,余开亮以大米和小麦为例,探讨了各行省上报粮价数据的可靠性差异,结果显示,乾嘉年间(1736—1820)的粮价数据相对更为可靠,而尤以乾隆前期(1736—1765)数据质量最高,此后各朝数据则良莠不齐[12],对直隶[13]、台湾[14]、长江流域各省[15]的研究也得出了相近的结论,将可靠性不同且未经处理的各时段数据放在一起作相关分析,同样可能降低结果的准确度。

基于以上考虑,本文拟以清代河南省为研究区,以乾隆年间(1736—1795)为研究时段,通过逐年水旱灾害指数与当年逐月粮价的相关分析,定量揭示不同种类(粟米和小麦)、不同月份粮价对于水旱灾害的敏感程度差异,据此分析水旱灾害的不同影响方式及其程度差异。这一研究可望有助于加深对历史时期自然灾害对粮价变动影响机制的科学认识,并对后续研究中改进对清代奏报粮价数据的处理和定量分析方法有所启发。

二、研究方案

本文选定的研究区域为清代的河南省,该省大部地处华北平原范围之内,地势低平,水陆运输均很便利；气候总体为暖温带季风气候，雨热同期，自古以来就是重要的粮食产地，清代当地种植制度主要实行两年三熟制[16]，夏收粮食作物以冬小麦为主，秋收则以粟（谷子、小米）为多[17]；由于季风气候的多变性，降水在年内、年际分布不均，境内水旱灾害频发，破坏性巨大，在各类自然灾害（还包括蝗灾、风灾、冷害等）中居于主导地位[18]。

据此，本文在探讨灾害对粮价的影响时，主要选取了水、旱两类灾害。对灾害强度的量化，是基于过去 500 年旱涝等级数据[19]获得的逐年水旱灾害指数，其思路是对某一年区域内（本文中河南境内有站点 5 个，安阳、洛阳、郑州、南阳、信阳）不同旱涝等级的站点数分别赋予不同的权重，通过加权平均获得整个区域当年的水灾、旱灾指数[20]。计算公式如下：

$$P = N_1 \times W_1 + N_2 \times W_2$$

式中：P 为某年河南省水灾（旱灾）指数，N_1 为当年重灾站点数，即旱涝等级为 1（大涝）或 5（大旱）者，赋权重（W_1）0.8；N_2 为轻灾站点数，即旱涝等级为 2（偏涝）或 4（偏旱）者，赋权重（W_2）0.2。

用于与逐年水旱灾害指数作相关分析的粮价数据，本文中选取的是开封府乾隆年间（有粮价数据的时段为 1738—1795 年）小麦和粟米逐月价格，数据来自王业键主持建立的“清代粮价资料库”。使用乾隆年间粮价数据，是因为这一时段是公认的整个清代数据准确性最高的时段，单独对其展开研究，有助于提升相关分析结果的可靠性；此外邓玉娜已经对道光至宣统年间河南省粮价变化特征及其原因进行了探讨，本文结果也可与之前后参照[21]。文中使用开封府的粮价数据，而没有用全省各府粮价平均值，是考虑到当时的开封府作为河南省会，人口众多，是省内最为重要的商品粮集散地，由于四方粮食向这里集中，这里的粮食市场对于全省范围内的水旱灾害应有很高的敏感度，使用其他府的数据来作平均，反而可能降低敏感程度。

收集到的逐月粟米和小麦价格数据分为“高价”和“低价”两类。清代粮价奏报制度规定，各府（州）从各个州县上报的粮价数据中取最高值和最低值上报[22]，以往常见的处理方法是将高价和低价数据作算术平均，作为该府当月粮价，但如果各州县粮价在这一区间内并非均匀分布，这种处理方式自然会带来一定的误差。本文的做法是将两类粮价数据分别与水旱灾害指数作相关，观察其敏感程度的差异。此外，“清代粮价资料库”中的粮价数据是对原始粮价数据（以农历月份为单位统计）进行公历化处理之后得到的，即通过农历天数加权平均的方法，将农历月份转为公历月份，同时消除农历闰月的影响。这种处理方式尽管得到研究者的广泛采用，但也同样难以避免系统误差的风险，特别是将其应用于粮食市场整合研究时。[23]但考虑到本文的研究对象涉及粮食作物的种植周期（粮价的月度变化与其种植周期有很大关系），根据节气安排的作物种植周期实际上与公历一致（每年播种、收获时间以公历日期来说相对固定，以农历日期则未必），因此粮价数据以公历月份编排的方式对于结果分析更为有利(因为涉及不同月份之间的比较),因此本文仍以粮价资料库中的粮价数据进行处理,而并未将其转回农历形式。

三、结果与分析

(一)年际尺度粮食价格与水旱灾害的关系

乾隆年间(1736—1795)开封府有粮价数据记录的时段为1738—1795年,时间跨度为58年,不同年份的数据完整性不尽一致,由于粮价的季节性波动,如果月度数据缺失较多,可能影响到年度平均值的可靠性,因此本文定义一年中有粮价数据记录的月份≥11个为一个完整年,选出数据相对完整的年份,并分别对小麦、粟米的高价和低价进行统计,最终获取32个年份的数据,对各月份粮价取平均,结果见下图。同时这一时段内河南省逐年水灾、旱灾指数序列亦见下图。

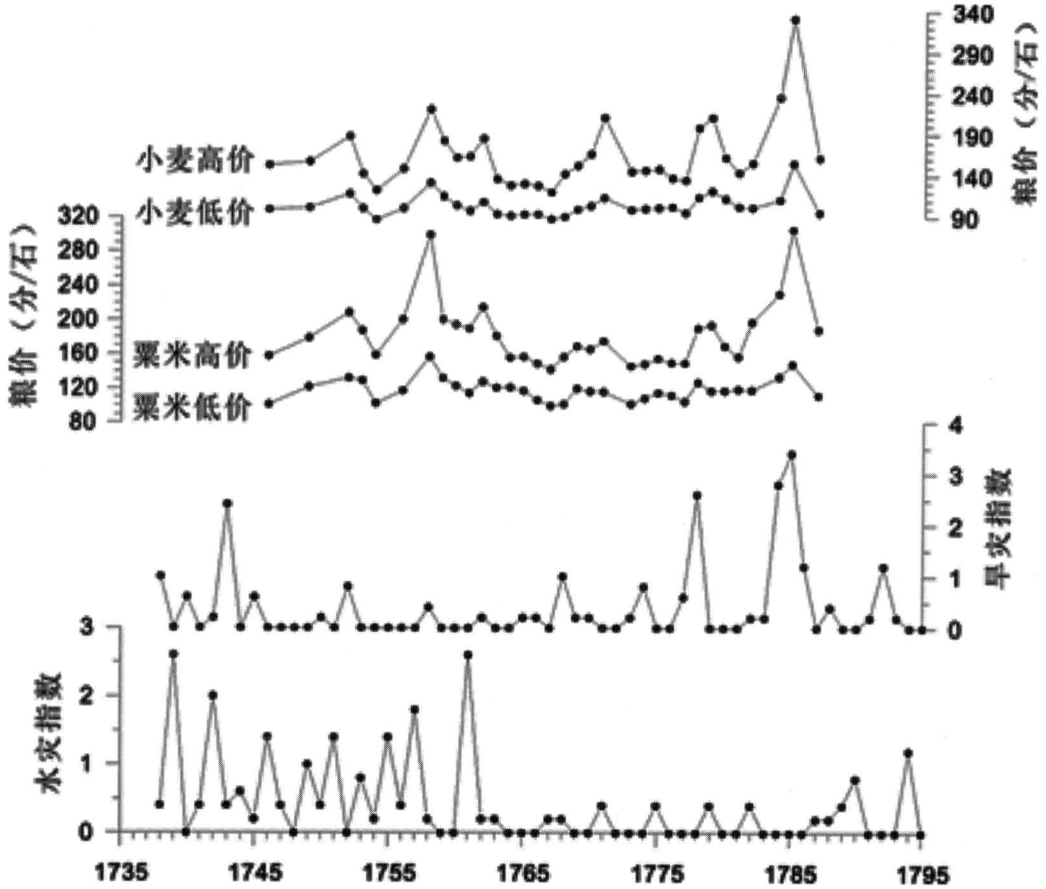

乾隆年间河南省逐年水旱灾害指数与开封府小麦、粟米平均价格

对水旱灾害指数与4条粮价序列分别作相关分析，结果如下：逐年水灾指数与年均粮价数据的相关性均未通过显著性检验；而旱灾指数与粮价的相关性则十分显著，其中与粟米低价相关系数为0.437（显著性水平0.05，下同），与粟米高价为0.526（0.01），与小麦低价相关系数为0.566（0.001），与小麦高价则达到了0.711（低于0.001）。基于这些结果，我们可以得出以下推论：

（1）在年际尺度上，相对于水灾，旱灾对于粮价的影响更为显著，且为正向影响，即旱灾越重，粮价越高，这一结论与李明珠对直隶省的研究结果相近。[24]对比上图中的几条序列，不难发现在几个显著的旱灾年份，粮价都随即发生了攀升，如1778年、1784—1785年，并且要到灾后1—2年才回落至灾前水平。造成这一差异的原因，首先在于河南地处半湿润的华北平原，降水量对于这里的农业生产是一个突出的限制因素，作物收成对于缺水的敏感程度要高于多水；其次，水旱灾害不同的时空过程也决定了其影响程度的不同。水灾尽管来势凶猛，但大多影响范围有限（滨河及低洼地带），且持续时间较短，灾后如及时补种，可以有效降低损失；而旱灾多为一个积累的过程，持续时间长、影响范围大，一旦造成减产就很难补救，因而旱灾对于粮价的影响更为显著，也更为持久。不过，如上图所示，在1761年水灾的次年，粮价出现明显上升，说明极端水灾的影响也不可忽视。

（2）尽管旱灾对粟米、小麦价格的影响均很显著，但比较相关系数和显著性水平差异，可见小麦价格对旱灾的敏感性要高于粟米。对于这一点，李明珠的解释是小麦相对于粟米来说生长期需要更多的水。[25]除此之外，河南省清代粮食作物的种植结构中，小麦所处的地位更加突出，特别是在夏收粮食作物中更是占据压倒性优势，而秋收作物中，尚有高粱、玉米及甘薯等杂粮作为粟米的补充；同时，小麦的商品化程度较粟米也更高，粟米则更多用于满足日常食用，故当时有“麦不熟小歉，谷不熟则大饥”之说[26]，因此当小麦因受灾导致减产或出现减产预期时，市场价格随之出现波动的可能性会比粟米更大。水灾虽然对两类粮食价格均无显著影响，但从1761年水灾个案来看，灾后次年粟米和小麦价格均发生大幅上涨，而粟米价格的波动幅度要明显高于小麦，其间可能的原因是这一年的水灾主要发生在夏秋季节（公历8—9月）[27]，对秋收作物的收成影响较大，而对冬小麦的播种和收获影响较小。对于水旱灾害影响粮价的季节性差异，后文会结合月度粮价数据作进一步讨论。

（3）无论粟米还是小麦，旱灾指数与高价的相关系数都要高于低价，说明粮价高价的波动对于旱灾更为敏感。如果我们将高价的出现视为外来突发扰动因素（灾害）所能产生的最大影响，而低价则视为加入了社会调节因素（如平粜、赈济）之后的最理想的结果，便可以在一定程度上解释为何高价对灾害更为敏感，而低价的波动幅度相对较小。如前述，清代分府粮价单照例每府都分“高价”和“低价”两类，分别为属县上报粮价数据中的最高值和最低值。由于无法确知高低价区间内其他粮价的分布情况，以及这些粮价数据发生的确切时间点(月初、月中、月末,或是月平均),单独使用其中一类数据似乎会带来很大风险,因此以往的粮价研究中,基本都是将两者合并取平均值,作为当月粮价。[28]但在一些特定情景之下,当我们需要对外界因素(如灾害、战乱)的影响程度进行定量判断时,单独应用这两类粮价数据,并对结果加以比较,也不失为一个可行的研究思路。更进一步来说,如果我们能够基于一些有效的标准,判断出在某一时段或者区域内,这两类数据的可靠性存在明显差异,就更不必将两者平均以增大误差了。

(二)逐月粟米价格与水旱灾害的关系

逐月粮食价格的完整性要好于逐年,以粟米来说,1738—1795 年间保存的有粮价记录的月份有 552 个(低价和高价相同),占总月份数量的 79.3%,各个月份数据的完整性均与之接近(样本数在 43—50 之间)。将 1738—1795 年间不同月份(1—12 月)的粮价数据按高价和低价逐年排列,并分别与水灾、旱灾指数序列进行相关分析,将具有显著相关关系的系数和显著性水平列表于下(表 1)。

表 1 乾隆年间开封府各月粟米价格的年际变化与水灾、旱灾指数的相关关系

月份	4 月	5 月	6 月	7 月	8 月	9 月	10 月	11 月	12 月
粮价	低价	低价	低价	低价	低价	低价	低价	低价	低价
相关系数(与水灾指数)	—	—	-0.318*	-0.315*	—	—	—	—	—
相关系数(与旱灾指数)	—	—	0.466**	0.431**	0.451**	0.364*	0.365*	—	—
粮价	高价	高价	高价	高价	高价	高价	高价	高价	高价
相关系数(与水灾指数)	—	—	—	—	—	—	—	—	—
相关系数(与旱灾指数)	0.326*	0.354*	0.543**	0.492**	0.564**	0.498**	0.508**	0.465**	0.467**

注:表中"—"表示无显著相关关系;"*"表示相关系数显著性水平≤0.05;"**"表示显著性水平≤0.01。

相关分析结果显示,在月份尺度上,水灾与粮价的相关关系同样不显著,仅在 6 月和 7 月与低价序列产生显著相关,且相关系数为负,这一结果似乎意味着降水的增多有助于粮价的降低。逐年水灾指数在一定程度上代表的是当地当年的总体降水情况,河南年内降水分布不均,主要分布在夏半年(5—10 月),而 7、8 两个月就集中了全年降水量的一半以上,为水灾多发时段。[29]考虑到这一特征,在部分年份,生长季较为丰富的降水,确实可能增强粮食市场对于粟米丰收的信心,从而平抑粮价(特别是在降水开始增加,逐渐达到峰值的 6、7 月份）；但同样需要注意的是，当降水量超出作物生长所需，并造成减产的情况下，降水量对于粮价会起到正向的促进作用（从相关分析结果来看，水灾多发的 8 月及其以后各月相关系数已经由负转正，只是显著性水平不高），两相抵消，便使得水灾指数对于收成、进而对于粮价的影响难以明确。

相比之下，旱灾对于粮价的正向影响在月份尺度上也同样显著，而且如年际尺度一样显示出高价、低价的差异（高价更为敏感）。旱灾指数与低价只在 6—10 月显著相关，而与高价的显著相关关系出现在 4—12 月；对于相同月份，旱灾指数与高价的相关系数也明显高于低价。旱灾的影响在各月之间差异十分明显，对于 6—10 月粮价的影响更为显著（相关系数高，显著性好），这一时段正好在冬小麦收获（6 月）与秋粮集中上市（10 月）之间，说明这一时段上的粮食市场对于灾害的反应更加敏感。考虑到旱灾是一个影响持续累积的过程，如果当年已经发生春旱并造成冬小麦减产，市场对于秋粮的需求势必更为迫切，囤积居奇的行为也更易发生。在此背景下，即便粟米的商品化率不高（相对于冬小麦），其价格也极易因为市场对于灾情的判断和响应而发生波动。

（三）逐月小麦价格与水旱灾害的关系

逐月小麦价格数据的完整情况与粟米相同，按照相同方法对各月小麦的低价、高价与水灾、旱灾指数分别作相关分析，相关系数和显著性水平如表 2 所示。

表 2　乾隆年间开封府各月小麦价格的年际变化与水灾、旱灾指数的相关关系

月份	3 月	4 月	5 月	6 月	7 月	8 月	9 月	10 月	11 月	12 月
粮价	低价	低价	低价	低价	低价	低价	低价	低价	低价	低价
相关系数（与水灾指数）	—	—	—	-0.431**	-0.422**	—	—	—	—	—
相关系数（与旱灾指数）	—	—	—	0.537**	0.566**	0.567**	0.439**	0.475**	0.409**	0.423**
粮价	高价	高价	高价	高价	高价	高价	高价	高价	高价	高价
相关系数（与水灾指数）	—	—	—	—	-0.326*	—	—	—	—	—
相关系数（与旱灾指数）	0.364**	0.401**	0.448**	0.637**	0.696**	0.677**	0.614**	0.630**	0.612**	0.631**

注：表中“—”表示无显著相关关系；“ * ”表示相关系数显著性水平≤0.05；“ * * ”表示显著性水平≤0.01。

水灾指数与小麦价格的关系同样不甚明确，只在少数几个月份上出现显著相关，与粟米一样，都是负相关，且都出现在6、7月份。其间原因与上文基于粟米价格的分析相近，可能反映的是粮食市场在降水相对丰沛的情况下对于秋收的信心，但仅限于降水开始增多，且水灾风险尚不太高的6—7月。在此之前的1—5月，由于总体降水不多，对全年降水量贡献有限，因而反映全年降水状况的水灾指数与粮价难以建立相关关系；而8月以后，由于水灾的叠加影响，抵消了降水对于粮价的平抑作用，导致相关关系不显著。

相比于粟米，旱灾指数与小麦价格的相关性更强，体现在显著相关的月份更多，且相关系数更高。其中与低价的相关关系从小麦收获的6月起变得显著，且在6—8月间相关性最好，此后相关系数有所降低，但一直到12月相关性仍然很显著；而与高价的相关性在小麦收获之前的春季（3—5月）就已经很显著，同样在收获之后一段时间（6—8月）达到相关系数的峰值，且一直到12月都保持着很好的相关性（相关系数均在0.6以上）。

小麦价格与旱灾的相关性更显著的原因，首先在于小麦在清代河南粮食种植体系中的突出地位。据乾隆十五年河南巡抚鄂容安奏折，“中州地土沃衍，向称产麦之区，五谷之中，种麦者约居其半”[30]，冬小麦与秋粮作物（特别是豆类）的搭配，是两年三熟制的核心[31]。根据民国时期的统计，小麦产量在河南省粮食产量中占36.6%，远高于其他所有粮食作物种类[32]，清代这一比例可能稍低，但冬小麦的收成对当地粮食供给亦有举足轻重的作用。其次小麦的商品化程度高、上市较早等特点，也决定了粮食市场对其收成十分敏感。河南当地以面食为主，非农人口聚集的省会城市对于小麦的需求尤其强烈，河南当地农民在麦收之后一般优先供给市场（以小米及其他杂粮为食），商人则会根据供需关系决定其行为——如发生春旱，可能影响小麦收成，或者小麦上市之后的夏秋季节仍有旱情，可能导致秋粮歉收，均可能引发囤积行为，并导致麦价上涨。因此我们可以看到，小麦价格（高价）与旱灾的相关关系从其上市之前的3—5月就已变得显著，并在小麦上市之后、而秋粮尚未收获的6—8月达到相关系数的峰值，此后尽管随着秋粮上市，其对旱灾的响应开始变弱，但也依然保持显著的正相关关系。与粟米一样，月份尺度上的小麦高价序列与旱灾的相关关系也强于低价序列，这与年际尺度上的相关分析结果相近，其原因也如前所述，高价反映的是粮食市场对于灾害的极端响应，而低价可能加入了人为调控因素。

四、结论与讨论

本文基于清代乾隆年间河南省粮食逐月价格（以开封府小麦、粟米为例）与水旱灾害（以水灾、旱灾指数反映）的相关分析，对年际、年内不同时间尺度上水旱灾害对于不同种类粮食价格（包括高价和低价）波动的影响方式与影响程度进行了比较全面的讨论，相比于以往同类研究，在影响规律方面的认识有所深化，并据此对粮价数据应用和相关分析方法的改进提出一些参考意见，主要结论以及扩展讨论（包括本文研究的不足之处）如下：

（1）水灾与旱灾对于粮价波动的影响方式和影响程度存在较大差异

不论在年际还是月份尺度上，水灾与粮价的相关关系都是不显著的，只在个别年份和月份中有所例外。总体来看，一年之中相对丰沛的降水有利于鼓励市场对于粮食丰收的信心，在部分月份（6、7 月）起到平抑粮价的作用；但过多的降水又会造成水灾发生，并导致随后的粮价攀升，两相抵消，使得两者之间的线性相关关系难以建立。相比之下，旱灾对于粮价的正向影响在不同时间尺度上都十分显著，体现出旱灾对于当地粮食生产的巨大威胁。旱灾与水灾有着不同的作用方式，前者影响是逐步累积的，持续时间长，波及范围广，使其对于粮价的影响更为显著，也更为持久；后者则由于当地降水分布特点，集中在一年中的少数月份（7—8 月），影响多在低洼地带，且只要及时排水，不无补救之方，因而影响要弱于旱灾。

因此，在分析灾害对粮价的影响时，如有可能，应对不同灾种区别处理，按照其不同作用方式具体分析。将不同灾害种类放在一起笼统分析的做法，可能造成不同灾害产生的效果彼此削弱，甚至抵消，不利于得出明确结论。此外，中国幅员辽阔，不同的地区有不同的气候特征和主导灾种，对粮价影响最为强烈的灾害也会存在差异，如在本文中的河南省，旱灾对粮价影响最剧，而对于降水丰沛的南方地区，就未必如此，同样需要具体分析。

（2）灾害对于小麦价格的影响程度高于粟米

在不同时间尺度上，灾害（主要是旱灾）对小麦价格的影响都比对粟米价格的影响更为明确，体现在相关系数更高、显著性水平更好，且持续时间更久等方面。这主要与 3 个方面的因素有关，一是产量（小麦远高于粟米），二是商品化率（小麦亦高于粟米，后者更多用于农户的日常食用），三是上市时间（小麦是 6 月，粟米在 9 月以后）。这就决定了粮食市场上小麦价格的波动对于灾害更加敏感，做出反应的时间更早（春季），持续时间也更久（延续至冬季）。

（3）灾害的影响在一年之内随时间推移而发生波动

粮价与灾害相关系数的年内变化显示，灾害对于粮价的影响，都是在作物收获之前便已开始显现，并在逐步达到峰值之后，再波动下降。总体而言，夏粮与秋粮上市之间的 6—10 月，是相关性较为显著的一个时段，无论对于粟米还是小麦都是如此。其间原因可能在于这一时期是作物生长季，也是水旱灾害集中发生的时段，无论灾害已经造成歉收，还是将要造成歉收，都会很快影响供需平衡，并体现在粮价的波动上。未来探讨灾害与粮价关系时，可以考虑对这个粮价相对比较敏感的时段进行重点分析。

(4)粮价的“高价”数据与灾害的相关性好于“低价”

如前所述，粮价单上府一级粮价数据都分为“高价”“低价”两类，由于时空信息不够丰富，我们只能将其视为当月各州县中出现过的粮价最高值和最低值，将两者分别与灾害进行相关分析，可以发现高价序列与灾害的相关关系要明显好于低价序列。我们可以将高价的出现理解为粮食市场对于外界影响（如灾害）的极端响应，而低价则是人为干预之后的结果。但另一方面，这种相关性的差异也应促使我们思考一个问题，即高价和低价两类粮价数据本身的可靠性是否也会存在一定差异？如是，则以往直接将两者的算术平均值作为当地平均粮价的做法是值得商榷的。同时，当我们探讨灾害的影响时，单独使用高价未尝不是一个可以接受的思路。

(5)对历史灾害的量化方法还有进一步改进的空间

对于历史时期的气候、灾害因素应怎样实现用可量化的指标进行分析，一直是一个制约本研究方向进一步深入的问题。本文中使用的水灾、旱灾指数，是基于历史降水重建结果（旱涝等级），综合考虑灾害影响范围（站点数）和灾情程度（等级值）之后获得的量化指标，相比于以往以灾害的有无、次数、县数等作为量化指标的做法，具有一定的优越性，相关分析效果也较为理想。

但考虑到本文中使用的粮价数据是在月份尺度上记录的，而水旱灾害指数的时间分辨率只能到年，这样将月度粮价数据和水旱灾害指数直接进行相关，还是会对相关分析结果产生一定影响。由于河南省降水集中在一年中的少数月份（夏秋，特别是7—8月），夏秋季节各月份的降水量与全年降水量关系更为密切，因此年际尺度上的水旱灾害指数对夏秋季节的降水反映更好，而很难反映那些降水较少的月份（冬春季节）的降水情况（因其对全年降水贡献不大）。本文中相关分析结果较好的月份集中在6—10月，也在一定程度上与此有关。

因此，这一方向未来研究的深入，也有赖于历史时期灾害序列重建结果的精确化。清代建立粮价奏报制度的同时，还建立了雨雪奏报制度，要求地方官员逐月上报当地降雪厚度和降水入土深度（以分、寸为单位，因此这套奏报档案又称为“雨雪分寸”），研究者已经对于利用这套资料重建历史分区降水的方法进行了很多尝试，理论上可以做到逐月重建降水量，并在黄河中下游地区重建了过去300年（1736—1910）黄河中下游17站点的年际降水变化。[33] 未来随着相关研究的推进和数据的陆续发布，可望实现在季度甚至月份尺度上降水与粮价的对比，研究的精度势必有大的提升。

【注释】

[1]网址 http://mhdb.mh.sinica.edu.tw/foodprice/。

[2]中国社会科学院经济研究所编：《清代道光至宣统间粮价表》，广西师范大学出

版社 2009 年版。

[3]朱琳:《回顾与思考:清代粮价问题研究综述》,《农业考古》2013 年第 4 期。

[4]彭凯翔:《清代以来的粮价:历史学的解释与再解释》,上海人民出版社 2006 年版。

[5]王业键、黄莹珏:《清代中国气候变迁、自然灾害与粮价的初步考察》,《中国经济史研究》1999 年第 1 期。

[6]彭凯翔:《清代以来的粮价:历史学的解释与再解释》,上海人民出版社 2006 年版。

[7]Lillian M. Li. *Fighting Famine in North China: State, Market, and Environmental Decline, 1690s – 1990s*. Stanford, CA: Stanford University Press, 2007.

[8]Robert Marks. *Tigers, Rice, Silk, and Silt: Environment and Economy in Late Imperial South China*. Cambridge: Cambridge University Press, 1998.

[9]谢美娥:《自然灾害、生产收成与清代台湾米价的变动(1738—1850)》,《中国经济史研究》2010 年第 4 期。

[10]李军、李志芳、石涛:《自然灾害与区域粮食价格——以清代山西为例》,《中国农村观察》2008 年第 2 期。

[11]马国英、陈永福、李军:《晚清山西粮食价格波动、市场成因及政府行为(1875—1908)》,《中国经济史研究》2012 年第 3 期。

[12]余开亮:《清代粮价数据质量及其制度性因素探析》,《上海经济研究》2018 年第 9 期。

[13]Lillian M. Li. *Fighting Famine in North China: State, Market, and Environmental Decline, 1690s – 1990s*. Stanford, CA: Stanford University Press, 2007.

[14]谢美娥:《自然灾害、生产收成与清代台湾米价的变动(1738—1850)》,《中国经济史研究》2010 年第 4 期。

[15]王玉茹、罗畅:《清代粮价数据质量研究——以长江流域为中心》,《清史研究》2013 年第 1 期。

[16]李令福:《论华北平原二年三熟轮作制的形成时间及其作物组合》,《陕西师大学报(哲学社会科学版)》1995 年第 4 期。

[17]王大宾:《人地关系与作物组合——清代河南地区农作物构成》,《中国农史》2016 年第 1 期。

[18]邹逸麟:《黄淮海平原历史地理》,安徽教育出版社 1997 年版。

[19]中央气象局气象科学研究院主编:《中国近五百年旱涝分布图集》,地图出版社 1981 年版。

[20]Xiao Lingbo, Fang Xiuqi, Zheng Jingyun, et al. *Famine, migration and war: Comparison of climate change impacts and social responses in North China between the late Ming and late Qing dynasties*. The Holocene, 2015, 25(6): 900—910.

[21]邓玉娜:《清代中后期河南省粮价变化的历史地理学解释》,《陕西师范大学学报(哲学社会科学版)》2012 年第 6 期。

[22]王业键:《清代的粮价陈报制度及其评价》, 见王业键《清代经济史论文集(二)》,稻乡出版社 2003 年版。

[23]胡鹏、李军:《农历抑或公历? 数据形式对数理分析结果的影响——以清代中后期直隶小麦市场整合分析为例》,《中国经济史研究》2016 年第 4 期。

[24]Lillian M. Li. *Fighting Famine in North China: State, Market, and Environmental Decline, 1690s - 1990s*. Stanford, CA: Stanford University Press, 2007.

[25]Lillian M. Li. *Fighting Famine in North China: State, Market, and Environmental Decline, 1690s - 1990s*. Stanford, CA: Stanford University Press, 2007.

[26]王大宾:《人地关系与作物组合——清代河南地区农作物构成》,《中国农史》2016 年第 1 期。

[27]水利电力部水管司、科技司, 水利水电科学研究院编:《清代黄河流域洪涝档案史料》,中华书局 1993 年版,第 233 ~ 241 页。

[28]胡鹏、李军:《农历抑或公历? 数据形式对数理分析结果的影响——以清代中后期直隶小麦市场整合分析为例》,《中国经济史研究》2016 年第 4 期。

[29]董中强主编:《河南农业气候》,河南科学技术出版社 1991 年版。

[30]鄂容安:《奏报豫省田土目下已未种麦情形事》(乾隆十五年十一月十二日),朱批奏折 04 - 01 - 22 - 0030 - 038。

[31]王大宾:《人地关系与作物组合——清代河南地区农作物构成》,《中国农史》2016 年第 1 期。

[32]徐秀丽:《中国近代粮食亩产的估计——以华北平原为例》,《近代史研究》1996 年第 1 期。

[33]郑景云、郝志新、葛全胜:《黄河中下游地区过去 300 年降水变化》,《中国科学(D 辑:地球科学)》2005 年第 8 期。

(作者单位:中国人民大学清史研究所)

1895—1940年温州地区影响台风的识别*

——兼论日记资料的可靠性

成赛男　郑微微

一、引　言

台风活动是我国东南沿海最剧烈的天气系统，往往带来急剧的狂风暴雨等天气灾害，对沿海地区经济发展和人民生活造成重大影响。鉴于台风活动往往伴随巨大的灾害后果，学界尤其关注台风的预报问题。

20世纪90年代以来，观测手段不断进步，台风的动力学和气候学研究也不断取得进展，目前的台风活动研究主要强调其天气学方面的研究，“关于西北太平洋台风活动的年际和年代际变化研究不是很多”[1]。近十年来，在全球变暖背景下，“气候变化对台风活动趋势的影响成为科学家日益关心和争论的话题”[2]。可以说，对全球变暖背景下台风活动变化的认识产生分歧的一大原因，是精确气象记录的历史相对短暂，不足以得出台风长期变化趋势的结论。因此，将台风活动序列向前延伸，考察没有精确器测资料的历史时期台风活动特征，具有重要的学术意义。[3]

近十余年来，国际国内学界也一直在探索利用多元历史文献资料进行更高精度台风研究的可能：如菲律宾学者利用耶稣会文件[4]、日记资料[5]等高精度文献史料进行的台风活动研究。国内学界利用历史文献资料进行历史时期台风序列重建的方法已经比较成熟[6]，郑微微以19世纪浙北地区台风活动为例，讨论和总结了利用日记天气信息辨识台风影响和重建频次序列的方法[7]。以郑微微[8]、潘威[9]等学者为代表的研究团队，对历史时期台风活动特征、与全球变暖气候背景相关关系研究也比较深入。相对于传统文

* 资助项目：国家重点研发计划“全球变化研究及应对”（2018YFA0605602）、教育部人文社会科学重点研究基地重大项目（16JJD770009）。

献，日记资料由于其记录精确到日甚至时的高精度天气过程描述，而成为近年历史气候学界重点发掘的对象。

整体而言，目前我国历史时期台风活动特征重建序列还比较少，尤其是以浙南到福建、广东沿海等受台风影响最严重的地区来说，高分辨率的历史时期台风特征序列重建亟待充实。本文正是在发掘温州地区历史时期日记手稿、文人笔记、地方报纸、早期器测资料等多元地方文献的基础上，以现代气候学理论为支撑，通过对逐条文献资料的研读，对 20 世纪上半叶温州影响台风活动进行识别。并利用多元数据资料，对重建结果进行检验，考察日记资料在识别影响台风活动中的可靠性，给未来进一步研究做铺垫。

二、资料情况

本文利用的主要是日记资料。笔者在温州地区的考察过程中，发现温州市图书馆藏的近 30 部历史时期日记手稿，其中以《张棡日记》（又称《杜隐园日记》）等几部日记为核心资料（见表 1），记载时段主要为晚清民国时期，地点以温州地区的瑞安、温州等地为主。

《张棡日记》作者张棡（1860—1942），字震轩，号真侠，瑞安汀田人（今瑞安市汀田镇），在晚清民国浙江温州教育界享有较高的声誉。“曾受孙衣言聘为孙氏诒善祠塾主讲，又受孙诒让聘为瑞安中学堂教员。”[10] 其所记《张棡日记》[11] 自 1888 年始，至 1941 年止，手稿 105 册，其中有 2 册作者自己撰写的目录提要。《张棡日记》记载逐日连续，其内容涉及阴、晴、雨、雪、风、霜、雾等各类天气信息以及详实的地方社会状况记录。

虽然张棡对日常天气变化过程记载并非十分详尽，但在经历剧烈的天气活动时，其记载能体现出明确的天气变化过程，以 1911 年 8 月 30 日为例：“晨仍大雨，幸闻雷声，雨少止。午后雨静风定，天色渐霁。……是晚天晴，星辰皆见。”台风活动往往会带来剧烈的大风降水过程，因此能够在日记资料中得到较好的记录。《张棡日记》持续半个世纪，虽有个别年份的遗失，但仍是研究温州气候变化以及地方社会史的珍贵资料。

表 1　本文所利用的温州地区主要日记资料及其天气信息记载情况

日记	作者	记载时段	主要地点	天气记载详略
张棡日记	张棡（1860—1942）	1888—1941	瑞安市	较详细连续
颇宜茨室日记	林骏（1863—1909）	1897—1908	瑞安市	详细连续
符笑拈日记	符璋（1853—1929）	1893—1929	温州、瑞安、平阳	较详细连续
疢庼日记	刘耀东（1877—1951）	1919—1950	文成县	简略不连续
厚庄日记	刘绍宽（1867—1942）	1888—1942	温州、平阳	简略不连续
李辅耀日记	李辅耀（1848—1916）	1875，1896—1913	浙江省多地	较详细连续

注：表中地点全部为现代名称，记载时段内有年份缺失，没有单独列出。

此外,文章还利用了晚清民国温州地区的地方志资料,报纸资料,以及整编档案和早期器测资料等。其中,《申报》等近代报刊是本文重要的辅助资料,而整编历史文献主要有:张德二主编的《中国三千年气象记录总集(增订本)》,水利电力部门水管司科技司、水利水电科学研究院主编的《清代浙闽台地区诸流域洪涝档案史料》,以及上海、江苏等六省(市)气象局、中央气象局研究所编的《华东地区近五百年气候历史资料》。早期台风活动器测整编资料主要是:《近百年西北太平洋台风活动》[12],以及《五十年台风侵袭台湾之统计(1897—1946)》[13]等。

三、影响台风识别方法

(一)对日记资料中台风活动信息的提取

与以往通过地方史志、档案等资料确定的台风活动不同,逐日、连续的日记资料能够记录日内天气信息,因而能够体现天气变化过程,从而更准确地复原历史时期天气变化情况,并更客观地分析可能的大气环流背景与驱动因素。[14]

通观温州地区的几部日记资料可以发现,虽然各部日记对逐日晴雨状况记载详略差异较大,但对疑似是台风活动的剧烈天气过程,都有较详细记载。《张棡日记》对台风活动的记载相对更有特点,几乎都能体现出完整的台风影响过程,大体可以用“大风大雨”和“风静”两个阶段概括,且作者也非常关注“海潮”变化情况。以1898年9月30日影响整个浙江省的一次台风活动为例:

表2 1898年9月30日《张棡日记》与其他日记记述情况对比

日期(公历)	张棡日记(瑞安)	颇宜茨室日记(瑞安)	厚庄日记(平阳)
9月30日	下午有风雨。……是夜潮水甚大,风雨交作。望如昨晚之月不可得矣	午后狂风骤雨	大风雨……夜雨尤大
10月1日	是日大风大雨,潮水又大,平地之水满溢四五尺。……本年连遭三次大水,亦水灾之奇者也	终日大风雨,平地水积一尺许 ……是日阻雨不赴馆	大风雨,下午雨尤甚,平地水溢
10月2日	是日风静雨亦止,天气稍霁	阴雨	阴。水涨入室,溢地板寸余,申后始稍退

由于“台风影响下的暴雨,统计范围较广,时间也较长”[15],难以通过日记描述进行界定,因此进一步分析本文所利用的几部日记文献中对“台风大风”的记载特点。典型的台风大风描述大体包括:“飓”(以及“不成飓”)、“风向”、“风转向”、“风定(闻雷止)”等

词语,大体对应台风风力程度,台风可能路径、转向,以及台风风力影响结束时间。

第一,日记信息中最接近对台风活动的直接表述应当是"飓"。温州地区的方言中,还经常以"风癡"(或"风痴")表达台风。至于偶尔出现的"龙风"表达,应为龙卷风天气。另外,相关的程度表达还有"几类飓"以及"幸不成飓"等。对比所利用的几部日记,多用"飓"和"风癡(痴)"来表达台风活动,只有刘耀东《疚庼日记》中,出现了"风颱(台)"的表达:1949 年 10 月 4 日:"自昨夜起风狂雨骤,至今日晡稍息,盖海上风颱(台)过境也。"[16]实际研究过程中,即便出现了"飓"或"颱(台)"的表达,能否认定为现代气象学意义上的台风活动,也需要通过具体识别,并通过排除条件的检验。

结合现代气象理论中对"飓"与"颱(台)"的区分可知,所利用的几部日记对"成飓"的描写一方面在风力强度上类似于龙卷风的强风,另一方面在出现时间上却全部为"台风"活动的季节,因此本文所利用的多数历史时期日记的作者其实没有对"飓"与"颱(台)"进行概念上的明确区分。综上所述,日记表述中出现"飓"可大体视为一次台风活动的标志性语言,表达的是程度极强的大风,或者由台风活动引发的龙卷风现象。因此,尤其需要注意这几部日记中"不成飓""几类飓"等表达强风暴雨的天气情况,应当更符合对实际台风活动影响下天气过程的描述。

第二,日记记载中对"风向"或"风向转变"的描述,可大体反映台风登陆相对于记述者的方位以及台风推移路径。"台风是一个气旋性气流,根据测站的风向变化,可以判断台风经过测站的方位。如风向顺时针方向转变,表明台风在测站的南侧经过;反之则在测站的北侧经过。"[17]因此台风中心的北侧通常盛行东北风,西侧盛行西北风,南侧盛行西南风,东侧盛行东南风。这样,日记记述中台风天气初期的"东北风",随后的风向转变尤其以"风势回南"为标志,说明此时台风中心已经北上离开温州。如 1929 年 7 月 19 日,张棡日记:"雨。八句钟飓风尤大……午后幸回南风,雨渐静且待有雷声。"一般而言,若有"回南"现象,即有南大风出现,可能因为台风登陆后仍维持一个相当的强度,若台风登陆后台风中心很快减弱消失,则不会出现偏南大风。

第三,对台风活动中强风的结束时间的表述以"风静""风定""风止""风靖"为主。类似的台风大风影响程度减弱表达还有"风减""风退""风伯告退"等。此外,还偶有"雨静"的表述。由于形成台风暴雨的原因十分复杂,既有台风螺旋云带、台风眼壁形成的单纯的台风暴雨,又有多种复杂因素与台风叠加在一起形成的暴雨,且台风暴雨一般影响时间较长,因此日记描述中"台风大雨"的时间节点不易区分。日记文献中虽然有类似"雨静"的表达,却没有"风定"突出。而历史时期日记资料所能准确识别出的台风活动,其实是以大风台风为主,对于仅造成暴雨而没有突出大风天气影响的台风活动,以及没有突出的风雨过程的影响台风,非常不易识别。

现代气象学中,台风大风和冷空气大风的区别是建立在大量统计分析的基础上的,以气压、台风环流梯度和风力的共同变化作为判别指标。[18]若想真正区分冷空气大风、雷雨大风与台风大风交叉影响的区别，单纯利用文献描述的确不够。虽然如此，对各个天气系统带来的影响，还是可以利用文献描述进行一定区分：我国北方冷空气向南活动较频繁的时段是每年10—11月，且一般不会带来风向的逆转性改变；台风过程中的雷雨大风，可被计入台风大风影响范围内，即，如果在台风登陆中心附近出现的雷阵雨大风较之前更强，视为台风大风。因此，至少对于单纯性的冷空气大风，是相对容易与台风相区别的(见表3)。

表3 日记中记载的1895年11月初一次典型的冷空气大风

日期(公历)	《张棡日记》记载天气情况
10月30日	阴
10月31日	雨
11月1日	雨
11月2日	雨……是日西北风甚大，□□诸地稻禾均被风损坏
11月3日	晴
11月4日	晴，连日寒极
11月5日	晴
11月6日	晴

注：由于研究所用为日记手稿原件的扫描件，破损及字体难以识别者，以□代替。后同。

根据前后几日的天气情况、体感温度、起风的时间段以及西北风向等综合要素，认为这是一次典型的冷空气大风造成的风灾。几部日记资料中以《张棡日记》对“风定”的表达最典型，根据其表达习惯，剧烈的大风活动过后才会使用“风定”等词语描述。这样，在能比较明确识别台风活动的情况下，本文认为“风定”基本可以作为受到台风活动影响结束的标志。

此外，《张棡日记》体现了温州地区沿海人民对台风的一个突出认识，即“幸闻雷不至成飓”。对这种类似民谚的理解大体可以分作两种情况：首先，当有冷空气渗入台风系统的时候，冷空气会破坏台风的正压结构，诱发倒槽产生；同时台风外围将产生雷电狂风等强对流天气。若由于冷空气侵入台风结构而终止了台风活动，就会出现响雷之后“不至成飓”或“闻雷即止”的情况，这就与日记作者对天气状况变化的表述大体符合；其次，这种民谚表明温州沿海人民对强对流雷暴天气，尤其是飑线等天气与台风活动在天气表现方面的区别有一定认识，如果是非常短暂的雷暴天气，基本可以排除台风活动。因此，在日记记述中遇到类似表达，需要注意区分究竟是何种天气系统活动的表现。

(二)识别温州地区影响台风的条件

本文影响台风[19]的识别主要参考陈瑞闪的界定:“判断台风对当地是否有影响,从天气学的角度出发,通常考虑两个标准:一是受其影响出现雨量≥10.0mm 以上的降水;一是当地出现平均风力≥6 级以上的大风。凡具备两个标准之一者,就作为一个对当地有影响的台风。”[20]因此,从日记记载中分析可能的历史时期台风活动,首先要考虑“大风”或“大雨”以及沿海“暴潮”的天气描述。

对于如何识别历史时期日记文献记录中的台风活动,前人已经有一些比较成功的探索,如 Yoshimura 在 1993 年介绍日本日记天气气候信息数据库的文章中认为,台风的识别只能通过(人工)文字叙述的判读[21]。言外之意,台风不能通过指标的设定进行完全数据化的识别。2009 年,当学者再次面临日本持续 300 年的日记天气信息数据库(HWD,即 Historical Weather Database)的资料利用问题时,不得不设计指标化的识别方法,并证实了利用 HWD 数据编码的可行性和可信度。[22]然而,对某一区域几十年时段的台风识别,尤其在资料分布地点、丰度有限,难以利用各种高分辨率的历史资料相互对比补充的情况下,利用 CODE 编码方法识别台风活动的准确性无疑会打折扣。

国内几位利用判读方法识别台风活动的学者,尤其是郑微微,其系列研究[23]对本文最具指导意义。郑微微“依据历史气候研究的‘均一性’和‘将今论古’的原则,采用历史对比分析法,根据现代台风发生时的显著特征”制定了识别浙北地区影响台风的几条标准,尤其还利用对日记信息中对风场记录的分析,识别出台风路径。[24]

结合现代温州地区台风降水的特点来看,“影响温州市的台风过程降水量分布不均,一般呈现东南沿海、瓯江两岸及文成、泰顺中西部较少,乐清北部、永嘉东北部、瓯海区西部、瑞安和平阳西部、文成和泰顺东部、苍南西部南部较多的特点”[25]。鉴于日记资料的地点分布主要在温州市区和瑞安东部两地,某些台风路径类型下,可能日记所描述的台风雨雨量有偏少倾向。所以在利用日记记录识别影响台风的过程中,会适当放宽降水条件。

结合现代温州地区台风活动天气气候特征,通过上文分析以《张棡日记》为主的日记资料对日内天气变化过程的表述特点,参考郑微微等的识别方法,制定了识别温州地区影响台风活动的标准:

在公历 5—11 月之间,天气活动出现满足下列条件之一者,即可识别为一次台风活动:

1. 日记中明确有“飓”“颱(台)”“风癡(痴)”类似记载的,如果能通过排除条件的检验,即可识别为一次台风活动,下文简称为“条件 1”。

2. 结合多部日记,如有狂风暴雨描述(或者基本满足大风大雨,有类似“涨水几尺”

“风损”等的一定程度描述)，并多有“风定”“风止”“风静”类似表达的记载。简而言之，就是有“大风大雨”并几乎都有“风定”。下文简称为“条件 2”。

由于日记资料记载特点各异，以本文所利用的多部日记相较而言，有些日记记载的天气过程可能并不如《张棡日记》完整、详细。如《厚庄日记》，甚至在明确记载“飓”或“飑(台)”的情况下，其对风雨情况的一贯表达也基本以“(大)风雨”为主，并没有突出风雨程度和强度的记述，且一般不记载明确风止的时刻。如:《厚庄日记》1939 年 7 月 17 日:“飓风，雨，风雨。”[26]此外，有的台风由于强度较小，或者结构特殊，对周围地方的影响在“风、雨、潮”等方面并不突出。因此对于一次可能的影响台风活动过程，日记资料中也许只有一些简略而模糊的表达，这种描述只有简略的“风”“雨”，没有明确的“飓”“飑(台)”“风定”等描述词语。

针对这种情况，影响台风活动识别条件为:

3. 出现“(大)风”或“雨”字样，并能有两种以上资料互相印证(两部以上日记或者其他类型资料佐证)，且可以找到相应“海潮”记录，即识别为一次影响台风，下文简称为“条件 3”。如 1899 年 7 月 20 日就是典型。《张棡日记》有“大风，雨”记载，并有“海潮”出现，同时其他日记中出现“风极大”等表述。经考察，认为是一次典型的台州登陆影响温州地区大风的台风活动。

综上所述，日记描述中满足以上三个条件之一的，会被识别为一次温州地区影响台风活动。

(三)日记文献描述中非台风活动的剔除

通过日记描述判定的“台风”活动，可能并不十分准确，一方面对于一些特殊的、没有剧烈风雨表现的台风活动容易漏判，需要尤其注意与多种资料体系的比对;此外，需要注意区分其他天气系统引起的“大风”“大雨”和“海潮”现象，尤其是台风大风与“冷空气大风”“雷雨大风”“温带气旋大风”等的区别[27]。

就同样会产生风向转变的气旋系统而言，利用风场变化研究台风的可能影响是比较困难的:“影响东海海域的天气系统很多，入海爆发性气旋是极为典型的一种。该类气旋主要是指江淮气旋东移入海后，突然加强而形成的锋面气旋。其特征是水汽充沛，多阴雨天气，是江淮地区出现暴雨的主要天气系统。”[28]江淮气旋一年四季都可发生，以春夏为主，迅速发展的江淮气旋往往伴有较强的大风，且随着气旋移动，风向发生变化，常会造成中国东部沿海的强风和强降水天气。

在无法利用精准的多站点、多要素器测资料的历史时期，想要比较明确地区分气旋大风与台风大风十分困难，只能从发生时间、过程路径等方面寻求线索。如根据对浙北地区温带气旋大风的发生特征分析研究可知，温带气旋影响下的 8 级以上大风主要发生在春到仲夏季节,5 月和 7 月最多,8 月之后温带气旋影响下产生的大风次数有限。且相对于浙北地区而言,浙南受到温带气旋的影响要相对小一些。具体到温州地区,7 月、8 月、9 月三个月是最易受台风活动影响的时段。因此,从发生时间的概率上来看,8 月之后的大风,首先考虑是否是台风影响,其次尽量排除温带气旋的影响。

总之,利用日记等文献记录中的描述信息,进行非台风活动影响的大风大雨天气状况的剔除,需要多加考量,具体条件如下。

1. 从发生和持续时间上来讲:在 5—11 月期间,日记文献中描述的“狂风暴雨”天气,持续时间过长或过短都可能并非台风活动的天气表现。

一般而言,“影响浙江台风的大风在内陆的持续时间,一般在 1 天左右,有的只有几个小时,雨的持续时间较长,一般在 3 天左右”[29]。由于强对流天气引起的雷暴天气也会产生强力的风以及风的转向,因此对日记文献中出现的“强风暴雨”在发生和持续时间上要格外注意与影响台风进行区分。半日以内的风雨记录,需要方志等其他资料记载有海潮等现象辅助判定。[30]识别过程中,就出现有日记记载为“飓”、狂风暴雨,并且有“风静”记述,但由于持续时间太短且无其他辅助资料而被排除为台风活动的情况,如《张棡日记》1914 年 6 月 1 日:“雨。是日天色甚恶,拟上郡不果。夏至节。下午大雨大风几如狂飓,幸申牌(申牌:下午 3 时到 5 时)即静。”

除了持续时间非常短的强对流、飑线天气,识别影响台风还要排除梅雨期间连阴雨天气。一次台风天气持续影响最长的台风雨大体能维持 7 天左右(应注意区分短时间内连续台风活动影响)。

2. 根据风力和风向进行排除。短期内单纯暴雨,完全没有风的记录,且方志、报纸、档案等其他资料在此日期前后周边地区也没有相应风、潮记录的应排除。如《张棡日记》1933 年 6 月 30 日:“雨。……午后雨势尤大,竟一日一夜无顷刻停。”31 日:“霁,因昨雨闻外面河水已平堤,其低且须徒涉矣,下午放晴。”[31]为了保持识别台风活动的准确性,在没有邻近地区辅助风力资料描述的情况下,不识别为台风活动,尽管这或许带来远距离台风活动的漏判。[32]

根据郑微微的研究,一地虽然出现大风,但始终以“西北风向”为主,或风雨后出现冬季降温现象,则认为是冷气团过境。其中,发生在 8、9 月份的冷空气活动与台风活动最难区分,需要尤其注意。如《张棡日记》1915 年 8 月 22 日(七月十二日):“霁……下午有雨。……是晚西北风极大,天气亦骤凉有雨。”8 月 23 日:“晴,是日风静,天色亦晴明,可无飓风之意亦。”又如 1933 年 9 月 18 日:“雨,有暴风。……下午雨息,而西北风尤大。西楼瓦檐亦岌岌有摇撼之势。想西畴南陌多晚禾,定有一番损失。”

总体而言,台风活动与冷空气影响之所以区分难度大,在于凭借日记描述所提供的信息无法对气压场(高度场)进行分析。据浙江全省大风活动的统计可见,“冷空气影响浙江北、中部较多而强，到达南部则势力减弱”[33]，相应地，冷空气大风次数减少，强度也减弱。因此对浙南地区而言，冷空气大风与台风大风的区别较浙北更明确一些。但对浙南沿海地区而言，除“夏季 6—8 月盛行南到西南风外，其他各月都盛行北到东北风”[34]，而台风中心北侧的风向通常为东北风，因此判读台风活动的影响要尤其注意。

3. 根据天气活动影响的地点范围排除。除了考虑特殊、强度较小的台风外，一般情况下典型的台风活动带来的“狂风暴雨”的影响范围会找到周围地区的辅助记载。否则，则需要注意识别是否为局地性龙卷风等其他天气活动。

总之，在识别台风活动过程中，满足以上任一一点的天气过程，将会被排除是受到台风活动影响。这样，在逐条研读文献内容和参考其他学者研究方法的基础上，制定出了相对有分辨力的影响台风识别和排除条件。

四、1895—1940 年温州地区影响台风发生频次序列

根据上述方法对 1895—1940 年温州地区影响台风进行识别，并根据台风发生的日期进行编码，见表 4。其中，缺失日记资料的年份利用方志、报纸等资料进行补充。

表 4　1895—1940 年温州影响台风活动发生次数及起始日期序列

年份	频次	月日编码	年份	频次	月日编码
1895 年	0		1909 年	1	0915
1896 年	0		1910 年	0	
1897 年	1	0808	**1911 年**	5	0717,0826,0831;0806,0926
1898 年	3	0806,0829,0930	**1912 年**	5	0715,0807,0829,0911,0916
1899 年	2	0805,0720	1913 年	1	0718
1900 年	1	0821	**1914 年**	3	0701,0713,0906
1901 年	3	0802,0824,0918	1915 年	0	
1902 年	0		1916 年	0	
1903 年	4	0730,0806,0813,0819	**1917 年**	0	
1904 年	3	0625,0715,0727	1918 年	0	
1905 年	0		**1919 年**	3	0808,0825,0901
1906 年	1	0827	1920 年	4	0629,0714,0724,0904
1907 年	0		1921 年	2	0813,0914
1908 年	1	0817	1922 年	3	0812,0911,0928

（续表）

年份	频次	月日编码	年份	频次	月日编码
1923 年	2	0807,0810	1932 年	1	0824
1924 年	2	0728,0906	1933 年	1	0722
1925 年	4	0709,0715,0827,0915	1934 年	1	0719
1926 年	3	0815,0823,0902	1935 年	2	0722,0806
1927 年	0		1936 年	0	
1928 年	2	0906,0914	1937 年	0	
1929 年	3	0709,0718,0811	1938 年	0	
1930 年	2	0713,0728	1939 年	1	0714
1931 年	2	0809,0923	1940 年	2	0831,0930

注:加粗字体年份显示可能由于资料丰度问题,出现某些影响台风没有被识别出的年份,灰色字体则是日记之外的资料体系补充的台风活动。对于影响台风起始日期,如果存在多部日记记录,统一按照日记记录最早的日期;但时有方志日期早或迟 1—2 天的情况(应是方志中记载所依照地点与日记地点不同导致)。

据统计,1895—1940 年的 46 个年份中,浙江温州地区共识别出影响台风活动 74 次,年均 1.61 次。其中,有 14 个年份没识别出台风活动,占总年数的 30.43%。判定有 10 个年份有 1 次影响台风,9 个年份有 2 次影响台风,8 个年份有 3 次影响台风,另有 1903 年、1920 年、1925 年各有 4 次影响台风,而 1911 年与 1912 年各有 5 次影响台风活动。台风影响频次最高的时段集中在 1911 到 1926 年间的 16 个年份,共识别出 37 次影响台风活动,平均每年发生 2.3 次。

由下图可见,1910—1920 年间,影响台风频次的波动最为剧烈,年际变化突出。此外,20 世纪初期、20 世纪 20 年代末期,也能识别出剧烈的台风年际变化。通过影响台风

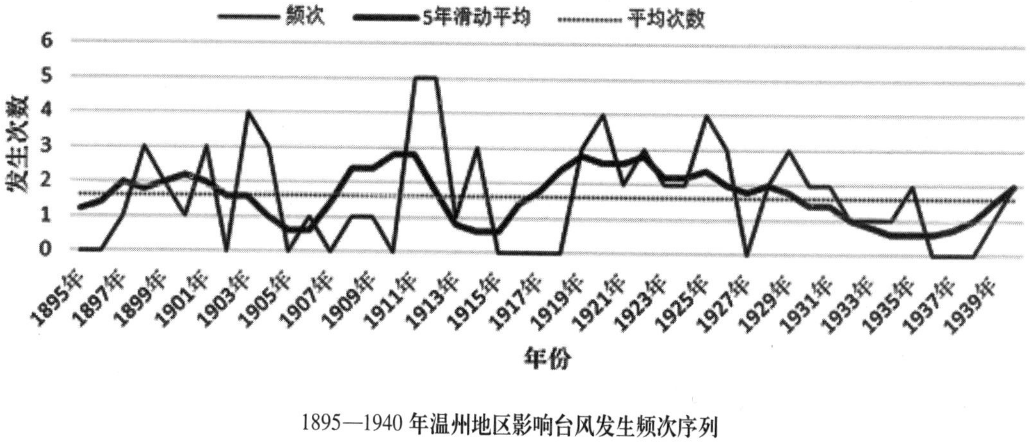

1895—1940 年温州地区影响台风发生频次序列

频次的5年滑动平均值，能够识别出台风活动频次的显著波动，比较明显的高频发生期为19世纪90年代末期到20世纪初期、20世纪10年代中期、20世纪20年代。

本文所利用的历史时期的日记资料，主要记载瑞安、永嘉两个站点的天气情况，大体能代表温州地区的影响台风发生频次，但相较于现代研究所利用的多站点资料（南麂、北麂、洞头、瑞安、平阳、乐清、永嘉、温州、泰顺、文成），仍不可避免有疏漏。现代器测数据显示，永嘉一县1949—2008年共受到68次台风影响，年均1.13次。[35]可见，本文通过日记资料识别出的以瑞安、永嘉站点为主的影响台风，与现代器测数据相比，有一定的可比性。

进一步，从影响台风发生的月际分布来看，本文重建的20世纪上半叶温州地区受台风影响最强烈的月份为8月份。1949年以来利用器测数据进行的研究显示，整个浙江地区从1949—1995年的47年中，共有156次影响台风，主要集中在7、8、9三个月，其中7月份发生率为31.4%，8月份为32.7%，9月份为22.4%，约共占总数的87%，另，5月份影响台风发生仅3次，10月、11月各2次 。

可见，本文所重建的温州地区影响台风月际分布，与浙江省的情况比较一致。但重建时间段并未发现5月与11月份发生的影响台风，可能是台风对温州地区影响小，没有在日记记载的地点造成强烈的风雨天气，难以识别。也可能是20世纪初台风的发生更集中在夏秋高温的几个月份，这点有待进一步研究。

五、重建结果与其他研究的比较：对日记资料重建结果的可靠性检验

利用历史文献重建的江浙地区台风序列下限多是1911年，且这些研究多以方志资料为主，辅以档案、日记、文集、报纸等资料。在重建结果对比方面，郑微微对于不同历史资料识别历史时期台风活动之间的差别，已经进行了深入分析。那么，本文重建结果对比分析的特色就在于，利用早期器测资料与日记重建结果进行对比。这种对比的可行性首先在于，日记资料对天气情况的记载精确到日，甚至时，因此与逐日气象观测有可比性；其次，早期器测资料的站点设置有限，且观测制度、观测体系有待完善，因而其准确性有待考证，利用日记等多种资料可互相校验，以期得到更客观的认识。

（一）与《近百年西北太平洋台风活动》中登陆台风的对比

虽然利用历史文献资料识别台风难度重重，且精确程度容易受到干扰，但通过笔者细致对比利用早期器测资料进行的台风活动研究，仍然能从中找出利用两种资料系统研究历史时期台风活动的可比之处。《近百年西北太平洋台风活动》一书，选取了中国沿海30个站点，讨论一个世纪以来台风对我国的登陆影响。“定义一个台风登陆影响某地，不

论是对台风或某一受影响地点，都不能视为一个几何点，至少要把 10 级以上强风半径包括在内。考虑西北太平洋热带气旋平均情形，850mb 附近层次上大于 24 米/秒切向风速的半径平均为 1.5 纬距，故我们取一个以某地（经纬坐标）为圆心，1.2 纬距为半径的区域，为台风的中心附近强风影响区域，当热带气旋（台风）中心位置进入这一区域即定义为登陆影响该地。"[36] 此外，以下统计中还包含了一些已编号的热带低压，泛称为台风。在这个定义下，该研究统计的 1895—1940 年登陆影响温州的台风活动见下表。

表 5　1895—1940 年登陆影响温州的台风在日记中的表现及与《申报》报道的对比

序号	年份	发生时间	日记记载（风定 1；雨静 0.5；无风雨结束标志 0）；《申报》
1	1897	8 月 8 日	0
2	1898	8 月 5 日	1
3	1900	8 月 25 日	1
4	1900	9 月 12 日	空，仅一种日记"东风大作"，没有识别。《申报》无报道
5	1901	8 月 1 日	0.5
6	1901	8 月 23 日	1
7	1903	7 月 28 日	1
8	1903	8 月 12 日	1
9	1907	6 月 27 日	空，仅《张棡日记》28 日"大雨倾盆"，不识别。《申报》无
10	1908	8 月 17 日	1
11	1910	7 月 16 日	0
12	1911	8 月 6 日	1
13	1911	9 月 26 日	1
14	1917	8 月 16 日	0.5
15	1920	7 月 11 日	空，《张棡》《厚庄》《颇宜》日记都无体现，16 日都记雷雨 *
16	1921	8 月 11 日	1
17	1922	9 月 27 日	1
18	1923	6 月 14 日	0
19	1923	8 月 7 日	空，两部日记为阴，晴，8 月 11 日记载飓风，与《申报》同
20	1924	7 月 29 日	空，《张棡》《厚庄》日记无体现，都记为"晴"，《申报》无
21	1925	9 月 13 日	1
22	1929	8 月 5 日	0.5
23	1930	6 月 27 日	0.5
24	1930	7 月 12 日	空，仅《张棡日记》18 日"雨，大风"，不识别。《申报》无

（续表）

序号	年份	发生时间	日记记载（风定1；雨静0.5；无风雨结束标志0）；《申报》
25	1939	7月17日	空，多部日记此时段缺失无记载。《申报》无
26	1940	9月24日	同上。《申报》报道菲律宾南部飓风，对中国沿海无影响

表数据来源：根据《近百年西北太平洋台风活动》中“1884—1979年登陆影响温州的台风”改制。序号表明台风次序，并非台风编号。

注：无论是“风定”“雨静”还是“无风雨结束标志”，即编码无论是1、0.5还是0，都表明日记识别出影响台风活动；而“空”则表明器测资料标识的登陆台风没有得到日记资料的支持。

*：《申报》报道，6月14日海面有飓风生成，但直到6月19、20日才开始影响台湾东部：“昨日（6月19日）午后四时三十分徐家汇天文台气象预报云：天晴而热，扬子江流域恐有雷雨暴风，海滨一带有东南微风及雾气。飓风仍缓近台湾东南向北进发，台湾与琉球间风向不定。”[37] 因此，其实并不支持6月13日的台风登陆温州记录。

可见，《近百年西北太平洋台风活动》利用早期气象观测资料识别出1985—1940年间温州地区登陆台风共26次。除了1911年日记缺失不可对比之外，只有3次台风活动在日记记录中完全无体现，即1923年，1929年与1930年。且这三次登陆台风在《申报》中也完全没有报道。这一方面可能由于台风登陆后本身没有带来强风暴雨天气，没有引起日记作者等的注意；又或者因台风影响范围不大，日记作者所在瑞安等地不在台风影响范围内而没有表现。此外，也有可能是器测资料中台风登陆时间有误。以1929年8月5日为例，《近百年西北太平洋台风活动》显示当天温州受到登陆台风影响，而温州两部日记的天气情况皆为无雨，反而在8月11日都记载“飓风”。与此同时，8月13日《申报》报道，“飓风昨（12日）到温州海面”[38]。可见，早期器测数据，很有可能在台风登陆时间上出现错误。

然而，虽然绝大部分台风活动都可以通过日记资料得到识别，受资料特点限制，也存在严格的识别条件下，通过日记资料不能识别出的台风活动：如1900年，1907年和1910年三个年份，在器测资料显示有登陆台风活动时，日记资料中记录了“大风大雨”的天气现象，与台风活动影响下的天气情况是一致的。但由于找不到辅助资料印证，笔者不能以单部日记记录判定为台风活动影响，从而导致本文可能少识别出数次台风活动。

（二）与福建、台湾地区登陆台风的比对

本文识别出的温州区域影响台风次数远远超过《近百年西北太平洋台风活动》中判定的登陆台风个数，这显然是因为影响一地的台风不一定在本地登陆。因此，利用周边地区登陆台风资料，可以反观本文所识别出的影响台风是否确切。台风活动对一地造成的影响可以通过本地天气、社会情况反映出来，然而台风活动是否登陆，或其登陆地点，通过一地的数据，无法判断：“在珠江口以北登陆或北上的台风都有可能在温州沿海产生

12 级或以上的大风,主要取决于台风本身强度、台风结构、台风中心到温州沿海的距离以及台风所处的环境场天气系统等,还受到地形的影响。"[39] 据《近百年西北太平洋台风活动》的研究,"登陆影响温州的台风一般源于菲律宾以东洋面,向西北(约 310 度)移动,经过台湾附近影响该地"[40]。

现代研究表明,在 1949—2008 年影响永嘉县的 68 次台风中,登陆福建的有 35 次,登陆浙江的有 20 次,登陆广东一带的有 7 次,近海转向有 6 次。[41] 对温州区域整体而言,影响温州的台风个例中,影响个数最多的是浙江椒江到福建福清登陆类,其次是福建福清到厦门西行类;最少的两类是南海西行类和浙江舟山以北登陆类,这两类台风对温州的影响概率非常低。统计显示,从福建福清到厦门登陆北上的台风几乎都会对温州地区产生影响,影响率达到 96%,而近海转向台风类和南海西行类台风在温州影响台风总数的占比最少,分别为 15.7% 和 4.7%。[42]

综上所述,虽然浙江舟山以北、广东以南以及近海转向台风也可能成为影响温州地区的台风,但台湾、福建地区登陆台风最有可能影响到温州地区。因此,本文利用福建、台湾等地区的登陆台风情况,检视本文所识别的温州地区影响台风。

经过逐年对比《近百年西北太平洋台风活动》中的福州、台山、温州、石浦各站站点资料,以及《五十年台风侵袭台湾之统计(1897—1946)》中台湾地区各站点登陆台风活动,可发现:本文识别的 74 次影响温州地区的台风,其中 57 次可以得到台湾登陆台风的印证;6 次没有台湾地区台风印证的情况下,有福建、浙江站点登陆台风印证;另有 11 次影响台风没有得到以上站点的登陆台风活动印证(可能是台风在远距离的区域登陆,如广东、海南等地,或者是受到近海转向台风的影响)。综上,1895—1940 年间,本文识别出的温州地区影响台风活动中,有 85% 左右是在温州本地和邻近区域登陆。根据现代研究可知,这个被周边地区的器测资料证明的影响台风比率是非常合理的。

(三)多元资料体系反映出早期器测资料可能的问题

早期的仪器观测气象资料,由于仪器精度、观测制度等方面的问题,在精确性和连续性上有一定缺陷。以 1904 年为例,《近百年西北太平洋台风活动》中所利用的观测资料认为此年份福州、台山、温州、石浦、台湾等各站点除台南 8 月 23 日有台风之外没有台风登陆。而本文通过日记资料识别出三次影响温州地区的台风,即 6 月 25 日,7 月 6 日和 7 月 27 日。查阅《五十年台风侵袭台湾之统计(1897—1946)》可知,当年有 6 月 26 日、7 月 5 日、7 月 26 日以及 8 月 15 日共 4 次台风活动登陆台湾。因此温州地区 1904 年所受 3 次明显的影响台风活动应该是在台湾地区登陆。两相印证,应是《近百年西北太平洋台风活动》所用器测数据有缺漏。而台南登陆的这次台风究竟是 8 月 15 日还是 23 日,因没有第三种资料佐证尚不能定论。另外,本文在 1920 年识别出的 3 次温州地区影响台风非常特殊,见表 6。

表 6　1920 年几种资料系统的台风情况对比

福州登陆台风	台山登陆台风	温州登陆台风 *	台湾登陆台风	本文识别温州影响台风	多部方志资料
7 月 11 日	7 月 11 日	7 月 11 日	7 月 14 日	7 月 14 日	7 月中旬至下旬,连续两次[43]
7 月 17 日	8 月 29 日	无	7 月 24 日	7 月 24 日	7 月 20—24 日[44]
8 月 29 日	无	无	9 月 4 日	9 月 4 日	9 月 2—6 日[45]

* 上表中,福州、台山、温州三地登陆台风资料来源为《近百年西北太平洋台风活动》,而台湾登陆台风来源为《五十年台风侵袭台湾之统计(1897—1946)》。

上表共有四种资料体系:《近百年西北太平洋台风活动》中的中国沿海站点登陆台风数据,《五十年台风侵袭台湾之统计(1897—1946)》中的台湾登陆影响台风,本文利用日记资料识别出的温州地区影响台风活动,以及多部方志资料中的描述信息。大体可见,利用日记记载识别出的台风活动,得到了其他两种类型资料体系的支持:台湾地区器测资料与温州方志资料。那么,到底是 7 月 11 日还是 7 月 14 日发生的台风活动?由于方志资料中表述得不明确,为了进一步说明问题,下表列出了当时多部日记对 7 月 14 日前后天气情况的记载。

表 7　1920 年 7 月 11—19 日不同日记记载的天气状况

日期	张棡日记	寄鹤巢日记	符璋日记	厚庄日记
11 日	殑	无	晴	无
12 日	晴	无	晴	无
13 日	晴	无	晴	无
14 日	阴,近日东北风甚,忽天气变幻,恐有飓风之患。……是夜有大风雨	早晴……夜复□□,有风甚大	晴……下午雨做而风	无
15 日	阴。本晨仍有雨,西北风极大,渐有雷吼,未知别处果有飓风否。然西风不靖总免有风灾。佃早禾尚未收成,谷价又极昂贵。……是晚西北风仍大,雨亦一夜不休	……雨渐大。……午下风未息,夜风尤大,达旦未止	东南风作而雨	无

（续表）

日期	张棡日记	寄鹤巢日记	符璋日记	厚庄日记
16 日	风雨。西廊一带为西北风此□，射雨湿塌……下午风转东北，雨势仍不少休，至晚尤甚	早大雨如注，约□□□□，兼风，九点钟大雨一番，雨□风稍止。终日雨……七点又风……三点时又大雨	晴，尚风，天气凉	飓风，雨
17 日	大风雨，中庭水积尺余，大门外一带街路势似江湖。此种灾□无殊民国元年。然早禾未收，蕃茹新种，上下垟田园湮没，不连放晴，恐荒歉不勘	黎明大雨一番，六点钟又大雨。约下上下七点正又大雨半□□，风雨……又雨……大雨……夜复大雨一番……	阴	无
18 日	霁。昨宵又有大雨数阵。本早起视中庭水势仍未消退	早有晴意，旋见日影。……夜复小雨	晴	无
19 日	殅	快晴旋阴，午下□□数点，乍阴乍晴，夜复小雨	晴	无

综上两表可知，《近百年西北太平洋台风活动》记录的 1920 年 7 月 11 日的温州登陆台风活动，几部日记皆无体现。综合三种不同类型的资料体系可证明，早期器测资料的准确性有待考证，1920 年 7 月 11 日的登陆台风日期有误。其次，通过日记记载识别出的温州地区当年受到的三次明显台风影响，虽然在《近百年西北太平洋台风活动》中的登陆台风信息中完全没有体现，但得到了方志资料的支持，并与台湾地区登陆台风数据相互印证，这说明日记资料可以有效识别有强烈风雨过程的影响台风。可见在器测资料不甚完整连续和准确的情况下，日记文献识别出的影响台风还是比较准确的，至少可以对早期器测资料做有益的补充。

通过多元资料体系的比对，笔者认为利用日记文献能很好地识别对一地天气过程产生较大影响的台风活动。虽然利用日记资料无法完整识别出影响台风发生次数，但其识别率和准确度远远高出利用方志等其他类型历史文献资料；利用高精度的日记记录重建的影响台风序列，在经过处理之后，甚至可与早期器测资料数据具有可比性；且在早期器测资料尚不完善的情况下，历史时期的日记记录可以有效地修正早期器测资料的误差，这对未来研究长时段天气气候系统变化非常有益。

六、结　论

本文以历史时期的日记资料为主，结合方志、报纸等资料，根据台风活动期间的气象特点，制定了识别温州地区影响台风的方法，并重建了 1895—1940 年间温州地区影响台风发生频次序列，重建序列与早期器测资料比对，发现二者基本一致，证明了日记资料进行区域台风频次重建的可靠性。研究发现，1895 年至 1940 年间温州台风发生频次波动剧烈，但与温度变化没有相关性，区域台风活动与大尺度温度指标的相互关系，需要进一步讨论。

本文受资料所限，研究以 20 世纪上半叶为主，时段虽短但仍有其特殊意义：现代研究以 1949 年甚至是 1951 年以来气象台站普遍建立为研究时段上限；历史时期的台风活动研究，则重点在 1911 年以前可以大规模利用正史、档案、方志资料的时段。想要增进我国东南沿海台风特征研究，延长台风活动特征序列，20 世纪上半叶恰处于不同资料体系的衔接时段，非常关键。

我国浙东、浙南以南的广大东南地区，是受台风影响最为严重的地区，目前这一地区高分辨率台风活动重建工作尚显不足。本文以温州为例进行了一个尝试，相信随着资料的进一步挖掘，这一地区台风活动研究将得到极大丰富。

随着日记等高分辨率天气资料的使用，我国历史台风研究已经开始从“台风灾害”序列重建向真正的“台风活动”序列重建转变。这将在真正意义上使得台风活动的演变、发生机制等问题可以在更长的时间尺度上得到讨论。

【注释】

[1]冯涛、黄荣辉、陈光华、武亮、黄平、王磊：《近年来关于西北太平洋热带气旋和台风活动的气候学研究进展》，《大气科学》2013 年第 2 期。

[2]韩珏靖、白莉娜、王栋、王元：《从〈Science〉和〈Nature〉看关于台风研究的热点问题》，《南京大学学报(自然科学版)》2007 年第 6 期。

[3]Chan J C L, Shi J E. Frequency of typhoon landfall over Guangdong Province of China during the period 1470 – 1931. *International Journal of Climatology*, 2000, 20(2): 183 – 190. Liu K, Shen C, Louie K. A 1000-Year History of Typhoon Landfalls in Guangdong, Southern China, Reconstructed from Chinese Historical Documentary Records. *Annals of the Association of American Geographers*, 2001, 91(3): 453 – 464. 梁有叶、张德二：《最近一千年来我国的登陆台风及其与 ENSO 的关系》，《气候变化研究进展》2007 年第 2 期。

[4]García – Herrera R, Ribera P, Hernández E, et al. Northwest Pacific Typhoons Documented by the Philippine Jesuits, 1566 – 1900. *Journal of Geophysical Research*, 2007, 112: D06108.

[5]Grossman M, Zaiki M. Reconstructing typhoons in Japan in the 1880s from documentary records. *Weather*, 2009, 64(12): 315 – 322. 小林雄河、潘威：《17 世纪日本 2 次重大

台风事件的路径重建》,《地球环境学报》2014 年第 6 期。

[6]王美苏:《清代入境中国东部沿海台风事件初步重建》,复旦大学 2010 年硕士学位论文。刘大伟:《清代入境中国南部沿海台风事件初步重建》,复旦大学 2013 年硕士学位论文。施程:《清代浙江省登陆台风及其社会响应》,浙江师范大学 2014 年硕士学位论文。

[7]郑微微:《古代日记在历史台风研究中的利用方法探析》,《中国历史地理论丛》2018 年第 3 辑。

[8]郑微微、唐晶、杨煜达:《1815—1869 年影响浙北地区台风序列重建与路径分析》,《地球环境学报》2014 年第 6 期。

[9]潘威、王美苏、满志敏:《清代江浙沿海台风影响时间特征重建及分析》,《灾害学》2011 年第 1 期。潘威、王美苏、满志敏、崔建新:《1644—1911 年影响华东沿海的台风发生频率重建》,《长江流域资源与环境》2012 年第 2 期。潘威、满志敏、刘大伟、颜停霞:《1644—1911 年中国华东与华南沿海台风入境频率》,《地理研究》2014 年第 11 期。

[10]陈瑞赞:《温州市图书馆藏抄稿本日记叙录》,《文献》2008 年第 4 期。

[11]按:温州学者俞雄曾从全书约 270 万字中选编 50 余万字,列入《温州文献丛书》,以《张棡日记》为题由上海社会科学院出版社出版;目前《温州市图书馆藏日记稿钞本丛刊》也已由中华书局 2017 年影印出版。但本文成文所用仍为考察期间在温州市图书馆所查日记手稿原文,因此涉及引用的具体内容,以日记记载的日期标明。

[12]王继志:《近百年西北太平洋台风活动》,海洋出版社 1991 年版。

[13]蒋钟彝:《五十年台风侵袭台湾之统计(1897—1946)》,台湾省气象所 1948 年版。

[14]参见满志敏:《中国历史时期气候变化研究》,山东教育出版社 2009 年版。

[15]陈瑞闪:《台风》,福建科学技术出版社 2002 年版,第 642 页。

[16]刘耀东:《疚庼日记》手稿第 21 册第 68 页, 温州市图书馆馆藏稿抄本。

[17]陈瑞闪:《台风》,第 636 页。

[18]陈瑞闪:《台风》,第 642 页。

[19]"影响一地的台风"与"影响台风"原本区别不大,都是对一地产生影响的台风,但实际研究过程中,不少研究者会对以上概念进一步界定。如孙佳等 2015 年对影响江浙沿海台风的特诊分析中,定义某台风路径在该区域存在 6h 及以上,认为该台风显著影响此区域,否则不予考虑。又有学者会从风圈等条件来界定。本文拟采取陈瑞闪等学者的定义,不再进一步讨论。

[20]陈瑞闪:《台风》,第 643 页。

[21]Yoshimura M. Historical weather database and reconstruction of the climate in his-

torical time. *Journal of Geography* (*Chigaku Zasshi*) 1993. 102(2): 131 – 143 (in Japanese).

[22]Grossman M, Zaiki M. Reconstructing typhoons in Japan in the 1880s from documentary records. *Weather*, 2009. 64(12): 315 – 322.

[23]郑微微、唐晶、杨煜达:《1815—1869 年影响浙北地区台风序列重建与路径分析》,《地球环境学报》2014 年第 6 期。郑微微、唐晶、成赛男:《1895 年华东一次远距离台风降水事件分析》,《历史地理》第 37 辑(2018 年)。

[24]郑微微、唐晶、杨煜达:《1815—1869 年影响浙北地区台风序列重建与路径分析》,《地球环境学报》2014 年第 6 期。

[25]余贞寿:《温州台风暴雨雨强图集》,气象出版社 2014 年版,第 28 页。

[26]刘绍宽:《厚庄日记》,温州市图书馆馆藏稿抄本,1939 年 7 月 17 日。

[27]不同资料体系会带来识别结果的差异,郑微微已经指出"无明显天气表现"的台风活动,可能是资料体系不同所致。参见郑微微:《古代日记在历史台风研究中的利用方法探析》,《中国历史地理论丛》2018 年第 3 辑。

[28]项素清:《温带气旋发展引起的海上大风预报研究》,浙江大学 2008 年硕士学位论文。

[29]浙江省气象志编纂委员会编:《浙江省气象志》,中华书局 1999 年版,第 175 页。

[30]郑微微、唐晶、杨煜达:《1815—1869 年影响浙北地区台风序列重建与路径分析》,《地球环境学报》2014 年第 6 期。

[31]张棡:《张棡日记》,温州市图书馆馆藏稿本,1933 年 6 月 30—31 日。

[32]参见郑微微、唐晶、成赛男:《1895 年华东一次远距离台风降水事件分析》,《历史地理》第 37 辑(2018 年)。

[33]浙江省气象志编纂委员会:《浙江省气象志》,第 262 页。

[34]浙江省气象志编纂委员会:《浙江省气象志》,第 262 页。

[35]廖远三:《永嘉县历年台风降水规律和特征分析》,《中国水利》2009 年第 23 期。

[36]王继志:《近百年西北太平洋台风活动》,海洋出版社 1991 年版,第 57 页。

[37]《申报》第一万八千零七十三号,18, 1923 年 6 月 20 日。

[38]《申报》第二万零二百五十六号,15, 1929 年 8 月 13 日。

[39]王忠东:《影响温州台风大风分布特征初步研究及典型个例分析》,兰州大学 2015 年硕士学位论文。

[40]王继志:《近百年西北太平洋台风活动》,第 64 页。

[41]廖远三:《永嘉县历年台风降水规律和特征分析》,《中国水利》2009 年第 23 期。

[42]余贞寿:《温州台风暴雨雨强图集》,第 4 页。

[43]林玉姐主编,乐清市农业局编:《乐清市农业志》,中华书局 2005 年版,第 354 页。

[44]上海气象局等编:《华东地区近五百年气候历史资料》,上海气象局 1978 年版,第 4~213 页。

[45]刘绍宽修:《(民国)平阳县志》,见《中国方志丛书》华中地方浙江省第 1 期,1925 年版。

(作者单位:成赛男　中国社会科学院古代史研究所;
郑微微　浙江师范大学人文学院历史系)

六、地图研究

“鸟道”辨析

刘新光

现代语境中的“鸟道”，多指称候鸟大迁徙的路线，古义却多有不同。按“鸟道”一词，目前明确首见于刘宋谢灵运《山居赋》及自注曰：“远南则松箴、栖鸡，唐嵫、漫石。崒、嵊对岭，㟪、孟分隔。入极浦而邅回，迷不知其所适。上嵚崎而蒙笼，下深沉而浇激。（……崒、嵊与分界，去山八十里，故曰‘远南’。前岭鸟道，正当五十里高，左右所无，就下地形高，乃当不称。）”[1] 汪前进先生有《中国古代表达直线距离的术语——鸟道》一文[2]，通过对海量史料的爬梳整理，未限于术语“鸟道”的讨论，不仅将此概念的出现、“鸟道”的含义、同义词“鸟路”及作为“直线距离”的鸟道做了详尽的考证，还进一步讨论了古人获取直线距离的方法、“径路”非直线距离以及晚清开始出现与“人行里”（即路程）相区别的计量单位——“鸟里”，等等，可以说将“鸟道”的相关问题一网打尽，几无深入研究的必要与可能。单就“鸟道”的含义，汪先生就考证出：1. 鸟飞之道，2. 羊肠小道，3. 地名，4. 比喻，共四种。作为地名的“鸟道”与佛家以“鸟道”借喻虚空的禅宗道法，汪老已明确辨析。唯“鸟飞之道”为“空中飞鸟之道”，引申出直线距离之意；“羊肠小道”则为窄小而曲折的道路，一直一曲，二义并存一语，显有抵牾之嫌。本文不揣固陋，试对这一现象进行再探讨，力图“弥合”这一矛盾，以使汪先生的论断更为确凿有力。

南朝齐谢朓《暂使下都夜发新林至京邑赠西府同僚》诗：“风云有鸟路，江汉限无梁”，唐李善注引《南中八志》：“交阯郡治龙编县，自兴古鸟道四百里”[3]，是以“鸟道”同“鸟路”。元人郝天挺续释：“以其险绝，兽犹无蹊，人所莫由，特上有飞鸟道耳。李太白《蜀道难》云：‘西当太白有鸟道’是也。”[4] 清人多引郝氏此论，如赵殿成注王维《燕子龛禅师》诗：“鸟道悉已平，龙宫为之涸”，“凡山路之高峻险绝者谓之‘鸟道’。《南中八志》：交趾郡治龙编县，自兴古鸟道四百里。以其险绝，兽犹无蹊，特上有飞鸟之道耳。‘鸟道’字本此。”[5] 赵氏认为“鸟道”为高峻险绝之山路，并非孤见，与他差相同时的王琦也有同样观点。王氏注李白诗《悲清秋赋》：“登九疑兮望清川，见三湘之潺湲。水流寒以归海，云横秋而蔽天。余以鸟道计于故乡兮,不知去荆吴之几千。""《南中八志》曰:交趾郡治龙编县,自兴古鸟道四百里。以其险绝,兽犹无蹊,惟上有飞鸟之道耳。后人称高峻之径曰'鸟道',本此。"[6]

由此可见,"鸟道"当为高峻险绝之径,本身大概并不包含曲折之意,即无"羊肠"之意。这一点,明末旅行家徐霞客对"鸟道"的使用具有代表性,其游记多次提及鸟道,如《游黄山日记》:"初五日……过汤池,仰见一崖,中悬鸟道,两旁泉泻如练。余即从此攀跻上;泉光云气,撩绕衣裾。"[7]又《闽游日记前》篇:"复登山半,过明台庵。庵僧曰:'是山石骨棱厉,透露处层层有削玉裁云态,苦为草树所翳,故游者知洞而不知峰。'遂导余上拾鸟道,下披蒙茸,得星窟焉。三面削壁丛悬,下坠数丈。"[8]徐氏所攀两条山中鸟道皆为高峻险绝之径。

然则山中高峻险绝之径,通常不如大道迂远,是较为近便的小道。《游九鲤湖日记》:"初九日,辞九仙,下穷九漈。九漈去鲤湖且数里,三漈而下,久已道绝。数月前,莆田祭酒尧俞,令陆善开复鸟道,直通九漈,出莒溪。悔昨不由侧径溯漈而上,乃纡从大道,坐失此奇。"[9]徐氏绕行人道,错失新修复的鸟道,非常遗憾。既是高山之径,不会太宽,宋人周去非曾言鸟道"不可方轨"[10]。高狭之径就难免会有曲折如羊肠者,《游雁宕山日记》:"十三日出山门,循麓而右,一路崖壁参差,流霞映采。高而展者,为板嶂岩。岩下危立而尖夹者,为小剪刀峰。更前,重岩之上,一峰亭亭插天,为观音岩。岩侧则马鞍岭横亘于前。鸟道盘折,逾坳右转,溪流汤汤,涧底石平如砥。"[11]鸟道盘折,很可能不是对举,而是指盘折的高险之径。

徐霞客之后的王夫之,以"如行鸟道"来评价东晋元帝的政治生涯,恰好对"鸟道"的状貌进行了描述。《读通鉴论》卷13"东晋元帝"条:"如行鸟道者,前无所畏,后无所却,傍无可迤,唯遵路以往而已尔。"[12]"前无所畏,后无所却,傍无可迤",正与高峻险绝呼应,行鸟道之人,无暇无胆旁顾,只能沿路一往直前。与王氏同时期的军事地理学家顾祖禹在《读史方舆纪要》中,对"鸟道"的使用更为频繁,意思也较为明确,试举几例:

1. 南直隶庐州府英山县:"多云(山)之西,有天险曰'岐岭',通湖广蕲水县,鸟道三日可东出豫境。"[13]

2. 南直隶徽州府黄山:"山之西麓,田土广衍,曰焦村。焦村而南,有数峰凌空,最名者曰'天都'、'芙蓉'、'朱砂',而天都为尤高,鸟道如线,上多名药,采者裹粮以上,三日始可达。"[14]"鸟道如线"与周去非所言"不可方轨"相映成趣,极言鸟道之狭;又裹粮沿鸟道上山,三日始能登顶,说明鸟道之长,天都之高。

3. 四川保宁府南江县:"诸葛寨,县西百里。高五十余丈,四壁峻拔,惟一面有鸟道可上,顶有泉,四时不竭。相传孔明曾驻兵于此,可容万人。"[15]

4. 福建邵武府邵武县:"刘师岭,府南百二十里。路出建昌府,鸟道嵚崎,绵亘六七里，人以为病，戏名愁思。宋上官端义募众甃路，行者便焉。”[16]“嵚崎”意为山高峻貌，嵚崎鸟道，异常写实。

5. 邵武府建宁县：“百丈岭，县北三十里。岭极高峻，乃江、闽分界处。鸟道悬绝，旧传越王无诸尝筑台于此。蓝溪出焉，南流入濉江。”[17]

6. 贵州都匀府清平县：“香垆山，县东三十里，壁立千仞，延袤三十余里。众山环列，若戈铤相向，盘亘三四重。鸟道悬崖，而上可容百万人。有瀵流一溪，沃畴千亩，聚落蜂屯，保以为奸。”[18]

鸟道除具备上述高峻险绝、狭窄如线的特点外，就道路而言，还应指由平地急速攀升到极高处这段路途。此正与鸟儿翱翔于崇山之间的踪迹相吻合。前引徐霞客游黄山从鸟道登崖，顾祖禹述黄山天都峰、南江诸葛寨鸟道可证。《读史方舆纪要》还记北直隶顺天府顺义县呼奴山：“其北麓鸟道而上约里许，始渐开渐平，有小石城。”[19]又唐刘禹锡《松滋渡望峡中》诗：“巴人泪应猿声落，蜀客船从鸟道回。十二碧峰何处所，永安宫外是荒台。”元释圆至注鸟道：“江出峡，至夷陵始平。‘鸟道回’，言自高而下也。”[20]按蜀客船回，应是从松滋渡口西上三峡，并非释圆至所言自高而下。此处所言鸟道，不仅指由江汉平原攀升三峡，甚至以高峻险绝、狭窄如线描绘需要艰难溯流的三峡江道。

《水经注·瀔水》篇记：“（旋鸿池）水出旋鸿县东山下，水积成池，北引鱼水。水出鱼溪，南流注池。池水吐纳川流，以成巨沼，东西二里，南北四里，北对凉川城之南池，池方五十里，俗名‘乞伏袁池’。虽隔越山阜，鸟道不远。”[21]较之羊肠小道与力求平坦的大路，鸟道在道里上应具有优势，是古人能够获得的最接近于直线距离的数据，不仅可以用作长距离统计，还可以用于天文测量。至晚清又明确与“人行里”相区别。[22]

尚有值得注意者，由飞鸟之道引出的高峻山道，虽不一定羊肠曲折，却可能因山势而高低起伏，如《读史方舆纪要》记夔州府巫山县：“巴中驿，在县东八十里。《志》云：‘巫山陆路至巴东百八十里，鸟道崎岖，行者苦之。万历三年，改小桥公馆，建巴中驿，巴、巫二郡之民始免疲困。’”[23]又长沙府安化县司徒岭：“在县东八十里。崇冈峭壁，鸟道崎岖。宋时尝置兵于此，以拒猺寇。”[24]然则崎岖鸟道也符合鸟飞之轨迹，落实到古地图上，则更多呈现出近乎笔直的路线，“飞鸟图”当是这种数据的进一步呈现，“鸟飞之道”的“鸟道”称谓实至名归。

综上，以“鸟飞之道”为本义的“鸟道”，大概并没有“羊肠”曲径之意，却可以“不可方轨”，可以疾升如线，可以崎岖不平，可以比大道近捷，“鸟飞”道里比人行之里要短得多，以至于近乎直线，成为中国古代表达直线距离的术语。

（此文初稿蒙汪前进先生当面赐教，受益良多，谨致以最诚挚的谢意。）

【注释】

[1]《宋书》卷67《谢灵运传》，中华书局1974年版，第1758～1759页。

[2]汪前进:《中国古代表达直线距离的术语——鸟道》,收入华林甫、陆文宝主编:《清史地理研究》第二集,上海古籍出版社2016年版,第227~277页。

[3][梁]萧统:《文选》卷26,唐李善注本,上海古籍出版社1986年版,第1212页。

[4][金]元好问:《唐诗鼓吹》,元郝天挺注,清钱牧斋、何义门评注,韩成武等点校,河北大学出版社2000年版,第16页。

[5][唐]王维著,[清]赵殿成笺注:《王右丞集笺注》卷5《燕子龛禅师》,上海古籍出版社1984年版,第81~82页。

[6][唐]李白:《李太白全集》,清王琦注本,中华书局1977年版,第22~23页。

[7][明]徐弘祖著,褚绍唐、吴应寿整理:《徐霞客游记》卷1上,上海古籍出版社2010年版,第5页。

[8]《徐霞客游记》卷1下,第20页。

[9]《徐霞客游记》卷1上,第12页。

[10][宋]周去非著,杨武泉校注:《岭外代答》卷10“古迹门·秦城”,中华书局1999年版,第400页。

[11]《徐霞客游记》卷1上,第3页。

[12][清]王夫之:《读通鉴论》卷13“东晋元帝”,中华书局1975年版,第396页。

[13][清]顾祖禹著,贺次君、施和金点校:《读史方舆纪要》卷26《南直八》,中华书局2005年版,第1294页。

[14]《读史方舆纪要》卷28《南直十》,第1367页

[15]《读史方舆纪要》卷68《四川三》,第3231页。

[16]《读史方舆纪要》卷98《福建四》,第4503页。

[17]《读史方舆纪要》卷98《福建四》,第4512页。

[18]《读史方舆纪要》卷121《贵州二》,第5274页。

[19]《读史方舆纪要》卷11《北直二》,第481页。

[20][宋]周弼:《三体唐诗》卷4,《文渊阁四库全书》集部八,[清]高士奇补正本,台北商务印书馆1986年版,第1358册,第42页下栏。

[21][北魏]郦道元:《水经注》卷13《漯水》,江苏古籍出版社1989年版,第1136页。

[22]汪前进:《中国古代表达直线距离的术语——鸟道》,第273页。

[23]《读史方舆纪要》卷69《四川四》,第3256页。

[24]《读史方舆纪要》卷80《湖广六》,第3766页。

(作者单位:中国人民大学国学院)

明清之际的北洋海域与《登津山宁四镇海图》

孙靖国

中国地处亚欧大陆东部，不仅陆地幅员广大，而且海域辽阔，管辖海域面积达到 300 万平方公里。[1]具体说来，中国拥有超过 1.8 万公里的海岸线，拥有超过 1.4 万公里的岛岸线，6500 多个沿海岛屿。所以，中国不仅是一个陆地大国，也是一个海洋大国。从先秦时代以来，中国沿海各地的居民就开始涉足海洋，国家力量也逐渐投入到海域的利用、管理和经营等领域。本文结合明清时期“北洋”海域的开发利用历史，对古地图《登津山宁四镇海图》进行初步研究。

一、“北洋”海域的范围与早期航行活动

“海”与“洋”是中国古代命名不同类型海域的词汇，并随着时代的推移以及对海域认识的细化而逐渐具体化。[2]相对于“海”，“洋”似是指较具体的海区。[3]

与先秦时期就开始出现的“海”相比，以方位标示“洋”的地理概念是从唐宋时期开始发展起来，如周去非《岭外代答》中就有用“东大洋海”“南大洋海”等名词来命名海域：“三佛齐之南，南大洋海也。”“阇婆之东，东大洋海也。”[4]南宋真德秀提出了中国沿海海域中的“东洋”“南洋”“北洋”等畛域：“围头去州一百二十余里，正阚大海，南、北洋舟船往来必泊之地，旁有支港可达石井。”“自南洋海道入(泉)州界，烈屿首为控扼之所，围头次之。”“小兜寨，取城八十里，海道自北洋入本州界，首为控扼之所。”[5]真德秀文中的“北洋”应系泉州以北的东海、黄海，乃至渤海海域。成书于万历年间的《东西洋考》将中国沿海海域分为东西两部分：“文莱即婆罗国，东洋尽处，西洋所起也。”[6]

清代以后，随着长江三角洲一带海洋经济的发展，开始以长江口，也就是上海港为中心，将中国沿海海域划分为南、北二洋。如清代中叶的齐彦槐在《海运南漕议》中认为：“出吴淞口，迤南由浙及闽、粤皆为南洋，迤北由通、海、山东、直隶及关东皆为北洋。南洋

多矶岛，水深澜巨，非鸟船不行。北洋多碛，水浅礁硬，非沙船不行。”[7]

丁一辨析了从宋代到清末的不同历史时期，如何划分南、北洋的三种不同观点，他指出：观点的不同，主要是因为“持论者所在地理位置不同而异”：“对江南人而言，上海以北即为北洋，长江口为界；对浙江人而言，定海以北即为北洋，杭州湾为界；而清末官方话语中的北洋，则又限于辽宁、直隶、山东三地海域，胶州湾为北洋之南界。”[8]

本文所述及的区域，主要采取上述的第一种观点，即以长江口作为南北洋的分界线，但核心区域为辽宁、河北、山东等环渤海地区，这一区域的海洋活动主要包括东亚大陆的沿岸航行，渤海湾内部的跨海及沿岛群航行，以及与朝鲜半岛、日本列岛之间沿大陆边缘或跨越黄海、东海之间的航行。这些海洋活动与东洋航路、南洋航路和西洋航路共同组成中国古代海洋航路体系。

北洋航路由来已久，尤其是人类社会早期，沿渤海湾海岸及山东半岛以北的岛群航行，是先民最早的航海活动。早在先秦时期就已经存在环渤海沿岸东行并交通朝鲜半岛的海路。[9]近年来，考古工作者在庙岛群岛周围海域不断发现石锚等物，证实了新石器时代从山东半岛到辽东半岛存在着航海迹象。[10]《战国策》记载：“秦攻燕，则赵守常山，楚军武关，齐涉渤海，韩、魏出锐师以佐之。”[11]从此以后，辽东半岛到山东半岛之间的海上航线已经非常畅通。[12]元代经济中心与政治中心高度分离，为从江浙地区向大都运送粮食和物资，开辟了全线的海运航线，南方的漕船，“从刘家港入海，至崇明州三沙放洋，向东行，入黑水大洋，取成山转西至刘家岛，又至登州沙门岛，于莱州大洋入界河”[13]。

明朝建立之后，为清除北元残余势力，明朝政府计划从海路进军以配合陆路攻势。洪武元年（1368 年）二月，明太祖命汤和还明州，造海舟漕运北征粮饷。[14]因海多飓风，汤和所造运粮海舟并未北行。[15]徐达兵进大都，就有水师从海道进军。高丽人金之秀“自元来，言大明舟师万余泊通州，入京城”[16]。攻取大都后，明军开始经略辽东，洪武三年，“命中书省符下山东行省，召募水工，于莱州洋海仓运粮以饷永平卫”[17]。此后，山东半岛北部的登州和莱州渡过渤海海峡沟通辽东地区的航路非常繁盛，军队、粮食、被服等都通过这条航路输送到辽东。[18]这条经由渤海湾内的短距离运道与江南往辽东的海道是明初海运粮储的主要路线。

永乐十三年（1415 年），明政府停罢海运，大规模的南北海运停止，但登莱海运仍然保留，嘉靖中才一度停罢。“（永乐）十三年五月复罢海运，惟存遮洋一总，运辽、蓟粮。”[19]“在明代后来的日子里，这条海道是唯一保有的一点‘海运遗意’。”[20]嘉靖之后，辽东与山东之间的海运停止。万历初年，朝廷严令登辽之间实行海禁，劈毁海船，“寸板不许下海”[21]。

二、明末的北洋战时航运

万历末年，努尔哈赤以“七大恨”起兵反明，辽东爆发大规模战争，随着后金占领辽东并向辽西用兵，辽东半岛上的军民纷纷越海逃向山东登州、莱州一带。崇祯时曾任山东监军道的王徵记述称："辽人自金、复、海、盖诸卫避难来登者，不下十数万，寄寓登莱地方。"[22]为支撑辽东战事，从万历四十六年到泰昌元年，通过海运向辽东输送粮米等物资，海船从登州、莱州、天津等地出发，运抵辽东的旅顺、金州三犋牛、北信口、连云岛、盖州等地[23]，逃到朝鲜的也很多。

除向辽东运送物资之外，东江镇的海运亦兴盛一时。天启二年（1622年）十一月，遁入朝鲜境内的明朝边将毛文龙率军入据皮岛，皮岛（又称椵岛、平岛）位于朝鲜半岛与辽东半岛之间，周围有众多岛屿，如獐子岛、云从岛（又名须弥岛、身弥岛），足为掎角之势，又与环绕辽东半岛的沿海各岛屿交通便利，对后金的后方形成了严重的威胁。

广宁大败后，明军退守山海关，京畿危急，明廷很重视毛文龙部的牵制作用，着手通过海运方式接济位于海岛上的东江镇。东江海运主要依赖天津、登莱这两个后勤补给基地。天津、登莱发运的军用物资有所分工。天津主要发运军粮，并由粮船带运布匹、苇席、盔甲、器械、枪炮、火药、皮张等物；登莱主要供给饷银，天启五年以后也承担部分军粮运额。天津运船至东江各岛收卸后，即回空至登州，装载囤积登州海岸的米粮作二运。这正是登莱解运米豆的发运方式。[24]

在朝廷接济粮饷之外，为解决十余万人的军队和数十万逃难辽民的生计问题，毛文龙想出通过招徕商人以开辟饷源的办法，他上奏朝廷应允，派人到南直隶、山东沿海的淮安、胶州等地招商，由商人运粮到东江，粜粜两平，外给加运费；商人可带一些其他货物，"市卖取利"。对这些输米助边者，照户部规定给予奖励。并请朝廷下令有关抚道衙门，除严禁走私外，凡招商输粟者，一律放行。[25]"文龙乃收召汉人，设栅于蛇浦，通山东物货粮饷，人户万余；又设栅于椵岛，互相往来，汉商辐辏于椵岛，人户甚盛。"[26]"按，登州僻在海隅，阻山负海，素号荒阻。自辽土沦亡，辽人渡海，散处于各岛及诸州县。岛帅毛文龙收拾辽众，自为一军。东江之师以登州为孔道，战饷八十万皆从登海往，于是熙攘成聚。往年建恢复四卫之策者，欲从登海渡师，始设巡抚。练兵治器，殆无虚日。天下之谈兵说剑者，竞托足焉。辽地既陷，一切护躯布帛之利，由岛上转输，商旅云集，登之繁富，遂甲六郡。"[27]明代沉寂百年的北洋海运，到战乱频仍的万历末年，竟然因战事而繁忙起来。

明末的北洋运道，先后有多条路线，具体有：

1. 万历四十六年底开始启用的从山东半岛到辽东地区的登莱海道，分为从登州入海历铁山岛、中岛、长信岛、北信口、兔儿岛、深井，最后到达盖州套交卸的登辽海道，和从莱州入海，历庙岛、皇城岛、旅顺口，到达三犋牛（或北信口）交卸的莱辽海道。

2. 从万历四十七年开始启用的津辽海道，从天津海口出发，经历曹妃殿、月沱、姜女坟、桃花岛，到达广宁右屯大凌河岸。

3. 淮辽海道，从淮安入海，经成山口至登州，再循登辽海道运赴辽东。

4. 登皮（津皮）海道，由登州出发，向东北方向航行至皮岛。天津出发的船只到登州中转，亦循登皮海道到皮岛。[28]

5. 觉皮运道，崇祯元年（1628 年）冬启用，登莱、天津军用物资先行运抵觉华岛，再沿辽东半岛海岸线，经过南信口、北信口、双岛，到达旅顺，再沿登皮运道驶向皮岛。[29]崇祯二年二月，袁崇焕上《策划东江事宜书》，三月二十三日奏设东江饷司于宁远，令东江自觉华岛（今辽宁兴城菊花岛）转饷，禁止登莱商船入海。先前由天津所运之钱粮器物，也改由觉华岛起运。[30]

三、《登津山宁四镇海图》中的明末北洋海域

《登津山宁四镇海图》[31]藏于台北故宫博物院。地图采用传统的象形式符号法绘制了环绕渤海湾的北洋各地，北到辽东边墙外的辽河套，东到与辽东交界的义州等朝鲜西海岸，西到直隶、山东的渤海西海岸，南到山东半岛西南端及夺淮出海的黄河口。

《登津山宁四镇海图》中山脉都用形象画法表示，河流则用双曲线，描绘较详，尤其是出海的河口港汊。海洋绘出双曲线波纹。海岛绘制甚详，以象形手法表现其地形，如平坦的桑岛等。行政区为表现重点，依级别用不同符号标出，府（包括省城和镇城）为正方形，用双线勾勒，以鸟瞰式的视角绘出四面城门和城楼，内涂红色；县、卫为接近正方形的矩形；城堡则为竖立的矩形。

整体来说，此图绘制比较粗略、混乱，各政区之间相对位置比较混乱，错乱者不在少数。地名标注俗字、错字颇多，如"昌黎县"写作"昌历县"，"秦皇岛"写作"秦王岛"，"宝坻"写作"宝底"，"盐山"写作"沿山"，"沾化县"写作"霑化县"，"崂山"写作"劳山"，"沈阳"写作"审阳"，"开原"写作"开元"，等等，不一而足。有些政区只有专名无通名，如"香河""宝底""庆云""灵山"。在辽东地区更是如此，如"义州""耀州""海州"等，此处不一一枚举。

地图最显著的特点，是用贴黄标出了"山海镇"、"宁远镇"、"天津卫镇"和"登镇"这四个军镇所在。此四处，皆为明末为因应东北边疆与海疆的危机所设置。

山海关设镇，经历了一个很长的过程。早在正德十四年（1519 年），明朝已开始在山海关设置总兵。此次派遣总兵，所统率者为京营军队。"故而这一形式属于临时差遣，而非固定制度。"[32]到嘉靖十三年，巡按直隶御史朱方奏称"山海镇额兵十缺二三"[33]，开始出现"山海镇"的名称。不过，当时仍属蓟州镇总兵管辖。万历四十五年（1617 年），明朝"升原任辽东总兵杜松为新设山海关总兵"[34]，山海镇正式设立。

宁远镇初设是在万历四十六年（1618 年），"加西协副总兵李光荣总兵职衔，仍管西

《登津山宁四镇海图》

协副总兵事,移驻宁远。因如栢既移驻辽阳,广宁兵马俱渡河而东,光荣以宁前一旅,独撑河西半壁,首尾难以相顾。至是经略请以光荣加总兵衔,移驻宁远,得以调度锦、义诸营兵马,庶防虏剿夷,兵力不分而动出万全。兵部请如镐议。上从之"[35]。天启六年(1626 年),以满桂为镇守宁远总兵官。[36]

天津镇之设立,与万历年间日本丰臣秀吉侵略朝鲜的战事密切相关,万历二十四年(1596 年),"南京吏科给事中祝世禄奏议天津卫添设总兵一员,以防海路。下所司"[37]。万历二十五年,"上命周于德充提督天津登莱旅顺等处防倭总兵官"[38]。肖立军指出:后金兴起以后,天津成为集兵供饷的桥头堡。万历四十七年前后,明廷添设镇守天津总兵官，并于天启元年六月铸给关防。[39]赵现海指出：天启二年，天津已裁总兵官，再设副总兵，崇祯年间复置。[40]

登州总兵官之设，是在天启元年。[41]“以副总兵沈有容升都督佥事，充总兵，驻登州”[42]，登州镇设立，时人称为“登莱镇”或“登镇”。天启五年（1625年），明朝将旅顺的防务划归登州镇管辖[43]，次年，因与东江镇产生冲突，遂两镇南北分立，“旅顺归之东镇毛文龙委官防守，皇城、龟矶等岛听登镇督兵防守，南北分界，制御各异”[44]。

除此四镇之外，图上还标出了“皮岛”，旁边标注为“毛☐建镇之地”，附近的大獐子岛、铁山口、云从岛等东江镇属地亦都标出。东江镇之设，是毛文龙镇江大捷之后，天启二年（1622年），受命充总兵官。“铸援辽总兵关防，给毛文龙。”[45]“加副总兵毛文龙署都督佥事、平辽总兵官。”[46]

另，图上标注了“永平府”“锦州”“前屯卫”，但没有标注“永平镇”“锦州镇”“前屯镇”，“大凌河镇”亦付之阙如。按天启二年（1622年），“命铸镇守永平等处关防给副总兵马世龙”[47]，天启五年（1625年），“以总兵孙祖寿为镇守永平等处总兵官”[48]，永平镇正式建立。天启七年（1627年），因为辽东军事形势恶化，又设置了锦州、前屯和大凌河三镇。“癸亥，以奴警震邻，增定大帅。命杜文焕驻宁远，尤世禄驻锦州，侯世禄驻前屯，左辅加总兵衔驻大凌，满桂照旧驻关门，节制四镇及燕建四路，仍赐剑以重事权。”[49]永平镇主要以拱卫京畿为任，此图明显为表现渤海湾战守，不标注亦可理解，但后三镇不应忽略，则此图很可能绘制于此三镇设置之前，宁远、山海、天津、登州、东江五镇设置之后，也就是天启二年到七年之前。图上在广宁也只标注“广宁城”，而未用贴黄标注“广宁镇”，显系广宁陷落之后。

图上在辽东都司（辽东镇）所辖地域范围，用连绵山峦和断续的边墙勾勒其西、北、东北边界，在此之外，绘出若干竖立的椭圆形符号，内书“大清国”“白☐寨”“金台寨”“新寨”，又绘一竖立梯形符号，内书“大金坟”。则此几处，尤其是“大清国”，应系清太宗于崇德元年（1636年）改国号为“清”之后所绘。“寨”，应系明代女真各部所建之城寨，“白☐寨”“金台寨”绘于开原之北，疑系海西女真所建。“新寨”在新疆六堡之外，疑系努尔哈赤所建。“大金坟”亦在此方位，颇疑为永陵所在。

从整体风格和表现重点来看，此图应为明末明方所绘，其重点在于表现明方所重点驻守的几处要地，从西、南、东南三个方向对后金所占据的辽东地区进行包围，组织防御，并伺机收复。天启元年（1621年）六月，明廷任命熊廷弼为辽东经略，他提出了三方布置之策。具体内容为：“恢复辽左，须三方布置：广宁用骑步对垒于河上，以形势格之，而缀其全力。海上督舟师，乘虚入南卫，以风声下之而动其人心。奴必反顾，而亟归巢穴，则辽阳可复。于是议登莱、天津并设抚镇，山海适中之地，特设经略，节制三方，以一事权。”[50]熊廷弼的建议，得到朝廷的支持，随之就在天津、登莱设立巡抚，编练水军，从海上配合广宁的行动。

而在这三方布置的格局中，登莱、天津以及南直隶各地向三岔河、盖州套、旅顺、觉华岛、皮岛等地运送军队和物资的北洋海上经略，成为重要一环。图上也显示出这一战略。地图西到“清江浦”“淮安府”“黄河口”，实际上是把从赣榆开始的南直隶南北向海岸变形成与山东半岛南海岸同一方向的东西海岸。在山东半岛成山角的外海域中，标出“成山沙□”，这是因为此处多暗礁，是元明清三代海运最危险之处。正是因为这些地方都是明末北洋海运的关键点，所以不惜将实际地理情况变形以屈从图幅，也要画入。

此图书法颇为朴稚，错漏亦不少见，很可能是明代军营所携，为后金（清）所虏获、使用，也可能是清人根据缴获的明人地图摹绘而成。

这幅明末北洋地图，着重表现了以渤海湾为中心的北洋海域及沿岸地区的地理、军事形势，而为清方所缴获、保存，也体现出清方对北洋海域整体形势的重视。在明清之际的东北亚战争中，无论是明方从直隶、山东、朝鲜三面（甚至南直隶）海上调遣，还是清方破解辽东沿海的骚扰威胁，都可看出海洋战略对东北亚整体局势的影响。

【注释】

[1]王颖主编：《中国海洋地理》，科学出版社2013年版，第10页。

[2]参见李孝聪：《中国历史上的海洋空间与沿海地图》，见萧婷（Angela Schottenhammer）编：《东亚经济与社会文化论丛》，威斯巴登，2006（Maritime Space and Coastal Maps in the Chinese History, *East Asian Economic and Socio－cultural Studies*, East Asian Maritime History Ⅱ, Harrassowitz Verlag, Wiesbaden）。

[3]参见郭永芳：《中国传统的海上小区——“洋”》，《中国科技史料》1990年第1期。文中认为：中国古代所谓的“洋”，是指比海还要小的小海区。文献中出现小海区的“洋”是在北宋，宣和年间徐兢的《宣和奉使高丽图经》中记载了白水洋、黄水洋、黑水洋和苏州洋等海区。到宋末元初，“洋”与“海”所区分的规范已经确立。

[4][南宋]周去非著，杨武泉校注：《岭外代答校注》卷2《海外诸番国》，中华书局1999年版，第74页。

[5][南宋]真德秀：《西山先生真文忠公文集》卷8《申枢密院措置沿海事宜状》，商务印书馆1937年版，第136、139、141页。

[6][明]张燮：《东西洋考》卷5《东洋列国考》，中华书局1981年版，第102页。

[7][清]齐彦槐：《海运南漕议》，贺长龄辑：《皇朝经世文编》卷48《户政二十三：漕运下》，沈云龙主编：《近代中国史料丛刊》第74辑，文化出版社1966年版，第1699页。

[8]丁一：《耶鲁藏清代航海图北洋部分考释及其航线研究》，《历史地理》第25辑（2011年）。

［9］吴春明：《“北洋”海域中朝航路及其沉船史迹》，《国家航海》第一辑，2011 年第 1 期。

［10］刘大可：《古代山东海上航线开辟与对外交流述略》，《国家航海》第六辑，2014 年第 1 期。

［11］何建章注释：《战国策注释》卷 19《赵策二》“苏秦从燕之赵”章，中华书局 1990 年版，第 657 页。

［12］王赛时：《古代山东与辽东的航海往来》，《海交史研究》2005 年第 1 期。

［13］《元史》卷 93《食货志一》，中华书局 1976 年版，第 2366 页。

［14］《明太祖实录》卷 30，洪武元年二月癸卯，“中研院”史语所校勘本 1962 年版，第 514～515 页。

［15］《明太祖实录》卷 34，洪武元年八月癸卯，第 620 页。

［16］见吴晗辑：《朝鲜李朝实录中的中国史料》前编卷上，戊申十七年九月乙卯，中华书局 1980 年版，第 13 页。

［17］《明太祖实录》卷 48，洪武三年正月甲午。

［18］关于明初辽东海运的情况，参见张士尊：《论明初辽东海运》，《社会科学辑刊》1993 年第 5 期。

［19］《明史》卷 86《河渠志》，中华书局 1974 年版，第 2114 页。

［20］樊铧：《政治决策与明代海运》，社会科学文献出版社 2009 年版，第 39 页。

［21］《明神宗实录》卷 8，隆庆六年十二月辛未，第 294 页。

［22］［明］王徵：《王徵监军辽海被陷登州前后情形揭帖》，李之勤辑：《王徵遗著》，陕西人民出版社 1987 年版，第 150 页。

［23］韩行方、王宇：《明朝末期登莱饷辽海运述略》，《辽宁师范大学学报（社会科学版）》1992 年第 4 期。

［24］王荣湟、何孝荣：《明末东江海运研究》，《辽宁大学学报（哲学社会科学版）》2015 年第 6 期。

［25］孟昭信、孟忻：《“东江移镇”及相关问题辨析——再谈毛文龙的评价问题》，《东北史地》2007 年第 5 期。

［26］李肯翊：《燃藜室记述选编》卷 21，辽宁大学历史系编，1980 年，第 56 页。

［27］［明］毛霦：《平叛记》卷上，《四库全书存目丛书》史部第 55 册，齐鲁书社 1996 年版，第 678 页。

［28］周琳：《万历四十六年至天启七年海运济辽》，《长春师范学院学报（人文社会科学版）》2005 年第 4 期。

［29］王荣湟、何孝荣：《明末东江海运研究》，《辽宁大学学报（哲学社会科学版）》

2015 年第 6 期。

[30]孟昭信、孟忻:《“东江移镇”及相关问题辨析——再谈毛文龙的评价问题》,《东北史地》2007 年第 5 期。

[31]林天人主编:《河岳海疆:院藏古舆图特展》,台北故宫博物院 2012 年版,第 186 页。

[32]赵现海:《明代九边长城军镇史》,中国社会科学出版社 2012 年版,第 493 页。

[33]《明世宗实录》卷 164,嘉靖十三年六月丙午,第 3625 页。

[34]《明神宗实录》卷 561,万历四十五年九月甲子,第 10576 页。

[35]《明神宗实录》卷 572,万历四十六年七月丙辰,第 10815 页。

[36]《明熹宗实录》卷 69,天启六年三月丙午,第 3286 ~ 3287 页。

[37]《明神宗实录》卷 298,万历二十四年六月甲辰,第 5581 页。

[38]《明神宗实录》卷 314,万历二十五年九月戊申,第 5875 页。

[39]肖立军、张丽红:《明代的天津总兵官》,《历史教学(高校版)》2008 年第 2 期。

[40]《明代九边长城军镇史》,第 522 ~ 523 页。

[41]肖立军:《明代省镇营兵制与地方秩序》,天津古籍出版社 2010 年版,第 417 页。

[42]《明熹宗实录》卷 10,天启元年五月己未,第 528 页。

[43]《明熹宗实录》卷 61,天启五年四月癸卯,第 2668 ~ 2670 页。

[44]《明熹宗实录》卷 70,天启六年四月乙卯,第 3347 页。

[45]《明熹宗实录》卷 23,天启二年六月丁卯,第 1126 页。

[46]《明熹宗实录》卷 23,天启二年六月戊辰,第 1127 页。

[47]《明熹宗实录》卷 22,天启二年五月壬戌,第 1118 页。

[48]《明熹宗实录》卷 60,天启五年六月癸巳,第 2837 页。

[49]《明熹宗实录》卷 83,天启七年四月癸亥,第 4057 页。

[50]《明熹宗实录》卷 11,天启元年六月辛未,第 543 页。

(作者单位:中国社会科学院古代史研究所)

BnF 所藏早期稀见中国城市地图述评*

钟　翀

引　言

法国国家图书馆(Bibliothèque nationale de France,以下简称 BnF)是法语世界最大的图书馆,也是法国历史最为悠久的图书馆,拥有五百多年的历史。该馆由查理五世时代(1364—1380)的皇家图书馆发展而来,1720 年路易十四时代迁入黎塞留街,至法国大革命时期收归国有,旋更名为国家图书馆,并接受大量充公图书,迅速发展成为世界屈指可数的大型图书馆之一。在 BnF 所藏之中,不乏大量珍贵的手稿、版画、相片、钱币等,也有像地图这类十分重要的史地文献资料。

去年年中,笔者委托上海社科院访法学者牟振宇先生,并与李孝聪教授通过 BnF 的网络资源检索、甄选,先后两次从该馆申请获取了一批极为珍贵的中国城市古旧地图资料,通过对这些地图的初步整理分析,得以了解 BnF 收藏此类资料的概貌,并洞察法国及西方列强近代在华之开发经营轨迹。由创作时代与作者来看,BnF 所藏中国城市地图,可简单分为前近代西方人士绘制的中国城市地图、清代本国所作绘本城市地图、近代法国及其他西方列强测绘的城市地图这样三大类,本文着重考察上述分类中的前两类之中一些绘制年代较早且不见于他处所藏或属稀见之珍本地图。

一、前近代西方人士绘制的中国城市地图

大航海时代揭开了东西方交流的序幕,此后西方传教士纷至沓来,前近代以降的早

* 本文为 2015 年度国家社会科学重大项目(15ZDB039)“外国所绘近代中国城市地图集成与研究”、2019 年度国家社会科学基金项目(19BZS152)“日军测制中国城镇聚落地图整理与研究”阶段性成果。

期传教士以意大利、葡萄牙与法国等天主教系耶稣会士为主，他们带着传播宗教的“神圣使命”，但亦十分重视对各国语言、历史、地理知识的学习。

目前在 BnF 见存的中国城市地图中，大概以传教士杜赫德(1674—1743)《中华帝国全志》书中的插图城市图为最早。杜赫德主编《中华帝国全志》，共四巨册，是 18 世纪欧洲汉学两大著述之一，为当时欧洲人获取中国知识的重要来源。BnF 收藏该书 1735 年初版，收录了 7 页共 38 幅中国城市(城堡)地图(图 1)，并且更为重要的是，BnF 的图片部至今还珍藏着当时绘制这些地图的原件[1]。

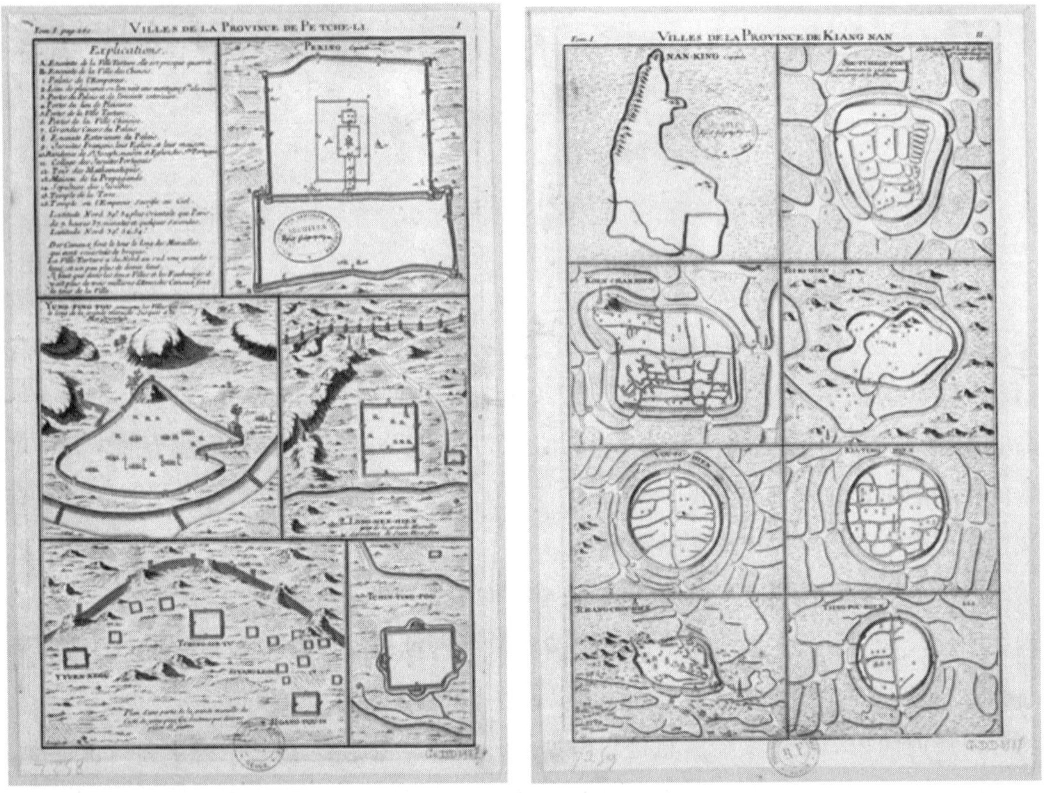

图 1 《中华帝国全志》所收城市图(部分)

这批城市地图分别出现在北直隶、陕西、江南、浙江、广东、贵州、广西福建山西云南诸省等 7 页之中，如北直隶有北京、永平府(今河北卢龙县城)、龙门县(今河北赤城县龙关镇)、今河北抚宁县黄土营至义院口一线的长城古城堡、正定府(今河北正定县城)等城市或城堡。江南省则包括南京、苏州府、昆山县、绩溪县、无锡县、嘉定县、常州县(钟案：应为常州府)、青浦县等府县城市。这些地图虽为小图幅、小比例尺，但从图式上来看，如对于山体、城墙与单体建筑的描绘，显然异于同时代中国的方志类绘图或者单幅城市地图，图上的文字注记亦用法文标示，所以应该是法国人的原创作品。根据蓝莉的研究，这些地图的制版是由当时一位非神职人员、职业制图家当维尔（Jaen – Baptiste Bourguignon d'Anville，1697—1782）制作的，此人后来被任命为“国王的首席地理学家”，至今仍留存有 1728 年 4 月 15 日杜赫德与当维尔签订的制图合同。[2]

根据《中华帝国全志》前言介绍以及蓝莉等的研究[3]，此书主编杜赫德以赴华传教士发回法国的信件和报告等材料为基础编纂成书，这些原始材料的撰稿人共 27 位，其中又以法籍传教士最多。按这 27 位供稿传教士在华时间统计，这些材料的撰写时间，应该始于安文思来华的明崇祯十三年（1640 年），而直到此书出版的 1735 年，即清雍正十三年为止。因此，这批城市地图创作的原始资料，最有可能是传教士们在传教之时，利用明末至清雍正朝间在华搜集的资料绘制而成的。

BnF 收藏的其他西方所绘前近代中国城市地图，主要以北京与澳门图为主。

以北京图而言，该馆藏有这一时期在法刊行的两种著名北京城市地图——1765 年刊《北京内城地图》（*Plan de la Ville Tartare de Peking*）与 1817 年彩印《北京城地图》（*Plan de la Ville de Pekin*），以及一种稀见的 1752 年手绘《北京内外城地图》（*Plan de la Ville Tartare et Chinoise de Peking*）。

前者（图 2）图廓纵 38 厘米，横 48.7 厘米，由拉特雷于 1765 年刊刻，此图在 1965 年

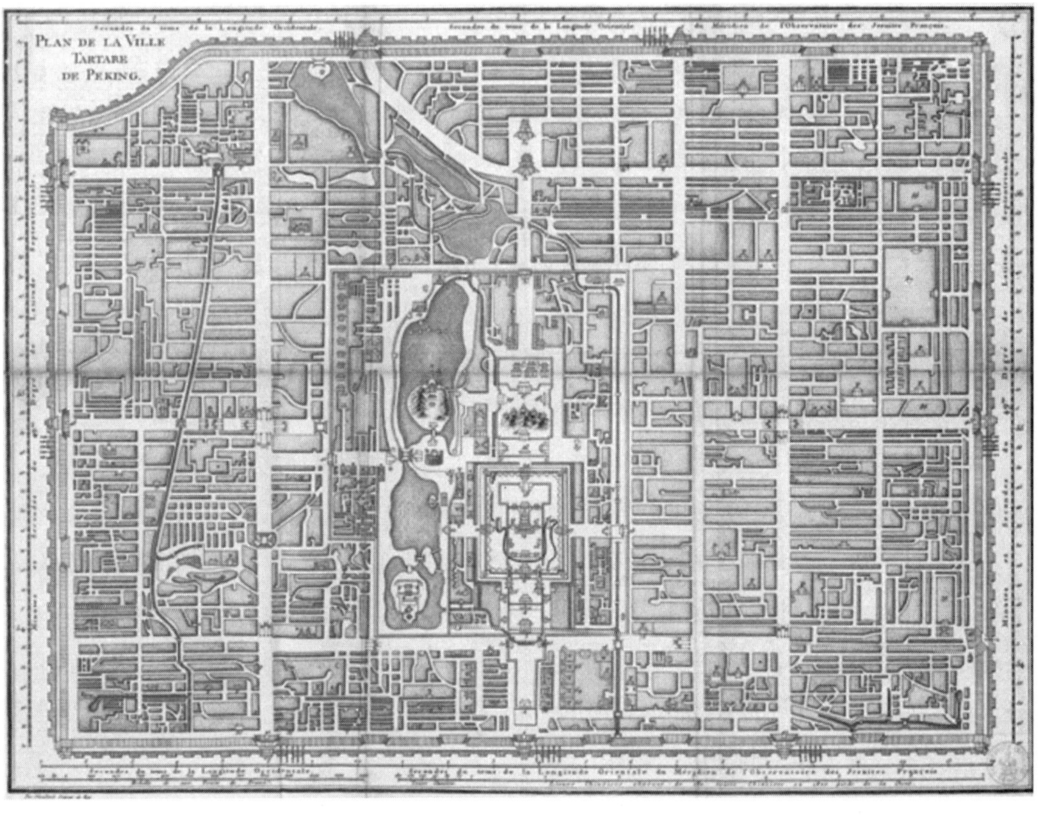

图 2 《北京内城地图》（*Plan de la Ville Tartare de Peking*，1765）

由美国纽约伊萨卡市历史城市地图复制公司依据康奈尔大学所藏原刊本复制500幅，现较常见。[4] BnF所藏为1765年原刻本。此图刊行时正值乾隆中期，当时法国已经取代荷兰成为欧洲地图制作中心，同时期的巴黎地图测绘之精令人叹为观止，因此，在技术上制作北京地图应该没有困难，主要还是实地测绘与资料获取较有难度。此图标有经纬度与线状比例尺（折合数字比例尺约为1∶9745），大面积水体也采用了等深线绘法，这些都具有现代实测地图的要素，不过由于上述困难，有些局部仍采用形象绘法。

1817年彩印的《北京城地图》，则是一幅纵123厘米、横98厘米的大幅北京城市地图。该图以法、俄两种文字并注，绘制极为详细，图上的地名注记多达185处，城墙、城门、垛口、城楼一应俱全，紫禁城、皇城、内城与外城也有明确的表现，成为当时西方人测绘、印刷北京地图之佳作，并影响了后来西人绘制的北京城市地图。在1903年德国人测绘北京地图之前，不少在西方或日本刊行的北京地图，其底本均出自此图。

BnF所藏另一种1752年刊《北京内外城地图》系一彩图，该图十分罕见，也是迄今所见最早的单幅法文北京城图（图3）。根据图上法文说明，此图系1752年2月法国地理学家菲利普·布歇（Philippe Buache，1700—1773）根据法国传教士R. P. Gaubil（中文名宋君荣）[5]从中国带回的一幅北京满城地图编绘而成的北京城地图，M. Délisle增绘了外城即汉城部分，并根据在北京的法国与葡萄牙耶稣会士的天文观测加入了经纬度。因此，这也是最早准确绘制了经纬度的一种北京地图。

该图尺寸为136厘米×136厘米，作者绘出了内、外城，但详略不一，其中外城仅绘天坛与城墙，但比例相对准确（折算比例尺约为1∶7040）。以传教士在华测绘的历史来看，推测应该实施了近代测绘。内城的表现与上述1765年图十分接近，不仅城墙格局、街巷胡同表现一致，而且诸如紫禁城内的建筑物、城内水系的形态也几近相同，因此推测此图应该就是1765年刊本北京图的祖本。从目前发现的由外国人绘制的单幅北京地图来看，此图的绘制年代仅晚于康熙中期所制、可能有传教士参与的《北京皇城宫殿衙署图》[6]，是最早表现北京全城的西洋实测地图，在北京地图史上应予以高度评价。

近代之前欧洲人关注的另一中国城市是澳门，这座城市与西方交涉的历史悠久，是前近代时期西方商人、探险家和传教士来华的最初登陆驻留之地，因此自然也会引起法国人的关注。BnF现藏了法国人1781年彩绘澳门图两幅、1785年彩绘澳门图一幅，均为手绘原图稿本，绘制时代早，研究及艺术水平极高，弥足珍贵。

1781年所绘两图图式相同、内容接近，其中一幅《葡萄牙托管地澳门城市及近郊图》（*Plan de la ville de Macao et de ses environs aux Portugais*）增绘了立面图（图4），因此推测内容较少的一幅为同一制图的过程图。

此图系彩色手绘图，纵75厘米，横102厘米，折算数字比例尺约1∶8500，图上地形线、方位尺、比例尺等要素俱全，测绘也较为精确，系一典型的西洋近代大比例实测地图。

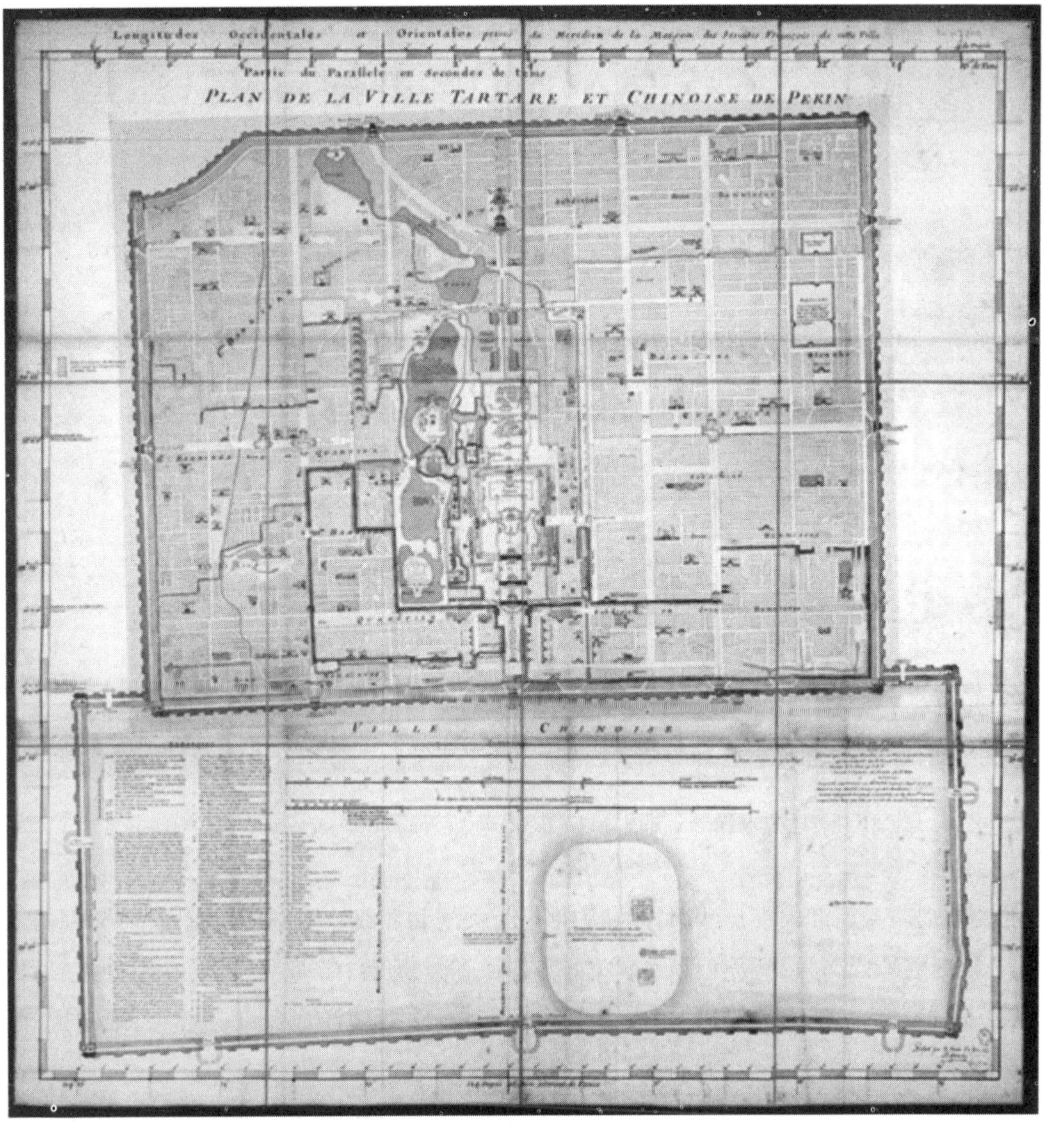

图3 《**北京内外城地图**》(*Plan de la Ville Tartare et Chinoise de Peking*,1752.2)

按图上说明,该图绘者按 BnF 著录信息为法国人 Lafitte de Brassier 与 Louis François Grégoire(1745—?)。

木图为近代早期的实测地图,因此变形较大。但绘者利用图形和色彩生动表现了 18 世纪后期澳门及周边地区的街区、堡垒、山丘、田地、滩涂和航道等地理要素。尤其是通过层叠式地形线图与阴影填绘等绘图技法,将山丘的立体感展现得一览无余。图中范围仅局限于澳门半岛及周边,不含今澳门地区的氹仔和路环等区域。由图中可见,当时澳门城区局限于今炮台山至西望洋山之间;城区北侧以炮台山为中心,东至东望洋山,西至白鸽巢,有城堡和城墙组成的防卫工事。另在望厦山南北有小型聚落。莲花茎(今关闸

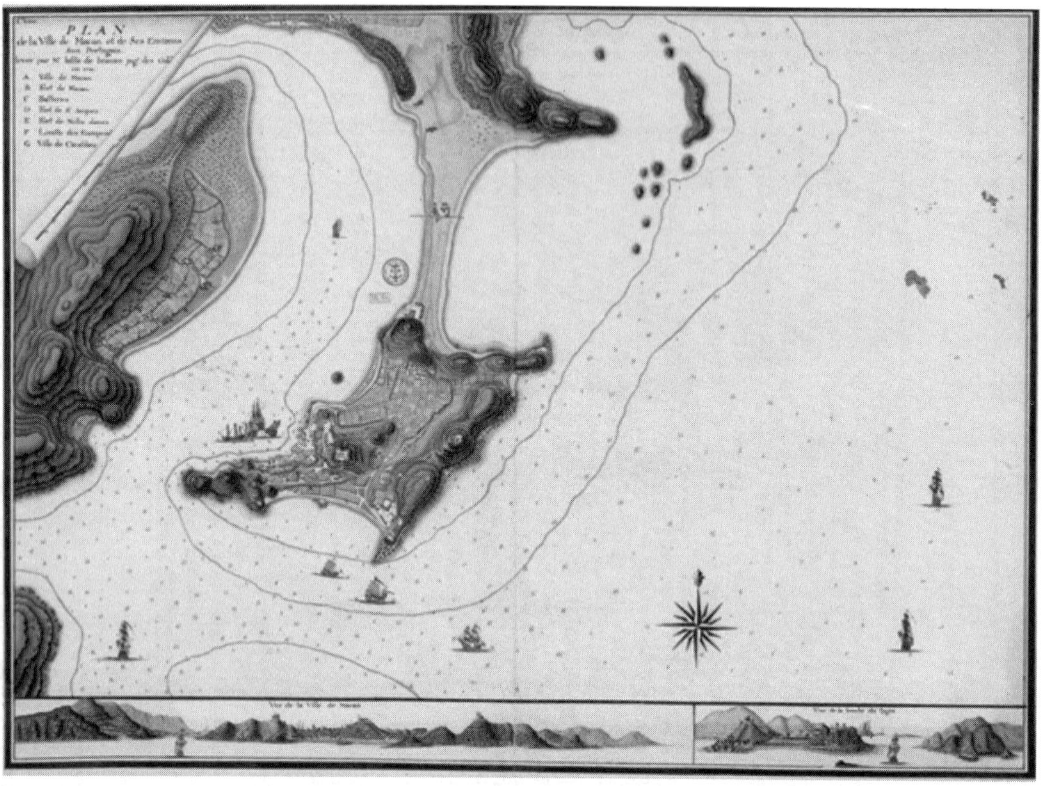

图 4 《葡萄牙托管地澳门城市及近郊图》(*Plan de la ville de Macao et de ses environs aux Portugais*,1781)

马路)还是一条南北向细长沙洲,沙洲中部绘有关闸和界线。图左上角有图例,分别标示出 7 处地名。依次为:A. 澳门城区;B. 澳门炮台,今大炮台;C. 炮兵中队,有两处,一处为圣地亚哥古堡,一处为仁伯爵炮台;D. 东望洋炮台;E. 西望洋炮台;F. 欧洲人限制区,即今关闸;G. 拱北街区。

图下有两幅风景画,一幅是 *Vue de la Ville de Macao*(远眺澳门城区图),视角为从外海由东向西望向澳门,图中澳门街区、大炮台、城墙、圣母穴地殿教堂和板樟堂清晰可见。另一幅是 *Vue de la bouche du tygre*,意为“Tygre 号远眺虎门景象”,描绘珠江口的情形。考虑到 Tygre 号法国海军巡洋舰在 1747 年被英国俘获,因此,此图虽是 1781 年所绘,但所参考的资料可能在 1747 年之前,也是一种年代较早的大比例尺实测澳门地图之一。

二、清代本国所作绘本城市地图

清代由本国人士绘制的绘本城市地图,由于岁月消磨、政局变动、地图的更新与替代,至今流传于我国者为数甚少,当下所见这一时期的单幅城市绘图,可以说都是博物馆级别的了。BnF 所藏的这一时期地图,以北京、广州、澳门三地为多,另外也有成都、重庆等地的一些大幅面城市绘画地图,这些地图出现在 BnF,也从一个侧面反映了近代法国人的足迹与关注地区。

(一)北京地图

BnF 现存清代国人绘制的北京地图,大致有《首善全图》、《京城全图》、《京师城内首善全图》(同名图 2 幅)、《京城内外首善全图》这五幅,综合此前有学者的研究可以了解,类似的北京地图应该是清代流行于京城、由坊间所刻的商旅导览用图[7],BnF 所藏的这五幅北京地图按其流行年代大致可分为三类,正好展现了清乾隆以来北京民间所制城市地图的变化历程。

前两种《首善全图》、《京城全图》(图 5),图式、内容均十分接近,其主要特点是开幅宽阔(一般为纵 1 米开外、横 60 厘米的大幅面图),内外城东西向间距几乎相等以至于图上的北京城整体呈近“日”形轮廓,此类北京地图虽然较为罕见,但在其他机构也有收藏。如大英图书馆所藏题款为“丰斋”制《首善全图》(国图亦有此图藏本,年代定为清嘉庆年间,见《北京古地图集》所载),还有琉璃厂万聚斋刻本《首善全图》等,均与此类地图相似,李孝聪曾根据图上避讳字考证为清嘉庆年间(1796—1820)所刻[8]。柏林原民主德国国家图书馆东方部藏有《首善全图》一幅,亦属此系统的刊本北京图,其右上缘有著名地理学家洪堡题记云此图购于俄国圣彼得堡。[9]洪堡曾于 1829 年受俄皇之邀到圣彼得堡访学,因此可证此类《首善全图》流行于乾嘉年间殆无疑问。

BnF 所藏两幅同名《京师城内首善全图》,图式、内容亦十分接近,然图上“广宁门”的“宁”字已经采用避讳字,说明这两种图都是道光之后的北京地图了。此类地图较前者多见,如国图所藏《京师城内首善全图》[10],又如笔者在日本京都旧书肆所见同名图,其图上地物表现均十分接近,但也常有微妙的差别(如什刹海的水波纹、图名的字体,以及少量的地物标注等)。这种地图的图幅较前述乾嘉时期北京地图要小,图幅一般为纵 60 厘米、横略窄于纵向的近方形,其内容上的特点是内外城轮廓完全简化为等宽的“日”字形。从图上东交民巷使馆区等地物表现来看,此类地图大概是道光到同治初流行于京城的一类坊刻北京地图。

BnF 所藏另一《京城内外首善全图》,是清末时期流行于北京民间的一类地图。此类地图更为多见,图名有几种变化,如国图藏落款为“古吴谈梅庆恭绘”的同名图,还有“阳湖赵宏恭绘”《京城内外全图》,等等。此类地图的表现特点是对内外城的轮廓、城角的抹角等表现均比之前要准确,因此很容易判别。从东交民巷使馆区的变化等该时期的敏感地物表现来看,均可判定其流行年代当在晚清末。目前海外所存此类图者,其成图年代大多在 1900 年前后,因此其地图的收藏渊源,也许可以跟八国联军攻占京城联系起来考虑。

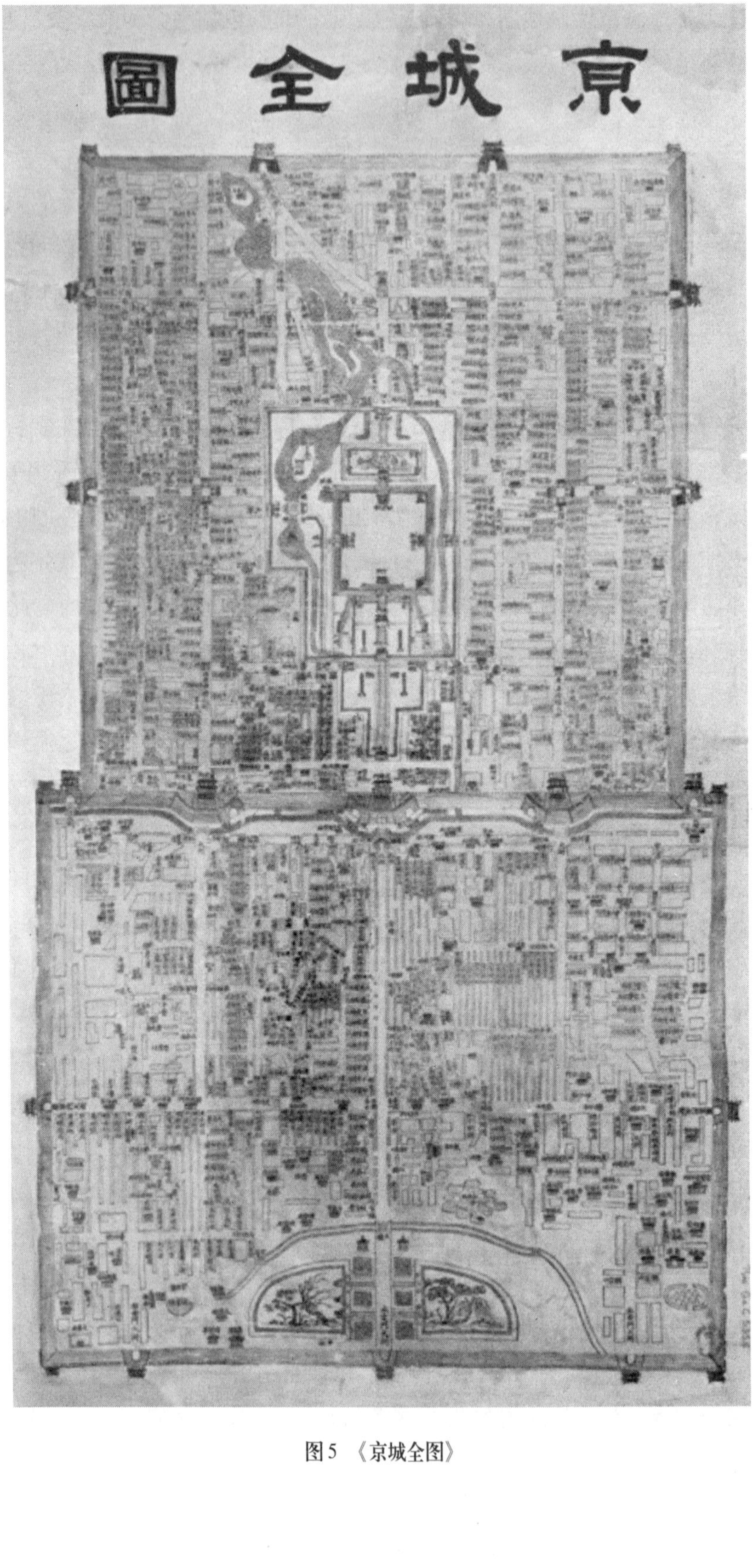

图5 《京城全图》

（二）其他城市地图

BnF 还收藏了一些非常珍贵的我国地方城市图，笔者简要罗列介绍如下。

《渝城图》（艾仕元绘，纸本设色，约 1860—1890 年，图 6）

图6　渝城图（1857 年）

原图纵 248.5 厘米，横 124 厘米。《重庆历史地图集》与《重庆古旧地图研究》均未收此图，BnF 所藏系宇内孤本，具有很高的文物价值。该图采用传统中国画散点透视法构图，描绘了开埠前夕重庆城内外全貌，其中仅房屋就有 3377 栋，标注了 10 家会馆、10 家戏班、14 家当铺，并绘有人物 1454 人。最近有当地学者专门拿近代重庆影像资料与图上同一地点的地物加以比较，发现两者高度吻合，更充分说明了该图的写实性与史料价值。[11]

该图年代当在咸丰十年（1860 年）之后（由图上所见新筑的“嘉陵门”推知），下限为 1890 年左右，可能是后来在重庆流行的清末张云轩制《重庆府治全图》、刘子如制《增广重庆地舆全图》等系列之前的一幅重庆地图，因此也具有很高的地图史学价值。

Plan of the City and Suburbs of Canton（广州城及城郊平面图，1857 年，图 7）

英国 The Quarter - Master Generals Departement, Chinese Expeditionary Force（中国远征军军需部）于 1857 年 10 月绘制。1858 年 2 月，The Topographical Depot War Department 彩色石印，印制负责人为 Elphinstone 上尉。图中比例尺为 1∶12000，全图纵为 650 厘米，横约 930 厘米。图上端有附图一幅，题为 *Plan of the Battery for two 13 Inch and two 10 Inch Mortars, and two 24 Pounder Rockets on the Dutch Folly*（海珠炮台布防图）。BnF 藏。

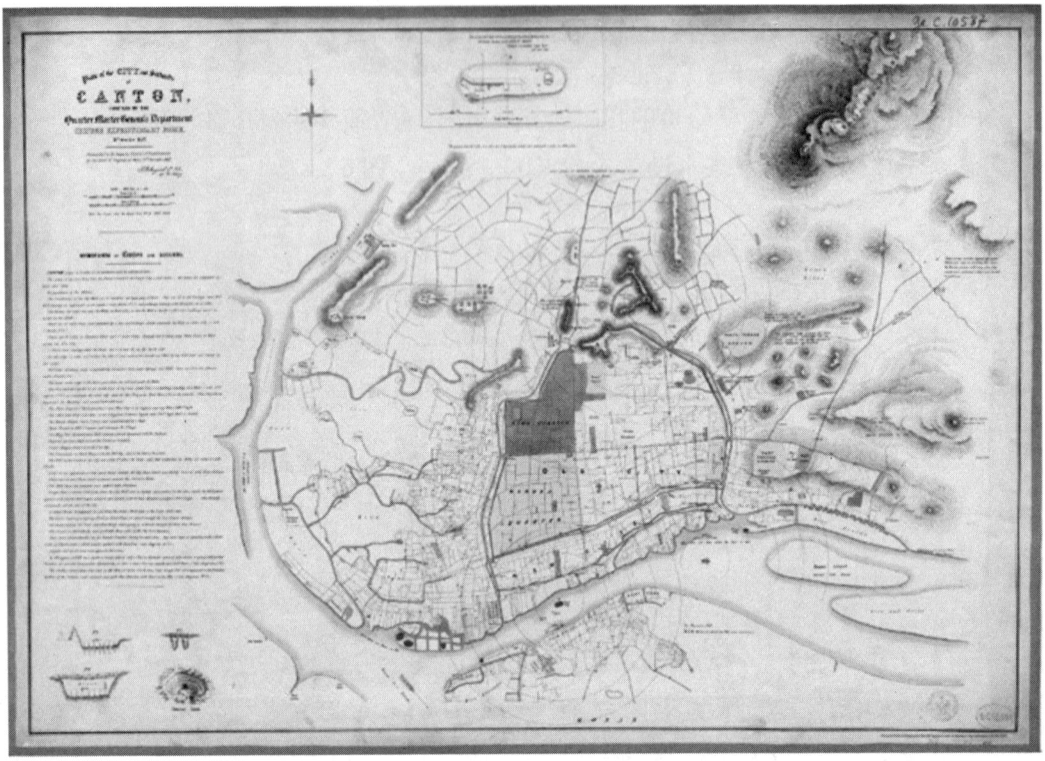

图7 *Plan of the City and Suburbs of Canton*（1857 年）

此图对当时广州城内外的街巷和重要建筑描绘得十分细密。图中区域涵盖广州城与东西关近郊，并包含珠江南岸河南、西南岸 Flower Gardens（今花地），及城北山地。图中对军事区域和设施标注尤为详细，将满城等军队驻防区域分色表示，其中满洲八旗地块为黄色，汉军旗地块为绿色。广州城周边炮台也一一标出，并用红色记注，重要炮台还绘有同心圆圈层，以示射程范围。图左侧有大段文字记述广州情形，题为 *Memoranda of Canton and Suburbs*（广州城及城郊备忘录），内容主要侧重于城墙、城门、环濠、饮用水源、兵力，以及具有军事价值的高层或围墙坚固建筑等军用信息。文下还附有三幅中国防御工事示意图与一幅中式坟墓示意图。文中所提及的 Sketch No. 1 与 Sketch No. 2 未在图上绘出，但同一年代英国皇家地理学会所藏另一同名图中确有此两幅素描图。按，两幅同名地图绘制过程中的编绘机构、时间，及图中内容等都大体相同，应为同一底图，不同版本。

附图《海珠炮台布防图》，由英国 G. Longley 少尉制作，成图于 1857 年 12 月 26 日。据图中比例尺换算为公制为 1∶1080，图幅纵约 85 厘米，横约 170 厘米。该图详细记录了位于城南珠江江心的海珠炮台情况，并清晰地标明炮台内六门不同口径炮的具体位置。图中还绘有贯穿炮台的南北向直线两条，并于图下附直线所经过空间的立面图。

本图是军事用图，制作背景为第二次鸦片战争广州战役前。广州战役爆发于 1857

年 12 月底，本图完成于 10 月 31 日，并于次月 27 日转交 The Inspector General of Fortifications（战地工事巡查官），可见此图的实用性和实效性。

Chengtû - Fou（成都府，约 1894 年，图 8）

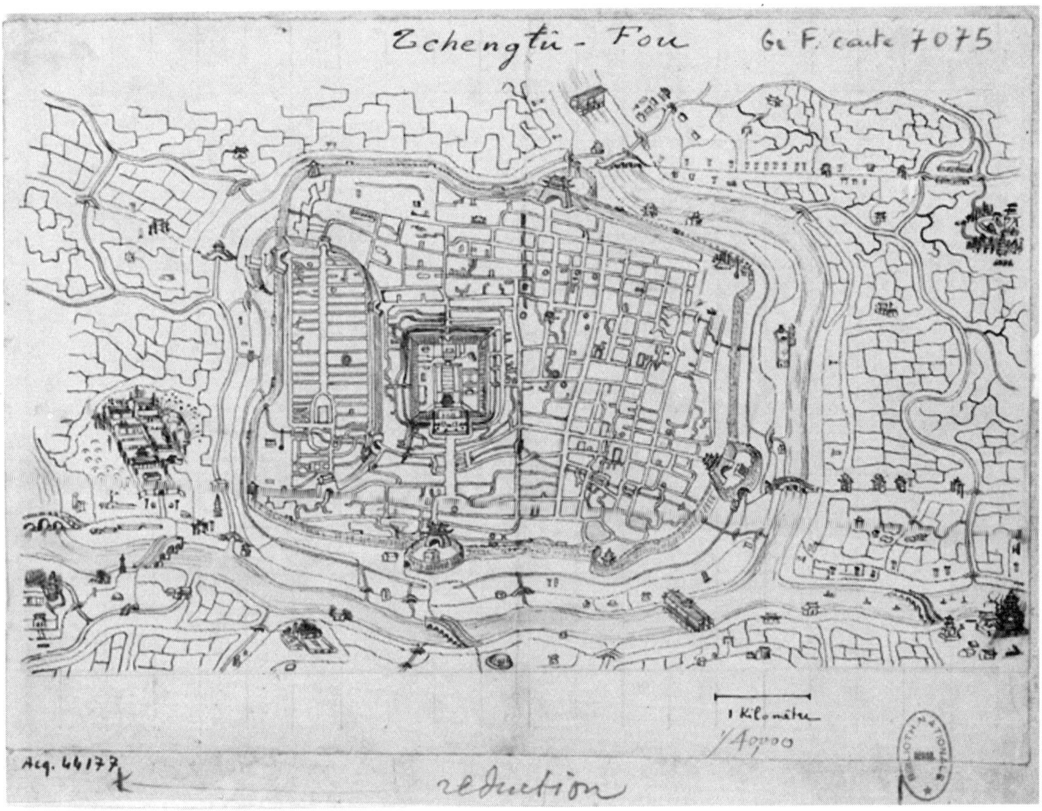

图 8 *Chengtû - Fou*（约 1894 年）

该图为一纵 194 厘米、横 276 厘米的巨幅城市绘图，手彩上色，淡绿色表示河道，官署衙庙以黄色地块或桃红色圆圈标注。图式、内容包括地物标注多与光绪二十年（1894 年）吴绍伯刊《四川省城街道图》[12] 相同，因此可以断定是摹绘自国人所绘近代成都地图。考虑到这一时期西方在华测绘地图的流通，可以推断此图当是成都出现近代实测地图之前的一种地图形态，不仅反映了近代法国人对该地的关注，也可推测近代西方人在未实施近代实测之前的地图获取与处理方式。

Ningpo et ses Faubourgs（1870 年，图 9）

图名可译为《宁波城及其郊区图》，绘制年代据 BnF 收藏目录，原图不具绘者及绘制年代。1 幅，单色手绘，原图尺寸不详，比例尺 1∶22500，1870 年由巴黎的 Imp. Bineteau 出版。图上有 BnF 的入藏章。

该图主要描绘了宁波城及三江口周边的郊区分布情况，着重标记出了城内宗教场所

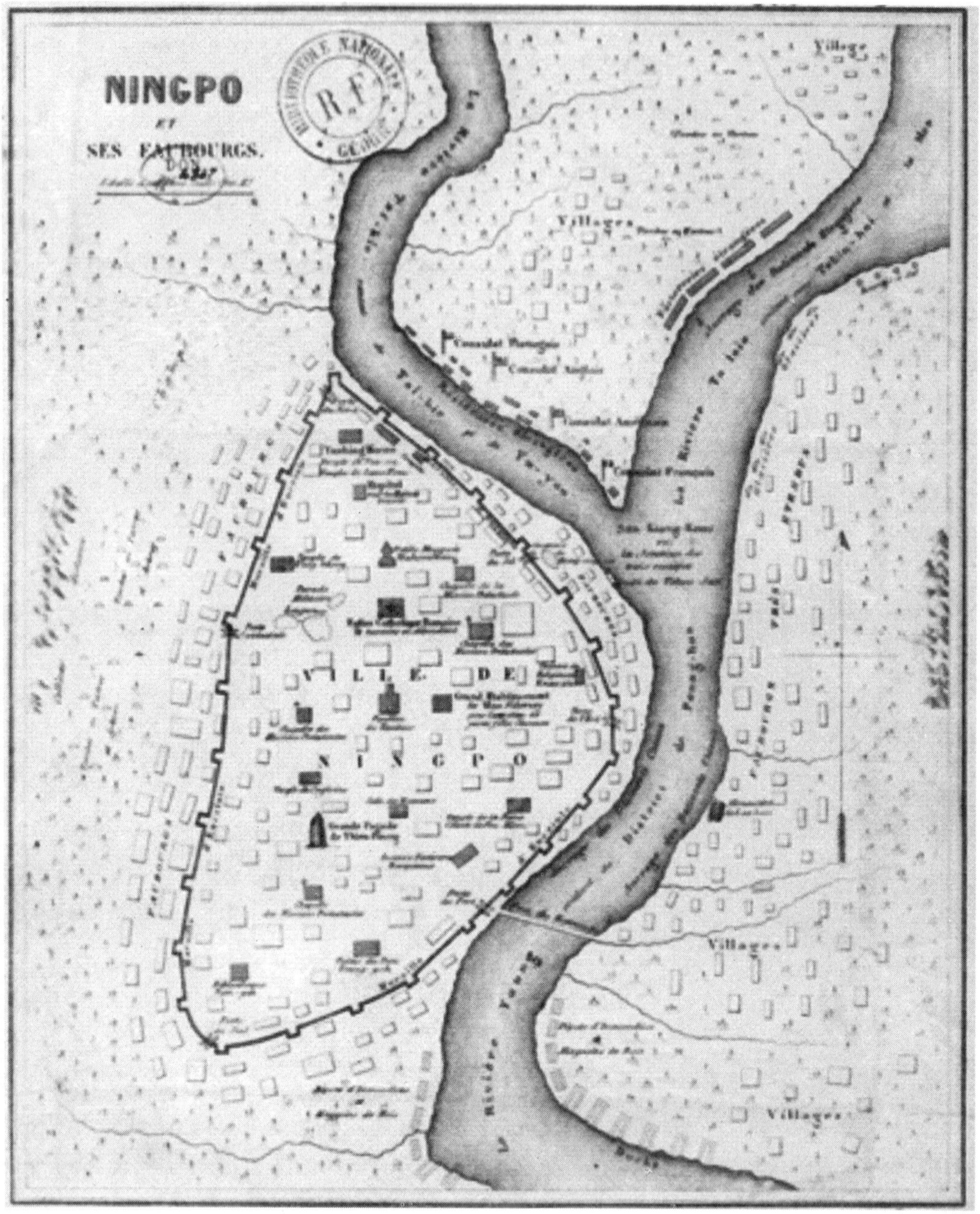

图9 *Ningpo et ses Faubourgs*(1870 年)

的位置。可以看到当时的葡萄牙、英国、美国、法国领事馆集中在余姚江沿岸,城南则是仓库及木材商店区,郊区以外多是坟墓及树林。

该图极有可能翻印自 1857 年出版的 *Life in China* 一书中的插图,插图由作者 William Charles Miline(美魏茶,来华传教士)所绘。

结　语

法国国家图书馆(BnF)自前近代以来持续搜集了许多有关中国城市的古地图与近代测绘地图,本文通过对这些地图的整理与分析,以及对这些地图的学术价值与可能的传存来源的初步探讨,可知其具有如下特色。

(1)成图年代早,其中包括 18 世纪的《中华帝国全志》之中的中国各省主要城市地图、前近代北京、澳门等地的法国人绘制地图等,史料价值颇高;

(2)与法国近代以来在华军事及经济活动密切相关,如东南沿海港市、沿中南半岛至西南诸省的重要都市与贸易口岸城市地图(包括本文揭示的广州、宁波、重庆、成都等图,以及 BnF 所藏的昆明、苏州、香港、澳门等城市的早期地图),富于时代特色;

(3)该馆珍藏了若干由中国人绘制、但不见于其他公私收藏机构的城市地图,如清中期的《京城全图》、近代初的《渝城图》、摹绘自国人所绘近代成都地图的 Chengtû - Fou 等图,显示了近代中期法国人对这些城市的关心,以及对该地区城市地图资料搜集的历史,不仅弥足珍贵,而且富于史料价值与研究价值。

【注释】

[1]详见〔法〕戴东卜:《1735 年杜赫德出版的中国城市地图原件》(Desttombes, Les originaux chinois des plans de ville publiés par J, - B. Du Halde, s. j. , en 1735),刊《第一届尚蒂伊国际汉学研讨会文集》(Actes du Ier colloque internationale de Sinologie, Chautilly, 1974),巴黎:美文出版社 1976 年版,第 85 ~97 页。

[2]〔法〕蓝莉:《请中国作证:杜赫德的〈中华帝国全志〉》(Isabelle Landry - Deron, La Preuve par la Chine: La *Description* de J. - B. Du Halde, Jésuite, 1735)第五章《与学界的联系》,许明龙译,商务印书馆 2015 年版。

[3]〔法〕蓝莉:《请中国作证:杜赫德的〈中华帝国全志〉》第二章《主编与 27 位供稿人》。

[4]中国国家图书馆等编著:《北京古地图集》,测绘出版社 2010 年版,第 99 页。

[5]宋君荣 1722 年来华,1759 年归国,他也是上述《中华帝国全志》的 27 位供稿人之一。参见前揭〔法〕蓝莉:《请中国作证:杜赫德的〈中华帝国全志〉》第二章《主编与 27 位供稿人》。

[6]郑锡煌主编:《中国古代地图集——城市地图》所载图 10,西安地图出版社 2005 年版。原图存于台北“中央图书馆”,此图被认为是由清宫廷内务府主持实测绘制而成,参见本书第 171 页说明。

[7]朱竞梅:《北京城图史探》第四章《首善全图系统》,社会科学文献出版社2008年版,第94~101页;钟翀:《中国近代城市地图的新旧交替与进化系谱》,《人文杂志》2013年第5期。

[8]李孝聪:《记英国伦敦所见四幅清代绘本北京城市地图》,《国学研究》第2卷,北京大学出版社1994年版,第449~481页。

[9]朱竞梅:《北京城图史探》,第100~101页。

[10]中国国家图书馆等编著:《北京古地图集》,测绘出版社2010年版,第170~174页。书中将此图定为1870年墨色石印本,未详何据。

[11]张海鹏:《〈渝城图〉里的重庆旧影》,"八二四研究所"微信公众号,2018年5月30日。

[12]此图载于成都市社会科学院编:《成都市志·勘测志》,巴蜀书社2006年版。

(作者单位:上海师范大学)

有清一代未能改变的“天下观”*

——以《皇舆全览图》为视角

夏 帆

地图是帮助人们以空间方式理解人类世界中的事物、概念、状况、过程或事件的一种图形表达。[1]国内外学者都曾注意到地图与政治空间观念间的相互影响关系问题。国内学者的研究更多将地图视为一面“镜子”，试图考察镜中所体现的政治空间格局。葛兆光教授是较早注意到这一议题的国内学者。他在《古地图与思想史》一文中认为透过古地图中的方位、比例等，能观察到古代中国人的世界观，更主张将地图纳入思想史的研究范围。[2]随后，梅琼林[3]、林岗[4]、席会东[5]、管彦波[6]等学者，也曾经以地图视角切入，探讨中国的天下观、华夷秩序或者西部边疆的形成问题。

国外学者的研究除了关注地图所呈现的政治空间格局外，还将更多的注意力放在地图在政治空间格局形成过程中的作用与价值上。这些学者认为地图并非仅仅展示政治权力关系，而是通过特定角度的空间结构展示，参与到整个政治权力关系的构建中去。[7]这一派学者认为，我们身处的空间并非一个客观、自然、预先存在的整体，而是由文化和物质实践构造出来的。正如列斐伏尔（Henri Lefebvre）所指出的，“（社会）空间是一种（社会）产品”[8]。而地图以图形方式表达现实世界，其力量之一在于能够输出并强化某种空间观点。如此一来，当地图制图方法发生重大转变的时候，往往也伴随着人们空间观念的转变，这其中当然包括政治空间观念。因此，投影地图的出现和发展对政治空间观念的影响也是重要研究议题。迈克尔·比格斯（Michael Biggs）、马克·尼奥克里尔斯（Mark Neocleous）以及菲利普·斯坦伯格（Philip Steinberg）等学者就探讨了地图制图技

* 本文为国家社会科学基金一般项目“中外地图所见中国疆界意识演变及比较研究（1708—1948）”（18BZS167）阶段性研究成果。

术变革与现代国家制度间的影响、塑造关系问题，并以特定地区为研究对象，对这种关系进行检验。[9]其中代表性的观点认为：投影地图对现代国家领土制度的形成，以及线状边界的出现和完善起到重要作用。以第一幅使用科学测量方法来完整呈现一个单独的欧洲国家的现代投影地图《卡西尼地图》为例，杰里·布罗顿（Jerry Brotton）曾高度评价《卡西尼地图》的测绘与出版对现代法国国家概念塑造的重要作用。他认为《卡西尼地图》远非只是一项全国性测量，它让购买的人可以一眼就想象出全国的空间。（视野）从个人所在地区转移到全国，以统一的语言、符号表示阅读地图。地图的拥有者可以对一个地形空间及其居民产生认同。发展出一种行政上的稳定性和地理现实，有助于激发国民产生前所未有的情感依赖和政治忠诚。[10]

如果沿着这种思路，考察投影地图传入中国后的影响问题，那么一连串颇具意味的疑问也将随之产生：当耶稣会传教士将投影地图制图技术引入中国时，特别是我国第一个由国家主导的、经过大规模实测的全国投影地图测绘工程——《皇舆全览图》绘制时，我们应该也曾经站在改变政治空间观念的关口。这种改变是否发生？促成或者阻碍这一变化发生的原因又是什么？这将是本文分析与研究的重点。

一、《皇舆全览图》的制作

康熙皇帝很早就接触过西式投影地图，而经过康熙二十八年《尼布楚条约》谈判，康熙皇帝似乎更加意识到地图的重要价值。当时，中方代表手上只有《吉林九合图》，精度有限。康熙帝为了解黑龙江流域的地理情况，要求进呈相关地图。参与尼布楚谈判的法国传教士张诚（Joannes Franciscus Gerbillon），献出一张亚洲地图，但因资料缺乏，中国东北地区竟存在一片空白。也许从这时开始，利用包括传教士在内的测绘力量为朝廷绘制更为精确的地图的想法就开始出现在康熙脑中。为此，康熙皇帝甚至亲自了解、学习西式测绘方法。“康熙二十八年十二月二十五日，上召徐日昇、张诚、白进、安多等至内廷，谕以自后每日轮班至养心殿，以清语授讲量法等西学。”[11]

而最终，从兴趣到下令实测又经历了将近二十年。直到康熙四十六年（1707 年），康熙下令测量京城所在的北直隶地区，费时约半年，于次年 6 月 29 日完工。该图测绘完毕后，曾亲由康熙校勘，康熙认为新图远胜旧图，始命令传教士在内的制图力量开始大规模地测绘各省地图。

而经过十年绘制，到 1718 年（康熙五十七年）图成，测量队的足迹先后到达满洲、新疆部分地方、山东、喀尔喀蒙古（今在蒙古国境内）、陕西（其时兼包甘肃）、山西、河南、江南（即江苏和安徽一带）、浙江、福建、江西、广东、广西、四川、云南、贵州、湖广等关内 15 省及关外满蒙各地[12]，具体绘图范围东南至台湾，西至伊犁河，北至北海（贝加尔湖），南至崖州(今海南岛)。其中需要特别指出的是:由耶稣会传教士冯秉正、雷孝思和德马诺带领的测量队在完成对福建的测量后,于康熙五十三年(1714年)4月至5月,测绘了台湾西部地区。在《诸罗县志》(康熙)、徐葆光所著《中山传信录》、黄叔敬所著《台海使槎录》以及《台湾县志》(乾隆)等文献中,均有对此次台湾测绘的记叙。[13]

而后,经过汇编,1718年《皇舆全览图》进呈康熙。康熙皇帝非常喜爱此图,曾不无夸耀地对大学士蒋廷锡说:“此朕费三十余年之心力,始得告成,九卿等如求颁赐,允之。”[14]得意之情跃然纸上。李约瑟(Joseph Needham)也曾称赞此图:“不但是亚洲当时所有地图中最好的一幅,而且比当时所有欧洲地图都更好、更精确。”[15]

应该指出,《皇舆全览图》在绘制时是带有明显政治目的的。地图的绘制,至少在最高统治者思想上是有在已经确定的范围内明确帝国的地理界限,而在有争议的或不确定的地区,加强帝国的存在感及地理界限的塑造的目的。这从康熙皇帝晓谕中谈及地图测绘与明晰中朝边界位置关系时可以看出,“自古以来,绘舆图者俱不依照天上之度数以推算地里之远近,故差误者多。朕前特差能算善画之人,将东北一带山川地里俱照天上度数推算,详加绘图视之,混同江自长白山后流出,由船厂打牲乌喇向东北流,会于黑龙江入海,此皆系中国地方。鸭绿江自长白山东南流出,向西南而往,由凤凰城朝鲜国义州两间流入于海。鸭绿江之西北系中国地方,江之东南系朝鲜地方,以江为界。……土门江西南系朝鲜地方,江之东北系中国地方,亦以江为界,此处俱已明白”[16]。此外,从最终成图的地图名称上也表达了康熙皇帝希望将整个帝国置于视野范围之内的愿望。

但是,此图随后的流传与影响情况却令人叹息。

二、《皇舆全览图》的流传与影响

据考证,《皇舆全览图》有测绘图稿、内务府舆图处誊绘本、木刻印本、铜刻印本等流传于世。其中,测绘图稿和内务府誊绘本为测绘时的原稿或者测绘原稿被送达内务府后,由舆图处按照图稿重新誊绘的图稿,现分藏于北京中国第一历史档案馆和中国台北故宫博物院。而关于木刻印本和铜刻印本,根据任金城的研究,主要流传有:(1)康熙五十七年(1718年)28张木刻初印本,其中地名用汉文;(2)康熙六十年(1721年)木刻分幅本,包括全国总图和32幅分省图,地名标记全为汉文;(3)康熙五十八年(1719年)41块铜版拼幅本,内地各省地名使用汉文标注,边疆则用满文。重印时由金梁题识为《清内府一统舆地秘图》。[17]而显然印制这些官方版本地图的目的仅在于宫廷收藏,正如《清史稿·何国宗传》记载“乃镌以铜版,藏内府”[18],并在接下来的一百余年的时间里仅仅为皇帝或者近臣赏玩用。

成书于雍正初年的《古今图书集成·职方典》是当时奉皇家命令编撰的百科全书,也因此缘由得以较早接触到《皇舆全览图》。《古今图书集成·职方典》中所包含的216幅图，即来源于《皇舆全览图》，但要简略得多，更重要的是，删除了《皇舆全览图》中的经纬线。可见当时的地图制图者并未真正理解投影地图制图原理，因此没有意识到经纬线在地图制图中的决定性作用。

较早参考《皇舆全览图》制作成图，并进行民间出版的是李兆洛、董方立所作《皇朝一统舆图》，或称《皇朝一统舆地全图》。该图以《皇舆全览图》及乾隆朝《内府舆图》为参照，并参校乾隆以来至道光二年(1822年)的州县变更、水道迁移编绘而成。首次刊印于道光十二年(1832年)，这时距离《皇舆全览图》测绘已百年有余。但即使这时，《皇朝一统舆图》图中仍是经纬度和传统计里画方并用。图中，以纬度1度分为二方，每方百里。也显示彼时，无论是绘图人或地图使用者的习惯仍未脱离传统计里画方法。

由此可知，清朝统治者并未真正认识到投影地图的作用与价值，而民间受《皇舆全览图》"藏内府"所限，少有机会接触新式投影地图，综合造成《皇舆全览图》影响力不足。而这种影响力的不足还体现在《皇舆全览图》及新型投影地图在随后的一段时间内均未能有效运用到舆地研究中去，有清一代无论官方或民间，绝大部分舆地研究仍以传统方式进行；测绘制图工作在《皇舆全览图》制成之后也随之停滞，甚至在边界纷争时仍然无图可用。

一方面，这一时期的舆地研究仍以传统方志撰述为主。清代是中国方志编纂史上的鼎盛时期，且学者参与修志蔚然成风。这些方志中所使用的地图绝大部分仍为传统中国式地图。图的作用仅限于辅佐文字，正如康熙《江西通志》中《图考》云："左图右书，书以纪事，图以观理。图也者，佐书之所不逮者也。"这里的地图只作辅助用，为文字的补充。其所叙述的地图特点与现代投影地图仅通过图形本身就可以说明地物位置、分布、相互关系等信息的特点格格不入。显然，这反映出方志撰写者并未真正接受投影地图，也少有位置留给投影地图。

另一方面，从《古今图书集成·职方典》中包含的地图可以看出，就连统治集团内部也并未完全理解投影地图制图技术精髓。无怪地图测绘工作在《皇舆全览图》制图结束后很长一段时间完全停滞，甚至造成面临边界条约谈判、勘界时，往往无图可用的局面。《布连斯奇界约》和《恰克图条约》签订在雍正五年，距离《皇舆全览图》的测绘及制作不过十余年。但此时，中方代表依旧没有这一地区的精确地图，对边界情况几乎一无所知，只能使用俄方提供的地图，以至被骗，损失惨重，丢失了贝加尔湖以南、恰克图以北的安加拉河流域30多万平方公里土地。[19]

甚至到百余年后的中俄东段边界勘界时，问题依然存在。咸丰十年到十一年，奕䜣的呈折中曾经多次谈及地图问题，大致由于中方未携带足够地图，又不敢贸然使用俄方地图所致。在咸丰十年十月二十七日的奏折中，奕䜣提到："……为先将俄夷地图恭呈御览，并各国互换和约应否进呈，请旨遵行事……前日换约时，该夷呈出地图本，请臣奕䜣一并画押盖印。臣等前曾告以此事不能凭尔国之图为据，既系两国分界之事，应于明春恭候大皇帝所派大员，携带地图，互相履勘明白，方可为永远遵守之据……”[20]从奏折中很容易可以看出地图匮乏所引发的困扰。

三、有清一代未能改变的“天下观”

在接受现代民族国家观念以前，中国人一直秉承传统的“天下观”的政治空间观念。“天下观”的突出特征是出于文化优越感的华夷等级观以及模糊的边界观。下面的论述将说明，在《皇舆全览图》制成后的近两百年时间里，上述传统“天下观”一直未能有根本改变。

(1)官方未以线性边界形式理解并管理国家疆域

“天下观”的特征之一就是模糊的边界观。因为“对于天下，所有地方都是内部，所有地方之间的关系都以远近亲疏来界定”[21]，而不能以具体界线进行划分。这与投影地图中线状边界的观念并不相符。随着《尼布楚条约》的签订与《皇舆全览图》的绘制，清政府模糊的界线意识虽然正在形成，但官方并未真正以线性边界形式理解并管理国家疆域。以雍正朝与俄罗斯、安南划界为例，这两次划界背景都是在他国觊觎我领土，不断进行蚕食、侵占的前提下进行的。更有甚者，安南划界案时，在对地方官员有关划界情势奏折的回复中，雍正皇帝秉承的仍然是“德以柔中国，刑以威四夷”的传统“天下观”。具体体现在自持天朝上国身份，不屑与夷狄“争利”，认为“尺寸”之地无足轻重[22]，同时认为可以以德感化，甚至视中外皆为天下一家等各个方面。

在随后近二百年的时间内，对于康熙朝时经由穆克登碑确定的中朝边界也疏于维护，致使该碑多次向中国方向移动，直至最终失踪。19世纪末，大量的朝鲜民众越境，迁入图们江北岸的中国境内垦种、定居，清廷要求朝方“刷还”垦民未果，最终引发中朝边界问题。

并且，对于暂时保持平静的其他边疆地区，清政府依然选择与缅甸、尼泊尔等保持清政府心理定义上的“宗藩关系”，并未要求或者主动进行边界划分。直到19世纪中法战争后，清政府才被迫与法、英殖民者对滇缅、滇越、粤越边界予以勘定。

(2)统治者对于“西方”的地理概念的漫不经心

这一时期统治者及政府上层官员对于“西方”的地理概念的漫不经心甚至蔑视，也表明出于文化优越感的华夷等级观念未有改变。而这一点与投影地图中将人们所处的三维世界通过几何投影方式描绘到二维平面上，由此各个不同地区的差异只是在数量上而并非在质量上的观念也不相同。

康熙五十三年(1714年)三月,《皇舆全览图》正在紧张绘制过程中,康熙在与诸传教士会晤时坦陈:自己只知道西洋人,并不了解法兰西和葡萄牙这两个国家,当有传教士提到西班牙时,康熙仍表示不知晓。同时也表示自己不知道中国有各种宗教修会,只知道法兰西人和葡萄牙人是在中国的西洋人中人数较多的两个民族,认为这两群人应该人数持平,服从他们共同的领袖耶稣会"会首"领导。上述回答被西方研究者称为"一位满洲皇帝对西方人关于头衔与国家的区分与再区分给出的儒家式的答复"[23]。从这种答复可以看出:康熙皇帝从地图中获得的信息有限,也从侧面表明康熙并不真正重视地图,特别是描述中国以外地区的地图。

这种情况甚至到了乾隆朝也没有变化。从官方文献对《皇舆全览图》同一时代其他耶稣会士的地理文献的评价可以看出,当时的统治阶级内心深处对这些来自西方的有关知识和技术的不以为然。乾隆后期的《四库全书总目提要》在评论南怀仁著《坤舆图说》时,虽然提到其与另一位耶稣会会士艾儒略所著《职方外纪》有异同之处,但更大篇幅用在将南怀仁《坤舆图说》与汉代东方朔所著的神话志怪小说集《神异经》以及宋末元初周密所著《癸辛杂识》中的论述相提并论,"此书记此事亦全与相合"。甚至认为是作者来到中国后,根据这些古书进行了虚实结合的写作:"疑其东来以后,得见中国古书,因依仿而变幻其说,不必皆有实迹。然核以诸书所记,贾舶之所传闻,亦有历历不诬者。盖虽有所粉饰,而不尽虚构。存广异闻,固亦无不可也。"[24]可见对于《坤舆图说》中有关世界各地的风土人情、物产等的描述,当时的官员只当神怪传闻,姑且听之,并未尽信,更不用提有兴趣深入了解,并对世界观产生影响。

四、原因分析

综上所述,《皇舆全览图》尽管测绘、制图耗费颇巨,但传播、影响有限,并未起到改变中国人的政治空间观念的作用。究其原因,可以从统治阶级的局限性、耶稣会士在华策略以及当时中国未形成地图应用场景或地图制图行业等多方面进行分析。

(1)统治阶级的局限性阻碍了投影地图的接受与普及

《皇舆全览图》由政府最高统治者——皇帝本人亲自下令绘制,中方制图人员大部分来自钦天监和理藩院,皆为当时政府官员。绘制成图后又收藏于内务府,属于成色十足的"政府工程"。但最终,这项"政府工程"收效甚微,毫无疑问,统治阶级的局限性应负很大责任。而这种统治阶级的局限性又可细分为两个层次来加以认识:第一个层面为普遍存在的思维惯性阻碍了对于新型地图的接受与普及;第二个更深层次的原因则在于清朝政府作为一个少数民族政权需要借助传统的天下观念,以维护自己天下共主的地位。受此观念影响,只靠一张或几张新型地图很难改变统治阶级内心深处的天下观念,使其真正接受这种新型地图及其所代表的政治空间观念。

必须承认，任何一个族群要放弃一种秉承已久的旧观念，接受新观念，都并非易事。投影地图能在西欧获得接受与迅速普及与当时的大航海时代不无关系。诺曼·思罗尔(Norman J. W. Thrower)就曾明确指出，西方对托勒密著作的重新发现和欧洲海外大发现时代的来临“不期而遇”，事实上，这两个事件相互联系。[25]一方面，大航海时代需要与之适应的地图制图技术为海上航行做出指引；另一方面，很多新的观念可以在这片新开拓的土地上进行试验。例如最早采用地图上的经纬度概念，并以线性界线形式对世界进行划分的《托尔德西利亚斯条约》，其所划分对象也并非欧洲本土，而是大西洋、太平洋对岸新发现的领土。

而在彼时的中国，没有大航海发现的“新世界”作为新型地图理念的“试验场”，中国欲在国家内部完成政治空间观念上的改变尤为困难。余定国(Cordell D. K. Yee)曾从另一角度进行过类似论述，他认为，中国的地图绘制者从整体来说属于中国传统文化的一个部分，有自己固有的价值观，在面对西方科学时，他们的第一个冲动不是接受，而是要强化本上的东西，忠诚地维护祖先的世界观。[26]这种祖先的世界观指的正是中国传统的“天下观”。如前所述，“天下观”中所包含的基于文化优越感的华夷等级观念以及模糊的边界观念，与投影地图中蕴含的明确边界外延的领土，世界各个不同地区的差异只是在数量上而并非在质量上的观念均不相同。但是“天下观”又曾给中国人人性发展提供了最高境界的呵护。走向“民族—国家”观则使中国人失去了这种呵护，因而产生极大的不安全感。[27]这种不安全感不会因为《皇舆全览图》的出现而轻易消除，“天下观”的惯性也不会因为《皇舆全览图》的出现而轻易消除。

而更特殊的原因是：清朝政府作为一个少数民族政权需要借助传统的天下观念，以维护自己天下共主的地位。中国历史上，新的政权集团夺得大统时，如何确立自身“正统性”都是一个至关重要的问题。而清朝作为一个少数民族政权，这个问题更显棘手。对此，清朝统治者的选择是通过对中国传统“夷狄”观的解读或诠释为自己的“正统性”寻找基石。为此甚至刻意模糊种族的地域性，将其纳入“大一统”的范畴进行解说。[28]但这并不代表清政府不在意“华夏”与“蛮夷”的边界，而正好相反，他们迫不及待地希望自己能够融入“华夏”体系以方便获得统治的“正统地位”。从这个意义上说，任何与中国中心观念相抵触的世界观都被视为对王朝政治的潜在威胁，不会得到政府的主动传播或者推广。

(2)耶稣会的行事方式限制了投影地图在中国的普及推广

投影地图技术由耶稣会士首先传入中国，《皇舆全览图》的绘制过程中耶稣会士也起到了重要作用。这得益于耶稣会士为了尽快融入中国社会并展开工作所发展出的“适应政策”。这种政策由范礼安、罗明坚和利玛窦首创，又由金尼阁和南怀仁等人继承和发展。而“适应政策”的重要内容之一就是以学术或者文化知识传教。在中国学者的帮助下，耶稣会士把包括世界地图在内的书籍编译成中文，取得良好效果；而中国的天主教徒的数量在这一时期也有大幅增加。[29]即使在后来中西礼仪之争愈演愈烈，康熙皇帝欲驱逐传教人员时，也未波及地图制图人员。

但好景不长。一方面，“适应政策”本身在耶稣会内部就颇有争议，更为根本的是，就连贯彻“适应政策”的耶稣会教士也坚持认为传教士的使命并非传播包括制图技术在内的科学技术，“在华耶稣会士们自己也不放过任何机会，强调他们讲授科学与布道相比只占次要地位，唯有后者才涉及了最重要的和最高的真谛”[30]。以传播上帝的“福音”为毕生追求的耶稣会会士们来到中国，包括地图制图技术在内的科学知识只是他们带来的副产品，是吸引权贵和知识分子的工具，因此花费的时间和宣传的力度都有限。

另一方面，耶稣会会士一般偏好于与中国士大夫阶层以上人士结交，结交人员层面偏窄，地图传播力量有限。从利玛窦开始，就将传教重点放在知识分子与社会上层力量上，认为吸引信众应该重质而不重量。利玛窦多次讲过，“如果士大夫相信我们，而其他的人也就更容易皈依了”。甚至认为“一位知识分子的皈依较许多一般教友更有价值，影响力也大”[31]。有学者分析这是由于入华耶稣会士本身的贵族出身，让他们在中国热衷于走“上层路线”，侧重与皇帝、政府官员、皇亲国戚、士大夫、知识精英、社会名流打交道。[32]因而一旦失去统治阶级的信任与庇护，在下层又无民众支持，很容易造成一定时期内中西方包括制图技术在内的文化交流一并走向沉寂。

(3)民间传播有限，未形成地图应用场景或地图制图行业

如前所述，在欧洲，新型投影方式的出现使地图能很好地帮助海上航行，地图的使用也从陆地扩展到海洋，在大大丰富其使用范围的同时也使地图的传播更加广泛。而航海探险者又为地图制图者提供了丰富的地理资料，成为地图出版的重要信息来源。

地图使用场景也随之扩大。16世纪，西欧国家开始设立一些官方制图机构。到16世纪中叶以后，地图已经成为统治者常用的了解统治地方的有效手段。[33]在18世纪，随着制图技术的进步，制图精度可以满足军队作战要求了。受军方委托的特别地图随之出现，地图在军事上的运用也逐渐普及。[34]最后，印刷术的发展也为地图的出版和发行提供了助力，使得大量印制地图成为可能。一批装饰精美、绘制精细的地图在欧洲受到普通市民的喜爱与追捧，发行量巨大，地图消费市场也随之形成。

但在当时的中国，并未有类似欧洲航海业一样的新兴产业为地图应用提供支持，地图的应用场景仍然局限于与政府户籍统计、地方情况调查相关的图说，除有限的地方志及游记外，普通民众少有接触地图的机会，并且由于《皇舆全览图》测绘在当时属于不公开的皇朝内部行为[35]，耶稣会会士的交往对象也多限于士大夫阶层，民间并不知其制图原理，也就谈不上绘制与进一步应用。

同时，当时的中国也并未发展出成规模的地图出版业。如前所述，中俄东段边界勘界时，奕䜣提及地图时用的描绘字句是“赶画”以及“缮写”，表明当时仍然使用的是手绘地图而非印制地图。一直要到晚清邹氏兄弟开办地图公会，系统编绘地图后，我国才真正发展出地图出版行业。

可以看出，《皇舆全览图》绘制前后，中国并未随之发展出类似17—18世纪欧洲的地图制图产业，没有使用场景，民众不了解投影地图，当然没有使用热情。投影地图在民间影响有限，也谈不上因此改变千百年间形成的“天下观”。

综合而言，统治阶级、耶稣会会士与康熙年间地图的制作、应用与发行状况形成了“合力”——统治集团虽然对制图技术深感兴趣，也愿意在技术层面有所尝试，但受限于“天下观”的惯性，加上入主中原后对自身统治“正统性”的不安全感，统治集团无意探索地图其他的应用可能，或向民间传播，更无意改变既有的政治空间观念；而耶稣会会士本身也志不在向普通民众普及包括制图技术在内的科学知识；加之无论是官方或者地方，当时也均未形成新的地图应用场景与成规模的地图制作体系。以上种种，造成《皇舆全览图》的影响极为有限，更遑论改变根深蒂固的“天下观”。最终，中国错失了与世界同步发展现代测绘制图技术乃至政治体制观念的时机，这不能不说是一种遗憾。

【注释】

[1]J. B. Harley and David Woodward, editors. *The History of Cartography. Volume* 1, *Cartography in Prehistoric, Ancient, and Medieval Europe and the Mediterranean.* Chicago: University of Chicago Press. 1987, p. xvi.

[2]葛兆光:《古地图与思想史》,《中国测绘》2002年第5期。

[3]梅琼林、曾茜:《舆图、图志与我国近代国家观念的形成》,《中国矿业大学学报(社会科学版)》2004年第4期。

[4]林岗:《从古地图看中国的疆域及其观念》,《北京大学学报(哲学社会科学版)》2010年第3期。

[5]席会东:《清代地图中的西域观——基于清准俄欧地图交流的考察》,《新疆师范大学学报(哲学社会科学版)》2014年第6期。

[6]管彦波:《中国古代舆图上的“天下观”与“华夷秩序”——以传世宋代舆图为考察重点》,《青海民族研究》2017年第1期。

[7]Woodward, David. "'Theory' and The History of Cartography." In David Woodward, Catherine Delano - Smith, and Cordell Yee, eds. *Plantejaments i objectius d'una història universal de la cartografia / Approaches and Challenges in a Worldwide History of Cartography.* Barcelona: Institut Cartogràfic de Catalunya, 2000, p. 33.

[8]Lefebvre, Henri. *The Production of Space.* Trans. by Donald Nicholson Smith. Cambridge, Mass. Blackwell Publishers, 1991 [1974], p. 26.

[9]此类研究成果包括 Biggs, Michael. "Putting the State on the Map: Cartography, Territory, and European State Formation." *Comparative Studies in Society & History* 41. 2 (1999), pp. 374 – 405. Neocleous, Mark. "Off the Map On Violence and Cartography." *European Journal of Social Theory* 6. 4(2003), pp. 409 – 425. Steinberg, Philip E. "Insularity, Sovereignty and Statehood: The Representation of Islands on Portolan Charts and The Construction of The Territorial State." *Geografiska Annaler* 87. 4 (2005), pp. 253 – 265. Anderson, Benedict. *Imagined Communities: Reflections on the Origin and Spread of Nationalism.* Revised edition. London: Verso, 1991. Krishna, Sankaran. "Cartographic Anxiety: Mapping the Body Politic in India." *Alternatives Global Local Political* 19. 4 (1994), pp. 507 – 521. Kahler, Miles. "Territoriality and Conflict in an Era of Globalization." In MilesKahler and Barbara F. Walter, eds. *Territoriality and Conflict in an Era of Globalization.* Cambridge: Cambridge University Press, 2006.

[10]〔英〕杰里·布罗顿著,林盛译:《十二幅地图中的世界史》,浙江人民出版社 2016 年版,第 271 页。

[11]韩琦、吴旻校注:《熙朝崇正集 熙朝定案(外三种)》,中华书局 2006 年版,第 352 ~ 353 页。

[12]清康熙时"分省"的概念与现代不同,详见侯杨方:《清代十八省的形成》,《中国历史地理论丛》2010 年第 3 辑。

[13]白鸿叶、李孝聪著:《康熙朝〈皇舆全览图〉》,国家图书馆出版社 2014 年版,第 52 页。

[14]《清人文集地理类汇编》第一册,李兆洛:《皇朝一统舆地全图》,《例言》。转引自张艳玲:《三部〈大清一统志〉的比较研究》,中国社会科学院研究生院硕士学位论文,2003 年。

[15]〔英〕李约瑟:《中国科学技术史·第五卷》,科学出版社 1976 年内部参考版,第 235 页。

[16]《清实录》(第六册),中华书局 1985 年版,第 440 ~ 441 页。

[17]任金城:《康熙和乾隆时期我国地图测绘事业的成就及其评价》,《科学史集刊》1982 年第 10 期。

[18]赵尔巽等:《清史稿》卷 283,中华书局 1977 年版,第 10186 页。

[19]张学昆编著:《中俄关系的演变与发展》,上海交通大学 2013 年版,第 40 页。

[20]《奕䜣等奏将俄国所制分界地图呈览并各国和约应否送至行在进呈折》,引自

《清代中俄关系档案史料选编》第三编下册，中华书局 1981 年版，第 1028 页。

[21]赵汀阳：《没有世界观的世界》，中国人民大学出版社 2003 年版，第 16 页。

[22]《清实录》（第七册），中华书局 1985 年版，第 480 页。

[23]Witek, John W. Controversial Ideas in China and In Europe: A Biography of Jean - François Foucquet. S. J. (1665 - 1741), Roma, Instituto Histórico de la Compañía de Jesús, 1982, p. 199.

[24]《四库全书》地理类十。

[25]〔美〕诺曼·思罗尔著，陈丹阳、张佳静译：《地图的文明史》，商务印书馆 2016 年版，第 81 页。

[26]Cordell D. K. Yee, "Traditional Chinese Cartography and the Myth of Westernization", in J. B. Harley, *Cartography in the Traditional East and Southeast Asian Societies*, University of Chicago Press, 1994.

[27]李扬帆：《涌动的天下：中国世界观变迁史论（1500—1911）》，知识产权出版社 2012 年版，第 38 页。

[28]杨念群：《诠释“正统性”才是理解清朝历史的关键》，《读书》2015 年第 12 期。

[29]〔法〕谢和耐、戴密微等著，耿昇译：《明清间耶稣会士入华与中西汇通》，东方出版社 2011 年版，第 39 页。

[30]〔法〕谢和耐、戴密微等著，耿昇译：《明清间耶稣会士入华与中西汇通》，第 230 页。

[31]罗渔译：《利玛窦书信集》，光启出版社、辅仁大学出版社 1986 年版，第 410、314、412 页。

[32]〔法〕谢和耐、戴密微等著，耿昇译：《明清间耶稣会士入华与中西汇通》，第 17 页。

[33]Marino, John. "Administrative Mapping in the Italian States." In Buisseret, David, ed. 1992. *Monarchs, Ministers, and Maps: The Emergence of Cartography as a Tool of Government in Early Modern Europe.* Chicago: University of Chicago Press, p. 5.

[34]Hale, John. "Warfare and Cartography, ca. 1450 to ca. 1640." In Woodward, David, ed. *The History of Cartography, Vol. 3: Cartography in the European Renaissance.* Chicago: University of Chicago Press, 2007, pp. 719 - 737.

[35]赵寰熹：《〈皇舆全览图〉各版本对比研究》，《满族研究》2009 年第 4 期。

（作者单位：武汉大学中国边界与海洋研究院）

从《校邠庐抗议》签注意见看晚清官员的地图观*

胡　恒

清代是中国地图发展史上由传统向现代的转变时期，清初三大实测地图集的绘制长时间是中国古地图研究的热点，亦被视作中国传统地图学走向现代地图学的标志性事件。地图学从“传统”向“现代”过渡这一叙述背后，体现的是“科学”视角，即现代地图是定量的、科学的，而中国传统地图除了少部分外，多是非定量的、非科学的，像李约瑟的皇皇巨著《中国科学技术史 · 地学卷》有关地图部分的标题便是“东方和西方的定量制图学”[1]。由这一叙述出发，清代地图绘制的转变便具有了某种“进步”的意义。近年来地图史学界对这一“以朝代演进为纲、以定量进化为目”科学范式下的传统地图学史叙述进行了许多反思，如美籍学者余定国在《中国地图学史》中对西方科学地图学研究范式进行了深刻批判，针对的就是这一范式的两项核心要义：一是对古地图采取定量的解释，凡是存在比例尺的就是科学的、进步的，而那些不存在定量分析价值的便较少关注；二是视地图上的文字注释为地图学发展成为一门独立学科的障碍。余氏认为对传统中国地图学以定量与否作为评判标准并不科学，非定量的地图可以借助文字注释表达定量的信息，这种非定量不但不是落后，反而是另一种形式的精确，并进而指出“地图制作者可以用不同的方式去处理量度，不同的目的可以使用不同的展示方法”[2]。成一农进一步对“科学”的地图学史进行解构，对科学的、定量的、线性的地图学史叙述模式提出诸多质疑，认为中国传统舆图的主流是“非科学”的，同时“科学”本身是中性的，其价值判断主要基于社会文化等因素，且历史的发展具有多元性，认为以往的那套科学主义的地图学研究视角是受到民国以来社会环境和学术思潮的影响所致，尤其是受到以王庸先生《中国地图

---

* 国家社会科学基金青年项目“清代地方行政的制度变迁与空间结构研究”（批准号：16CZS018）阶段性成果。

史纲》为代表建立起来的地图叙述模式影响。[3]

这些对地图学史的反思当然具有重要的价值,它代表着近代以来伴随着西方现代科学概念的引入而被不断肢解和误读的"传统地图"重新按照"传统地图"本身的逻辑恢复了它固有的面目。但在反思的同时,我们同样需要警惕的是,我们是否会从西方科学中心的泥淖中刚刚解放出来,又重新陷入中国传统中心主义的深渊?将"科学"这一概念从地图学史的叙述当中抽离出去,中国地图学史的新的叙述又将如何建立?也许我们更应当反思的是,地图学的发展中,"科学"是否仅仅是西方的概念或话语,而在中国传统中并不存在类似对应的概念,换句话说,"科学"在世界地图学的发展中,是否具有普遍的价值?它是否仅仅是民国以来伴随"线性历史观"而被构建起来的一套叙述?要回答这些问题,如果只是停留于理论的思辨,是危险的,必须要回到历史文本的分析当中,尤其是应当追寻传统时期那些地图的绘制者和使用者对地图本身的认识到底是怎样的,他们对于地图价值的评判又有什么样的标准,对于精确性是否存在一定的要求。

尤其值得关注的是传统地图与现代地图接触之际这样的特殊时段,当中国的地图绘制者得以重新审视传统地图的价值和缺陷时,他们有着怎样的认识,为何会最终舍弃传统绘图方法而投身到西方绘图的怀抱,这是一个历史的过程还是今人的建构?这一方面的资料,清代保存下来的并不少,但相对比较分散,多不为人注意。应该强调的是,传统地图向现代的过渡并非一蹴而就,而是从明末延续至清末,经历了一个漫长的过程。

笔者一直试图将这一模糊的时段里中国人对新地图知识的接受过程梳理得更加清晰,也关注到较早开眼看世界的官员和读书人关于西方地图绘制技法的认识,但系统性的文献一直难以寻觅。近年来,在阅读冯桂芬《校邠庐抗议》时,开始注意到冯氏虽然一直作为近代著名的政论家、改革家而闻名,但他对于地图的绘制也十分关注,写有《绘地图议》一文,并收入《校邠庐抗议》之中。更特别之处在于戊戌变法时期,光绪皇帝曾经下令将冯桂芬的《校邠庐抗议》大量刷印,发给当时在京各衙门官员,令其签注意见,这些意见数量达近万条之多,是一份难得的变法意见的"官意调查",仅仅《绘地图议》一篇,签注意见就有两百余处,全面而深刻地反映了晚清官员的地图观,从中可以系统地了解到戊戌变法时期,官员们关于中国传统绘图、西式绘图等问题的认识是怎样的。笔者浅见,这批关于地图的签注意见似乎还从未被注意过,故而不揣浅陋,将其加以整理和分析,以之来管中窥豹,试图从中透视晚清以在京官员为代表的官员是如何认识地图的,敬请方家指正!需要说明的是,传统地图学的转变中,地图学家的角色自然很重要,技术层面的讨论也很关键,以往学界关注点多集中于此,但地图绘制本身带有相当程度的政府行为色彩,因此,政策的制定者——官员群体如何来认识地图,如何进行地图领域的政策决策,也很重要,而这一点则相对研究得不够。

一、冯桂芬《校邠庐抗议》中的《绘地图议》

冯桂芬《校邠庐抗议》是一份全面改革的纲领性文献，共有四十二篇，涉及当时清朝社会面临的政治、经济方面等的重大问题，以今上海图书馆藏冯桂芬手定稿本可知，该书篇目为上卷二十一篇：公黜陟议、汰冗员议、免回避议、厚养廉议、许自陈议、复乡职议、省则例议、易胥吏议、变捐例议、绘地图议、均赋税议、稽旱潦议、兴水利议、改河道议、劝树桑议、壹权量议、稽户口议、折南漕议、利淮鹾议、改土贡议、罢关征议。下卷十九篇：筹国用议、节经费议、重酒酤议、杜亏空议、收贫民议、崇节俭议、复陈诗议、复宗法议、重儒官议、变科举议、改会试议、广取士议、停武试议、减兵额议、严盗课议、制洋器议、善驭夷议、采西学议、重专对议。附：以工巧为币议、用钱不费银议。[4]

在上述四十二篇论述中，如汰冗员、公黜陟等议因关涉清王朝的政治根基，具有高度政治敏感性，故在冯桂芬生前并未刊行。在他去世之后，由其家人整理的光绪二年所刊行的《显志堂稿》中，收录了其中的十五议，分别是：裁屯田议、变捐例议、绘地图议、均赋税议、稽旱潦议、兴水利议、改河道议、劝树桑议、壹权量议、稽户口议、重酒酤议、收贫民议、崇节俭议、复宗法议、重儒官议。这些议论多不涉及敏感话题，故而先行印出，其好友吴云为《显志堂稿》作序，称《校邠庐抗议》一书成后，“同人咸促锓版，先生卒秘匿不出，且以余书附抗议稿后，其虚衷纳善如此。……刻先生文集而抗议四十篇不全录者，实体先生意也”。[5]署名陈宝琛者为光绪十年豫章本《校邠庐抗议》作序则称：“先生自定其《显志堂集》，取此议登其半，以有所避忌，存录其半于家。”[6]直到光绪九年，《校邠庐抗议》全文始全部印行于世。

无论是在《显志堂稿》还是《校邠庐抗议》中，均收有《绘地图议》，代表了冯桂芬对于地图绘制的新认识，也是地图学史上的一篇重要文献，兹引录于下：

> 《周官》大司徒掌建邦之土地之图，周知九州之地域广轮之数；职方氏掌天下之图，固王政之先务也。《史记·萧何传》：汉王所以具知天下扼塞户口多少、强弱之处、民所疾苦者，以何具得秦图书也。《宋史·袁燮传》：燮为江阴尉常平使，令每保画一图，田畴山水道路悉载之，合保为都，合都为乡，合乡为县，征发争讼追胥，披图可立决。此言都图之始。《嘉定县志》：图即里也，以每图册籍首列一图，故名曰图。都图之宜有图旧矣。今江南州县有鱼鳞册，犹沿其制，惟有明以前，绘图不知计里开方之法，图与地不能密合，无甚足用。大抵不审乎偏东西经度、北极高下纬度，不可以绘千里、万里之大图；不审乎罗经三百六十度方位及弓步丈尺，不可以绘百里、十里之小图。而绘小图视绘大图更难，以无显然之天度可据，全在辨方正位、量度丈

尺，设有差忒，便不能钩心斗角。（阳湖李氏兆洛制定向尺一十八枚，图绘颇准，犹嫌其繁重。）今定一简易之法如后，请下之各直省州县如法绘画：任取本州县一城门，左旁立一石柱为主柱，即为起数之根，依此作子午卯酉纵横线，以一里三百六十步为度，各立一柱，令四柱之内为一图，容田五百四十亩，各图中乾坤艮巽四隅皆有一柱，而以艮隅之柱为本柱。以千字文为号，勒于其上，柱径一尺、高一丈，埋露各半，其露者尺寸有识，适当山水市舍则省之，或向西，或向南，退行若干步补之。绘图则用约方二尺之纸，十步为一格，纵横各三十六格，则一里内阡陌、庐舍纤悉可毕具，如是而地之广袤著矣。更用水平测量高下，即以主柱所傍城门之石槛为地平起数之根，以絜各图石柱，而得各图立柱之地高下于城槛之数，又遍测本柱前后左右四里之高下，而得四里内高下于本图之数；又遍测东西南北毗连州县城槛之高下，而得各城槛高下于本城槛之数。以之入图，则以著色为识别，凡高下于城槛在一尺内者不著色，其余分数色，以一尺为一色，至若干尺以上则概为一色，高山土阜又别为一色，仍识若干尺于上。如是而地之高下亦明矣。此图既成，为用甚大，一用以均赋税，一用以稽旱潦，一用以兴水利，一用以改河道。详后议。[7]

此外，文后还附有绘地图法：造反罗经和定向尺法，是具体技术层面的问题，此处暂不展开讨论。

冯桂芬已意识到测绘大范围和小范围地图的方法服从于不同的规则。一方面，他提出“不审乎偏东西经度、北极高下维度，不可以绘千里、万里之大图”，显然已经意识到笼罩中国传统绘图的“计里画方”方法在绘制较大范围地图时所存在的理论缺陷。冯桂芬很早就意识到西方经纬度测量办法较之中国传统绘图方法要更加高明，在为魏源《海国图志》作跋文时，冯桂芬就批评说“又西人地理书皆著经纬度，真得地理要义。正恨中国古书无此，故并省沿革多所聚讼。魏氏不知，辄多删薙”[8]；冯桂芬在参与编撰《苏州府志》时也批评“旧志各图粗存大略方位，远近皆不可据”，而咸丰初年苏州府开始用新的经纬度法实测，成《九邑全图》，同治初奉旨“绘苏省全图，郡设舆图局，亦因其法，皆视旧图为准”[9]。冯桂芬作为《苏州府志》的重要参与者，绘法的变化背后应当有他的建议在。

经纬度传入中国之后，与传统“计里画方”方法存在本质的差异，后者实际上还是以大地是一个平面为出发点的，从学理而言，这是两种完全无法调和的绘图方法。但自清初以降直至光绪《会典舆图》中，将经纬度与计里画方加以调和这样不伦不类的风格一直存在，通常在方格线之上加上经纬度，经纬线变成直线。清代另一著名绘图家李兆洛就曾使用这种方法，直到光绪年间会典馆在编绘《大清会典图》时仍然采用，足可见传统绘图方法是何等顽强。但冯桂芬早已对这种方法做了批评，在为李兆洛所绘地图写的跋文中，他对李氏强行将方格与经纬度合并表达出强烈的不满：

> 李氏舆地图为今最善本，以方界计里，又以虚线存天体经度，可谓密矣，然有不可不辨者。北极有定位，即南北线随地不同，而东西因之，故图中之方位与其地之方位，必有微差，偏东西之度愈多，南北线渐斜，东西线渐迤……此观者所宜知也。辨之之法，当知图中之虚线为真南北线，准此纵横作十字形，其纬线即真东西线矣。他日重刊，当改经纬线尽为弧线则善者矣。[10]

当时与冯桂芬交好的曾国藩等人也已意识到西方地图绘制技术的先进，曾氏曾谈道："大约海外地形当以洋人之图为蓝本。洋人于地舆之学既所究心，所至又多经目验，惜其文字不能尽识耳。若得熟识西字者与之往返商定，或遇西士之有学者，从之访问形势，考核字体，必能有益此书。至于中国诸儒之书，率皆悬度影响以自炫于华人而已，不足据依也。阁下所为《图说》，大端亦主此意。其西洋各国则洋图尤为详明。"[11]

当然，对经纬度方法的认可并不意味着冯桂芬对传统绘图方法的完全舍弃，而是充分考虑到两种方法的不同适用尺度。在小区域范围内，大地可以被近似看作一个平面，"计里画方"仍然不失为一种有效的绘图方法。冯桂芬认为"计里画方"在绘制"百里、十里之小图"中仍然有效，这是因为"绘小图视绘大图更难，以无显然之天度可据，全在辨方正位、量度丈尺，设有差忒，便不能钩心斗角"。既然小区域内"天度"差别过小，那就必须依赖于地面测量的精确程度。由此，冯桂芬设计出一套新的测绘小区域地图的方法，即所附《绘地图法》中以反罗经与定向尺编绘地图的测量方法。在冯桂芬参与编撰的同治《苏州府志》中，所附地图就体现了冯氏的这一理念，在《凡例》中，各县地图用的是方格之法，体现了"计里画方"的典型特征。不同县份因幅员与图幅的不同而采用了不同的比例尺，"各图皆纵十三格，横十八格，至每方若干里及若干步则各图不同，吴县六里五十五步，长、元八里一百六十六步，昆、新六里五十五步，常、昭八里一百六十六步，江、震六里三百三十二步"[12]。有学者认为冯桂芬设计的编绘方法，是对传统"计里画方"方法的一种详细阐述[13]，也有学者认为冯桂芬依次布设石柱的办法，类似于建立现代的1里间距测量控制网[14]。

冯桂芬高明的地方还在于对分层设色方法的利用。"计里画方"的绘制理论基础是将大地视作一个平面，但实际地形一定是上下起伏的，故而需要将不同海拔高度通过一定的数学法则处理为水平数据。冯桂芬设计了一套水平测量高下的方法，并开始意识到用分层设色的技巧，"凡高下于城槛在一尺内者不著色，其余分数色，以一尺为一色。至若干尺以上则概为一色，高山土阜又别为一色，仍识若干尺于上。如是而地之高下亦明矣"。有学者将其视作等高线测绘方法[15]，在当时显然是相当先进的想法。

冯桂芬设计这套地图的主要目的，并非仅仅用于指示地理方位，而是有着更为重要的目的，即"一用以均赋税，一用以稽旱潦，一用以兴水利，一用以改河道"，有着鲜明的实用目的。这也正是冯桂芬为何在提及经纬度测量和绘制方法的先进之后，并未展开论述，而是将论述重点放在了小区域地图的绘制上。在《绘地图议》下紧接而谈的《均赋税议》《稽旱潦议》《兴水利议》《改河道议》均提到了与地图绘制之间的密切联系。就水利而言，冯桂芬谈道："诚如前议绘图，则源流脉络偻指可数，然后相其高下，宜疏者疏之，宜堰者堰之，宜弃者弃之，不特平者成膏腴，下者资潴蓄，即高原之水有所泄，粱麦亦倍收矣。"于赋税而言，"诚如前议绘图之法而用之，然后明定亩数……按亩均收……图成之后，地形高下，水口远近，犁然在目"。于旱潦而言，"前议绘图之法，所谓石柱，即今水则碑之制。……惟行四隅立柱之法，验石柱，披地图。今日不雨，则若干图将旱，明日又不雨，则又若干图将旱。水加一寸，则若干图将淹，水又加一寸，则又若干图将淹"。于河道而言，"治河之书，如《行水金鉴》之类，汗牛充栋，率多纸上空谈，难资实用。夫为下必因川泽，未有改河道而不自审高下始者。诸书间及测量，止言所欲施工之地，从未有普遍测量之说，亦由不知其法尔。应请下前议绘图法于直隶、河南、山东三省，遍测各州县高下，缩为一图，乃择其洼下远城郭之地，联为一线以达于海，诚数百年之利也"。将精确的小区域地图视作以上诸类政务的地理基础，也可以说是试图以地图绘制将清代政务提升到更有效率的层次。

冯桂芬之所以尤其注重地图的绘制，与他在江苏的实际政务经验是分不开的，这使得他的条陈与纯粹的思想家绝不相同。明清时期，"苏松重赋"十分突出[16]，明代以后，地方官就不断向朝廷请求减轻赋税负担。冯桂芬生于苏州，很早就对这里赋税过重给老百姓带来的沉重负担深有感受，冯桂芬的母亲曾经以减赋之事谆谆教导他说，"汝他日有言责，此第一事也"[17]。咸丰以后，冯桂芬不断上书曾国藩、李鸿章等人，提出各种减赋的办法。其中减赋中第一重要事在于土地清丈，这直接关系赋税征收的均衡。[18]当时，冯桂芬提出要以绘制更精确的地图的办法来丈量土地，"余所为校邠庐抗议中有绘地图法，

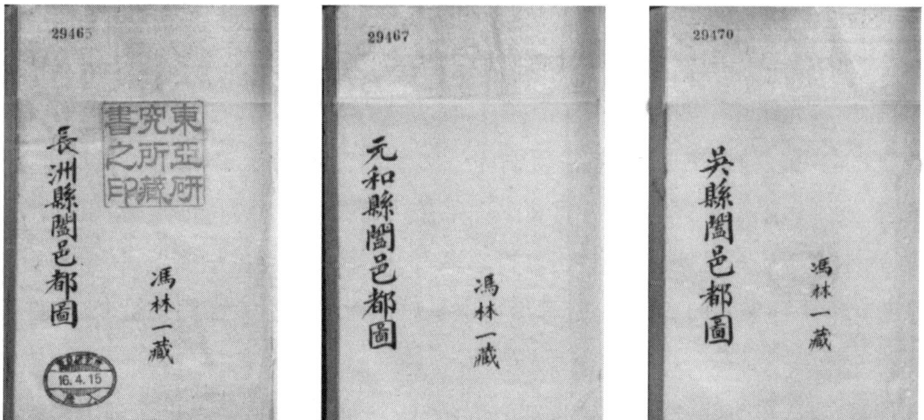

《长元吴三县阖邑都图三种》

某公见而善之，请李公牒余丈川沙田”。可惜的是，“事未半，某公忽请罢之”[19]，主政者原想通过新的清丈而得到更多土地，但新法丈量后，土地不增反减，故而中止。但冯桂芬一直将减赋作为自己努力的目标，今美国国会图书馆保存有长洲、元和、吴县三县的阖邑都图共三种[20]，上书“冯林一藏”，林一是冯桂芬的字，可见，这是他的私人收藏，也反映出他一贯的对苏松减赋的关注，而这与他将地图绘制作为减轻赋税的手段这一志向具有重要关联。

作为均赋税之用的地图绘制比单纯的县图之类的政区地图要更难，它所要求的精确性已不再以里计，而是以尺来计，而且所绘区域更不规则，更有微地貌的起伏，这对地图绘制提出了极高的精确性要求，冯桂芬对此也有清醒的认识：“至拙著绘地图议，则事与绘田图不同。一县之图，每方十里，径半寸已成巨幅，河道干枝寥寥数画而已，今绘田图则一里中凡为径半寸之方者一千二百九十有六，纵横界画以百计，绳头细书以千计，其详略奚啻千倍。”[21]

冯桂芬的《校邠庐抗议》因生前并未刊行，只有曾国藩等友朋通过赠阅、私下传抄方式才见到过，多数人还无由了解，但即使这样，冯桂芬的诸多改革纲领也引起了一定程度的注意，包括《绘地图议》。1870年前后，有人在回顾中国绘图技术发展过程中就指出无论是裴秀的制图六体还是胡渭《禹贡锥指》中“申明六法，以鸟道为要”，都不过是“据图考古，不是履地画图”，只有冯桂芬绘地图之法“最善”，而江苏舆图局用冯氏法，“实测苏省五属舆图，近闻增绘江北各府州县图，其图计里开方与行路实测方向相符”[22]。曾国藩的谋士赵烈文曾先睹为快，却在日记中写道：“此法最善，但恐今世不能行耳。”[23]

二、戊戌变法时期《绘地图议》签注意见及其所见官员地图观

光绪皇帝早已十分欣赏《校邠庐抗议》中的诸多改革举措。早在光绪十五年，经翁同龢的推荐，光绪皇帝已阅读过《校邠庐抗议》的原文，并抽取其中六篇装订成册，置于床头，时时诵读。光绪二十四年五月二十九日，协办大学士、户部尚书孙家鼐上奏，请求将冯桂芬《校邠庐抗议》一书由“直隶总督刷印一二千部交军机处，再请皇上发交部院卿寺堂司各官，发到后限十日，令堂司各官将书中某条可行，某条不可行，一一签出，或各注简明论说，由堂官送还军机处，择其签出可行之多者，由军机大臣进呈御览，请旨施行”[24]。光绪皇帝允准了孙家鼐的奏请，一定程度上也是试图对当时在京衙门官员变法意图进行一次测验。

六月初六日，军机处将应颁发《校邠庐抗议》的各衙门数目，开单呈送御览，共应发五百六十部，随后该书被陆续下发各部门，到六月二十五日陆续收回[25]，共计二百五十一部（《校邠庐抗议》共分上下两册，故有五百零二册），数目偏少主要有两个原因：一是部分

官员拒绝表明态度,原样奉还;一是部分官员直接将各条意见写明上奏,并未在原书上直接签注,此类为说贴,共计一百零六件。

这些签注意见上奏后,因随即戊戌变法失败,故一直深藏内宫,未加整理,也未按照原定计划呈送皇帝,更谈不上施行。目前保存下来的共有四百六十三册,其中四百一十册有签注,散失三十九册;原呈说贴一百零六件,现存六十三件,散失四十三件,总体保存还比较完整。[26] 1978 年,李侃、龚书铎在阅读后,曾撰文《戊戌变法时期对〈校邠庐抗议〉的一次评论——介绍故宫博物院明清档案部所藏〈校邠庐抗议〉签注本》[27]。但因部头庞大,阅读不易,故从 1978 年以后,较少有注意到这部文献者,直到 2008 年,中国第一历史档案馆与蝠池书院将其整理影印出版,公之于世,但迄今仍未见有系统利用者。

据统计,就现存签注各本及说贴而言,共计有衙门官员五百二十二人,包括大学士,内阁学士,各部院尚书、侍郎,总理衙门、理藩院官员,都察院都御史、御史,翰林院侍讲、编修,国子监祭酒、司业、学正、助教,步军统领衙门、京城巡捕营官员,顺天府府尹及所属知州、知县、同知等,签注意见共一万余条,内容十分丰富,真实展现了戊戌变法期间清朝中央部院卿寺堂司各官员们的政治态度和主张。

以《绘地图议》一篇而言,签注内容也是非常丰富的。据笔者统计,目前保存下来的签注意见共有 209 条,因有些签注意见是部门合签的,涉及不止一名官员,故而签署意见的官员数量要超过此数。其中情况又分为几类:一类是以个人身份直接返回签注意见的,比例较高;一类是以部门合署,之所以如此,是因为有些官员希望隐藏自己的政治主张,不愿表达,故而试图以衙门的名义进呈,户部、都察院这样的情况较多,以“司”的名义联合签注。签注意见长者可达数百字,而短者不过三四字,反映出不同官员对于光绪皇帝这项谕令的重视程度,也间接但又真实反映出那个时代对于地图绘制的集体意见。

各衙门《绘地图议》签注情况

衙门	意见份数	衙门	意见份数
总理各国事务衙门	3	兵部	16
内阁	6	步军统领衙门	3
翰林院	18	刑部	22
詹事府	15	都察院	26
吏部	9	工部	26
户部	22	理藩院	7
礼部	8	顺天府	14
国子监	14	总计	209

近代以来，救亡图存、国富民强是中国上下追求的目标，无论是洋务运动抑或戊戌变法，都可以看作是追求富强的一种努力和尝试。在国富民强的过程当中，地图被赋予了特殊的意义。从这些签注意见可以看出，多数官员均认同地图对于国富民强的目标而言，是当务之急。如翰林院编修曹福元就认为“绘图测算，握其本原，西人所以能胜我者，心精而志坚也……顷风气既开，人才日出，必期精益求精，不让西人”（第1389页）[28]。关于地图在军事作战中的功能，也备受重视，翰林院编修刘若曾认为“地图之益，不可枚举，而利在行军”（第1644页）。工部候补主事万际轩认为“图籍所关甚大，不特篇中所列诸事可资其用也。即行军打仗、清疆画界，皆为国命之所系，故近来泰西诸国，皆专设专门，以储人才，孜孜讲求，不遗余力”（第9929页）。仅有个别官员表达了不同看法，如顺天府候补知县何展采认为“此条事体繁重，非一时所能竟功，且非自强要策，似可缓议”（第11221页）。这种对地图所寄托的希望在同时期的文献中所在多有，典型者如光绪二十四年八月初六日兵部候补主事杨芾专门上奏谈及时务与地图的关系：

> 窃维不知中外大势者，不足与论成亏之理也，不明中外舆图者，不足与言富强之策也。……今之侈谈时务者，率多影响附会，发为空谈，及穷诘其生长之乡，其道里关河，尚多茫昧，而谓能瞭然于宇宙之大势，洞悉乎万国之全规，臣不信也。夫欲明各省之利病，非知天下之地利不可，欲审中外之强弱，非观环球之地利不可。[29]

当时的官员多已对西法绘图有了较多的接触和了解，对其高度认可。翰林院编修刘若曾认为“西人于此事讲求最精”（第1644页），詹事府李昭炜认为“外国精于图学，几于无物不图”（第1920页），吏部延誉认为“泰西各国图学为重，所以辨山川扼塞也。中土险要，彼亦多绘之以去，而士大夫或有谈及天下形势，茫然若迷者，良可耻也”（第2508页）。户部恒廉等认为“测绘舆图，西法实胜于中国，洋人无人不绘，无地不图”（第3195页）。以户部程利川等讲述最为清楚（第3350页）：

> 泰西致胜之策，皆于舆图发其凡。举中国险要之区，彼非特图之而已，并命匠人仿是图而经营之书，明尺寸于其上，将山势之高下、水头之深浅、炮台船坞汉港歧路，纤维毕具，供众观览，今且深入内地，或游历，或传教，即举穷乡僻壤，形其形势之险，易民风之强弱、衢巷之纷、草木之微备识之，绘为图以献其国，故以泰西各邦而言，中国形势，历历如得诸亲见以图之，为用甚善也，岂居本国者，反可不知扼塞之所在乎？

工部林鹤年认为“西人测绘之弓步，由于推算罗经反正，累黍不差……而轮船往来数万里，沙线、礁石、塔灯，越五洲如履庭户，且行阵自主帅至队长，无一不谙熟地图，故其初入中国，所到各处，极山僻荒村，次第绘图而去，至今西国塾童亦无不知中国疆域者，近加照影法，直可按图而索”（第9288页）。工部范迪襄“尝见西人来往长江，每一次必有增修图说，其用心之恒，而综事之密如此，是以中国之险要歧途，往往不自知而彼族历历如数。……其近日通行之图，推胡林翼之大清一统舆图，然其计里开方，仍有差忒，经度纬度亦未尽合，次如洪钧之中俄分界图，尚为精密，但蓝本俄图，彼此分界，不足为据，会典馆之图仅俱大略，且多参差，无裨实用”（第9732页）。

对西式地图绘制技巧的推崇，必然面临如何看待中国传统绘图方法的问题，在这一方面，无论是所谓的维新派还是保守派少有地达成一致，对中国传统绘图方法几乎全部持有否定性的意见。翰林院编修陈钟琦指出“洋人在中国，必身至其地绘之，不似中国之据册籍为考订也”（第1518页），翰林院编修崔永安认为“中国地图无甚精”（第1596页），国子监助教文铎认为“绘图之事，西法最详，我朝地舆图率多大致相合，未能周密”（第5314页），刑部孔昭鋆等认为“中国图学不兴，从前所绘舆图虽亦知计里开方，然究未能精密”（第7096页）。刑部乔树楠、曾鉴认为“古之学者左图右史，今以测绘舆地之学，让美于西人，亦中土士大之耻也”（第7162页）。关于中国传统绘法最高技术的代表“制图六体”也多不再认同，都察院掌山东道监察御史宋伯鲁有云（第8218页）：

谨案此云明以前不知计里开方，其实晋司空裴秀有制图六体，其云分率，所以辨广轮之度，实即开方之体，余高下诸义，裴序皆已兼之，必禹贡遗法。近来测绘俱用西法，如经纬、象限、矩度诸仪器皆精密，非旧器所能仿佛也。

工部赵尔震认为“地图之学，实为王政所先，近洋人之来中国者，于山川扼塞、形势险易、道里远近、海口浅深，无不详细测量，绘为细图，而我反废而不讲，茫然不辨东西南北，其可乎？”（第9102页）有一些官员还回忆了见到域外地图的震撼，国子监学正李永镇追忆，“甲午从军辽东，缚得日本人，搜其衣，得七图，其一为奉天直隶山东浙江总目，其六皆东省地图，点画精工，可见外国早已悉我中国地舆，我中国盖亦从而绘之”（第5485页）。而不少官员认为中国地图绘制的落后主要与测量有关，翰林院编修曹福元认为“凡山水都邑志乘所载不甚精核，皆不善测量所致”（第1389页）。礼部溥颋认为“绘图起于测算，非西法不能精”（第4530页）。

关于如何改进中国绘图方法，多数认为测绘学堂的建立是绘制新式地图的可行路径。翰林院编修曹福元认为“闻两湖书院创图算学，高材生已能测绘，大学堂兴后，各省学堂均有测绘之法，只需实力振兴，数年之后，图算者遍天下，即命高材生就近测绘，不独开方计里，可分可合”（第1389页）。礼部尚书怀塔布认为“今中国设立学堂，宜专责教习各员，逐日督课诸生，武备学堂中，尤宜加意认真，不得虚应故事”（第4372页）。翰林院编修吴炳认为“宜专设一舆图局，培植测量绘图之人”（第 1553 页），吏部延誉建议将原藏之内府的《皇朝一统舆图》摹印颁示天下（第 2508 页）。礼部李士瓒、曾衔认为“绘地图可行，不但宜行于州县，并当行之军营”（第 4674 页）。也有刑部锡恩等介绍日本经验，“谨案日本地图隶内务省，特派大书记官为地理局长”（第 6684 页）。此又以都察院掌广东道监察御史冯锡仁所论最详（第 8558 页）：

> 谨案此条诚王政要著，但行之维艰耳。今日既设学堂，似亦不妨带办。无论有无成效，并无窒碍流弊之虞，应饬各省于每省于每府厅州县小学堂中简调聪强学生一二人，诣省会中学堂专学测绘，三年成业，后回籍更由京师大学堂印颁一定纸样格式章程，令此回籍之测绘学生限制一年或半年，各就本县将县图详细绘讫解省，由中学堂特派精于此学者详加考核，分别酌予奖励，其图当先绘各县全图一纸，又东西南北境各一纸，又每都里各一纸，又每都里中酌分东西南北境各一纸，其最著之田堰市镇扼塞要隘，又各一纸，庶以本地之人绘本地之图形。

戊戌变法时，冯桂芬的《校邠庐抗议》已完成四十余年，冯氏当然无法预见到他故后中国所发生的翻天覆地的变化。他关于地图的见解，在同治年间对多数中国人而言，仍然较为先进。然而到了戊戌变法时期，中国地图绘制最重要的事业是光绪《会典舆图》的绘制，这次与雍乾时期的会典图绘制已有不同，吸取了一些西式测绘和绘制的技术，故而在此次签注意见时，不少官员提及光绪《会典舆图》。部分官员认为既然有了会典馆的新舆图，则冯桂芬的建议不必再议，翰林院李殿林云：“内府向藏有各行省地图，今会典馆全书告成，地图尤为详备，其有随时沿革者，一展卷而了如指掌矣。臣愚以为原议不必再赘。”（第 787 页）吏部鲍心增认为会典馆所绘地图依照新式重绘，必较旧图为密。故此议可无庸赘议（第 2654 页），吏部王诚义等亦同此意见（第 2726 页）。户部如铨等认为“近年各省咨送会典馆舆图，已穷工极巧，惟测量高下水平石柱等法，尚未讲求”（第 3055 页），户部德泰等认为“现在湖北舆图公会仿东洋烂铜版所印，极为详明，至纂修会典各省地图，亦用新法绘测，已握精益求精之要”（第 3407 页）。兵部刘尚伦等认为“近年会典馆所绘各直省舆图，尚属精细，即可颁发外省州县，广为传布，似不必再议重绘，以节经费”（第 5756 页）。刑部高祖培认为“皇朝舆地全图，会典馆早已测绘进呈，毋庸再议”（第 6941 页）。

也有人批评《会典舆图》的纂修方式，认为冯桂芬的意见仍然有其巨大价值，如户部彭谷孙就认为“本朝修会典三次，各省开舆图局亦三次，此外未闻常设，亦未闻民间讲求，官局测量不精，绘画不详，敷衍塞责，进之会典馆，合核之，则省与省不相衔，府与府不相衔，县与县不相衔，驳回重修，或仍是旧物，或并此无之，图学至此，可胜浩叹，此议确切不移”(第 4047 页)。国子监助教刘矩认为:“各省近绘之图,解送会典馆者,大半参差,不及胡林翼所绘舆图为善。”(第 5259 页)

官员中也有精于测绘之辈,敏锐意识到冯桂芬此法的不足,这是极为难得的有技术头脑的官员,当然非常少见。翰林院编修李傅元指出“谨案绘图之法,自应以天度为准,然后以穹体绘于平面,究未能得其实测。欲准南北之向,惟用西洋圆球之法,最为详密,而若是清丈地亩,则立石四隅可借其法”(第 1698 页)。又如工部郎中周暻尤为精于测绘(第 8962 页):

> 四隅立柱之法,宜平原不宜山国。设山田级列,则术穷矣。况四柱相望,稍有不合正方之形,则愈差愈多,是平原亦不易行也。未若用仪器测量于远近高下,无不应手可得,测得若干三角,依法绘成详细地图,山川、村市、田林、路径及土石、质性均详注图内,行军开矿皆用之,不只量田与水利也。

该签注已注意到冯桂芬测图方法对地形和技术的要求较高,不易测绘精确,而建议用“三角测量法”。工部主事王荃善亦精于测绘,熟悉当时测量经纬度的技巧,指出了冯氏绘图方法的不足(第 9665 页):

> 绘图有绘一国全图,有绘一邑小图,共二法,绘全图西法用仪器测北极高度以定纬线,更测各地时差(测时差之法,不一有用,度时法有用月蚀法,有用木星之月蚀法,有用月过午线法,有用大曜距月之法,有用日蚀法,以上各法均可定经线,惟俱不能无微差,近有用电报,分地各择,尤善)以定经线,然后开方计鸟里绘,图自然合。至一邑图,天度差甚微,则宜用三角法,将一邑剖为诸三角形,乃测其边角度分,详度内市镇水陆道里各事,则详而鲜差,此绘分图之法。至原法宜于平陆山邑,即不能测高广,又原三简法惟车轮稍合而曲直高下难准,及人行舟行,均只可绘粗图,而据之以均赋税、稽旱潦、兴水利、改河道,则有不能详实者。

王荃善对测时差和经线的诸种方法已留意,且能精准描述,在那个时代极其罕见。顺天府大兴县知县林绍清亦属精于测绘者,他认为“反罗经与定向尺法殊纡拙。绘地之法甚多,其最简捷确当者,莫如先量底线,用角度求之,先于底线此端测彼端,与所指之地得若干度,次于底线彼端测此端与所指之地得若干度,乃于格纸上按度画直线,两度会合之点,即所指之地部位方向也,以纸上之格度之,即得其远近之数,至测地势高下用水平,用酒准,用水银,均可此议,宜变法而行”(第 11002 页)。实际上所指的正是“三角测量法”。

当然，签注意见也映照出官员们的百态人生，有趋于革新的，乐于接受新鲜事物，但也有官员不愿表明态度，如詹事府日讲起居注官詹事载尃云："然而辨方正位，量度丈尺，非精于其事，不敢作盲谷之谈，是否可行，出自圣裁。"（第1737页）还有认为地图绘制"非精谙天文、地理、测量、算学不能办，且用以兴水利、均赋税，如以后各议，亦非小民所能周知"，这当然可能被视作一种谨慎之术，但也在一定程度上反映出官员们对于新技术的陌生。

也有人从经费的角度提出疑问，这是冯桂芬此议未涉及的。如詹事府庆颐就认为"工巨费繁，一时莫竟其功，可缓行"（第1879页），詹事府陈秉和认为"法之繁重，恐非百年无事不能成此大业，原议所陈，谁能俟之"（第2011页），詹事府黄思永认为"诚为体国经野之要，特恐一时无此经费"（第2222页）。吏部鲍心增则认为"此先王疆理天下之遗法也，但目前大势以自强御侮为急务，整齐划一宜俟将来"（第2654页）。以经费问题认为不可行的还有吏部的恩灏（第2771页），谈得最仔细的是国子监司业庞鸿文（第4972页）：

> 谨案事有言之若甚易，行之则甚难，此类是也。每里立一石柱，柱又须径一尺，高一丈，每一柱必非一金所能办，而又搬运有费，竖立有费，测量有费。每县以方百里计之，即须用一万二百一柱，天下州县大约弥瘠苦则幅员弥广方二百里，即须四万八百四柱，方三百里即须九万一千八百余柱，合中国约须九千万石柱，能筹此巨费而为之乎？

但冯桂芬所议不过是就方法革新角度而言，原就未以如何具体实施作为重点。

自大之人亦有，但已不太多。户部万秉鉴言："今者重修会典新图，尤为详密，顾此特我中国之图耳，欧美诸洲，其图固未备也。"（第3628页）国子监助教周濂徽称："本朝诸家所绘各图，与诸省通志中所列，并皆棋布星罗，开卷瞭然，近更辑成会典舆地一门，勾心斗角，尤为精密，似不必拘守此法，不可行。"（第5397页）户部刘岳云更为迂腐可笑："桂芬所言绘地图法，多前人所已言，反罗经亦西人所常用，若照此施行，诚为有用。……臣窃有虑者，国之利器不可以示人，昔南唐以地图与宋，而见伐。元得宋地图而内侵，足为殷鉴。是以康熙乾隆两朝舆图，藏之内府，非亲信大臣不获赏赐，自会典馆饬各省画图，东三省误以精细之图向日本石印，致启戎心，爰有二十年构衅之事，闻日本军士持一图，即我所石印，由是言之，何可不慎。"（第4145页）

也有一些建议，看似有理，但迂阔之气可见，他们极为擅长将一个专业性的技术话题转变为一种道德批判。如国子监助教朱儁瀛认为"所陈绘算之法甚细，但无论如何，善法必须赖有治人，否则多一举动滋一流弊，不特扰民而无实济也"（第5370页）。工部潘盛年以王安石青苗法遭遇的命运作类比，认为"行法之不得其人耳，以天下州县之吏之众，安得尽如袁燮者而行吾法哉？……不可行"（第9195页）。刑部谢文翘称："真读书人自能知此，此无适而不可用，非仅如原议而已。”（第 6534 页）刑部施庆修认为“各处地舆图形已有定制，必较长短不爽毫厘，吏胥因此欺蒙官长，不能查察，天下亦从此多事矣”（第 7296 页）。工部李润均认为“各省郡邑均有图册，道里形势，农田水利，已见大略，仍在地方官尽心为之。图虽精，无益也，似不可行”（第 8977 页），以上皆以“有治人无治法”之古训回应。“有治人无治法”代表着儒家最高的政治理想，康雍乾三帝将“有治人无治法”引入用人选官的行政体制，也即为政在人，有了“治人”方能行使“治法”。[30]这反映出一种为政理念，但也会成为抵制一切改革的托辞。

三、结　语

坦率而言，冯桂芬的地图绘制方法和同时代的其他人相比，未必是最先进的，如邹伯奇较冯桂芬年轻十岁，但当时已写出《测量备要》[31]，主持测绘《广东沿海地图》时已知地球为椭圆，故测算时应以椭圆曲率算之，比冯桂芬《绘地图议》要更向前一步。但因缘际会的是，冯桂芬的《绘地图议》随《校邠庐抗议》一书而为人所知，更因戊戌变法时光绪皇帝的钦定而被在京各衙门官员阅读并签署意见，成为那个时代最受人关注的地图学新知识。

这次意见的签注，类似于对各官员的一次地图知识的检阅。即使是四十年前的旧文，依然让多数官员感到新鲜，这不能不说是一个巨大的讽刺，尤其是考虑到早在一百八十年前，由康熙皇帝亲自主持的《皇舆全览图》那样代表时代水准的新式舆图早已绘制完成，并静静地躺在皇家的档案馆里。

但即便如此，我们仍然在灰暗的色调里看到了无可逃避的未来，那便是传统舆图的辉煌即将走向没落，而新式舆图的春天正在走来。两百余份签注的意见几乎没有一份从正面肯定中国传统绘图技术，这听起来似乎有些悲哀，但这确实是一个事实。到了晚清，即使是像官员这样并非先知先觉的群体也在世界变幻的情势下清楚地看到了中西方绘图技术的巨大差距，以及这种差距带来的无力感和挫败感，他们开始批判中国传统地图不重测量、与实际地理状况不符、无裨于政治的弊端，而对西方新式的绘图技术，则几乎全部抱有一种肯定和仰慕。肯定与否定之间，其实关涉的只有一个标准，这就是他们在意见中常常提到的两个对应的词语：“精密”与“粗疏”。两者之间的差别，其实和我们今天常常会提到的“科学与非科学”并无本质差别。这也正暗示我们，对于传统地图学精确性的要求和考量，并非民国学人的构建，而是来自更早的中国自身的传统，对地图精确性的要求也许从裴秀评判汉氏地图“虽有粗形，皆不精审，不可依据”时便已开始了，而历代以来不断对前代地图提出的批评，正代表着中国地图本身同样存在着对“精审”的强烈要求，而且将之作为评判地图绘制水平的标准之一。也许这正代表着尽管今天的知识体系中对“科学”的强烈反思和对文化多元主义的推崇固然有着揭开“科学”遮蔽的“地方性知识"的一面，但如走向极致，将"科学"从地图学的发展中拿开，将中国地图学的演变变成一场没有"科学"、没有测量技术发展的叙述，那可能会陷入另一种怪圈。而且这样的讨论很容易脱离真正的历史文本，因为正是在这些当时人真实的讨论文本中，我们看到了一代一代地图学绘制者对于"技术"的要求，在清末这样一个新旧交替之际的直接交锋中体现得更加明显。

这些官员众口一词一般地倒向西式舆图也正预示着中国传统绘图方法的最终结局，官员们寄予厚望的新式测绘学堂毕业的学生很快就将替代传统地图的非专业作者——画家、儒生、刻书匠[32]，成为新时代中国地图的作者，他们也将成为传统中国舆图的掘墓人。

附表　签注意见的官员一览

序号	衙门	官职	姓名	页码
1	总理各国事务衙门	总理各国事务衙门总办章京	舒文	301
2		总理各国事务衙门总办章京	瑞良	344
3		总理各国事务衙门办理俄国股章京	李清芬	376
4	内阁	内阁学士兼礼部侍郎衔	崇勋	447
5		内阁学士兼礼部侍郎衔	绵文	519
6		内阁侍读学士	继恒	568
7		内阁侍读学士	崇寿	616
8		内阁中书	陈嘉铭	645
9		内阁中书	渠本翘	686
10	翰林院	日讲起居注官翰林院侍读学士	儒林	739
11		日讲起居注官翰林院侍读学士	李殿林	787
12		日讲起居注官翰林院侍读学士	陈兆文	835
13		日讲起居注官翰林院侍读学士	济澂	883
14		日讲起居注官翰林院侍读学士	瑞洵	931
15		日讲起居注官翰林院侍读学士	华金寿	979
16		日讲起居注官翰林院侍读	翁斌孙	1069
17		翰林院侍读	熙瑛	1125
18		翰林院侍读	崇寿	1172
19		日讲起居注官翰林院侍读	恽毓鼎	1231
20		日讲起居注官翰林院侍读	朱益藩	1281
21		日讲起居注官翰林院侍读	黄绍箕	1335
22		翰林院编修	曹福元	1388

（续表）

序号	衙门	官职	姓名	页码
23		翰林院编修	陈钟琦	1518
24		翰林院编修	吴炳	1553
25	翰林院	翰林院编修	崔永安	1596
26		翰林院编修	刘若曾	1644
27		翰林院编修	李傅元	1698
28		日讲起居注官詹事府詹事	载蕁	1737
29		日讲起居注官詹事府少詹事	文海	1777
30		日讲起居注官詹事府少詹事	王锡蕃	1833
31		日讲起居注官詹事府左春坊左庶子	庆颐	1879
32		日讲起居注官詹事府左春坊左庶子	李昭炜	1920
33		日讲起居注官詹事府右春坊右庶子	景厚	1968
34		日讲起居注官詹事府右春坊右庶子	陈秉和	2011
35	詹事府	詹事府司经局洗马	惠纯	2055
36		詹事府司经局洗马	高赓恩	2122
37		詹事府左春坊左中允	文焕	2174
38		日讲起居注官詹事府左春坊左中允	黄思永	2222
39		日讲起居注官詹事府右春坊右中允	李士鉁	2304
40		詹事府左春坊左赞善	宝丰	2362
41		詹事府左春坊左赞善	王埗	2410
42		詹事府右春坊右赞善	载昌	2460
43		吏部考功司郎中	延誉	2508
44		吏部文选司郎中、员外郎等	锡龄等	2556
45		吏部文选司主事	鲍心增	2654
46		吏部考功司主事	王诚义等	2726
47	吏部	吏部考功司员外郎	恩灏	2771
48		吏部稽勋司主事	王荣先	2809
49		吏部候补主事	李绍烈	2856
50		吏部候补主事	王焯	2903
51		吏部候补主事	李廷飏	2951

（续表）

序号	衙门	官职	姓名	页码
52	户部	户部右侍郎	溥良	2994
53		户部江南司	如铨等	3055
54		户部山东司	晏安澜、傅超衡	3122
55		户部福建司	恒廉等	3195
56		户部湖广司	桂英等	3249
57		户部山东司	程利川等	3350
58		户部山西司	德泰等	3406
59		户部陕西司	谢启华等	3499
60		户部四川司郎中	毓秀	3547
61		户部四川司主事	万秉鉴	3628
62		户部广东司	鄂芳等	3697
63		户部广西司	孚琦等	3745
64		户部云南司员外郎	王廷材	3811
65		户部河南司郎中	刘中度	3873
66		户部贵州司	恩通等	3927
67		户部贵州司学习郎中	沈瑞林	3946
68		户部贵州司	恩裕等	3994
69		户部主事	彭谷孙	4047
70		户部主事	谷如墉	4092
71		户部候补主事	刘岳云	4145
72		户部督催所	文琦、松延	4287
73		户部北档房	蔡源深等	4333
74	礼部	礼部尚书	怀塔布	4372
75		礼部左侍郎	堃岫	4431
76		礼部左侍郎	阔普通武	4480
77		礼部右侍郎	溥颋	4530
78		署礼部右侍郎	徐致靖	4578
79		礼部仪制司掌印郎中、员外郎	郭曾炘、德龄	4626
80		礼部祠祭司掌印郎中、员外郎	李士瓒、曾衔	4674
81		礼部精膳司掌印郎中、员外郎	龄昌、徐堉	4722

（续表）

序号	衙门	官职	姓名	页码
82	国子监	国子监祭酒	熙元	4800
83		国子监祭酒	吴树梅	4838
84		国子监司业	贻谷	4895
85		国子监司业	庞鸿文	4972
86		国子监博士	孟春华	5013
87		国子监典籍	胡以霖	5048
88		国子监助教	晏孝儒	5084
89		国子监助教	托龙武	5124
90		国子监助教	松廷	5169
91		国子监助教	刘矩	5259
92		国子监助教	文铎	5314
93		国子监助教	朱隽瀛	5370
94		国子监助教	周濂徽	5397
95		国子监学正	李永镇	5485
96	兵部	兵部尚书	徐郙	5533
97		兵部左侍郎	杨颐	5589
98		兵部右侍郎	文治	5637
99		兵部右侍郎	寿昌	5676
100		兵部武选司郎中	恩澍	5710
101		兵部武选司郎中	刘尚伦	5758
102		兵部武选司郎中	恩溥	5806
103		兵部职方司主事	许秉琦	5866
104		兵部武选司候补主事	袁庆奎	5925
105		兵部武库司主事	李心地	5996
106		兵部武库司主事	杨芾	5997
107		兵部武库司郎中	张荀鹤	5997
108		兵部稽俸厅员外郎	希文	6047
109		兵部主事	承瀛	6095
110		兵部候补主事	胡远璨	6178
111		兵部候补主事	赵秉璋	6210

（续表）

序号	衙门	官职	姓名	页码
112	步军统领衙门	步军统领衙门右翼总兵	德云	6260
113		步军统领衙门郎中	致泽均	6308
114		步军统领衙门主事	继福	6350
115	刑部	刑部尚书、左右侍郎等	崇礼等	6397
116		刑部司务厅主事	世桂	6445
117		刑部直隶司	玉贵等	6493
118		刑部江苏司郎中	谢文翘	6534
119		刑部福建司员外郎	文霈	6589
120		刑部浙江司	和尔赓额等	6636
121		刑部浙江司	锡恩等	6684
122		刑部湖广司候补主事	宋子联	6722
123		刑部河南司主事	曾光岷	6824
124		刑部河南司主事	周之麟	6825
125		刑部河南司主事	许受衡	6825
126		刑部广东司主事	王景浚	6896
127		刑部四川司主事	高祖培	6941
128		刑部云南司	钱能训	7016
129		刑部贵州司	孔昭鋆等	7096
130		刑部河南司主事	乔树楠、曾鉴	7162
131		刑部候补主事	顾曾璨	7208
132		刑部郎中	何如翰等	7248
133		刑部督捕司主事	施庆修	7296
134		刑部秋审处坐办郎中	俞炳煇	7352
135		刑部汉档房	英启等	7380
136		刑部汉字堂	瑞启等	7395
137	都察院	都察院左都御史	裕德	7445
138		都察院左都御史	徐树铭	7500
139		都察院左副都御史	良培	7574
140		都察院左副都御史	徐承煜	7624
141		都察院左副都御史	曾广汉	7675
142		都察院吏科	丁之栻等	7729

（续表）

序号	衙门	官职	姓名	页码
143	都察院	都察院户科	冯金鉴	7777
144		都察院礼科	郑恩贺	7827
145		都察院礼科	庞鸿书	7828
146		都察院兵科	高夒曾等	7870
147		都察院工科	庆绵等	7929
148		都察院工科	庆绵等	7968
149		都察院掌京畿道监察御史	潘庆澜、胡孚宸	8033
150		都察院掌河南道监察御史	杨福臻、华煇	8092
151		都察院江南道监察御史	曾宗彦、承平、李盛铎	8166
152		都察院掌山东道监察御史	宋伯鲁等	8218
153		都察院掌山西道监察御史	和福等	8266
154		都察院掌浙江道监察御史	李念兹等	8340
155		都察院掌江西道监察御史	王鹏运等	8381
156		都察院掌湖广道监察御史	阎锡龄	8429
157		都察院掌福建道监察御史	联锦等	8497
158		都察院掌广东道监察御史	冯锡仁	8558
159		都察院掌广西道监察御史	杨崇伊等	8606
160		都察院掌四川道监察御史	松龄	8654
161		都察院掌云南道监察御史	赓飏等	8709
162		都察院掌贵州道监察御史	李擢英	8756
163	工部	工部尚书、左侍郎	松溎、凤鸣	8834
164		工部右侍郎	英年	8882
165		工部虞衡司郎中	文冲	8910
166		工部郎中	锡纶	8925
167		工部营缮司郎中	松墀	8945
168		工部郎中	周暻	8962
169		工部候补郎中	李润均	8977
170		工部营缮司郎中	志崇	8993
171		工部营缮司郎中	赵尔震	9101
172		工部即补郎中	潘盛年	9194
173		工部学习郎中	林鹤年	9287

（续表）

序号	衙门	官职	姓名	页码
174	工部	工部都水司员外郎	延清	9428
175		工部虞衡司员外郎	杨士燮	9465
176		工部都水司员外郎	许祐身	9515
177		工部主事	王荃善	9664
178		工部主事	恩丰	9684
179		工部主事	王祖武	9695
180		工部主事	范迪襄	9732
181		工部主事	吕正斯	9765
182		工部候补主事	赖清键	9803
183		工部主事	汪赞纶	9847
184		工部主事	汪赞纶	9876
185		工部候补主事	万际轩	9929
186		工部营缮司主事	王振声	9951
187		工部主事	张维勤	9995
188		工部候补主事	王毓芝	10135
189	理藩院	东阁大学士管理理藩院等处事务	昆冈	10194
190		理藩院尚书	启秀	10219
191		理藩院右侍郎	会章	10291
192		理藩院郎中	绪良	10332
193		理藩院员外郎	崇林	10412
194		理藩院员外郎	三寿	10424
195		理藩院主事	文哲珲	10528
196	顺天府	顺天府府尹	胡燏芬	10588
197		顺天府府丞	丁立瀛	10612
198		顺天府治中	王梦龄	10705
199		顺天府粮马通判	卫荣庆	10775
200		顺天府南路厅同知	赵文粹	10840
201		顺天府署西路同知	谢锡芬	10888
202		分训直隶通永道	沈能虎	10939
203		顺天府署大兴县知县	林绍清	11002
204		顺天府武清县知县	潘瀛	11053

（续表）

序号	衙门	官职	姓名	页码
205	顺天府	宁河县知县	李培之	11093
206		顺天府宛平县知县	刘焌	11131
207		顺天府昌平州知州	吴兆熊	11171
208		顺天府候补知县	何展采	11221
209		顺天府保定县知县	彭英甲	11270

【注释】

[1]〔英〕李约瑟:《中国科学技术史》第5卷《地学》第一分册,科学出版社1976年版。

[2]〔美〕余定国著,姜道章译:《中国地图学史》,北京大学出版社2006年版。

[3]成一农:《“非科学”的中国传统舆图:中国传统舆图绘制研究》,中国社会科学出版社2016年版。

[4]陈旭麓:《关于〈校邠庐抗议〉一书——兼论冯桂芬的思想》,见《陈旭麓学术文存》,上海人民出版社1990年版,第748页。

[5]吴云:《显志堂稿》序,见沈云龙主编:《近代中国史料丛刊续编》七十九辑,文海出版社1981年版,第16页。

[6]此篇序署名为陈宝琛,学界亦多作此,实际是谢章铤代写,《谢章铤集》收有此序,且明确注“代陈阁学”,吉林文史出版社2009年版,第78~79页。

[7]各版本文字微有差异,但均非重要之处,各版本文字可参冯凯整理、熊明心校对:《校邠庐抗议·汇校》,上海社会科学院出版社2015年版。此处文字采戊戌变法时军机处发放各官员的版本,系依据光绪九年天津广仁堂本刷印。

[8]冯桂芬:《跋海国图志》,《显志堂稿》卷12,第1089页。

[9]同治《苏州府志》,《凡例》。

[10]冯桂芬:《跋武进李氏舆地图后》,《显志堂稿》卷12,第1087页。

[11]曾国藩:《复方楷》,见《曾国藩全集》之《书信(十)》,岳麓书社1994年版,第7087~7088页。

[12]同治《苏州府志》,《凡例》。

[13]杨彬镛:《清代测绘先人冯桂芬与黄炳垕》,《经纬天地》2014第2期。

[14]王一帆、张佳静:《同治初年江南地区地形测绘研究》,《中国科技史杂志》2016年第2期。

[15]朱竞梅:《北京城图史探》,社会科学文献出版社2008年版,第139页。

[16]方兴:《从“苏松重赋”到“三饷”均摊》,《中国经济史研究》2010年第1期。

[17]冯桂芬:《江苏减赋记》,《显志堂稿》卷4,第412页。

[18]冯桂芬在苏松地区的减赋努力,可参见熊月之《冯桂芬评传》(南京大学出版社2004年版)中的记述。

[19]冯桂芬:《显志堂稿》卷4,第419页。

[20]http://www.loc.gov/rr/asian/wdcList/SMR.php,检索于2016年8月4日。

[21]冯桂芬:《启肃毅伯李公论清文书》,《显志堂稿》卷5,第510~511页。

[22]同治九年三月初三日,冯焌光、郑藻如:《上督抚宪禀(附酌拟广方言馆课程十条)拟开办学馆事宜程十六条》,见《中国近代学制史料》第一辑,华东师范大学出版社1983年版,第229页。

[23]赵烈文:《能静居日记》第2册,同治二年三月十三日己未,廖承良标点整理,岳麓书社2013年版,第636页。

[24]光绪二十四年五月二十九日管理大学堂事务大臣孙家鼐:《奏为请饬直督刷印冯桂芬校邠庐抗议一书并发各官择其可行者呈览事》,中国第一历史档案馆藏录副奏折,档号:03-9447-050。

[25]原定十日返回,但不少官员认为《校邠庐抗议》内容繁多,且事体重大,故而奏请延期,见光绪二十四年六月十三日江南道监察御史曾宗彦:《奏为签议校邠庐抗议一书宜展限期以务精详事》,中国第一历史档案馆藏录副奏折,档号:03-9448-005。

[26]《清廷签议〈校邠庐抗议〉档案汇编》,线装书局2008年版。

[27]李侃、龚书铎:《戊戌变法时期对〈校邠庐抗议〉的一次评论——介绍故宫博物院明清档案部所藏〈校邠庐抗议〉签注本》,《文物》1978年第7期。

[28]此页码为二十五册《清廷签议〈校邠庐抗议〉档案汇编》中的总页码,下仿此,为便于读者查阅并省篇幅,皆随文注出。

[29]光绪二十四年八月初六日兵部候补主事杨芾:《奏为讲求时务需知中外舆地之学请饬各处详绘地图以资考究事》,中国第一历史档案馆藏录副奏折,档号:03-9456-009。

[30]刘凤云:《"有治人无治法":康雍乾三帝的用人治国理念》,《求是学刊》2014年第3期。

[31]可参同治《南海县志》卷10关于邹伯奇《测量备要》与《皇清地理图》的介绍。

[32]潘晟:《谁的叙述:明代方志地图绘制人员身份初考》,《中国历史地理论丛》2004年第1辑。

(作者单位:中国人民大学清史研究所)

《清史地图集·湖北》图幅中的县界绘制及水域的政区界线研究*

陈 冰

前 言

国家社会科学基金重大项目“清史地图集”(批准号:12&ZD146),由中国人民大学清史研究所华林甫教授担任首席专家,历时五年,于2018年4月28日经全国哲学社会科学规划办公室审核结项。笔者参与了结项成果《清史地图集》中“湖北”图幅的编绘过程,欲就图幅中的县界绘制相关问题作一介绍。

《清史地图集·湖北》图幅的编绘工作由复旦大学历史地理研究中心杨煜达教授领衔,具体内容包括编制《编稿表·正编》、《编稿表·辅编》(之后改“编稿表”为“释文”)及绘制地图三个部分。《编稿表·正编》初稿由杨煜达教授及研究中心博士研究生韩健夫[1]编制,笔者曾三次逐页批注、提出修改意见,三人共同完成定稿。《编稿表·辅编》由中国人民大学清史研究所历史地理学专业研究生五人共同完成,笔者负责汉阳府、德安府、安陆府、荆州府和荆门直隶州5个府级政区的25个县级政区(包括荆门直隶州本州亲辖地);刘传飞[2]负责宜昌府、施南府和鹤峰直隶厅3个府级政区的13个县级政区(包括鹤峰直隶厅辖地);乔欣[3]负责襄阳府、郧阳府2个府的13个县级政区;郭照启负责武昌府的10个县级政区;赵逸才负责黄州府的8个县级政区。最后,由笔者汇总“正编”“辅编”内容,绘制《清史地图集·湖北》图幅。

本文拟从三个方面介绍《清史地图集·湖北》图幅中的县界绘制。首先,以汉阳府汉川县为例,对县界绘制过程进行展示;其次,例证清末湖北县界走向与河湖水系的关系;

---

* 本文系北京市社会科学基金重大项目《流散欧洲舆图与晚清史事研究》(批准号:17ZDA09)阶段性研究成果之一。

最后，通过与《中国历史地图集·清时期》（以下简称“谭图”）中的湖北图对比，陈述本图与谭图政区界线绘法差异的依据。

一、县界绘制过程展示——以汉阳府汉川县为例

鄂省四界多山，江汉贯穿其中。明清时期，江汉平原地域开发成熟，又完成了与邻省交界山区的州县化，清末若干县域舆图表明，时人对政区界线的概念已经相当明确。总体来看，山区的政区界线多以河流、山峰、分水岭等自然地物为界，恰如郑樵所谓“州县之设，有时而更；山川之形，千古不易”[4]，这部分政区界线的复原工作难度并非最大。唯江汉平原地区，水系复杂，古今湖泊、河道变迁剧烈，边界地物定点、县界走向的绘制殊为不易。正因如此，本节欲以清末湖北 69 个县级政区（包括荆门直隶州本州亲辖地及鹤峰直隶厅辖地）中的一县为例，略述县界绘制过程。例子选取了位于江汉平原腹地、又有边界山岭的汉阳府汉川县，以期更丰富地展示县界与河流、湖泊、山地的关系。[5]

清末湖北县界绘制的基础工作是依据相应史料，编制《编稿表·辅编》。编制《编稿表·辅编》，是为了将县界附近的山川聚落等清末地物尽可能多地找到今地，以作为确定县界的参照物。这正是项目组学术顾问邹逸麟先生要求的，“做好编稿表正编、辅编，让别人拿到编稿表，也能画出一样的地图来”。《清史地图集·湖北》图幅的县界绘制主要依据光绪《湖北舆地图》展现的州县界线。光绪十五年，为纂修《会典》，令各省重新测绘舆图，限期呈交会典馆。光绪二十七年，湖北完成测绘，汇总图幅。[6]是为当年湖北营务处展拓石印本《湖北舆地图》的底本。[7]

（一）《编稿表·辅编·汉阳府汉川县》的编制

汉阳府汉川县辅编的编制，主要参考光绪《湖北舆地图·汉川县图》（以下简称“汉川县图”）。辅编的格式为六列，第一列为序号，第二列为地物名称，第三列为今地，第四列为史料来源，第五列为界线段，第六列为备注。工作步骤如下：

（1）录入清末边界地物名称。根据汉川县图绘制的边界，自东北角开始，按顺时针顺序录入县界边缘内侧的清末地物名称，具体包括普通聚落、河湖、山峰等，是为前二列的内容。

（2）为清末地物名称找到今地。汉川县边界内侧的 144 个清末地物中，找出今地的有 67 处。这其中有的是今天的乡镇，如脉旺镇、田二河镇、回龙镇等，这部分较为容易识别，但绝大部分是普通聚落，如何取舍成为工作的关键。为清末地物找今地，需要注意几个问题，比如，河流的改道、湖泊的盈缩、小聚落名称的字音字形演变、自然村和行政村的区别等。该步骤是绘制历史地图至关重要的一步，在确定今地时需慎之又慎。参见下表，例如，有的是字音未变，字形发生了变化，如“九和院—九合村”“八坛口—八潭村”

“五方台—五房台”“福星店—福兴村”“铜塚集—垌冢镇”等；有的是字形用字发生变化，读音完全不同了，如“七里观—七星观”；有的是变为简称，如“神灵口—神灵村”“官祠山—官山村”“张池口—池口村”“钟家沟—钟沟”等；有的保留部分清末地名专名，衍生成新的地名，甚至小地名群，其清代地物原型应在今小地名群范围内，如“崩坡—崩坡吴家”“汪家台—大汪家台”“赵家台—赵家老台”“田家湾——田家老垮”等；有些地名虽然同名，但明显偏离了《湖北舆地图》中的大致方位、前后聚落，应予摒弃，而河湖变迁地带，地名变化也是常见的，尤其需要注意。

(3)界线段一列，指的是汉川县界线内侧的地物与界线外侧哪个州县相邻。个别清末地物为三个政区交界处。具体情况参见下表，因“史料来源”及“备注”两栏篇幅较大，为节省空间，未于本文作一一展示。

《清史地图集·湖北》之《编稿表·辅编·汉阳府汉川县》

序号	地物名称	今地	界线段
1	牛落河	未知	德安府云梦县、汉阳府孝感县
2	九和院	汉川市新河镇西北之九合村	汉阳府孝感县
3	东港河	未知	
4	南和院	未知	
5	汪家台	汉川市新河镇西北之大汪家台	
6	神灵口	汉川市新河镇西北之神灵村	
7	汪家院	未知	
8	茶壶沟	未知	
9	胡家院	汉川市新河镇西北之胡家村	
10	陈家台	未知	
11	前河岭	汉川市新河镇西北之前河岭村	
12	六合院	未知	
13	姚家台	未知	
14	沙角港	未知	
15	涢口	汉川市新河镇北之涢口大队	汉阳府夏口厅
16	杨家台	未知	
17	梁家湾	未知	
18	田家台	未知	

（续表）

序号	地物名称	今地	界线段
19	胡家台	汉川市新河镇东之胡家老台	汉阳府汉阳县
20	郭家台	汉川市新河镇东之郭家台	
21	黄家台	未知	
22	溢港	汉川市新河镇西南之溢港湖	
23	曹家口	汉川市新河镇东之曹家口村	
24	魏家台	汉川市新河镇南之魏家塘	
25	五方台	汉川市新河镇南之五房台	
26	榔头筑	汉川市马鞍乡东之榔头村	
27	双山	汉川市马鞍乡东南之双山村	
28	黄家嘴	汉川市马鞍乡东南之黄家咀	
29	王家嘴	未知	
30	何家湾	未知	
31	方家山	未知	
32	高观铺	汉川市马鞍乡东南之高观村	
33	官祠山	汉川市马口镇东南之官山村	
34	马城桥	汉川市马口镇东南之马城桥	
35	枣树湾	汉川市马口镇东南之枣树村	
36	内方山	未知	
37	棠林嘴	未知	
38	叶家岭	汉川市马口镇南之叶家岭	
39	横山	汉川市马口镇南、与汉阳县交界之横山	
40	王冈湖	未知	
41	尹承河	未知	
42	下涉湖	未知	
43	北河集	汉川市西江乡东南之北河村	
44	八箍口	汉川市西江乡东南之八箍口	
45	江家集	汉川市西江乡东南之江集村	

（续表）

序号	地物名称	今地	界线段
46	三益垸	仙桃市长埫口镇东之三益垸	汉阳府沔阳州
47	星河岭	仙桃市长埫口镇东北之小河岭	
48	油榨岭	未知	
49	黄莺脑	未知	
50	董家赛	未知	
51	陈家台	仙桃市长埫口镇东之下陈家湾	
52	赵家台	仙桃市长埫口镇东之赵家老台	
53	田家湾	汉川市西江乡西南之田家老湾	
54	打雁院	汉川市西江乡西南之打雁村	
55	曾家台	汉川市西江乡西之曾湾村	
56	牛头湾	汉川市西江乡西之牛头村	
57	韩家台	未知	
58	嗣兴桥	未知	
59	傅家台	未知	
60	脉旺镇	汉川市西南之脉旺镇	
61	彭公院	汉川市里潭乡西南之彭公湖	
62	刘家台	未知	
63	杨家台	汉川市回龙镇东北之杨家湾	
64	杨家祠	未知	
65	汤家湾	汉川市回龙镇北之汤湾村	
66	回龙集	汉川市西南之回龙镇	
67	兴隆寺	未知	
68	张池口	汉川市回龙镇西南之池口村	
69	杨家湾	汉川市回龙镇西南之杨家湾	安陆府天门县
70	大德甲	未知	
71	余家湾	汉川市回龙镇西南之于家湾	
72	中岭上	未知	
73	秒米湾	未知	
74	田二河驿	汉川市西南之田二河镇	
75	郭家桥	未知	
76	徐家桥	天门市干驿镇东之徐家桥	

（续表）

序号	地物名称	今地	界线段
77	夹河	未知	安陆府天门县
78	徐家湾	未知	
79	张家湾	汉川市田二河镇北之张家塝	
80	马家台	汉川市田二河镇北之马潭村	
81	大成院	汉川市田二河镇北之成家八屋台	
82	园子台	未知	
83	长虹院	未知	
84	天成院	汉川市田二河镇北之成家塆	
85	钟家沟	天门市净潭乡东南之钟沟	
86	丰盛院	未知	
87	文房台	未知	
88	新院子	未知	
89	长湖院	未知	
90	曾家堰	未知	
91	螺丝湖	汉川市新堰镇西之螺蛳湖村	
92	罗家堰	未知	
93	严家院	未知	
94	七里观	汉川市垌冢镇南之七星观	
95	铜塚集	汉川市西北之垌冢镇	
96	萧家店	天门市胡市镇东之肖家巷	
97	王家湾	天门市胡市镇东北之王家湾	
98	二屋岭	汉川市垌冢镇北之二屋岭	
99	同兴集	汉川市垌冢镇北之同兴村	
100	竹林湾	未知	
101	李家湾	未知	
102	虎山	汉川市垌冢镇西北之虎山村	
103	石桥	未知	安陆府天门县、德安府应城县
104	垱口湾	汉川市垌冢镇西北之垱口	德安府应城县
105	万寿林	未知	
106	崩坡	汉川市垌冢镇西北之崩坡吴家	
107	方家三屋	汉川市垌冢镇北之方家三屋	

（续表）

序号	地物名称	今地	界线段
108	董家嘴	未知	德安府应城县
109	骆驼嘴	汉川市垌冢镇东之骆驼咀	
110	诚子湖	未知	
111	横堤湖	未知	
112	清宁湖	未知	
113	玄明嘴	未知（展拓本作“元”）	
114	倪家院	汉川市新堰镇西北之倪集村	
115	洪陂濑	未知	
116	李家榨	未知	
117	军庄甲	未知	
118	萝涓院	未知	
119	邵家嘴塘	汉川市麻河镇西南之邵家咀村	
120	叶家庙	汉川市麻河镇西南之叶家坑	
121	专业院	未知	
122	大百院	未知	
123	龙耳冈	未知	
124	陈家台	未知	
125	八坛口	汉川市麻河镇西之八潭村	
126	桃树濑	未知	
127	花耳冈	未知	
128	东湖	未知	
129	涂家嘴	汉川市麻河镇东北之涂家咀	
130	高家湾	汉川市麻河镇东北、沪蓉高速南之高家湾	
131	凤王家	未知	
132	鸿基台	未知	德安府应城县、德安府云梦县
133	官庄铺	未知	德安府云梦县
134	椙湖	未知	
135	鲁家台	汉川市麻河镇东北之鲁家台	
136	蔡王陈	未知	
137	三汊院	未知	
138	中十八里	未知	

（续表）

序号	地物名称	今地	界线段
139	新河渡	未知	德安府云梦县
140	高家台	未知	
141	福星店	云梦县道桥镇东之福兴村	
142	王家台	未知	
143	火烧塔	未知	
144	彭家台	未知	

（二）依据《编稿表·辅编》在定制底图上绘制县界

全省的《编稿表·辅编》制作完成后，已经清楚绘制县界需要哪些今天的聚落点。继而根据确定县界的重要程度，对这些聚落点进行分级，进而作为底图需求，向合作方中国地图出版社提出定制底图的需求，即保证最重要级聚落点，尽量满足次级聚落点。中图社就此制作了比例尺为 1∶770000 的湖北省今地图，作为绘制《清史地图集·湖北》图幅的底图。

课题组统一选用 CorelDRAW12 软件作为绘图工具。将汉川县界线内侧的今地标示出来后，下一步是完善界线外侧的清末地物今地。正所谓“知己知彼”，界线内外两侧的清末地物均标示出来后，县界走向基本清晰。

七个邻壤县级政区，自汉阳府内最北相邻的孝感县开始，分别是孝感县—夏口厅—汉阳县—沔阳州—安陆府天门县—德安府应城县—德安府云梦县。各界线段能找到今地的清末地物各州县分别如下[8]：

（1）孝感县辅编中，与汉川县相邻的界点有 3 处，遗憾未能对应找到今地。但其东南与汉阳县、西北与云梦县分别有地点与汉川县界相近，可资参考。分别为与云梦县交界“河吉口”，今地为孝感市孝南区朱湖农场之何吉口；与夏口厅交界“四叉口”，今地为孝感市孝南区朱湖农场南之四叉河；“杨林湖”，今地孝感市孝南区卧龙乡东南之杨林村。杨林湖为湖泊，今已成陆，故杨林村之位置相差较大，不作为精确定点依据。

（2）夏口厅辅编中，与汉川县相邻的界点有 5 处。其中，“孙家台”为汉川、孝感、夏口三县厅的界点，今地为武汉市东西湖区新沟镇西之孙家台。其余四点分别为“新沟市汛”，正编及湖北图上作“新沟”，今地为武汉市东西湖区西北之新沟镇；“康家院”，今地为汉川市新河镇北之汉北河西岸之康家村；“文家台”，今地为汉川市新河镇北之汉北河西岸之文家村；“涢口汛”，正编及湖北图上作“涢口”，今地为汉川市新河镇北之涢口大队。

需要说明的是，夏口厅析自汉阳县，置于光绪二十五年。《湖北舆地图》测绘之时尚未置厅。因与汉阳县以汉水为界，其北置厅，故参考《湖北舆地图·汉阳县图》亦可操作。同时参考民国九年《夏口县志·夏口县全图》及民国十年《湖北通志·夏口厅图》。

(3)汉阳县辅编中，与汉川县相邻的界点有28处，找到今地14处。自东北向西南依次为："余家台"，今地为武汉市蔡甸区张湾街道西北之余家台村；"王家台"，今地为武汉市蔡甸区张湾街道西北之王家台；"刘家集"，今地为武汉市蔡甸区张湾街道西北之刘集村；"花竹林"，今地为武汉市蔡甸区张湾街道西之小花竹林；"白马山"，今地为武汉市蔡甸区张湾街道西之白马山；"陆神铺"，今地为武汉市蔡甸区索河镇北之六神村；"石山保"，今地为武汉市蔡甸区索河镇西南之石山堡；"张家嘴"，今地为武汉市蔡甸区索河镇西南之张家咀；"老官圻"，今地为武汉市蔡甸区侏儒山街道西北之老官村；"横山"，今地为武汉市蔡甸区侏儒山街道西北之横山；"新帮集"，今地为武汉市蔡甸区侏儒山街道西南之新帮村；"萧家集"，今地为汉川市西江乡东南之肖家集；"西河"，今地为武汉市蔡甸区西南成功乡之西河；"戴家湾"，今地为武汉市蔡甸区成功乡东南之戴家湾。

(4)沔阳州辅编中，与汉川县相邻的界点有25处，找到今地10处。其中，"周家帮"为汉川、汉阳、沔阳三州县界点，今地为仙桃市长埫口镇东之周家帮；其余界点自东向西分别是："三益垸"，今地为仙桃市长埫口镇东之三益垸；"敦厚庵塘"，今地约为仙桃市长埫口镇东之敦厚村；"吴家山"，今地为仙桃市长埫口镇东北之吴家台；"汪家阁"，今地为仙桃市长埫口镇东北之汪家阁村；"刓下"，今地为仙桃市长埫口镇东北之刓下东、西村；"北六垸"，今地约为仙桃市长埫口镇东北之北小垸子；"泗字垸"，今地为仙桃市长埫口镇东北之四字号；"夏家塔"，今地为汉川市沉湖镇北之夏家庄屋西南之老塔村；"张池口"，今地为汉川市回龙镇南之池口村。

(5)安陆府天门县辅编中，与汉川县相邻的界点有24处，找到今地7处。自南向北依次为："沉湖垸"，今地约为天门市东南之沉湖农场二分场；"张家场"，今地为天门市净潭乡东南之张家场；"蒋家场"，今地为天门市净潭乡东南之蒋家场；"刘家集"，今地为天门市卢市镇东北之刘家集村；"张铁岭"，今地为天门市胡市镇东之章铁岭；"同心集"，今地为孝感市汉川市垌冢镇北之同兴集；"六合场"，今地为天门市胡市镇北之六合村。

(6)德安府应城县辅编中，与汉川县相邻的界点有28处，找到今地8处。自西向东依次为："汪家集"，今地为应城市陈河镇西之汪家集；"甘家湾"，今地为应城市陈河镇南之甘家大塆；"丁家集"，今地为应城县义和镇北之老集（丁家二湾、丁家四份、丁咀附近）；"金鸡湖"，今地约为汉川市韩集乡西北之金鸡湖；"阁老湾"，今地为应城市天鹅镇西之阁老湾；"魏家湾"，今地为应城市天鹅镇西北之魏大湾；"蔡家湾"，今地为应城市天鹅镇西北之蔡咀大湾；"杨家湾"，今地为应城市天鹅镇西北之杨家咀。

(7)德安府云梦县辅编中，与汉川县相邻的界点有9处，找到今地4处。其中，"饶家湾”为云梦、孝感、汉川三县界点，今地为云梦县下辛店镇北之饶家湾。其余界点自西向东依次为“道人桥”，今地为云梦县南之道桥镇；“西台湖”，今地约为云梦县下辛店镇西南之台湖店；“东台湖”，今地约为云梦县下辛店镇南之台湖。

（三）县界附近的一地两属与异地同名

清末湖北县界大部分还没有达到界线法定的清晰程度。因此，有时同一地物会分别绘在相邻两县县界内侧，有时会出现县界两侧不同位置同时绘有相同或相近名称的地物。先不论其实际管辖，至少在舆图所体现的内容上，第一种情况可以概括为一地两属，第二种情况为异地同名。

舆图上一地两属的聚落，在实际中大多属于某一县管辖，邻县只是在舆图上表达了所有权争议，极少有实际中也是一地两属的聚落，其他地物比如山峰则可能性较大。异地同名主要存在于河流交汇口，自然地物的河口名与实际中聚落地名相同，或者河口两三侧存在多个同名聚落。

此处仅以汉川县的三组地名为例：

（1）汉川县三益院—沔阳州三益垸。如图 1 所示。虽然“院”与“垸”写法不同，但两州县界线绘法基本相同，县界两侧各有的一个三益垸（院），应该为同一聚落的不同写法，两州县均将其划入自己界线内侧。可以推断为图上的一地两属。无论实际中三益垸一地属于哪个州县，县界必在其前后不远经过。

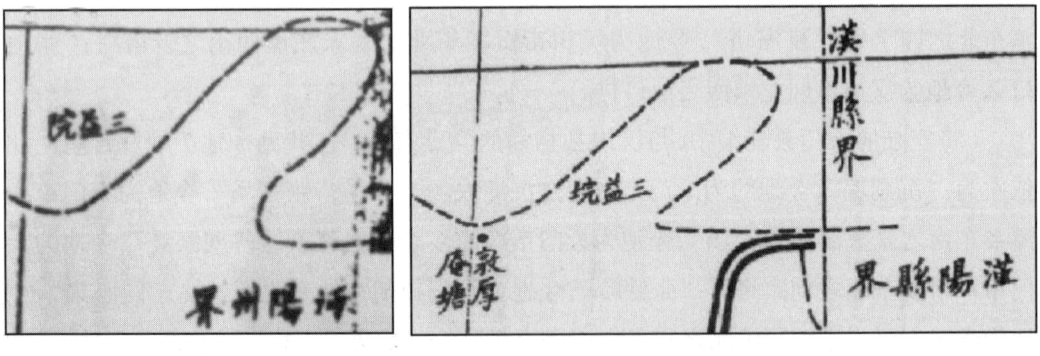

图 1 《湖北舆地图》中汉川县三益院与沔阳州三益垸截图

（2）张池口。如图 2 所示。汉川县的张池口在河流西北岸，沔阳州的张池口在河流东北。“张池口”一名，标在两州县的两处位置，以周边其他聚落定点，加之查今地的池口村位置，应可作出张池口在汉川县的判断。如果张池口仅指河流此处交汇口的自然地物，那么按照两州县界线绘法，也应该属于汉川县。这种情况不属于一地两属，图上的异地同名，在实际中应该是不存在的。

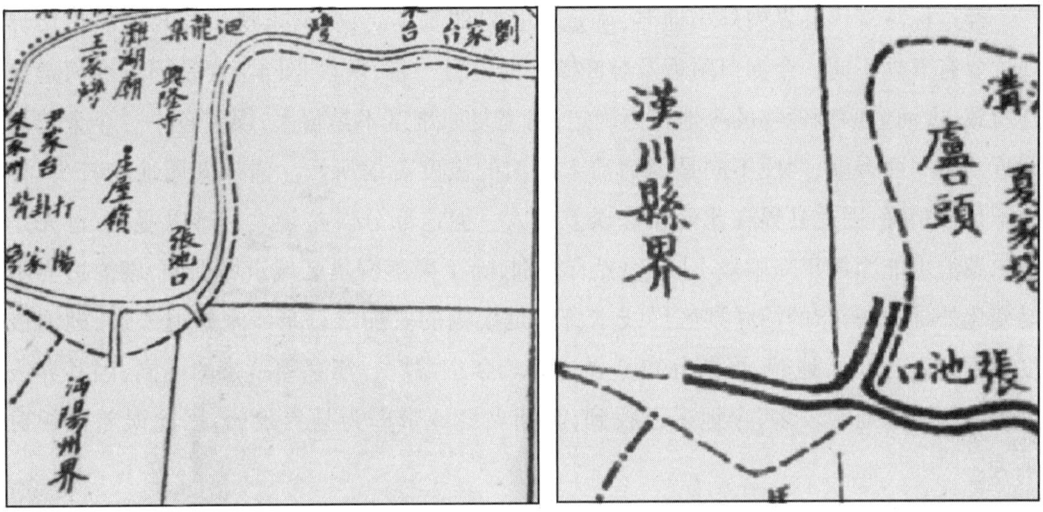

图2 《湖北舆地图》中汉川县与沔阳州的两处张池口截图

(3)汉川县同兴集—天门县同心集。如图3所示。二者读音极其相近，但又分居界线两侧较远。查之今地，确有东西两处同兴。故而推断两地名称相近而已，是为异地同名。

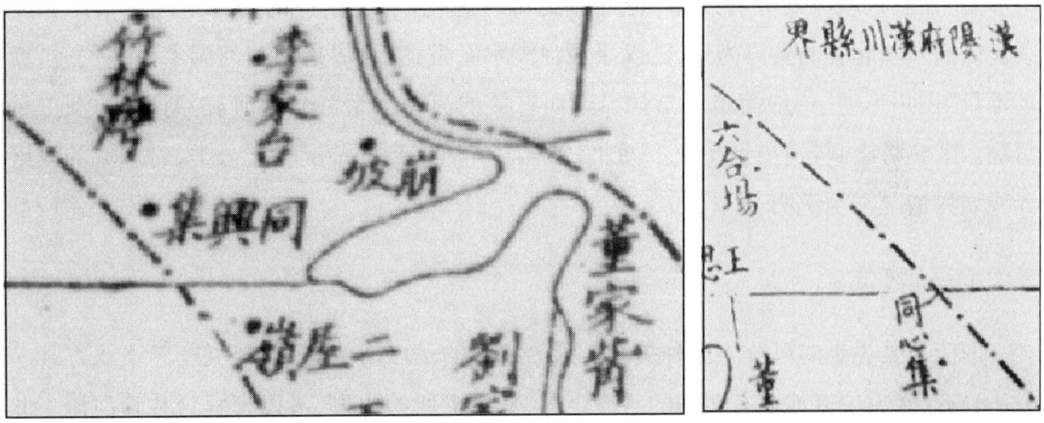

图3 《湖北舆地图》中汉川县同兴集与天门县同心集截图

(四)县界绘制中的古今差异

虽然县界绘制有充足的史料依据，但也并非没有误差。项目主持人华林甫教授反复提醒，“世界上没有完全精准的地图，除非是比例尺1:1的地图”。因此，将县界绘制得更为合理、接近事实，排除硬伤错误，将误差控制在可接受范围内，是确定古今界线差异之处的重点。

经过标注清代县界内外小地名,确定了县界的基本走向,清末汉川县与今汉川市界线主要有五处不同。今涢口附近及脉旺镇—池口村一带,两段不同主要是因古今河道变迁所致,古河道两侧地物的今地较为确定,河道复原难度不是很大,误差较小。今金鸡湖附近及东—西台湖,两段不同是因为清末湖泊的极度萎缩所致。清末湖周地物较少,界线不是很精确,因此县界在此处绘法误差较大。但这部分误差较大也难以避免,首先是清末湖泊可能因每年降雨量不同,边界有差别,除了聚落密集区域筑堤围堰、湖泊边界不易变化外,河网密布的沼泽湖区界线本身就是模糊的。加之百余年来湖退人进,湖泊极度萎缩,甚至消失,地貌、聚落分布差异过大。今三益垸—汪家阁一带的不同,因其界线内外两侧清末地物较多,今地多已找到,其间夹缝地带即为县界走向,因此误差也相对不大。

二、县界走向与河湖水系的关系

周振鹤教授将我国历史上行政区域的划界概括为"山川形便"和"犬牙相入"两大原则,此二原则应用于高层政区的区域划界甚为恰当。然而,当视角移向县级政区,划界原则的"山川形便"仍然有一定的合理性,"犬牙相入"则难以得到普遍性的适用。而且"山川形便"在县级政区划分界线时,也并非绝对理想化,与之相悖的实际情况可谓纷繁复杂。以清末湖北省的县界为例,江汉平原河湖水系发达,县界走向与河湖水系的关系,就远不只"山川形便"一般简单。与县界走向有关的河湖水系可分为河流、湖泊、沙洲三种情况。下文将绘制《清史地图集·湖北》图幅县界时遇到的情况稍作分类,对水域的政区界线划界情况举例说明。

(一)河流

河流与县界走向可分为五种关系。最为常见的是以河为界,即河流非界线双方某一方所独有,水域中有或没有明确的县界走向,从图上所绘出发,可以理解为共管河流。此时,应将界线画在河流中间的水域上。而将界线画在河流一侧沿岸的绘法也很常见,亦即河流为某一方主要管理。如果界线越过岸边,推向河流一侧内地较远,则该河流为某一方独有,这种情况不属于狭义上的以河为界。还有以河流附近的堤坝为界线的政区划界方法,主要在易发生洪涝的荆江段州县。山区界线有时以河流分水岭为界,这种情况古今界线差异较小。各类型举例如下。

1. 以河为界。在涉及省界时,有时在长江上画出一段政区界线,但大部分为水上无界线。如,汉阳府汉阳县与汉川县界线北段,以汉水为界。在绘图时,将县界绘于河道中心线上。如图4所示。依次为《湖北舆地图》汉川县图、汉阳县图。

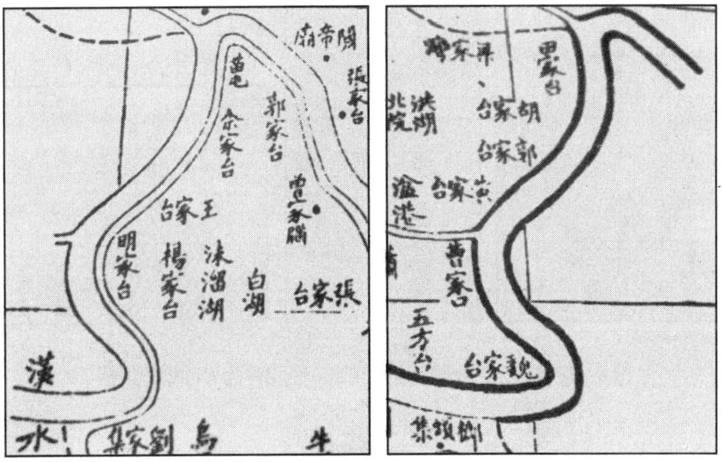

图4　汉川、汉阳二县以汉水为界的绘图依据

2. 以一侧河岸为界。如，汉阳府汉川县与沔阳州交界的张池口段，以河流东岸、南岸为界。县界在此绘法为，汉川县据有全河道，沔阳州不占有河道，即县界在河流东南岸河岸之上。如图5所示。依次为《湖北舆地图》汉川县图、沔阳州图。

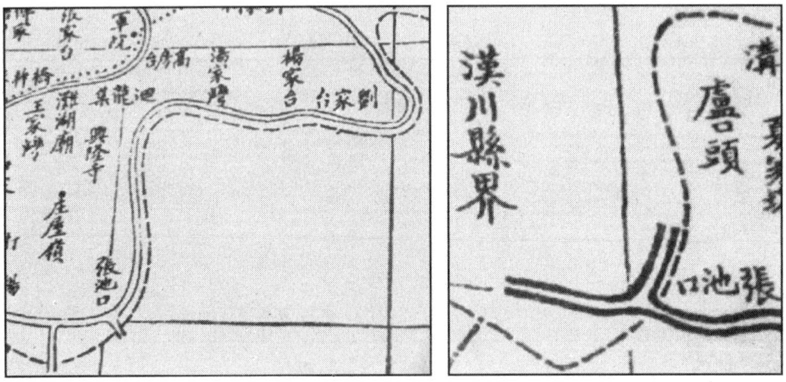

图5　汉川县和沔阳州以河流一侧沿岸为界的绘图依据

再如，德安府应城、云梦、安陆三县交界处的漳水、涢水均以西岸为界。故县界在此绘法为，应城县界不据有河道，只画到河流西南岸；安陆县界西侧据有全河道，东侧只画到河流西岸；云梦县界据有全河道，以河对岸为界。如图6所示。依次为《湖北舆地图》应城县图、云梦县图、安陆县图。

3. 跨河对岸之界，全河为界。如，安陆府京山县与德安府安陆县界，在漳水北岸，整条漳水均在京山县境内。如图7所示。依次为《湖北舆地图》京山县图、安陆县图。

4. 以河堤为界。如，江陵县南与石首县北界，以石首堤河堤为界。如图8、9所示。依次为光绪《湖北舆地图》江陵县图、石首县图。

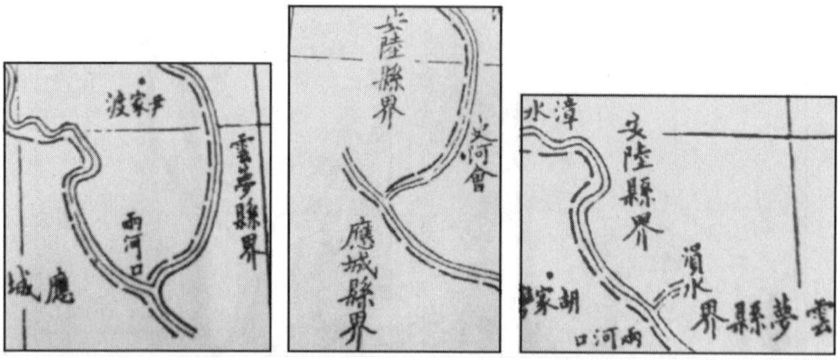

图 6　应城、云梦、安陆三县以河流一侧沿岸为界的绘图依据

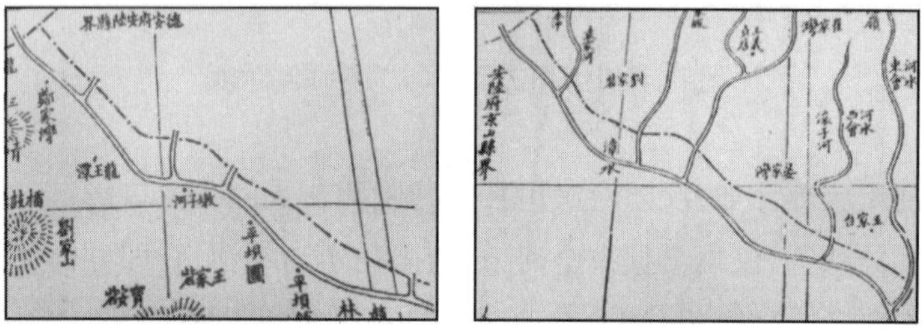

图 7　京山、安陆二县界线与漳水关系的绘图依据

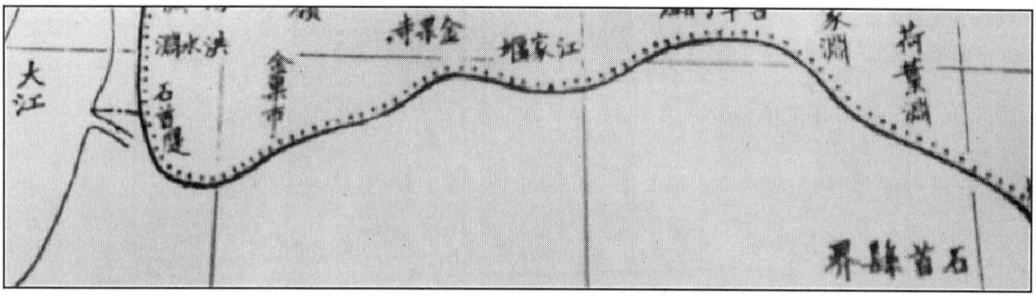

图 8　江陵县与石首县以石首堤为界线的绘图依据

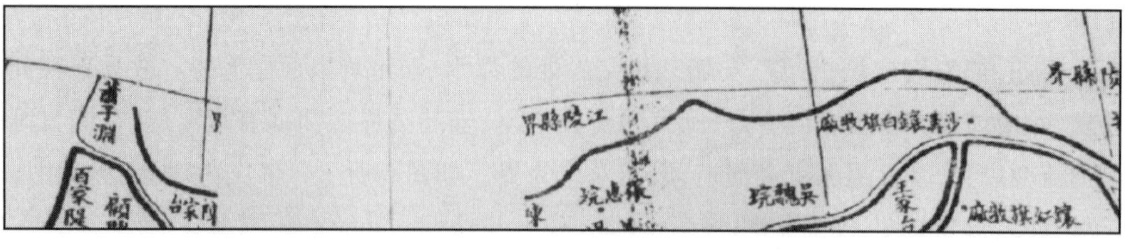

图 9　石首县与江陵县以石首堤为界线的绘图依据

5. 以河流分水岭为界。如，宜昌府兴山县北与郧阳府房县南交界，以今神农架林区

的分水岭为界。如图 10、11 所示。依次为光绪《湖北舆地图》房县图西南、东南，以及兴山县西北、东北四图。

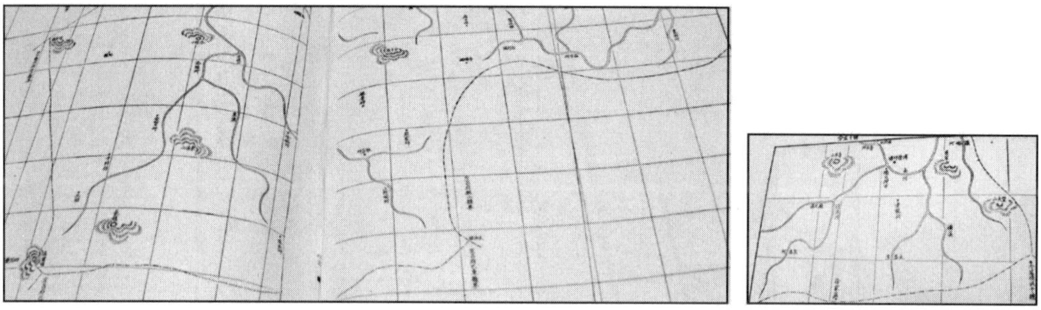

图 10　房县西南、东南与兴山县交界处以河流分水岭为界的绘图依据

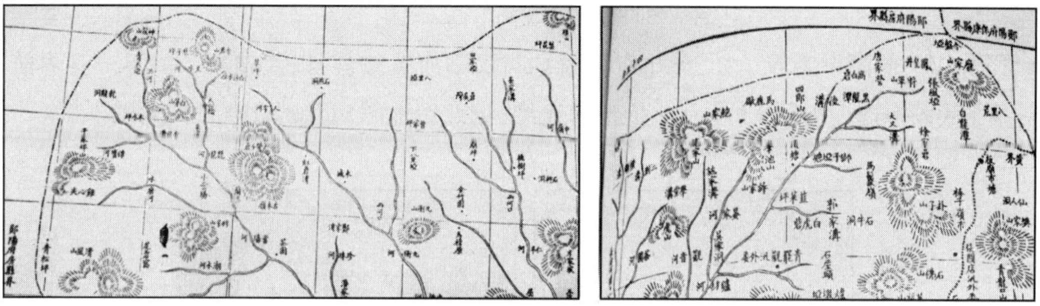

图 11　兴山县西北、东北与兴山县交界处以河流分水岭为界的绘图依据

（二）湖泊

湖北湖泊众多，古今变迁太剧，复原难度极大。主要工作方法是，依照光绪《湖北舆地图》将湖泊周边可以找到今地的清末地物（主要是聚落）找出，参照周边地物的远近、方位，按照《湖北舆地图》中湖泊的形状，以周边能找到的聚落为框架，大致确定湖岸走向。在聚落较密集的地区，此方法误差相对不大，但在湖泊变迁剧烈、聚落稀疏的地区，此方法只能作示意图，误差比较大。但由于其相对位置、远近大致掌握，虽不精确，也足以满足一般历史地图使用者的需要。

县界走向与湖泊主要有四种关系。最常见的是在交界湖泊上画出一条分界线，以示领属。其他还有以湖的某一侧岸边为界，湖面主要属于其中一个州县；或者交界两州县以湖为界，但湖面没有画出分界线，也不是以一侧湖岸为界，可以理解为共管湖泊；最后是界线画过湖岸，包纳整个湖泊，即湖区归一个州县管辖，与交界州县无涉，但这并不属于狭义上的以湖为界。各类型举例如下。

1. 绘出湖面中的界线。如，荆州府公安县与松滋县交界之癸巳湖。两县界线绘在湖中，示意大致走向。如图 12 所示。依次为光绪《湖北舆地图》松滋县图、公安县图。

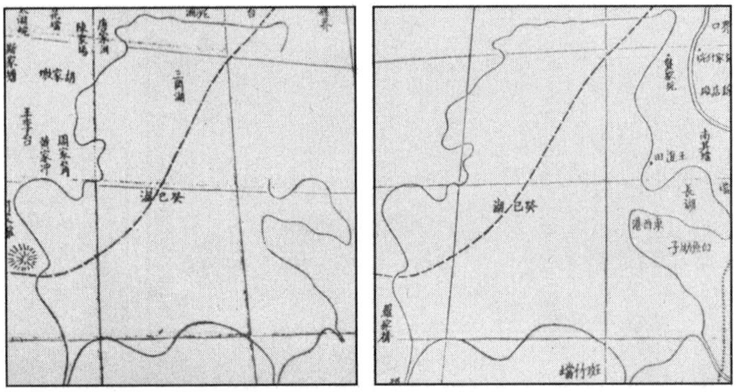

图 12　松滋县与公安县交界处癸巳湖分界的绘图依据

2. 以一侧湖岸为界。如，黄州府黄冈县与汉阳府黄陂县，以武湖东岸为界。县界绘制即在武湖东岸。如图 13 所示。依次为光绪《湖北舆地图》黄陂县图、黄冈县图。

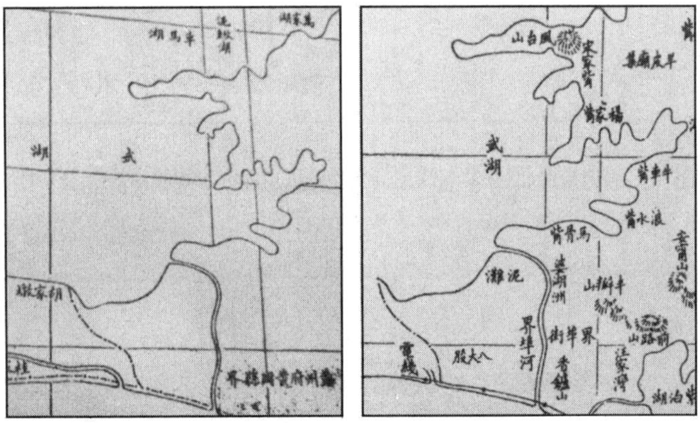

图 13　黄陂县与黄冈县交界处以武湖东岸分界的绘图依据

3. 以湖为界，没有界线。如，荆州府公安县与松滋县交界之王家大湖。县界绘至王家大湖南、北岸时，并未延伸至湖面，即湖面上并无政区界线。因此，应尊重清末的地理认识，不刻意地人为制造想象中的界线，在此仅将县界绘至湖南、北两岸，湖面上不画界。如图 14 所示。依次为光绪《湖北舆地图》松滋县图、公安县图。

4. 跨湖对岸之界，全湖为一州县所辖。如，洪湖全部属于汉阳府沔阳州，与荆州府监利县无涉。绘法应为，监利县界未至洪湖岸边。如图 15 所示。依次为《湖北舆地图》沔阳州洪湖西南图、沔阳州洪湖东南图、监利县东南二图。

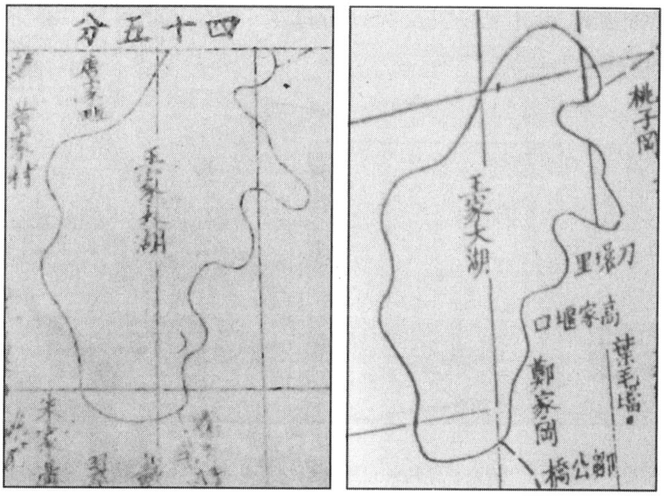

图 14　松滋县与公安县交界处以王家大湖为界的绘图依据

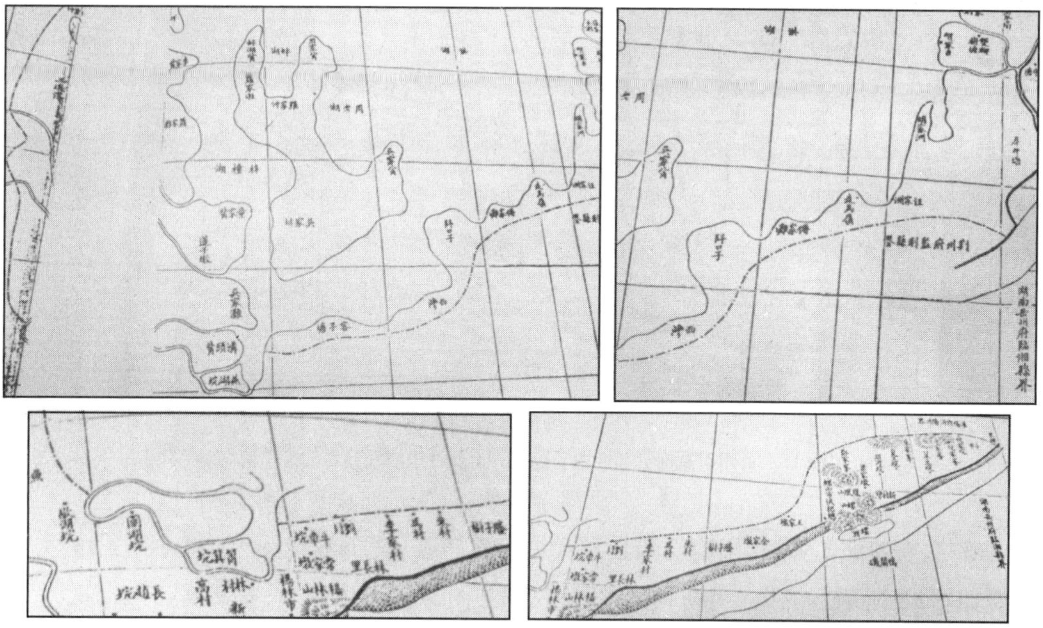

图 15　清末沔阳州独有洪湖的绘图依据

（三）沙洲

光绪《湖北舆地图》中能够绘入《清史地图集·湖北》图幅的往往是长江中较大的沙洲，因此，常在政区界线附近。政区界线与沙洲的关系有三种，常见的是其中一个州县独有一块沙洲；其次是双方各占有一部分；最少的是图上没有明确隶属，双方均将其绘在本行政区图幅内，却又没有画出政区界线。举例如下。

1. 独有沙洲。如荆江段的百里洲，清末完全属于枝江县。枝江县界，应尊重清末地理认知，绘在百里洲以南水道中心线及部分跨过水道。如图 16 所示。依次为《湖北舆地图》枝江县图、松滋县图。

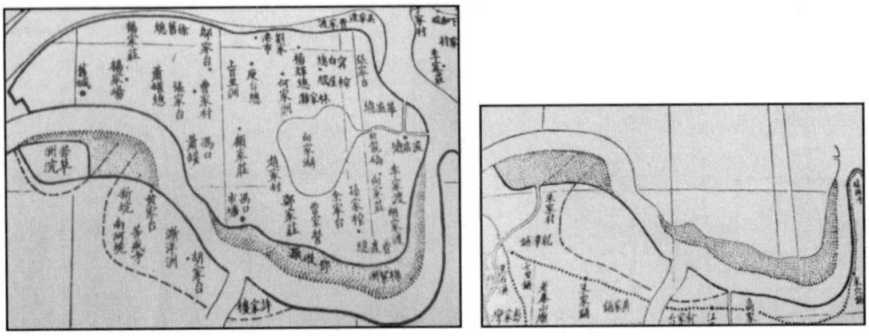

图 16　清末长江沙洲百里洲为枝江县独有的绘图依据

2. 分割沙洲。如，黄州府黄梅县与江西省德化县分界处，长江中的沙洲，湖北仅占一小部分。县界应在沙洲之上，按清末走向示意性绘出。如图 17 所示。

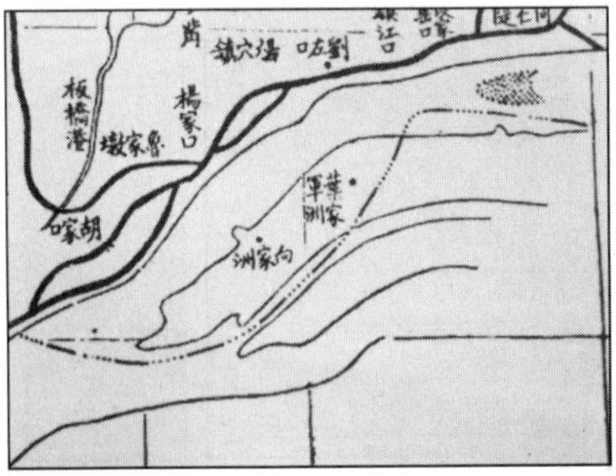

图 17　黄州府黄梅县与江西省德化县于长江中沙洲分界的绘图依据

3. 共有沙洲。如，汉阳府汉阳县与武昌府嘉鱼县，均于本县图中绘有长江中的大兴洲。如图 18 所示。依次为《湖北舆地图》汉阳县图、嘉鱼县图。

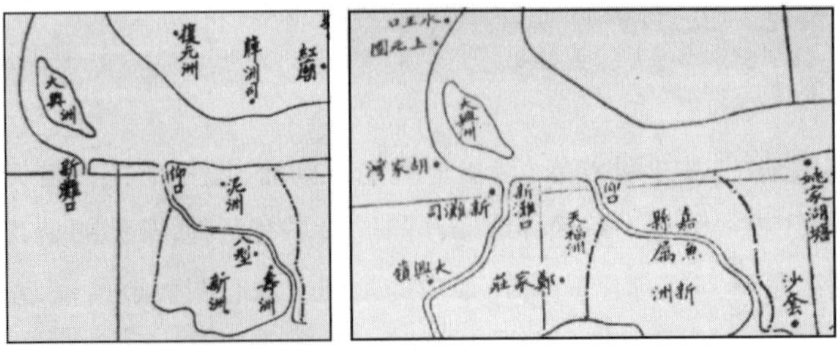

图 18　汉阳府汉阳县与武昌府嘉鱼县均对长江中大兴洲有诉求的绘图依据

三、与谭图的政区界线差异

谭其骧先生主编的八卷本《中国历史地图集》是历史学界里程碑式的成果，其中第八册“清时期”，以嘉庆二十五年为标准年代绘制了展现府级政区界线的湖北省图幅。而《清史地图集·湖北》图幅则以宣统三年为标准年代展现了县级政区界线。将《清史地图集·湖北》图幅与既有的《中国历史地图集·清时期》湖北图幅进行比较，在政区界线方面，主要有省界的绘法有不同之处，跨府级政区飞地标示不同，以及某些政区界线附近聚落定点不同等三方面差异。

（一）省界绘法差异

1. 与河南省界线，主要是西北段省界与丹江位置关系的不同。谭图绘法与今省界走向基本相同，界线绘制在丹江南岸再向南，丹江河道属于河南省。参考《湖北舆地图》，《清史地图集·湖北》图幅将丹水作为界河处理。如图19所示，为《湖北舆地图》郧县图所示县北界河南省的丹水西、东两段。

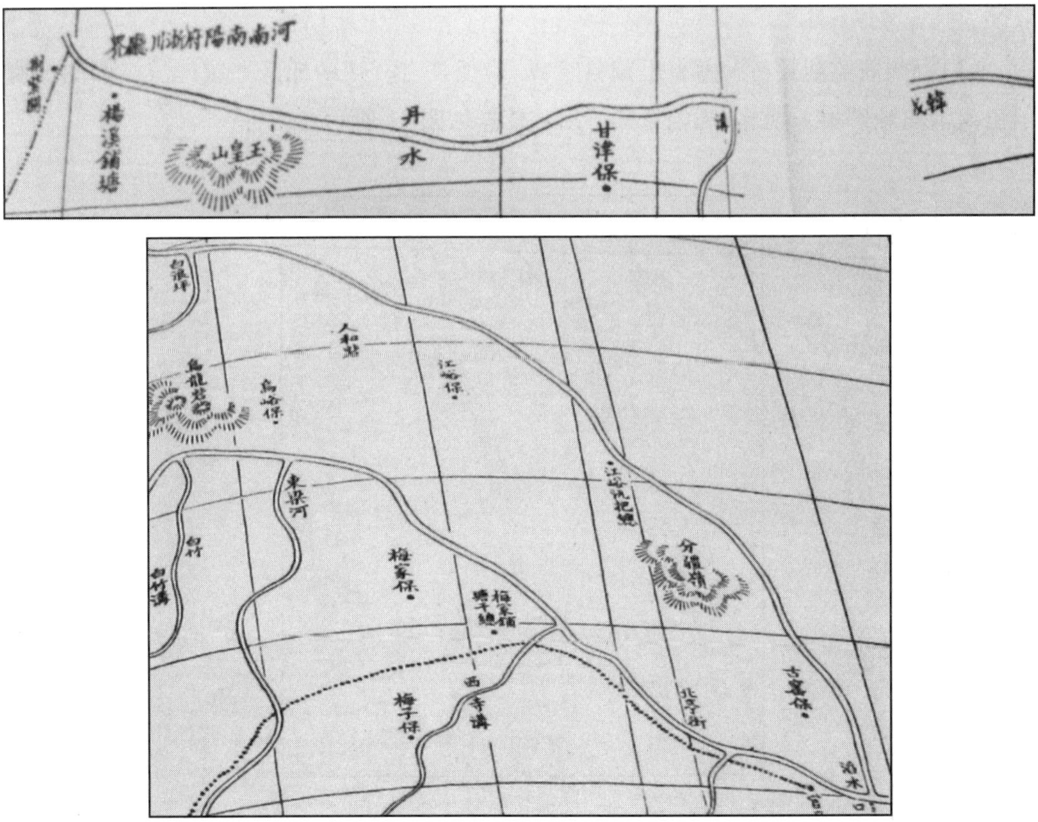

图19　湖北省郧县与河南省淅川厅以丹水为界的绘图依据

2. 跨江之地

（1）江西省与黄州府黄梅县交界，跨长江在江北地区占有新开口镇以南、孔垅镇以南两块地域。谭图仅绘出孔垅镇以南的东侧较大块的飞地，《清史地图集 · 湖北》图幅将西侧稍小的一块飞地也绘制出来。依据如图 20 所示。

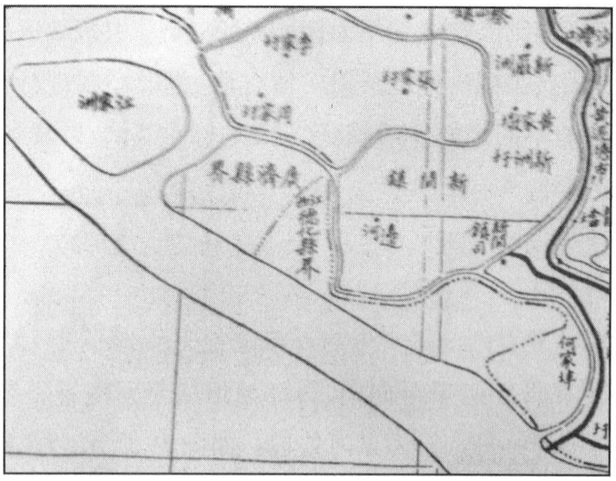

图 20　湖北省黄梅县与江西省德化县以长江为界的绘图依据

（2）荆州府监利县与湖南省巴陵县交界，跨长江占有江南地区一块地域。谭图没有绘出，《清史地图集 · 湖北》图幅将其绘出。依据如图 21 所示。

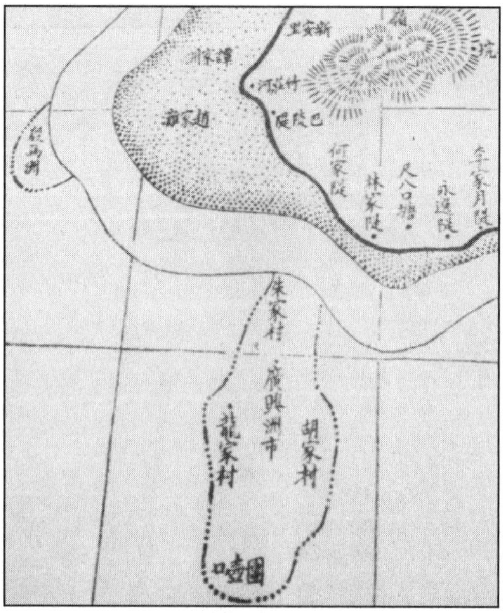

图 21　湖北省监利县与湖南省巴陵县以长江为界的绘图依据

（二）跨府级政区飞地

谭图湖北省图政区界线下至府级界线，没有绘出飞地。根据光绪《湖北舆地图》，清末湖北飞地为数不少，《清史地图集·湖北》图幅共绘出较大飞地 9 块，其中有两块为跨府级政区的飞地。

1. 当阳县跨荆门直隶州与荆州府界，在荆州府地域范围内占有一块飞地。《清史地图集·湖北》将其绘出。如图 22 所示。依次为《湖北舆地图》枝江县图、江陵县图、当阳县飞地图。

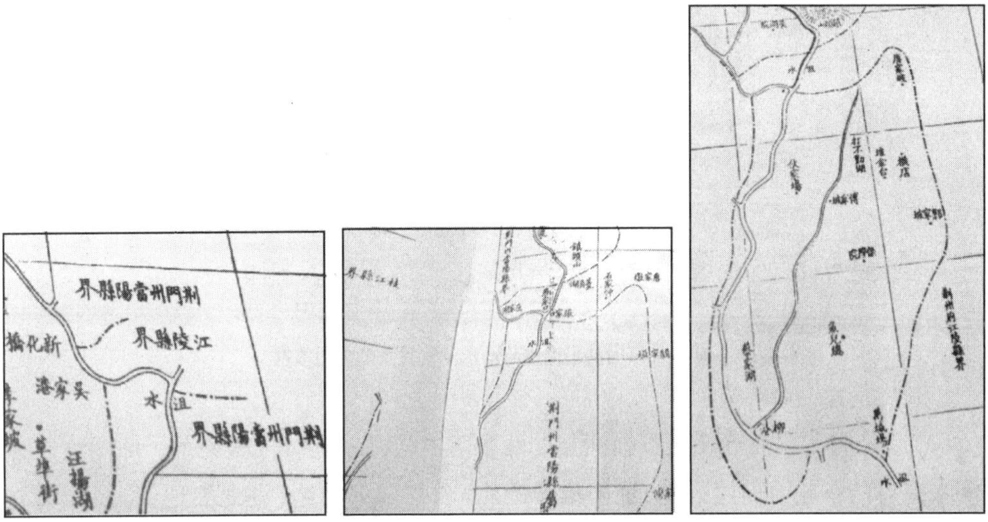

图 22　当阳县跨府级政区飞地的绘图依据

2. 钟祥县跨荆门直隶州，在荆门直隶州与襄阳府交界地带内占有一块飞地。《清史地图集·湖北》将其绘出。依据如图 23 所示。

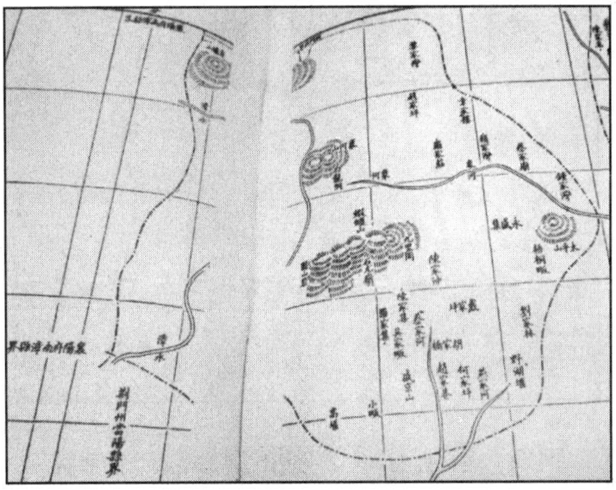

图 23　钟祥县跨府级政区飞地的绘图依据

（三）其他政区界线附近的地点

（1）京山县平坝镇。谭图绘于漳水之北，《清史地图集 · 湖北》图幅依据光绪《湖北舆地图》，参考今平坝镇位置，将平坝镇绘于漳水南岸。如图 24 所示。《湖北舆地图 · 京山县》平坝位置图。

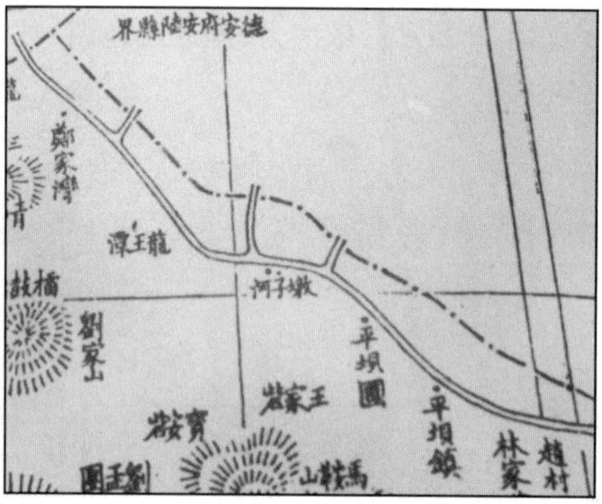

图 24　京山县平坝镇与漳水位置关系的绘图依据

（2）武昌府蒲圻县近江西省临湘县的两聚落羊楼洞—港口位置关系。谭图绘制为羊楼洞在港口的东北方向。《清史地图集 · 湖北》图幅依据光绪《湖北舆地图》及相关方志记载、今地所在，将港口置于羊楼洞的东北方向。如图 25 所示。《湖北舆地图 · 蒲圻县》港口—羊楼洞位置图。

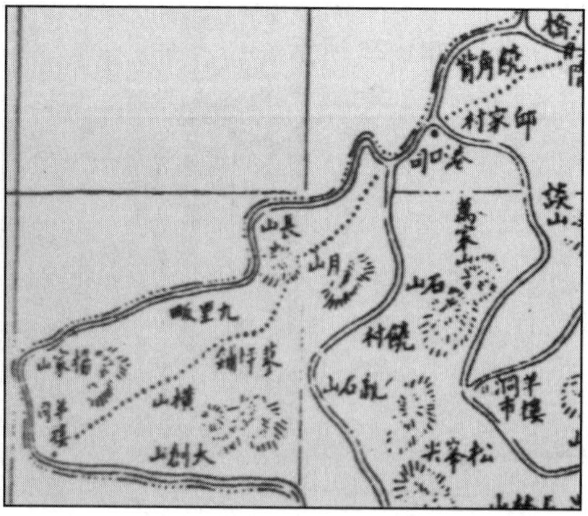

图 25　蒲圻县港口—羊楼洞位置关系的绘图依据

《清史地图集·湖北》图幅中县界绘制的相关问题，远不只与河湖水系关系、与谭图的绘制差异两个方面。本文仅以这两个方面的若干例子，展现县界绘制中常见的一些情况。因篇幅有限，行文中仅以光绪《湖北舆地图》为中心，其他参考资料对绘制县界的史料价值不一，没有展开论证。其余绘图相关问题，如光绪《湖北舆地图》的绘制过程、版本及影响；《清史地图集·湖北》图幅与谭图差异的比较分析；省界研制过程；长江沙洲及跨江辖地；飞地考证；《清史地图集·湖北》图幅的地名用字；清末湖北地名中的一地两属和异地同名现象总结等尚未来得及形成文字。这样一篇历史地图绘制的心得所记，尚属浅显、粗疏，希望得到更多的交流意见，从而不断完善，也希望起到抛砖引玉的效果，对以后历史地图绘制的科研工作有所裨益。

【注释】

[1]现为杭州电子科技大学马克思主义学院讲师。

[2]现为中国海洋大学文学与新闻传播学院文化产业系讲师。

[3]现为太原师范学院历史地理与环境变迁研究所讲师。

[4][宋]郑樵撰，王树民点校：《通志二十略·地里略》地里序，中华书局1995年版，第509页。

[5]说明：受限于种种因素，本文中原有的21处插图业已删除，其来源主要是《清史地图集·湖北》图幅中的多幅工作图、成图截图，如有阅读需要，请查询即将出版的《清史地图集》原书该部分，敬请谅解！

[6]张之洞、谭继洵：《湖广总督张之洞等为请湖北测绘舆图展限事奏折》，光绪十七年十二月二十六日，见谢小华：《光绪朝各省绘呈〈会典·舆图〉史料》，《历史档案》2003年第2期。

[7]光绪《湖北舆地图》在国内高校图书馆中，北大、北师大、复旦、人大、中大、河南大学均有收藏。中国人民大学图书馆藏《湖北舆地图》有清末两个版本，索书号分别为J933/723.1和J933/723，《清史地图集·湖北》图幅的县界绘制对两种舆图史料均有参考。其中一种与西安地图出版社2005年影印出版的《湖北舆(地)图》基本相同，目前只发现一处地名左右读法相反，应为同一底图来源、不同版别。有关《湖北舆地图》版本问题，将另著文说明，此处从略。

[8]此部分工作过程图限于各种因素，未能如愿展示。如有兴趣，可将今地小地名自行查询纸质《湖北省行政区划图集》《湖北省地图册》，电子地图，如天地图、百度地图、搜狗地图等。

[作者单位：中山大学历史学系(珠海)]

关于历史地图集中附郭县相关标注的讨论

——以《清史地图集》为例

朱 波

一、问题的由来

历史地图集编纂是历史地理学研究的重要领域，高水平的历史地图集是集体智慧的结晶，体现着编纂团队的历史地理学研究水准。历史地图集编纂既要正确反映历史时期地理现象的基本特征，也要符合现代地图编绘的基本原理，这样才能保证历史地图的准确、科学、规范。由于笔者参与了华林甫教授主持的社科基金重大项目《清史地图集》，因此本文以清代附郭县及其所在府的府治在历史地图上的标注方式为例展开讨论。

附郭县，又称倚郭县，是中国古代行政区划的特有现象。徐坚《初学记》中有“管子曰，内为之城，外为之郭”[1]，并有“筑城以卫君，造郭以守民”[2]的说法。“在中国古代城市发展史上，自从西周初期周公创建东都成周开始，便开创小城连结大郭的布局，这种方式不仅成为此后建设都城的准则，而且成为设置所有城邑的原则；在郡县制度推行之后，郡城和县城也都是小城连结大郭的布局。”[3]于是，“城郭”便成为包含小城和大郭的城邑的代名词。“附郭”或“倚郭”指的是首都、高层政区或统县政区所在的县，没有独立的县城，其县衙设在首都、高层政区或统县政区的城郭之内的现象。这样的县就是附郭县或倚郭县，也称首县。

附郭县没有独立的县城，府县同城，构成同一个城市聚落（居民地）。现代地图注记标注的一般原则是“当两个行政中心位于同一居民地的时候，一般只注高一级的名称，也可用不同字体注出两个等级的名称。若三个行政中心位于同一个居民地，这时除了采用注记字体（及字大）区分外，还可采用加辅助线的方法”[4]。因此，以往历史地图对附郭县的标注方式是在统县政区的符号旁边同时标注统县政区名和附郭县县名的注记。例如在谭其骧院士主编的《中国历史地图集》(以下简称"谭图")第八册中,杭州府及其两个附郭县仁和县和钱塘县的名称(专名)都标注在府级驻所符号旁边,通过注记字体的差异区分府县级别。由于杭州府同时也是杭嘉湖道的驻地,所以在注记"杭州府"下面加了辅助线。[5]

《清史地图集》上应如何标注附郭县,是沿袭谭图的做法还是应该有所创新?由于《清史地图集》对清代县级政区的边界进行了复原,图上标有县界,图面信息的丰富程度高于谭图,故而对附郭县也应做更详细的标注。如果说只有一个附郭县的府仍可以采用类似谭图的标注方式,那么像杭州府乃至苏州府这种具有两个以上附郭县的府,由于存在府级驻所、附郭县的县级驻所、附郭县县界三者之间关系如何准确呈现的问题,标注方式就需要重新考虑了。具体而言,有两个需要仔细斟酌的问题:一、府级驻所符号与附郭县县界符号的位置关系;二、在已有府级驻所符号的情况下,附郭县县级驻所符号和相关注记是否需要标注,如何标注?要解决上述问题,首先需要对清代府县的空间关系做一下梳理,以便弄清附郭县在清代府县空间关系中具有怎样的特殊性,以及这种特殊性在历史地图上究竟应当如何表现。

二、清代府县的空间关系

清代的府大多没有专属直辖区,必须通过所统县(散厅、散州)来管辖境内的土地和民众,且府的治所与该府首县(附郭县)的治所置于同一城内,这是府制的一般性情形。一些特殊的府有亲辖地[6],类似于直隶州的"本州"[7],大多位于云南、贵州等地,这些府没有附郭县,不在本文讨论的范围。

清代有附郭县的府,其府境由包括附郭县在内的各县以及散州、散厅的辖境构成。府境与县境的关系如图1所示。

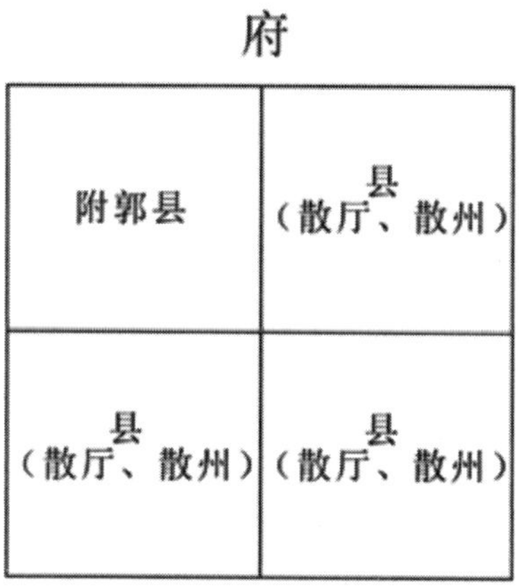

图1 清代府县空间关系示意图

府的附郭县没有独立的县城，府衙和附郭县的县衙均位于府城之内，其他各县和散厅、散州一般有自己的城池。单附郭县(只有一个附郭县)的府，其府城位于附郭县的县境之内，附郭县县境包含府城之内的城区和府城之外的郊区，如图2所示。

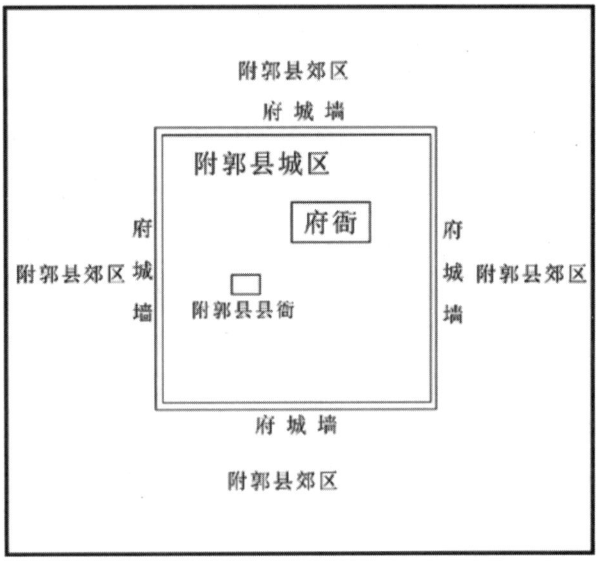

图2 单附郭县府府县空间关系示意图

有多个附郭县的府，各附郭县县境分割其府城区域，每个附郭县的辖境都由府城内一部分区域和府城外的县境构成，以清代苏州府为例，如图3。

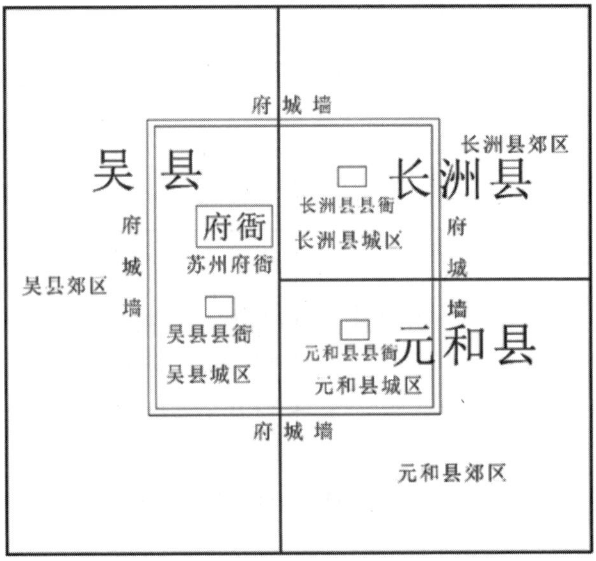

图3 苏州府多附郭县府县空间关系示意图

多附郭县的府，其府衙位于其中一个附郭县境内，各县县衙位于各自县境，府衙所在附郭县境内同时有府衙和县衙。也有特殊情形，如清代甘肃省宁夏府有两个附郭县宁夏县和宁朔县，府衙和两个附郭县县衙均位于宁夏县境内，宁朔县境内既无府衙也无县衙，亦无府城和县城。

清代府县空间关系在当时的古地图中也有形象的表现，例如国家图书馆藏《大清一统万年全图》中苏州府附郭县的表示方式如下：

图4 《大清一统万年全图》中苏州府三附郭县表示方式

古地图中政区地名大多只标注专名，不注通名，吴县为单名，故在“吴”字后加符号“○”以示区分。“吴”、“长洲”、“元和”处在同一个方框之内，以示三县同城。该图图说对省城和府城符号做了区分。图中“苏州”是以省城的符号标注的。清代苏州府是省级官员江苏巡抚和江苏布政使的驻地，清代的“省”兼有政区、官署、省会的含义[8]，故在清代文献中亦有“苏州省”的称呼，此图的标注方式说明这一现象在清代地图中也有反映。非省会的府的附郭县标注方式如下：

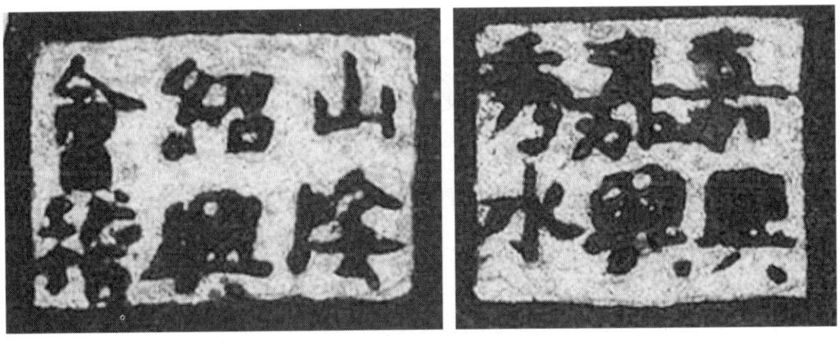

图5 《大清一统万年全图》中绍兴府、嘉兴府双附郭县表示方式

其中府县名位于同一方框内,府名居中,附郭县名居于两侧。府县专名相同时,以位置区别府县,不在字体或符号上做区分。

图6 《大清一统万年全图》中宁波府和襄阳府单附郭县表示方式

其中府县名位于同一方框内,府名居右,附郭县在其左侧。单名县在专名后加符号"○"。府县专名相同时,也是以位置区别府县,不在字体或符号上做区分。

古地图中附郭县的表示方式是清代府县空间关系的形象表达。通过上述讨论,我们可以总结出如下特征:一、府衙位于附郭县县境之内,多附郭县的府,府衙位于其中一个附郭县县境之内;二、多附郭县的府,府城是跨越附郭县县界的;附郭县没有县城,但是一定有县衙,除个别情况外县衙位于该县境内,同时也位于府城内。府衙、县衙分别是府县的行政中心,在清代乃至更早的文献中,它们有时被称作"府治"、"县治"。附郭县没有县城,只有县衙,"县治"毫无疑问一定就是县衙所在地。而"府治"在清代文献中却有不同的含义,由此引发了关于多附郭县的府在制图时府级驻所符号标注方式的争议。

三、"府治"的多重含义与府级驻所符号标注方式的争议

在清代相关文献当中,府治的含义有四种:

一是指府城。例如:顾炎武《肇域志》有"北固山在(镇江)府治北江上"[9]。雍正《云南通志》有"清溪在城东十里,其源有二,一出东山,一出雪山。至(丽江)府东东圆里合流,绕府治南入鹤庆界"[10]。乾隆《汾州府志》有"薛颉岭,高五里许,东北距府治九十余里,西距宁乡县治五十里,东南距孝义县治百里"[11]。乾隆《江南通志》:"庐州府,社稷坛在府治西门外,风云雷雨山川坛在府治南门外,先农坛在府治东郊。"[12]《清朝文献通考》中有"乾隆三十八年置镇西府以巴里坤城为府治"[13]。

二是指府衙。例如乾隆《潮州府志》有"(潮州总镇署)明洪武元年以府治迁于新街

改为兴化卫分司署”[14]。道光《遵义府志》:“遵义县,县治在府治左。”[15]同治《苏州府志》有“府治在城西南吴县丽娃乡南宫里”[16],又有“吴县治在府治西北一里”[17],“长洲县治在府治东南一里”[18],“元和县治在府治东北一里十郎巷”[19]。

三是指附郭县。《大清会典》有“苏州府,治吴县、长洲、元和”[20]。《清朝文献通考》有“康熙三年奉天府置承德县为府治”[21]。

四是指“府”这一政区建制。《清续文献通考》有“前奏准,划临江县以东长生、庆生二堡地及吉林长白山北麓龙冈之后,添设府治名曰长白府”[22]。雍正《云南通志》卷29有“普洱改设府治,除原有通判一员外,应添知府一员,同知一员,经历一员,盐大使二员”[23]。光绪朝《东华续录》有“非建设府县各官不足以资分治而安民生,当经查照历次设治添官成案,因地制宜酌拟于双流镇建设府治,名曰洮南府”[24]。

以上便是“府治”一词的多重含义,这些义项之间并不矛盾,它们适用于不同的语境。其背后的逻辑也并不复杂,例如今天人们对于“浙江省人民政府驻地在哪?”这个问题会也做出不同的回答。全国人民大多会说浙江省人民政府驻地是杭州市,杭州市民会说是西湖区,西湖区居民会说是省府路8号。不同的语境反映了不同的空间尺度。清代的情况也是如此,当人们以府城为参照物,讨论山川坛庙的方位里距时,所说的“府治”是府城的意思。当人们以府衙为参照物,讲述府衙与附郭县县衙等府城内地物相对位置关系时,所说的“府治”则是府衙的意思。溯其本源,府治是指府的治所,而治所的最初含义是官员办公的地方,即衙署。例如《三辅黄图》中对三辅治所的记述是“京兆在故城南尚冠里,冯翊在故城内太上皇庙西南,扶风在夕阴街北”[25]。《汉书》颜师古注中有“治所,刺史所止理事处”[26],故府治的本意应该是府衙的意思,府治即府衙,同理县治本意为县衙。现代地图上对行政中心都是定点标注的,因此,府级驻所或府治理应按府衙所在位置标注,而不应按近似面状的府城标注。历史地图编绘也要考虑到古今标准的统一,不能今天的各级行政区行政中心是指政府驻地,而历史时期的行政区驻所是所在城郭。况且如前所述,附郭县没有县城,县治一定会是县衙,由此府治就更应该是府衙而不能是府城了,否则连同一时期各级行政驻所的认定标准都不能统一,如何保证制图的科学性和规范性呢?

如将府治理解为府城,单一附郭县的府标注方式如谭图。多附郭县府的府治符号跨越附郭县界,附郭县县治符号不标注,具体标注方式如图7,这种绘制方案既不符合现代地图制图规范,也不能准确反映历史时期府与附郭县的空间关系,应予否定。

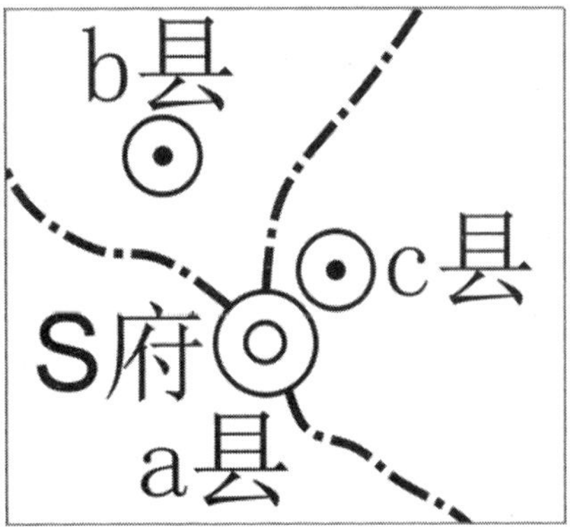

图7 不合理的附郭县标注方案示意图

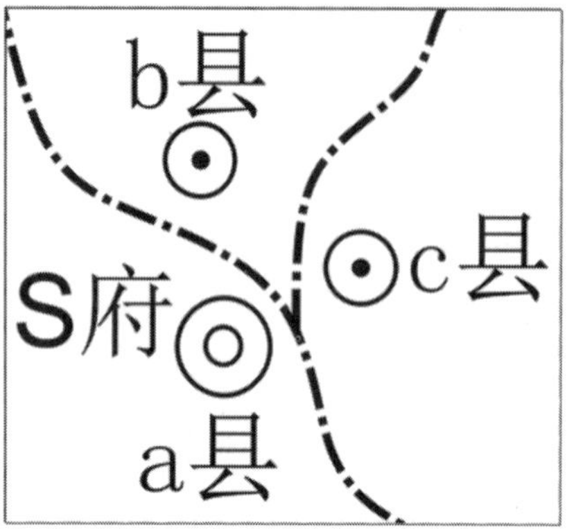

图8　合理的附郭县标注方案示意图

如将府治理解为府衙，则标注方式如图 8，府治符号位于府衙所在的附郭县内，该附郭县县治符号可不标注，另外的附郭县县治则需标注。

图中 a 县没有单独标注县级驻所符号，单附郭县的府，其附郭县也应该采用这种标注方式，这才符合地图制图规范。图 8 的标注方式不同于我们习见的谭图标注方式，这是地图概括的结果。

四、地图概括对附郭县标注方式的影响

地图概括，即我国测绘文献中经常使用的“制图综合”。新中国成立初期，将苏联Л. С. 加蕾耶夫斯卡娅的《地图学》翻译成中文的过程中，将“Генерализация”一词译作“制图综合”，为我国测绘部门普遍接受，沿用至今。近来我国地图学者对该词拉丁文“generalis”、英文“generalization”以及俄文“Генерализация”原意重新分析理解后，认为将该词译为“地图概括”更为贴切。[27] 本文采用这一译法。地图概括是地图编制中地图内容取舍和简化的原理与方法。通过地图概括有目的地取舍和简化，最终决定地图上要表现什么，表现到怎样的详细程度。随着地图比例尺的缩小，地图内容及其图解形式的抽象概括程度也会越来越高。[28] 反之，随着比例尺的扩大，地图在相同的单位面积上也会更加详细，从而显示出更多内容。《清史地图集》相对于谭图增加了县级政区的边界，我们可以想象如果将谭图的比例尺继续放大，也会显示出县级政区边界。这个假想的过程如同我们在使用电子地图时，放大比例尺会使内容显现得更加详细一样。谭图没有标出附郭县的县级政区符号，也可以说是地图概括的结果，至于显示附郭县的名称则是为了突出表现附郭县而进行的夸张处理。例如今天比例尺较小的地图上本不会显示出南海诸岛、钓鱼岛等地物，但是出于宣誓国家主权的需要，在地图概括时对其进行特别处理，标出这些岛屿时不按比例尺显示其实际大小。谭图在清代杭州府、苏州府等府级驻所符号下方标注府名和多个附郭县名称，是特定比例尺下地图概括后的标注方式。在谭图的比例尺下，附郭县本来是无法显现出来的。附郭县类似于今天设区的市之市辖区，今地图在经过地图概括后，通常也会对市辖区进行选择性标注，例如在政区图上隐去部分位于市中心的市辖区（另在城区图上标注）。

这是综合考虑了比例尺大小、图幅性质、市辖区数量、成图效果等因素后，在地图概括时做的取舍。谭图没有对附郭县做类似的简化，既是源于历史地图需要展现附郭县的学术需求，同时也和每个府附郭县的绝对数量不多有关。假设清代每个府的附郭县都像今天市辖区那么多，谭图该如何表现呢？要么扩大比例尺，要么通过局部放大图来详细

表示，要么直接省略部分附郭县，同今地图表现市辖区一样。谭图的标注方式是特定比例尺下对特定数量的重要地物地图概括之后的结果（即“制图综合”的结果）。所以，谭图附郭县的标注方式只是一个特例，不能将其作为通行的范例。

《清史地图集》既然标注了县界，就说明其相对比例尺是要大于没有县界的谭图的，在地图概括过程中可以对附郭县做更详细的标注。清代的附郭县与现代城市型政区的形成和发展联系紧密，当今“市县同城”的现象是附郭县制度的历史遗留，理清附郭县的设置过程和分布特点能为今后县级政区改革提供一定借鉴意义。[29] 因此，对于这一兼具历史价值和现实意义的地理现象在历史地图集中更应当予以恰当的呈现。图 8 的标注方式虽然合理，但并未反映附郭县附郭的特点。历史地图“使用的符号主要用于反映所处的历史时代的特点。除了常规地图要素外，还包含一些现代地图中所不存在的要素”[30]。附郭县便是如此，对此可以考虑通过创制新的图例符号或注记的方式来解决。但是表示行政区划的符号的使用是按政区层级构成同一序列的，附郭县虽然特殊但仍是县级政区，不宜单独创设新的图例（今自治县与县的图例也未做区分），可采用在注记文字上添加符号的方式解决。例如图 9 通过对附郭县县名注记文字加方框的方式表明其为附郭县也不失为一种备选方案。也可采用以彩色区块表示建成区的方式，在适当的比例尺下以色块或城墙符号来表现附郭县与府城的关系。

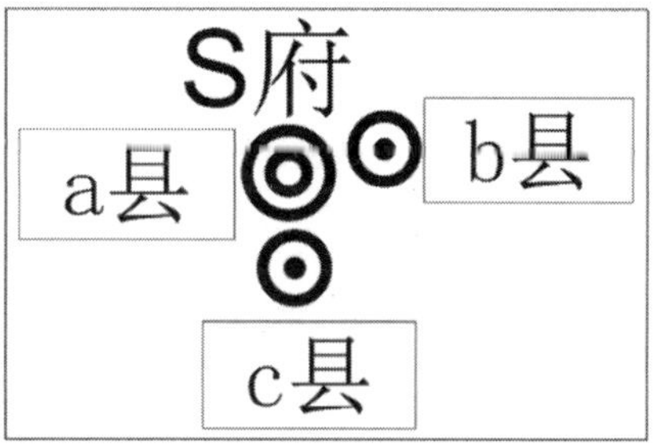

图9　附郭县标注备选方案示意图

五、结　语

在历史地图集中应准确规范地标注附郭县，既要准确反映附郭县的历史地理特征，又要兼顾当代地图绘制的技术规范。谭图是历史地图集的成功范例，为后世历史地图集的编纂提供了很多可资借鉴的技术标准。但是对于谭图我们不仅要知其然，更要知其所以然，要掌握谭图中地物表现方式背后的技术原理，从而避免对其机械地套用。在历史地图集绘制过程中，对于历史时期特有的地理现象，应首先分析其历史地理特点，把握其本质特征，在此基础上确定符合当代地图制图规范的标注方式。这样才能提高历史地图集编绘的科学性和规范性，并为今后历史地图集的编纂继续提供足以承袭的成功案例。

【注释】

［1］徐坚：《初学记》下册卷 24《城郭第二》，中华书局 2004 年版，第 565 页。《管子》原文已佚，仅见于《初学记》。

[2]徐坚:《初学记》下册卷24《城郭第二》,中华书局2004年版,第565页。

[3]杨宽:《战国史》,上海人民出版社2016年版,第128页。

[4]祝国瑞主编:《地图学》,武汉大学出版社2004年版,第140~141页。

[5]谭其骧主编:《中国历史地图集》,《第八册(清时期)》,中国地图出版社1987年版,第31~32页。

[6]傅林祥、林涓、任玉雪、王卫东:《中国行政区划通史·清代卷》,复旦大学出版社2017年版,第60页。

[7]郭润涛:《明代"州"的建设和特点》,《纪念许大龄教授诞辰八十五周年学术论文集》,北京大学出版社2007年版。

[8]傅林祥:《政区·官署·省会——清代省名含义辨析》,《中国历史地理论丛》2011年第1辑。

[9]顾炎武:《肇域志》卷1《南直隶·镇江府》,《顾炎武全集(六)》,上海古籍出版社2011年标点本,第67页。

[10]雍正《云南通志》卷3《山川》,《景印文渊阁四库全书》,商务印书馆1986年影印本,第569册,第90页。

[11]乾隆《汾州府志》卷3《山川》,《中国地方志集成》山西府县志辑(27),凤凰出版社2005年影印本,第56页。

[12]乾隆《江南通志》卷42《舆地志》,《中国地方志集成》省志辑·江南(3),凤凰出版社2011年影印本,第795页。

[13]《清朝文献通考》卷283《舆地十五》,《十通》,浙江古籍出版社2000年影印本,第2册,第7333页。

[14]乾隆《潮州府志》卷7《署榭》,《中国地方志集成》广东府县志辑(24),上海书店出版社2003年影印本,第72页。

[15]道光《遵义府志》卷7《公署》,《中国地方志集成》贵州府县志辑(32),巴蜀书社2006年影印本,第156页。

[16]同治《苏州府志》卷21《公署一》,《中国地方志集成》江苏府县志辑(7),江苏古籍出版社1998年影印本,第490页。

[17]同治《苏州府志》卷21《公署一》,《中国地方志集成》江苏府县志辑(7),江苏古籍出版社1998年影印本,第502页。

[18]同治《苏州府志》卷21《公署一》,《中国地方志集成》江苏府县志辑(7),江苏古籍出版社1998年影印本,第504页。

[19]同治《苏州府志》卷21《公署一》,《中国地方志集成》江苏府县志辑(7),江苏古籍出版社1998年影印本,第508页。

[20]乾隆《大清会典》卷8《户部》,《大清五朝会典》,线装书局2006年影印本,第10册,第75页。

[21]《清朝文献通考》卷271《舆地三》,《十通》,浙江古籍出版社2000年影印本,第2册,第7276页。

[22]《清续文献通考》卷360《舆地二》,《十通》,浙江古籍出版社2000年影印本,第4册,第10513页。

[23]雍正《云南通志》卷29《山川》,《景印文渊阁四库全书》,商务印书馆1986年影印本,第570册,第420页。

[24]王先谦撰:《东华续录(光绪朝)》卷189,《续修四库全书》,上海古籍出版社2002年影印本,第385册,第461页。

[25]《三辅黄图》卷1,《景印文渊阁四库全书》,商务印书馆1986年影印本,第468册,第3页。

[26]《汉书》卷83《薛宣朱博传》,中华书局1962年标点本,第3399页。

[27]毛赞猷、朱良、周占鳌、韩雪培编著:《新编地图学教程》,高等教育出版社2017年版,第107页。

[28]毛赞猷、朱良、周占鳌、韩雪培编著:《新编地图学教程》,高等教育出版社2017年版,第108页。

[29]赵逸才:《清代附郭县的分布特点与影响》,韩宾娜主编《丙申舆地新论——2016年中国历史地理学术研讨会文集》,东北师范大学出版社2017年版。

[30]李海萍、王欣、华林甫:《基于GIS的历史地图集符号库设计方法探讨》,《地理空间信息》2015年第1期。

(作者单位:复旦大学历史地理研究中心)

附录：会议综述

新时代、新技术、新思维

——2018 年中国历史地理学术研讨会综述

赵逸才

由中国地理学会历史地理专业委员会主办、中国人民大学历史学院承办、北京联合大学北京学研究所协办的“新时代、新技术、新思维——2018 年中国历史地理学术研讨会”于 8 月 11 日至 12 日在中国人民大学召开。海内外学者共 211 人参与了研讨会，会务组收到论文 140 篇。与会学者就历史政区地理、历史聚落地理、历史经济地理、历史军事与交通地理、历史文化地理、历史社会地理、历史自然地理与环境变迁、历史地图编绘与古地图研究、历史地理学科理论与 GIS 等方面的问题展开了深入讨论。为期两天的会议，议程紧凑，交流充分。

11 日上午的开幕式，中国人民大学党委常务副书记张建明教授出席并致辞，开幕式由中国人民大学历史学院党委书记刘后滨教授主持，中国地理学会副理事长宫辉力教授、中国地理学会历史地理专业委员会主任吴松弟教授、中国人民大学历史学院院长黄兴涛教授、北京联合大学应用文理学院院长张宝秀教授先后致辞。开幕式后，中国史学会前会长、中国社会科学院近代史研究所张海鹏研究员作《近代历史地理研究的任务刍议》的特邀报告，他回顾了《中国近代史稿地图集》编著的缘起，指出了加强历史地理研究，尤其是加深近代历史地理研究的重要性，并表达了对历史地理学界诞生更多优秀成果的热诚期待。随后，唐晓峰、吴松弟、徐少华、王社教、华林甫等五位专家从地理学史、历史经济地理、历史政区地理、历史地图编绘等方面，先后作大会报告。12 日下午闭幕式前，朱士光、葛剑雄、韩茂莉、侯甬坚、郭声波、蓝勇、张伟然等七位专家，又就历史社会地理、历史环境变迁、历史地理学科发展等问题先后作大会报告。大会主会场始终座无虚席，气氛热烈。

11 日下午与 12 日上午，与会学者分为七个小组进行专题讨论。通过大会报告和小

组讨论的充分交流,大家围绕历史地理学的诸多领域和前沿问题,提出了许多新见解和新展望,试分九个主题综述如下:

一、历史地图与古地图

历史地图编绘向来是中国历史地理研究中最富特色、成就最高的领域,近年来,古地图的发掘、整理与研究也逐渐成为历史地理研究领域中的“显学”。因此,本次研讨会专门设立“古地图与历史地图”分会场,这一主题是本次研讨会的重点议题之一和特色所在,共有24位学者分享了对相关问题的思考和成果。

历史地图(集)的编绘研制方面,华林甫《大力开展历史地图集的编绘研制工作》一文,在全面总结海内外现有历史地图成果的类别、客观衡量学界现状的基础上,向学界发出了大力开展历史地图集编绘的倡议;并建议学术界应及时修订谭图,介绍了刚刚结项的国家社科基金重大项目《清史地图集》的编绘思路与技术路线,该图集画出了宣统三年全国县级政区的边界线。《清史地图集》项目组成员陈冰、朱波、乔欣、王荣,也分别从资料来源、图面表示、考证方法、河流绘制等具体角度,分享了各自参与《清史地图集》湖北、河南、陕西、广东各图编绘的心得。同时,徐建平介绍了《地图数字化与民国政区数据库》对地图搜集、配准、数字化的基本情况。孙宏年则以西藏辖区的演变及中国西藏与南亚邻国的边界争议为中心,探讨了清末西藏地图绘制的相关问题。

古地图方面,内容丰富,既有对海外庋藏的古地图的发掘与整理,也有对古地图的资料来源、版本系统、绘制特点等问题的具体研究,还有将古地图作为史料证据的具体实践。孙靖国考证了台北故宫所藏著录为《北洋海岸图》的满汉文地图。李新贵考辨了明嘉靖四十一年左右章潢绘制的《万里海防图》及之后受其影响绘制的明清多幅同类舆图。马剑分析了《清初四川通省山川形胜全图》的绘制技巧和特征。钟翀介绍了一批法国国家图书馆所藏的早期稀见的中国城市地图。杨雨蕾对现存韩国的三幅朝鲜彩绘本北京城市地图的来源与内容进行了介绍与分析。刘传飞探讨了清代新疆舆图中的《新疆识略》附图系统。任玉雪对《中国大陆五万分之一地图集成》的来源加以判定,并分析了此图的特征。费杰通过17幅新发现的18—19世纪的钓鱼岛西文古旧地图,提供了中国拥有钓鱼岛主权的新证据。孙景超从舆图史料出发,以吉林蜂蜜山的移民实边与政区设置为例,探讨了晚清东北边疆的开发过程。李花子则通过中朝两国古地图、边界条约及实地考察,系统论述了历史上的鸭绿江正源和长白山地区争议分水岭问题。

同时,地图学史也是与会学者多有关注的领域,汪前进以《天下舆图总折》为中心,梳理了清廷官方舆图从旨令、造送、御览到庋藏的过程。那顺达来通过风水罗盘分析了蒙古人的地理、方位认知和清代蒙古地区地图绘制技术的发展。梁启章在重点解读8件明代代表性舆图的基础上，立足于现代地图学视角，对明代地图的成就与特色做了新的探讨。夏帆以《皇舆全览图》为视角，分析了晚近中国测绘制图技术落后于西方的原因。韩昭庆介绍了自己对“制图六体”进行再思考的研究成果。李鹏以清末商务印书馆地图的出版为线索，分析了中国近代地图出版业的兴起与影响。郑永华则考证了英国国家档案馆所藏的两幅舆图的成图时间，并借此阐释了考证舆图成图时间的“断限逼近法”。

二、历史聚落地理

聚落从区位选择到初步形成，再到发展壮大，或从壮大到萎缩，再到消失的过程，都集中显现了人地关系的发展脉络，其变迁轨迹与影响因素都是历史地理研究的重要内容。本次会议共有 24 位学者探讨了相关问题，焦点主要在历史城镇变迁、水与城镇的关联、古都研究与北京城历史地理四方面。

历史城镇的变迁方面，周宏伟提出了关于《考工记》“营国”制度的新认识，他认为“匠人营国”的国是指诸侯大国都城。陈杰探究了歙县岩镇的起源、早期发展与形成过程。王旭分析了宋代乌、青两镇的“地域整合”情况，认为两镇在行政和税务上的统一管理是完成地域整合的主要方式。毛曦从天津的因港而兴和清代天津置县、设府三个阶段，讨论了天津在开埠之前城市发展的阶段性特点。郝文军复原了明代晋东南乡村堡寨修建的施工过程和轨迹，并分析了堡寨聚落选址的影响因素。孙兵总结了明代府县城池的多种功能。朱永杰梳理了清代黑龙江八旗驻防城的创建及其演变过程。琚小飞则通过比勘现存《西湖游览志》的几个版本，提出四库底本乃以季东鲁刻本为底本，并分析了四库底本的版本学和史料价值，夯实了杭州城市研究的史料基础。

有多位学者着重探究了水与城镇变迁的关联。王社教的《历史时期西安城市发展的限制性地理因素分析》从汉唐长安城的粮食供应与水源供给问题入手，指出“大西安”建设最大的限制性地理因素是水资源不足。田毅研究总结了明清汾河流域民居沿汾河分布的线性特征。夏增民研究了明代武昌府城江岸修筑的历史及城市空间发展过程。王跃论述了嘉靖年间水患对徐州水文景观的影响。程森研究了道光初年水患与略阳县城迁移的关系。李嘎从明清新旧束鹿城的水患出发，认为滹沱河河道变化是造成城市变迁的主要原因，河流对束鹿城不仅有破坏性也有建设性。张亮复原了近代四川 123 个城市的水源结构，认为四川城市的水源结构呈现明显的空间差异。

古都研究方面，黄锦前从考古发现出发，复原了曾国都城的迁移过程。吴朋飞通过对开封城门历史沿革的梳理，认为 1357 年元将堵塞的城门是五座而非八座，并指出了城门问题对历史城市地理研究的重要性。贾金晖探究了“立文法”在青唐政权都城选立、发展、衰落过程中的巨大作用。张伟指出，奈良平安时期日本都城变迁同中国有重要关系，两国律令制度存在相似之处,并对比了平城京与中国古代都城空间结构的异同。韩宾娜则根据多年相关研究经历,分享了对东亚都城对比研究的感悟与思考。

由于本次研讨会在首都北京召开,与会学者对北京城市历史地理多有关注。吴文涛提出,北京永定河文化带和运河文化带共同造就了北京城的历史和文化。张雨通过对明万历年间皇嗣祈祷活动中千佛寺和塔院的研究,分析了北京海淀花园路街道塔院地名文化的相关情况。张雷探究了清代北京内外城的饮水制度,认为其有明显的等级性。赵寰熹则以清末北京使馆区为例,对城市小区域空间的演变做了研究尝试。

三、历史地理学科理论与 GIS

历史地理学科的理论探讨与地理学史的脉络梳理,促进了历史地理学科的发展壮大,近年来,以 GIS 为代表的新技术、新方法又充实了历史地理的学科体系。针对这一主题,共有 20 人进行了报告,既有理论层面的探讨,又有新技术、新方法的具体实践。

历史地理学理论与地理学史方面,唐晓峰《李希霍芬与〈中国〉第一卷中的中亚:一份学术史的观察》一文,对李希霍芬巨著《中国》中亚部分的价值予以客观审视。葛剑雄以《夸大历史无助于文化自信》为题作报告,强调历史地理研究应实事求是。张伟然的《中国近代历史地理研究的学术成绩与发展趋势》分析了当前历史地理学的发展瓶颈,并指出历史地理研究的机遇与挑战并存。周琼讲述了自己对环境史理论问题的思考。马强通过解读大量贵州北部和乌江流域的纪事碑刻,探索了土司历史地理研究的方法。李大海对"沿革地理"说法的出现和流布进行了考证辨析,范今朝也对历史地理学的相关概念进行了辨析梳理。马保春从"禹贡学会"的成立背景、活动经费、办公设施及组织管理等方面,细述了其发展的艰难历程。孙卫国则全面认识和评价了郑天挺先生历史地理学方面的学术成就。

历史 GIS 与空间分析方面,赵耀龙从总体上评介了 HGIS 当前的发展动态与趋势。曹树基运用 GIS,综合政治、自然地理、人口因素,分析了明末农民起义的起因及相关问题。谢湜通过"南岭聚落 GIS"和"汕头埠 HGIS"的实践,指出了地方文献研究与历史地理信息系统建设相结合的重要意义。王哲通过对纸质舆图的矢量化和 GIS 处理,以四川为个案,发现基层邮政半径可以很好代表基层市场半径。葛洲子利用 GIS 的可视化功能,在地图上展现了 9—11 世纪禅宗传法的地理进程。骆义对基于 GIS 的城市历史地理研究在城市规划应用中的方法论进行了总结。陈浩东在复原明清江南市镇的点分布图的基础上,采用空间自相关、标准距离、标准差椭圆、密度分析、多重缓冲区、重分类统计等手段对明清江南市镇发展过程进行了空间统计。丁绍通则以空间分析在 20 世纪 30 年代东北地区人口密度分布研究中的应用为例,论证了空间分析方法应用于历史人口地理研究的价值。

数据库建设方面，张萍介绍了丝绸之路历史地理信息开放平台的框架及功能。王一帆介绍了哈佛大学中国历代人物传记数据库中唐代地名信息的建设方法。霍仁龙则以近代西南边疆游记数据库为例，论述了地理信息系统的历史数据库建设及其适用性。

四、历史政区地理

历史政区地理作为中国历史地理研究中最具特色的传统学问，基础深厚，成果丰硕，在历届年会上都是重要议题。本次研讨会，共有 18 位学者就相关问题发言。朱士光《历史时期以西安为中心的关中地区政区设置之特点及其当代启示》一文，通过探析历代以西安为中心的关中地区政区设置的特点，为当今关中城市群的行政区划改革与区域协调发展建言献策。李诚梳理了雄安新区所涉及的雄县、容城、安新三县的政区演变过程及相互关联，为雄安新区发展规划提供借鉴。孙冬虎则借鉴地缘政治学的相关观点，分析了京津冀三省市之间地缘关系的历史演变与未来发展走向。这体现了当前的历史政区研究，诸多学者都关心现实，有意识地古为今用。

同时，大家也充分发挥了沿革地理扎实考证的优长。徐少华《汉晋北朝陇县、清水县建置与地望述考——兼论古秦邑的位置和唐宋清水县的治所变迁》一文，运用传世文献与考古材料二重证据，厘定了汉晋北朝陇县与清水县的行政建置与地理方位。郭声波的《圈层结构视阈下藩属国的国家边缘区性质》，根据圈层结构理论系统阐释了“藩属国”与中央政权关系的实质。魏超在宗藩关系的视阈下，探析了越南后黎朝初期的政治空间结构。马孟龙运用“二重证据法”，将广汉郡的设置年份定在武帝元光三年，与犍为郡的设置时间相当。程刚对南朝陈的县级封国建制沿革、地理分布和置废原因进行了探讨。杨光华经过缜密细致的考证，推断了唐宋清水县—桂溪县治所的方位。李大旗试图通过对庆历新政中“并省县邑”以“减徭役”这一改革措施的分析，窥探北宋中叶政治博弈的生态状况。范玉春对明代广西卫所建置沿革进行了梳理，并归纳出明代广西卫所设置的三个阶段。张敏梳理了清代柳条边的修筑过程，展现了柳条边的空间分布，并指出凤凰城边门以南的柳条边应到海。胡恒探究了清代“归绥六厅”发展的几个阶段及其性质问题。张乐峰则提出，民国时期上海特别市的设立改变了当地原有的政区格局，导致了上海县存废问题的产生及各方争执。

历史地名方面，王涛分析了上饶县名含义从“山郁珍奇”到“饶州之上”的演变，并指出了其反映的区域历史变迁过程。王长命对 10 世纪《世界境域志》中的小地名 bughshur 之今地进行了考证与推测。吴轶群结合一些新文物资料，重新思考和探讨了伊犁地名的含义。王耀则探究了清中期新疆南部的城市称谓及时代特点。

五、历史军事与交通地理

历史军事地理方面，共有 17 位学者发言，重点探究了古代战争的方位、路线及战争影响下的地缘政治情况。

赵炳清分析了秦灭楚史料记载的诸多矛盾，辨析了昌平君的历史真相及秦灭楚的地理进程。陈文豪对居延戍田卒与戍地相关问题进行了考辨。陈刚从战争史和政治地理的视角，讨论了侯景之乱中关涉地理的过程与情况。王元林考证了十六国北朝时期关中东北部的军镇——李润（堡）镇的地理位置。赵杰对东魏的肆州长城的范围及作用进行了探讨。王乃昂对唐代玉门关的位置提出了新见解。高正亮分析了唐代京西北诸方镇军镇堡寨的地理分布及其形态。于笛以荆南、湖南两道为例，分析了唐肃代时期地方的军政事务与方镇格局。安北江以平定荆湖为中心，研究了宋初战略地缘政治情况。张多勇对北宋泾原路与环庆路结合部的一种特别的防御城——细腰城的防御系统进行了研究。吴宏岐探究了清光绪年间张之洞对琼、廉海防地理形势的测绘及经营情况。李昊林则认为，南朝文人偏信吴国史料的记载，对赤壁之战的地理情况进行了构建与附会。

历史交通地理方面，安介生在揭示湖州地区桥梁分布特点的基础上，以小见大，论证了桥梁修筑与地理环境的关系。吴修安研究了唐宋时期江西地区的水路交通状况。胡鹏探讨了 19 世纪京津冀地区的水陆交通网络，并分析了该地区的粮食运输成本与域内贸易格局。刘晨曦分析了民国时期齐克铁路的修筑与沿线城镇发展的关系；刘新光则认为，隋唐以前的早期飞狐道的走向可能是从蔚县代王城往东南方向，即今天的 112 国道。

六、历史经济地理

历史经济地理方面，共有 15 位学者重点研究了历史时期的经济贸易与水利环境问题，对资源与人口问题亦有涉猎。

2004 年以来，吴松弟及其团队就以“港口—腹地”关系作为观察视角，研究中国近代经济地理的变迁。本次会议，吴松弟《“港口—腹地”与中国近代经济地理变迁》一文再次深入阐释了这一理论，探讨了近代经济变迁的内外因素、我国山河大势与“港口—腹地”网络的形成、“港口—腹地”结构与区域经济发展等重要问题。方书生从产业革命的角度，理解了近代“市”的形成标志与演进过程。姚永超从学术史回顾、写作主线、章节安排、区域特性的认识等方面介绍了《东北近代经济地理》一书。张永帅、胡一帆分析了香港贸易网络在近代滇粤经济关系构筑中的作用。谭嘉伟则探析了晚清时期广州口岸的子口税制，从制度运作视角对广州口岸进行解读。

水利环境方面，李勇先介绍了宋至民国时期文字记述、水利交通图和碑刻等多种巴蜀水利文献的收集整理情况。张俊峰研究了宋金以来中国的水利图碑和水权问题。岳云霄透过清代宁夏平原水利与区域开发进程，剖析了官方力量在“塞上江南”经营兴废中发挥的主导作用。冯贤亮着眼于“高乡”地带的南苕溪流域，讨论了由溪、湖、塘、闸构成的水利系统对整个流域环境与经济社会的影响。

资源与人口问题上，易德生提出，古代河南的锡矿实际位于今卢氏县及嵩县的可能性较大。李淮东讨论了先秦先民对火和燃料的认知逐步深入的具体过程。尹弘兵追踪了楚先祖与夏商王室的互动关系，确定了楚先祖在周以前的大致迁移路线。崔姗姗、柳济宪则分析了 1910—1931 年图们江北岸和鸭绿江北岸的朝鲜人移民和人口分布情况及其背后动因。

七、历史自然地理与环境变迁

历史自然地理与环境变迁研究作为历史地理学中与现代学科方法结合得最紧密的分支，本次会议共有 14 位学者关注，体现了近年来历史地理学与新技术、新思维的交融。通过讨论，相关学者都深刻体会到，做历史地理尤其是历史自然地理研究，学地理出身的人要有足够的历史学知识，而学历史出身的人应有清晰的地理学概念，历史地理学跨越的两大学科领域无高下主次之分，不可偏废。

与会学者对历史自然地理的研究，涉及土地、气候、水文、植被、疫灾等各方面要素。何凡能分析了中美两国过去 300 年耕地数量、土地垦殖率以及森林草地的时间变化趋势，并指出了导致中美两国土地垦殖不同的几个重要因素。成赛男重建了 20 世纪上半叶温州地区的台风活动序列。刘祥学研究认为，明中后期珠江中上游进入历史上最冷的小冰期，这一极端气候带来了接连不断的水旱灾害和社会矛盾。王洪波探析了康乾时期永定河的治理及其对自然地理的深远影响。关传友分析了中国杨柳生长分布的空间变化过程及发展规律。萧凌波揭示了清代华北蝗灾的时空分布及其与水旱灾害的关系，重建了具有较高时空精度的水、旱、蝗 3 种灾害的时空分布状况。张涛则归纳了明代疫灾时空分布的特点及其环境机理。

历史环境变迁方面，侯甬坚《人力所通：澜沧江霁虹桥区域的环境史学认知》一文，以澜沧江峡谷霁虹桥为个案，对桥梁与人地关系进行了环境史视角的研究尝试。蓝勇以《历史时期环境、资源的人类“干涉限度差异”理论建构》为题作报告，提出环境的“改变”不等于环境的“破坏”，区域环境敏感度的天然差异决定了人类改变环境干涉限度的区域差异。王守春阐述了自己近年来对黄河生态环境历史变迁的研究心得。王尚义、田毅以黄渭流域为例，尝试解读流域环境与都城之间的自然、人文耦合关系。鲍俊林揭示了

16—19 世纪崇明岛的开发变化及环境适应过程。李松梳理了安丰塘水域环境变迁的历史,并对造成其环境变迁的动力进行了分析。

八、历史文化地理

历史文化地理方面,题材丰富,涉及宗教、信仰、观念、艺术等多个方面,共有 14 位与会学者进行了相关研究。

王大文分析了康乾二帝的疆界治理观念与具体实践。潘明娟探讨了西周初期地中、土中、天下之中观念的演变与认同。何峰认为,清代康乾南巡作为传统社会的政治文化盛典,也是一种同质化的文化工程。裴孟华从黄河禹门口两岸的陕西韩城和山西河津对该地区的不同描绘入手,梳理了中国人龙门意象的转变过程。史党社从历史地理学角度,对沈长云先生提出的黄帝涿鹿的故事做了进一步论证。陈新海研究了《史记》《汉书》《后汉书》中 70 余位任侠人物的地理分布,并对任侠民风集中的地域进行了初步探讨。聂顺新探讨了山东东阿大秦村遗址的早期佛教寺院向泰山信仰祠庙转变的过程及原因。刘海洋提出了对渤海时期东北佛教遗迹分布及成因的研究设想。周能俊以汉武帝元鼎五年登“崆峒”事件为线索,讨论了汉至五代宋初崆峒地望的变迁。朱海滨论证了明代温州科举相较于南宋的显著衰落及其原因。赵旭腾对宋元明清时期浙江各县龙神信仰的起源、分布、特点做了梳理与研究。于双远以天津县为中心,探究了清代直隶地区著书者的地理分布情况。苏新留、张丽春则分析了明清之际绘画中心的位移轨迹及影响因素。

九、历史社会地理

历史社会地理方面,11 位与会学者的视角主要集中于国家制度的社会响应、区域社会的矛盾等问题上。

韩茂莉《地理学视角下的近代乡村集市研究》一文,通过对山西乡村地域的社会考察,认为中国古代乡村集市不存在市场等级高低,也不具备网络层级。吴滔透过清中前期京口救生业的发展演变及其与丹阳练湖的关系,更深刻地认识到国家漕运制度下,区域社会慈善事业演化的复杂性。胡其伟指出,明清时期漕运中的“涉农矛盾”与“涉商矛盾”根本上是源于官方与民间两个体系之间的误解。肖启荣厘清了清代黄河铜瓦厢改道以前,洪泽湖分泄与里下河平原防洪治理策略的制定与实践过程。陈涛以明清时期的三江闸议修争端为中心,探讨了萧绍平原的水利协作与矛盾。高茂兵还原了民国年间嵊泗列岛因渔业兴旺而长期为江、浙两省所争夺的历史过程。陈业新研究了明清时期芍陂工程的堙废及治理问题。段伟从档案和地方志入手,探究了清廷对山东、江苏、安徽境内沉田管理变化的过程。黄雯娟以台湾宜兰的三星为例,论述了边区地域开发的历史社会过程。郭世强通过分析西安人力车夫群体发展的阶段性(1912—1949 年)特征及其带来的社会治理问题,探讨民国城市的治理与转型。王保宁则分析了乾嘉年间徽州驱逐棚民运动的真正原因。

12 日下午,在吴松弟教授主持下,汪前进、王荣、吴轶群、夏增民、高茂兵、易德生、李大海分别代表本小组向大会作总结汇报。随后华林甫教授致闭幕词,宣布本次研讨会成功落幕。综观本次研讨会,其特点与会议"新时代、新技术、新思维"的主题高度契合,充分展现了当前历史地理学发展的良好势头。

新时代——历史地理学的学术力量持续壮大,学术梯队持续完善,学术组织持续增长。本次研讨会是自 1979 年全国性历史地理学研讨会举办以来,规模最大的会议之一;研讨会的参会学者既有著作等身的前辈学人,也有精力充沛的学术中坚,还涌现出大批新生力量;研讨会期间,主办方在中国人民大学人文楼一层大厅布置了"中国历史地理学近十年成果展",全国共十八家历史地理学教学研究单位参与其中,充分展示了新时代中国历史地理学的发展成就。

新技术——随着近年来 GIS、数字人文等新技术的推广,参会学者十分注重运用新手段进行历史地理的研究尝试。为此,本次研讨会专门设立了历史 GIS 及其应用小组,促进了新理念、新技术在历史地理学研究领域的运用与拓展。同时,一些与会学者通过计量统计、空间分析、数据库建设等新方法,提高了研究的精度与科学价值,历史地理学学科交叉、文理兼通、视角多元的特质表现得越来越明显。

新思维——历史地理学的研究领域持续扩展,研究思维日渐更新。本次研讨会的主题丰富,既包括历史时期的自然、政区、聚落、经济、人口、军事、交通、文化、社会等传统领域,又专门设立了古地图与历史地图、边疆与域外地理、学科理论与地理学史等专题小组,思维碰撞,高见迭出。与会学者注重结合现代地理学、经济学、民族学、人类学、社会学等多学科视角,多维度分析历史地理问题;一些学者再次强调了新时期历史地理学的经世致用,在继承上求创新;历史地理学的空间视野越来越广,边疆与域外区域的研究逐渐被学界重视;同时,多位学者有意识地缩小研究尺度,通过个案研究,以小见大,在新思维的引领下,使历史地理学焕发出新的活力。

综上,本次研讨会充分展现了当前我国历史地理学科的专业特色和发展新动向,对促进全国历史地理学界的交流互动和学科发展,助益良多。

(作者单位:中国人民大学清史研究所)

后 记

这是历史地理学专业2018年暑假年会的论文集。会议名称为“新时代、新技术、新思维——2018年中国历史地理学术研讨会”，书名以此确定。第一个“新”，意味着在国家和平稳定、繁荣富强环境下的新时代，历史地理学专业获得蓬勃发展、成就显著，学术力量不断增强，专业机构数量连续增长，影响进一步扩大；第二个“新”，就是随着新世纪GIS、数字人文等新技术的逐渐普及，开始尝试用新手段进行历史地理的各种研究；第三个“新”，则表达了学科之间相互渗透、互相启发的新思维。“三”又有“多”之意，历史地理学应该还有更多的创“新”。

本次研讨会由中国地理学会历史地理专业委员会主办、中国人民大学历史学院承办、北京联合大学应用文理学院协办，以中国人民大学历史学院历史地理学研究中心和北京联合大学应用文理学院师生为主组成会务组，于2018年8月11日至12日在中国人民大学召开。海内外学者共211人参加研讨会，会务组共收到论文140篇，就历史政区地理、历史聚落地理、历史经济地理、历史军事与交通地理、历史文化地理、历史社会地理、历史自然地理与环境变迁、历史地图编绘与古地图研究、历史地理学科理论与GIS等方面问题展开了学术讨论。

承办这次研讨会的申请，是历史地理学专业团队在2016年长春会议期间提出来的，获得专业委员会认可，也得到了中国人民大学校方、历史学院各级领导支持，谨致谢忱！我们人民大学的历史地理学研究中心成立于2016年12月6日，目前成员有六人，目标是建设小而精干、特色鲜明的学术团队，打造历史地理学研究的重要平台，紧紧围绕清史研究所的学术优势，以清史地理为核心，以历史政治地理、历史区域地理、历史城市地理、历史自然地理、地名学、学术史为专攻方向，立足于国家社科基金重大项目《清史地图集》研制编绘，前瞻性地建设清史地理信息系统和数据库；发挥历史地理学“经世致用”的特点，为政区调整、地名规划提供决策咨询，等等。

历次历史地理学专业全国年会(或国际学术研讨会)，大多有遴选、编辑论文集的传统，业已公开出版的有1998年沈阳、2000年昆明、2004年乌鲁木齐、2006年广州、2008年武汉、2010 年桂林、2012 年天津、2014 年成都和 2016 年长春会议论文集。这些都是历史地理学术界的重要成果，也是历史地理学专业委员会的工作成就，很多重要的、有影响的重头论文只见于这九部论文集。近年来，科研管理部门对于学术成果的管理过于强调核心期刊论文，学术论文集受到一定抑制，我们这部论文集甚至无法申请出版资助；但是，学术论文之有无价值、价值之大小、见解之高低、是否足以传世，不取决于论文载体，而取决于论文内容本身！君不见，核心期刊刊登的篇幅有限，长篇的历史地理学论文很难见刊，考证性文字往往不符合期刊风格，所以学术论文集仍是发表优秀论文的载体。

为了延续历史地理学文脉，坚守这片前贤精耕细作的学术园地，会务组遴选三十七篇原创论文，编成这部论文集。尽管大环境不利于论文集，学者们还是愿意把尚未发表过的原创论文交给论文集出版，这体现了历史地理学专业学术共同体的凝聚力与学者们的远见卓识。对于学术界同仁的支持，谨表示由衷的感谢！原创论文分六组：理论与方法，收录张海鹏等先生的论文六篇；历史政治地理，收录徐少华等先生的论文八篇；历史聚落与人口地理，收录王社教等先生论文六篇；历史社会文化地理，收录史党社等先生论文六篇；历史自然地理，收录关传友等先生论文四篇；地图研究领域，收录刘新光等研究古地图、历史地图等论文七篇。

这是历史地理学学术年会的第十部论文集，仅仅因其原创，必将在历史地理学术史上留下抹不去的痕迹。不过，因有的高质量的会议论文在论文集编定之前已被期刊采用，不符合论文集收录原创论文之原则，只得舍弃，未免有遗珠之憾。从这层意义上说，论文集只是这次研讨会的一个象征，也因此收录了会议综述的文章。

感谢中国地理学会历史地理专业委员会主任吴松弟教授的大力支持，并专门为论文集赐序。感谢参加会议筹备与会务组工作的人员，他们是（依姓氏拼音为序）：丁超、冯丹阳、胡存璐、胡恒、华林甫、华夏、黄山、季浩亮、琚小飞、孔迎川、李诚、李静、李凯华、李鹏、刘新光、乔欣、孙景超、王咏琳、萧凌波、谢长龙、薛梦缘、尹文瑜、虞思旦、张宝秀、张敏、张雪、张雨、赵逸才、朱琰怡、朱永杰、宗赫男。感谢浙江大学人文高等研究院的学术鼓励，也感谢关心、爱护历史地理学专业并提供有关帮助的其他友人。

按照中国人民大学“历史地理学丛书”规划，本书编号为丙种第六号。

因才疏学浅、经验有限，若有任何不足，敬请学界海涵。

华林甫谨识

2019 年 6 月 30 日

中国人民大学“历史地理学丛书”

中国人民大学历史学院历史地理学研究中心的“历史地理学丛书”计划，共分为四种：

甲种是学术研究专著，已出版了八部：华林甫撰《英国国家档案馆庋藏近代中文舆图》、《清儒地理考据研究·隋唐五代卷》，胡阿祥（南京大学历史学院）著《六朝疆域与政区研究》（增订版），刘新光著《唐宋时期“江南西道”研究》，丁超著《史地徘徊》，胡恒著《皇权不下县？——清代县辖政区与基层社会治理》，华林甫等著《德国普鲁士文化遗产图书馆藏晚清直隶山东县级舆图整理与研究》，丁超著《元代京畿地理》。

乙种是教材和通论性著作，已出版一部：华林甫著《中国历史地理学·综述》。

丙种是论文集、集体著作，已出版五部：《清代地理志书研究》（即《清史地理研究·第一集》），《清史地理研究·第二集》，《清代政区地理初探》，《清代政区地理续探》，华林甫等著《中国省制演进与未来》；即将出版的《新时代、新技术、新思维——2018年中国历史地理学术研讨会论文集》为第六部。

丁种为工具书、学术资料集、古籍整理与研究成果，已出版两部：华林甫编《中国历史地理学五十年》，华林甫等编著《〈隋书地理志〉汇释》。

其中，华林甫主编《清儒地理考据研究》获2016年度华东地区古籍优秀图书奖一等奖、2016年度全国优秀古籍图书奖二等奖、第四届中国出版政府奖提名奖（2018年），华林甫等著《德国普鲁士文化遗产图书馆藏晚清直隶山东县级舆图整理与研究》获2016年度全国优秀古籍图书奖二等奖，胡恒著《皇权不下县？——清代县辖政区与基层社会治理》获第二届普隐人文学术奖（2018年）和第八届高等学校科学研究优秀成果奖（青年成果奖）。

另有华林甫为第一作者的英文著作《Dictionary of the Ben cao gang mu, Volume Ⅱ》（Geographical and Administrative Designation），2017年已由美国加州大学出版社出版，未能列入此丛书计划。